企业人力资源管理与
法律风险应对指引丛书

企业人力资源
合规管理全书

HR劳动人事风险防范法律顾问

陈 元 ◎ 主 编

高 红　马洪生 ◎ 副主编

中国法治出版社
CHINA LEGAL PUBLISHING HOUSE

编委会

（按姓氏拼音排序）

主　编：陈　元

副主编：高　红　马洪生

编　委：包佳欢　方思琦　付洪哲　高　红　黄兴国　纪　婷
　　　　　贾亚亚　李超豪　李明明　李一博　刘　超　刘　虎
　　　　　吕　雯　马　滨　马洪生　钱　鹏　沈心怡　苏云龙
　　　　　唐世宣　王红梅　王　昱　夏芙蓉　杨培培　翟宝勤
　　　　　张　峰　张　桢　赵远庆　郑周易轩

前言
Preface

历经两载精心雕琢，这部凝聚着全国各地法律人智慧与心血的劳动法实务著作终于付梓刊行，与读者见面了。它不仅是一份专业指南，更是一座贯通理论与实践的桥梁——既弥合劳动法理论与用工实务的鸿沟，又系统梳理全国范围内地域裁判规则的差异，为企业构建全流程人力资源合规管理体系提供兼具普适性与针对性的实务指引。

一、成书历程：深耕细作中的团队淬炼

2022年底，我时任盈科全国劳动与社会保障法律专业委员会主任，在与各地同仁的深度交流中，敏锐捕捉到企业劳动用工合规管理的共性需求与地域差异。彼时萌生一念：编写一本兼具实务性、全面性与可操作性的人事合规工具书。

在确定编写书籍的想法后，2023年初我带领团队构思拟定了全书的章节目录和编写体例。经过多轮校对和完善，书籍的框架和结构于2023年5月得以确定。随后我向盈科全国范围内的分所发布了合著信息，并迅速得到全国同仁的响应，来自北京、上海、西安、江苏、浙江、重庆、贵州、沈阳、内蒙古等地分所的精英律师团队欣然加入，共同开启了这场知识共建之旅。

编撰过程中，各地编写团队历经多轮体例统一、交叉审稿与内容打磨。其间，克服了编写风格差异、进度协调难题及人员调整等诸多挑战，在出版社的专业支持下，两轮修订，又经三审三校，于2025年5月定稿。本书的诞生，既是劳动法实务经验的集成，更是盈科劳动法律师团队协作精神的具象化诠释。

二、价值定位：实务导向下的三重维度创新

（一）实务性：二十年积淀的风控密钥

在劳动法领域深耕近二十载，带领团队处理了千余起劳动争议案件，为上百家企业提供合规方案，我深知劳动用工风险防控绝非纸上谈兵。本书立足实务，全书十一章紧扣企业合规核心节点，直击痛点，助力读者系统性掌握风险防控逻辑。企业人力资源合规管理如同搭建积木——从招聘环节的"基础模块"到离职处理的"封顶工程"，每一块积木摆放的精准与否，都对整座大厦的稳固性有重要影响。

（二）全面性：地域差异中的裁判图谱

针对劳动争议裁判实务的地域差异问题，本书选取的案例涉及 31 个省（自治区、直辖市），既呈现北上广深等一线城市的前沿裁判理念，亦收录中西部地区的特色裁判规则。通过"案情介绍—裁判观点—法律分析"的三段式解析，帮助读者理解不同地域裁判逻辑的底层差异，形成"全国视野下的合规操作坐标体系"。

（三）可操作性：精准赋能的工具手册

本书创新采用"结论前置"结构，每节开篇即列明"合规要点"，确保人力资源管理者能快速定位问题及相应解决方案（操作指引）；正文部分辅以必要法理阐释，解析法律条文背后的立法目的，避免"知其然不知其所以然"；全书包含近 200 条具体风控建议，涵盖制度设计、流程管控、证据留存等实操细节，形成"合规指引前置＋实务案例解析＋裁判法理延伸"的立体架构，真正成为可落地、可复用的管理工具手册。

三、使命期许：成为构建和谐劳动关系的智识桥梁

在数字经济与灵活用工深度融合的当下，劳动用工关系正经历深刻变革。本书冀望成为企业与劳动者的"合规指南针"：于企业而言，助力其建立全流程风险防控体系，在降本增效与合规经营间找到平衡；于劳动者而言，为其提供权利救济的法律依据，促进劳动关系双方的平等对话。我们始终坚信，合规管理的本质是平衡企

业运营效率与劳动者权益保障的动态艺术，而本书的终极目标，正是为这一艺术提供可参照的技法与范式。

愿书中凝结的实务经验与合规智慧，能为构建规范有序、公平合理、互利共赢、和谐稳定的劳动关系贡献绵薄之力。期待读者不仅能收获知识与技能，更能以智慧与勇气直面挑战，于实践中书写合规新篇章。

最后，特别感谢高红主任、马洪生主任在本书编写过程中给予的全力支持！协助梳理思路、把控细节，让书稿得以更完善地呈现。特别感谢方思琦、贾亚亚协助我一起确定章节目录、编写体例，一起协调全国的编写工作。特别感谢全国各地的编委同事，我们在不同的城市一起帮助企业家、人力资源管理者做好企业人力资源合规管理工作。

陈 元

2025年5月于上海

目录
Contents

第一章　员工招聘与入职 / 001

第一节　杜绝就业歧视 …………………………………………………… 003
合规要点1：在招聘启事中规范设置岗位招聘条件 …………………… 003
合规要点2：规范设置入职条件 ………………………………………… 006

第二节　防范求职者欺诈 ………………………………………………… 009
合规要点：审查求职者个人信息材料 …………………………………… 009

第三节　规范使用Offer ………………………………………………… 013
合规要点1：采取书面形式发放Offer …………………………………… 013
合规要点2：明确Offer的生效及失效条件 ……………………………… 015

第四节　细化入职流程 …………………………………………………… 017
合规要点1：完整填写入职登记表 ……………………………………… 017
合规要点2：确认劳动者是否负有竞业限制义务 ……………………… 020
合规要点3：确认劳动者是否在其他单位兼职 ………………………… 021
合规要点4：岗位职责书的内容应当具体、合理 ……………………… 023

第五节　规范试用期管理 ………………………………………………… 026
合规要点1：试用期的约定应符合法律规定 …………………………… 026
合规要点2：制定合理合法的录用条件并明确告知劳动者 …………… 029
合规要点3：企业应建立试用期考核制度，明确考核流程 …………… 031
合规要点4：试用期员工的用工管理应符合法律规定 ………………… 034

第二章　劳动合同订立与履行 / 037

第一节　劳动合同的准备 ………………………………………………… 039
合规要点1：签订劳动合同前，要求职工阅读单位各项规章制度，并在劳动合同中确认 …………………………………… 039
合规要点2：用人单位应根据实际情况制定劳动合同文本 …………… 043
合规要点3：劳动合同宜对工作内容及工作地点进行宽泛约定，增加弹性表述条款 ……………………………………………… 046
合规要点4：劳动合同中，劳动者的劳动报酬应明确具体，合理考虑劳动者的劳动时间（特别注意考虑加班问题）及企业的支付能力来确定工资 ……………………………………… 050
合规要点5：公司商业秘密保护问题 …………………………………… 053
合规要点6：劳动合同期限的合理性问题 ……………………………… 056
合规要点7：事先确定是签订劳动合同还是劳务合同 ………………… 061
合规要点8：在劳动合同中约定好录用条件 …………………………… 064
合规要点9：劳动合同中关于工作时间和休息休假的约定要合法 …… 067
合规要点10：应要求拟加入员工在劳动合同中作好入职前各项承诺 … 070
合规要点11：上下班地址确认 …………………………………………… 074
合规要点12：法律文书送达地址确认 …………………………………… 078
合规要点13：附属商业保险购买及企业免责问题 ……………………… 081

第二节　劳动合同的初次订立 …………………………………………… 086
合规要点1：应及时签订劳动合同 ……………………………………… 086
合规要点2：谨慎签订试用期合同 ……………………………………… 088
合规要点3：劳动合同的约定内容不得违反强制性规定 ……………… 090
合规要点4：特殊阶段的用工关系处理 ………………………………… 092
合规要点5：签订劳动合同后，一份交劳动者保存并保留其领取证明 … 095

第三节　劳动合同的续订 ………………………………………………… 097
合规要点1：合同到期续签与否均应提前书面通知劳动者 …………… 097
合规要点2：应及时与劳动者签订书面劳动合同 ……………………… 099

　　　　合规要点 3：合同续签条件变更的注意事项 …………………………… 102
　　　　合规要点 4：员工拖延劳动合同续签的处理办法 ……………………… 105
　　　　合规要点 5：对于符合条件的劳动者，用人单位应依法与其签订无
　　　　　　　　　 固定期限劳动合同 …………………………………………… 108
　　　　合规要点 6：续订劳动合同的流程应合规 ……………………………… 110
　　第四节　劳动合同的变更 ……………………………………………………… 111
　　　　合规要点 1：劳动合同的实际履行与约定不一致时应签订书面变更
　　　　　　　　　 协议 …………………………………………………………… 111
　　　　合规要点 2：应谨慎变更劳动合同 ……………………………………… 114
　　　　合规要点 3：用人单位单方面调整岗位应遵守法律规定 ……………… 117
　　　　合规要点 4：用人单位应合理进行调岗调薪 …………………………… 123
　　　　合规要点 5：员工拒绝调岗应如何处理 ………………………………… 125
　　　　合规要点 6："默示同意"调岗调薪的效力 …………………………… 131
　　　　合规要点 7：劳动合同主体变更的权利义务与工龄承继 ……………… 134
　　第五节　劳动合同的中止 ……………………………………………………… 137
　　　　合规要点 1：应合法适用劳动合同中止情形 …………………………… 138
　　　　合规要点 2：劳动关系默示中止 ………………………………………… 144
　　　　合规要点 3：应妥善处理中止期间的劳动关系 ………………………… 146

第三章　规章制度制定与完善 / 149

　　第一节　规章制度的制定与修订 ……………………………………………… 151
　　　　合规要点 1：规章制度的制定应结合劳动合同条款 …………………… 151
　　　　合规要点 2：规章制度的制定应兼顾合法性与合理性 ………………… 154
　　　　合规要点 3：规章制度应表述严谨 ……………………………………… 157
　　第二节　规章制度的生效与送达 ……………………………………………… 160
　　　　合规要点 1：履行民主程序 ……………………………………………… 160
　　　　合规要点 2：履行公示、送达程序 ……………………………………… 163
　　第三节　绩效考核管理 ………………………………………………………… 166
　　　　合规要点 1：建立切实可行的考核制度 ………………………………… 166

　　　　合规要点 2：考核流程应公平合理 ………………………………………… 169
　　　　合规要点 3：不能胜任工作员工的考核 ……………………………………… 172

第四章　薪酬福利管理 / 175

　第一节　工资与福利之界限 …………………………………………………………… 177
　　　　合规要点 1：制定合理的工资结构 …………………………………………… 177
　　　　合规要点 2：约定采取年薪制时应明确考核标准 …………………………… 179
　　　　合规要点 3：遵守最低工资标准的相关规定 ………………………………… 180
　　　　合规要点 4：明确工资与福利的界限 ………………………………………… 182
　第二节　福利待遇 ……………………………………………………………………… 184
　　　　合规要点 1：法定福利 ………………………………………………………… 184
　　　　合规要点 2：约定福利 ………………………………………………………… 185
　　　　合规要点 3：规章福利 ………………………………………………………… 186
　　　　合规要点 4：临时福利 ………………………………………………………… 188
　第三节　各类假期的工资支付 ………………………………………………………… 190
　　　　合规要点 1：医疗期及病假工资待遇 ………………………………………… 190
　　　　合规要点 2：产假工资待遇 …………………………………………………… 194
　　　　合规要点 3：年休假工资待遇 ………………………………………………… 195
　　　　合规要点 4：婚丧假和探亲假工资支付 ……………………………………… 196
　第四节　加班工资支付 ………………………………………………………………… 200
　　　　合规要点 1：加班工资的计算 ………………………………………………… 200
　　　　合规要点 2：加班工资争议的时效问题 ……………………………………… 202
　　　　合规要点 3：劳动合同中约定每月工资含加班费的效力认定 ……………… 204
　　　　合规要点 4：非全日制用工的加班费问题 …………………………………… 207
　　　　合规要点 5：值班的劳动补偿 ………………………………………………… 209
　　　　合规要点 6：放弃加班费协议的效力 ………………………………………… 210
　第五节　特殊情况下的工资支付 ……………………………………………………… 211
　　　　合规要点 1：停工停产期间的工资支付 ……………………………………… 211

　　　　合规要点 2：停工留薪期的工资支付 ·· 216

　　　　合规要点 3：依法参加社会活动期间的工资支付 ······························ 218

第五章　工时与休息休假管理 / 221

第一节　工时管理 ·· 223

　　　　合规要点 1：工时制度的种类 ·· 223

　　　　合规要点 2：特殊工时制度的使用规则 ·· 224

　　　　合规要点 3：三种工时制度的区别 ·· 226

　　　　合规要点 4：未约定工作时间的劳动合同的效力 ································ 229

第二节　加班管理 ·· 231

　　　　合规要点 1：加班的种类 ·· 231

　　　　合规要点 2：考勤与加班认定 ·· 232

　　　　合规要点 3：加班管理 ·· 233

　　　　合规要点 4：加班与值班 ·· 237

　　　　合规要点 5：退休劳务人员的加班认定 ·· 239

　　　　合规要点 6："微信加班"是否视为加班 ·· 240

第三节　病假管理 ·· 244

　　　　合规要点 1：病假与医疗期的区别 ·· 244

　　　　合规要点 2：医疗期的期限 ·· 246

　　　　合规要点 3：医疗期内的工资标准 ·· 250

　　　　合规要点 4：医疗期届满时用人单位可解除与相关劳动者的劳动合同 ···· 251

　　　　合规要点 5：病假管理建议 ·· 254

　　　　合规要点 6：病假的确认及调查 ·· 255

第四节　法定年休假 ·· 260

　　　　合规要点 1：享受法定年休假的基本条件 ·· 260

　　　　合规要点 2：不享受年休假及其他特殊情形 ·· 262

　　　　合规要点 3：合理安排员工的法定年休假 ·· 263

　　　　合规要点 4：安排休年假的主导权之争 ·· 263

合规要点5：年休假逾期不能视为员工主动放弃……………………266
　　　合规要点6：年休假工资计算基数……………………………………266
　　　合规要点7：年休假的仲裁时效………………………………………267
第五节　女职工的"三期"管理……………………………………………273
　　　合规要点1：关于女职工"三期"的法律规定………………………273
　　　合规要点2："三期"女职工可因过错被解除劳动合同………………276
　　　合规要点3："三期"女职工能否被退回劳务派遣公司………………278
　　　合规要点4："三期"女职工能否调岗降薪……………………………279
　　　合规要点5：女职工特殊假期期间的工资计算………………………282
　　　合规要点6：女职工享受哺乳假后能否享受年假……………………283

第六章　职业健康预防与检查 / 285

第一节　加强事前预防力度…………………………………………………287
　　　合规要点1：应建立劳动安全卫生制度………………………………287
　　　合规要点2：应做好职业病的前期预防措施…………………………290
　　　合规要点3：依法为劳动者参加工伤保险……………………………293
　　　合规要点4：保障劳动者休息休假权利………………………………295
第二节　落实事中预防………………………………………………………298
　　　合规要点1：应定期安排职业健康检查………………………………298
　　　合规要点2：提供劳动过程中的安全防护……………………………300

第七章　竞业限制 / 303

第一节　竞业限制的约定……………………………………………………305
　　　合规要点1：设立竞业限制义务应进行书面约定……………………305
　　　合规要点2：谨慎选择竞业限制补偿金的发放方式…………………306
　　　合规要点3：应明确竞业限制补偿金的发放标准……………………308
　　　合规要点4：应注意承担竞业限制义务主体的特定性………………311
　　　合规要点5：合理约定竞业限制期限…………………………………315

合规要点 6：合理约定竞业限制地域、范围……………………318
第二节　竞业限制的实操……………………………………………………320
　　　合规要点 1：企业对竞业限制人员应给予适当经济补偿……………320
　　　合规要点 2：员工违反竞业限制，公司的调查取证方法……………323
　　　合规要点 3：竞业限制义务的免除……………………………………328
　　　合规要点 4：合理使用任意解除权……………………………………332

第八章　社保缴纳与工伤问题 / 337

第一节　社会保险费用缴纳…………………………………………………339
　　　合规要点 1：依法足额为劳动者缴纳各项社会保险费…………………339
　　　合规要点 2：为试用期劳动者缴纳社会保险…………………………342
　　　合规要点 3：缴纳社会保险属于法定义务，不可协议变更或放弃……344
　　　合规要点 4：避免使用第三方代缴社保………………………………346
　　　合规要点 5：特殊群体的社保缴纳……………………………………348
第二节　工伤相关问题………………………………………………………353
　　　合规要点 1：及时申报工伤……………………………………………353
　　　合规要点 2：用人单位应依法给予工伤员工停工留薪期待遇…………355
　　　合规要点 3：工伤保险待遇与侵权损害赔偿…………………………359
　　　合规要点 4：及时安排工伤劳动者进行劳动能力鉴定………………362
　　　合规要点 5：工伤员工的劳动关系处理………………………………365
　　　合规要点 6：一次性工伤医疗补助金和一次性伤残就业补助金的支付…368
　　　合规要点 7：工伤保险责任的承担主体………………………………373

第九章　劳动合同解除与终止 / 377

第一节　协商解除……………………………………………………………379
　　　合规要点 1：协商一致解除应签订书面协议…………………………379
　　　合规要点 2：协商解除协议文本必备条款……………………………381

第二节　员工主动辞职 ·· 384
　　合规要点1：劳动者自离的，应避免"不了了之" ······························ 384
　　合规要点2：员工自离应采取书面形式并写明离职原因 ······················· 386
　　合规要点3：员工自称被动离职时的应对措施 ···································· 388
　　合规要点4：离职证明及退工手续的办理 ··· 392
　　合规要点5：员工提出离职又在通知期内撤回的效力 ························· 394

第三节　企业单方解除劳动合同 ··· 397
　　合规要点1：企业单方解除劳动合同应符合法定情形 ························· 397
　　合规要点2：企业单方解除劳动合同应事先通知工会 ························· 401
　　合规要点3：对严重违规违纪程度的量化认定 ·································· 402
　　合规要点4：以违反劳动法基本原则为由解除劳动合同的合法性认定 ····· 405
　　合规要点5：被依法追究刑事责任与被行政拘留不可混同 ···················· 409
　　合规要点6：医疗期满解除劳动合同的注意事项 ······························· 411
　　合规要点7：劳动者不能胜任工作时解除劳动合同的注意事项 ············· 415
　　合规要点8：以客观情况发生重大变化为由解除劳动合同的注意事项 ····· 418
　　合规要点9：经济性裁员需符合法定条件并经法定程序 ······················ 424
　　合规要点10：特殊劳动者的解雇限制 ··· 428
　　合规要点11：员工绩效考核末位并不等同于无法胜任工作 ·················· 432
　　合规要点12：解雇通知的出具与送达 ··· 435

第四节　因劳动者违纪而解除劳动合同的实务要点 ······························ 437
　　合规要点1：劳动者旷工缺勤类违纪行为解除要点 ···························· 437
　　合规要点2：违反管理类违纪行为解除要点 ····································· 441
　　合规要点3：不当行为类违纪行为解除要点 ····································· 446
　　合规要点4：多次违反屡教不改类违纪行为解除要点 ························· 448
　　合规要点5：弄虚作假类违纪行为解除要点 ····································· 454

第五节　劳动合同的终止 ·· 457
　　合规要点1：劳动者开始依法享受基本养老保险待遇或者达到法定
　　　　　　　退休年龄而终止的注意事项 ··· 457

合规要点 2：劳动合同期满终止的注意事项 …………………… 463

合规要点 3：提前解散终止的注意事项 ………………………… 471

第六节 经济补偿金、赔偿金、代通知金、违约金的适用 ……………… 473

合规要点 1：经济补偿金的给付情形及计算 …………………… 473

合规要点 2：赔偿金的给付情形及计算 ………………………… 480

合规要点 3：代通知金的给付情形及计算 ……………………… 484

合规要点 4：约定劳动者支付违约金的法定情形及注意事项 … 486

第十章 特殊用工适用与管理 / 493

第一节 非全日制用工 …………………………………………………… 495

合规要点 1：非全日制用工的工作时间限制 …………………… 495

合规要点 2：非全日制用工不得约定试用期 …………………… 496

合规要点 3：非全日制用工劳动报酬支付周期的限制 ………… 498

合规要点 4：非全日制用工中的工伤问题 ……………………… 499

第二节 劳务派遣 ………………………………………………………… 501

合规要点 1：劳务派遣单位派遣资质的审查 …………………… 501

合规要点 2：关于劳务派遣三方关系中所涉书面协议的相关规定 …… 503

合规要点 3："三性"与"比例"应符合法定要求 ……………… 505

合规要点 4：被派遣员工应与其他职工"同工同酬" …………… 507

第三节 外包关系 ………………………………………………………… 510

合规要点 1：外包关系的法律认定与合同管理 ………………… 510

合规要点 2：个人承包中人员受伤的赔偿责任 ………………… 511

第四节 退休返聘 ………………………………………………………… 513

合规要点 1：退休返聘人员的管理 ……………………………… 513

合规要点 2：退休返聘人员受伤的赔偿责任 …………………… 515

第五节 平台用工 ………………………………………………………… 516

合规要点 1：演艺经纪公司与主播的法律关系认定 …………… 516

合规要点 2：外卖平台与骑手的法律关系认定 ………………… 518

　　　　合规要点 3：人身损害赔偿问题 ························· 521
　第六节　借调用工 ································· 523
　　　　合规要点 1：完善被借调人员的相关手续，保留相关材料 ········· 523
　　　　合规要点 2：借调用工关系中的工伤问题 ··················· 525
　第七节　涉外用工管理 ······························· 526
　　　　合规要点 1：外国人工作许可制度 ······················ 526
　　　　合规要点 2：外籍员工劳动关系管理 ····················· 529
　第八节　其他特殊主体的用工管理 ······················· 531
　　　　合规要点：公司股东、董事、监事、高级管理人员等特殊人员的劳
　　　　　　　　　动关系认定 ······························ 531

第十一章　劳动争议处理 / 535

　第一节　劳动监察 ································· 537
　　　　合规要点 1：劳动监察时效 ·························· 537
　　　　合规要点 2：劳动监察的范围 ························· 538
　　　　合规要点 3：劳动监察的受理 ························· 542
　第二节　劳动仲裁与诉讼 ····························· 548
　　　　合规要点 1：劳动仲裁管辖权的确定 ····················· 548
　　　　合规要点 2：把握好仲裁的各阶段时间节点 ················· 551
　　　　合规要点 3：企业如何收集证据材料 ····················· 555
　　　　合规要点 4：劳动报酬纠纷仲裁时效的计算方式 ··············· 559
　　　　合规要点 5：劳动争议仲裁终局裁决的适用范围 ··············· 562
　　　　合规要点 6：确认劳动关系是否适用仲裁时效 ················ 566
　　　　合规要点 7：起诉与上诉应注意的事项 ··················· 571

第一章

员工招聘与入职

第一节　杜绝就业歧视

合规要点1：在招聘启事中规范设置岗位招聘条件

用人单位在发布招聘启事时须注意以下方面：1.不能提供虚假招聘信息。用人单位对其行业地位、规模、业务等存在夸大或虚假描述的，均存在法律风险。2.避免虚报薪酬待遇。实践中常见招聘启事虚报薪酬待遇的现象，这一做法会为日后劳动纠纷管理埋下隐患。如果用人单位没有在劳动合同中写明薪酬金额，劳动仲裁庭或法院很可能依据招聘启事中所列工资数额来认定劳动关系双方约定的工资标准。3.避免含身高歧视、性别歧视、地域歧视、身份歧视、年龄歧视、民族歧视以及疾病歧视的内容，应尽量选择弹性表达方式。4.岗位职责描述应当真实且明确、具体、量化、易评估。这在一定程度上会降低未来发生劳动争议时用人单位的举证难度。5.列举岗位职责、劳动纪律等内容时应当添加"披露未尽"声明，即声明详细情况应以公司制度文本、最终签订的劳动合同等为准。6.招聘启事中关于工资待遇的表述与劳动合同链接的问题，如招聘启事中表述为月工资20000元，而签订的劳动合同表述为月工资15000元、加班费5000元，容易导致劳动者在入职后主张招聘欺诈。7.将招聘启事进行存档备案，并保留刊登的原件，在需要时可以作为证据。

案例参考

企业发布招聘广告涉地域歧视被判赔精神损害抚慰金

2019年7月，某公司通过某联招聘平台发布了一批招聘信息，含"法务专员""董事长助理"两个岗位。闫某在该招聘平台对上述两个岗位上分别投递了求职简历。闫某投递的求职简历中含有姓名、性别、出生年月、户口所在地、现居住城市等个人基本信息，其中，户口所在地填写为"甲省某市"，现居住城市填写为"乙省丙市某区"。

据丙市互联网公证处出具的公证书记载，公证人员使用闫某的账户登录某联招聘平台，显示闫某投递的前述"董事长助理"岗位在 2019 年 7 月 4 日 14 点 28 分被查看，28 分时给出岗位不合适的结论，"不合适原因：甲省人"；"法务专员"岗位在同日 14 点 28 分被查看，29 分时给出岗位不合适的结论，"不合适原因：甲省人"。闫某因公证事宜支出公证费用 1000 元。

闫某向丙市互联网法院提起诉讼，请求判令某公司赔礼道歉、支付精神损害抚慰金以及承担相关诉讼费用。

【裁判观点】

闫某向某公司两次投递求职简历，均被某公司以"甲省人"不合适为由拒绝，显然在针对闫某的案涉招聘过程中，某公司使用了主体来源的地域空间这一标准对人群进行归类，并根据这一归类标准给予闫某低于正常情况下应当给予其他人的待遇，即拒绝录用，可以认定某公司因"甲省人"这一地域事由要素对闫某进行了差别对待。

某公司以地域事由要素对闫某的求职申请进行区别对待，在其无法提供客观有效的证据证明地域要素与闫某申请的工作岗位之间存在必然的内在关联或其他合法目的的情况下，其区分标准不具有合理性，构成法定禁止事由，即构成对闫某的就业歧视，损害了闫某平等地获得就业机会和就业待遇的权益。某公司主观上具有过错，构成对闫某平等就业权的侵害，依法应承担公开赔礼道歉并赔偿精神损害抚慰金及合理维权费用的民事责任。法院判决某公司赔偿闫某精神损害抚慰金及合理维权费用损失共计 10000 元，并在《法制日报》[①] 公开登报向闫某赔礼道歉（道歉声明的内容须经法院审核）。

法律分析

所谓虚假招聘，是指部分用人单位虚构招聘信息、虚设招聘岗位、只收简历不组织面试、面试走过场、招而不聘等行为。这种现象在求职高峰期最容易发生。

《劳动合同法》[②] 规定了诚实信用原则，《就业服务与就业管理规定》进一步明确规定了用人单位不得提供虚假招聘信息、发布虚假招聘广告，违者由劳动保障部门责令改正，并可处以 1000 元以下的罚款；对当事人造成损害的，应当承担赔偿责任。

---

① 2020 年 8 月 1 日起，《法制日报》更名为《法治日报》。
② 本书中《中华人民共和国劳动合同法》统一简称为《劳动合同法》，全书其他法律法规采用同样的处理方式。

所谓就业歧视，是指没有法律上的合法目的和原因而基于种族、肤色、宗教、政治见解、民族、社会出身、性别、户籍、残障或身体健康状况、年龄、身高、语言等原因，采取区别对待、排斥或给予优惠等任何违反平等权的措施侵害劳动者劳动权利的行为。

歧视信息违背了公平就业原则。《就业促进法》规定，劳动者就业不因民族、种族、性别、宗教信仰等的不同而受歧视。《就业服务与就业管理规定》进一步明确规定，用人单位发布的招用人员简章或招聘广告，不得包含歧视性内容。法律赋予劳动者平等的就业权，其实是我国宪法确定的公民的平等权的具体体现。

合规依据

《劳动合同法》

第三条 订立劳动合同，应当遵循合法、公平、平等自愿、协商一致、诚实信用的原则。依法订立的劳动合同具有约束力，用人单位与劳动者应当履行劳动合同约定的义务。

《就业促进法》

第三条 劳动者依法享有平等就业和自主择业的权利。劳动者就业，不因民族、种族、性别、宗教信仰等不同而受歧视。

《就业服务与就业管理规定》

第十四条 用人单位招用人员不得有下列行为：（一）提供虚假招聘信息，发布虚假招聘广告；（二）扣押被录用人员的居民身份证和其他证件；（三）以担保或者其他名义向劳动者收取财物；（四）招用未满16周岁的未成年人以及国家法律、行政法规规定不得招用的其他人员；（五）招用无合法身份证件的人员；（六）以招用人员为名牟取不正当利益或进行其他违法活动。

第十六条 用人单位在招用人员时，除国家规定的不适合妇女从事的工种或者岗位外，不得以性别为由拒绝录用妇女或者提高对妇女的录用标准。用人单位录用女职工，不得在劳动合同中规定限制女职工结婚、生育的内容。

第十八条 用人单位招用人员，不得歧视残疾人。

第十九条 用人单位招用人员，不得以是传染病病原携带者为由拒绝录用。但是，经医学鉴定传染病病原携带者在治愈前或者排除传染嫌疑前，不得从事法律、行政法规和国务院卫生行政部门规定禁止从事的易使传染病扩散的工作。用人单位招用人员，除国家法律、行政法规和国务院卫生行政部门规定禁止乙肝病原携带者从事的工作外，不得强行将乙肝病毒血清学指标作为体检标准。

第二十条 用人单位发布的招用人员简章或招聘广告，不得包含歧视性内容。

第六十七条 用人单位违反本规定第十四条第（二）、（三）项规定的，按照劳动合同法第八十四条的规定予以处罚；用人单位违反第十四条第（四）项规定的，按照国家禁止使用童工和其他有关法律、法规的规定予以处罚。用人单位违反第十四条第（一）、（五）、（六）项规定的，由劳动保障行政部门责令改正，并可处以一千元以下的罚款；对当事人造成损害的，应当承担赔偿责任。

第六十八条 用人单位违反本规定第十九条第二款规定，在国家法律、行政法规和国务院卫生行政部门规定禁止乙肝病原携带者从事的工作岗位以外招用人员时，将乙肝病毒血清学指标作为体检标准的，由劳动保障行政部门责令改正，并可处以一千元以下的罚款；对当事人造成损害的，应当承担赔偿责任。

合规要点2：规范设置入职条件

用人单位在招聘启事中设置入职条件时应当注意以下方面：1.有些条件应当明确、具体，比如要求硕士研究生学历、五年以上同岗位工作经验、取得法律职业资格等；有些条件可以宽泛一些，如表述为沟通能力较强、写作能力突出、责任心强等。2.区分入职条件与录用条件，前者是指招聘条件，即相对基本的资格条件，针对的是应聘的候选人；后者指试用期转正时的条件，针对的是试用期员工，其应当具体、量化、易操作。3.避免涉及就业歧视。4.如果要列举资格证书，则应事先确认相应资格证书是否已被相关部门取消，如注册税务师、保安员等，否则就无法起到筛选人才的作用。5.不得将某些传染性疾病作为否定性要素，如乙肝病毒携带者、人类免疫缺陷病毒（HIV）携带者等，餐饮等特殊行业除外。6.对招聘启事中的入职条件部分进行存档备案，并保留刊登的原件，以备后续作为证据使用。

案例参考

用人单位招录学徒时在入职条件中要求男性被判赔偿精神损害抚慰金

梁某于2015年2月6日取得中式烹调师高级（国家职业资格三级）资格证书，于同年6月28日在某招聘网站上看到某公司发布的招聘厨房学徒的广告，该广告中并无明确性别要求，指定面试地点为某海鲜酒楼。梁某于 2015 年 6 月 29 日前往该海鲜酒楼应聘，填写了入职申请表，但某海鲜酒楼未对其进行面试。梁某于 2015 年 7 月在上述某招聘网站上再次看到某公司发布同一岗位的招聘广告，遂申请广州公证处对某招聘网站中某公司发布的招聘广告的网页进行公证，该公证处于 2015 年 8 月 18 日作出公证书。该公证书显示招聘主体为某公司，招聘的职位为配菜或打荷（招 8 人），任职资格及其他条件载明"1. 男性，18-25 岁；2. 身体××，反应灵敏……"

后，梁某以某公司为被告提起诉讼，请求该公司支付精神损害抚慰金。

【裁判观点】

某公司招聘的职位是厨房学徒，广告中注明每天工作时间为 8 小时，每周休息 1 日；庭审过程中，某公司、某海鲜酒楼均陈述厨房学徒的工作内容为切菜、配菜、出菜、打荷等。从上述工作内容来看，梁某应聘的厨房学徒工作强度并未达到第四级体力劳动的强度，也不存在需要持续负重或负重强度过大的情形，故并不属于不适合女性从事的劳动范围。现实中，女性在家庭生活里也完全可以胜任厨房烹调、料理等工作，女性从事厨房类工作，符合社会多数成员的心理预期。因此，某公司、某海鲜酒楼不能在招聘厨房学徒时，对应聘人员的性别加以区分、限制或排斥。而某公司在发布招聘广告时明确要求求职者性别为男性；某海鲜酒楼在梁某前往面试时未提供平等的面试机会；在梁某前往询问时，该酒楼前台人员表示厨房不招女工，即便有厨师证也不行。可见，某公司、某海鲜酒楼无论是在发布招聘广告时还是在实际招聘过程中，均一直未对梁某的能力是否满足岗位要求进行审查，而是直接以梁某的性别为由多次拒绝梁某应聘，拒绝给予其平等的面试机会，已经构成了对女性应聘者的区别及排斥，侵犯了梁某平等就业的权利，某公司、某海鲜酒楼属于共同侵权，应该对梁某的损失承担连带责任。综合考虑某公司、某海鲜酒楼的过错程度及侵权行为造成的后果大小，法院判决由某公司、某海鲜酒楼连带赔偿梁某精神损害抚慰金 2000 元。

法律分析

所谓入职条件，是指招录单位在招聘公告上发布的招聘条件，一般系一些较为宽泛的原则性条件，如学历、工作经验、毕业院校、外语等级，这些条件一般为资格条件，且仅适用于招聘期间，针对的是候选人。

招录单位明确招录对象为男性时，涉嫌对女性候选人平等就业权的侵害，应当向该部分女性候选人承担侵权责任。此外，招录单位在劳动者入职时，如还对身高、年龄、肤色、民族、婚姻情况、籍贯、宗教信仰等作出要求，则构成就业歧视，一旦被起诉，将面临承担支付精神损害抚慰金的风险。

合规依据

《就业促进法》

第三条 劳动者依法享有平等就业和自主择业的权利。劳动者就业，不因民族、种族、性别、宗教信仰等不同而受歧视。

第八条 用人单位依法享有自主用人的权利。用人单位应当依照本法以及其他法律、法规的规定，保障劳动者的合法权益。

第二十六条 用人单位招用人员、职业中介机构从事职业中介活动，应当向劳动者提供平等的就业机会和公平的就业条件，不得实施就业歧视。

第二十七条 国家保障妇女享有与男子平等的劳动权利。用人单位招用人员，除国家规定的不适合妇女的工种或者岗位外，不得以性别为由拒绝录用妇女或者提高对妇女的录用标准。用人单位录用女职工，不得在劳动合同中规定限制女职工结婚、生育的内容。

第三十条 用人单位招用人员，不得以是传染病病原携带者为由拒绝录用。但是，经医学鉴定传染病病原携带者在治愈前或者排除传染嫌疑前，不得从事法律、行政法规和国务院卫生行政部门规定禁止从事的易使传染病扩散的工作。

《传染病防治法》

第十六条 国家和社会应当关心、帮助传染病病人、病原携带者和疑似传染病病人，使其得到及时救治。任何单位和个人不得歧视传染病病人、病原携带者和疑似传染病病人。传染病病人、病原携带者和疑似传染病病人，在治愈前或者在排除传染病嫌疑前，不得从事法律、行政法规和国务院卫生行政部门规定禁止从事的易使该传染病扩散的工作。

《食品安全法》

第四十五条 食品生产经营者应当建立并执行从业人员健康管理制度。患有国务院卫生行政部门规定的有碍食品安全疾病的人员，不得从事接触直接入口食品的工作。从事接触直接入口食品工作的食品生产经营人员应当每年进行健康检查，取得健康证明后方可上岗工作。

《公共场所卫生管理条例》

第七条 公共场所直接为顾客服务的人员，持有"健康合格证"方能从事本职工作。患有痢疾、伤寒、病毒性肝炎、活动期肺结核、化脓性或者渗出性皮肤病以及其他有碍公共卫生的疾病的，治愈前不得从事直接为顾客服务的工作。

《生活饮用水卫生监督管理办法》

第十一条 直接从事供、管水的人员必须取得体检合格证后方可上岗工作，并每年进行一次健康检查。凡患有痢疾、伤寒、甲型病毒性肝炎、戊型病毒性肝炎、活动性肺结核、化脓性或渗出性皮肤病及其他有碍饮用水卫生的疾病的和病原携带者，不得直接从事供、管水工作。直接从事供、管水的人员，未经卫生知识培训不得上岗工作。

《涉及饮用水卫生安全产品生产企业卫生规范》

第四十四条 凡患有痢疾、伤寒、病毒性肝炎、活动性肺结核、化脓性或渗出性皮肤病等疾病或病原携带者，不得从事水质处理器（材料）的生产工作。

第二节　防范求职者欺诈

合规要点：审查求职者个人信息材料

审查求职者个人信息材料时应当注意以下方面：1.注意求职者自行填写的个人信息是否存在明显矛盾，一般情况下，在入职审查时能够直接发现虚假信息，劳动者入职较长时间后，用人单位再以其入职时填写的信息不真实，属欺诈为由，要求确认劳动合同无效，不一定能得到裁判机构的支持。2.仔细核对求职者的身份信息，防止其冒用他人身份入职。3.仔细核对求职者提供的学历证书、学位证书、资格证书等，防止相关证书作假。4.在规章制度中将劳动者提供虚假信息规定为严重违纪行为，用人单位有权据此解除劳动合同，且无须支付经济补偿。5.经与劳动者平等协商后，在劳动者入职登记表中加入同意用人单位对劳动者个人信息，包括敏感信息的无偿使用，并坚持最小必要原则，以防止侵害劳动者个人信息权益而承担侵权责任。6.将劳动者入职登记表等书面材料进行存档备案，在将来发生争议时，可以作为证据使用。

案例参考

用人单位以劳动者提供不实入职材料为由解除劳动合同关系被判违法解除

2020年11月20日，杨某和大连Y培训学校签订《劳动合同书》，约定劳动合同期限至2021年11月19日。后双方续签至2024年11月19日。入职当日，杨某填写的《入职申请表》中个人简历部分载明：2012年至2019年在大连K培训学校担任分校长，并承诺所填写内容真实，如有虚假愿受解职处分。杨某入职后至2021年1月，担任Y培训学校分校长一职。2021年2月至2022年4月（离职时），杨某任市场总监。

2022年5月1日，Y培训学校向杨某出具员工解聘通知书，载明："因您向我司提供了不真实的个人工作信息及材料，使我司在违背真实意思的情况下订立或者变更劳动合同……我司于2022年5月1日起解除劳动合同。"杨某主张Y培训学校系违法解除劳动合同，应当支付违法解除的赔偿金，并诉至法院。Y培训学校对一审判决不服，提起上诉，认为其在2020年11月发布招聘信息招聘的岗位为校长，岗位要求为具备八年以上校长工作经验，杨某履历造假的行为构成欺诈，其与杨某解除劳动关系的行为于法有据。

【裁判观点】

一审法院认为，Y培训学校提供了K培训学校《解除劳动关系证明书》复印件及一审辩论终结前在网络上下载的杨某个人简历，以证明杨某在Y培训学校填写的《入职申请表》部分履历与事实不符，杨某不具备Y培训学校招聘校长一职时要求的"八年以上培训学校校长经验，有较强的团队管理经验"。经审查，一审法院认为，Y培训学校的主张不能成立，理由如下：首先，现有证据不足以证明杨某入职时系应聘校长岗位，Y培训学校提供的招聘信息与本案不具有关联性。即使Y培训学校主张的情况属实，杨某确为应聘Y培训学校校长岗位，招聘信息亦属于要约邀请，应聘者是否符合招聘条件及用人单位最终是否录用，均应由用人单位与劳动者具体协商，并以签订的劳动合同为准。其次，杨某于2020年11月20日入职至2021年1月在Y培训学校处担任分校长，2021年2月至2022年5月1日担任市场总监，Y培训学校于庭审中称，该调整系因杨某无法胜任分校长一职，经与杨某协商而作出的岗位调整。无论Y培训学校所述调整岗位的理由是否属实，杨某担任市场总监后，用人单位又于2021年11月20日与杨某续签了《劳动合同书》，劳动期限至

2024 年 11 月 19 日，这说明杨某能够胜任市场总监的工作。最后，K 培训学校《解除劳动关系证明书》复印件系杨某入职时向 Y 培训学校提交的材料，杨某个人简历系 Y 培训学校于一审辩论终结前在网络上下载的材料，均非 Y 培训学校在与劳动者解除劳动关系时取得的材料。现 Y 培训学校在劳动者入职工作一年半后，以提供的入职材料与事实不符为由，与杨某解除劳动关系，理由明显不足，一审法院认为属于违法解除劳动关系，Y 培训学校依法应向杨某支付违法解除劳动合同赔偿金。二审法院认为，Y 培训学校在向杨某出具的员工解聘通知书中记载的解除劳动合同的理由是"因您向我司提供了不真实的个人工作信息及材料"，首先，Y 培训学校未能证明其针对杨某的招聘条件为"八年以上培训学校校长经验……"双方签订劳动合同约定的工作岗位为管理岗位并非校长岗位，不能证明双方系以此为基础订立的劳动合同；其次，杨某在 2021 年 2 月变更工作岗位为市场总监后，于 2021 年 11 月 20 日双方续签劳动合同，说明不论杨某提供的个人工作信息及材料是否真实，但其符合 Y 培训学校市场总监工作岗位的要求，双方才会在劳动合同劳动到期后续签劳动合同。综上，原审判决在结合本案其他事实的基础上认定 Y 培训学校属于违法解除劳动合同并无不当。

法律分析

所谓劳动者提供虚假入职信息，是指劳动者故意隐瞒或虚构与订立劳动合同密切相关的信息，包括但不限于学历信息、工作简历、资格证书等。实务中，用人单位应当在劳动者办理入职手续时严格审查上述材料的内容，在取得候选人授权的前提下，可以向相关单位进行核实，也可以通过一些公共平台进行查询核实。如果用人单位怠于核实，又对入职材料不进行严格审查，劳动者入职较长时间后，再以劳动者提供虚假入职材料为由，解除与劳动者之间劳动合同关系的，有较高概率被裁判机构认定为违法解除。

另，就劳动者提供虚假入职信息类争议，用人单位还应当注意，如果在续订劳动合同的情况下，用人单位应当举证证明劳动者提供虚假入职信息导致用人单位受到欺诈，与其签订劳动合同。反之，即使劳动者存在提供虚假入职信息的情形，但是续订劳动合同时，用人单位依据劳动者的以往表现和工作能力决定与其续订劳动合同的，此时，用人单位以提供虚假入职材料为由解除劳动合同的，仍有较大概率会被裁判机构判定为违法解除。

合规依据

《劳动合同法》

第二十六条 下列劳动合同无效或者部分无效：（一）以欺诈、胁迫的手段或者乘人之危，使对方在违背真实意思的情况下订立或者变更劳动合同的；（二）用人单位免除自己的法定责任、排除劳动者权利的；（三）违反法律、行政法规强制性规定的。对劳动合同的无效或者部分无效有争议的，由劳动争议仲裁机构或者人民法院确认。

第三十九条 劳动者有下列情形之一的，用人单位可以解除劳动合同：（一）在试用期间被证明不符合录用条件的；（二）严重违反用人单位的规章制度的；（三）严重失职，营私舞弊，给用人单位造成重大损害的；（四）劳动者同时与其他用人单位建立劳动关系，对完成本单位的工作任务造成严重影响，或者经用人单位提出，拒不改正的；（五）因本法第二十六条第一款第一项规定的情形致使劳动合同无效的；（六）被依法追究刑事责任的。

《个人信息保护法》

第五条 处理个人信息应当遵循合法、正当、必要和诚信原则，不得通过误导、欺诈、胁迫等方式处理个人信息。

第六条 处理个人信息应当具有明确、合理的目的，并应当与处理目的直接相关，采取对个人权益影响最小的方式。收集个人信息，应当限于实现处理目的的最小范围，不得过度收集个人信息。

第十三条 符合下列情形之一的，个人信息处理者方可处理个人信息：（一）取得个人的同意；（二）为订立、履行个人作为一方当事人的合同所必需，或者按照依法制定的劳动规章制度和依法签订的集体合同实施人力资源管理所必需；（三）为履行法定职责或者法定义务所必需；（四）为应对突发公共卫生事件，或者紧急情况下为保护自然人的生命健康和财产安全所必需；（五）为公共利益实施新闻报道、舆论监督等行为，在合理的范围内处理个人信息；（六）依照本法规定在合理的范围内处理个人自行公开或者其他已经合法公开的个人信息；（七）法律、行政法规规定的其他情形。依照本法其他有关规定，处理个人信息应当取得个人同意，但是有前款第二项至第七项规定情形的，不需取得个人同意。

第二十一条 个人信息处理者委托处理个人信息的，应当与受托人约定委托处理的目的、期限、处理方式、个人信息的种类、保护措施以及双方的权利和义务等，并对受托人的个人信息处理活动进行监督。受托人应当按照约定处理个人信息，不得超出约定的处理目的、处理方式等处理个人信息；委托合同不生效、无效、被撤销或者终止的，受托人应当将个人信息返还个人信息处理者或者予以删除，不得保留。未经个人信息处理者同意，受托人不得转委托他人处理个人信息。

第三节　规范使用 Offer

合规要点 1：采取书面形式发放 Offer

Offer（录用通知书）须采取书面形式：1. 用人单位发放 Offer 应避免采用口头通知形式，以防止候选人认为企业不正规，进而影响招聘效率。2. 用人单位发放 Offer 应避免采用电子邮箱方式，以防止候选人回签确认又不按时报到时，无法向其主张违约责任或缔约过失责任。3. 用人单位发放 Offer 应避免采用短信、微信等通知形式，以防止产生争议后，无法将候选人与手机号、微信所属人进行关联。4. 用人单位发放 Offer 应当采取书面形式，且加盖单位公章，以单位名义发放。

案例参考

用人单位以口头形式通知录用，后取消录用，被判承担缔约过失责任

某信息公司在某直聘 APP 发布招聘售前技术支持人员的信息，郑某看到此招聘信息后，于 2021 年 5 月 4 日在该 APP 上与某信息公司的总经理王某沟通并约定面试。2021 年 5 月 8 日上午，郑某到厦门某工贸有限公司面试，面试通过。当天下午，郑某到某信息公司进行第二次面试，双方就工资问题进行了协商，某信息公司的工作人员口头通知录用郑某。当天晚上，郑某在某直聘 APP 上回复厦门某工贸有限公司的工作人员："你好，麻烦你代我向主管说一声不好意思，我找到更心仪的公司了。" 2021 年 5 月 10 日，某信息公司工作人员通过微信向郑某发送录用通知并提出报到的相关要求和安排，微信聊天记录载明："办理入职手续时间是

2021 年 5 月 17 日 8 点 30 分，正式入职。"该录用通知的落款时间为 2021 年 5 月 8 日。2021 年 5 月 12 日上午 11 点 37 分，某信息公司工作人员通过微信通知郑某："小郑，不好意思，我们公司现在人员有所调整，你这个岗位可能暂时不需要人手，望理解。"郑某向仲裁委申请仲裁，仲裁委作出不予受理仲裁申请决定书，后郑某向法院提起诉讼。

【裁判观点】

在劳动关系的建立过程中，劳动者与用人单位均享有订约自由，但在缔约过程中双方应遵循诚实信用原则。某信息公司工作人员口头通知录用郑某并通过微信向其发送了录用通知，双方已就 2021 年 5 月 17 日办理入职手续，正式入职事宜达成一致，郑某对此产生信赖利益。在收到某信息公司工作人员口头录用通知后，基于对该录用通知的信赖，郑某放弃了厦门某工贸有限公司的工作机会，之后某信息公司却在无正当理由的情况下取消录用郑某，拒绝与其签订劳动合同、建立劳动关系。某信息公司取消录用的行为存在过错，违反了诚实信用原则，并给郑某造成了信赖利益损失，根据《民法典》第五百条的规定，某信息公司应当承担缔约过失的赔偿责任。法院判决某信息公司赔偿郑某损失 2000 元。

法律分析

所谓 Offer，是指候选人经投递简历、面试、作业测试、体检等诸多环节被录用后，用人单位向候选人发放的录用通知书。从法律性质上来讲，录用通知书属于"邀请"，而候选人回复同意则属于"承诺"，因此，录用通知书只有在候选人回复同意后，才在双方之间产生预约合同的法律效力，单方的录用通知书并不能产生预约合同的法律效果。建议用人单位向候选人发放 Offer，因为录用通知是确定聘用及相关条件的书面载体，候选人收到 Offer 后，会为入职做必要的准备，如向原单位辞职、办理离职手续、做新单位的入职体检等。

用人单位发出 Offer，且经候选人回签同意后，双方成立预约合同关系。此后，任何一方撤销 Offer，均应向对方承担相应的违约责任。

所谓 Offer 应当书面化，是指用人单位不应以口头、微信、短信、电子邮件等方式表达录用的意思表示。理由在于，前述通知方式可能会让候选人认为用人单位不正规，没有实力，进而产生不愿入职的想法。同时，非书面通知录用还可能会导致事后产生争议，不利于守约方向违约方主张违约金或缔约过失责任。

合规依据

《民法典》

第四百七十一条 当事人订立合同,可以采取要约、承诺方式或者其他方式。

第四百七十二条 要约是希望与他人订立合同的意思表示,该意思表示应当符合下列条件:(一)内容具体确定;(二)表明经受要约人承诺,要约人即受该意思表示约束。

第四百七十六条 要约可以撤销,但是有下列情形之一的除外:(一)要约人以确定承诺期限或者其他形式明示要约不可撤销;(二)受要约人有理由认为要约是不可撤销的,并已经为履行合同做了合理准备工作。

第五百条 当事人在订立合同过程中有下列情形之一,造成对方损失的,应当承担赔偿责任:(一)假借订立合同,恶意进行磋商;(二)故意隐瞒与订立合同有关的重要事实或者提供虚假情况;(三)有其他违背诚信原则的行为。

合规要点 2:明确 Offer 的生效及失效条件

Offer 中应当明确具体的生效及失效条件:1. 生效条件之一为候选人通过背景调查,以防止背景调查不理想,而用人单位无法撤销 Offer。2. 生效条件之二为候选人入职时提交完整的入职材料,以防止其到岗时未提交完整的入职材料,用人单位无法撤销 Offer。3. 生效条件之三为候选人不存在竞业限制义务,以防止出现录用存在竞业限制义务的候选人而侵害第三人商业秘密的法律风险。4. 生效条件之四为候选人提供的简历不存在虚假,以防止候选人简历造假,用人单位无法撤销 Offer。5. 失效条件之一为候选人未按时到岗,以防止候选人未按时到岗,用人单位却无法撤销 Offer。

案例参考

某公司发送 Offer 未载明失效条件导致被判决承担缔约过失责任

某公司曾在某招聘 APP 发布招聘 IPD(集成产品开发)流程运营经理职位的广告。董某应聘该职位,通过简历筛选及面试环节,2022 年 6 月 17 日,董某收到某公司发送的《某汽车 Offer Letter》的邮件。当日,董某回复同意入职。某公司向董某发送《某汽车 Offer Letter》后，委托 A 公司对董某进行背景调查。2022 年 6 月 30 日，A 公司与董某提供的联系电话为 166×××××××× 的上级杨某联系，该手机号码机主表示自己不是杨某，称董某跟其说过会有一个背调的电话，让其配合一下，如果董某填的是杨某，可以直接问一下杨某。当日，A 公司拨打号码 133××××××××，该机主表示自己是杨某，杨某在背调电话中对董某的工作态度和工作能力、表现及业绩、性格和人际关系等给予了肯定评价。A 公司于 2022 年 6 月 30 日出具《目标雇员背景调查报告》，调查结果评级为红灯。2022 年 7 月 11 日，某公司员工张某通过邮件向董某发送解除录用通知，邮件内容为："董某，您好。因为您在招聘、录用过程中未能提供真实、完整、有效的个人信息，在此过程中做出不实陈述、承诺等，我司现解除录用通知并不再录用。"

董某认为某公司应承担缔约过失责任，诉至法院。

【裁判观点】

审理法院认为，双方之间的纠纷系发生于劳动合同缔约过程中，双方尽管尚未签订正式的劳动合同，但仍应遵守诚实信用原则，为劳动合同的订立进行积极磋商和准备。某公司于 2022 年 6 月 17 日通过邮件向董某发出《某汽车 Offer Letter》，告知入职时间、工资标准等，6 月 27 日，董某与某公司人员张某沟通延迟入职时间至 7 月 21 日，张某表示同意，且要求董某于 7 月 20 日前将离职证明等材料上传至系统，上述行为足以使董某产生某公司确定将与其签订劳动合同的合理信赖。但 7 月 11 日，某公司又以董某在招聘、录用过程中未能提供真实、完整、有效的个人信息，在此过程中作出不实陈述、承诺等为由决定不予录用。现某公司以董某提供杨某虚假的联系方式、嘱托"166××××××××"号码的接听者以杨某的名义进行背景调查为由认定董某进行不实陈述，进而决定不予录用，导致董某在求职过程中承担了较大的风险，某公司的行为违背诚实信用原则，应当承担缔约过失责任。

法律分析

所谓 Offer 生效条件，是指 Offer 只有在满足一定条件的情况下才生效；而 Offer 失效条件则是指 Offer 在满足一定的条件后自动失效。用人单位发出 Offer 且候选人回复同意后，双方均受 Offer 约束。用人单位一般无法再撤销 Offer，否则即构成违约，须承担违约金支付或缔约过失责任。因此，用人单位可以为 Offer 设置生效或失效条件，当候选人出现失效条件所列明的情况时，用人单位即可撤销Offer，使自身从Offer的枷锁中解脱。比如，常见的Offer失效条件有提供虚假入职信息、未按指定时间报到、未通过尽职调查、报到时不能提供完整的入职材料、与前用人单位存在竞业限制义务等。

招录单位已发出Offer，但未载明Offer失效条件，即使候选人存在提供虚假简历信息、未按指定时间报到等情形，招录单位也不能随意撤销Offer，否则将面临承担缔约过失责任的风险。

合规依据

《民法典》

第一百四十八条 一方以欺诈手段，使对方在违背真实意思的情况下实施的民事法律行为，受欺诈方有权请求人民法院或者仲裁机构予以撤销。

第四百七十一条 当事人订立合同，可以采取要约、承诺方式或者其他方式。

第四百七十二条 要约是希望与他人订立合同的意思表示，该意思表示应当符合下列条件：（一）内容具体确定；（二）表明经受要约人承诺，要约人即受该意思表示约束。

第四百七十六条 要约可以撤销，但是有下列情形之一的除外：（一）要约人以确定承诺期限或者其他形式明示要约不可撤销；（二）受要约人有理由认为要约是不可撤销的，并已经为履行合同做了合理准备工作。

第五百条 当事人在订立合同过程中有下列情形之一，造成对方损失的，应当承担赔偿责任：（一）假借订立合同，恶意进行磋商；（二）故意隐瞒与订立合同有关的重要事实或者提供虚假情况；（三）有其他违背诚信原则的行为。

第四节　细化入职流程

合规要点1：完整填写入职登记表

填写入职登记表须注意：1.确定入职时间、入职岗位、合同期限等信息，以防止将来在这些事项上出现争议,实践中一般认为,用人单位对劳动者工作年限、岗位调动合理性承担举证责任,故为了避免风险,应对上述事项予以明确。2.确定工作经历,包括原工作单位及相应的工作年限、就职岗位、解除劳动合同关系的原因等,上述事项可以作为将来认定员工是否构成欺诈的证据。3.确定相关健康信息,如是否从事过高空、高温、有毒有害工种等有职业危险的工种,是否发生过工伤或职业病,是否患有传染性疾病,是否患有精神病等特殊疾病。4.确定教育背景及资格证书,以防止出现候选人学历造假或证书造假而用人单位无法举证的情形。5.明确基本信息,包括姓名、身份证号、户籍地址、邮箱地址、现住址等,以防止对候选人的基本信息不了解,也便于后期送达相应法律文书。6.明确处罚信息,如候选人有无受过刑事处罚、治安处罚、行政处罚,是否被限制高消费、列入失信被执行人名单,等等,上述信息可以作为员工是否存在欺诈的证据。7.明确员工的承诺,保证员工已知悉其工作内容、工作地点、工作条件、职业危害、报酬标准等用人单位应告知的情况,要求员工确认不存在竞业限制义务,不会侵犯原用人单位的商业秘密。同时,员工应当承诺,如上述信息中存在任何不实,均视为严重违反用人单位的规章制度,用人单位有权无偿解除劳动合同关系。

案例参考

用人单位以劳动者入职信息不完整为由解除劳动合同被判违法解除

杨某于2017年11月25日入职D公司任生产部经理岗,双方签订书面劳动合同。后D公司发现杨某在入职时所填的《员工应聘申请表》中称其取得Z学院大专文凭时间为2001年7月,但其实际于2017年7月1日取得Z学院大专文凭,两个时间不符。D公司遂于2019年5月27日以"提供虚假入职信息"为由单方面解除了与杨某的劳动合同。杨某向劳动人事争议仲裁委员会提出仲裁申请,要求D公司支付其赔偿金。该仲裁委最终裁决D公司应向杨某支付赔偿金。D公司不服该裁决,遂诉至法院,请求法院认定其解除合同的行为合法。

【裁判观点】

一审法院认为,双方当事人之间的劳动合同系双方的真实意思表示,合法有效,双方均应依约履行。杨某在《员工应聘申请表》中所填写的大专文凭取得时间与实际不符,存在一定过错,但其在入职前确实取得了相应院校的学历文凭并提供了学历原件供D公司核对,仅填写时间错误不足以影响对杨某的录用,性质并不足以被认定为严重。此外，D 公司自身未尽到谨慎审查义务，未对杨某所提供的相关信息予以校验，亦存在一定过错。故，D 公司以"提供虚假的入职信息"为由解除与杨某间的劳动合同缺乏依据，属违法解除。二审法院认为，用人单位解除劳动合同应当符合法定事由，依法解除。D 公司主张其解除与杨某的劳动合同的事由有二，即杨某严重违反单位规章制度以及劳动合同无效。关于第一个事由，D 公司并未提供相关的符合《劳动合同法》规定的具体规章制度，故 D 公司以该理由解除劳动合同，缺乏事实依据，亦不符合法律规定；关于第二个事由，劳动合同一方以欺诈手段订立劳动合同，只有在使对方违背真实意思的情况下，订立劳动合同才无效。本案中，在订立劳动合同时，杨某关于其文凭的陈述仅在取得时间上与事实不符，而文凭是真实有效的，故该陈述不足以导致 D 公司违背真实意思与杨某签订劳动合同。因此，D 公司以此事由主张解除劳动合同，亦无法律依据。综上所述，法院判决驳回上诉，维持原判。

法律分析

劳动者入职时向用人单位提交的虚假入职信息，可能包括之前的工作经历、工作岗位等，也可能包括学历、学位、资格证书等。如果上述信息是用人单位聘用劳动者的决定性因素，则若劳动者存在提交虚假入职信息行为，用人单位有权要求确认劳动合同无效。在这里，要特别注意，只有与建立劳动合同关系直接相关的入职信息虚假，才会导致劳动合同无效。比如，劳动者已经结婚，但是谎称单身，用人单位不能据此确认劳动合同无效，因为劳动者的婚姻状况与履行劳动合同无关。

对于某些特殊岗位或工种，如保安岗位，对诚信的要求较高，故用人单位应当在候选人是否存在刑事前科和治安处罚等方面予以重点关注。如果候选人存在上述情形，且用人单位已经提前告知须符合无刑事前科、无治安处罚等条件，劳动者也承诺不存在刑事前科、治安处罚等情形，则事后发现劳动者提供虚假信息的，用人单位可以要求确认劳动合同无效。

对于一些经常需要出差的岗位或工种，用人单位应当在劳动者是否系失信被执行人、被限制高消费人员等方面予以重点关注。如果劳动者存在上述情形，且用人单位已经提前告知须符合非失信被执行人、未被限制高消费等条件，则可以认为劳动者隐瞒上述与履行劳动合同相关的重要信息，且其无法正常履行工作职责，用人单位可以确认劳动合同无效。

合规依据

《劳动合同法》

第二十六条 下列劳动合同无效或者部分无效：（一）以欺诈、胁迫的手段或者乘人之危，使对方在违背真实意思的情况下订立或者变更劳动合同的；（二）用人单位免除自己的法定责任、排除劳动者权利的；（三）违反法律、行政法规强制性规定的。对劳动合同的无效或者部分无效有争议的，由劳动争议仲裁机构或者人民法院确认。

第三十九条 劳动者有下列情形之一的，用人单位可以解除劳动合同：（一）在试用期间被证明不符合录用条件的；（二）严重违反用人单位的规章制度的；（三）严重失职，营私舞弊，给用人单位造成重大损害的；（四）劳动者同时与其他用人单位建立劳动关系，对完成本单位的工作任务造成严重影响，或者经用人单位提出，拒不改正的；（五）因本法第二十六条第一款第一项规定的情形致使劳动合同无效的；（六）被依法追究刑事责任的。

合规要点 2：确认劳动者是否负有竞业限制义务

用人单位在招录劳动者时，应当特别注意劳动者是否负有竞业限制义务：1. 不要招录负有竞业限制义务的劳动者，一旦录用，可能面临承担连带赔偿责任的风险。2. 向劳动者前工作单位核实其是否存在竞业限制义务，用人单位在征得劳动者同意的前提下，可以通过尽职调查的方式向劳动者的前工作单位核实该劳动者是否处于竞业限制义务期内。3. 如劳动者口头表示不负有竞业限制义务，又无法通过尽职调查的方式进行核实，用人单位应当让劳动者出具不负有竞业限制义务的书面承诺书，即如果劳动者负有竞业限制义务，全部责任由劳动者自行承担，与用人单位无关。

案例参考

招录负有竞业限制义务的劳动者被判承担支付违约金连带责任

2018 年 1 月，刘某与 AA 公司签署了劳动合同，约定劳动合同期限为 2018 年 1

月8日至2021年6月30日，试用期三个月。2019年9月6日，AA公司与刘某签订《竞业限制协议》，约定刘某负有竞业限制义务。刘某于2020年4月7日从AA公司离职。2020年4月8日，AA公司与刘某签订《竞业限制协议之补充协议》，约定刘某离职后的竞业限制义务履行期限为其从AA公司离职次日起的6个月；竞业限制义务履行期限内，AA公司每月以刘某办理离职手续之前12个月的月平均工资的50%为标准支付补偿金。后刘某在竞业限制期内入职LD公司，AA公司将刘某诉至法院。

【裁判观点】

一审中，AA公司主张刘某违反了竞业限制义务，在竞业限制期内入职了与AA公司存在竞争关系的LD公司，并提供证据视频，该视频显示刘某在工作时间内多次出入、长时间停留在LD公司办公场所。法院认为，刘某虽主张上述视频的取得不具有合法性，但其未能就正常上班时间内频繁出现在与AA公司存在竞争关系的LD公司办公地址等情况进行合理解释，应承担不利后果。因此，该院采信AA公司的相关主张，认定刘某确实在竞业限制期限内入职了LD公司。

LD公司明知或应尽未尽审查义务，招用从具有竞争关系的AA公司处离职并负有竞业限制义务的刘某，其对刘某应付的竞业限制违约金承担连带责任。刘某不服，提起上诉，二审法院判决驳回上诉，维持原判。

合规依据

《劳动合同法》

第九十条　劳动者违反本法规定解除劳动合同，或者违反劳动合同中约定的保密义务或者竞业限制，给用人单位造成损失的，应当承担赔偿责任。

第九十一条　用人单位招用与其他用人单位尚未解除或者终止劳动合同的劳动者，给其他用人单位造成损失的，应当承担连带赔偿责任。

合规要点3：确认劳动者是否在其他单位兼职

用人单位在招录劳动者时，应特别注意劳动者是否存在兼职的情形：1.用人单位应当在获得劳动者授权后进行尽职调查，以防止其与其他单位仍存在劳动关系。2.用人单位应当了解劳动者的社保缴纳情况，来防范招录兼职劳动者的法律风险。3.用人单位应当要求劳动者提供其自上一家单位离职的证明，以防范招录兼职劳动者的连带赔偿法律风险。4.用人单位应当将劳动者提供的并签字确认的离职证明存档，将来出现争议时作为证据使用。

案例参考

用人单位招录与原单位存在劳动（人事）关系的人员被判承担连带赔偿责任

孙某系某中学聘用的教师，系该单位编制内员工。双方于2009年10月6日签订工作合同，后孙某在工作期间未按照工作合同约定向某中学提出辞职请求并履行辞职程序，在未与某中学解除工作合同的情况下离开，至温州某某实验学校任教，与温州某某实验学校签订劳动合同。某中学由此以孙某为被告、温州某某实验学校为第三人，提起诉讼，认为第三人温州某某实验学校聘用孙某已违反法律规定，并要求其与被告孙某共同承担向某中学支付违约金、赔偿金的连带赔偿责任。

【裁判观点】

一审法院认为，孙某违反其与原告某中学签订的工作合同的约定，未履行辞职程序擅自离开某中学，已构成违约，应当按照双方签订的《工作合同》的约定承担违约责任，第三人温州某某实验学校明知孙某未与原告某中学解除工作合同仍与其签订劳动合同，应承担连带赔偿责任，原告某中学要求孙某支付违约金7万元及经济赔偿4万元并由第三人温州某某实验学校承担连带赔偿责任的诉讼请求，合法有据，本院予以支持。二审法院维持原判。

法律分析

双重劳动关系是指同一个劳动者同时与两个以上的用人单位建立或形成均符合劳动关系构成要件的用工关系，该劳动关系既可能是劳动合同关系，也可能是事实劳动关系。法律并未明确禁止双重劳动关系，但如果劳动者存在双重劳动关系，则容易导致精力分散，不能集中精力完成原单位分配的工作任务。

用人单位在明知候选人与原用人单位之间的劳动（人事）关系未解除的情况下仍进行招录，与该劳动者建立劳动（人事）关系的，属于侵害原用人单位的合法权益，此时用人单位虽然与原用人单位之间并不存在合同关系，但仍有可能承担侵权责任，如原用人单位向与劳动者建立劳动（人事）关系的现用人单位主张连带赔偿责任。这里的连带赔偿责任可能包括支付违约金、赔偿损失、赔偿金等。因此，用人单位可以在招聘公告中载明招聘条件之一为候选人与其他单位不存劳动关系。用人单位在招录劳动者时，务必仔细核实候选人是否仍与其他用人单位存在劳动关系。用人单位可以在候选人应聘时，让其授权用人单位对其是否存在其他劳动关系进行调查或核查。发现候选人与其他单位存在劳动关系的，不予录用。

合规依据

《劳动合同法》

第九十一条 用人单位招用与其他用人单位尚未解除或者终止劳动合同的劳动者，给其他用人单位造成损失的，应当承担连带赔偿责任。

合规要点 4：岗位职责书的内容应当具体、合理

用人单位起草的岗位职责书应当具体、合理、合法：1.岗位职责书务必将岗位职责一一列出，必要时应当对可能存在歧义的内容进行书面解释，以防止劳动者与用人单位对何为岗位职责产生不同理解。2.岗位职责书所确定的岗位职责必须具体、量化，以应对将来可能发生的争议。3.岗位职责书应当明确岗位工作内容，以防止将来发生争议时，裁判机构无法确定实际工作内容调整系履行工作职责还是调岗。4.用人单位应当将是否正常完成岗位职责书中的工作内容作为录用条件之一，以作为劳动者试用期考核的依据之一。5.用人单位应当将经劳动者签字确认的岗位职责书存档，以便将来出现争议时作为证据使用。

案例参考

用人单位在能够证明劳动者具体岗位职责的情况下
以不服从工作安排为由解除劳动合同关系被判合法解除

2003年9月，魏某与某公司建立劳动关系，双方签有书面劳动合同。末次劳动合同是自2014年6月1日起的无固定期限劳动合同，合同约定魏某从事值机组长工作。自2012年5月1日起，魏某开始担任值机组长。自2015年四五月起，魏某的工作内容调整为培训员工。2016年3月8日，某公司人事经理吴某与魏某谈话，告知魏某将对新员工的培训重新做一些调整，从3月8日起由陈某负责培训工作，魏某继续做原值机工作，薪资福利不变。魏某没有同意公司的工作安排。2016年3月

14日，魏某前往松江方塔中医医院就诊，该医院诊断意见为：颈痛，并开具了3月14日至18日的疾病病假建议书。当日，某公司向魏某寄出《按时出勤告知单》和《警告函》。3月16日和18日，某公司两次向魏某寄出《按时出勤告知单》。魏某分别于3月15日、17日、19日签收了前述快递。3月21日，魏某前往某公司处上班，并递交了3月14日至18日的病假单。当日，人事经理吴某与魏某谈话，再次告知魏某要按照公司的安排去做值机工作，否则将按照旷工处理，同时魏某要按照公司的规章制度请病假。3月22日，魏某前往松江方塔中医医院就诊，该医院向原告开具了3月22日至25日的疾病病假建议书，魏某当日将该疾病病假建议书交至某公司处。3月23日10时，某公司前往松江方塔中医医院核实原告生病就诊情况。11时，某公司员工在电话中告知魏某：公司已去医院核实，魏某并未按照医院的要求做理疗和检查，公司不批准魏某的病假单，要求魏某13时回公司出勤。但魏某未按照被告的要求回公司上班。当日下午，某公司向魏某寄出《病假未被批准，按时出勤警告单》。3月24日和25日，某公司两次向魏某寄出《按时出勤告知单》。但魏某均拒绝签收前述三份快递，快递被退回。3月25日，某公司员工再次前往方塔中医医院核实情况，医院称魏某3月22日11时挂号后，没有再交过费。3月28日上午，某公司再次与魏某谈话，对于魏某自3月8日起未按工作安排提供劳动，且3月22日之后未按要求返回公司说明情况等事宜，给予魏某最后书面警告，并要求其立即回到工作岗位完成工作任务。魏某未同意。当日，某公司向魏某出具《劳动合同解除通知书》，载明：1.自3月8日以来拒绝执行部门生产工作安排，在车间中游荡，对生产现场管理造成不良影响；2.3月22日提交的病假单，经核实未遵医嘱做理疗及病理检查，对于公司不批准该病假单，通知你立即返回工作岗位的要求不配合；3.拒收公司多次出勤催告及警告函，在末次警告时明确答复拒绝服从工作安排。根据《员工手册》2.1和3.11条款，公司作出决定：于3月28日与你解除劳动合同。被告处未设立工会，并已于2016年5月6日就单方解除魏某劳动合同事宜向松江区管委会综合党委进行了报备。2016年4月8日，魏某向上海市松江区劳动人事争议仲裁委员会申请仲裁，后不服裁决，诉至法院。

【裁判观点】

一审法院认为，双方的争议点在于被告安排原告重回值机岗位是否属于调岗？如果属于调岗，被告调整原告岗位是否合理？原告是否应当服从被告的安排？关于是否属于调岗，原、被告各执一词，从具体工作内容来看，值机组长的主要工作内容是管理员工和操作机器，2015年4月之后原告主要的工作内容是培训新员工，两者在工作内容上的确存在较大差异，应当认为实质上属于调岗。但对于如何安排员工的工作内容，属于企业用工自主权范围，在保障劳动者劳动权利的前提下，应当尊重企业的用工自主权。从调整前后的工作内容来看，某公司是让魏某"按你本来的工作岗位职责去履行"，与培训工作相比没有明显的职务高低变化；从劳动强度来看，顶替魏某从事培训工作人员的工作时间为周一至周五8:20—16:50，值机工作的工作时间为周一至周五8:15—16:30，调整后的工作时间少于培训工作的工作时间，没有增加魏某的工作强度；从工资待遇来看，魏某调整前后的"薪资福利都是不变的"，某公司没有降低魏某的工资待遇。因此，某公司在合理范围内调整魏某的工作内容，应当认定为合法有效，魏某应予服从。某公司在3月8日、21日、28日三次找魏某谈话，告知其调整工作内容，魏某拒不服从工作安排的行为违反了《员工手册》第2.1条的规定，被告据此解除劳动合同当属合法。

二审法院认为，某公司相关人员于2016年3月8日与魏某就调岗事宜进行沟通时，虽未明确拟调整的岗位系值班组长，但从要求魏某去做原值机工作、"希望按你本来的工作岗位的职责去履行"，并承诺薪资福利不变等陈述来看，结合双方原劳动合同对岗位的约定，某公司就拟调整岗位系原值班组长的主张更具优势效力，本院予以采纳。魏某认为某公司对拟调整的岗位未予明确，实际系一般值机员工岗位，但综观在案证据，难以显示其曾就拟调整的岗位应当明确为值机组长向某公司进行主张。由此，本院认定某公司案涉调岗行为并无不当。在此基础上，本院认同一审法院就某公司解除劳动合同系合法的相关意见，不再赘述。

法律分析

所谓明确岗位职责是指用人单位应当与劳动者明确具体的岗位职责内容，如相应岗位的工作职责或工作内容包括哪些方面，岗位职责确认书应当一一罗列，以防止出现争议后，劳动关系双方各执一词，用人单位称系履行工作岗位内的具体职责，相当于进行具体的工作安排，但劳动者认为用人单位在未征得劳动者同意的前提下单方调岗，故其有权不同意调岗。在此情况下，用人单位如以劳动者不服从工作安排构成严重违纪为由解除劳动合同关系，则有一定概率会被裁判机构认定为违法解除，须承担恢复劳动关系或支付赔偿金的责任。

此外，用人单位明确具体的岗位职责内容对于认定劳动者是否构成违纪、是否违反操作流程等也均有参考意义。

合规依据

《劳动合同法》

第三十八条 用人单位有下列情形之一的，劳动者可以解除劳动合同：（一）未按照劳动合同约定提供劳动保护或者劳动条件的；（二）未及时足额支付劳动报酬的；（三）未依法为劳动者缴纳社会保险费的；（四）用人单位的规章制度违反法律、法规的规定，损害劳动者权益的；（五）因本法第二十六条第一款规定的情形致使劳动合同无效的；（六）法律、行政法规规定劳动者可以解除劳动合同的其他情形。用人单位以暴力、威胁或者非法限制人身自由的手段强迫劳动者劳动的，或者用人单位违章指挥、强令冒险作业危及劳动者人身安全的，劳动者可以立即解除劳动合同，不需事先告知用人单位。

第三十九条 劳动者有下列情形之一的，用人单位可以解除劳动合同：（一）在试用期间被证明不符合录用条件的；（二）严重违反用人单位的规章制度的；（三）严重失职，营私舞弊，给用人单位造成重大损害的；（四）劳动者同时与其他用人单位建立劳动关系，对完成本单位的工作任务造成严重影响的，或者经用人单位提出，拒不改正的；（五）因本法第二十六条第一款第一项规定的情形致使劳动合同无效的；（六）被依法追究刑事责任的。

第五节　规范试用期管理

合规要点 1：试用期的约定应符合法律规定

用人单位在约定试用期时须注意：1.同一单位与同一劳动者只能约定一次试用期。2.即使第一次试用期约定未达法定最长期限，也不建议与劳动者在法定期限内协商延长试用期，如签订三年的劳动合同，第一次约定了三个月试用期，之后劳动关系双方协商一致延长三个月试用期。3.试用期工资不得低于当地最低工资。4.试用期工资不得低于劳动合同约定工资的80%。5.试用期工资不得低于本单位相同岗位最低档工资。6.以完成一定工作任务为期限的劳动合同或者三个月以下的固定期限劳动合同不得约定试用期。7.不得签订仅约定试用期的劳动合同，否则视为试用期不成立，该期限为劳动合同期限。8.三个月以上不满一年的劳动合同，约定试用期不得超过一个月；一年以上不满三年的劳动合同，约定试用期不得超过二个月；三年以上固定期限劳动合同和无固定期限劳动合同，试用期不得超过六个月。

案例参考

用人单位违法约定试用期被判支付赔偿金

朱某于2021年2月6日正式进入某公司上班，担任陈列经理一职。2021年3月4日，朱某（乙方）与某公司（甲方）签订《劳动合同书》，约定双方签订固定期限劳动合同，合同期限为2021年2月6日至2022年2月5日，试用期为2021年2月6日至5月5日，共3个月。乙方同意根据甲方的工作需要，从事相关工作，乙方同意甲方根据组织架构变更和工作需求对乙方进行工作地点及岗位的变更。朱某的岗位为陈列经理，劳动报酬为试用期每月10000元（其中基本工资1600元、岗位绩效1000元、考核奖金7000元、全勤奖400元），双方未约定试用期结束后的转正工资。后双方发生劳动争议，朱某于2021年9月7日向某区劳动人事争议仲裁委员会提起仲裁，认为某公司违法约定试用期，要求其支付违法约定试用期1个月的赔偿金12500元。2021年10月30日，朱某不服劳动仲裁裁决，向某区人民法院提起诉讼。

【裁判观点】

法院认为，朱某与某公司之间的劳动关系合法有效。关于朱某主张的试用期约定超过法律规定的上限要求某公司支付赔偿金。根据《劳动合同法》第十九条的规定，劳动合同期限一年以上不满三年的，试用期不得超过二个月。故，本案中双方签订的劳动合同关于三个月试用期的约定违反法律的禁止性规定，应属无效条款，朱某的试用期应为二个月。

根据本案事实，双方约定劳动合同的期限为2021年2月6日至2022年2月5日，其中，试用期为2021年2月6日至2021年5月5日，共三个月，也就是说，双方劳动合同期限是一年，按照法律规定试用期不得超过二个月，但双方约定了三个月的试用期，这显然违反了《劳动合同法》的规定，属于违法约定试用期，且已经履行完毕。

根据《劳动合同法》第八十三条的规定，违法约定的试用期已经履行的，由用人单位以劳动者试用期满月工资为标准，按已经履行的超过法定试用期的期间向劳动者支付赔偿金。朱某主张试用期满工资为 12500 元，但未举证证实，故本院认定某公司应以 10000 元／月为标准支付超过法定试用期期间的赔偿金 10000 元。

法律分析

所谓违法约定试用期是指用人单位违反《劳动合同法》等法律规定与劳动者约定试用期，包括约定试用期超过法定期限、约定试用期工资低于法定标准、单独约定试用期、多次约定试用期、以完成一定任务为期限的劳动合同或者三个月以下的固定期限劳动合同约定试用期等。无论是上述哪一种情况，一旦劳动者维权，用人单位都有较大概率会被认定承担违法约定试用期的法律责任。上述违法行为在中小企业中较为常见。

以约定试用期超过法定期限为例，根据《劳动合同法》第十九条及第八十三条的规定，超过法定期限的试用期已经实际履行的，由用人单位以劳动者试用期满月工资为标准，按已经履行的超过法定试用期的期间向劳动者支付赔偿金。通俗来说，就超过法定期限的试用期部分而言，用人单位除向劳动者支付试用期工资外，还应向劳动者支付试用期满月工资，即劳动者可以拿到两份工资，一份为试用期标准工资，另一份为试用期满后工资。

又如，用人单位与劳动者多次约定试用期，则一般情况下，除第一次试用期外，其余试用期均无效，应当视为正式劳动合同期限，故用人单位有向劳动者支付双份工资的法律风险。再如，用人单位在后约定的试用期内，以劳动者不符合录用条件为由解除劳动合同关系的，则有较大概率会被裁判机构认定为违法解除。根据《劳动合同法》第四十八条的规定，用人单位应当与劳动者恢复劳动合同关系或由用人单位承担支付赔偿金责任。

合规依据

《劳动合同法》

第十九条 劳动合同期限三个月以上不满一年的，试用期不得超过一个月；劳动合同期限一年以上不满三年的，试用期不得超过二个月；三年以上固定期限和无固定期限的劳动合同，试用期不得超过六个月。同一用人单位与同一劳动者只能约定一次试用期。以完成一定工作任务为期限的劳动合同或者劳动合同期限不满三个月的，不得约定试用期。试用期包含在劳动合同期限内。劳动合同仅约定试用期的，试用期不成立，该期限为劳动合同期限。

第二十条 劳动者在试用期的工资不得低于本单位相同岗位最低档工资或者劳动合同约定工资的百分之八十，并不得低于用人单位所在地的最低工资标准。

第四十八条 用人单位违反本法规定解除或者终止劳动合同，劳动者要求继续履行劳动合同的，用人单位应当继续履行；劳动者不要求继续履行劳动合同或者劳动合同已经不能继续履行的，用人单位应当依照本法第八十七条规定支付赔偿金。

第八十三条 用人单位违反本法规定与劳动者约定试用期的，由劳动行政部门责令改正；违法约定的试用期已经履行的，由用人单位以劳动者试用期满月工资为标准，按已经履行的超过法定试用期的期间向劳动者支付赔偿金。

合规要点2：制定合理合法的录用条件并明确告知劳动者

用人单位制定录用条件时应当注意：1.录用条件应当具体、量化、可操作，防止在出现转正争议时，缺乏评判标准。2.录用条件应当合法，防止出现争议时，裁判机构对用人单位设计的录用条件合法性不予认可。例如，在录用条件中将试用期结婚视为不符合录用条件的，可能被认定为不合法。3.录用条件应当合理，否则出现争议时，裁判机构将认定用人单位制定的录用条件缺乏合理性。可能被认定为不合理的情况，如试用期内请事假超过1日，视为不符合录用条件；又如，试用期迟到1次及以上者，视为不符合录用条件。4.记载录用条件的文件经劳动者认可并签收后，应当存档，以便将来发生纠纷时作为证据证明劳动者已知悉具体的录用条件。

案例参考

用人单位在劳动者入职时未告知具体录用条件被判违法解除劳动合同

陈绍华（化名）于2017年8月入职某电子商务公司，从事后台程序员一职。双方签订了书面的劳动合同，合同期限为2017年8月1日至2020年7月31日，月工资8000元，试用期为三个月。某电子商务公司为陈绍华缴纳五险一金。2017年8月1日，陈绍华到该公司人力资源部报到，填写了《员工承诺书》，并签字表明自己已经知晓而且承诺自愿遵守《员工入职管理制度》《员工离职管理制度》《考勤管理办理》《员工行为规范》等相关制度。此后，陈绍华接受了公司组织的为期半个月的新员工入职培训。2017年8月15日，某电子商务公司组织新入职员工进行培训考试。然而，一个月后，某电子商务公司评定陈绍华员工试用期考核得分为57分，不合格，在《员工试用期考核表》上，部门负责人对陈绍华的评定意见为："该员工按时出勤，较好遵守规章制度，努力适应新的工作环境，但专业知识、能力与岗位匹配度不高，工作质量不合要求。"2017年9月29日，某电子商务公司以陈绍华试用期评估不合格为由作出《解除劳动合同通知书》，并通过邮寄形式送达陈绍华。在此期间，某电子商务并未支付陈绍华2017年9月工资；某电子商务公司为陈绍华缴纳各项社会保险至2017年9月。双方发生劳动争议。陈绍华认为某电子商务公司是违法解除劳动合同，应该支付经济补偿金。因此，他向当地的劳动人事争议仲裁委员会提出劳动争议仲裁申请，要求某电子商务公司支付其2017年9月工资8000元及解除劳动合同经济补偿金8000元，后因对仲裁裁决不服，诉至法院。

【裁判观点】

法院庭审中，某电子商务公司一方表示，由于陈绍华未达到公司试用期考核标准，因此与其解除劳动合同属于合法解除，不应向其支付解除劳动合同经济补偿金。对此，陈绍华则表示，某电子商务公司此前从未向自己说明录用条件以及考核标准，其单方解除劳动合同属违法行为。法院经审理后认为，劳动者及用人单位的合法权益受法律保护。根据《劳动争议调解仲裁法》第六条的规定："发生劳动争议，当事人对自己提出的主张，有责任提供证据。"本案中，某电子商务公司虽对陈绍华在试用期间进行了考核，但陈绍华否认知晓试用期录用条件及考核标准，某电子商务公司亦不能举证证明其在用工前已对陈绍华告知了录用条件及考核标准。因此，某电子商务公司单方终止双方劳动合同关系违反法律规定。根据《劳动合同法》第八十七条的规定："用人单位违反本法规定解除或者终止劳动合同的，应当依照本法第四十七条规定的经济补偿金标准的二倍向劳动者支付赔偿金。"陈绍华在某电子商务公司工作不到半年，经济补偿金的标准是其半个月的工资4000元。本案中，陈绍华主张某电子商务公司支付违法解除劳动合同补偿金，实为违法解除劳动合同赔偿金，其所要求的数额8000元符合法律规定的要求，法院予以支持。最终，一审法院判决，电子商务公司支付陈绍华违法解除劳动合同赔偿金8000元，2017年9月工资7233.1元。

某电子商务公司不服一审判决，提起上诉。二审法院认为，根据《劳动争议调解仲裁法》第六条的规定："发生劳动争议，当事人对自己提出的主张，有责任提供证据。"某电子商务公司对于自己主张的"陈绍华试用期考核不合格，属于合法解除"，不能提供证据证明其在用工之前已经告知陈绍华的录用条件及考核标准，故其单方解除劳动合同属违法解除，应支付违法解除劳动合同赔偿金。二审法院终审判决驳回上诉，维持原判。

法律分析

所谓录用条件应当提前告知给劳动者，是指用人单位在劳动者办理入职手续时，应当明确告知劳动者其工作岗位的具体录用条件，以防止出现用人单位以不符合录用条件为由解除与试用期员工的劳动关系时，劳动者称对具体的录用条件不知情的情况。实务中，中小企业或民营企业在具体岗位录用条件告知方面不够规范，容易导致违法解除的法律后果，相应的法律后果可能系恢复劳动关系或支付违法解除劳动合同关系的赔偿金。

合规依据

《劳动合同法》

第二十一条 在试用期中，除劳动者有本法第三十九条和第四十条第一项、第二项规定的情形外，用人单位不得解除劳动合同。用人单位在试用期解除劳动合同的，应当向劳动者说明理由。

第三十九条 劳动者有下列情形之一的，用人单位可以解除劳动合同：（一）在试用期间被证明不符合录用条件的；（二）严重违反用人单位的规章制度的；（三）严重失职，营私舞弊，给用人单位造成重大损害的；（四）劳动者同时与其他用人单位建立劳动关系，对完成本单位的工作任务造成严重影响，或者经用人单位提出，拒不改正的；（五）因本法第二十六条第一款第一项规定的情形致使劳动合同无效的；（六）被依法追究刑事责任的。

合规要点3：企业应建立试用期考核制度，明确考核流程

用人单位在建立试用期考核制度时，应注意以下方面：1.应当制定明确的试

用期考核评估办法。2. 注意试用期考核不合格与试用期不符合录用条件的转化，《劳动合同法》第三十九条规定不符合录用条件，用人单位可以解除劳动合同。3. 办理入职时就将试用期考核评估办法送达试用期员工。4. 进行事中量化的考核，并固定相应评分对应的事实。5. 针对表现不佳的试用期员工，要及时进行定期反馈，并提供必要的指导，以提升其工作能力。6. 及时向试用期员工送达考核结果。7. 试用期考核结果送达必须在试用期内完成。8. 用人单位制定的试用期考核评估办法尽量客观，防止因过度主观化不被裁判机构认同，而导致最终败诉。可以采取考试的方法，既容易固定证据，又在选拔人才上占有一定的主导权。9. 将试用期员工签字确认的试用期考核评估办法、事中量化考核相对应的事实材料、对试用期员工进行工作指导的材料等进行存档，以便在出现纠纷时作为证据提供。

案例参考

用人单位未在劳动者入职时告知试用期考核办法被判违法解除

2019年10月9日，李某与某公司签订《劳动合同》，双方约定合同期限自2019年10月9日起至2022年10月8日止，其中试用期从2019年10月9日起至2020年1月8日止；双方均认可李某担任公司副总经理。2020年1月10日，某公司向李某、程某、苏某、刘某、肖某5人发送《关于北京子公司新员工转正考核的通知》电子邮件，要求提供试用期工作总结、项目风险研究报告，并定于2020年1月13日进行转正述职汇报，考核权重及分值为试用期工作总结（20%）、项目风险研究报告（30%）、转正述职汇报（50%），出勤情况作为其他考察项。李某于1月11日按要求提交了《新员工试用期考核表》。2020年1月21日，董事长秘书勉某通过微信向李某发送《解除劳动关系协议书》，李某微信回复："那个协议存在严重问题，所以暂时没交接成功。"2020年2月11日，某公司向李某发送主题为《关于转正考核结果的通知》的电子邮件，该邮件附有《新员工转正考核审批表》，该表写明"入职时间为2019年10月9日，拟转正时间为2020年1月8日，试用期工作总结（20%）加权平均分55、项目风险研究报告（50%）加权平均分53、转正述职汇报（30%）得分55，综合得分54，考勤扣分0，最终得分54，考核结果为未通过"。李某以某公司为被申请人向北京市西城区劳动人事争议仲裁委员会申请劳动仲裁，裁决作出后，某公司不服，并于法定期限内向法院起诉。

【裁判观点】

在试用期内，除劳动者有《劳动合同法》第三十九条和第四十条第一项、第二项规定的情形外，用人单位不得解除劳动合同。用人单位在试用期解除劳动合同的，应当向劳动者说明理由。用人单位在录用劳动者时应当向劳动者明确告知录用条件，用人单位在解除劳动合同时应当向劳动者说明理由及法律依据。用人单位证明已向劳动者明确告知录用条件，并且提供证据证明劳动者在试用期间不符合录用条件的，可依照《劳动合同法》第三十九条第一项的规定解除劳动合同。

本案中，某公司在微信公众号发布的招聘公告及其与猎头公司签订的《人才服务协议》均非发生在某公司和李某之间，双方在《劳动合同》及《录用通知书》中并未明确录用条件及岗位要求，且针对李某的《关于北京子公司新员工转正考核的通知》发布于2020年1月10日，在该通知中，李某详细列明了考核内容、考核权重、考核时间等，由此可见某公司在录用李某时并未明确向其告知录用条件、试用期考核标准等内容。在李某的主管苏某尚未通过试用期考核的情况下，其作为与李某同时入职、同时进行试用期考核的人员行使管理考核权缺乏客观性，某公司以李某未通过试用期考核为由与其解除劳动关系，缺乏事实依据，已构成违法解除。

法律分析

用人单位应当建立一套全面、严谨、合规的试用期考核规则或办法，并明确具体的考核流程。实务中，容易出现的情况是，用人单位没有提前将试用期考核规则或办法告知试用期员工，或者口头告知导致事后无法举证。一旦劳动者提起仲裁或诉讼时否认知晓试用期考核规则或办法，用人单位根据上述试用期考核规则或办法作出的试用期考核结果，不一定能对劳动者发生法律效力，即用人单位以上述考核规则或办法得出劳动者不符合录用条件的结论将有一定概率会被裁判机构认定为违法。用人单位须承担恢复劳动关系或支付违法解除劳动合同关系赔偿金的责任。

试用期员工考核应当符合法律规定，非常关键的是，对于试用期员工考核的结论，必须在试用期内作出。如果超过试用期限后作出试用期员工不符合录用条件的结论，一旦劳动者申请仲裁，用人单位极有可能会被认定为违法解除。

另，用人单位还应当注意，对于试用期员工的考核评分，应当有相应的具体事例予以支持，否则容易让裁判机构认为考核或评估过于主观，从而增加用人单位承担违法解除试用期员工责任的法律风险。

合规依据

《劳动合同法》

第三十九条 劳动者有下列情形之一的，用人单位可以解除劳动合同：（一）在试用期间被证明不符合录用条件的；（二）严重违反用人单位的规章制度的；（三）严重失职，营私舞弊，给用人单位造成重大损害的；（四）劳动者同时与其他用人单位建立劳动关系，对完成本单位的工作任务造成严重影响，或者经用人单位提出，拒不改正的；（五）因本法第二十六条第一款第一项规定的情形致使劳动合同无效的；（六）被依法追究刑事责任的。

合规要点 4：试用期员工的用工管理应符合法律规定

用人单位在试用期员工的用工管理中应当注意以下方面：1. 试用期员工并不存在"试用"的概念，劳动法意义上的"试用期"与消费者购买商品时的"试用期"概念完全不同。2. 试用期员工劳动关系的解除，只能依据《劳动合同法》第三十九条、第四十条第一项和第二项。其中，第三十九条第一项规定的"在试用期间被证明不符合录用条件的"是用人单位较为常用的解除依据。如用人单位依据其他条款解除与试用期员工的劳动关系，无论理由是否充分，均系违法解除。3. 单方解除与试用期员工的劳动关系，须提前通知工会并征求意见，否则即使其他方面均合法，仍有违法解除劳动合同的法律风险。4. 解除与试用期员工的劳动关系，须向劳动者说明理由。

案例参考

用人单位解除与试用期劳动者的劳动合同关系未通知工会被判违法解除

2018年7月4日，王某与某公司签订《劳动合同书》，合同约定王某的工作起始时间为2018年7月2日，合同期限为自2018年7月2日起至2019年12月31日止，试用期为2018年7月2日至2018年8月1日，工作岗位为焊接监察员，工作地点为厂区，试用期工资为2560元，转正工资为3200元（其中包括：基础工资1600元，绩效考核工资640元,绩效奖金960元)。王某自2018年7月2日到某公司进行工作,至2018年7月9日共计工作6.5日。其日均工资为117.70元(2560元÷21.75日)。某公司向王某下发《试用期不合格通知书》,王某于2018年7月9日在通知书上签字。另查明,王某收到了某公司向其支付的工资640元。后,王某以某公司违法解除劳动合同为由提起诉讼。

【裁判观点】

审理法院认为,王某与某公司于2018年7月2日建立了劳动关系,且于2018年7月4日补签了《劳动合同书》,该份合同书因有双方的签字及盖章,故合法有效。合同中约定了试用期为2018年7月2日至2018年8月1日,不违反《劳动合同法》第十九条及第二十条的规定,该项约定合法有效,故王某主张与某公司没有试用期约定的主张本院不予支持。王某主张其于2018年7月2日至2018年7月9日共计上班6.5日(其中包括1个休息日),某公司主张王某共计上班4.5日,但因某公司提供的出勤记录为单方证据,未经劳动者确认,且在为王某结算工资时,向其支付了6.5日的工资,故本院对王某主张在某公司实际工作了6.5天的事实予以支持。王某的日均工资为117.70元,故某公司应向王某支付工资882.75元〔(5.5日×117.70元)+(1日×117.70元×200%)〕,因某公司已经支付了王某工资640元,故其应继续支付王某工资242.75元。根据《劳动合同法》第四十三条的规定,用人单位单方解除劳动合同,应当事先将理由通知工会。本案中,某公司主张因其公司规模小未设立工会,故不能通知工会。本院认为,公司就算未设立工会亦应该向职工代表进行通知,或者向本地区行业工会进行汇报,故某公司解除与王某的劳动关系违反了法律规定,应当向王某支付赔偿金共计2560元(2560元×0.5×2)。

法律分析

所谓的试用期员工管理合规是指,用人单位应当完全根据《劳动合同法》等相关法律的规定管理试用期员工。比如,用人单位解除与试用期内劳动者的劳动合同关系依据的法条只能是《劳动合同法》第三十九条、第四十条第一项及第二项。除此之外,用人单位依据其他条文解除与试用期员工的劳动合同关系,均有被认定为违法解除的风险。用人单位应当有合规意识,即对于试用期员工劳动关系的解除并不是非常随意的,最常适用的条款为《劳动合同法》第三十九条第一项,即试用期员工不符合录用条件。不过,用人单位以试用期员工不符合录用条件为由解除劳动合同关系的前提，系用人单位在劳动者入职时已经告知劳动者具体的录用条件，否则用人单位有可能陷入无法举证具体的录用条件而被认定为违法解除的困境。

所谓用人单位单方解除劳动合同须履行工会通知程序，是指用人单位依据《劳动合同法》第三十九条、第四十条解除劳动者的劳动合同关系的，应当提前通知工会，否则极有可能因违反程序性规定而被认定为违法解除。如果用人单位没有成立工会，并不必然免除用人单位无须通知工会的义务。实务中，可能有部分裁判者认为，即使用人单位没有建立工会，仍应通知上一级街道工会或县一级总工会。

合规依据

《劳动合同法》

第二十一条　在试用期中，除劳动者有本法第三十九条和第四十条第一项、第二项规定的情形外，用人单位不得解除劳动合同。用人单位在试用期解除劳动合同的，应当向劳动者说明理由。

第三十九条　劳动者有下列情形之一的，用人单位可以解除劳动合同：（一）在试用期间被证明不符合录用条件的；（二）严重违反用人单位的规章制度的；（三）严重失职，营私舞弊，给用人单位造成重大损害的；（四）劳动者同时与其他用人单位建立劳动关系，对完成本单位的工作任务造成严重影响，或者经用人单位提出，拒不改正的；（五）因本法第二十六条第一款第一项规定的情形致使劳动合同无效的；（六）被依法追究刑事责任的。

第四十三条　用人单位单方解除劳动合同，应当事先将理由通知工会。用人单位违反法律、行政法规规定或者劳动合同约定的，工会有权要求用人单位纠正。用人单位应当研究工会的意见，并将处理结果书面通知工会。

《最高人民法院关于审理劳动争议案件适用法律问题的解释（一）》

第四十七条　建立了工会组织的用人单位解除劳动合同符合劳动合同法第三十九条、第四十条规定，但未按照劳动合同法第四十三条规定事先通知工会，劳动者以用人单位违法解除劳动合同为由请求用人单位支付赔偿金的，人民法院应予支持，但起诉前用人单位已经补正有关程序的除外。

第二章
劳动合同订立与履行

第一节　劳动合同的准备

合规要点 1：签订劳动合同前，要求职工阅读单位各项规章制度，并在劳动合同中确认

无论是规章制度，还是劳动合同，对于用人单位和劳动者来说，均为明确双方权利义务的规范性文件。签订劳动合同，是对双方权利义务的具体明确。因此，在劳动合同签订暨双方权责具体明确前，向员工明确告知公司现行规章制度，是极有必要的。以防后续双方因规章制度不明而产生争议，进而导致规章制度无法在争议中对特定劳动者生效。

另外，单位还应当确保与劳动者切身利益相关的各项规章制度经过民主程序并公示公告生效后，经劳动者签约前阅读并在劳动合同中确认。

案例参考

廖××与中国××销售有限公司广西××石油分公司劳动合同纠纷案

案件号：(2018)桂1402民初1068号

【案情介绍】

廖××与中国××销售有限公司广西××石油分公司（以下简称××石油分公司）劳动合同纠纷一案，法院于2018年8月6日立案受理后，依法适用简易程序，公开开庭进行了审理，原告廖××（以下简称原告）及委托诉讼代理人钟某苏到庭诉讼，被告××石油分公司（以下简称被告）的代表人莫某新经法院传票传唤不到庭参加诉讼，被告××石油分公司的委托诉讼代理人陈某杰、黄某彬到庭参加诉讼。本案现已审理终结。

原告向法院提出诉讼请求：一、确认被告于2017年12月29日解除公司与原告于2004年1月1日签订的无固定期限劳动合同的行为违法，并继续履行原告与被告的劳动合同；二、请求被告支付原告自解除之日至恢复上班之日的工资。

事实和理由：原告自于1991年起在×绥石油公司工作，2004年1月1日与中国××销售有限公司广西另一个石油分公司签订了无固定期限合同，2011年，××石油分公司成立，原告的用人单位变更到被告处。2017年12月29日，被告以原告存在套现、套取电子券等违纪违规行为为由解除与原告于2004年1月1日签订的无固定期限劳动合同。原告不服，向崇左市劳动人事争议仲裁委员会提起仲裁，崇左市劳动人事争议仲裁委员会作出〔2018〕14号仲裁裁决：驳回申请人的仲裁请求。原告于2018年7月12日收到裁决书，对仲裁裁决不服，提起诉讼。

原告认为，原告2017年帮助客户使用加油卡加油，这些加油卡产生的电子优惠券属于公司应当优惠客户的费用，原告利用该优惠完成公司制定的燃油宝促销任务，并非个人从中牟利，客观上没有给公司造成损失，况且涉及的电子优惠券数额微小，被告夸大为与实际不符。加油卡属于原告的朋友，其许可原告的行为，不存在窃取。被告认为公司利益受到极其严重的损失，但并没有划定轻微损失、一般损失、严重损失、巨大损失、特别巨大损失、极其严重损失的界限。2016年，其他加油站出现类似情况，数额和次数比原告多几十倍，但没有被认定为严重，仅做记过处分并没有解除劳动合同。仲裁裁决认为给公司造成重大严重负面影响也不符合实际，本案并没有在社会公开，没有任何媒体或者网络传播，若不是公司通报也仅有公司少数领导知道，不存在重大负面影响。为维护原告的合法权益，请求法院判如诉请。

被告辩称，一、原告增加的诉讼请求应当在法定期限内提出，且该请求属于仲裁前置程序，人民法院不应当受理。二、原告的违纪行为是否达到严重程度需要从多方面进行考虑，除了考虑该行为造成的经济损失之外，还要考虑其影响及间接损失以及造成的管理上的混乱等问题。首先，原告是明知故犯。其在被告处上班二十余年且在多次学习中石化加油站的禁令管理制度的情况下，仍然违反单位的规章制度，属于明知故犯。其次，原告属于顶风作案。被告发布加油卡经营质量活动效能检查时间是2017年7月至8月，在此期间，原告仍然利用加油卡套现并被检查组检查时发现，其主观恶性较大，置单位的规章制度于不顾。最后，原告属于长期作案。原告在其谈话笔录中承认其于2017年年初就开始利用加油卡套现等，由此可知，原告未承认的部分是无法预料的，其应为自身的行为承担相应的责任。三、原告提出的被告的处罚标准不一致的问题，从被告提交的材料看，原告多次学习其他加油站的此类违纪行为的处罚通报，这些处罚通报中都作出了解除劳动合同的处理。在本案中，与原告同样违纪的员工，被告均作出了解除劳动合同的处理，因此被告不存在处罚不合理、不公正的情况。

综上，原告利用工作人员之便违规套现使用客户的加油卡，该行为严重违反了单位的规章制度及劳动纪律，并在单位中造成严重的负面影响；被告规章制度中有规定，存在该行为可以解除劳动合同，且被告已经履行了相应程序。故，被告据此解除与原告的劳动合同的行为，有事实和法律依据，程序合法，请求法院驳回原告的诉讼请求。

【处理结果】

一审法院经审理作出驳回原告廖××的诉讼请求的判决。二审法院判决维持原判。再审法院裁定驳回廖××的再审申请。

法律分析

用人单位可以通过民主程序制定规章制度，规范职工的行为。本案中，被告××石油分公司于2016年7月20日印发《××石油分公司关于强化加油卡和资金风险管控的通知》即石化销售桂崇零〔2016〕×号文，其内容未违反法律、行政法规的强制性规定，且制定程序符合法律规定，体现了用人单位的用工管理权，保障了用人单位的生产指挥权；原告廖××于2017年5月5日签收了《廉洁从业承诺书》，承诺不利用IC卡、电子券等各类形式进行套现，且其在2017年11月15日与公司的谈话笔录中认可知道利用用户卡套现、套取电子券是违反公司相关制度的行为；据此可认定廖××已知晓石化销售桂崇零〔2016〕×号文的相关规定，对此应予遵守。石化销售桂崇零〔2016〕×号文可以成为法院审理劳动争议案件的依据。本案被告××石油分公司使用其本单位制定的石化销售桂崇零〔2016〕×号文及依照《中国石化加油站现场管理禁令（试行）》石化股份销零〔2011〕158号文的规定对廖××的行为进行处罚并无不当，故对廖××主张用石化销售桂零〔2004〕×××号文和石化销售桂零〔2017〕××号文作为对其的处罚依据及石化销售桂崇零〔2016〕×号文与石化销售桂零〔2017〕××号文相冲突的辩解意见法院不予采纳。

关于廖××违规套取电子券的行为是否达到严重程度的问题。《劳动法》对严重违反劳动纪律或用人单位规章制度的情形，未予明确规定，但廖××与××石油分公司签订了无固定期限劳动合同，明确约定了严重违反规章制度的公司可以与其解除劳动合同。廖××在明知违规套取电子券是公司明令禁止的行为且在长期学习其他加油站违规行为处理案例的情况下，在本单位开展的加油卡监察效能活动中仍旧顶风作案，其主观恶意较大；廖××也陈述了其从2017年1月就开始存在违规套取电子券的行为，可见其违纪行为具有重复性；违规套电子券给用人单位造成的损失不仅是指客观经济上的损失，还严重影响用人单位的管理秩序；中国××××股份有限公司从上至下用禁令的形式来约束违规套取电子券的行为，足以见该行为的严重性。故，法院认定廖××违规套取电子券的行为属于严重违反用人单位的规章制度的情形。

综上，××石油分公司解除与廖××的劳动关系依据充分、程序规范，应属合法解除。原告主张被告违法解除劳动关系，并要求继续履行合同的诉请法院不予支持。依据《最高人民法院关于审理劳动争议案件适用法律若干问题的解释》[①]第六条的规定，原告廖××增加的请求被告补发自解除之日到恢复上班之日的工资的诉请，与其争讼的××石油分公司解除与原告廖××的劳动关系是否合法具有不可分性，应当合并审理，但补发工资必须建立在原、被告继续履行劳动合同的基础上，故原告廖××的该项诉请理由不足.

合规依据

《劳动法》

第四条 用人单位应当依法建立和完善规章制度，保障劳动者享有劳动权利和履行劳动义务。

第二十五条 劳动者有下列情形之一的，用人单位可以解除劳动合同：（一）在试用期间被证明不符合录用条件的；（二）严重违反劳动纪律或者用人单位规章制度的；（三）严重失职，营私舞弊，对用人单位利益造成重大损害的；（四）被依法追究刑事责任的。

《劳动合同法》

第四条 用人单位应当依法建立和完善劳动规章制度，保障劳动者享有劳动权利、履行劳动义务。用人单位在制定、修改或者决定有关劳动报酬、工作时间、休息休假、劳动安全卫生、保险福利、职工培训、劳动纪律以及劳动定额管理等直接涉及劳动者切身利益的规章制度或者重大事项时，应当经职工代表大会或者全体职

[①] 《最高人民法院关于审理劳动争议案件适用法律若干问题的解释》《最高人民法院关于审理劳动争议案件适用法律若干问题的解释（二）》《最高人民法院关于审理劳动争议案件适用法律若干问题的解释（三）》《最高人民法院关于审理劳动争议案件适用法律若干问题的解释（四）》已废止，现参见《最高人民法院关于审理劳动争议案件适用法律问题的解释（一）》（自2021年1月1日起施行），因案件审理时间不同，全书中裁判观点部分所使用的法律法规有失效或修改情况的，参见现行规定，不再赘注。

工讨论，提出方案和意见，与工会或者职工代表平等协商确定。在规章制度和重大事项决定实施过程中，工会或者职工认为不适当的，有权向用人单位提出，通过协商予以修改完善。用人单位应当将直接涉及劳动者切身利益的规章制度和重大事项决定公示，或者告知劳动者。

第三十九条 劳动者有下列情形之一的，用人单位可以解除劳动合同：（一）在试用期间被证明不符合录用条件的；（二）严重违反用人单位的规章制度的；（三）严重失职，营私舞弊，给用人单位造成重大损害的；（四）劳动者同时与其他用人单位建立劳动关系，对完成本单位的工作任务造成严重影响，或者经用人单位提出，拒不改正的；（五）因本法第二十六条第一款第一项规定的情形致使劳动合同无效的；（六）被依法追究刑事责任的。

合规要点2：用人单位应根据实际情况制定劳动合同文本

实践中，很多用人单位在制定劳动合同文本时，经常通过一些所谓的"格式合同""模板合同"进行签约。此类合同内权利义务与用人单位、劳动者的自身情况不符，甚至会背道而驰，进而导致用人单位需要承担劳动合同无效的不利后果及不良影响。

因此，劳动合同必须依法以书面形式订立。做到主体、内容、形式、程序合法。只有合法的劳动合同才能产生相应的法律效力。任何一方面不合法的劳动合同，都可能导致合同无效或部分条款无效，不受法律承认和保护。

案例参考

××时代房地产开发有限公司与周×劳动争议仲裁案

案件号：（2022）皖1523民初1784号

【案情介绍】

2020年3月27日，被告周×收到原告××时代公司关于录用意向书的电子邮件，邮件附件《录用意向书》第2.1条载"入职后，您每月固定工资为税前20417元""公司将在每月20日前发放上月工资"，第2.2条载"您的年度绩效奖金为税前105000元/年""年度绩效奖金根据集团绩效管理制度规定的时间节点发放""绩效奖励的结果将根据您的个人当期绩效结果而定，服务首年按照实际服务时间折算，在发放前因任何原因离职都将不适用当期绩效奖金"，第2.3条载"您的年度总收入（绩效合格的情形下）为税前 350000 元（服务首年逢绩效奖金发放，不满 12 个月的按照实际服务时间折算）"。

2020 年 4 月 20 日，被告周×入职并与原告××时代公司订立期限自 2020 年 4 月 20 日起至 2023 年 4 月 19 日止的《劳动合同书》，另签署合同书附件一《录用意向书》、附件二《竞业禁止协议》、附件三《廉洁自律协议》。劳动合同第 2.1 条约定被告在原告处从事建筑设计经理工作，工作地点位于安徽省。第 4.1 条约定被告的劳动报酬以双方签署的合同书附件《录用意向书》载明金额为准。合同书附件一《录用意向书》第 2.1 条（工资）载"入职后，您每月固定工资为税前 20417 元，试用期不折算""公司将在每月 20 日前发放上月工资"，第 2.2 条（年度激励奖金）载"您将参与公司的激励计划，详见公司《经营激励管理办法》""服务首年按照实际服务时间折算，在发放前因任何原因离职都将不享有此奖金"，第 2.3 条（年收入）载"固定税前月薪加年度激励奖金（服务首年逢绩效奖金发放，不满全周期的按照实际服务时间折算）"。

2022 年 1 月 6 日，原告向被告发送了一则主题为"关于终止劳动合同通知"的电子邮件，以项目结束为由通知被告，双方的劳动合同将于 2022 年 1 月 14 日终止。1 月 14 日，被告完成工作交接并办理完毕离职手续。

被告在职期间，扣除代扣代缴费用后，原告实发被告 2020 年 4 月入职当月工资 9239.87 元，5 月至 12 月 8 个整月工资计 154247.34 元（月平均 19280.92 元），另按被告当年服务时间（2020 年 4 月 20 日至 12 月 31 日）实发奖金 56997.30 元（税前奖金 63097 元）；实发被告 2021 年 1 月至 12 月工资共计 223838.71 元（月平均 18653.23 元）；实发 2022 年 1 月离职当月工资 8829.74 元。

2022 年 1 月 21 日，被告周×就案涉劳动争议事项向舒城县劳动人事争议仲裁委员会申请劳动仲裁，仲裁委裁决：××时代公司于本仲裁裁决书生效之日起十五日内一次性支付周×仲裁请求款项计 177549 元，其中，2021 年绩效奖金 105000 元（税前）、解除劳动合同经济补偿 42626 元、代通知金 27403 元、未休年休假工资 2520 元；驳回周×的其他仲裁请求。××时代公司不服仲裁裁决，向法院提起诉讼。

【处理结果】

法院判决××时代房地产开发有限公司于判决书生效后十五日内一次性支付周×2021 年绩效奖金 94646 元（税前）、解除劳动合同经济补偿金 42626 元、代通知金 26540 元、未休年休假工资 2440 元，合计 166252 元；同时驳回原告的其他诉讼请求。

【案例评析】

关于周×能否享有2021年度绩效奖励，如果享有，按什么标准发放。根据原、被告签署的书面劳动合同书附件《录用意向书》明确被告的薪资报酬由固定月薪和年度激励奖金两部分组成，结合原告发送给被告的电子邮件中《录用意向书》关于年度绩效奖金内容的规定，以及原告2020年度实际发放给被告的奖金数额，可以认定被告享有激励奖金即绩效奖金，发放标准可以参照2020年度实际发放标准执行即63097÷8×12=94646元，虽然电子邮件中《录用意向书》约定年度绩效奖金为税前105000元，但被告对2020年实际执行的奖金数额未提出异议，视为认可。原告未能举证证明被告在职期间存在绩效考核不合格等不符合发放条件的情形，应当承担举证不能的后果。原告主张激励奖金应适用《时代地产集团区域公司大运营激励办法》计提，按照该办法被告不符合发放激励奖金的条件，无事实依据，法院不予支持。原告称双方签署的《录用意向书》约定"（奖金）在发放前以任何原因离职都将不享有此奖金"，被告离职后不应享有奖金，首先，该协议内容免除原告支付劳动报酬义务，排除被告权利，违反"订立劳动合同，应当遵循合法、公平、平等自愿、协商一致、诚实信用的原则"，属于无效条款；其次，被告于2022年1月14日离职，并不影响2021年度绩效奖金发放。

关于解除劳动合同经济补偿。被告所服务的项目已经完工，双方订立劳动合同时所依据的客观情况发生重大变化，原告与被告解除劳动合同符合《劳动合同法》第四十条第三项之规定，应支付经济补偿。被告于2020年4月20日入职，至2022年1月14日离职，在原告处工作时间为1年8个月多，2021年月平均工资收入26540元〔（18653.23元+94646元）÷12个月〕，高于2020年六安市城镇非私营单位就业人员月平均工资的三倍21313元（85253元÷12个月×3），根据《劳动合同法》第四十七条之规定，原告应支付被告经济补偿金42626元（21313元/月×2个月）。

关于解除劳动合同代通知金。原告与被告解除劳动合同未提前一个月通知，根据《劳动合同法》第四十条之规定，应按照被告2021年月平均工资额外支付一个月的工资26540元。

法律分析

企业不按照自身及劳动者的实际情况制定劳动合同文本不仅极易造成该合同无效，同时也会因为合同条款非用人单位及劳动者的真实情况，进而导致产生额外的诉争及损失等不良后果。

合规依据

《劳动合同法》

第三条 订立劳动合同,应当遵循合法、公平、平等自愿、协商一致、诚实信用的原则。依法订立的劳动合同具有约束力,用人单位与劳动者应当履行劳动合同约定的义务。

第二十六条 下列劳动合同无效或者部分无效:(一)以欺诈、胁迫的手段或者乘人之危,使对方在违背真实意思的情况下订立或者变更劳动合同的;(二)用人单位免除自己的法定责任、排除劳动者权利的;(三)违反法律、行政法规强制性规定的。对劳动合同的无效或者部分无效有争议的,由劳动争议仲裁机构或者人民法院确认。

合规要点3:劳动合同宜对工作内容及工作地点进行宽泛约定,增加弹性表述条款

根据《劳动合同法》第八条、第十七条的明确规定,劳动合同中应当具备对于工作内容及地点的明确约定。但实践中,有的用人单位在劳动合同中约定的工作内容及工作地点过于具体或固定,导致在劳动合同履行时用人单位的用工灵活性受到合同的约束或限制,引发劳动争议。还有部分用人单位出于自身管理经营的考虑,往往没有明确劳动者的具体工作地点及工作内容,而是用一些过于宽泛、弹性的表述进行概括约定,一旦因为此类条款产生了纠纷及争议,将无法说明劳动者的具体工作内容和地点,进而难以举证。

案例参考

××公司与何×劳动争议纠纷案

案件号:(2014)成民终字第5837号

【案情介绍】

何×于2012年3月19日入职××公司。关于劳动合同:1.劳动合同的版本。××公司与何×均向法院提交了劳动合同,××公司当庭提交了原件予以核对,何×提交

的为复制件。两份合同除了第3、7页的手写部分不一致以外,其他部分完全一致,两份劳动合同的期限均为2012年3月19日至2015年3月18日。而两份劳动合同的具体区别在于,××公司提交的合同约定的试用期为2012年3月19日至9月18日,工作地点在四川;何×提交的合同约定的试用期为2012年3月19日至6月18日,工作地点在广西。2.关于劳动合同的签订情况。××公司陈述系其将劳动合同的内容填写好后给何×当面签字;何×陈述系××公司以qq文件形式将空白合同发到其邮箱,其打印出来签字后将唯一一份原件交给广西办事处,由办事处邮寄回公司,公司再盖章,之后在何×的催促下(向张××索要合同),××公司对合同照相后将照片以qq文件形式发给了何×,故何×提交的劳动合同是将该照片下载后打印出来的。

同时查明,2012年4月11日,××公司员工陆某平以电子邮件形式向包括何×在内的四人发送了空白劳动合同,要求其打印出来,填写好后寄回成都。2013年3月26日,××公司员工张××以qq文件形式向何×发送了劳动合同的照片。

××公司主张何×入职后的工作地点在四川,于2012年年底回广西;何×主张其一直在广西南宁工作。2012年5月30日,何×在××公司办公系统中提交了一份转正申请书。2012年6月1日,××公司杨某审批"同意",并将上述材料分享给包括陆某平、张××在内的数人。2012年9月以及2013年3—6月,××公司按照每月1050元的标准向何×发放工资。2012年10月至2013年2月,××公司向何×发放的工资为每月2700至3000元。2013年3月18日,××公司在办公系统中向何×发送了一份《调任通知书》,载明:自2013年3月18日起将广西项目管理组采购内勤何×调到四川韩泰项目管理组任内勤,薪资按四川薪资标准执行,由广西项目的3000元/月调整为1050元/月。何×随即回复对该调动表示异议。××公司主张其从2013年3月起按照1050元的标准向何×发放工资的依据是因为何×没有参与任何项目工作。

××公司提交的载明公司基本法的邮件证据载明了"张××-欢迎使用××办公系统",为证明何×的工资标准,××公司提交了一份载明"国内销售—韩泰"项目对应的得分、奖金池、绩效的办公系统截图以及一份载有分为若干明细的空白工资条的办公系统截图。

另查明,何×向南宁市劳动人事争议仲裁委员会提出仲裁申请,请求裁决:1.××公司降低何×孕期工资违法;2.何×于2012年6月1日转正后月工资为3000元;3.××

公司按每月1500元的标准支付何×2012年6—9月转正工资差额6000元；4. ××公司按每月1950元的标准支付何×2013年3—7月工资差额9750元。该仲裁委于2013年12月10日作出仲裁裁决：一、确认何×2012年9月19日起月工资为3000元；二、××公司降低何×2013年3—6月工资的行为违法；三、××公司向何×支付2012年9月工资差额645.7元；四、××公司支付何×2013年3—6月工资差额7800元；五、驳回何×的其他仲裁请求。××公司不服该仲裁裁决，向法院提起诉讼。

【处理结果】

一审法院判决：一、××公司于判决生效之日起十五日内向何×补足2012年9月工资差额人民币645.7元；二、××公司于判决生效之日起十五日内向何×补足2013年3—6月工资差额人民币7800元；三、驳回××公司的其他诉讼请求。

二审法院判决：驳回上诉，维持原判。

【裁判观点】

本案的争议焦点是：××公司应否补足何×2012年9月及2013年3—6月的工资差额。××公司主张不应补足的理由主要基于两点：一是认为双方合同约定的工作地点就在四川，××公司安排何×到四川工作符合合同约定，不同的工作岗位和地点待遇也不同；二是认为何×的工资由基本工资和浮动的项目奖金、话费补贴、绩效补贴等构成，在何×没有参与项目和加班的情况下，其应当只领取基本工资。

首先关于合同约定的工作地点，双方各执一份劳动合同，对于工作地点的约定不一致，何×所持劳动合同约定的地点为广西，而××公司所持合同约定的工作地点为四川。根据法院查明事实，××公司员工陆某平于2012年4月11日以电子邮件的形式向何×等四人发送了空白劳动合同，要求员工打印出来填好后寄回成都，该事实与何×的陈述相吻合，与××公司陈述双方当面签订合同明显不符，故原审采信何×所持合同并无不当。且2013年3月18日，××公司通过电子邮件的形式向何×送达《调任通知书》，内容为将何×调到四川韩泰项目管理组任内勤，该调动内容也正好印证了何×原工作地点在广西，亦与何×所持合同内容一致。

故，现××公司主张将何×调至四川工作符合双方合同的约定与人民法院查明的事实不符。

关于何×的工资构成，何×主张转正后工资为每月3000元，与××公司出具的《调任通知书》上载明的由广西项目的3000元／月调整为1050元／月相符，亦可证明在调任前何×的工资每月3000元系固定金额，现××公司主张何×的工资由基本工资和浮动工资两部分组成，浮动部分根据项目的订单额和利润进行核发，但并未提供证据证明何×的工资构成明细，这也与何×之前的工资每月固定为3000元不相符，故××公司的该项上诉主张亦不能成立。

法律分析

《劳动合同法》第十七条第一款规定："劳动合同应当具备以下条款：（一）用人单位的名称、住所和法定代表人或者主要负责人；（二）劳动者的姓名、住址和居民身份证或者其他有效身份证件号码；（三）劳动合同期限；（四）工作内容和工作地点；（五）工作时间和休息休假；（六）劳动报酬；（七）社会保险；（八）劳动保护、劳动条件和职业危害防护；（九）法律、法规规定应当纳入劳动合同的其他事项。"

结合本案，虽然何×提供的证据劳动合同是复印件，××公司提交的劳动合同为原件，但是何×有劳动合同空白版、办公网关于××公司员工（张××、陆××、杨×）的信息截图、qq群截图、qq聊天记录、qq邮箱中邮件截图、办公网何×转正申请截图、办公网其他员工转正申请截图、银行对账单、办公网调任通知书等证据印证××公司采取电子邮件的方式将空白合同发送给其签订后寄回，应以何×的证据为准。

何×不予认可××公司提交的薪酬管理制度，××公司也不能举证证明其将该制度送达了何×，故原审法院对《四川省××公司薪酬管理制度》不予采信。

因此，建议公司在劳动合同中对工作地点、工作内容进行弹性约定。

合规依据

《劳动合同法》

第八条 用人单位招用劳动者时，应当如实告知劳动者工作内容、工作条件、工作地点、职业危害、安全生产状况、劳动报酬，以及劳动者要求了解的其他情况；用人单位有权了解劳动者与劳动合同直接相关的基本情况，劳动者应当如实说明。

第十七条 劳动合同应当具备以下条款：（一）用人单位的名称、住所和法定代表人或者主要负责人；（二）劳动者的姓名、住址和居民身份证或者其他有效身份证件号码；（三）劳动合同期限；（四）工作内容和工作地点；（五）工作时间和休息休假；（六）劳动报酬；（七）社会保险；（八）劳动保护、劳动条件和职业危害防护；（九）法律、法规规定应当纳入劳动合同的其他事项。劳动合同除前款规定的必备条款外，用人单位与劳动者可以约定试用期、培训、保守商业秘密、补充保险和福利待遇等其他事项。

合规要点4：劳动合同中，劳动者的劳动报酬应明确具体，合理考虑劳动者的劳动时间（特别注意考虑加班问题）及企业的支付能力来确定工资

劳动者和用人单位建立劳动关系后，用人单位除需要按时足额支付劳动者报酬之外，还应支付员工约定的工资及加班费、绩效奖金等相关福利待遇。对于在岗劳动者，还应根据工作岗位的要求进行必要的培训。根据《劳动合同法》第八条、第十七条的规定，劳动合同中应当对劳动者的劳动报酬进行明确具体约定，并合理考虑劳动者的劳动时间。但实践中有部分用人单位出于自身管理经营的考虑，往往没有明确与劳动者之间的具体劳动报酬及劳动时间，而是不填写或者填写极低的金额。一旦因为此类条款产生了纠纷及争议，就会加重额外的诉讼负担。

案例参考

高××与××香料公司劳动争议一案

案件号：（2019）京0116民初3017号

【案情介绍】

2015年3月10日，原告高××入职××香料公司，岗位是维修工，合同期限为二年，合同约定，员工加班工资计算基数为基本工资，基本工资低于当年北京市最低工资的，按照当年北京市最低工资标准作为加班工资的计算基础。劳动报酬支付标准按照不低于北京市最低工资标准执行。2017年2月28日，双方签订第二份劳动合同，合同期限至2022年2月28日，合同约定，甲方（被告）每月20日前以货币形式支付乙方工资，遇休息日或节假日顺延，月工资按照北京市最低工资标准执行。甲、乙（原告）双方对工资的其他约定：加班工资基数按北京市最低工资标准执行。乙方对当月工资存在异议，应在3个工作日内咨询甲方，超过3个工作日甲方不再受理，视为乙方对本人当月工资无任何异议。2018年4月23日，双方解除劳动关系。

2019年2月21日，高××向北京市怀柔区劳动人事争议仲裁委员会申请劳动仲裁，要求××香料公司给付经济补偿金及加班费等，2019年4月，仲裁委作出裁决书，

裁决驳回高××的申请，高××于法定期限内向人民法院提起诉讼。

在本案审理过程中，被告向人民法院提交了考勤表与工资表，双方对考勤表和工资表中的工资金额没有异议。工资表显示，工资由标准工资、绩效工资、加班补贴、夜班补贴、管理扣款等构成，高××2015年3月至4月的标准工资为2800元，2015年5月开始标准工资为3500元。被告公司已按照北京市最低工资标准支付加班工资。人民法院询问被告公司标准工资是什么？被告公司表示包括岗位工资和基本工资，基本工资是1400元，没有变过，剩下的为岗位工资，公司曾给员工发的工资短信中的工资项目与实际不一样，短信不是实际的工资构成，主要是为了让员工知晓加班工资的计算方式。

【处理结果】

一、××香料公司给付高××延时加班工资、双休日加班工资、法定节假日加班工资差额29070元（于本判决生效后七日内执行）。

二、驳回高××的其他诉讼请求。

如果未按本判决指定的期间履行给付金钱义务，应当依照《民事诉讼法》第二百五十三条之规定，加倍支付迟延履行期间的债务利息。

××香料公司对一审判决不服，提起上诉，二审法院判决：驳回上诉、维持原判。

【裁判观点】

本案双方的争议焦点为加班工资的计算基数。双方在合同中约定原告的月工资标准为北京市最低工资，加班工资也按北京市最低工资标准执行。但自原告入职，原告的工资一直为3500元，试用期工资为80%，可以视为双方变更了合同约定的工资标准，原告主张按被告公司实际发放工资标准为基数计算加班工资应予支持，故被告公司应补足加班工资差额，经核算，被告应再给付加班费29070元。

法律分析

本案××香料公司与高××在劳动合同中约定高××的基本工资为北京市最低工资，同时约定加班工资的计算基数为北京市最低工资。但是在其工资表上明确其基本工资为3000元每月。

人民法院在审理案件时即以工资表为证据结合加班的证据作为认定加班工资的依据，最终导致加班工资被认定。

本案用人单位具有避免被主张加班工资的意识，因此在劳动合同中约定了基本工资及加班工资的计算基数，但是其工资表并未明确其加班工资的构成，反而证明了其未支付加班工资。因此，用人单位应当在与劳动者确定工资的同时明确加班工资的支付方式，并在实际发放工资时区分基本工资和加班工资，以此避免在劳动合同解除的情况下被主张"加班工资"。

合规依据

《劳动法》

第三条第一款　劳动者享有平等就业和选择职业的权利、取得劳动报酬的权利、休息休假的权利、获得劳动安全卫生保护的权利、接受职业技能培训的权利、享受社会保险和福利的权利、提请劳动争议处理的权利以及法律规定的其他劳动权利。

第十九条　劳动合同应当以书面形式订立，并具备以下条款：（一）劳动合同期限；（二）工作内容；（三）劳动保护和劳动条件；（四）劳动报酬；（五）劳动纪律；（六）劳动合同终止的条件；（七）违反劳动合同的责任。劳动合同除前款规定的必备条款外，当事人可以协商约定其他内容。

第四十四条　有下列情形之一的，用人单位应当按照下列标准支付高于劳动者正常工作时间工资的工资报酬：（一）安排劳动者延长工作时间的，支付不低于工资的百分之一百五十的工资报酬；（二）休息日安排劳动者工作又不能安排补休的，支付不低于工资的百分之二百的工资报酬；（三）法定休假日安排劳动者工作的，支付不低于工资的百分之三百的工资报酬。

《劳动合同法》

第四条第一款、第二款　用人单位应当依法建立和完善劳动规章制度，保障劳动者享有劳动权利、履行劳动义务。用人单位在制定、修改或者决定有关劳动报酬、工作时间、休息休假、劳动安全卫生、保险福利、职工培训、劳动纪律以及劳动定额管理等直接涉及劳动者切身利益的规章制度或者重大事项时，应当经职工代表大会或者全体职工讨论，提出方案和意见，与工会或者职工代表平等协商确定。

第八条　用人单位招用劳动者时，应当如实告知劳动者工作内容、工作条件、工作地点、职业危害、安全生产状况、劳动报酬，以及劳动者要求了解的其他情况；用人单位有权了解劳动者与劳动合同直接相关的基本情况，劳动者应当如实说明。

第十一条　用人单位未在用工的同时订立书面劳动合同，与劳动者约定的劳动报酬不明确的，新招用的劳动者的劳动报酬按照集体合同规定的标准执行；没有集体合同或者集体合同未规定的，实行同工同酬。

第十七条 劳动合同应当具备以下条款：（一）用人单位的名称、住所和法定代表人或者主要负责人；（二）劳动者的姓名、住址和居民身份证或者其他有效身份证件号码；（三）劳动合同期限；（四）工作内容和工作地点；（五）工作时间和休息休假；（六）劳动报酬；（七）社会保险；（八）劳动保护、劳动条件和职业危害防护；（九）法律、法规规定应当纳入劳动合同的其他事项。劳动合同除前款规定的必备条款外，用人单位与劳动者可以约定试用期、培训、保守商业秘密、补充保险和福利待遇等其他事项。

合规要点5：公司商业秘密保护问题

公司商业秘密是公司向上经营发展的关键，是企业生存发展的命脉，如何通过合规用工来规制商业秘密保护，也是当今社会高速发展过程中的重要议题。常见的侵害公司商业秘密的形式有：离职竞业、离职泄密、招投标文件泄密、软件代码侵权、知识产权侵权、图纸模具侵权等。

同时，诸如客户名单、客户信息等资料原则上并非商业秘密，需要通过合法有效的保密协议或劳动合同保密条款确认商业秘密的范围，对其进行保护。因此，在签订劳动合同前，需要充分考虑劳动合同中关于商业秘密保护等款项的设置。

案例参考

××仪器公司与××设备公司、秦××侵害商业秘密纠纷案

案件号：（2017）苏8602民初8号

【案情介绍】

原告××仪器公司诉被告××设备公司、秦××侵害商业秘密纠纷一案，法院于2017年1月5日受理后，依法组成合议庭，于2017年3月9日进行证据交换并质证，2017年4月28日公开开庭进行了审理。原告××仪器公司的委托诉讼代理人刘×，被告××设备公司、秦××的共同委托诉讼代理人史某哲到庭参加诉讼。本案现已审理终结。

原告向法院提出诉讼请求：1.依法判令二被告立即停止侵犯原告商业秘密行为；2.依法判令被告秦××赔偿因侵犯原告商业秘密造成的经济损失20万元（包含合理费用）；3.本案诉讼费用由被告承担。事实和理由：原告是一家经营化验设备、精密分析仪器销售的公司，被告秦××于2012年在原告公司任职，担任销售部经理职务，并与原告签订了《企业员工保密协议》及《销售协议书》。2014年2月8日，被告秦××离职，并书面向原告保证：协议终止后，五年内不得以自己名义（自己为法人）或以家人名义（配偶、兄、弟、姐、妹为法人）直接、间接销售××仪器公司的同类型产品（色谱产品及各种实验仪器、分析仪器），不得抢占原告公司的客户群及多年老客户，否则愿意赔偿原告20万元违约金。但是，被告秦××在原告处离职几个月后，原告即接到多家老客户投诉反映被告秦××就相同产品以低于原告公司的价格进行销售。2015年9月，原告发现被告秦××以被告××设备公司名义从事与原告相同业务的经营活动，其利用所掌握的原告公司客户名单及信息，与原告进行不正当竞争。综上，原告认为被告秦××成立公司并经营与原告有竞业限制约定的同类业务，销售同类产品，既是一种保密违约行为，也是一种不正当竞争行为，故诉至法院，请求依法支持。

两被告辩称：1.原告所主张的客户名单不构成商业秘密。原告未提供客户名单对应的生效合同，无法证明原告与所述客户发生实质交易，亦无法确定其所主张商业秘密的具体内容和范围。另，原告所述客户名单及联系方式等不构成商业秘密，该客户名单及联系方式可通过网站等公开渠道获得。2.原告提供的《企业员工保密协议》《销售协议书》《保证书》等涉及员工竞业禁止的内容，且该内容违反了《劳动合同法》的相关规定，应为无效。

【处理结果】

法院判决驳回原告××仪器公司的诉讼请求。

法律分析

商业秘密是指不为公众所知悉、能给权利人带来经济利益，具有实用性并经权利人采取保密措施的技术信息和经营信息等商业信息。本案原告诉被告侵犯其商业秘密并要求赔偿损失依据不足。

首先，原告××仪器公司主张保护的商业秘密不明确且缺乏稳定性。明确具体且不为公众所知悉的技术信息、经营信息，是商业秘密保护的前提条件。原告主张的商业秘密主要有涉案《企业员工保密协议》中约定的"公司所有的市场及其客户名单和相关电话和其他联系方式""业务员手中的所有客户电话名录软面抄及其客户信息"。但是该协议约定的保密内容过于宽泛，并未涉及明确具体的可保密信息。另，原告主张的商业秘密还包括被告秦××离职时交予原告的两册客户信息记录本中记载的客户名单及联系方式等信息,依照《最高人民法院关于审理不正当竞争民事案件适用法律若干问题的解释》①第十三条第一款的规定,商业秘密中的客户名单,一般是指客户的名称、地址、联系方式以及交易的习惯、意向、内容等构成的区别于相关公知信息的特殊客户信息,包括汇集众多客户的客户名册,以及保持长期稳定交易关系的特定客户。本案中,原告对其主张的客户名单等信息,虽然提供了与其中三家客户的交易发票,但发票记载的日期显示原告与所涉客户交易仅为同日产生的多笔交易,不能证明双方存在较为固定且有独特交易习惯内容的交易关系,亦不能体现原告与客户信息记录本所载客户均存在稳定长期的交易往来,而且原告亦未提供前述客户名单及信息为其不易获得或区别于相关公知信息的相关证据。故,原告主张的上述商业秘密内容不符合商业秘密保护信息的法定要求,法院对此不予支持。

其次,原告对其主张的商业秘密未采取有效保密措施,单纯的竞业禁止约定不能视为有效的保密措施。权利人对相关信息采取保密措施,是商业秘密保护的必要条件。符合《反不正当竞争法》规定的保密措施应当表明权利人保密的主观愿望,并明确作为商业秘密保护的信息范围,使义务人能够知悉权利人的保密愿望,并在正常情况下足以防止涉密信息泄露。本案中,原告主张的保密措施是其与被告秦××签订的《企业员工保密协议》《销售总监承诺书》,以及《保证书》中竞业禁止的约定。而《企业员工保密协议》中约定的"保密内容及范围"并未涉及具体信息,故使相对方无法明知具体的保密客体,以履行相应的保密义务。同时,前述协议及《保证书》中约定的被告秦××或其家人在一定时间内不得从事与原告××仪器公司相同的业务或销售同类产品,亦不得与原告公司客户进行业务联系等,为单纯的竞业禁止条款,其未明确用人单位作为商业秘密保护的具体信息范围。另,原告××仪器公司与被告秦××签订包括前述竞业限制内容的协议后,原告既未书面约定也未提供证据证明其向被告秦××支付过合理的补偿费用。因此,原告主张为保密措施的上述协议等,不构成《反不正当竞争法》规定的保密措施。

合规依据

《劳动法》

第一百零二条 劳动者违反本法规定的条件解除劳动合同或者违反劳动合同中

---

① 自2021年1月1日起失效。

约定的保密事项，对用人单位造成经济损失的，应当依法承担赔偿责任。

《劳动合同法》

第二十三条　用人单位与劳动者可以在劳动合同中约定保守用人单位的商业秘密和与知识产权相关的保密事项。对负有保密义务的劳动者，用人单位可以在劳动合同或者保密协议中与劳动者约定竞业限制条款，并约定在解除或者终止劳动合同后，在竞业限制期限内按月给予劳动者经济补偿。劳动者违反竞业限制约定的，应当按照约定向用人单位支付违约金。

第二十四条　竞业限制的人员限于用人单位的高级管理人员、高级技术人员和其他负有保密义务的人员。竞业限制的范围、地域、期限由用人单位与劳动者约定，竞业限制的约定不得违反法律、法规的规定。

第九十条　劳动者违反本法规定解除劳动合同，或者违反劳动合同中约定的保密义务或者竞业限制，给用人单位造成损失的，应当承担赔偿责任。

合规要点6：劳动合同期限的合理性问题

用人单位与劳动者将要签订劳动合同，具体的劳动合同期限要依据劳动合同的种类来界定。劳动合同主要分为固定期限劳动合同、无固定期限劳动合同以及以完成一定工作任务为期限的劳动合同三类。此外，劳动合同期限在法律规定的特殊情形之下，还可以延长。

在实践中，用人单位和劳动者时常不知道该如何约定劳动合同期限。如果用人单位和劳动者就劳动合同期限约定得过短，一方面不利于试用期的设置，另一方面极易导致无固定期限劳动合同的过早签订。若用人单位和劳动者就劳动合同期限约定过长，则也容易导致双方在履行期间解除合同的过程中产生不必要的纠纷和麻烦。

同时，对于首次签订劳动合同的用人单位和劳动者而言，劳动合同的期限和双方的试用期限有直接关系。根据《劳动合同法》的规定，劳动合同期限在3年以上的，试用期可以确定为6个月。劳动合同期限在一年以上的，试用期可以确定为3个月。在第三次签订劳动合同时，用人单位应当与劳动者签订"无固定期限劳动合同"，否则用人单位有向劳动者支付未签订无固定期限劳动合同二倍工资的风险。

因此，用人单位和劳动者在签署劳动合同前，均须结合自身的实际情况和需求，以及岗位性质和行业特点，在平等协商的基础上，对劳动合同的期限进行具体约定。

切不可随意使用模板条款或简单将所有员工的劳动合同约定为同一期限。

案例参考

××公司与曾××劳动争议纠纷案

案件号：(2021)粤20民终4103号

【案情介绍】

曾××于2009年9月19日进入××公司任职生产主管，双方签订的最后一份劳动合同至2019年3月9日期满终止，双方确认已连续签订两次有固定期限劳动合同。××公司已为曾××缴纳社会保险，曾××的平均工资为5500元/月。××公司尚未支付曾××2020年7月应发工资5754.1元及8月应发工资3900.5元。2020年8月21日，曾××向××公司邮寄解除劳动关系通知书，以××公司未与其签订无固定期限劳动合同为由向××公司提出解除劳动关系，双方于2020年8月21日解除劳动关系。曾××于2020年9月1日申请劳动仲裁。

2019年9月22日，中山市劳动人事争议仲裁委员会受理曾××的劳动仲裁申请，曾××请求裁决××公司支付其解除劳动合同的经济补偿金61490元、未签订无固定期限劳动合同的加倍工资61490元及2020年7月1日至8月20日的工资11033元。2020年10月22日，中山市劳动人事争议仲裁委员会作出中劳人仲案字〔2020〕60××号仲裁裁决书，裁决如下：一、××公司支付曾××2019年9月1日至2020年3月9日未签订无固定期限劳动合同的加倍工资34596.77元、2020年7月1日至8月20日的应发工资9654.60元，以上合计44251.37元；二、驳回曾××的其余仲裁请求。曾××未在法定期限内就上述仲裁裁决提起诉讼。××公司不服上述仲裁裁决，于2021年1月5日诉至法院。

曾××主张其于2019年3月9日原劳动合同结束前多次要求××公司签订无固定期限劳动合同，并于2020年7月24日向××公司的行政人事提出签订无固定期限劳动合同但遭拒绝，后于2020年8月7日向××公司的法定代表人李××提出签订无固定期限劳动合同亦遭拒绝，并提交录音光盘及文字资料为证。××公司认为录音部分内容不清晰且文字翻译不准确，不确认上述录音及文字资料的真实性，主张曾××拒绝签订书面劳动合同，其无须支付曾××未签订无固定期限劳动合同的二倍工资差额，并提交微信聊天记录及通知为证。曾××确认微信聊天记录及通知的真实性，但不确认关联性，主张微信聊天记录显示的时间为2020年8月21日，明显是在其向××公司邮寄解除劳动关系通知书后××公司为逃脱法律责任才通知曾××回去上班，但劳动合同解除权属于形成权，其已向××公司邮寄解除劳动关系通知书且××公司也签收了，即其解除劳动合同的意思表示已传达给××公司了，双方的劳动关系已经解除。

一审法院经审理查明，录音光盘及文字资料反映对话双方就合同签订等问题进行沟通，录音时间为2020年7月24日的对话反映：被录音一方告知录音一方如其不签订劳动合同，就要写一份拒绝签合同的证明，录音一方表示要签无固定期合同，被录音一方告知老板不同意签无固定期合同。微信聊天记录截图反映：截图一方就旷工、签订劳动合同等问题进行沟通，其中截图一方于2020年8月21日及8月22日两次向曾××发送微信称曾××在未经公司批准请假的情况下，未到公司上班，公司作旷工处理，并要求其准时上班，否则视为自动离职。曾××于2020年8月22日回复称其已多次要求签订无固定期限劳动合同，但××公司一直拒绝签订，并向××公司提出解除劳动关系。微信聊天记录截图另反映：截图一方向曾××发送"我司多次要求与你签订无固定期限合同，是阁下拒不签订""去年已经改为无固定期限合同了，是你本人连合同都没看就拒签""你主动与公司解除劳动关系，麻烦你有时间过来办理一下离职交接手续"，曾××回复"去年3月就应该签订无固定期限劳动合同的了，你们现在才答应签，我请求从应签订的时间开始计算赔偿2倍工资""当时你们就说不跟我签无固定期限劳动合同了""现在我交给劳动仲裁处理了，因为你们迟迟不肯签订无固定期限劳动合同"。2020年8月28日，截图一方向曾××发送通知，内容载明，××公司称曾××于2020年8月24日向其发送的解除劳动关系通知书所述内容与事实不符，××公司同意与曾××签订无固定期限劳动合同，是曾××的原因不与××公司签订，××公司不同意解除劳动合同关系并要求曾××收到通知后立即与××公司签订劳动合同，等等。

一审法院另查明，曾××仲裁时主张录音对话人的身份为其本人与××公司的行政人事。××公司仲裁时确认了录音光盘及文字资料的真实性及录音对话人的身份，但不确认录音内容的关联性，辩称其并没有拒绝与曾××签订无固定期限劳动合同。

一审法院认为，××公司尚未支付曾××2020年7月1日至8月20日的应发工资9654.6元，××公司应予以支付。

关于未签订无固定期限劳动合同的二倍工资差额问题。首先，双方已于2020年8月21日解除劳动关系且××公司提交的微信聊天记录均形成于2020年8月21日之后，上述微信聊天记录未能反映曾××于2020年8月21日前存在拒签劳动合同的情况，曾××对××公司主张其拒签劳动合同的主张亦不予确认，故××公司应承担举证不能的不利后果，因此一审法院对××公司关于曾××拒签劳动合同的主张不予采信。其次，曾××仲裁时主张录音对话人的身份为其本人与××公司的行政人事。××公司仲裁时确认了录音光盘及文字资料的真实性及录音对话人的身份，但在本案一审庭审中不确认录音及文字资料的真实性、合法性及关联性，××公司前后陈述不一致，致使一审法院对其诚信存疑，故在××公司未能提供反证的情况下，一审法院采信曾××的主张及其提交的录音光盘、文字资料，认定曾××已要求××公司与其签订无固定期限劳动合同但××公司已于2020年7月24日拒绝与曾××签订无固定期限劳动合同。再次，根据《劳动合同法》第十四条第二款的规定，连续订立两次固定期限劳动合同，且劳动者没有《劳动合同法》第三十九条、第四十条第一项、第二项规定的用人单位可以解除劳动合同的情形，劳动者提出或者同意续订、订立劳动合同的，除劳动者提出订立固定期限劳动合同外，还应当订立无固定期限劳动合同。因此，在符合订立无固定期限劳动合同的情形下，除非有证据表明用人单位与劳动者协商一致订立固定期限劳动合同或者劳动者主动提出订立固定期限劳动合同，否则用人单位应当与劳动者订立无固定期限劳动合同。最后，《劳动合同法》第八十二条第二款规定用人单位违反本法规定不与劳动者订立无固定期限劳动合同的，自应当订立无固定期限劳动合同之日起向劳动者每月支付二倍的工资。因未依法签订无固定期限劳动合同的行为处于持续状态，故该持续状态消失时用人单位的赔偿责任也应相应终止。鉴于双方签订的劳动合同已于2019年3月9日期满，且双方确认已连续签订两次固定期限劳动合同，曾××于2020年9月1日才申请劳动仲裁，且二倍工资差额具有惩罚性质，属于赔偿性费用而非劳动报酬，应适用一年的仲裁时效，即法××公司应支付曾××自2019年9月1日起至2020年8月21日止未签订无固定期限劳动合同的二倍工资差额。又查明，曾××未在法定期限内就中劳人仲案字〔2020〕60××号仲裁裁决向一审法院提起诉讼，视为其接受上述仲裁裁决，故××公司应支付曾××2019年9月1日至2020年3月9日未签订无固定期限劳动合同的二倍工资差额34596.77元。

【处理结果】

一审法院判决：一、驳回××公司的全部诉讼请求；二、××公司于判决生效之日起三日内支付曾××2019年9月1日至2020年3月9日未签订无固定期限劳动合同的二倍工资差额34596.77元及2020年7月1日至8月20日的应发工资9654.60元，以上合计44251.37元。一审案件受理费10元，减半收取计5元，由××公司负担。

二审法院判决：驳回上诉，维持原判。

法律分析

根据《劳动合同法》第八十二条第二款的规定："用人单位违反本法规定不与劳动者订立无固定期限劳动合同的，自应当订立无固定期限劳动合同之日起向劳动者每月支付二倍的工资。"

结合本案，劳动者第二次固定期限劳动合同期满需要续签无固定期限劳动合同时用人单位拒绝签订，且被劳动者录音，从而导致用人单位须向劳动者进行赔偿，合理合法。因此，用人单位在确定劳动合同期限时，应当充分考虑第三次签订无固定期限劳动合同的情况及劳动合同期限过长导致"违法解除劳动合同"的问题。

合规依据

《劳动法》

第十九条 劳动合同应当以书面形式订立，并具备以下条款：（一）劳动合同期限；（二）工作内容；（三）劳动保护和劳动条件；（四）劳动报酬；（五）劳动纪律；（六）劳动合同终止的条件；（七）违反劳动合同的责任。劳动合同除前款规定的必备条款外，当事人可以协商约定其他内容。

第二十条 劳动合同的期限分为有固定期限、无固定期限和以完成一定的工作为期限。劳动者在同一用人单位连续工作满十年以上，当事人双方同意续延劳动合同的，如果劳动者提出订立无固定期限的劳动合同，应当订立无固定期限的劳动合同。

第二十一条 劳动合同可以约定试用期。试用期最长不得超过六个月。

《劳动合同法》

第十二条 劳动合同分为固定期限劳动合同、无固定期限劳动合同和以完成一定工作任务为期限的劳动合同。

第十三条 固定期限劳动合同，是指用人单位与劳动者约定合同终止时间的劳动合同。用人单位与劳动者协商一致，可以订立固定期限劳动合同。

第十四条 无固定期限劳动合同，是指用人单位与劳动者约定无确定终止时间的劳动合同。用人单位与劳动者协商一致，可以订立无固定期限劳动合同。有下列情形之一，劳动者提出或者同意续订、订立劳动合同的，除劳动者提出订立固定期限劳动合同外，应当订立无固定期限劳动合同：（一）劳动者在该用人单位连续工作满十年的；（二）用人单位初次实行劳动合同制度或者国有企业改制重新订立劳动合同时，劳动者在该用人单位连续工作满十年且距法定退休年龄不足十年的；（三）连续订立二次固定期限劳动合同，且劳动者没有本法第三十九条和第四十条第一项、第二项规定的情形，续订劳动合同的。用人单位自用工之日起满一年不与劳动者订立书面劳动合同的，视为用人单位与劳动者已订立无固定期限劳动合同。

第十五条 以完成一定工作任务为期限的劳动合同，是指用人单位与劳动者约定以某项工作的完成为合同期限的劳动合同。用人单位与劳动者协商一致，可以订立以完成一定工作任务为期限的劳动合同。

第十七条 劳动合同应当具备以下条款：（一）用人单位的名称、住所和法定代表人或者主要负责人；（二）劳动者的姓名、住址和居民身份证或者其他有效身份证件号码；（三）劳动合同期限；（四）工作内容和工作地点；（五）工作时间和休息休假；（六）劳动报酬；（七）社会保险；（八）劳动保护、劳动条件和职业危害防护；（九）法律、法规规定应当纳入劳动合同的其他事项。劳动合同除前款规定的必备条款外，用人单位与劳动者可以约定试用期、培训、保守秘密、补充保险和福利待遇等其他事项。

第八十二条 用人单位自用工之日起超过一个月不满一年未与劳动者订立书面劳动合同的，应当向劳动者每月支付二倍的工资。用人单位违反本法规定不与劳动者订立无固定期限劳动合同的，自应当订立无固定期限劳动合同之日起向劳动者每月支付二倍的工资。

合规要点7：事先确定是签订劳动合同还是劳务合同

《劳动法》第十六条规定："劳动合同是劳动者与用人单位确立劳动关系、明确双方权利和义务的协议。建立劳动关系应当订立劳动合同。"

劳动合同和劳务合同存在许多差异。劳动合同是劳动者与用人单位确立劳动关系、明确双方权利和义务的协议，也是平等主体的公民、法人、公民与法人之间，围绕提供的劳务为内容而签订的协议。

选择签订劳动合同还是劳务合同应根据劳动者与用人单位双方的具体需求和相关法律法规来确定。两者之间的主体地位、法律性质、合同内容、报酬方式均不同。不可为了方便省事，混淆签订此两类合同。

案例参考

陈××、××公司确认劳动关系纠纷案

案件号：（2021）鲁0391民初2445号

【案情介绍】

原告陈××提起诉讼，请求确认其与××公司于2011年4月至2014年6月30日存在劳动关系。被告××公司缺席未答辩。

法院经审理认定，2011年4月，原告陈××与被告××公司签订了一份《劳务合同》，约定陈××向××公司提供劳务，用工期限为2011年4月至2014年3月31日。2011年4月至2014年6月，陈××在××公司工作，并逐月收到××公司发放的工资。后，双方签订自2014年7月1日起的无固定期限劳动合同。以上事实，有《劳务合同》《劳动合同》《荣誉证书》，以及银行交易记录和当事人陈述证实。

【处理结果】

法院确认原告陈××与被告××公司于2011年4月至2014年6月30日存在劳动关系。

法律分析

2011年4月双方签订的期限为2011年4月至2014年3月31日的合同，虽然名为"劳务合同"，但实际上该期间陈××向单位提供劳动，受单位用工管理，其提供的劳动是单位业务的组成部分，单位逐月发放劳动报酬，已满足劳动合同关系的构成要件，双方实为劳动合同关系。陈××提交的××公司向其发放的《荣誉证书》载明"陈××获2012年度优秀员工"，亦可证实。2014年4月至6月，虽然双方之间无合同，但劳动事实及法律关系未发生改变。陈××的诉讼请求具有事实和法律依据，法院予以支持。××公司缺席且未提交答辩意见及证据，应承担不利法律后果。

合规依据

《民法典》

第四百六十五条 依法成立的合同，受法律保护。依法成立的合同，仅对当事

人具有法律约束力，但是法律另有规定的除外。

《劳动法》

第二条 在中华人民共和国境内的企业、个体经济组织（以下统称用人单位）和与之形成劳动关系的劳动者，适用本法。国家机关、事业组织、社会团体和与之建立劳动合同关系的劳动者，依照本法执行。

第十六条 劳动合同是劳动者与用人单位确立劳动关系、明确双方权利和义务的协议。建立劳动关系应当订立劳动合同。

第十七条 订立和变更劳动合同，应当遵循平等自愿、协商一致的原则，不得违反法律、行政法规的规定。劳动合同依法订立即具有法律约束力，当事人必须履行劳动合同规定的义务。

《劳动合同法》

第一条 为了完善劳动合同制度，明确劳动合同双方当事人的权利和义务，保护劳动者的合法权益，构建和发展和谐稳定的劳动关系，制定本法。

第二条 中华人民共和国境内的企业、个体经济组织、民办非企业单位等组织（以下称用人单位）与劳动者建立劳动关系，订立、履行、变更、解除或者终止劳动合同，适用本法。国家机关、事业单位、社会团体和与其建立劳动关系的劳动者，订立、履行、变更、解除或者终止劳动合同，依照本法执行。

第十二条 劳动合同分为固定期限劳动合同、无固定期限劳动合同和以完成一定工作任务为期限的劳动合同。

第十三条 固定期限劳动合同，是指用人单位与劳动者约定合同终止时间的劳动合同。用人单位与劳动者协商一致，可以订立固定期限劳动合同。

第十四条 无固定期限劳动合同，是指用人单位与劳动者约定无确定终止时间的劳动合同。用人单位与劳动者协商一致，可以订立无固定期限劳动合同。有下列情形之一，劳动者提出或者同意续订、订立劳动合同的，除劳动者提出订立固定期限劳动合同外，应当订立无固定期限劳动合同：（一）劳动者在该用人单位连续工作满十年的；（二）用人单位初次实行劳动合同制度或者国有企业改制重新订立劳动合同时，劳动者在该用人单位连续工作满十年且距法定退休年龄不足十年的；（三）连续订立二次固定期限劳动合同，且劳动者没有本法第三十九条和第四十条第一项、第二项规定的情形，续订劳动合同的。用人单位自用工之日起满一年不与劳动者订立书面劳动合同的，视为用人单位与劳动者已订立无固定期限劳动合同。

第十五条 以完成一定工作任务为期限的劳动合同，是指用人单位与劳动者约定以某项工作的完成为合同期限的劳动合同。用人单位与劳动者协商一致，可以订立以完成一定工作任务为期限的劳动合同。

第十七条 劳动合同应当具备以下条款：（一）用人单位的名称、住所和法定代表人或者主要负责人；（二）劳动者的姓名、住址和居民身份证或者其他有效身份证件号码；（三）劳动合同期限；（四）工作内容和工作地点；（五）工作时间和休息休假；（六）劳动报酬；（七）社会保险；（八）劳动保护、劳动条件和职业危害防护；（九）法律、法规规定应当纳入劳动合同的其他事项。劳动合同除前款规定的必备条款外，用人单位与劳动者可以约定试用期、培训、保守秘密、补充保险和福利待遇等其他事项。

合规要点8：在劳动合同中约定好录用条件

根据《劳动法》《劳动合同法》的相关规定，劳动合同的录用条件一般是指用人单位在员工招聘、签订劳动合同前已经明确并事先告知劳动者其必须符合的条件。劳动者在试用期内被证明不符合录用条件的，用人单位可以单方面解除劳动合同。

在实践中，很多用人单位并未注意和劳动者约定录用条件，只是单方面提出劳动者未达到录用标准，并以此为由解除劳动合同。此行为严重侵害了劳动者的权益，不符合法定解约条件。应在劳动合同中明确约定载明录用条件，以供劳动关系双方共同考核并遵守。

案例参考

赵×与××（中国）投资有限公司劳动合同纠纷案

案件号：（2021）沪0106民初36122号

【案情介绍】

原告赵×于2020年8月3日入职被告××（中国）投资有限公司处，担任业务主任。试用期内，被告为降低用工成本进行大裁员，以原告试用期间不符合录用条件为由解除劳动合同，原告以被告系违法解除为由提起仲裁，后对仲裁裁决不服，诉至法院，请求依法支持其关于恢复劳动关系和支付欠付工资的诉请。

被告××（中国）投资有限公司辩称，不同意原告的诉请，同意仲裁裁决。原告填报的工作经历不属实，有违诚信原则，且工作常常出错，根据《员工手册》的相关规定，原告的行为属于《劳动合同法》第三十九条第一款第一项规定的"不符合录用条件"的情形，故被告系合法解除。此外，被告解除与原告的劳动合同后，原告有过激行为，干扰公司正常经营，双方已无相互信任之基础，无法恢复劳动关系。

当事人围绕诉讼请求依法提交了证据，法院组织当事人进行了证据交换和质证。对当事人无异议的证据，法院予以确认并在卷佐证。根据原、被告诉、辩称以及提供的证据，法院查明如下事实：

原告于2020年8月3日入职被告处担任业务主任，双方签订了期限为2020年8月3日至2023年9月30日的劳动合同，约定试用期为六个月，月工资9000元。被告于2020年12月24日向原告寄送《试用期解除劳动合同通知书》："您于2020年8月3日入职，试用期至2021年2月2日届满。鉴于您在试用期内的表现未能符合公司的录用条件，公司决定与您解除劳动合同，您最后工作日是2020年12月31日。"原告在被告处最后工作至该日。

另查明，被告《员工手册》第4.5.5条规定，应聘者如有虚报、提供虚假或误导性资料或信息的情况，将不会被录用。员工提供虚假资料或证明文件的，视为欺诈行为，构成严重违纪，公司有权解除劳动合同处理。第5.2.3条规定，在试用期内，发现有符合下列情况之一的，属于《劳动合同法》第三十九条第一款第一项"不符合录用条件"的情形，公司有权依法解除与其的劳动合同：5.2.3.1.员工在应聘过程中向某提供的材料（如离职证明、教育学历、个人简历、婚姻及生育状况、健康证明、利益关系申报等）中有虚假，或必须提交的职业资格或上岗证件因任何原因不能提交的；5.2.3.2.员工向某隐瞒其与原单位尚未解除劳动关系或有其他未了结事宜的，按原单位劳动合同的约定或法律规定不能与本公司签订劳动合同的；5.2.3.6.员工不能按照公司的要求，完成公司指定工作内容、工作指标、工作任务的；5.2.3.7.员工未能达到公司要求的岗位标准或试用期绩效考核标准的。原告于2020年8月3日在员工签收页落款处签字，表示本人作为××集团子公司或分公司员工，知悉本《员工手册》已在与本人签订劳动合同的公司进行民主讨论，并确认公示生效，现本人已经详细阅读并完全理解公司《员工手册》中的每一条款及其含义。

2021年4月12日，原告向上海市静安区劳动人事争议仲裁委员会申请仲裁，请求原、被告自2021年1月1日起恢复劳动关系，被告支付自2021年1月1日起至仲裁作出恢复劳动关系裁决之日的工资（每月16000元）。该仲裁委于2021年6

月 16 日作出静劳人仲（2021）办字第×××号裁决，对原告的请求不予支持。原告不服该裁决，遂诉至法院。

审理中，被告称原告虚构工作经历，其自称 2017 年 7 月至今在某投资有限公司担任渠道分销经理，但被告查询的信息显示，原告于 2018 年至 2019 年先后在某食品有限公司与上海××有限公司任职。被告为证明其主张，向法院提交了原告的简历、（2020）沪 02 民终×××号民事判决书、（2020）沪 02 民终×××号民事判决书。原告对上述证据的真实性无异议，称其确实于 2017 年 7 月入职某投资有限公司，但该公司于 2017 年 12 月单方解除劳动合同，原告认为系违法解除，并申请劳动仲裁，后又诉至法院，最终双方于 2019 年年底调解结案。原告因在某食品有限公司和上海××有限公司两公司任职时间较短，故未在简历中填写。原告认为并未虚假陈述，且被告并未将简历虚假作为解除理由。

审理中，被告称原告工作时经常出错，并提供了原告与主管及同事的微信聊天记录等为证。原告对上述证据的真实性无异议，对关联性不认可，原告称能按要求完成工作。

【处理结果】

驳回原告赵×的诉讼请求。

法律分析

本案的争议焦点为被告在试用期解除与原告的劳动合同是否有事实与法律依据。首先，《员工手册》第 5.2.3.1 规定，员工在应聘过程中向某提供的材料（如离职证明、教育学历、个人简历、婚姻及生育状况、健康证明、利益关系申报等）中有虚假，或必须提交的职业资格或上岗证件因任何原因不能提交的，属于《劳动合同法》第三十九条第一款第一项"不符合录用条件"的情形，公司有权依法解除其劳动合同。本案中，原告赵某在某投资有限公司的工作期间与实际情况不符，属于《员工手册》规定的不符合录用条件的情形。其次，用人单位有权了解劳动者的基本工作经历，劳动者应当如实填写。劳动者在较有知名度的公司长期稳定的工作经历对用人单位决定是否录用将产生重要影响。原告在简历中虚构工作经历有违诚信。最后，虽然原、被告对原告能否按照公司要求完成工作任务各执一词，但从微信聊天记录整体内容来看，原告确实存在回复领导短信不及时、表格填写错误等情形。故被告认为原告工作经常出错、无法独立完成工作亦无可厚非。综上，被告以原告试用期间不符合公司的录用条件为由,在其试用期解除劳动合同并无不当。

合规依据

《劳动法》

第二十五条 劳动者有下列情形之一的,用人单位可以解除劳动合同:(一)在试用期间被证明不符合录用条件的;(二)严重违反劳动纪律或者用人单位规章制度的;(三)严重失职,营私舞弊,对用人单位利益造成重大损害的;(四)被依法追究刑事责任的。

《劳动合同法》

第三十九条 劳动者有下列情形之一的,用人单位可以解除劳动合同:(一)在试用期间被证明不符合录用条件的;(二)严重违反用人单位的规章制度的;(三)严重失职,营私舞弊,给用人单位造成重大损害的;(四)劳动者同时与其他用人单位建立劳动关系,对完成本单位的工作任务造成严重影响,或者经用人单位提出,拒不改正的;(五)因本法第二十六条第一款第一项规定的情形致使劳动合同无效的;(六)被依法追究刑事责任的。

《劳动合同法实施条例》

第十九条 有下列情形之一的,依照劳动合同法规定的条件、程序,用人单位可以与劳动者解除固定期限劳动合同、无固定期限劳动合同或者以完成一定工作任务为期限的劳动合同:(一)用人单位与劳动者协商一致的;(二)劳动者在试用期间被证明不符合录用条件的……

合规要点9:劳动合同中关于工作时间和休息休假的约定要合法

在工作、生活快节奏的当下,出现了一些用人单位和劳动者约定的工作时间和休息休假明显违反法律规定的情况,如"996""007"等工作时间,严重影响和损害了劳动者的合法权益,同时也会为用人单位招致不必要的成本支出。

因此,在签订劳动合同前,需要在合同中依法约定劳动者的工作时间及休息休假。对于需要在节假日加班或无法按照正常法定假期休假的特殊行业的用人单位而言,更需要在合同中就工作时间和对应的加班劳动报酬做出合法、合理、合规的约定。

案例参考

房××与上海××家具有限公司执行案

案件号：（2017）沪0118执376号

【案情介绍】

申请人房××与被申请人上海××家具有限公司因加班工资等发生争议，上海市青浦区劳动人事争议仲裁委员会于2016年10月21日作出的青劳人仲〔2016〕办字第18××号裁决书已经发生法律效力。该裁决书裁决：被申请人应于裁决书生效之日起5日内支付申请人2015年8月7日至2016年8月12日延长工作时间加班工资、休息日加班工资差额，共计30374.50元、2015年9月7日至2016年8月6日未签订劳动合同二倍工资差额82620元。届期，被申请人上海××家具有限公司未履行义务。权利人房××于2017年1月6日向法院申请执行。

本院在执行过程中，于2017年1月6日向被执行人上海××家具有限公司发出执行通知书，责令被执行人履行付款义务，但被执行人未履行。经法院强制执行，扣划被执行人银行存款8576元，该款已发放申请人房××，并经执行查明，被执行人目前无可供执行的财产，法院将上述执行情况告知申请人，其予以确认。

【处理结果】

执行法院认为，本案现暂不具备执行条件，裁定：终结本次执行程序。

待具备执行条件后，申请人可以向本院申请恢复执行。

法律分析

依据我国相关法律规定，因工作性质不能实行标准工时制的，经批准后实行综合计算工时工作制或不定时工作制，对实行综合计算工时工作制、不定时工作制的职工，在休息日、节假日不能休息的，用人单位应安排其补休，不能补休的应依法向其支付休息日、节假日加班工资。本案中，原告任职门卫，系非生产性值班岗位，无法按标准工时衡量且值班室里备有床铺供其午间和夜间值班休息，在岗时间应扣除休息时间，不能仅以待岗时间长短认定存在加班事实。

结合本案，被申请人因加班工资及未签订劳动合同二倍工资差额被裁决赔偿单个劳动者8万余元，导致执行时账上仅有的8000余元被划走，公司经营难以为继。对于此类情况，用人单位应该事先在劳动合同中予以约定，避免类似风险。

合规依据

《劳动法》

第三十六条 国家实行劳动者每日工作时间不超过八小时、平均每周工作时间不超过四十四小时的工时制度。

第三十七条 对实行计件工作的劳动者，用人单位应当根据本法第三十六条规定的工时制度合理确定其劳动定额和计件报酬标准。

第三十八条 用人单位应当保证劳动者每周至少休息一日。

第三十九条 企业因生产特点不能实行本法第三十六条、第三十八条规定的，经劳动行政部门批准，可以实行其他工作和休息办法。

第四十条 用人单位在下列节日期间应当依法安排劳动者休假：（一）元旦；（二）春节；（三）国际劳动节；（四）国庆节；（五）法律、法规规定的其他休假节日。

第四十一条 用人单位由于生产经营需要，经与工会和劳动者协商后可以延长工作时间，一般每日不得超过一小时；因特殊原因需要延长工作时间的，在保障劳动者身体健康的条件下延长工作时间每日不得超过三小时，但是每月不得超过三十六小时。

第四十二条 有下列情形之一的，延长工作时间不受本法第四十一条规定的限制：（一）发生自然灾害、事故或者因其他原因，威胁劳动者生命健康和财产安全，需要紧急处理的；（二）生产设备、交通运输线路、公共设施发生故障，影响生产和公众利益，必须及时抢修的；（三）法律、行政法规规定的其他情形。

第四十三条 用人单位不得违反本法规定延长劳动者的工作时间。

第四十四条 有下列情形之一的，用人单位应当按照下列标准支付高于劳动者正常工作时间工资的工资报酬：（一）安排劳动者延长工作时间的，支付不低于工资的百分之一百五十的工资报酬；（二）休息日安排劳动者工作又不能安排补休的，支付不低于工资的百分之二百的工资报酬；（三）法定休假日安排劳动者工作的，支付不低于工资的百分之三百的工资报酬。

第四十五条 国家实行带薪年休假制度。劳动者连续工作一年以上的，享受带薪年休假。具体办法由国务院规定。

《劳动合同法》

第十七条 劳动合同应当具备以下条款：（一）用人单位的名称、住所和法定代表人或者主要负责人；（二）劳动者的姓名、住址和居民身份证或者其他有效身份证件号码；（三）劳动合同期限；（四）工作内容和工作地点；（五）工作时间和休息休假；（六）劳动报酬；（七）社会保险；（八）劳动保护、劳动条件和职业危害防护；（九）法律、法规规定应当纳入劳动合同的其他事项。劳动合同除前款规定的必备条款外，用人单位与劳动者可以约定试用期、培训、保守秘密、补充保险和福利待遇等其他事项。

《劳动合同法实施条例》

第十九条 有下列情形之一的，依照劳动合同法规定的条件、程序，用人单位可以与劳动者解除固定期限劳动合同、无固定期限劳动合同或者以完成一定工作任务为期限的劳动合同：（一）用人单位与劳动者协商一致的；（二）劳动者在试用期间被证明不符合录用条件的……

合规要点 10：应要求拟加入员工在劳动合同中作好入职前各项承诺

入职承诺作为劳动关系双方约定的体现，在不侵犯他人的合法权益、基于当事人的真实意愿且不违反法律法规规定的情况下具有法律效力。同时，入职承诺还可以被视作劳动合同的一部分，尤其是涉及合同期限等内容时，只要不超过法律允许的范围，这种承诺同样具有法律效力。

在实践中，关于劳动者的职业道德以及先前工作单位的竞业、保密等问题难以仅通过普通的劳动合同条款进行约束，用人单位同样也难以确认及审查上述问题。因此，将入职前承诺条款加入劳动合同中，可以充分防止劳动关系双方就入职前所产生的遗留问题的法律风险。

案例参考

佛山市××环保科技有限公司与陈××劳动合同纠纷一案

案件号：（2016）粤0605民初11411号

【案情介绍】

案件无争议事实：

1.劳动仲裁请求：被告作为申请人以原告作为被申请人申请劳动仲裁，要求被申请人：(1) 补缴社会保险；(2) 支付未签订劳动合同的二倍工资 29841 元；(3) 支付 2016 年 4 月工资 3200 元。

2. 劳动仲裁裁决：佛山市南海区劳动人事争议调解仲裁委员会作出仲裁裁决书，裁决如下：(1) 被申请人在裁决生效之日起十日内向申请人支付 2016 年 4 月工资 3200 元；(2) 被申请人在裁决生效之日起十日内向申请人支付 2015 年 9 月 14 日至 2016 年 4 月的二倍工资差额 26127.40 元；(3) 驳回申请人的其他仲裁请求。

3. 原告的诉讼请求：原告不服上述仲裁裁决而起诉，请求判令：(1) 原告无须支付 2015 年 9 月 14 日至 2016 年 4 月 30 日未签订劳动合同的二倍工资差额 26127.40 元予被告；(2) 被告退还社保单位承担的费用 4350.19 元予原告；(3) 本案诉讼费由被告承担。

4. 被告入职时间：2015 年 8 月 14 日。

5. 被告职务：店长。

6. 被告在原告处工作至 2016 年 4 月 30 日。

7. 根据原告提交的工资条，被告 2015 年 8 月至 2016 年 4 月的应发工资与实发工资数额一致，分别为：1557.8 元、4956 元、3695 元、4654 元、3710 元、3355 元、1572 元、3133 元、3242 元。

8. 被告填写了《辞职申请表》，原因是家里建房子得回家帮忙。原告的相关管理人员于 2016 年 4 月 25 日审批同意，双方于 2016 年 4 月 30 日办理了工作交接，签有《离职员工工作交接表》。

9. 其他需要说明的情况：原告提交了一份《员工入职承诺书》，落款的承诺人处签名为陈××，落款时间为 2015 年 8 月 17 日。该《员工入职承诺书》的主要内容有："一、聘用期限，经协商，聘用时间自 2015 年 8 月 17 日起至 2018 年 8 月 16 日止……三、工作内容，1. 在公司担任店长一职，主要工作内容为店面管理。……四、工作时间及休息安排，1. 工作时间为：周一至周六 9：00—12：00、13：00—18：00（周六的加班时数视工作情况安排补休）；2. 严格遵守公司的作息时间，每月安排四日休息，因工作需要将服从加班的安排和接受岗位调配。五、劳动报酬，每月岗位工资为 2800 元，岗位工资包括基本工资、全勤奖、加班工资、岗位补贴、绩效工资、社保费，于次月 15 日发放。六、保险福利待遇，依法为员工办理参加社会保险手续，其参加方式自主选择……"

【处理结果】

依照《劳动合同法》第三十条、《民事诉讼法》第六十四条的规定，本案判决如下：

一、原告佛山市××环保科技有限公司应于本判决发生法律效力之日起十日内支付2016年4月工资3200元予被告陈××。

二、原告佛山市××环保科技有限公司无须支付2015年9月14日至2016年4月未签订劳动合同的二倍工资差额26127.40元予被告陈××。

三、驳回原告佛山市××环保科技有限公司的其他诉讼请求。

【裁判观点】

关于二倍工资差额的问题。原告是否应支付未签订劳动合同的二倍工资差额予被告，双方各持异议。本院经审理认为，原告提交的《员工入职承诺书》落款处有陈××的签名，虽然对该签名有异议并申请司法鉴定，但被告之后又撤回了司法鉴定申请，而其又不能提交直接充分的证据对《员工入职承诺书》予以推翻，故原告主张《员工入职承诺书》是被告所签，本院予以采信。虽然原告没有与被告签订正式的劳动合同，但是《员工入职承诺书》已经明确记载了聘用期限、工作内容、劳动报酬、保险福利待遇等，具备劳动合同的基本内容，可以视为双方已经签订了书面劳动合同。因此，原告主张无须支付未签订劳动合同的二倍工资差额26127.40元予被告，本院予以支持。

关于社会保险费的问题。原告要求被告退还单位承担的社会保险费4350.19元，未经劳动仲裁前置程序，本院不作审查处理。

前述劳动仲裁裁决书已裁决原告应支付2016年4月工资3200元予被告，双方对该裁决内容均没有提起诉讼，应视为服裁，本院予以确认。

法律分析

本案中，《员工入职承诺书》作为劳动合同使用，单位避免了支付未签订书面劳动合同的二倍工资差额。实际上，《入职承诺书》能够起到的作用远不止于此。

因为劳动者入职前承诺条款生效需满足一定条件方能生效，笔者提供一份模板条款以供参考：

劳动者承诺：

1.在签订本合同前，乙方提供的各项个人资料真实有效；

2.在签订本合同前,乙方已经非常清晰了解甲方所告知的公司相关规章制度、劳动条件、劳动报酬、岗位用人要求等情况,并愿意共同遵守;

3.在签订本合同时,乙方与其他任何单位均不存在劳动关系(内部退养人员除外),也未受到任何竞业限制协议或规定的约束;

4.在签订本合同时,乙方未患有不适合本工作岗位的疾病;

5.如以上承诺不实,视为乙方以欺诈手段订立本合同,甲方有权随时解除合同并保留向乙方追索甲方支付乙方的所有薪酬及相关支出的权利。

合规依据

《劳动合同法》

第二十二条　用人单位为劳动者提供专项培训费用,对其进行专业技术培训的,可以与该劳动者订立协议,约定服务期。劳动者违反服务期约定的,应当按照约定向用人单位支付违约金。违约金的数额不得超过用人单位提供的培训费用。用人单位要求劳动者支付的违约金不得超过服务期尚未履行部分所应分摊的培训费用。用人单位与劳动者约定服务期的,不影响按照正常的工资调整机制提高劳动者在服务期期间的劳动报酬。

第二十三条　用人单位与劳动者可以在劳动合同中约定保守用人单位的商业秘密和与知识产权相关的保密事项。对负有保密义务的劳动者,用人单位可以在劳动合同或者保密协议中与劳动者约定竞业限制条款,并约定在解除或者终止劳动合同后,在竞业限制期限内按月给予劳动者经济补偿。劳动者违反竞业限制约定的,应当按照约定向用人单位支付违约金。

第二十四条　竞业限制的人员限于用人单位的高级管理人员、高级技术人员和其他负有保密义务的人员。竞业限制的范围、地域、期限由用人单位与劳动者约定,竞业限制的约定不得违反法律、法规的规定。在解除或者终止劳动合同后,前款规定的人员到与本单位生产或者经营同类产品、从事同类业务的有竞争关系的其他用人单位,或者自己开业生产或者经营同类产品、从事同类业务的竞业限制期限,不得超过二年。

第二十五条　除本法第二十二条和第二十三条规定的情形外,用人单位不得与劳动者约定由劳动者承担违约金。

第二十六条　下列劳动合同无效或者部分无效:(一)以欺诈、胁迫的手段或者乘人之危，使对方在违背真实意思的情况下订立或者变更劳动合同的；（二）用人单位免除自己的法定责任、排除劳动者权利的；（三）违反法律、行政法规强制性规定的。对劳动合同的无效或者部分无效有争议的，由劳动争议仲裁机构或者人民法院确认。

第二十九条 用人单位与劳动者应当按照劳动合同的约定，全面履行各自的义务。

合规要点 11：上下班地址确认

当今社会机动车数量激增，劳动者上下班过程中的在途工伤风险也日益增加。在符合工伤认定条件的情况下，用人单位理应承担对应工伤责任。

不过在司法实践中，关于"上下班途中"的界定众说纷纭，明确权责难度极大。因此，结合《工伤保险条例》第十四条及《最高人民法院关于审理工伤保险行政案件若干问题的规定》第六条的规定，用人单位在和劳动者签订劳动合同前，需要明确劳动者的上下班地址，以备劳动者在上下班途中遭遇意外时做好权责划分。

案例参考

××市人力资源和社会保障局、张×劳动和社会保障行政管理（劳动、社会保障）二审行政案

案件号：（2019）鲁16行终52号

【案情介绍】

上诉人××市人力资源和社会保障局（以下简称市人社局）因与被上诉人张×、刘×、刘××、杨××及原审第三人滨州市公安局工伤行政确认一案，不服博兴县人民法院（2018）鲁1625行初××号行政判决，向法院提起上诉。法院依法组成合议庭，公开开庭审理了本案，现已审理终结。

原审认定以下事实，刘×系××市公安局滨城分局刑事侦查大队二中队中队长，家住滨州市丽景新园。2017年8月7日，刘×值行政班（上午正常上班，下午应当上班）。中午下班后，刘×驾驶鲁M×××××牌轿车，载着一位朋友与其他两位朋友相约到滨州××产业开发区吉祥饭店用餐。刘×等四人用餐完毕后，刘×载着朋友返回单位上班。13时47分左右，刘×驾车沿205国道行驶至滨州市××新区××

与××国道交叉口北侧时，其同向行驶的罐车发生爆炸波及刘×驾驶的车辆，刘×在爆炸中当场死亡。经《滨州高新区"8.7"较大危化品违法运输事故调查报告》（以下简称《事故调查报告》）确认，刘×在危化品运输罐车罐体爆炸生产安全责任事故中死亡，该事故刘×无责任。

原告张×于2017年12月27日向被告市人社局提出对其丈夫刘×工伤认定的申请。被告于2018年1月10日受理，并向滨州市公安局下达了工伤认定限期举证通知书，要求其提供有关证据材料（单位意见、书证、物证、音像资料等）。滨州市公安局在规定时间内向被告提供了书面证明、事故调查报告、滨州市公安局高新区分局刑侦大队证明、张×慧和刘×的军证言材料。被告经调查认定，刘×家住丽景新园，在其工作单位的西北方向，两地相距约7公里。吉祥饭店在其工作单位的东南方向，两地相距约13.6公里。丽景新园和吉祥饭店位于××市公安局滨城分局刑事侦查大队的两个方向。因此，刘×用餐完毕返回途中在爆炸中死亡的情形不符合《工伤保险条例》第十四条、第十五条认定工伤或视同工伤的情形。被告于2018年3月8日作出滨人社工认案字〔2018〕第××号《不予认定工伤决定书》（以下简称涉案不予认定工伤决定），对刘×的死亡决定不予认定或视同工伤。四原告作为刘×的近亲属不服该决定，提起本案行政诉讼。

【裁判观点】

本案双方争议的焦点是：刘×在饭店午餐后返回途中发生安全事故死亡，是否符合认定工伤的条件；被告作出的涉案不予认定工伤决定事实是否清楚、适用法律是否正确。一、关于刘×所受伤害是否符合《最高人民法院关于审理工伤保险行政案件若干问题的规定》（法释〔2014〕9号）第六条规定的"上下班途中"。该条规定，对社会保险行政部门认定下列情形为"上下班途中"的，人民法院应予支持：……（四）在合理时间内其他合理路线的上下班途中。因此，"上下班途中"并非局限于经常居住地与工作地的往返，而应综合目的因素、时间因素、空间因素、合理因素等多方面予以认定。从本案中的调查笔录、证人证言、滨州市公安局调查报告等证据上看，刘×自吉祥饭店就餐后，驾车返回工作单位上班，因此，其具备上班目的的因素；刘×于当天12时19分离开单位，12时48分到达吉祥饭店，车程用时29分钟。13时43分用餐完毕后，刘×开车欲返回工作单位（当时下午上班时间为14时30分），返回的时间点和上班时间点及车程用时完全属于上班的合理时间内；关于空间因素，是否具备合理的路线，也即本案的关键因素。刘×作为从事刑侦工作的警察，其选择快餐店吃午餐就是因其快捷，不影响下午上班而定。综上，"上下班途中"应参照路途、距离、时间及其他合理因素，从保护劳动者的合法权益出发予以认定。刘×自饭店至工作地点属于在上班的合理时间内其他合理路线内，应认定为"上下班途中"。本案中，被告对"上下班途中"的理解限缩于工作地与住所地、经常居住地之间的合理路线，于法无据。二、《工伤保险条例》第十四条规定："职工有下列情形之一的，应当认定为工伤……（六）在上下班途中，受到非本人主要责任的交通事故或者城市轨道交通、客运轮渡、火车事故伤害的……"人力资源和社会保障部办公厅《关于工伤保险有关规定处理意见的函》（人社厅函〔2011〕339号）关于新《工伤保险条例》第十四条第六项规定如何理解和适用问题指出，"该条规定的'非本人主要责任'事故包括非本人主要责任的交通事故和非本人主要责任的城市轨道交通、客运轮渡和火车事故。其中，'交通事故'是指《道路交通安全法》第一百一十九条规定的车辆在道路上因过错或者意外造成的人身伤亡或者财产损失事件。'车辆'是指机动车和非机动车；'道路'是指公路、城市道路和虽在单位管辖范围但允许社会机动车通行的地方，包括广场、公共停车场等用于公众通行的场所"。本案中，刘×是于205国道上因其他车辆爆炸意外造成的人身伤亡，且本人无责任。被告认定"刘×死亡系生产安全事故造成，并不是交通事故所致"不符合上述人社厅函〔2011〕339号的规定，其认定事实不清，适用法律不当。

综上，被告认为刘×所居住的丽景新园和吉祥饭店位于其工作地点的两个方向，不是上班的合理路线及刘×死亡不是交通事故所致的认定不符合《最高人民法院关于审理工伤保险行政案件若干问题的规定》第六条第四项及相关行政法律法规的规定，属适用法律不当。

原审认为：依据《工伤保险条例》第五条的规定，县级以上地方人民政府社会保险行政部门负责本行政区域内的工伤保险工作，被告市人社局具有作出涉案工伤认定决定的法定职责。被告在行政程序中，履行了受理、通知、调查、作出决定及文书送达等相关程序，程序合法。

【处理结果】

驳回被上诉人张×、刘×、刘××、杨××的诉讼请求。

法律分析

根据《工伤保险条例》第十四条的规定："职工有下列情形之一的，应当认定为工伤：……（六）在上下班途中，受到非本人主要责任的交通事故或者城市轨道交通、客运轮渡、火车事故伤害的……"《最高人民法院关于审理工伤保险行政案件若干问题的规定》第六条规定："对社会保险行政部门认定下列情形为'上下班途中'的，人民法院应予支持：（一）在合理时间内往返于工作地与住所地、经常居住地、单位宿舍的合理路线的上下班途中；（二）在合理时间内往返于工作地与配偶、父母、子女居住地的合理路线的上下班途中；（三）从事属于日常工作生活所需要的活动，且在合理时间和合理路线的上下班途中；（四）在合理时间内其他合理路线的上下班途中。"

对于"上下班途中"的认定应从是否以上下班为目的、上下班路途的方向、距离远近及时间因素进行综合判断。

空间因素方面，"上下班途中"是指居住地和工作地之间的合理路径。在职工没有走最直接、最通达的路线上下班受到伤害时，还应充分考虑职工绕道的理由，理由正当的绕道也应视为合理路线。若绕道其他地方办理其他事务，而该事务与其工作、回家或者日常生活没有必然联系，则该过程不应被认定为"上下班途中"。对于"上下班途中"的空间理解，虽然《劳动和社会保险部办公厅关于如何理解〈企业职工工伤保险试行办法〉有关内容的答复意见》（劳社厅函〔2002〕143号）规定："……二、第八条第九款中提到的'职工在上下班途中'系指职工从居住住所到工作区域之间的路途……"但公开颁布的国务院行政法规没有对"上下班途中"作出进一步限定，因此对于居住地和工作地可作广义理解。所谓的居住地是指单位提供的宿舍、实际居住地、临时居住地或者经常居住地以及配偶、父母、子女居住地等。所谓工作地是指一处或者其中一处、固定或者不固定工作地、职工来往于多个与其工作相关的工作场所之间的合理区域、因工外出所涉及的区域以及本单位或者经本单位同意参加其他单位组织的集体活动地等。本案中，刘×就餐的地点并非与其居住地相关联，也非其工作场所附近的合理区域。

目的因素方面，职工从事日常工作生活所必需的活动，且在合理时间内合理路线未改变以"上下班"为目的的，应当认定为"上下班途中"。本案刘×就餐的地点远离其居住地和工作地，虽然午餐是其生活必需的，且其返回途中也具有上班的目的，但其就餐地点与其居住地和工作地无关联，因此需要考虑本案是否属于在合理的"上下班途中"。

对上下班的行程路径、目的，要考虑其合理性。上下班的路线及目的不合理，如从单位到宿舍所使用的时间过长，或者选择了"南辕北辙"的路线等，则可能否定其上下班行为。对于合理性的解释，既不能作扩大解释，也不能作过于狭窄的解释。上下班路线应不限于最短路线，而在于合理路线。对于上下班途中绕道是否属于"上下班途中"，应考虑绕道原因，对于职工在上下班途中从事属于日常工作生活所必需的活动，且在合理时间内未改变以上下班为目的的合理路线的途中，应视为"上下班途中"，如接送孩子上学、去市场买菜而绕道等。

本案中，刘×虽有中午就餐的生活必需性，但并非在居住地和工作地附近就餐，不具有到远离上述两地十几公里之外的饭店就餐的必需性，且被上诉人也未提供证据证明该地与其从事的刑事侦查工作有何关联。虽被上诉人的境遇值得同情，但原二审法院认定刘×发生事故情形不具有"上下班途中"的合理性基础。

合规依据

《工伤保险条例》

第十四条 职工有下列情形之一的，应当认定为工伤：（一）在工作时间和工作场所内，因工作原因受到事故伤害的；（二）工作时间前后在工作场所内，从事与工作有关的预备性或者收尾性工作受到事故伤害的；（三）在工作时间和工作场所内，因履行工作职责受到暴力等意外伤害的；（四）患职业病的；（五）因工外出期间，由于工作原因受到伤害或者发生事故下落不明的；（六）在上下班途中，受到非本人主要责任的交通事故或者城市轨道交通、客运轮渡、火车事故伤害的；（七）法律、行政法规规定应当认定为工伤的其他情形。

《最高人民法院关于审理工伤保险行政案件若干问题的规定》

第六条 对社会保险行政部门认定下列情形为"上下班途中"的，人民法院应予支持：（一）在合理时间内往返于工作地与住所地、经常居住地、单位宿舍的合理路线的上下班途中；（二）在合理时间内往返于工作地与配偶、父母、子女居住地的合理路线的上下班途中；（三）从事属于日常工作生活所需要的活动，且在合理时间和合理路线的上下班途中；（四）在合理时间内其他合理路线的上下班途中。

合规要点 12：法律文书送达地址确认

根据《劳动合同法》第五十条、第八十九条的规定，用人单位应当在解除或终止劳动合同时出具解除或者终止劳动合同的证明。

然而在司法实践中，经常会出现无法联系劳动者，无法直接送达本人的情形。为了防止出现上述情形，建议用人单位在和劳动者签订劳动合同前以及在劳动合同中将法律文书送达地址进一步进行明确约定。

案例参考

上海××公司竹园分公司与董××违法解除劳动赔偿金纠纷案

案件号：（2018）沪02民终4062号

【案情介绍】

董××于1992年12月入职上海××公司竹园分公司，双方先后签订多份劳动合同。2009年3月25日，上海××公司竹园分公司与董××签订了最后一份无固定期限劳动合同，合同约定工资为1950元。董××自2016年12月5日起未上班并失联。上海××公司竹园分公司于2016年12月31日作出解除（终止）劳动关系通知，董××于2017年1月21日签收解除（终止）劳动关系通知。董××2016年1月1日至12月31日的月平均工资为5233.42元。

2017年4月12日，董××因急性重度有机磷中毒被送至上海长海医院医治，2017年4月25日出院，出院诊断为：1.急性重度有机磷中毒；2.精神分裂症。董××从上海长海医院出院后即入住上海市精神卫生中心治疗至2017年6月2日出院，上海市精神卫生中心在其出院记录中入院及出院诊断均为精神分裂症。

2017年6月26日，董××作为申请人、其女儿作为董××的委托代理人向上海市静安区劳动人事争议仲裁委员会提出申请，要求上海××公司竹园分公司支付违法解除劳动合同赔偿金500000元。上海市静安区劳动人事争议仲裁委员会于2017年9月12日出具了静劳人仲（2017）办字第1429号裁决书，裁决上海××公司竹园分公司支付董××违法解除劳动合同的赔偿金256437.58元。上海××公司竹园分公司不服仲裁委的裁决，诉至一审法院，后又对一审判决不服，提起上诉。

【处理结果】

一审判决：

上海××公司竹园分公司应自本判决生效之日起七日内支付被告董××违法解除劳动合同赔偿金256437.58元。

二审判决：

驳回上诉，维持原判。

【裁判观点】

一审法院认为，《最高人民法院关于审理劳动争议案件适用法律若干问题的解释》规定，因用人单位作出的开除、除名、辞退、解除劳动合同、减少劳动报酬、计算劳动者工作年限等决定而发生的劳动争议，用人单位负举证责任。根据本案查明的事实，董××在2017年4月12日被确诊为精神分裂症，根据医学临床表现，精神分裂症属于精神疾病，具有感知觉障碍、思维障碍、行为障碍及其认知功能下降等症状。董××系上海××公司竹园分公司的老员工，多年来未有擅自离岗的行为，其于2016年12月5日起失联正是发病前认知功能下降等症状的具体表现，而在此期间，董××的家人未能履行注意、关心董××的义务，显属不当。上海××公司竹园分公司虽经多方联系，但在未与董××家人沟通的情况下，根据公司的规章制度解除了与董××的劳动合同，因本案董××系精神分裂症患者，从其发病到莫名失联需要一个过程，而上海××公司竹园分公司在董××发病期间未能注意到董××的病情变化而作出解除与董××劳动合同关系的决定显属不当。现上海××公司竹园分公司要求不支付董××违法解除劳动合同赔偿金的请求，有悖于法，不予采信。

二审法院认为，劳动者的合法权益受法律保护。本案中，上海××公司竹园分公司在董××没有上班失联的情况下多次联系董××本人及其家属，已尽到通知的义务，对此，本院予以确认。但是正如一审法院所述，董××系精神分裂症患者，从其发病到莫名失联需要一个过程，在已经知道董××患病的过程后，上海××公司竹园分公司仍然主张董××的行为属于旷工，坚持解除劳动合同，而不愿意恢复双方的劳动关系，则明显不当。根据劳动合同法的规定，用人单位违反本法规定解除或者终止劳动合同，劳动者要求继续履行劳动合同的，用人单位应当继续履行；劳动者不要求继续履行劳动合同或者劳动合同已经不能继续履行的，用人单位应当依照本法第八十七条规定支付赔偿金。据此，上海××公司竹园分公司应当支付董××违法解除劳动合同的赔偿金。综上，上海××公司竹园分公司的上诉请求无充分证据佐证，应予驳回；一审判决认定事实清楚，适用法律正确，应予维持。

法律分析

结合案件，本案公司员工失联，用人单位采取电话通知其家属的方式沟通。在劳动合同中有送达地址的情况下，可以采取向该地址寄送有效函件的方式，告知旷工事由，通知劳动者上班，未能得到回应的，依照《劳动合同法》及公司规章制度的相关规定依法解除劳动合同。

合规依据

《劳动合同法》

第五十条 用人单位应当在解除或者终止劳动合同时出具解除或者终止劳动合同的证明，并在十五日内为劳动者办理档案和社会保险关系转移手续。劳动者应当按照双方约定，办理工作交接。用人单位依照本法有关规定应当向劳动者支付经济补偿的，在办结工作交接时支付。用人单位对已经解除或者终止的劳动合同的文本，至少保存二年备查。

第八十九条 用人单位违反本法规定未向劳动者出具解除或者终止劳动合同的书面证明，由劳动行政部门责令改正；给劳动者造成损害的，应当承担赔偿责任。

合规要点 13：附属商业保险购买及企业免责问题

实践中，部分用人单位考虑运营支出以及部分岗位劳动者流通性大等原因，不愿为员工缴纳社会保险，或者有的劳动者已经超过法定退休年龄不能参加社会保险。同时，也有部分劳动者因个人原因，不愿缴纳社会保险。但若员工发生工伤，企业须承担相应的赔偿责任。根据《工伤保险条例》的规定，用人单位为劳动者缴纳社会（工伤）保险是其法定义务。

劳动者不幸发生工伤时，工伤基金可弥补用人单位需要支付劳动者的大部分赔偿，但用人单位仍会支出一部分赔偿金额。虽然已购买了社会保险，但是企业损失仍将是一笔较为巨大的支出成本。因此，有不少用人单位会选择在缴纳社会保险的基础上，额外购买附属商业保险，诸如：一般的团体意外险、建筑工程团体意外险、安全生产责任险、雇主责任险等。

用人单位为劳动者参加了商业保险就能产生免责的效果吗？答案是否定的。除雇主责任险外，用人单位为劳动者参加商业保险的，只有在约定免责的情况下才能在保险赔偿范围内对其应赔偿的工伤赔偿免责。

因此，用人单位需要在为劳动者参加商业保险的同时，与其约定保险利益的享有及对单位义务的抵偿事宜。

案例参考

××机电设备公司与胡××工伤赔偿纠纷案

案件号：（2017）沪 0118 民初 10044 号

【案情介绍】

被告胡××于 2013 年 10 月 8 日进入原告××机电设备公司处工作，月工资标准为 4500 元，原告通过银行代发被告工资。2014 年 1 月 23 日工作期间，被告在公司车间内装配机器部件时，因铁屑溅入其右眼而受伤。经医院诊断被告为右眼外伤，右眼球内异物。2014 年 10 月 27 日，上海市青浦区人力资源和社会保障局认定被告该事故为工伤。2017 年 5 月 10 日，被告伤情经青浦区劳动能力鉴定委员会鉴定为因工致残程度七级。原告未为被告正常缴纳社会保险费。被告进行工伤鉴定产生鉴定费、检查费和诊疗费共计 600 元。双方劳动关系结束日期为 2017 年 5 月 16 日。

另查明：被告于 2017 年 5 月 18 日申请仲裁，要求原告支付其解除劳动合同经济补偿 18000 元、一次性伤残补助金 58500 元、一次性工伤医疗补助金 78048 元、一次性伤残就业补助金 78048 元、鉴定费 600 元。上海市青浦区劳动人事争议仲裁委员会经审理裁决原告支付被告一次性伤残补助金 58500 元、一次性工伤医疗补助金 78048 元、一次性伤残就业补助金 78048 元、鉴定费 600 元。对被告要求原告支付解除劳动合同经济补偿 18000 元的请求不予支持。原告不服该裁决遂诉诸法院。

以上查明的事实，有原、被告的陈述、仲裁裁决书复印件、仲裁笔录、工伤认定书、鉴定结论书、劳动合同、员工调薪表、银行账户明细予以证明，上述证据经庭审质证，本院予以确认。

审理中，原告称：被告在入职的时候，向原告申请不要求原告为其购买社会保险，而是用商业保险替代。该保险金的权益人是被告。被告所受伤害是单一事故。被告自行要求仅购买商业保险，如果其获得商业保险后还获得社会保险，就获得了

2份理赔，因此应该扣除已获得的理赔款105000元。

为证明其主张，原告提供以下证据：

1.理赔核定通知书，证明在被告发生事故后，保险公司已向被告支付了理赔款105000元。

被告对证据的真实性无异议。保险公司已向被告支付了人民币105000元。但是该理赔是商业保险理赔，与本案无关联性。

2.发票，证明商业保险费是原告支付的。

被告对证据的真实性无异议，商业保险费是原告支付的。

3.声明书，该声明内容为："因本人家庭需要，特自愿要求就职公司上海××机电设备有限公司不予给本人胡××缴纳上海市社会保险，这部分保险费用将以现金的形式每月与工资一起发放，由此产生的一切后果将由本人承担，与公司无关。"证明被告2013年11月12日出具声明要求不缴纳社会保险，该费用以现金的形式与工资一起发放，后果由被告本人承担，与原告无关。被告受伤以后，考虑到被告的情况，原告也承担了应该由被告承担的社保部分。

被告称，声明书上的签字是其本人签的，但是对内容不予认可，其签字的时候，没有"保险费以现金形式发放给我"这一内容。2013年被告入职的时候是要求原告不为其缴纳社会保险。2015年之后原告为被告缴纳社保之后工资没有变化。原告没有为其承担受伤以后的社保部分，是从4500元中扣除的。即使该声明是被告本人签的，但因其违反了国家法律规定，故该声明是无效的。

4.承诺函，该承诺函的内容为："因本人工伤期间所有医药治疗费用是由××机电设备公司先行垫付，故待本人治疗完成后，由保险公司承赔之医药费部分需在保险公司相应赔付之后尽快返还公司，本人承诺会在收到医疗赔付后一星期内将此款项返还××机电设备公司，若未返还，一切事情将与公司无关，本人愿意承担一切后果。"证明被告承诺医疗费用由原告先行垫付，治疗结束以后，其会将保险公司理赔的医药费退还给原告。医药费3万多元，被告已将该笔款项返还给原告。

被告对证据的真实性无异议。

审理中，被告称：原告虽然为被告购买了商业保险，被告受伤后也获得了商业理赔款，但是商业保险与社会保险是不同的法律概念，原告为被告购买商业保险，是商业性质的人身险，不具有强制性，仅仅是公司为员工提供的福利，但是社会保险是强制性的。两者是没有关联性的。法律没有禁止被告在获得商业理赔款后不能得到工伤保险款项。

【处理结果】

一审法院判决：

一、原告××机电设备公司应于本判决生效之日起十日内支付被告胡××一次性伤残补助金 58500 元；

二、原告××机电设备公司应于本判决生效之日起十日内支付被告胡××一次性工伤医疗补助金 78048 元；

三、原告××机电设备公司应于本判决生效之日起十日内支付被告胡××一次性伤残就业补助金 78048 元；

四、原告××机电设备公司应于本判决生效之日起十日内支付被告胡××鉴定费 600 元；

五、对原告××机电设备公司的诉讼请求不予支持。

案件受理费 10 元，减半收取计 5 元，由原告××机电设备公司负担。

二审法院判决：

驳回上诉，维持原判。

【裁判观点】

本案的争议焦点在于商业保险理赔款项是否应在工伤保险理赔金中予以抵扣。本院认为，该笔商业保险理赔款项不能在工伤保险理赔金中予以抵扣，理由如下：第一，单位具有为员工缴纳社会保险的法定义务，原告虽提供了被告签字的声明，但因该声明并不能违反法律的强制性规定，因此原告仍应为被告缴纳社会保险，未缴纳社保的应承担相应的不利后果；第二，因商业保险的保险金权益人明确约定为被告，且原、被告双方在投保之前并未对该保险金有过明确的协议约定，故被告为该保险金唯一的合法权益人；第三，承诺函系被告对原告对其垫付的医药费的承诺，且原、被告双方均确认被告已经将医药费返还给原告，故该承诺函并不是双方对商业保险理赔款的约定。

综上，原告要求被告将商业理赔款 105000 元在工伤保险理赔金中予以抵扣，本院不予支持。经核算，原告应支付被告一次性伤残补助金 58500 元、一次性工伤医疗补助金 78048 元、一次性伤残就业补助金 78048 元。因双方均未提起诉讼，故原告还应支付被告鉴定费 600 元。

法律分析

享受工伤保险待遇是工伤职工的法定权益，工伤保险费用全部由用人单位缴纳，劳动者个人不承担缴纳费用义务。《工伤保险条例》第六十二条第二款规定："依照本条例规定应当参加工伤保险而未参加工伤保险的用人单位职工发生工伤的，由该用人单位按照本条例规定的工伤保险待遇项目和标准支付费用。"从此条规定可见享受工伤待遇是工伤职工法定权利，原告在工作岗位上受伤，经申请认定为工伤并由被告承担原告的工伤保险责任，其依法应享受工伤保险待遇。被告未按规定为原告缴纳工伤保险费，故应由被告按工伤保险待遇项目和标准向原告支付费用。

本案用人单位在劳动者"自愿"不参加社会保险的情况下为劳动者参加了商业保险，但是仍然未能免除责任。

法院判决在说理中说明，原、被告双方在投保之前并未对该保险金有过明确的协议约定。反之，如果双方有明确的约定，商业保险的赔偿部分就可以认定为用人单位免责的保险，从而减少用人单位的责任。

合规依据

《工伤保险条例》

第一条 为了保障因工作遭受事故伤害或者患职业病的职工获得医疗救治和经济补偿，促进工伤预防和职业康复，分散用人单位的工伤风险，制定本条例。

第二条第一款 中华人民共和国境内的企业、事业单位、社会团体、民办非企业单位、基金会、律师事务所、会计师事务所等组织和有雇工的个体工商户（以下称用人单位）应当依照本条例规定参加工伤保险，为本单位全部职工或者雇工（以下称职工）缴纳工伤保险费。

第六十二条 用人单位依照本条例规定应当参加工伤保险而未参加的，由社会保险行政部门责令限期参加，补缴应当缴纳的工伤保险费，并自欠缴之日起，按日加收万分之五的滞纳金；逾期仍不缴纳的，处欠缴数额1倍以上3倍以下的罚款。

依照本条例规定应当参加工伤保险而未参加工伤保险的用人单位职工发生工伤的，由该用人单位按照本条例规定的工伤保险待遇项目和标准支付费用。用人单位参加工伤保险并补缴应当缴纳的工伤保险费、滞纳金后，由工伤保险基金和用人单位依照本条例的规定支付新发生的费用。

第二节 劳动合同的初次订立

合规要点 1：应及时签订劳动合同

劳动合同作为体现劳动者与用人单位建立劳动关系的重要依据，也是明确劳动关系双方权利义务的有力证明。在劳动过程中，用人单位依据劳动合同的约定来管理职工，行使权利和履行义务；职工也依据劳动合同来维护自身的利益，履行相应的义务。

用人单位签订劳动合同时应当注意：（1）应当签订书面劳动合同。（2）应当自用工之日起一个月内与劳动者订立书面劳动合同。未及时与劳动者在法定期限内签订劳动合同，不利于对劳动者权利义务的约束，同时还可能面临二倍工资的赔偿。

案例参考

×华珠宝某分公司与邝某二倍工资纠纷案

案件号：（2015）穗中法民一终字第 3018 号

【案情介绍】

邝某主张其于 2013 年 10 月 15 日入职×华珠宝某分公司，岗位为执模部修理工，底薪为 4500 元/月，工作期间×华珠宝某分公司未与其签订劳动合同，亦未为其缴纳社保，2014 年 8 月 15 日，×华珠宝某分公司解除与邝某的劳动关系。

邝某向番禺法院提交的《员工辞职申请表》及工资条显示，其于 2013 年 10 月 15 日入职，但用人单位名称为"达奇珠宝有限公司"，其中移交手续栏目的"移交人"一栏有"黄某萍"的签字，工资条上未标注"×华"字样，但有"某奇"二字。×华珠宝某分公司称黄某萍并非公司员工。广州市工商行政管理局番禺分局企业登记数据库未查到"某奇珠宝有限公司"的记录。

仲裁委曾经到番禺沙湾珠宝产业园内进行实地调查，看到园中 3 座（A1）厂房大门外悬挂"某奇珠宝有限公司"。番禺法院于 2014 年 12 月 16 日进行实地调查，看到原悬挂的"某奇珠宝有限公司"招牌已经摘除；第二层之东半层挂有"×华珠宝某分公司"的招牌；在该分公司内所设员工考勤卡存放处有"黄某萍"的考勤卡。

仲裁裁决×华珠宝某分公司向邝某支付未签劳动合同二倍工资40124.70元，×华珠宝公司承担连带支付责任。该裁决作出后，×华珠宝及×华珠宝某分公司均不服，向番禺法院提起诉讼，主张邝某并非其公司员工。

【处理结果】

一审法院经审理作出判决：×华珠宝某分公司向邝某支付未签订劳动合同的二倍工资差额35832.27元，×华珠宝公司承担连带清偿责任。

×华珠宝某分公司不服，提起上诉，二审法院判决：驳回上诉，维持原判。

法律分析

我国劳动法将组织签订劳动合同的责任指定给用人单位承担，当劳动者因为签订劳动合同引发的劳动争议提起诉讼或仲裁时，需要用人单位举证证明签订过劳动合同，若用人单位无法举证，就需要承担举证不能的不利后果。根据《劳动合同法》的规定，用人单位应当自用工之日起一个月内与劳动者签订劳动合同。用人单位超过一个月不满一年未与劳动者订立书面劳动合同的，应当向劳动者每月支付二倍的工资。如果超过一年未与劳动者订立书面劳动合同，视为与劳动者订立无固定期限劳动合同。以此来看，用人单位如不及时签订劳动合同，将陷入十分被动的局面。

退一步来讲，虽然劳动合同对用人单位的权利和义务产生了约束，但同时也对劳动者的权利义务产生了约束。当用人单位与劳动者发生劳动争议时，用人单位可以依据劳动合同的约定在法律框架内依法处理，这有利于保护其合法权益。

合规依据

《劳动法》

第十六条 劳动合同是劳动者与用人单位确立劳动关系、明确双方权利和义务的协议。建立劳动关系应当订立劳动合同。

《劳动合同法》

第十条 建立劳动关系，应当订立书面劳动合同。已建立劳动关系，未同时订立书面劳动合同的，应当自用工之日起一个月内订立书面劳动合同。用人单位与劳动者在用工前订立劳动合同的，劳动关系自用工之日起建立。

第八十二条　用人单位自用工之日起超过一个月不满一年未与劳动者订立书面劳动合同的，应当向劳动者每月支付二倍的工资。用人单位违反本法规定不与劳动者订立无固定期限劳动合同的，自应当订立无固定期限劳动合同之日起向劳动者每月支付二倍的工资。

《劳动合同法实施条例》

第五条　自用工之日起一个月内，经用人单位书面通知后，劳动者不与用人单位订立书面劳动合同的，用人单位应当书面通知劳动者终止劳动关系，无需向劳动者支付经济补偿，但是应当依法向劳动者支付其实际工作时间的劳动报酬。

第六条第一款　用人单位自用工之日起超过一个月不满一年未与劳动者订立书面劳动合同的，应当依照劳动合同法第八十二条的规定向劳动者每月支付两倍的工资，并与劳动者补订书面劳动合同；劳动者不与用人单位订立书面劳动合同的，用人单位应当书面通知劳动者终止劳动关系，并依照劳动合同法第四十七条的规定支付经济补偿。

第七条　用人单位自用工之日起满一年未与劳动者订立书面劳动合同的，自用工之日起满一个月的次日至满一年的前一日应当依照劳动合同法第八十二条的规定向劳动者每月支付两倍的工资，并视为自用工之日起满一年的当日已经与劳动者订立无固定期限劳动合同，应当立即与劳动者补订书面劳动合同。

合规要点 2：谨慎签订试用期合同

实践中，用人单位在劳动者入职时只与劳动者签订一份"试用期合同"，在试用期满后再决定是否正式聘用该劳动者。从表面上看，用人单位可以利用"试用期合同"，通过劳动者表现的好坏决定是否正式聘用劳动者。但实际上这一做法可能会给用人单位带来更大的风险。

用人单位应当直接签订书面的劳动合同，并在其中约定试用期。

案例参考

用人单位与劳动者仅签订试用期合同被判试用期视为劳动合同期限

2015 年 3 月，应届大学毕业生李某被 A 公司录用，但在签订劳动合同时，A 公司表示，按照公司规定，凡是新招用的职工均要先签订六个月的试用期合同，试用期工资是正常工资的一半。试用期过后经考核合格才能签订正式的劳动合同。李某考虑到如今刚毕业，就业不易，就签订了这份试用期合同。六个月期满后，A公司以李某在试用期内表现不合格为由，不予签订正式的劳动合同。李某对此不服，向劳动人事争议仲裁委员会提出申诉，要求A公司支付其经济补偿金，并补发未按照正常工资支付的工资差额。

【处理结果】

李某的仲裁请求得到了劳动人事争议仲裁委员会的支持。

【案例评析】

依据《劳动合同法》第十九条第四款的规定，试用期包含在劳动合同期限内。劳动合同仅约定试用期的，试用期不成立，该期限为劳动合同期限。本案中，A公司与小李签订的是试用期合同，依据上述规定，试用期不成立，六个月的试用期即为劳动合同期限。依据《劳动合同法》第四十六条第五项的规定，A公司不与小李续签劳动合同，应当支付其一个月工资的经济补偿金。另外，A公司在小李的"试用期合同"期间，支付的工资为正常工资的一半，因试用期不成立，六个月的试用期即为劳动合同期限，故A公司应当按照正常的工资数额发放给小李。

法律分析

单独签订试用期合同存在以下风险：1. 用人单位并不能依照《劳动合同法》第三十九条第一项"在试用期间被证明不符合录用条件"的规定与劳动者解除劳动合同。依据《劳动合同法》的规定，如果用人单位与劳动者只签订了"试用期合同"，会被认定试用期不成立，视为用人单位已经与劳动者签订了劳动合同。在此种情形下，用人单位依据"在试用期间被证明不符合录用条件"与劳动者解除劳动合同，则可能被认定为违法解除劳动关系。2. 单独的试用期合同，其实就是一份固定期限劳动合同，试用期期满签订劳动合同后，期满再次续签则须签订无固定期限劳动合同。3. 签订单独的试用期合同，试用期不成立，用人单位须按照正式劳动合同的工资标准补足劳动者工资差额，还可能面临支付赔偿金的风险。

合规依据

《劳动合同法》

第十九条 劳动合同期限三个月以上不满一年的，试用期不得超过一个月；劳动合同期限一年以上不满三年的，试用期不得超过二个月；三年以上固定期限和无固定期限的劳动合同，试用期不得超过六个月。同一用人单位与同一劳动者只能约定一次试用期。以完成一定工作任务为期限的劳动合同或者劳动合同期限不满三个月的，不得约定试用期。试用期包含在劳动合同期限内。劳动合同仅约定试用期的，试用期不成立，该期限为劳动合同期限。

合规要点3：劳动合同的约定内容不得违反强制性规定

实践中，部分用人单位认为只要白纸黑字写在劳动合同中，并经过劳动者自愿签字，则劳动者应当无条件遵守劳动合同中的所有条款。而实际情况是，《劳动合同法》第二十六条规定了劳动合同无效或者部分条款无效的情形，用人单位在制定劳动合同模板的过程中应当切记此点。

案例参考

张某某等诉某某公司船员劳动合同纠纷案

乐某某于2018年8月到某某公司所属船舶担任水手。双方在劳动用工合同中约定，乐某某承诺自行向当地有关机构缴纳公积金及各类社会保险金。2020年3月30日，乐某某在船上意外死亡，经劳动保障部门认定视同为工伤。乐某某的妻子张某某以及母亲、女儿作为共同原告将某某公司诉至人民法院，要求某某公司依据劳动合同关系按工伤保险待遇和标准支付工亡补助金、丧葬费90余万元以及供养亲属抚恤金100余万元。某某公司认为，因乐某某主动提出无须其代缴相应社保，双方在劳动合同中对此已达成协商一致，故未缴纳工伤保险费导致无法获得工伤赔偿的责任不在某某公司。

【处理结果】

一审人民法院经审理认为：根据《上海市工伤保险实施办法》的规定，应当参加工伤保险而未按规定缴纳工伤保险费的用人单位，未参加工伤保险或者未按规定缴纳工伤保险费期间，从业人员发生工伤的，由用人单位按照本办法规定的工伤保险待遇项目和标准支付费用。本案中，虽然乐某某曾与某某公司约定由其自行缴纳各类社会保险，但不能因此免除用人单位依据相应法律法规缴纳工伤保险费的义务，故张某某等主张按工伤保险待遇项目和标准要求某某公司支付一次性工亡补助金及丧葬费 90 余万元的诉请于法有据，扣除某某公司已先行支付的 15 万元，还需支付 75 万余元。至于张某某等请求的抚恤金，因不符合规定的条件，一审法院未予支持。张某某等提出上诉，二审期间经人民法院主持调解，双方达成一致。

【案例评析】

在人民法院审理的船员劳动合同纠纷中，船公司与船员约定将本应由公司为船员缴纳的社会保险金以工资报酬形式发放给船员，此类情况比较普遍。不少船员出于眼前到手收入相对更多的盘算，往往也乐意接受此类约定。有的涉诉船公司甚至将之视为一种行业"规则"。

对此，人民法院在案件审理中明确表达了不予支持的司法态度。一则用人单位为劳动者缴纳社保是法定义务，违反该强制性规定的约定当属无效；二则劳动者能够自行缴纳的只有公积金和养老金，无法为自己缴纳工伤保险和失业保险，劳动者的权益难以得到充分保障。

法律分析

实践中，哪些属于"用人单位免除自己的法定责任、排除劳动者权利的"或者"违反法律、行政法规强制性规定的"情形呢？在此列举几种情形：1. 用人单位与劳动者在劳动合同中约定"自愿放弃缴纳社会保险"。社会保险属于国家强制性保险，是用人单位与劳动者双方应尽的法定义务，不能约定变更或者放弃。自愿放弃社保协议以及自愿不缴纳社保承诺等均违反法定义务，为无效协议或承诺。2. 用人单位与劳动者在合同中约定"劳动者发生工伤自行负责"。不论用人单位是否给劳动者办理工伤保险，只要劳动者与用人单位的劳动关系确立，在发生工伤后，劳动者就可以申请工伤认定，经认定为工伤的，可享受相应的工伤保险待遇。3. 用人单位与劳动者约定"未达到工作年限离职，劳动者须支付违约金"。劳动者只要按规定履行了提前告知义务，提前告知期满后，即可解除劳动合同，用人单位应当依法办理解除或终止劳动合同手续。《劳动合同法》中规定有两种情形可以约定劳动者承担违约责任：一是单位出资为劳动者提供专项培训，劳动者服务期未满的情况下离职；二是竞业限制的情形。除此之外，即便约定了劳动者承担违约责任，亦不会产生法律效力。

合规依据

《劳动法》

第七十二条 ……用人单位和劳动者必须依法参加社会保险，缴纳社会保险费。

《社会保险法》

第三十三条 职工应当参加工伤保险，由用人单位缴纳工伤保险费，职工不缴纳工伤保险费。

第四十一条 职工所在用人单位未依法缴纳工伤保险费，发生工伤事故的，由用人单位支付工伤保险待遇。用人单位不支付的，从工伤保险基金中先行支付。从工伤保险基金中先行支付的工伤保险待遇应当由用人单位偿还。用人单位不偿还的，社会保险经办机构可以依照本法第六十三条的规定追偿。

第六十条第一款 用人单位应当自行申报、按时足额缴纳社会保险费，非因不可抗力等法定事由不得缓缴、减免。职工应当缴纳的社会保险费由用人单位代扣代缴，用人单位应当按月将缴纳社会保险费的明细情况告知本人。

《劳动合同法》

第二十六条 下列劳动合同无效或者部分无效：（一）以欺诈、胁迫的手段或者乘人之危，使对方在违背真实意思的情况下订立或者变更劳动合同的；（二）用人单位免除自己的法定责任、排除劳动者权利的；（三）违反法律、行政法规强制性规定的。对劳动合同的无效或者部分无效有争议的，由劳动争议仲裁机构或者人民法院确认。

第二十七条 劳动合同部分无效，不影响其他部分效力的，其他部分仍然有效。

第二十八条 劳动合同被确认无效，劳动者已付出劳动的，用人单位应当向劳动者支付劳动报酬。劳动报酬的数额，参照本单位相同或者相近岗位劳动者的劳动报酬确定。

合规要点 4：特殊阶段的用工关系处理

《劳动合同法》对于身处医疗期、孕期、产期、哺乳期、工伤停工留薪期等特殊时期的劳动者作出了保护性规定。企业在处理与处于此类特殊期间的劳动者的劳动关系时应当更加谨慎。

案例参考

用人单位孕期违法解除被判继续履行双方劳动合同

周某于2018年3月19日入职广州某贸易有限公司（以下简称贸易公司），任人力行政总监，双方签订书面《劳动合同》，期限为2018年3月19日至2021年3月18日，其中试用期为2018年3月19日至6月18日。贸易公司发出的《聘用确认函》确认周某的试用期月工资为27000元，转正后月工资为30000元。2018年7月3日，贸易公司向周某邮寄《试用期考核不合格通知书》，通知其自2018年6月18日与公司终止劳动关系。该公司主张，经试用期内对周某进行全面考核，考核结果为周某不能胜任人力资源总监一职。周某则称，其分别于2018年6月26日、27日，以微信的形式向该公司的总经理、部门经理口头报告自己意外怀孕的情况，并向部门经理发送了怀孕检验报告。上述《试用期考核不合格通知书》是贸易公司得知其怀孕后制作，2018年7月3日邮寄，却在该份通知书上倒签为2018年6月18日。之后，周某向贸易公司邮寄了《不同意违法解除劳动合同通知》，并坚持要求贸易公司继续履行双方的劳动合同。由此，双方发生争议。仲裁机构裁决贸易公司应继续履行双方于2018年3月19日签订的《劳动合同》等，贸易公司不服诉至法院。

【处理结果】

一审判决：贸易公司应继续履行双方于2018年3月19日签订的《劳动合同》等。二审判决：维持关于贸易公司继续履行双方劳动合同的判决。

【案例评析】

《妇女权益保障法》第四十八条第一款规定："用人单位不得因结婚、怀孕、产假、哺乳等情形，降低女职工的工资和福利待遇，限制女职工晋职、晋级、评聘专业技术职称和职务，辞退女职工，单方解除劳动（聘用）合同或者服务协议。"《劳动合同法》第四十八条规定："用人单位违反本法规定解除或者终止劳动合同，劳动者要求继续履行劳动合同的，用人单位应当继续履行……"本案中，贸易公司以周某试用期内不能胜任该公司人力资源总监一职为由解除双方的劳动关系。但该公司却对其"人力资源总监"的岗位任职条件，以及其对周某试用期内考核的考核标准、考核程序未能提供充分有效的证据予以证实，应认定其系违法解除。我国关于妇女、女职工权益保护的法律法规均明确规定，女职工在孕期、产期和哺乳期等特殊时期受特殊保护。处于"三期"内的女职工，因恢复身体、哺育婴儿等需要，工作能力会出现下降或其他履行障碍，如不受到法定的特殊保护，有可能会导致女职工失去工作机会和经济保障。具体到本案中，周某称，该公司在得知其怀孕后，处处对其进行刁难，直至最后解除劳动关系。贸易公司同周某违法解除劳动关系，违反了上述劳动法律法规对于女职工的特殊保护，严重损害了女职工的合法权益，且周某原从事的岗位"人力资源总监"仍然存在，双方具有继续履行的现实基础。故此，在周某选择要求贸易公司继续履行双方于2018年3月19日签订的《劳动合同》的情况下，其诉讼请求应予以支持。

法律分析

用人单位在用工管理过程中，如遇到劳动者不请假、不上班或者身处医疗期、孕期、产期、哺乳期、工伤停工留薪期等特殊时期的情形，建议按照有效规章制度通知劳动者，特别是对于身处医疗期、孕期、产期、哺乳期、工伤停工留薪期的劳动者，用人单位应当人性化处理，避免过于严苛。

用人单位联系、通知劳动者时，最好通过书面形式以保留证据；建议用人单位招用劳动者后，让其填写联系方式确认单，明确联系电话、户籍地址、实际居住地、紧急联系人等信息，以便需要时可以通过有效方式联系劳动者。

合规依据

《劳动合同法》

第四十条 有下列情形之一的，用人单位提前三十日以书面形式通知劳动者本人或者额外支付劳动者一个月工资后，可以解除劳动合同：（一）劳动者患病或者非因工负伤，在规定的医疗期满后不能从事原工作，也不能从事由用人单位另行安排的工作的；（二）劳动者不能胜任工作，经过培训或者调整工作岗位，仍不能胜任工作的；（三）劳动合同订立时所依据的客观情况发生重大变化，致使劳动合同无法履行，经用人单位与劳动者协商，未能就变更劳动合同内容达成协议的。

第四十二条 劳动者有下列情形之一的，用人单位不得依照本法第四十条、第四十一条的规定解除劳动合同：（一）从事接触职业病危害作业的劳动者未进行离岗前职业健康检查，或者疑似职业病病人在诊断或者医学观察期间的；（二）在本单位患职业病或者因工负伤并被确认丧失或者部分丧失劳动能力的；（三）患病或者非因工负伤，在规定的医疗期内的；（四）女职工在孕期、产期、哺乳期的；（五）在本单位连续工作满十五年，且距法定退休年龄不足五年的；（六）法律、行政法规规定的其他情形。

第四十五条 劳动合同期满，有本法第四十二条规定情形之一的，劳动合同应当续延至相应的情形消失时终止。但是，本法第四十二条第二项规定丧失或者部分丧失劳动能力劳动者的劳动合同的终止，按照国家有关工伤保险的规定执行。

《工伤保险条例》

第三十三条 职工因工作遭受事故伤害或者患职业病需要暂停工作接受工伤医疗的，在停工留薪期内，原工资福利待遇不变，由所在单位按月支付。停工留薪期一般不超过12个月。伤情严重或者情况特殊，经设区的市级劳动能力鉴定委员会确认，可以适当延长，但延长不得超过12个月。工伤职工评定伤残等级后，停发原待遇，按照本章的有关规定享受伤残待遇。工伤职工在停工留薪期满后仍需治疗的，继续享受工伤医疗待遇。生活不能自理的工伤职工在停工留薪期需要护理的，由所在单位负责。

《女职工劳动保护特别规定》

第五条 用人单位不得因女职工怀孕、生育、哺乳降低其工资、予以辞退、与其解除劳动或者聘用合同。

合规要点5：签订劳动合同后，一份交劳动者保存并保留其领取证明

劳动合同由用人单位与劳动者签字或盖章后生效，并由双方各执一份。实践中，一些用人单位存在不将劳动合同文本交付劳动者的情况，这显然不符合法律规定，可能会因此承担行政责任。如果给劳动者造成损害，还可能承担赔偿责任。

案例参考

乔某某与某某运输有限公司劳动争议案

乔某某于2011年3月9日到某某运输有限公司从事危险品运输工作，2012年8月2日自动离职，离职前平均工资为每月3239.17元。2012年9月，乔某某向某某运输有限公司所在区劳动人事争议仲裁委员会申请劳动仲裁，要求某某运输有限公司支付解除劳动合同的经济补偿金7000元、未签订书面劳动合同的二倍

工资 38500 元及加班费 20000 元。区劳动人事争议仲裁委员会于 2013 年 4 月 24 日作出仲裁裁决书，驳回了乔某某的申诉请求。乔某某不服该仲裁裁决，向法院提起诉讼。在劳动仲裁过程中，某某运输有限公司先后向仲裁庭提供了两份合同，第一份合同中，法律强制性规定的内容为固定格式，双方协商的内容均为空白，乔某某质证认为应视为合同未签订。第二份合同中，空白部分通过手写予以完善。乔某某认为第二份合同超过了举证期限未予质证。仲裁庭以该合同系该案关键证据予以采信，没有支持乔某某主张未签订劳动合同二倍工资的申诉请求。在本案审理过程中，乔某某认为该合同中的手写部分系某某运输有限公司在仲裁过程中添加，某某运输有限公司认为两份合同均系乔某某进入公司时（2011 年 3 月）签订，手写部分就是 2011 年 3 月双方协商约定的内容，并非后来补加。乔某某要求对手写部分笔迹的书写时间予以司法鉴定，某某运输有限公司亦同意予以司法鉴定。经法院委托鉴定，合同中手写部分内容书写时间与合同尾部乔某某签名时间非同一时期形成。乔某某与某某运输有限公司对鉴定结论均未持异议。乔某某支付鉴定费 5788 元。

【处理结果】

一审判决：某某运输有限公司支付乔某某未签订书面劳动合同的二倍工资 35630.87 元。二审判决：维持原判。

【案例评析】

根据笔迹鉴定结论可以确认乔某某在签字的时候，合同中关于工作地点、工作内容、工作时间、休息休假等重要内容均为空白，没有填写，说明双方当事人就这些重要内容经协商一致确认。同时劳动合同法规定劳动合同文本应由用人单位和劳动者各执一份，而本案中某某运输有限公司并未将签字后的劳动合同文本交给乔某某持有。故，二审法院认为双方当事人所签订的劳动合同缺乏重要内容，且没有将其中一份合同交乔某某持有，故未对乔某某产生约束力，应视为双方未签订书面劳动合同。

法律分析

与劳动者签订书面劳动合同是用人单位的法定义务。实践中，一些用人单位与劳动签订空白合同且并未将合同交付劳动者，可能会被认定为劳动合同缺乏重要内容，从而被视为未签订书面劳动合同，用人单位因此承担二倍工资的赔偿责任。

此外，用人单位与劳动者之间签订了书面劳动合同，但未交付给劳动者，此种情形虽然不会被认定"视为未签订书面劳动合同"，但如果劳动者向劳动行政部门投诉，用人单位可能因此承担相应的行政责任。并且如果因未交付劳动合同而给劳动者造成损害的，用人单位还应当承担赔偿责任。

用人单位应当及时与劳动者签订书面劳动合同，双方各执一份，用人单位还应保留劳动者的领取证明。

合规依据

《劳动合同法》

第十六条　劳动合同由用人单位与劳动者协商一致，并经用人单位与劳动者在劳动合同文本上签字或者盖章生效。劳动合同文本由用人单位和劳动者各执一份。

第八十一条　用人单位提供的劳动合同文本未载明本法规定的劳动合同必备条款或者用人单位未将劳动合同文本交付劳动者的，由劳动行政部门责令改正；给劳动者造成损害的，应当承担赔偿责任。

第三节　劳动合同的续订

合规要点1：合同到期续签与否均应提前书面通知劳动者

依据《劳动合同法》的规定，劳动合同期满的，劳动合同终止。虽然该法并未对期满终止程序作出特别规定，但实践中，劳动合同期满后，部分用人单位并未通知劳动者是否与其续签或者是期满直接终止，这样就会出现劳动合同到期后的劳动者仍然在用人单位上班，用人单位仍然继续用工的情形，这种情形视为双方同意以原条件继续履行劳动合同。此时，如果用人单位并未与劳动者续签书面劳动合同，用人单位还可能要承担支付未签订书面劳动合同二倍工资的赔偿责任。

案例参考

某某游轮公司与蒋某二倍工资纠纷案

案件号：（2021）渝 0104 民初 1629 号

【案情介绍】

被告蒋某原系原告某某游轮公司职工，双方分别于 2013 年 2 月 20 日、2016 年 2 月 21 日签订《劳动合同书》，其中，2016 年 2 月 21 日的《劳动合同书》中约定的劳动合同期限为 2016 年 2 月 21 日至 2019 年 2 月 21 日。合同到期后，原告某某游轮公司未与被告蒋某续签书面劳动合同。

双方发生二倍工资差额纠纷，蒋某向重庆市大渡口区劳动人事争议仲裁委员会申请仲裁，要求某某游轮公司支付 2019 年 2 月 22 日至 2020 年 2 月 21 日未签订书面合同的二倍工资差额 69974.25 元，该委员会于 2021 年 2 月 1 日作出渡区劳人仲案字〔2021〕第 ×× 号仲裁裁决，裁决：某某游轮公司支付蒋某 2019 年 2 月 22 日至 2020 年 1 月 21 日的二倍工资差额 61953.84 元。某某游轮公司不服裁决，在法定期限内诉至法院。

【处理结果】

某某游轮公司于本判决生效后五日内给付蒋某二倍工资差额 58186.59 元。

【裁判观点】

建立劳动关系，应当订立书面劳动合同，用人单位应当自用工之日起一个月内与劳动者订立书面劳动合同，原劳动合同到期后，用人单位继续用工的，也应当在一个月内与劳动者续订书面劳动合同，未与劳动者订立书面劳动合同的，应当向劳动者每月支付二倍的工资。经查，原告某某游轮公司虽然于 2013 年 2 月 20 日和 2016 年 2 月 21 日与被告蒋某签订了两份《劳动合同书》，但最后一份《劳动合同书》于 2019 年 2 月 21 日到期。该合同到期后，原告某某游轮公司作为用人单位，在继续用工的情况下，应当按照《劳动合同法》的相关规定，在合同到期后一个月内与被告蒋某签订书面劳动合同，审理中原告某某游轮公司无证据证明在劳动合同到期后一个月内通知被告蒋某签订劳动合同，故应当支付被告蒋某未签订书面劳动合同的二倍工资差额。用人单位自用工之日起满一年未与劳动者订立书面劳动合同的，自用工之日起满一个月的次日至满一年的前一日应当向劳动者每月支付二倍工资，并视为自用工之日起满一年的当日已经与劳动者订立无固定期限劳动合同。因原、被告前一份劳动合同于 2019 年 2 月 21 日到期，原告某某游轮公司应于 2019

年3月21日前与被告蒋某签订书面劳动合同，故原告某某游轮公司因未与被告蒋某签订书面劳动合同而须支付其二倍工资。

法律分析

劳动合同是劳动者与用人单位之间确立劳动关系，明确双方权利和义务的协议。对于劳动合同到期后继续用工的，有人认为可以视为劳动关系双方同意以原条件继续履行劳动合同，无须签订书面合同。这种看法与法律规定不符，因为劳动合同期满后的用工实际上属于重新用工，既然是重新用工，那么劳动关系双方就形成了新的劳动合同关系，适用《劳动合同法》关于签订书面劳动合同的规定。

因此，用人单位在劳动合同期满前提前书面通知劳动者，如果需要续签，在劳动合同到期前完成续签手续，避免出现到期后用工未签订书面合同的情形。如果决定不予续签，也可以让劳动者提前有心理准备。

合规依据

《劳动合同法》

第十条 建立劳动关系，应当订立书面劳动合同。已建立劳动关系，未同时订立书面劳动合同的，应当自用工之日起一个月内订立书面劳动合同。用人单位与劳动者在用工前订立劳动合同的，劳动关系自用工之日起建立。

第八十二条 用人单位自用工之日起超过一个月不满一年未与劳动者订立书面劳动合同的，应当向劳动者每月支付二倍的工资。用人单位违反本法规定不与劳动者订立无固定期限劳动合同的，自应当订立无固定期限劳动合同之日起向劳动者每月支付二倍的工资。

《最高人民法院关于审理劳动争议案件适用法律问题的解释（一）》

第三十四条第一款 劳动合同期满后，劳动者仍在原用人单位工作，原用人单位未表示异议的，视为双方同意以原条件继续履行劳动合同。一方提出终止劳动关系的，人民法院应予支持。

合规要点2：应及时与劳动者签订书面劳动合同

用人单位未及时与劳动者续签劳动合同并形成事实劳动关系的情形比较普遍，

但这种情形对用人单位而言存在较大的法律风险：一是要承担行政责任，根据《劳动法》的规定，用人单位故意拖延不订立劳动合同的，由劳动行政部门责令改正；二是要承担民事责任，即用人单位故意拖延不订立劳动合同，给劳动者造成损害的，应当承担赔偿责任。因此，用人单位严格依法管理劳动关系才是防范风险的有效办法。

案例参考

××置业公司与唐××劳动争议纠纷案

案件号：（2022）湘01民终4759号

【案情介绍】

2019年11月5日，××置业公司与唐××签订了《全日制劳动合同》及其《补充协议》，以及《员工保密协议》，约定：唐××从事营销工作，合同期限为1年，即2019年11月5日至2020年11月4日，月基本工资为3000元，另有绩效工资。上述系列协议签订后，××置业公司安排唐××在某项目从事房产销售工作，××置业公司给唐××发放工资时，除固定工资外，还包含销售提成工资。上述劳动合同到期后，唐××仍在××置业公司工作。2021年1月27日，××置业公司人力行政部工作人员陈某洁向唐××送达了《劳动合同续签通知书》，要求唐××于2021年1月28日办理劳动合同续签手续。同日，唐××回复××置业公司，要求××置业公司先处理劳动合同期限及销售提成问题，再决定是否续签劳动合同。2021年2月21日，唐××委托某律师事务所向××置业公司发出了律师函，要求××置业公司支付唐××提成工资。2021年3月11日，××置业公司第二次向唐××送达《劳动合同续签通知书》，要求续签劳动合同，唐××未予回复。2021年3月31日，唐××向××置业公司寄送了《被迫解除劳动合同通知书》，以××置业公司拖欠提成工资为由解除了劳动合同。此后，唐××向长沙市劳动人事争议仲裁委员会申请劳动仲裁，请求裁定××置业公司向其支付延长工作时间加班工资27310.40元、休息日加班工资24275元、法定节假日加班工资82754.98元、提成工资82754.98元、2020年11月4日至2021年3月31日未签订书面劳动合同二倍工资差额12000元，以及退还罚款扣款1150元。仲裁委于2021年9月3日作出湘劳人仲案字（2021）第××××号仲裁裁决，裁决：××置业公司支付唐××提成工资差额53404.83元、二倍工资差额5103.45元，并返还罚款1150元，对其他仲裁请求不予支持。唐××不服，诉至一审法院，遂成本诉，××置业公司亦不服同一仲裁裁决，诉至一审法院，一审法院受理案号为（2021）湘0104民初17642号。一审法院另查明：1.双方提交的《提点明细表》、工资单银行流水、支付记录显示，××置业公司于2020年12月15日支付了唐××2020年11月的工资（包含销售佣金13458.56元），于2021年1月15日支付了2020年12月的工资（包含销售佣金16464.93元），于2021年2月10日支付了2021年1月的工资（包含销售佣金5382.14元），于2021年3月15日支付了2021年2月的工资（包含销售佣金5138.18元），于2021年4月15日支付了2021年3月的工资（包含销售佣金8743元）。2.双方提交的《提点明细表》、工资单、支付凭证显示，唐××离职时共有28套房屋的提成待结算，合计为76354.98元，其中，16栋2404号房屋（待结算佣金为2035.39元）、7栋605号（待结算佣金为1973.16元）均备注为案外人殷某名下之业务；17栋304号在《提点明细表》中虽备注为殷标之业务，其备注的待结算佣金为1008元，但在××置业公司提交的工资表中却备注为唐××接手之业务，××置业公司实际已全额支付其佣金（交房预留10%未计算在内）1479.26元；17栋801号房屋在《提点明细表》中虽备注为殷某之业务，其备注的待结算佣金为1575.01元，但在××置业公司提交的工资表中却备注为唐××接手之业务，且××置业公司已经全部支付其备注的待结算佣金；××置业公司已经支付了唐××17栋2501房屋的佣金527.81元，剩余待结算佣金1192.97元，与《提点明细表》备注一致；6栋103号房屋备注的待结算佣金4095.02元，但××置业公司已经支付了1228.52元；10栋703号房屋备注的待结算佣金4931.47元已经支付完毕；××置业公司已支付唐××7栋1002号房屋提成1449.11元，待结算提成为1189.44元，与《提点明细表》备注一致。3.唐××认可《提点明细表》中12栋1401号、7栋603号房屋已解约或退房，未交易成功，其涉及的待结算提成计算为7917.77元（4676.4+3241.37）；7栋802号房屋原购房者王某荣向××置业公司提交了书面的《退款申请》，该套房屋已于2020年10月23日办理了王某荣名下的网签注销手续，××置业公司已经于2021年7月8日退还了已支付的房款392761元，其在《提点明细表》中备注的提成为1753.02元。4.7栋906号、5栋1202号、11栋903号房屋系××置业公司抵偿给施工单位的工地房，该三套房屋在《提点明细表》中备注的提成合计为2700元。5.××置业公司已经支付了唐××A060、A166、B068、A199号合计4个车位的佣金3200元，剩余车位佣金3200元，××置业公司在庭审中对剩余佣金亦予以认可。6.2020年10月，××置业公司以唐××满意度回访不达标为由对其罚款1000元，并在其当月工资中予以扣除。××置业公司的工作人员以违反工作规则为由对唐××罚款150元，以上罚款合计1150元。

【处理结果】

限××置业公司于本判决生效之日起五日内向唐××支付未签书面劳动合同二倍工资差额5103.45元。

法律分析

根据《劳动合同法》的规定，已建立劳动关系，未同时订立书面劳动合同的，应当自用工之日起一个月内订立书面劳动合同。因此，用人单位在劳动合同期满后继续用工的，一定要及时与劳动者续签书面劳动合同，从而避免支付二倍工资的法律风险。劳动者也要及时与用人单位续签书面劳动合同，以便维护自身的合法权益。

合规依据

《劳动合同法》

第十条 建立劳动关系，应当订立书面劳动合同。已建立劳动关系，未同时订立书面劳动合同的，应当自用工之日起一个月内订立书面劳动合同。用人单位与劳动者在用工前订立劳动合同的，劳动关系自用工之日起建立。

第八十二条 用人单位自用工之日起超过一个月不满一年未与劳动者订立书面劳动合同的，应当向劳动者每月支付二倍的工资。用人单位违反本法规定不与劳动者订立无固定期限劳动合同的，自应当订立无固定期限劳动合同之日起向劳动者每月支付二倍的工资。

《最高人民法院关于审理劳动争议案件适用法律问题的解释（一）》

第三十四条 劳动合同期满后，劳动者仍在原用人单位工作，原用人单位未表示异议的，视为双方同意以原条件继续履行劳动合同。一方提出终止劳动关系的，人民法院应予支持。

合规要点3：合同续签条件变更的注意事项

劳动合同期满，在续签劳动合同时，用人单位应注意劳动合同续订条件不低于原劳动合同的约定。如果用人单位降低了原劳动合同约定的条件，导致劳动者不同意续签，用人单位因此而终止劳动合同的，须支付经济补偿金。

案例参考

某科技公司与杨××经济补偿金纠纷案

案件号：（2021）苏02民终7587号

【案情介绍】

2017年3月1日，某公司与杨××签订《劳动合同》一份，约定期限自2017年3月1日起至2020年2月28日止，工作地点为河南，月基本工资为税前6000元。2020年2月29日，双方续签《劳动合同》一份，约定期限自2020年2月29日起至2021年2月28日止，工作地点为无锡，月基本工资为税前12000元。

2021年4月2日，某公司向杨××发出《解除劳动合作关系通知书》，载明："杨××女士，公司与你的劳动合同已经在2021年2月28日到期，经过再三沟通，公司提出对你的工资作出如下调整：生效日期：2021年3月1日，工作地点：河南省郑州市，工资：人民币6500元/月+奖金（此前你在郑州工作时的工资是6000元/月）。由于你一直未予答复，公司认为你没有同意该项调整，所以公司按照相关法律规定，不与你续订劳动合同，特此通知！"

2021年4月6日，杨××向无锡市梁溪区劳动人事争议仲裁委员会申请劳动仲裁，要求某公司支付：1.2021年3月1日至4月2日的工资25363元；2.话费补助费1000元；3.解除劳动合同赔偿金99200元。仲裁过程中，杨××表示某公司已于2021年4月13日支付完毕工资，故不再主张上述第1项仲裁请求，并明确第3项仲裁请求为解除劳动合同经济补偿金99200元。无锡市梁溪区劳动人事争议仲裁委员会于2021年5月28日作出仲裁裁决，裁决：一、某公司应于裁决书生效之日起五日内一次性支付杨××解除劳动合同经济补偿金55980元。二、对杨××的其他仲裁请求不予支持。某公司对仲裁裁决不服，提起诉讼，后又对一审判决不服，提起上诉。

另查明，杨××劳动合同解除前十二个月的月平均工资为12440元。

上述事实，有劳动合同、晋降薪（级）申请表、工资单、中国银行交易流水明细清单、招商银行账户历史交易明细表、解除劳动合作关系通知书、仲裁裁决书以及当事人陈述等证据在卷佐证。

【裁判观点】

一审法院认为，当事人对自己提出的诉讼请求或者反驳对方诉讼请求所依据的事实有责任提供证据加以证明。没有证据或者证据不足以证明当事人的事实主张的，由负有举证责任的当事人承担不利后果。根据《劳动合同法》第四十六条第五项之规定，劳动合同期满终止的，除用人单位维持或者提高劳动合同约定条件续订劳动合同，劳动者不同意续订的情形外，用人单位应当向劳动者支付经济补偿金。根据法院已查明的事实，某公司在续订劳动合同时，变更了劳动合同履行地点，降低了工资待遇，不属于法律规定的用人单位维持或者提高劳动合同约定条件续订劳动合同之情形，杨××不同意某公司的调整方案，某公司以此为由不续订劳动合同，依法应向杨××支付经济补偿金，经核算经济补偿金数额为55980元（12440元/月×4.5个月）。

据此，一审法院依照《劳动法》第七十八条，《劳动合同法》第四十六条、第四十七条之规定，判决：某公司于判决发生法律效力之日起10日内支付杨××经济补偿金55980元。一审案件受理费减半收取为5元，由某公司负担。

二审中，当事人没有提交新证据。人民法院对一审查明的事实依法予以确认。

二审法院认为，劳动合同期满终止的，除用人单位维持或者提高劳动合同约定条件续订劳动合同，劳动者不同意续订的情形外，用人单位应当向劳动者支付经济补偿金。本案中，某公司在续订劳动合同时，变更了劳动合同履行地点，降低了工资待遇，不属于法律规定的用人单位维持或者提高劳动合同约定条件续订劳动合同之情形，杨××不同意某公司的调整方案，某公司以此为由不续订劳动合同，依法应向杨××支付经济补偿金。

【处理结果】

驳回上诉，维持原判。

法律分析

在续签劳动合同时，如果用人单位需要对劳动合同原条件进行变更，应当与劳动者协商一致，并且应当采用书面形式。劳动者不同意变更的，不得进行变更。且续签劳动合同时应当注意，在第三次签订劳动合同时，应当签订无固定期限劳动合同。

合规依据

《劳动合同法》

第三十五条 用人单位与劳动者协商一致，可以变更劳动合同约定的内容。变更劳动合同，应当采用书面形式。变更后的劳动合同文本由用人单位和劳动者各执一份。

第四十六条 有下列情形之一的，用人单位应当向劳动者支付经济补偿：（一）劳动者依照本法第三十八条规定解除劳动合同的；（二）用人单位依照本法第三十六条规定向劳动者提出解除劳动合同并与劳动者协商一致解除劳动合同的；（三）用人单位依照本法第四十条规定解除劳动合同的；（四）用人单位依照本法第四十一条第一款规定解除劳动合同的；（五）除用人单位维持或者提高劳动合同约定条件续订劳动合同，劳动者不同意续订的情形外，依照本法第四十四条第一项规定终止固定期限劳动合同的；（六）依照本法第四十四条第四项、第五项规定终止劳动合同的；（七）法律、行政法规规定的其他情形。

合规要点 4：员工拖延劳动合同续签的处理办法

用人单位应当尽量在劳动合同期满前采用书面形式通知劳动者续签劳动合同，并告知劳动者未按期续签合同的后果，即终止劳动关系。若劳动者无正当理由故意拖延续签，用人单位应收集证据证明续签的劳动合同未降低原劳动合同约定的条件，以及是劳动者的原因不与单位续签合同，并在宽限期内书面通知劳动者终止劳动关系，以避免给自身造成经济损失。

案例参考

某诚科技公司与高××劳动争议纠纷案

案件号：（2022）京 0115 民初 17262 号

【案情介绍】

2019 年 5 月 1 日，高××与某达科技公司签订劳动合同，期限至 2020 年 12 月 30 日，2021 年 11 月 30 日，高××因个人原因提出离职。

2022 年 3 月 8 日，高××以某诚科技公司、某达科技公司为被申请人向北京市大兴区劳动人事争议仲裁委员会（以下简称大兴仲裁委）申请劳动仲裁，请求裁决：支付 2021 年 1 月 1 日至 11 月 30 日未签订劳动合同二倍工资差额 90800 元。2022 年 7 月 6 日，大兴仲裁委作出京兴劳人仲字〔2022〕第 25×× 号裁决，裁决：某诚科技公司向高××支付 2021 年 3 月 8 日至 8 月 31 日未签订劳动合同的二倍差额工资 47786.20 元。某诚科技公司不服仲裁裁决，诉至人民法院。高××认可仲裁裁决。

某诚科技公司向人民法院提交证据如下：

证据 1：劳动合同，证明之前签订过劳动合同，合同期限为 2019 年 5 月 1 日至 2020 年 12 月 30 日，合同甲方为北京某达威视科技有限公司，也即某诚公司。高 ×× 对该证据的真实性认可，对证明目的中 2021 年 1 月 1 日之前跟公司签订过劳动合同，其亦表示认可。

证据 2：辞职信、离职单及离职证明，证明 2021 年 10 月 31 日高 ×× 因个人原因提出离职，正式离职时间为 2021 年 11 月 30 日，未续签合同责任不在公司。高 ×× 对该证据的真实性和证明目的均认可。

证据 3：微信截图，证明公司与高 ×× 沟通过续签合同事宜，高 ×× 没有同意。高 ×× 对该证据的真实性认可，证明目的不认可。

证据 4：王某玺的证人证言，证人当庭陈述称高 ×× 未续签劳动合同的责任不在公司，公司多次与高 ×× 沟通续签合同事宜，高 ×× 一直拒绝。高 ×× 对该证据的质证意见的真实性认可，确实沟通过续签劳动合同。主要是薪资没有谈妥，高 ×× 要求工资从 8000 元涨到 12000 元，公司不同意，一直在协商中，所以没有续签。

证据 5：工资条，证明在劳动合同到期之后，即使没有续签，公司也并没有降低高 ×× 的工资待遇。高 ×× 对该证据的真实性及证明目的均认可。

证据 6：工资奖金总表，证明高 ×× 的工资发放情况。高 ×× 对该证据的真实性及证明目的均认可。

高 ×× 向人民法院提交劳动合同、离职证明、工资流水，证明 2019 年 5 月 1 日双方签订劳动合同，期限至 2020 年 12 月 30 日，2021 年 11 月 30 日高 ×× 提出离职；证明 2020 年 10 月 1 日至 2022 年 3 月 3 日的银行流水，每个月发放上个月工资；认可仲裁裁决结果。某诚科技公司对所有证据的真实性均认可，除对仲裁裁决的证明目的不认可外，其他均认可。且高 ×× 的薪资已经是全公司最高的，没法儿涨工资，也没有理由涨工资。

【裁判观点】

人民法院认为，当事人对自己提出的诉讼请求所依据的事实或反驳对方诉讼请求所依据的事实有责任提供证据加以证明。没有证据或者证据不足以证明当事人主张的，由负有举证责任的当事人承担不利后果。

关于某诚科技公司应否支付未签订劳动合同二倍工资差额。根据《劳动合同法实施条例》第六条的规定，用人单位自用工之日起超过一个月不满一年未与劳动者订立书面劳动合同的，应当依照劳动合同法第八十二条的规定向劳动者每月支付二倍的工资，并与劳动者补订书面劳动合同；劳动者不与用人单位订立书面劳动合同的，用人单位应当书面通知劳动者终止劳动关系，并依照《劳动合同法》第四十七条的规定支付经济补偿。仲裁庭审中，双方均认可高××于2019年5月1日入职，签订劳动合同期限至2020年12月30日，劳动合同到期后未续签，实际工作至2021年11月30日。本案庭审中，双方均认可劳动合同到期后，某诚科技公司多次与高××协商签订劳动合同事宜，但是就"提高薪资报酬"未能与公司达成一致，所以高××拒绝签订劳动合同。本案中，在高××拒绝签订劳动合同的情况下，某诚科技公司可以选择通知劳动者终止劳动关系，公司未选择终止劳动关系又继续接受劳动者提供的劳动，现在再称未签订劳动合同的原因源于劳动者，缺乏依据。因此，某诚科技公司应向高××支付未签订劳动合同的工资差额。故，对于某诚科技公司要求无须支付高××未签订劳动合同二倍工资差额的诉讼请求，人民法院不予支持。

关于支付未签订劳动合同二倍工资差额的期间。根据《劳动争议调解仲裁法》第二十七条的规定，劳动争议申请仲裁的时效期间为一年。仲裁时效期间从当事人知道或者应当知道其权利被侵害之日起计算。高××于2022年3月8日向大兴仲裁委提起仲裁申请，且认可仲裁裁决结果，即要求某诚科技公司支付2021年3月8日至8月31日的未签订劳动合同二倍工资差额，未超过时效，人民法院予以支持。

双方均认可高××离职前12个月的月平均工资为8200元，仲裁裁决以此为标准计算未签订劳动合同二倍工资差额，人民法院对此不持异议。某诚科技公司应向高××支付2021年3月8日至8月31日的未签订劳动合同二倍工资差额47786.20元。

【处理结果】

一、某诚科技公司于本裁决生效之日起十日内向高××支付2021年3月8日至8月31日未签订劳动合同二倍工资差额47786.20元；

二、驳回某诚科技公司的全部诉讼请求。

法律分析

实践中，用人单位在劳动合同续订问题上应当注意以下几点：

（1）在宽限期内续订劳动合同。劳动合同期满后，用人单位应当在一个月的宽限期内书面通知劳动者续订劳动合同，履行诚实信用的签约义务。

（2）关于劳动合同的标准。用人单位应当在维持或提高劳动合同约定条件的情况下与劳动者续订劳动合同，若用人单位降低劳动合同标准导致劳动者不续订劳动合同，则其应当向劳动者支付经济补偿金。

（3）在宽限期内终止劳动关系。若遇到拒签或以种种原因拖延不签等情形，则应及时书面通知或催告劳动者，并明确最后截止日期和不签订的法律后果。若劳动者仍不签订书面劳动合同，则建议用人单位在宽限期内以书面形式通知劳动者终止劳动关系。宽限期过后，若用人单位提出终止或解除劳动关系，将会承担额外成本，除二倍工资外，还可能产生经济补偿金或赔偿金。

合规依据

《劳动合同法》

第四十六条　有下列情形之一的，用人单位应当向劳动者支付经济补偿：（一）劳动者依照本法第三十八条规定解除劳动合同的；（二）用人单位依照本法第三十六条规定向劳动者提出解除劳动合同并与劳动者协商一致解除劳动合同的；（三）用人单位依照本法第四十条规定解除劳动合同的；（四）用人单位依照本法第四十一条第一款规定解除劳动合同的；（五）除用人单位维持或者提高劳动合同约定条件续订劳动合同，劳动者不同意续订的情形外，依照本法第四十四条第一项规定终止固定期限劳动合同的；（六）依照本法第四十四条第四项、第五项规定终止劳动合同的；（七）法律、行政法规规定的其他情形。

合规要点5：对于符合条件的劳动者，用人单位应依法与其签订无固定期限劳动合同

现实中，用人单位不按规定与劳动者签订无固定期限劳动合同的情况并不少见。签订无固定期限劳动合同有利于保持用工的稳定性，进而使劳动者熟练技术，在一定程度上避免因频繁更换劳动力而加大用工成本和损失，最终维护用人单位的经济利益。用人单位应当摒弃签订无固定期限劳动合同是对自己"终身束缚"的错误认识，对符合相应条件的劳动者，依法与其签订无固定期限劳动合同。

案例参考

刘某与乙子公司无固定期限劳动合同争议案

刘某于2000年1月5日进入某集团公司的甲子公司工作。2005年，刘某被集团公司安排到乙子公司工作。2008年1月1日，乙子公司与刘某签订了劳动合同。2010年11月，刘某与乙子公司的劳动合同即将到期，刘某认为其进入某集团公司工作已经超过10年，因此向乙子公司提出要求签订无固定期限劳动合同。乙子公司拒绝签订并告知刘某2010年12月31日劳动合同到期后将不再与其续签劳动合同。双方就此发生争议，刘某提起劳动仲裁。仲裁机关认为刘某在乙子公司连续工作不足10年，不符合签订无固定期限劳动合同的条件，因此并未支持刘某的申请请求。刘某不服仲裁裁决结果，向法院提起诉讼。法院经审理后认为，依据《劳动合同法实施条例》第十条的规定，劳动者非因本人原因从原用人单位被安排到新用人单位工作的，劳动者在原用人单位的工作年限合并计算为新用人单位的工作年限。因此，刘某被某集团公司安排调入乙子公司，其在甲子公司的工作年限应当连续计算。2010年12月31日，刘某在某集团公司连续工作年限已经达到11年。依据《劳动合同法》第十四条的规定，刘某有权提出订立无固定期限劳动合同。最终，法院判决确认刘某与乙子公司建立无固定期限劳动合同关系。

【裁判观点】

《劳动合同法》第十四条规定了签订无固定期限劳动合同的三种情形：第一种是用人单位与劳动者协商一致，可以订立无固定期限劳动合同。第二种是在法律规定的情形出现时，劳动者提出或者同意续订劳动合同的，用人单位应当与劳动者订立无固定期限劳动合同，具体包括三种情况：其一，劳动者在该用人单位连续工作满十年的；其二，用人单位初次实行劳动合同制度或者国有企业改制重新订立劳动合同时，劳动者在该用人单位连续工作满十年且距法定退休年龄不足十年的；其三，连续订立二次固定期限劳动合同，且劳动者没有《劳动合同法》第三十九条和第四十条第一项、第二项规定的情形，续订劳动合同的。第三种是用人单位自用工之日起满一年不与劳动者订立书面劳动合同的，视为用人单位与劳动者已订立无固定期限劳动合同。本案即属于上述第二种情况。这种规定是一种强制性的规定，并且，除非劳动者同意，否则双方签订的无固定期限劳动合同中对于劳动者的工资、工作岗位、工作地点等主要内容不得低于原劳动合同的约定。

法律分析

无固定期限劳动合同，是指用人单位与劳动者约定无确定终止时间的劳动合同。这里所说的无确定终止时间，是指劳动合同没有一个确切的终止时间，只要没有出现法律规定的条件，双方当事人就要继续履行劳动合同。无固定期限劳动合同有利于实现劳动关系的稳定。在法律规定的相关情形出现时，劳动者提出或者同意续订劳动合同的，用人单位应当与其订立无固定期限劳动合同。

合规依据

《劳动合同法》

第十四条　无固定期限劳动合同，是指用人单位与劳动者约定无确定终止时间的劳动合同。用人单位与劳动者协商一致，可以订立无固定期限劳动合同。有下列情形之一，劳动者提出或者同意续订、订立劳动合同的，除劳动者提出订立固定期限劳动合同外，应当订立无固定期限劳动合同：（一）劳动者在该用人单位连续工作满十年的；（二）用人单位初次实行劳动合同制度或者国有企业改制重新订立劳动合同时，劳动者在该用人单位连续工作满十年且距法定退休年龄不足十年的；（三）连续订立二次固定期限劳动合同，且劳动者没有本法第三十九条和第四十条第一项、第二项规定的情形，续订劳动合同的。用人单位自用工之日起满一年不与劳动者订立书面劳动合同的，视为用人单位与劳动者已订立无固定期限劳动合同。

合规要点6：续订劳动合同的流程应合规

续订劳动合同，一般需要经过以下程序：

1. 发出续订劳动合同意向书，征求劳动者的意见

如果用人单位需要续订劳动合同，应当在劳动合同期限届满前的一定期限内通知劳动者，征求劳动者的意见。

2. 双方当事人协商一致

用人单位发出续订劳动合同的意向书后，如果劳动者不愿意续订劳动合同，劳动合同就无法续订；同样，如果劳动者提出续订劳动合同的意向后，用人单位不愿意续订劳动合同，劳动合同也无法续订。只有双方当事人协商一致，劳动合同才能续订。

3.签订续订的劳动合同

劳动者和用人单位协商一致后，可以签订续订的劳动合同。

▍合规依据

《劳动合同法》

第十九条 劳动合同期限三个月以上不满一年的，试用期不得超过一个月；劳动合同期限一年以上不满三年的，试用期不得超过二个月；三年以上固定期限和无固定期限的劳动合同，试用期不得超过六个月。同一用人单位与同一劳动者只能约定一次试用期。以完成一定工作任务为期限的劳动合同或者劳动合同期限不满三个月的，不得约定试用期。试用期包含在劳动合同期限内。劳动合同仅约定试用期的，试用期不成立，该期限为劳动合同期限。

第四十六条 有下列情形之一的，用人单位应当向劳动者支付经济补偿：（一）劳动者依照本法第三十八条规定解除劳动合同的；（二）用人单位依照本法第三十六条规定向劳动者提出解除劳动合同并与劳动者协商一致解除劳动合同的；（三）用人单位依照本法第四十条规定解除劳动合同的；（四）用人单位依照本法第四十一条第一款规定解除劳动合同的；（五）除用人单位维持或者提高劳动合同约定条件续订劳动合同，劳动者不同意续订的情形外，依照本法第四十四条第一项规定终止固定期限劳动合同的；（六）依照本法第四十四条第四项、第五项规定终止劳动合同的；（七）法律、行政法规规定的其他情形。

第四节　劳动合同的变更

合规要点1：劳动合同的实际履行与约定不一致时应签订书面变更协议

依据《劳动合同法》的规定，用人单位与劳动者应当依照劳动合同的约定履行劳动合同。劳动合同包括工作时间、工作地点、工作内容、劳动报酬及劳动福利等一系列内容，双方在劳动合同签订后，往往可能存在变更劳动合同的情况。

用人单位在劳动合同的履行发生变更的情况下不签订变更协议的，可能导致用人单位违约。反之，如果用人单位与劳动者依法履行了签订变更劳动合同的手续，劳动者再以变更非本意为由诉请用人单位变更无效，将不会得到支持。

案例参考

吴××与某人才服务公司、某餐饮公司劳动争议纠纷案

案件号：（2019）京0113民初18847号

【案情介绍】

吴××于2014年3月27日入职某人才服务公司，当日被派遣至某餐饮公司，2018年12月3日，吴××因个人原因离职。后，吴××主张某人才服务公司与某餐饮公司并未向其支付2018年1月1日至12月3日的绩效工资，在其离职时，某人才服务公司以欺诈、胁迫方式使其违背真实意思签署劳动合同变更书，排除了其合法权益，免除了用人单位的法律责任。

为此，吴××提交了劳动合同书（内有劳动合同变更书）、某餐饮公司薪酬管理规定、工资流水等予以证明。

某人才服务公司主张劳动合同变更书中的内容是吴××亲自、自愿书写，公司不存在任何胁迫行为，吴××是完全民事行为能力人，对于自己签署的东西应当承担法律责任。某餐饮公司认可薪酬管理规定的真实性，但主张根据薪酬管理规定，吴××不在2018年年终绩效的考核范围之内，公司不应当支付其年终绩效。

庭审中，某人才服务公司提交劳动合同变更书，证明吴××与其公司再无纠纷。劳动合同变更书的主要内容为："乙方因个人原因，向甲方提出申请解除劳动合同关系。双方劳动关系于2018年12月3日解除。甲、乙双方之间及乙方与用人单位之间就劳动关系所涉及的工资、加班费、福利、公积金、保险等方面不存在任何争议，双方就劳动合同期间的所有权利、义务全部履行完毕，不再向任何一方以任何形式主张任何权利和义务。"乙方签字处有吴××的签名字样。吴××认可签名系其本人所签，但是不符合法律规定，某人才服务公司以欺诈、胁迫方式使其违背真实意思签署劳动合同变更书，劳动合同变更书应当无效。

就本案纠纷，吴××曾向顺义仲裁委提出仲裁申请，请求裁决：1.确认其与某人才服务公司2014年3月27日至2018年12月3日存在劳动关系；2.某人才服务公司支付其2018年1月1日至12月3日年终奖37000元；3.某餐饮公司承担连带

责任。

【处理结果】

仲裁裁决：一、吴××与某人才服务公司于2014年3月27日至2018年12月3日存在劳动关系；二、驳回吴××的其他仲裁请求。吴××不服仲裁裁决，诉至人民法院。

法院判决：原告吴××与被告某人才服务公司于2014年3月27日至2018年12月3日存在劳动关系；驳回吴××的其他诉讼请求。

【裁判观点】

《最高人民法院关于民事诉讼证据的若干规定》第二条规定，当事人对自己提出的诉讼请求所依据的事实或者反驳对方诉讼请求所依据的事实有责任提供证据加以证明。没有证据或者证据不足以证明当事人的事实主张的，由负有举证责任的当事人承担不利后果。本案中，吴××主张受某人才服务公司欺诈、胁迫，在违背真实意思的情况下签署劳动合同变更书，但是其并未提交证据证明其主张，应当承担相应不利后果。吴××作为具备大专学历的完全民事行为能力人，应当对自己签署的文件承担法律后果，因劳动合同变更书已经约定吴××与某人才服务公司、某餐饮公司在劳动合同期间的所有权利、义务全部履行完毕，不再向任何一方以任何形式主张任何权利和义务，因此，对于吴××要求某人才服务公司支付年终绩效工资、某餐饮公司承担连带责任的诉讼请求，人民法院难以支持。

法律分析

本案主要证据为《劳动合同变更书》。根据《劳动合同法》第三十五条规定的"用人单位与劳动者协商一致，可以变更劳动合同约定的内容"，本案双方签订的劳动合同变更书是对双方劳动合同期间的变更，导致了劳动合同终止的法律后果。

同时劳动合同变更书约定："双方劳动关系于2018年12月3日解除。甲、乙双方之间及乙方与用人单位之间就劳动关系所涉及的工资、加班费、福利、公积金、保险等方面不存在任何争议，双方就劳动合同期间的所有权利、义务全部履行完毕，不再向任何一方以任何形式主张任何权利和义务。"该约定能够证明双方对于劳动关系的变更已经达成一致，因此劳动争议仲裁委及人民法院均驳回了劳动者的诉请。

合规建议

在合规层面，用人单位应注意以下几点：一、在劳动合同中约定用人单位合理变更劳动合同的情况、条件及程序；二、变更劳动合同应当采取书面形式；三、充分与劳动者进行交流，避免让用人单位处于"未按照合同约定提供劳动保护或劳动条件"的境地。四、合法合理地变更劳动合同。

合规依据

《劳动合同法》

第十七条 劳动合同应当具备以下条款：（一）用人单位的名称、住所和法定代表人或者主要负责人；（二）劳动者的姓名、住址和居民身份证或者其他有效身份证件号码；（三）劳动合同期限；（四）工作内容和工作地点；（五）工作时间和休息休假；（六）劳动报酬；（七）社会保险；（八）劳动保护、劳动条件和职业危害防护；（九）法律、法规规定应当纳入劳动合同的其他事项。劳动合同除前款规定的必备条款外，用人单位与劳动者可以约定试用期、培训、保守秘密、补充保险和福利待遇等其他事项。

第二十九条 用人单位与劳动者应当按照劳动合同的约定，全面履行各自的义务。

第三十条 用人单位应当按照劳动合同约定和国家规定，向劳动者及时足额支付劳动报酬。用人单位拖欠或者未足额支付劳动报酬的，劳动者可以依法向当地人民法院申请支付令，人民法院应当依法发出支付令。

第三十五条 用人单位与劳动者协商一致，可以变更劳动合同约定的内容。变更劳动合同，应当采用书面形式。变更后的劳动合同文本由用人单位和劳动者各执一份。

合规要点 2：应谨慎变更劳动合同

依据《劳动合同法》的规定，用人单位与劳动者应当依照劳动合同的约定履行劳动合同。劳动合同包括工作时间、工作地点、工作内容、劳动报酬及劳动福利等一系列内容，双方在劳动合同签订后，往往可能存在变更劳动合同的情况。

而用人单位在劳动合同的履行发生变更的情况下不签订变更协议的，可能导致用人单位违约。

因此对于劳动合同的变更，应当谨慎依法实施。

案例参考

某纺织印染公司与金××、某纺织科技公司劳动争议纠纷案

案件号：（2019）苏05民终10615号

【案情介绍】

2019年3月15日，某纺织印染公司向金××发出《调职令》，将金××"从原来所在的沭阳调入张家港，请金××将现有工作移交清楚后，于2019年3月18日至张家港××报到"。2019年4月9日，某纺织印染公司向金××发出《限期返岗通知书》，主要内容为人事部于2019年3月15日发出《调职令》，要求金××于2019年3月18日到公司报到，但金××一直未报到，且未办理任何请假手续，自行脱离工作岗位，拒不到岗，根据公司规章制度已构成旷工，旷工三天以上按自动离职处理；要求金××于2019年4月15日返回公司上班，逾期不上班，将按公司相关规章制度进行处理，并作自动离职处理。2019年4月14日，金××向公司寄送《关于调职申请》，要求调回沭阳工作，理由是熟悉当地的人文环境。

2019年5月28日，金××提交《辞职申请书》，辞职原因为个人原因（本人原来在沭阳工作调回张家港，不胜任染厂化验室工作）。同日，某纺织印染公司出具《离职证明》，同意其辞职。2019年6月20日，金××再次向某纺织印染公司发出《解除劳动关系通知书》，主要内容为某纺织印染公司未经商量，擅自变更其工作内容、降低其工资待遇，所以其决定与某纺织印染公司解除劳动关系。

2019年6月21日，金××向张家港市劳动人事争议仲裁委员会申诉，要求某纺织印染公司、某纺织科技公司支付经济补偿金、二倍工资。同年6月24日，仲裁委员会因其提交的材料中缺少一年内与前述两公司存在劳动关系的证据而作出不予受理决定，金××提起诉讼。

【处理结果】

一审判决：

一、被告某纺织印染公司于判决生效后10日内支付原告金××经济补偿金91487.09元；二、驳回原告金××的其他诉讼请求。

二审判决：

驳回上诉，维持原判。

【裁判观点】

一审法院认为，金××未提供证据证明其与某纺织印染公司或某纺织科技公司书面劳动合同的期限至2018年3月，现有劳动合同期限至2017年1月4日，至金××申请仲裁时已超过法定时效。金××关于二倍工资差额的主张，一审不予支持。

某纺织印染公司将金××自某纺织科技公司调回某纺织印染公司，但其提供的证据不足以证实双方就劳动合同变更达成一致；2019年4月9日，某纺织印染公司向金××发出的《限期返岗通知书》、金××于2019年4月14日提交的《关于调职申请》也证实金××并未认同该次劳动合同变更。2019年5月28日，金××《辞职申请书》载明其辞职原因是用人单位单方作出劳动合同变更决定，故用人单位应向金××支付经济补偿金。金××与某纺织印染公司均确认经济补偿金应由某纺织印染公司支付，且双方对数额无争议，一审予以采纳。

二审法院认为，用人单位未依照劳动合同约定提供劳动保护或者劳动条件的，劳动者可以解除劳动合同，用人单位应当向劳动者支付经济补偿金。某纺织印染公司与某纺织科技公司住所地分别在张家港市与沭阳县，两家公司系关联企业。金××在本案纠纷发生之前在某纺织科技公司工作，与某纺织科技公司存在劳动关系。某纺织印染公司作为某纺织科技公司的关联企业在2019年将金××自某纺织科技公司调回某纺织印染公司，实际上系变更劳动合同，工作地点由沭阳县变更为张家港市，已无法按原劳动合同约定提供劳动条件。某纺织印染公司上诉提出的《调职令》是金××要求发在公告群中的并不足以证实双方就劳动合同变更达成一致，且金××希望仍回沭阳工作，故其以某纺织印染公司单方变更劳动合同等为由解除劳动关系并主张经济补偿金，于法有据。一审认定某纺织印染公司应向金××支付经济补偿金并无不当。

法律分析

劳动合同的变更应当采取书面形式，除非法律规定可以单方变更，否则应当与劳动者协商一致。

结合本案，在未能协商一致的情况下，用人单位擅自变更劳动合同，劳动者可以拒绝服从。并且用人单位持续不给劳动者提供劳动条件的，劳动者有权提出解除劳动合同。根据《劳动合同法》第三十八条的规定，用人单位未按照劳动合同约定提供劳动保护或者劳动条件的，劳动者可以解除劳动合同。

因此，本案中，用人单位变更劳动合同引发劳动争议案件导致单位被判决支付"解除劳动关系"经济补偿金的法律后果。

本案中还存在一个细节：2019年5月28日，金××提出因为"个人原因辞职"，其于2019年6月20日再次向某纺织印染公司发出《解除劳动关系通知书》。法院应当是认为其备注也能说明其基于不同意单位的变更而辞职。如果其第一次提交《辞职申请书》时仅注明个人原因，未备注"本人原来在沭阳工作调回张家港，不胜任染厂化验室工作"将可能导致法院会认定金××系因个人原因解除劳动合同，从而丧失要求经济补偿金的权利。

合规依据

《劳动合同法》

第三十五条 用人单位与劳动者协商一致，可以变更劳动合同约定的内容。变更劳动合同，应当采用书面形式。变更后的劳动合同文本由用人单位和劳动者各执一份。

第三十八条第一款 用人单位有下列情形之一的，劳动者可以解除劳动合同：（一）未按照劳动合同约定提供劳动保护或者劳动条件的；（二）未及时足额支付劳动报酬的；（三）未依法为劳动者缴纳社会保险费的；（四）用人单位的规章制度违反法律、法规的规定，损害劳动者权益的；（五）因本法第二十六条第一款规定的情形致使劳动合同无效的；（六）法律、行政法规规定劳动者可以解除劳动合同的其他情形。

合规要点3：用人单位单方面调整岗位应遵守法律规定

用人单位调整工作岗位，一般情况下应当与劳动者协商一致。当然，特殊情况下，用人单位可以单方调岗。用人单位在哪些情况下可以调整劳动者的工作岗位呢？

依照相关法律法规的规定，经整理归纳，我们认为，用人单位在下列情况下可以调整劳动者的工作岗位。

一、协商一致。包括：1.书面协议约定；2.推定默示。

二、员工不胜任当前岗位。比如：1.患病或非因工负伤后导致不能胜任；2.工伤（五级、六级伤残）后不能胜任；3.员工不胜任工作。

三、企业特殊情况要求。比如：1.企业转产、重大技术革新或者经营方式调整；2.脱密期。

四、特殊员工利益保护。比如：1.孕期；2.哺乳期；3.职业禁忌；4.尘肺病。

还要注意的是，企业调整岗位和薪酬有严格的限制条件，必须合理进行调岗调薪。且经营需求性调岗应将作为协议调岗作为主要的调岗方式。

案例参考

童××与美××公司劳动争议纠纷案

童××于2020年12月24日进入美××公司工作。入职当日，双方签订了期限为2020年12月24日至2023年12月23日的劳动合同，其中约定：童××试用期为3个月，从事市场经理工作；童××的工资按照现行工资制度确定，其中，基本工资为12000元，绩效奖金根据美××公司的营业业绩和童××在岗表现而定。同日，双方另签订了劳动合同补充协议，约定：童××的录用工资为18000元，其中，基本工资12000元、岗位津贴5700元、交通补贴300元；试用期工资15000元，其中，基本工资12000元、岗位津贴2700元、交通补贴300元；绩效奖金为2000元乘以12个月，若劳动合同提前结束，则该奖金按照童××实际在岗时间发放。

2021年1月26日，双方就变更劳动合同的薪酬内容协商一致并签订了劳动合同变更协议，约定：自2021年1月13日起童××录用工资为10000元，试用期工资为8500元，绩效奖金为2000元乘以12个月，该奖金将根据公司年度利润以及个人考评结果发放。

2021年4月30日，美××公司邮件通知童××，"……因无法达到市场部经理的工作要求，部门负责人及公司人事部门多次与你沟通，秉承人性化管理原则，多次给你指出工作欠缺之处给予明确要求，但始终无法达成，公司与你在2021年4月30日就有关劳动关系解除事宜协商并达成一致，现正式通知你于2021年5月31日与公司解除劳动关系"。童××邮件回复美××公司："……我并不认为我与公司在离职原因上达成一致，离职的赔偿金也没有达成一致……"

2021年5月8日，上海市A中心给童××开具了建议2021年5月8日至15日休病假的证明单及 2021 年 5 月 18 日至 21 日休病假的证明单。

2021 年 5 月 10 日，童 ×× 前往上海市 B 中心就医，初步诊断结果为抑郁症发作，该医疗机构给童 ×× 开具病假一周。2021 年 5 月 18 日，童 ×× 告知美 ×× 公司其目前处于病情发作服药阶段，需再次复查确诊，在此期间内维持病假与医疗期状态，若病情发生变化将及时通知公司。2021 年 5 月 24 日，童 ×× 前往上述医疗机构就医，诊断结果为抑郁症发作。2021 年 5 月 26 日，童 ×× 前往上述医疗机构就医，诊断结果为情绪障碍。2021 年 5 月 28 日，童 ×× 前往上述医疗机构就医，诊断结果为情绪障碍，该医疗机构给童 ×× 开具病假 14 日。其后，童 ×× 分别于 2021 年 6 月 2 日、6 月 9 日、7 月 7 日、7 月 21 日又前往上述医疗机构就医。

2021 年 5 月 27 日，美 ×× 公司邮件通知童 ××："请将截止到今日 5 月你应出勤未出勤的休假证明在今天下午五点前发送给我（已提交的除外）……"同日，美 ×× 公司向童 ×× 出具劳动合同解除通知，通知童 ××："我司已于 2021 年 4 月 30 日邮件通知您：由于无法胜任工作的原因，决定于 2021 年 5 月 31 日与您解除劳动关系。现正式通知您，请于 5 月 31 日上午 9：00 到我司人力资源部办理工作交接和劳动合同解除手续……"

2021 年 6 月 16 日，童 ×× 向上海市浦东新区劳动人事争议仲裁委员会申请仲裁，要求恢复其与美 ×× 公司的劳动关系、美 ×× 公司支付 2020 年 12 月 24 日至 2021 年 4 月 30 日的津贴等请求。童 ×× 不服仲裁裁决，向一审法院提起诉讼。后，童 ×× 提起上诉。

【处理结果】

仲裁裁决：

1.童 ×× 与美 ×× 公司恢复劳动关系；2.童 ×× 与美 ×× 公司于 2020 年 12 月 24 日至 2021 年 6 月 16 日存在劳动关系；3.美 ×× 公司支付童 ×× 2021 年 3 月 24 日至 4 月 30 日的工资差额 1891.30 元；4.美 ×× 公司支付童 ×× 2021 年 5 月 1 日至 31 日的工资 5400 元；对童 ×× 的其他请求不予支持。

一审判决：

一审法院依照《劳动合同法》第三十条第一款之规定，于 2021 年 12 月 16 日判决：一、美 ×× 公司于判决生效之日起十日内支付童 ×× 2021 年 5 月 1 日至同月 31 日的工资差额 1082.75 元；二、童 ×× 与美 ×× 公司于 2020 年 12 月 24 日至 2021 年 6 月 16 日存在劳动关系；三、驳回童 ×× 的其他诉讼请求。一审案件受理费 10 元，减半计5元，免予收取。

二审判决：

驳回上诉，维持原判。

【裁判观点】

一审法院认为，关于童××要求美××公司支付2021年1月14日至4月30日的津贴以及工资差额的诉请。根据查明的事实，双方于2021年1月26日就变更劳动合同的薪酬内容协商一致并签订《劳动合同变更协议》。童××并未提供证据证明其系在美××公司"以欺诈、胁迫的手段或乘人之危"的情况下，"违背真实意思"签署了《劳动合同变更协议》。童××作为具有完全民事行为能力的当事人，在其自愿签署协议的情况下，一审法院对童××称该份协议不合法、无效的主张难以采纳。因双方对于童××自2021年1月13日起的工资标准进行了变更约定，故美××公司按照变更后的工资标准计发童××自2021年1月13日起的工资并无不当。对于童××要求美××公司仍按原工资标准支付2021年1月14日至4月30日的津贴以及2021年1月14日至4月30日的工资差额的请求，难以支持。另，双方均确认童××的试用期已于2021年3月23日届满，仲裁裁决美××公司按照每月10000元标准核算支付童××2021年3月24日至4月30日的工资差额1891.30元，并无不当，且美××公司已经履行完毕，对此予以确认，不在判决主文中予以表述。

关于2021年5月1日至31日工资14000元的诉请。童××确认其在2021年5月未出勤上班。根据查明的童××就医情况以及当事人陈述，可以确认童××于2021年5月8日至21日、5月28日至31日休病假。童××未提供证据证明其于5月22日至27日处于病假期间，故对童××主张该期间处于病假，难以采信。因按照美××公司员工手册规定的病假工资计发标准，即病假期内按照工资的70%发放，予以核算童××2021年5月的病假工资数额高于法定标准，故按照公司规定的标准予以核算童××当月的病假工资，抵扣美××公司已经按照仲裁裁决支付的2021年5月1日至31日工资5400元，美××公司仍需支付童××该月工资差额1082.75元。

对于仲裁裁决第一项，双方当事人确认已经履行，不在判决主文中予以表述；对于仲裁裁决第二项，双方均未提出起诉，视为认可，予以确认。

二审法院认为，经审理查明，一审法院认定的事实无误，双方当事人均无异议，人民法院予以确认。

二审审理中，童××主张《劳动合同变更协议》无效，理由为协议内容违法以及其在签订协议时受到胁迫。童××陈述美××公司以不胜任工作为由欲与其解除劳动合同，同时给其另一个方案，即降职降薪。人民法院询问童××既然认为公司拿不出证据证明其不能胜任工作，为何不选择第一个方案，在公司解除劳动合同之后，再去主张违法解除的赔偿金。童××表示"这也是一条路"，但其出于经济压力和工作不好找的原因，"选择了后面一条路"。

人民法院认为，本案的争议焦点为：《劳动合同变更协议》的有效性及童××主张各项工资差额是否有据。

童××主张，因《劳动合同变更协议》内容违法以及其在签订协议时受到胁迫，故该协议无效。对此，根据已查明的事实，双方于2021年1月26日就变更劳动合同的薪酬内容协商一致并签订《劳动合同变更协议》，该协议内容不违反法律、法规的强制性规定，应为合法有效。童××虽陈述其因美××公司以胁迫的手段令其"违背真实意思"签署了该协议，但从其陈述的签订过程看，显然难以认定为"胁迫"，童××作为具有完全民事行为能力的当事人，应当对其签字承担法律后果。故，对童××称该份协议不合法、无效的主张不予采纳。

根据上述协议，童××的工资标准、工资构成自2021年1月13日起发生变更。美××公司按照变更后的工资标准支付童××试用期期间的工资，并无不当。关于试用期满后的工资差额，美××公司已按仲裁裁决履行。童××坚持按照变更前的原工资标准主张工资差额、津贴，无法律依据，不予支持。同理，童××按照变更前的原工资标准主张2021年5月病假工资，亦无法律依据。经核实，一审认定的2021年5月工资差额并无不妥，可予维持。

法律分析

本案涉及劳动合同的变更问题，因为双方经友好协商在劳动合同签订后通过书面形式对劳动报酬标准进行了变更。所以，法院予以确认。

因此，如果劳动者不能胜任职务，用人单位可以依法行使调岗的权利及解除合同的权利。

合规建议

在企业管理层面，首先应当在劳动合同中约定公司调岗调薪的内容及流程；其次应当在实际进行调岗调薪时充分与职工进行交流；最后应当充分注重调岗调薪的合理性、合法性。

合规依据

《劳动合同法》

第三十五条第一款 用人单位与劳动者协商一致，可以变更劳动合同约定的内容。变更劳动合同，应当采用书面形式；

第四十条 有下列情形之一的，用人单位提前三十日以书面形式通知劳动者本人或者额外支付劳动者一个月工资后，可以解除劳动合同：（一）劳动者患病或者非因工负伤，在规定的医疗期满后不能从事原工作，也不能从事由用人单位另行安排的工作的；（二）劳动者不能胜任工作，经过培训或者调整工作岗位，仍不能胜任工作的；（三）劳动合同订立时所依据的客观情况发生重大变化，致使劳动合同无法履行，经用人单位与劳动者协商，未能就变更劳动合同内容达成协议的。

《职业病防治法》

第三十五条第二款 用人单位不得安排未经上岗前职业健康检查的劳动者从事接触职业病危害的作业；不得安排有职业禁忌的劳动者从事其所禁忌的作业；对在职业健康检查中发现有与所从事的职业相关的健康损害的劳动者，应当调离原工作岗位，并妥善安置；对未进行离岗前职业健康检查的劳动者不得解除或者终止与其订立的劳动合同。

《工伤保险条例》

第三十六条 职工因工致残被鉴定为五级、六级伤残的，享受以下待遇：……（二）保留与用人单位的劳动关系，由用人单位安排适当工作……

《尘肺病防治条例》

第二十一条 各企业、事业单位对已确诊为尘肺病的职工，必须调离粉尘作业岗位，并给予治疗或疗养。尘肺病患者的社会保险待遇，按国家有关规定办理。

《最高人民法院关于审理劳动争议案件适用法律问题的解释（一）》

第四十三条 用人单位与劳动者协商一致变更劳动合同，虽未采用书面形式，但已经实际履行了口头变更的劳动合同超过一个月，变更后的劳动合同内容不违反法律、行政法规且不违背公序良俗，当事人以未采用书面形式为由主张劳动合同变更无效的，人民法院不予支持。

《劳动部关于企业职工流动若干问题的通知》

二：用人单位与掌握商业秘密的职工在劳动合同中约定保守商业秘密有关事项时，可以约定在劳动合同终止前或该职工提出解除劳动合同后的一定时间内（不超过六个月），调整其工作岗位，变更劳动合同中相关内容……

《女职工劳动保护特别规定》

第六条第一款 女职工在孕期不能适应原劳动的，用人单位应当根据医疗机构的证明，予以减轻劳动量或者安排其他能够适应的劳动。

合规要点4：用人单位应合理进行调岗调薪

劳动岗位及薪资涉及劳动者的重要利益。因此，调岗调薪一般需要征得劳动者的同意。当然，并非用人单位一点都不能动。合理情况下，用人单位在对劳动者影响最低的情况下进行适当调整也能得到法院的认可。基本原则是"调岗不调薪，调岗调薪必须具备合理性"。

案例参考

某建设集团公司与王某劳动合同纠纷案

案件号：（2018）粤03民终16930号

【案情介绍】

上诉人某建设集团公司将王某的工作地点从深圳市龙岗区调到福田区，工作岗位从幕墙部投标预算员调整为成本控制部成本结算员。王某与上诉人多次协商无果后辞职，被上诉人王某要求解除劳动关系并支付其解除劳动关系经济补偿金。

【处理结果】

一、撤销深圳市罗湖区人民法院（2017）粤0303民初11973号判决；

二、上诉人某建设集团公司无须支付被上诉人王某解除劳动关系经济补偿金25188元。

【裁判观点】

二审的争议焦点为上诉人是否违法调岗。被上诉人王某主张上诉人擅自将工作地点（从深圳市龙岗区调到福田区）和工作岗位（从幕墙部投标预算员调整为成本控制部成本结算员）予以调整，其与上诉人多次协商无果后被迫辞职，上诉人应支付其解除劳动关系经济补偿金。

上诉人则主张原部门因经营需要进行调整，且岗位调整前后的工作性质及薪酬福利待遇均不变，不属于违法调岗。

对此人民法院认为，双方劳动合同中约定"乙方（王某）同意在（管理/技术/普通员工）岗位工作，乙方服从甲方（上诉人）依其能力表现合理调整。经双方协商，乙方的工作地点暂定为中国境内，乙方服从甲方依工作需要的合理调整"。

本案中，被上诉人未能证明上诉人改变其工作地点、工作岗位的行为违反合同约定，且上诉人已明确表示不改变被上诉人的工资待遇，故上诉人的调岗行为应认定为用人单位行使其用工管理自主权。被上诉人仅以其可能不胜任成本控制部工作为由拒绝公司调岗并据此主张被迫解除劳动关系经济补偿金依据不足，人民法院不予支持。人民法院二审查明，原审查明的基本事实准确，人民法院予以确认。原审认定上诉人违法调岗，应支付被上诉人被迫解除劳动关系经济补偿金处理有误，人民法院予以纠正。

法律分析

本案涉及的调岗是将劳动者的工作地点从深圳市龙岗区调到福田区、工作岗位从幕墙部投标预算员调整为成本控制部成本结算员。劳动争议仲裁及一审均认为单位构成"擅自调岗"。二审法院认为，本案双方合同约定的岗位及履行地均为可以弹性安排的。因此，"被上诉人未能证明上诉人改变其工作地点、工作岗位的行为违反合同约定，且上诉人已明确表示不改变被上诉人的工资待遇，故上诉人的调岗行为应认定为用人单位行使其用工管理自主权"。

根据《劳动合同法》第二十九条及第三十五条的规定，虽然存在调岗，但是不构成对劳动合同的变更。

此案足见，单位视为"模板"的劳动合同内容是多么的重要。

合规依据

《劳动合同法》

第二十九条 用人单位与劳动者应当按照劳动合同的约定，全面履行各自的义务。

第三十五条第一款 用人单位与劳动者协商一致，可以变更劳动合同约定的内容。变更劳动合同，应当采用书面形式。

合规要点 5：员工拒绝调岗应如何处理

劳动岗位属于劳动合同的基本内容，对岗位的调整，无疑涉及对劳动合同主要条款的调整，将对劳动者的利益产生影响。用人单位因客观情况确实需要调整劳动者岗位，劳动者拒绝调岗，应怎么办？是强行调岗，不来就进行处罚，甚至开除？还是一切尊重劳动者意愿，不予调岗？

在劳动者的劳动自由权及用人单位的用工自主权存在矛盾的情况下，相互之间有一个"博弈"的过程，用人单位的调岗须依法、合理，同时最大限度地顾及劳动者的利益，则较大概率能获得人民法院的支持。

在劳动者不同意调岗的情况下，用人单位应充分与劳动者进行协商沟通，并保留好协商沟通的证据，以保证调岗行为的合理、合法。

案例参考

李××与鸿××公司劳动争议纠纷案

案件号：（2021）粤07民终4698号

【案情介绍】

李××从2016年开始在鸿××公司上班，双方签订了劳动合同，同时签订了《补充条款》。《补充条款》约定，李××同意在鸿××公司安排的岗位（工种）工作，鸿××公司因生产经营发生变化、工序改变或其他工作需要，有权对李××的岗位（工种）进行调整。

鸿××公司因业务需要将李××所在的部门进行转包，并将李××从重铸工厂设备工程师调为压铸设备工程师。鸿××公司在调整李××的工作岗位、薪酬计付方式、工作工时的时候亦做了相关说明及提出多种方式协商解决问题。

后，李××以公司违法调岗为由提出解除劳动关系，且要求公司支付解除劳动关系经济补偿金。

经劳动争议仲裁流程后，李××向一审法院起诉请求：1.判决双方解除劳动合同；2.判决鸿××公司向李××支付2020年11月的工资3800元；3.判决鸿××公司向李××支付因鸿××公司违法调岗，没有提供劳动条件而李××提出解除劳动合同的经济补偿金6284元/月×4.5个月=28278元；4.判令一审案件诉讼费用由鸿××公司承担。

后，李××提出上诉。

【处理结果】

一审法院判决：

一、确认李××与鸿××公司间的劳动关系于2020年11月16日解除；二、驳回李××的其他诉讼请求。

二审法院判决：

驳回上诉，维持原判。

【裁判观点】

本案的二审争议焦点为：鸿××公司是否应向李××支付解除劳动合同的经济补偿金。

李××在一审中确认其自2020年11月16日起没有回鸿××公司上班，再结合涉案《2018年11月—2020年10月考勤表》《返岗通知》《情况说明》等证据，足以证明李××经鸿××公司发出返岗通知后仍然没有到岗。

因鸿××公司与李××签订的《补充条款》约定，李××同意在鸿××公司安排的岗位（工种）工作，鸿××公司因生产经营发生变化、工序改变或其他工作需要，有权对李××的岗位（工种）进行调整。

本案中，鸿××公司因业务需要将李××所在的部门进行转包，并将李××从重铸工厂设备工程师调为压铸设备工程师。鸿××公司在调整李××的工作岗位、薪酬计付方式、工作工时的时候亦做了相关说明及提出多种方式协商解决问题。因此，鸿××公司对李××岗位的调整属于用人单位行使自主用工管理权。

李××关于鸿××公司违法调岗应支付劳动经济补偿金的主张理据不足，人民法院不予支持。

法律分析

根据《劳动合同法》的规定，用人单位与劳动者双方应当依照劳动合同约定履行相关义务。涉及调岗的，应当具有合理性、合法性。结合案件，从用人单位的角度，本案主要有以下环节做得比较好：

一、本案用人单位的劳动合同《补充协议》条款赋予公司相应的权利

《补充协议》约定，李××同意在鸿××公司安排的岗位（工种）工作，鸿××公司因生产经营发生变化、工序改变或其他工作需要，有权对李××的岗位（工种）

进行调整。

二、合理进行调岗及程序的合理性

在劳动者拒绝调岗时，单位采取多种方式协商解决问题。二审判决载明："鸿××公司在调整李××的工作岗位、薪酬计付方式、工作工时的时候亦做了相关说明及提出多种方式协商解决问题。"根据《劳动合同法》规定，用人单位与劳动者签订的劳动合同对双方均具有约束力。采取多种方式与劳动者协商充分证明调岗的合理性，能够证明公司不是随意变更劳动合同，而是做到了充分与劳动者协商沟通。

案例参考

王××与××公司劳动争议案

案件号：（2020）苏0583民初1716号

【案情介绍】

原告王××向人民法院提出诉讼请求：1.法院判决××公司行为违法、调岗邮件无效、返还克扣薪资及因处分带来的经济损失（按照当月同级干部对比10月薪资少发2684元，年终奖金少发3300元）。2.法院对昆劳人仲案字（2019）第6×××号中王××的请求重新审理，维护王××的合理申诉请求。3.本案诉讼费由××公司承担。事实与理由：王××与××公司劳动合同纠纷一案，昆山市劳动人事争议仲裁委员会（以下简称昆山仲裁委）作出昆劳人仲案字（2019）第6×××号裁决。王××不服裁决，故向人民法院提起民事诉讼。依据《劳动法》"平等自愿、协商一致、诚实信用"的基本原则及劳动合同中约定"双方协商一致"情况下才可以调动岗位的事实，××公司在未与王××协商一致的情况下，强行调动王××岗位属于违法。在违法调动岗位的情况下，××公司仍以王××不服从安排为由，以公司制度方式克扣王××薪资，同时以王××未到新岗位为由驳回其加班，不安排具体工作等方式，减少其他薪资的方式逼迫王××，让其屈服，同意岗位调动；并造成王××不履行工作的假象，但是王××仍坚持职责所在，协助处理原仓库一切事务。××公司在仲裁中提及王××曾经担任过饮料组长，王××对此已经阐述：王××在公司的二十年中多次调岗都是与原负责主管沟通，协商一致后完成的。当接到《员工手册》时王××得到的信息是此单仅代表收到手册，作为《员工手册》签收凭证和新旧手册更替的手续（先签字后发手册，离职丢失罚款原则的凭证）。《员工手册》从2011年版本与2019年版本对比来看，其中修改的处罚条款严重侵犯劳动者权益。员工手册中薪资定义：包含底薪、绩效奖金等。××公司在未与王××协商一致的情况下，以公司制度为由克扣王××薪资2684元，该克扣行为严重违反《劳动法》。为保护自身合法权益，特依法提起诉讼。

被告××公司辩称：一、××公司对王××的工作调动合法、合理，王××恢复原工作岗位的请求没有法律依据，应予驳回。1.双方签订的劳动合同明确约定××公司可以根据工作需要、生产经营或考核奖惩制度调整王××的工作内容或岗位。2.××公司产线升级，原食品生产部（方便面产线）搬迁至上海金山，王××原任成品食品二组组长，负责处理原食品仓库的事宜，食品生产部搬迁后，原食品仓库不存放食品，××公司根据实际情况将王××调动为成品饮料一组组长，合法、合理，没有侵害王××的权益。3.成品食品组和成品饮料组同属成品科、产销物流服务部，王××调任成品饮料一组组长，仅仅是负责管理的物品由食品变为饮料，工作性质、工作内容、工作地点（仍在被告厂区内）、薪酬福利等均未改变，××公司对王××的工作调动属于企业的用工自主权，合法、合理。4.王××在2008年9月1日至2011年1月9日也曾任职过成品饮料组组长，所以××公司把王××从成品食品二组组长调整为成品饮料一组组长，合法、合理。二、王××拒绝公司合法、合理的工作调动，不到成品饮料组报到，不处理主管安排的正常工作、拒绝履行工作职责的行为违反了××公司的规章制度，××公司依据《员工手册》的规定对王××作出记大过处罚，合法、合理。王××要求撤销记大过处罚的请求应予驳回。1.王××主管刘某于2019年8月30日已通过邮件告知王××工作调动事宜，并作出详细的工作安排并要求其于9月2日到岗上晚班，王××未按主管要求到成品饮料组报到并开展工作。王××主管后又多次发邮件催告其，并告知不服从安排的会按照规章制度进行惩处，但王××未有改善。2.王××自2019年9月1日起至今，不按主管要求履行工作职责，按照公司规章制度，不服从管理达5天以上的可以解除劳动合同，但是考虑到王××入职较早，故给予其一次改过机会，仅按规定作出记大过一次的处分，以起到教育、督促的作用。××公司记大过一次的惩处不但合法、合理，还体现了公司对员工的人文关怀。3.王××在《员工手册》的收阅确认书中签字确认，其已知晓并熟悉《员工手册》的内容，应当遵守《员工手册》的条款。三、王××2019年10月应发工资为5074元，扣罚900元，未超过应发工资的20%，不违法。王××要求返还10月被克扣工资2684元的请求应予驳回。四、王××返还年终奖金3300元的请求无事实与法律依据，且未经仲裁前置程序，应予驳回。综上，××公司对王××的工作调动、处罚合法、合理，王××的请求没有法律依据，全部驳回。

当事人围绕诉讼请求依法提交了证据，人民法院组织当事人进行了证据交换和质证。对当事人无异议的证据，人民法院予以确认并在卷佐证。

根据当事人的陈述和审查认定的证据，人民法院确定以下事实：

王××于1998年8月28日入职××公司。2011年1月5日，双方签订了无固定期限劳动合同。合同约定王××根据××公司要求，经过协商，从事生产主管工作。双方将劳动合同地点约定为昆山市。××公司根据工作需要，按照诚信原则，可依法变动王××的工作岗位。争议发生前，王××任××公司成品食品组组长一职，负责进出库管理、人员管理等事项。后由于××公司产线调整，成品食品组生产线搬迁至上海，××公司遂于2019年8月30日邮件通知王××，其岗位调整为成品饮料组组长。因王××未按通知到新岗位报到，××公司遂于2019年9月2日、4日、5日、9日、10日、12日多次发送邮件催告王××至新岗位报到，但王××仍未服从安排到新岗位工作，王××于2019年9月15日回电子邮件，认为新岗位叉车司机严重不足、厂内负责工作区域增加、夜班时间过长等，鉴于以上情况不同意此次工作调动。王××未按排班表时间到新岗位履行工作职责。2019年10月，××公司依据《员工手册》第10.13.19条、第10.17.6条规定，对王××作出了记大过的处分，当月未发放绩效奖金、加班奖金且在工资中扣除了900元。嗣后，王××向昆山仲裁委申请仲裁，要求××公司返还10月被克扣工资2684元、恢复原工作岗位、撤销记大过的处罚。该仲裁委于2020年1月7日裁决：一、××公司返还王××2019年10月扣除的工资1301元；二、驳回王××的其他申诉请求。王××对上述仲裁裁决不服向人民法院提起诉讼。××公司在收到仲裁裁决书后将上述裁决款项1301元支付王××。

××公司《员工手册》第10.13条规定：员工有下列情形之一，予以记大过，若给公司造成损失，同时应予赔偿。第10.13.19条规定：虽按时上下班，但消极怠工、拒绝履行工作职责（如上班期间不干活或不接受主管正常工作安排，长时间玩手机、与他人聊天）累计两天（含）至五天以下的；第10.17.6条规定记大过人员当月KPI得分和绩效奖金均为0（含基本奖金），当年度绩效评级为D级，大过每次减奖金900元，金额递延扣减，直至扣完。2019年7月11日，原告签字确认收到《员工手册》。

【处理结果】

驳回原告王××的全部诉讼请求。

案件受理费10元，减半收取5元，由原告王××承担。

【裁判观点】

劳动者与用人单位建立劳动关系后，应当接受用人单位管理，服从用人单位合理的工作安排。在生产经营情况发生变动的情况下，用人单位可以合理调整劳动者岗位。因王××任职组长的成品食品组产线已搬迁至上海，××公司将其岗位调整为成品饮料组组长，此次岗位变动并未实质性改变王××的工资待遇、工作性质，该岗位变动属于被告行使用工管理权的体现，应属合理，王××应当服从××公司的管理安排。现王××经××公司多次催告后，均未服从公司的生产安排，确属违纪行为。××公司的《员工手册》已经通过民主程序讨论通过，并且已经告知王××，应当对王××具有拘束力。××公司依据《员工手册》的规定对王××做出记大过处分所依据的事实清楚，依据充分。综上，对王××要求判决确认××公司调岗行为违法，调岗邮件无效的诉讼请求，人民法院不予支持。

根据《江苏省工资支付条例》第十二条规定，违反用人单位依法制定的规章制度，被用人单位扣除当月部分工资的，用人单位扣除劳动者当月工资的部分不得超过劳动者当月应发工资的百分之二十。因××公司未发放王××10月的绩效奖金，人民法院按照王××2019年8、9月的绩效奖金核算其10月的绩效奖金为1748.6元，在不存在扣除工资的情况下，王××10月应发工资为6822.6元，××公司扣除王××10月的工资不应当超过1364.52元，现王××共计被扣除2648.6元（1748.6+900），超出上述限额，故对于超过20%的部分××公司应予返还。仲裁裁决该项金额为1301元，××公司并无异议且已经履行完毕，故对王××要求返还10月少发薪资2684元的诉讼请求，人民法院不予支持。

王××要求××公司返还扣发的3300元年终奖的诉讼请求，未经仲裁前置程序，人民法院不予理涉。

合规依据

《劳动合同法》

第二十九条 用人单位与劳动者应当按照劳动合同的约定，全面履行各自的义务。

第三十五条 用人单位与劳动者协商一致，可以变更劳动合同约定的内容。变更劳动合同，应当采用书面形式。变更后的劳动合同文本由用人单位和劳动者各执一份。

合规要点6："默示同意"调岗调薪的效力

合同的订立需要双方意思表示一致，且其一致性需要具体、明确。如果用人单位调岗调薪，劳动者同意了用人单位的调岗调薪方案，到新岗位劳动，但工作一段时间后，又觉得新的岗位及薪金不满意，找到用人单位，称其不同意调岗调薪。

此种情况下，法律规定了一定的期限作为判断双方是否就调岗已经达成合意的标准。如果劳动者到新的岗位超过该期限，则属于以其行为同意调岗，称为"默示同意调岗调薪"。如果劳动者到岗后未达到该期限即"反悔"，视为劳动者不同意调岗调薪。用人单位应当知悉此内容。

案例参考

薛××与沈阳远××有限公司劳动争议纠纷案

案件号：（2016）辽0191民初3900号

【案情介绍】

法院经审理查明，2014年1月2日原告薛××与被告沈阳远××有限公司签订无固定期限劳动合同，约定原告从事管理工作、月工资不低于1300元。同日，原告签署《入职承诺书》，载明已收到《员工手册》及《岗位说明书》。

双方在劳动合同履行过程中，2014年11月及12月，被告对原告绩效考核评分分别为C类67分、C类66分，并以此认定原告不胜任工作，对原告作出调岗处理，将原告从管理即清欠办主管岗位调整为行政管理员岗位，归属于人事行政部，并将原告工资相应地调整至2500元/月，生效日期为2015年1月1日。2016年1月19日，被告以原告严重违反劳动纪律为由，已与原告解除劳动合同关系。

另查明，被告2014年4月15日发布的《组织干部人事管理工作标准》第2.1.3.1条规定，连续两次考核分数低于70分的员工，考核评价结果为"不胜任工作"，予以调岗或培训，由公司××安排岗位。

再查明，原、被告因工资等事宜发生争议，原告向沈阳经济技术开发区劳动人事争议仲裁委员会提出仲裁申请，要求被告补发工资37500元。该仲裁委员会于2016年2月6日作出沈开劳人仲字〔2015〕2××号仲裁裁决，裁决对原告的仲裁请求不予支持。原告对该仲裁裁决不服，诉至人民法院。

以上事实的认定，有仲裁裁决书、劳动合同书、《入职承诺书》、《员工手册》、签收单、《岗位说明书》、《组织干部人事管理工作标准》、工会文件、职工代表大会制度审议、考核表、说明、调岗通知及庭审笔录在卷佐证，经庭审质证，人民法院予以确认。

【处理结果】

驳回原告薛××的诉讼请求。

二审法院判决：

驳回上诉，维持原判。

【裁判观点】

人民法院认为，关于被告应否支付原告工资差额的问题：

首先，工资系用人单位依据国家有关规定或劳动合同的约定，以货币形式直接支付本单位劳动者的劳动报酬，是劳动者为用人单位付出劳动的对价。原告虽然坚称2015年仍然为被告追回了欠款，其工作内容并未如被告所述从负责清欠工作变更为负责人事绩效管理工作，但是考虑到清欠工作的周期性及原告所提供的证据内容，均不足以证明其所主张的2015年出勤期间仍然负责清欠工作的事实。

其次，劳动者应当遵守用人单位依法制定的规章制度，用人单位可以依据规章制度对不能胜任工作的劳动者进行合理调岗。因原告存在两次考核得分低于70分的情况，被告据此认定原告不能胜任工作，并无不当。基于此对原告的工作岗位、工资待遇进行调整，系企业行使自主经营权。

最后，《最高人民法院关于审理劳动争议案件适用法律若干问题的解释（四）》第十一条规定："变更劳动合同未采用书面形式，但已经实际履行了口头变更的劳动合同超过一个月，且变更后的劳动合同内容不违反法律、行政法规、国家政策以及公序良俗，当事人以未采用书面形式为由主张劳动合同变更无效的，人民法院不予支持。"

本案中，原、被告所签订的劳动合同约定：薛××从事管理工作、月工资标准不低于1300元。被告对原告进行调岗后无论是工作内容还是月工资标准均不违背上述双方间劳动合同之约定，之后原告未向被告就调岗提出异议或者向被告提出解除劳动关系，而是已经实际履行了变更后的工资支付标准长达一年之久，应当视为双方已就调岗事宜协商达成一致。综上，被告调岗行为并无不当，故原告要求被告补发因岗位调整降薪的工资差额，于法无据，人民法院不予支持。

法律分析

一、本案涉及调岗调薪合理性及依据问题

公司规章制度规定了调岗调薪的情况，且该规章制度通过了民主程序，由劳动者签收，可以作为有效规定。

薛××符合规章制度规定的调岗调薪要求，因此公司对其进行调岗，合理、合法。

二、本案涉及默示同意问题

根据《最高人民法院关于审理劳动争议案件适用法律若干问题的解释（四）》（已因废止失效）第十一条规定，虽然没有书面协议，劳动者从事调岗后的岗位超过一个月视为劳动者"默示同意"。

法院判决综合这两个方面的情况认定单位调岗调薪合法。

合规依据

《劳动合同法》

第四条 用人单位应当依法建立和完善劳动规章制度，保障劳动者享有劳动权利、履行劳动义务。用人单位在制定、修改或者决定有关劳动报酬、工作时间、休息休假、劳动安全卫生、保险福利、职工培训、劳动纪律以及劳动定额管理等直接涉及劳动者切身利益的规章制度或者重大事项时，应当经职工代表大会或者全体职工讨论，提出方案和意见，与工会或者职工代表平等协商确定。在规章制度和重大事项决定实施过程中，工会或者职工认为不适当的，有权向用人单位提出，通过协商予以修改完善。用人单位应当将直接涉及劳动者切身利益的规章制度和重大事项决定公示，或者告知劳动者。

《最高人民法院关于审理劳动争议案件适用法律问题的解释（一）》

第四十三条 用人单位与劳动者协商一致变更劳动合同，虽未采用书面形式，但已经实际履行了口头变更的劳动合同超过一个月，变更后的劳动合同内容不违反法律、行政法规且不违背公序良俗，当事人以未采用书面形式为由主张劳动合同变更无效的，人民法院不予支持。

合规要点 7：劳动合同主体变更的权利义务与工龄承继

劳动合同主体变更，主要是指用人单位变更。分为因劳动者原因变更和非因劳动者原因变更。

因劳动者原因变更，是指劳动者到新单位就职，不存在权利义务及工龄承继的问题。因此，只有涉及"非因劳动者原因"的主体变更才是合规应关注的内容。

非劳动者原因变更工作单位的情形通常包括以下几种情况：

1. 劳动者仍在原工作场所、工作岗位工作，但劳动合同主体由原用人单位变更为新用人单位。这种情况，并不影响劳动者的工作年限连续计算。因为工作岗位和场所是劳动合同的必备条款，一旦确定后，除非双方协商一致并采取书面形式变更，否则用人单位不得单方面随意变更工作内容。即使劳动合同主体发生变化，只要劳动者一直在原工作场所、工作岗位工作，那么无论劳动合同主体如何变化，都不影响劳动者的工作年限连续计算。

2. 用人单位以组织委派或任命的形式对劳动者进行工作调动。这种调动体现了用人单位的意志，属于行政命令，因此不属于劳动者本人的原因。在这种情形下，劳动者的工作年限应当计入委派的用人单位。

3. 因用人单位合并、分立等原因导致劳动者工作调动。这种情况下，根据《劳动合同法》第三十四条的规定，劳动者在原用人单位的工作年限应当计算在承继其权利义务的新用人单位。

4. 用人单位及其关联企业与劳动者轮流订立劳动合同。这种情况下工作年限的计算也需要特别注意，因为这可能涉及多个用人单位之间的劳动关系转移。

根据《公司法》的规定，有限责任公司的主体地位是独立的。劳动者在不同用人单位工作都涉及权利义务变更及工龄承继。

一、权利义务承继问题

一般情况下，主体变更，权利义务承继关系如下：

1. 新的劳动关系对劳动者的用工（包括岗位、薪酬、福利等）未作变更的，承继前主体的权利义务。

2. 新的劳动关系对劳动者的用工（包括岗位、薪酬、福利等）进行了变化的，以新合同确定双方的权利义务。

二、工龄承继问题

一般情况下工龄承继采取以下方式解决：

1. 非因劳动者原因造成的用工主体变更且未给予劳动者变更劳动关系补偿的，劳动者工龄应当连续计算。

2. 非因劳动者原因造成的用工主体变更，但前公司已经给予劳动者变更劳动关系补偿的，劳动者工龄应当重新计算。

3. 因为劳动者求职自己申请变更的，以新公司工龄重新计算。

案例参考

某房地产公司与王某劳动合同纠纷案

案件号：(2021) 沪 0112 民初 21717 号

【案情介绍】

被告王某于 2018 年 3 月 12 日进入 ×× 房地产公司工作，担任投资发展副总监一职，双方签订期限自 2018 年 3 月 12 日至 2021 年 3 月 11 日的劳动合同，劳动合同约定被告基本工资为税前每月 35000 元，供职信作为劳动合同的附件一并生效。供职信中约定被告工资为税前每月 35000 元，试用期后享受税后每月 4250 元的综合补贴，年度目标绩效奖金为每年 200000 元，根据员工的工作表现及公司的绩效制度确定，绩效奖金的计算和发放详见《某房地产公司绩效管理制度》。

2020 年 1 月 1 日，原、被告及原告的关联公司 ×× 公司签订《劳动合同主体变更协议》约定："……1. 丙方（本案被告）用工关系自 2020 年 1 月 1 日起由乙方（×× 公司）转入甲方（本案原告某房地产公司），与甲方重新签订劳动合同，并以此作为甲方合同期限的起始日期……3. 丙方在乙方或乙方关联企业连续工作的工龄（2018 年 3 月 12 日起至 2019 年 12 月 31 日止），相应的薪资待遇、福利等也由甲方承继；若发生经济补偿，以上工龄按国家规定合并计算……5. 由于本次劳动合同主体发生变化并未对丙方产生任何不利，且丙方工龄不断，其他权利和利益也未受到损害，因此丙方确认甲方和乙方均未对丙方进行任何形式的经济补偿。6. 本协议经三方签字盖章后生效，由甲方随新签合同存档……7. 本协议为丙方此次重新签订劳动合同附件。"之后，被告的工作地点、内容和薪资报酬均没有变化，但工资支付主体由 ×× 公司变更为原告。

2021年3月3日，被告向上海市闵行区劳动人事争议仲裁委员会申请仲裁，要求原告支付被告2020年2月1日至12月23日未签订书面劳动合同的二倍工资差额375747.13元。该仲裁委员会于2021年4月8日作出闵劳人仲（2021）办字第12××号裁决，裁决原告支付被告2020年3月3日至12月23日未签订书面劳动合同的二倍工资差额308965.52元，对被告的其他请求不予支持。原告对此不服，遂诉至人民法院。

【处理结果】

一审法院判决原告某房地产公司无须支付被告王××2020年3月3日至12月23日未签订劳动合同的二倍工资差额人民币308965.52元。

二审法院判决：

驳回上诉，维持原判。

【裁判观点】

原、被告与××公司于2020年1月1日签订劳动合同主体变更协议，之后被告的工作地点、工作内容、薪资报酬等均无变化，且该劳动合同主体变更协议中三方均确认劳动合同主体的变更未对被告产生任何不利、被告的工龄不断、被告的其他权利和利益未受到损害，故从该劳动合同主体变更协议的标题和内容均可以看出，原、被告与××公司三者之间的真实意思表示仅是用工主体发生变更，其余均按照被告与××公司之间的劳动合同履行，实际亦是按此履行。被告的权利并未受到侵害，原告并无不与被告签订劳动合同的恶意，故原告认为无须支付被告未签订劳动合同二倍工资差额的诉讼请求，人民法院予以支持。

法律分析

本案涉及用工主体变更后相关权利义务关系承继的问题。

根据《劳动合同法》的规定，用人单位未与劳动者签订书面劳动合同的，应当支付未签订劳动合同的二倍工资差额。

劳动争议仲裁委员会以新的用人单位未与劳动者签订书面劳动合同为由裁决其支付二倍工资差额。

但从新用人单位的角度出发，三方协议是三方共同的意思表示。劳动者在三方协议签订后的用工情况未发生任何变化。劳动者此前与前公司签订了书面劳动合同，三方协议就是三方共同约定对劳动合同的承继。劳动者提出未签订书面劳动合同不成立。

合规建议

从企业管理的层面，用人单位应当及时与劳动者签订书面劳动合同。同时，应当根据自身实际情况妥善处理好员工的工龄及权利义务的接续问题，避免引发纠纷。

合规依据

《民法典》

第五百五十五条 当事人一方经对方同意，可以将自己在合同中的权利和义务一并转让给第三人。

《劳动合同法》

第八十二条 用人单位自用工之日起超过一个月不满一年未与劳动者订立书面劳动合同的，应当向劳动者每月支付二倍的工资。用人单位违反本法规定不与劳动者订立无固定期限劳动合同的，自应当订立无固定期限劳动合同之日起向劳动者每月支付二倍的工资。

《劳动合同法实施条例》

第十条 劳动者非因本人原因从原用人单位被安排到新用人单位工作的，劳动者在原用人单位的工作年限合并计算为新用人单位的工作年限。原用人单位已经向劳动者支付经济补偿的，新用人单位在依法解除、终止劳动合同计算支付经济补偿的工作年限时，不再计算劳动者在原用人单位的工作年限。

第五节　劳动合同的中止

一、劳动合同中止的概念

《劳动法》及《劳动合同法》从劳动合同的订立、履行、解除、终止等角度对用人单位与劳动者之间的劳动关系进行了规定。然而，在劳动合同的履行过程中，可能出现某些特殊情况，导致劳动者或者用人单位一定期限内无法履行劳动合同，而劳动合同又不符合解除或终止的条件。在这种情况下，法律也不应强人所难：在劳动者不能提供劳动的情况下要求劳动者提供劳动，在用人单位并未实际用工的情况下要求用人单位支付劳动待遇。因此，提出了劳动合同中止的概念。

劳动合同中止，也即劳动合同的暂时停止，是指劳动合同存续期间出现某些因素导致劳动关系双方的主要权利义务在一定时期内暂时停止行使和履行，待中止期限届满或影响因素消除后，恢复到以前的正常状态。

劳动合同的中止可以分为法律规定的中止、当事人约定的中止以及实际履行的中止。

劳动合同的中止和劳动合同的解除及终止是存在很大区别的，劳动合同解除或终止了，那么双方就没有了权利义务，双方也不必根据合同的约定实施行为。劳动合同中止，还存在劳动合同恢复的情况，所以权利义务也只是暂时中止。

二、劳动关系中止的法律后果

1. 法定后果：《劳动部关于贯彻执行〈中华人民共和国劳动法〉若干问题的意见》（劳部发〔1995〕309号）第二十八条规定，"暂时停止履行劳动合同期间，用人单位不承担劳动合同规定的相应义务"。

2. 约定后果：用人单位与劳动者可以约定劳动合同中止期间的权利义务。劳动合同只要是双方的真实意思表示，不违反法律的规定，就应当有效并切实履行。

合规要点1：应合法适用劳动合同中止情形

劳动合同的中止，是劳动合同履行中出现了一定期限内不能履行的客观情况。能够导致劳动合同中止的情形有哪些呢？

（一）协议中止

用人单位与劳动者协商一致，可以中止或者部分中止履行劳动合同。用人单位与劳动者可以在劳动合同中约定劳动合同中止的情形，中止情形出现的，双方劳动关系中止。比如，双方可以约定用人单位停产、转产、机构调整、联营的期限作为劳动合同中止的条件。但在此情况下，用人单位应当给予劳动者适当的补偿。

同时，在不违反法律法规及公序良俗或相关政策的情况下，用人单位与劳动者可以在劳动合同履行过程中约定劳动合同"中止"，即人们通常所说的"停薪留职"。

（二）劳动者履行国家"法定义务"中止

劳动者应征入伍或者离职履行国家规定的其他义务的，劳动合同应当中止或者部分中止履行。

根据《兵役法》第五十六条和《退伍义务兵安置条例》第十一条的规定，入伍前原是用人单位正式职工的，退伍后原则上回原单位复工复职。

(三)劳动者可能因违法"被限制人身自由"中止

劳动者因被依法限制人身自由而不能履行劳动合同约定义务的，劳动合同可以中止或者部分中止履行。

根据《劳动部关于贯彻执行〈中华人民共和国劳动法〉若干问题的意见》(劳部发〔1995〕309号)第二十八条的规定，劳动者涉嫌违法犯罪被有关机关收容审查、拘留或逮捕的，用人单位在劳动者被限制人身自由期间，可与其暂时停止劳动合同的履行。暂时停止履行劳动合同期间，用人单位不承担劳动合同规定的相应义务。劳动者经证明被错误限制人身自由的，暂时停止履行劳动合同期间劳动者的损失，可由其依据《国家赔偿法》要求有关部门赔偿。

(四)不可抗力中止

《民法典》第一百八十条规定："因不可抗力不能履行民事义务的，不承担民事责任。法律另有规定的，依照其规定。不可抗力是不能预见、不能避免且不能克服的客观情况。"

不可抗力主要包括以下情况：1.自然灾害，如台风、地震、洪水、冰雹；2.政府行为，如征收、征用；3.社会异常事件，如罢工等。

(五)劳动者失踪中止

劳动者意外失踪也可以作为劳动合同中止的条件，因为劳动者意外失踪并不必然导致劳动合同的终止，只有当劳动者因下落不明被人民法院宣告死亡后，劳动合同才终止。

劳动者意外失踪，其无法履行劳动义务，再要求用人单位承担单位义务的，明显对用人单位不公平，因此允许用人单位中止履行义务是合理的。

(六)客观原因默示中止

这种情况是比较普遍的，如在劳动合同有效期内，劳动者自动离职，未辞职单位也未解除其劳动关系。或者部分企业管理松散，员工自行脱岗长期"两不找"，既不要求单位给报酬，也未履行劳动义务。

在这期间，双方劳动关系如何界定？如果界定为有效正常履行状态，用人单位还应承担相应的劳动用工义务。如果界定为终止，但实际上劳动合同期限未满。如果界定为解除，但实际上双方并无意思表示。劳动合同的解除还是需要有意思表示存在的。我们此前谈到"默示调岗调薪"，在双方长期"两不找"的情况出现时，我们将长期"两不找"状态确定为劳动关系默示中止。

明确以上劳动合同中止的情况后，企业应当依法适用劳动合同中止的相关规定，做到在合规的情况下维护企业的权益。

案例参考

常××与九××出版公司劳动争议纠纷案

案件号：(2021)京02民终10165号

【案情介绍】

常××于2006年3月到九××出版公司上班，2014年双方签订了《劳动合同书》。

2018年10月21日至12月31日、2019年1月1日至12月31日，双方签订了《中止劳动合同协议书》。抬头部分均载明"乙方（常××）向甲方（九××出版公司）申请中止劳动合同，经双方友好协商订立本协议，以便共同遵守"；协议条款均载明："乙方中止劳动合同期间，甲乙双方视为不存在劳动合同关系，双方互不承担相关劳动合同关系中的权利和义务，在外所发生的一切事故均由乙方全部自负，一切事故均不视为工伤，甲方不承担责任；劳动合同中止期间，不计算为乙方在本企业的工作年限；劳动合同中止期间，乙方不享受甲方的工资、奖金、补贴、保险等薪酬、福利待遇；劳动合同中止期间，乙方的社会保险关系（含住房公积金）仍在甲方，所有费用由乙方自行承担，由甲方代收代缴；劳动合同中止期间，乙方如从事非法活动或发生对甲方造成严重影响的行为，符合《劳动合同法》规定的甲方解除劳动合同的条件，甲方有权按照规定解除与乙方的劳动合同关系"。

2020年7月8日，九××出版公司在因客观情况发生重大变化，公司部门、领导班子已撤销、公司不再实际经营，且未能就变更劳动合同内容与员工达成协议的情况下与常××解除劳动合同。

常××曾以九××出版公司为被申请人向北京市西城区劳动人事争议仲裁委员会申请劳动仲裁，要求：1. 确认与九××出版公司于2006年3月1日至2020年7月8日存在劳动关系；2. 九××出版公司支付其违法解除劳动合同赔偿金28万元；3. 九××出版公司支付其2020年1月1日至7月8日拖欠的工资7万元。

2021年1月13日，该仲裁委作出京西劳人仲字〔2020〕第33××号裁决，确认双方于2016年10月1日至2020年7月8日存在劳动关系。裁决后，常××不服，向法院提起上诉。

【处理结果】

一审法院判决：

一、确认常××与九××出版公司于2006年3月1日至2020年6月29日存在劳动关系，其中2018年10月21日之后部分为中止履行状态；二、驳回常××的其他诉讼请求。

二审法院判决：

一、维持北京市西城区人民法院（2021）京0102民初8987号民事判决第一项；二、撤销北京市西城区人民法院（2021）京0102民初8987号民事判决第二项；三、九××出版公司于本判决生效之日起10日内向常××支付违法解除劳动关系赔偿金57200元；四、驳回常××的其他诉讼请求。

【裁判观点】

一审法院观点：

一、关于双方签订的《中止劳动合同协议书》

首先，因其约定的条款对中止期间劳动关系是否存续一节前后表述矛盾并可续签，故在没有证据证明该中止协议书系因常××申请离职所致，且在文意前后不符，又不能协商变更的情况下，应对提供格式合同的九××出版公司一方作出不利解释。据此，法院对九××出版公司关于应以中止协议的签订认定双方劳动合同解除的主张，不予采信；

其次，因协议约定双方劳动合同中止期间除关于常××自费以九××出版公司名义缴纳社会保险的非法约定外再无其他实质劳动关系权利、义务，故法院认定双方在此期间就中止劳动合同履行达成一致意见，并实际中止履行劳动合同；

最后，根据双方第二份中止协议第七条的约定，劳动合同中止期满，常××要求回九××出版公司工作的，应提前30日提出书面申请。本案中，常××虽主张其于2019年11月25日向九××出版公司当面提交了返岗申请，但因缺乏事实依据且九××出版公司不予认可，法院无法认定。因在双方第二份劳动合同中止协议期满后，没有证据显示九××出版公司为常××安排了工作或对常××作出按自动离职处理的决定，且该公司仍以其名义为常××（自费）缴纳社会保险至2020年6月，法院据此认定双方劳动合同中止履行状态于第二份中止协议后延续，并对常××要求九××出版公司支付2020年工资的诉讼请求，不予支持。

二、关于劳动关系解除及违法解除劳动关系赔偿金问题

根据上述双方延续中止履行劳动合同状态的认定，并结合九××出版公司工作

组人员 2020 年 6 月 29 日在谈话中作出的要求常××2020 年 7 月自行转出社会保险关系，否则作减员处理的意思表示，法院认定九××出版公司系在因客观情况发生重大变化，公司部门、领导班子已撤销、公司不再实际经营，且未能就变更劳动合同内容与员工达成协议的情况下与常××解除劳动合同。但九××出版公司上述解除行为与《劳动合同法》第四十条关于在此情形下"用人单位提前三十日以书面形式通知劳动者本人或者额外支付劳动者一个月工资后"的前置性规定不符，属于程序违法，法院据此认定九××出版公司违法与常××解除劳动关系。虽然九××出版公司表示不能确认常××等三人的工作组成员身份，但未提交证据对常××提交的任命通知、领导分工加以反驳，法院不予采信。

关于常××要求九××出版公司支付违法解除劳动关系赔偿金的请求。因法院已经认定九××出版公司的解除行为违反法定程序，故九××出版公司本应按照劳动者的主张承担向常××支付违法解除劳动关系赔偿金的法律责任，但因双方于解除劳动关系前 12 个月期间处于劳动合同中止履行状态，在此期间常××无工资收入，赔偿金数额为零，故不再支付。

二审法院观点：

二审中，常××提交 2019 年度至 2020 年度社保缴纳记录，证明双方存在共同认可的工资标准，九××出版公司不认可该证据的真实性和证明目的。

常××主张双方劳动关系自 2006 年 3 月 1 日起建立，一审法院结合常××提交的证据，以及为常××缴纳社会保险及支付工资的相关主体与九××出版公司为关联单位的情况，采信常××的主张，认定双方自 2006 年 3 月 1 日起存在劳动关系，并无不当。因双方签订有 2018 年 10 月 21 日至 2019 年 12 月 31 日的中止协议，常××未能提交充分证据证明其在第二份中止协议期满前 30 日内提出书面申请要求回公司上班，亦无证据显示九××出版公司在协议期满后为常××安排了工作，直至 2020 年 6 月 29 日由九××出版公司工作人员在谈话中作出要求常××转出社保关系否则作减员处理的意思表示，一审法院据此认定双方劳动关系存续至 2020 年 6 月 29 日，其中在 2018 年 10 月 21 日之后部分为中止履行状态，是符合客观实际的，且双方对此均未提出上诉，人民法院依法予以确认。

根据前述认定，双方劳动合同中止履行状态在第二份中止协议后延续，常××在第二份中止协议期满后未向九××出版公司提供劳动，故一审法院对常××要求九××出版公司支付 2020 年工资的诉讼请求，未予支持，并无不当。

关于违法解除劳动合同赔偿金，一审法院结合双方在 2020 年 6 月 29 日的谈话内容，认定九××出版公司系因在公司部门、领导班子已撤销、公司不再实际经营情况下作出解除劳动合同的意思表示，但因该公司未能就变更劳动合同内容与常××达成协议，亦未依法提前 30 日以书面形式通知常××或者额外支付常×× 1 个月工资，据此认定解除程序违法，属违法解除，并无不当。九××出版公司的解除行为违法，应当就此承担相应的责任，向常××支付违法解除劳动关系赔偿金。

一审法院关于违法解除劳动关系赔偿金的处理不妥，人民法院予以调整。考虑到常××与九××出版公司因签订协议而致使劳动关系处于中止履行状态且无工资收入，同时双方约定中止履行期间的工作时间不计入工作年限。故，人民法院判令九××出版公司支付常××违法解除劳动关系赔偿金 57200 元。

法律分析

本案常××与九××出版公司签订了《中止劳动合同协议书》，明确了相互的权利义务，双方劳动关系处于中止状态。用人单位未能在劳动关系符合解除条件的情况下解除，应属于违法解除。对此，两级法院都依法进行了确认。

一审判决依照违法解除劳动关系赔偿金应为解除劳动关系前 12 个月平均工资为 0 的事实，因此，其 12 倍也应为 0。依法判决不支付违法解除劳动关系赔偿金。

二审判决，依照《中止劳动合同协议书》，劳动关系中止，但是双方劳动关系在有效期内"因签订协议而致使劳动关系处于中止履行状态且无工资收入，同时双方约定中止履行期间的工作时间不计入工作年限"而确定其最后连续实际劳动期间的工资核算其违法解除劳动关系赔偿金合理、合法。

合规依据

《**劳动合同法**》

第二十九条 用人单位与劳动者应当按照劳动合同的约定，全面履行各自的义务。

第四十七条 经济补偿按劳动者在本单位工作的年限，每满一年支付一个月工资的标准向劳动者支付。六个月以上不满一年的，按一年计算；不满六个月的，向劳动者支付半个月工资的经济补偿。劳动者月工资高于用人单位所在直辖市、设区的市级人民政府公布的本地区上年度职工月平均工资三倍的，向其支付经济补偿的标准按职工月平均工资三倍的数额支付，向其支付经济补偿的年限最高不超过十二年。本条所称月工资是指劳动者在劳动合同解除或者终止前十二个月的平均工资。

第四十八条 用人单位违反本法规定解除或者终止劳动合同，劳动者要求继续履行劳动合同的，用人单位应当继续履行；劳动者不要求继续履行劳动合同或者劳动合同已经不能继续履行的，用人单位应当依照本法第八十七条规定支付赔偿金。

第八十七条 用人单位违反本法规定解除或者终止劳动合同的，应当依照本法第四十七条规定的经济补偿标准的二倍向劳动者支付赔偿金。

合规要点2：劳动关系默示中止

用人单位与劳动者对于劳动合同有效期内未履行、未解除、未终止的情况下的状态及长期"两不找"状态出现后对于有关情况发生争议。法院在判定权利义务时考虑双方长期"两不找"状态为默示中止，应当以劳动关系中止确定双方具体权利义务。

案例参考

田某某与某煤层气公司劳动争议申诉案

案件号：（2021）最高法民申3939号

【案情介绍】

田某某与某煤层气公司未签订劳动合同，双方均认可自2013年5月起建立事实劳动关系且田某某提供劳动至2014年7月。后，双方处于"两不找"状态。由于破产清算，2019年某煤层气公司因为破产解除劳动合同，并表示愿意依法给予田某某经济补偿金。

田某某以某煤层气公司违法解除劳动关系应当支付赔偿金以及劳动关系中止期间未参加医疗保险为由，要求某煤层气公司赔偿其2018年生病住院期间未能取得医保报销的损失。

【处理结果】

一、二审判决：驳回诉请。

最高人民法院再审裁定：驳回田某某的再审申请。

【裁判观点】

人民法院经审查认为，田某某与某煤层气公司未签订劳动合同，双方均认可自

2013 年 5 月起建立事实劳动关系且田某某提供劳动至 2014 年 7 月。田某某称 2014 年 8 月后某煤层气公司委派其到某煤层气公司郑禹分公司协助开展选煤加工业务至 2015 年 7 月，但其提供的蒋某出具的证明系证人证言，蒋某未出庭作证，真实性无法核实，《煤炭洗选加工投资协议》并无某煤层气公司委派其履行该合同的内容，不能证明其主张的受某煤气层公司派遣至某煤层气公司郑禹分公司工作的事实。

劳动者提供劳动属于事实劳动关系的基本构成要件，原审法院认为田某某未举证证明其于 2014 年 8 月后提供劳动，从而认定其提供劳动至 2014 年 7 月，后双方形成长期"两不找"的事实，自 2014 年 8 月起双方劳动关系处于中止履行状态，并无不当。

由于此后双方不具有劳动法意义上的权利义务关系，田某某申请再审认为 2019 年某煤层气公司单方解除劳动合同，应当支付赔偿金，以及某煤层气公司应赔偿其 2018 年生病住院期间未能取得医保报销的损失，缺乏依据。

法律分析

本案涉及企业破产情况下遗留问题的处理。劳动者田某某与某煤层气公司长期"两不找"，在单位处理遗留问题时，要求单位支付其违法解除劳动关系赔偿金同时支付该期间的医保未报销损失，法院未支持其诉请。

根据双方合同履行的实际情况，双方实际履行了一年的劳动合同后就长期"两不找"，但是并未以意思表示解除劳动关系。单位在破产的情况下，可以依法解除劳动合同并支付经济补偿金。田某某要求单位支付解除劳动关系的赔偿金没有依据。

合规建议

结合案件，从企业管理的层面，对于员工的入职、离职管理要规范，尽可能避免出现长期"两不找"的情况。应当妥善处理好劳动关系中止期间的劳动待遇问题，及时与中止劳动关系人员签订明确企业不承担相应劳动用工义务的《中止劳动协议》，维护企业的合法权益。

合规依据

《劳动法》

第四十六条 工资分配应当遵循按劳分配原则，实行同工同酬。工资水平在经济发展的基础上逐步提高。国家对工资总量实行宏观调控。

《劳动合同法》

第二十九条 用人单位与劳动者应当按照劳动合同的约定，全面履行各自的义务。

合规要点 3：应妥善处理中止期间的劳动关系

劳动合同中止期间，劳动关系保留，劳动合同暂停履行，用人单位可以不支付劳动报酬并停止缴纳社会保险费。劳动合同中止期间不计算为劳动者在用人单位的工作年限。劳动合同中止履行的情形消失，除已经无法履行的外，应当恢复履行。

案例参考

王×× 与 ×× 公司劳动合同纠纷案

案件号：（2020）鲁 1725 民初 732 号

【案情介绍】

原告王×× 2005 年 1 月入职 ×× 公司，于 2015 年 4 月 1 日与被告 ×× 公司签订无固定期限劳动合同，任郓城分公司郭屯营销部经理。

2015 年 2 月，×× 公司印发改革方案修订意见，意见规定：单位不再实行离岗经营政策，确因个人原因需要离岗的，由本人写出书面申请，经领导批准，签订离岗协议。离岗期间所有保险费由个人承担，单位代管人事档案，代缴各项社会保险，截至 2014 年年底缴费基数不再作调整，超出部分由个人承担。

2017 年 2 月 ×× 公司又对离岗人员政策进行调整，取消离岗人员待遇发放，所有社会保险费由个人承担。原告于 2018 年 4 月起一直未上岗工作。

2018 年原告等 15 人向郓城县劳动人事争议仲裁委员会申请仲裁，请求裁决其与 ×× 公司存在劳动关系，×× 公司应按离岗政策支付离岗期间的劳动报酬。

2019 年 7 月 31 日仲裁委员会作出裁决书，认定原告等 15 人与 ×× 公司存在劳动关系，由 ×× 公司按照单位离岗经营政策和国家规定支付原告等人劳动报酬。

×× 公司不服，向人民法院提起诉讼，后又撤回起诉。2019 年，原告等 15 人又向郓城县劳动人事争议仲裁委员会申请仲裁，请求裁决应由 ×× 公司按离岗政策支付离岗期间的劳动报酬等。仲裁委员会于 2020 年 1 月 22 日作出裁决书，驳回了原告等 15 人的仲裁请求。原告不服该裁决，向法院提起诉讼。请求：1. 要求被告按照离岗政策支付离岗待遇 101536 元；2.支付赔偿金 91382.4 元；3.为原告缴纳社会保险金；4.支付原告离岗经营资金 5000 元；5.诉讼费由被告承担。

【处理结果】

驳回原告王××的诉讼请求。

【裁判观点】

本案原告自 2018 年 4 月离岗，虽未与××公司签订离岗协议，但未再实际履行劳动合同上岗工作。其与被告××公司签订的劳动合同中"遵守单位规章制度，离岗期间，劳动合同中止"的约定虽系被告后写，但对其自离岗至向法院提起诉讼，一直未向××公司提供正常劳动的事实没有任何影响，属劳动合同中止情形，且被告××公司于 2017 年 2 月对离岗人员政策进行调整，取消了离岗人员待遇发放，所有社会保险费由个人承担。

《劳动法》第四十六条第一款规定，工资分配应当遵循按劳分配原则。《山东省劳动合同条例》第二十六条第二款规定，劳动合同中止期间，劳动关系保留，劳动合同暂停履行，用人单位可以不支付劳动报酬并停止缴纳社会保险费。据此，原告要求被告××公司补发离岗期间待遇、缴纳社会保险金的诉请，于法无据，人民法院不予支持。现原、被告之间仍然存在劳动关系，原告要求被告支付赔偿金的诉请，于法无据，依法不予支持。关于 5000 元经营资金的问题，该请求在本案双方签订的劳动合同中未有相关约定，至于在××公司文件中是否有相关规定，因该行为属于企业内部管理范畴，不属于人民法院受理案件范围，故对该项请求亦不予支持。

法律分析

劳动合同是劳动者与用人单位确立劳动关系、明确双方权利和义务的协议。建立劳动关系应当订立劳动合同。劳动合同中止是指劳动合同存续期间，出现某些因素导致劳动关系主体双方主要权利义务在一定时期内暂时停止行使和履行，待中止期限届满后，又恢复到以前的正常状态。

本案是劳动合同中止期间相互权利义务关系的问题。按劳分配是我国宪法关于劳动报酬获取的一项基本原则，且是劳动法规定的一项重要原则。劳动者希望在离职的情况下向单位要求支付劳动报酬，解除劳动关系经济补偿金，并要求缴纳社保及离岗经营资金，被人民法院驳回。

合规建议

从企业管理的层面,应当妥善处理好劳动关系中止期间的劳动待遇问题,应当及时与中止劳动关系人员签订明确企业不承担相应劳动用工义务的《中止劳动协议》,以维护企业的合法权益。

合规依据

《劳动法》

第四十六条 工资分配应当遵循按劳分配原则,实行同工同酬。工资水平在经济发展的基础上逐步提高。国家对工资总量实行宏观调控。

《劳动合同法》

第二十九条 用人单位与劳动者应当按照劳动合同的约定,全面履行各自的义务。

第三章
规章制度制定与完善

如果说企业规章制度是为企业合法运营提供不竭动力的输血管，那么劳动规章制度则可以称得上是贯穿企业发展、治理全过程的主动脉，在很大程度上决定着企业管理的效能、效率与效果。本章将着重探讨企业规章制度在制定、修订、执行、解释等过程中可能涉及的合规要点，帮助读者更好地认识并了解企业规章制度制定与完善方面的规范化要求。

第一节　规章制度的制定与修订

合规要点 1：规章制度的制定应结合劳动合同条款

规章制度应结合劳动合同条款进行制定，应注意规章制度的实质内容和劳动合同之间的条款约定是否能够相互匹配、互为援引，尤其需要注意以下几点：一是规章制度要与劳动合同的主体相符。需要注意规章制定主体与劳动合同的用人单位的主体是否属于同一法人，如不属于同一法人，应注意是否存在变更登记、公司合并与分立、总分公司、母子公司、外包公司、劳务派遣等情形，并根据不同的情形来确定规章制度与劳动合同的适用范围。二是规章制度要与劳动合同的内容相对应。应重点考察劳动合同中所包含的工作性质、工作内容、工作岗位及其相对应的管理、履职要求能否在规章制度中充分体现，尤其是在企业针对高管和普通员工、总公司与分公司员工、技术业务部门和行政管理部门员工等不同类型员工制定了不同规章制度的情况下，要注意将劳动合同中的用人管理要求、权限、待遇等内容与企业的规章制度相对应，防止出现引用不当、引用错误等情形。三是规章制度要与劳动合同订立的时间相符。应检查规章制度与劳动合同订立的时间节点，防止出现出台了新的规章制度，但是在劳动合同中引用了旧的规章制度等影响规章制度效力或劳动合同效力的情形。在发生劳动争议时,也要注意规章制度与劳动合同生效的时间关系,尤其是要注意规章制度和劳动合同条款存在冲突时,在时间上是否存在优先适用,或者以新的诺成替代旧的诺成的情形。

案例参考

更新后的《员工手册》与签订劳动合同时不一致,以何者为准?

韩某于2006年5月12日进入F公司工作,2014年5月12日,双方签订了无固定期限劳动合同。韩某于2006年5月12日签署确认书,确认收到公司《员工手册》。

2014年11月18日,F公司对韩某出具《纪律处分通知书》,称其在非工作时间自行进入公司对当班的领班及主管进行威胁尾随,严重违反了《员工手册》中第七十一条(胁迫或威胁公司同事)、第六十条(工作时间与同事发生激烈争执,影响其他同事正常工作)的相关规定。按照公司关于员工纪律处分办法的相关条例,特予以解除劳动合同并无任何经济补偿。该解除通知已告知F公司工会并征得同意。

庭审中,F公司提供了一份2007年版《员工手册》,并称公司2006年之前的《员工手册》版本已经找不到了,现在提交的是2007年版本的《员工手册》,但内容应该是一致的。F公司是依据该2007年版《员工手册》第六十条和第七十一条解除韩某的劳动合同的。

韩某辩称该2007年版《员工手册》与其入职时签收的《员工手册》内容不一样。韩某提供了一份2003年版《员工手册》,并称这是入职时从公司领取的,之后没有领过。经比对,2003年版《员工手册》没有2007年版《员工手册》的第六十条和第七十一条内容。法院从另案其他劳动者诉F公司劳动争议案件中调取了该劳动者提供的《员工手册》,也是2003年版《员工手册》,并称只收到过2003年版《员工手册》。

【裁判观点】

对于是否违法解除劳动合同的争议,一方面,从韩某是2006年5月签署确认书确认收到《员工手册》的事实,可以初步证明其收到过F公司2003年版《员工手册》,而F公司并未提供证据证明韩某收到过2007年版《员工手册》;另一方面,对于F公司解除劳动合同所依据的事由,F公司在本案中也没有提供充分证据证明韩某存在相关违纪事实。法院遂判决F公司向韩某支付违法解除劳动合同赔偿金。

法律分析

《员工手册》是企业规章制度的一种,用于具体约定工作纪律、工作要求、奖惩制度、员工权利义务及其他相关内容的内部规范,在实践中受到大量用人单位的青睐。关于《员工手册》的法律性质,需要明确以下两点:一是《员工手册》在法律性质上属于企业规章制度的一种,与其他规章制度一样需要经过民主、公示或告知等法定程序才能产生效力。二是《员工手册》不等于劳动合同,不能将其简单地作为劳动合同的补充条款加以使用。原因在于,《员工手册》作为企业内部管理使用的规范文件,具有较强的内部性。在劳动关系建立之前,劳动者尚不属于用人单位的内部人员,对于《员工手册》约定的内容,一般了解和认识的程度有限。此外,《员工手册》约束的是全体员工的职务行为,而劳动合同针对的则是劳动者个人与用人单位之间的权利义务关系,是平等主体之间的契约行为,对于劳动者本人的薪资待遇、劳动形式等核心内容,不能由《员工手册》进行概括规定。

在劳动争议案件中,争议双方一般会将《员工手册》等规章制度作为双方劳动关系约定内容的一种重要补充,或者作为对争议条款的一种解释。因此,企业在《员工手册》及其他规章制度的制定、生效、公示和实施过程中,要注意留存关键节点证据,尽量采取有痕方式,如通过邮件送达等方式向劳动者进行公示或告知修订改版《员工手册》的,需要注意保存改版后《员工手册》公示告知的证据。实践中为了避免混淆,可以采用版本编号对改版前后的《员工手册》加以区别,如员工在签收改版后《员工手册》时应当明确载明签收的版本号、页码,避免出现程序瑕疵,影响文件效力。

合规依据

《公司法》

第十七条第二款、第三款 公司依照宪法和有关法律的规定,建立健全以职工代表大会为基本形式的民主管理制度,通过职工代表大会或者其他形式,实行民主管理。公司研究决定改制、解散、申请破产以及经营方面的重大问题、制定重要的规章制度时,应当听取公司工会的意见,并通过职工代表大会或者其他形式听取职工的意见和建议。

《劳动合同法》

第四条第三款、第四款 在规章制度和重大事项决定实施过程中,工会或者职工认为不适当的,有权向用人单位提出,通过协商予以修改完善。用人单位应当将直接涉及劳动者切身利益的规章制度和重大事项决定公示,或者告知劳动者。

《企业民主管理规定》

第三十一条 企业应当建立和实行厂务公开制度,通过职工代表大会和其他形式,将企业生产经营管理的重大事项、涉及职工切身利益的规章制度和经营管理人员廉洁从业相关情况,按照一定程序向职工公开,听取职工意见,接受职工监督。

合规要点2:规章制度的制定应兼顾合法性与合理性

作为支撑企业内部日常管理的各项规章制度,既要符合《民法典》《劳动法》《劳动合同法》及《公司法》等法律法规的要求,也要符合公平合理、权责相当的精神,在保护劳动者权益、促进企业发展等方面实现平衡。这不仅是企业规章制度生效的合规要求,也是保障规章制度能够得到有效实施的应有之义。具体而言:一是实体内容要合法、合理,如不得通过规章制度剥夺《劳动法》《劳动合同法》及有关法律赋予劳动者的劳动权、休息权、平等权、表决权等合法权益;不得通过规章制度指示、强令劳动者违章作业;不得通过制定显失公平、违背公序良俗的奖惩制度等方式,对劳动者的人格尊严进行贬损,或对劳动者的合法薪酬进行克扣。内容应当遵循比例原则,综合考虑劳动者的过错行为及程度与对用人单位产生的不利影响,使行为与责任相对等,体现规章制度内容的合理性。二是制定程序要合法合理。规章制度制定的程序应当符合法定要求,方能产生相应的法律效力,劳动报酬、工作时间、休息休假、劳动安全卫生、保险福利、职工培训、劳动纪律以及劳动定额管理等直接涉及劳动者切身利益的规章制度或者重大事项,应当经职工代表大会或者全体职工讨论,提出方案和意见,与工会或者职工代表平等协商确定。在民主程序过程中,用人单位应保障劳动者民主意志参与的权利,对于劳动者提出的意见、建议予以积极回应,如果企业管理组织或董事会在未经上述程序的情况下径行就相关事项制定规章制度,则可能导致相关规章制度因存在重大合法性瑕疵而不能生效。三是履行过程要合法合理,规章制度在实施过程中,同样应当注重合法性与合理性的统一,应当保障劳动者对于现有规章制度提出意见、建议的权利,规章制度执行过程中发现某规定明显不合法、不合理的,应当及时纠正或补正。

案例参考

用人单位以规章制度形式否认劳动者加班事实是否有效？

常某于2016年4月入职某网络公司。入职之初，某网络公司通过电子邮件告知常某，公司采取指纹打卡考勤。并在《员工手册》中规定："21：00之后起算加班时间；加班需由员工提出申请，部门负责人审批。"常某于2016年5月至2017年1月，通过工作系统累计申请加班126小时。某网络公司以公司规章制度中明确21：00之后方起算加班时间，21：00之前的工作时长不应计入加班时间为由，拒绝支付常某加班费差额。常某向劳动人事争议仲裁委员会申请仲裁，请求裁决某网络公司支付其加班费差额。某网络公司不服仲裁裁决，诉至人民法院，请求判决不支付常某加班费差额。一审法院判决：某网络公司支付常某加班费差额32000元。双方不服，均提起上诉。

【裁判观点】

法院经审理认为，本案的争议焦点是某网络公司以规章制度形式否认常某加班事实是否有效。《劳动合同法》第四条规定："用人单位应当依法建立和完善劳动规章制度，保障劳动者享有劳动权利、履行劳动义务。用人单位在制定、修改或者决定有关劳动报酬、工作时间、休息休假、劳动安全卫生、保险福利、职工培训、劳动纪律以及劳动定额管理等直接涉及劳动者切身利益的规章制度或者重大事项时，应当经职工代表大会或者全体职工讨论，提出方案和意见，与工会或者职工代表平等协商确定……用人单位应当将直接涉及劳动者切身利益的规章制度和重大事项决定公示，或者告知劳动者。"通过民主程序制定的规章制度，不违反国家法律、行政法规及政策规定，并已向劳动者公示的，可以作为确定劳动关系双方权利义务的依据。

本案中，一方面，某网络公司的《员工手册》规定了加班申请审批制度，该规定并不违反法律规定，且具有合理性，在劳动者明知此规定的情况下，可以作为确定双方权利义务的依据。另一方面，某网络公司的《员工手册》规定21：00之后起算加班时间，并主张18：00至21：00是员工晚餐和休息时间，故自21：00起算加班。鉴于18：00至21：00时间长达3个小时，远超过合理用餐时间，且在下班3个小时后再加班，不具有合理性。在某网络公司不能举证证实该段时间为员工晚餐和休息时间的情况下，其规章制度中的该项规定不具有合理性，人民法院依法否定了其效力。人民法院结合考勤记录、工作系统记录等证据，确定了常某的加班事实，判决某网络公司支付常某加班费差额。综上，二审法院判决：驳回上诉，维持原判。

法律分析

加班情况的认定与加班工资的结算是近年来劳动法律争议的高发区域，越来越多的企业开始通过制定规章制度的方法明确企业员工加班的认定标准。最高人民法院在2021年发布的《劳动人事争议典型案例（第二批）》中指出，"用人单位制定的合理合法的规章制度，可以作为确定用人单位、劳动者权利义务的依据。一旦用人单位以规章制度形式规避应当承担的用工成本，侵害劳动者的合法权益，仲裁委员会、人民法院应当依法予以审查，充分保护劳动者的合法权益"。由此可见，用人单位的规章制度在作为确定相关主体权利义务的依据时，应当同时符合合理性和合法性的双重要件，仲裁委员会和人民法院有权主动对规章制度的合法性、合理性进行审查，并在个案中否定相关规章制度的适用效力。

因此，在实践中，对于形式上与现行法律法规存在冲突的规章制度应予以纠正，涉及劳动者切身利益的应当经过民主程序和公示或告知程序；对于存在合理性瑕疵的规章条款，企业在发生争议时应避免仅以"公司规章制度已有规定"作为论证依据，而应当通过多种方式证明规章制度相关条款的合理性。比如，证明该制度的运用属于行业惯例且符合特定行业、职业的工作特点，或者通过横向比较其他员工的情况说明该制度运行良好，不会在实际上侵害劳动者的合法权益。

合规依据

《劳动法》

第八条 劳动者依照法律规定，通过职工大会、职工代表大会或者其他形式，参与民主管理或者就保护劳动者合法权益与用人单位进行平等协商。

《劳动合同法》

第四条第二款 用人单位在制定、修改或者决定有关劳动报酬、工作时间、休息休假、劳动安全卫生、保险福利、职工培训、劳动纪律以及劳动定额管理等直接涉及劳动者切身利益的规章制度或者重大事项时，应当经职工代表大会或者全体职工讨论，提出方案和意见，与工会或者职工代表平等协商确定。

第三十八条 用人单位有下列情形之一的，劳动者可以解除劳动合同：……

（四）用人单位的规章制度违反法律、法规的规定，损害劳动者权益的……

合规要点3：规章制度应表述严谨

企业规章制度体系完备、高效与否，重点往往不在于条款数量，而在于是否表述严谨、结构完整、内容得当。如果一味追求事无巨细，反而有可能挂一漏万，弄巧成拙。如果内容存在理解上的歧义，从保护劳动者利益的角度，可能作出有利于劳动者的解释，从而使用人单位处于不利地位。因此在规章制度的表述严谨方面，需注意以下几点：

一是要注意结构的合理性，通过名称来区分不同规章制度的适用范围、制定主体和效力层级。在同一规章内部，通过总则、分则、附则等不同的章节来明确规章的体例和规范要求，通常来说第一章一般是总则，规定本规章制定的目的、效力、适用的范围和对象，以及解释权的归属（如《中国××银行员工行为规范管理手册（试行）》第一条　为加强××银行员工职业道德建设，规范员工工作行为，提高全行员工整体素质，保证××银行各项业务稳健发展，实现中国××银行"商业化、现代化、国际化"的发展目标，特制定此行为规范），接下来的章节则是各项具体规定，最后由附则明确专业术语的解释和生效时间等内容。

二是要注意规范内容的严谨性。在对一些比较复杂的内容进行规范时，可以采取多样化的规范制定技巧来厘清所涉规范内容内部逻辑和具体内容，从而避免大量使用结构复杂、晦涩难懂的复合长句。比如，可以使用列举法，对可能涉及的情况进行逐一枚举。[如《中国××银行女员工权益保障（暂行）办法》第三十六条　有下列侵害女员工合法权益情形之一的，由其所在单位或者上级机关责令改正，并可根据具体情况，对直接责任人员给予行政处分：（一）对有关侵害女员工权益的申诉、控告、检举，推诿、拖延、压制不予查处的；（二）依照有关法律、法规和本条例规定，应当录用而拒绝录用女员工或者对女员工提高录用条件的……]也可以使用兜底法，即对于同一类型的问题或内容进行兜底规定。或者将二者结合使用，以达到最佳的表达效果。

三是要注意表述的严谨性。在规章制度中应尽量使用法言法语和规范用语，避免使用表意不明的行话、俗语、方言，或者没有标准翻译的外文术语，避免因表述不当而产生理解和适用上的歧义。

案例参考

表述存在争议的企业规章效力如何判断？

张某于 2007 年 11 月 5 日进入 J 公司工作，于 2007 年 12 月 26 日与 J 公司签订劳动合同，期限自 2007 年 12 月 26 日起至 2010 年 12 月 6 日止，约定张某从事设备维护工程师工作。2008 年 9 月 8 日，J 公司召开职工代表大会，通过"不允许乘坐黑车，违者以开除论处"的决议。2009 年 4 月 13 日上午 10 时左右，张某乘坐牌照为苏×××××的车辆前往 J 公司宿舍区。2009 年 4 月 20 日，J 公司向张某发出离职通知单，以张某乘坐非法营运车辆为由与张某解除劳动合同。

【裁判观点】

一审法院认为，用人单位的规章制度是其组织劳动过程和进行劳动管理的规则和制度，也称为企业内部劳动规则。规章制度既要符合法律、法规的规定，也要合情合理。被告 J 公司有权通过制定规章制度进行正常生产经营活动的管理，但劳动者在劳动过程以及劳动管理范畴以外的行为，用人单位适宜进行倡导性规定，对遵守规定的员工可给予奖励，但不宜进行禁止性规定，更不能对违反此规定的员工进行惩罚。J 公司以乘坐非法营运车辆存在潜在工伤危险为由，规定员工不允许乘坐黑车，违者开除，该规定已超出企业内部劳动规则范畴。所谓"黑车"并不是规范的法律术语，对于何种行为属于"乘坐黑车"，用人单位也没有明确规定，即便将"黑车"理解为乘坐非法营运车辆，此种行为也应由行政机关依据法律或法规进行管理，用人单位无权对该行为进行处理。工伤认定系行政行为，工伤赔偿责任是用人单位应承担的法定责任，J 公司通过规章制度的设置来排除工伤责任，没有法律依据，因此亦属无效规定。故，J 公司不得依该规定对员工进行处理，该公司以原告张某乘坐非法营运车辆为由解除劳动合同违反《劳动合同法》的规定，损害了劳动者的合法权益，依法应当向张某支付赔偿金。

二审法院认为，规章制度作为用人单位加强内部劳动管理，稳定、协调劳动关系，保证正常劳动生产秩序的一种管理工具，在日常的劳动秩序中确实发挥着重要作用，其内容主要包括劳动合同管理、工资管理、社会保险、福利待遇、工时休假、职工奖惩以及其他劳动管理等。规章制度作为用人单位加强内部劳动管理，稳定、协调劳动关系，保证正常劳动生产秩序的一种管理工具，在日常的劳动秩序中确实发挥着重要作用。但是，规章制度既要符合法律、法规的规定，也要合情合理，不能无限扩大乃至超越劳动过程和劳动管理的范畴。本案中，张某乘坐黑车行为发生之日正值其休息之日，劳动者有权利支配自己的行为，公司不能以生产经营期间的规章制度来约束员工休息期间的行为。单位职工乘坐何种交通工具上班是职工的私人事务，用人单位无权作出强制性规定，如果劳动者确有违法之处，也应由国家行政机关等有权机关进行处罚。因此，J公司因张某乘坐非法营运车辆而解除劳动合同系违法解除，损害了劳动者的合法权益，应当按《劳动合同法》之规定，向张某支付赔偿金。综上，二审法院对一审法院的判决予以维持。

法律分析

用人单位规章制度，是指用人单位依法制定的、仅在本企业内部实施的、关于如何组织劳动过程和进行劳动管理的规则和制度，是用人单位和劳动者在劳动过程中的行为准则，也称为企业内部劳动规则。许多企业在制定规章制度时会在规章中加入解释权条款，以增强企业主体对规章解释行为的控制力。（如《××××银行员工行为规范管理手册（试行）》第五条 本行为规范的解释权在××××银行。）但解释权对于企业来说既是权利又是义务，这意味着企业作为规章的制定者具有明确条文内容具体含义的义务，尤其是当规章作为格式条款的一部分予以固定后，一旦对条文解释产生争议且企业无法提出有力的证明依据，则会根据存疑时有利于接受方的原则采取对企业不利的解释。对于企业来说，一份不严谨的规章，可能会成为企业维护自身合法权益时的"阿琉喀斯之踵"，引起争议和对用人单位造成不利影响。

合规依据

《民法典》

第四百九十六条 格式条款是当事人为了重复使用而预先拟定，并在订立合同时未与对方协商的条款。采用格式条款订立合同的，提供格式条款的一方应当遵循公平原则确定当事人之间的权利和义务，并采取合理的方式提示对方注意免除或者减轻其责任等与对方有重大利害关系的条款，按照对方的要求，对该条款予以说明。提供格式条款的一方未履行提示或者说明义务，致使对方没有注意或者理解与其有重大利害关系的条款的，对方可以主张该条款不成为合同的内容。

《企业民主管理规定》

第三十四条 企业应当向职工公开下列事项：（一）经营管理的基本情况；

（二）招用职工及签订劳动合同的情况；（三）集体合同文本和劳动规章制度的内容；（四）奖励处罚职工、单方解除劳动合同的情况以及裁员的方案和结果，评选劳动模范和优秀职工的条件、名额和结果；（五）劳动安全卫生标准、安全事故发生情况及处理结果；（六）社会保险以及企业年金的缴费情况；（七）职工教育经费提取、使用和职工培训计划及执行的情况；（八）劳动争议及处理结果情况；（九）法律法规规定的其他事项。

第二节　规章制度的生效与送达

合规要点1：履行民主程序

企业内部的民主程序对于企业规章制度依法产生约束力以及保障企业人和性具有重要意义。目前，我国已基本建立起一套较为完善的企业民主程序规范体系，在法律层面，《劳动合同法》明确规定，在制定、决定涉及劳动者切身利益的规章制度或者重大事项时，应当经职工代表大会或者全体职工讨论，提出方案和意见，与工会或者职工代表平等协商确定；《工会法》则对工会的组成、工会参与民主决策程序的权利与义务进行了原则性规定。在党内法规层面，有关机关制定了《企业民主管理规定》《全民所有制工业企业职工代表大会条例》等规范性文件。在团体规定方面，中华全国总工会制定了《中国工会章程》和《企业工会工作条例（试行）》等规范性文件。在地方规范性文件层面，各地也普遍制定了符合本地经济发展和企业管理情况的企业民主程序管理规范条款，如《江西省企业工会工作条例》《云南省企业工会条例》《辽宁省职工劳动权益保障条例》《北京市企业民主管理及职工代表大会（暂行）办法》等。

总体来看，企业规章制度制定过程中涉及的民主程序主要包括以下几个部分：一是选举代表，即选举产生职工代表，组成职工代表大会，或由全体职工组成职工大会。二是形成议案，如企业规章制度或重大事项的议题议案或决议草案。《企业民主管理规定》第十八条规定，职工代表大会议题和议案应当由企业工会听取职工意见后与企业协商确定，并在会议召开七日前以书面形式送达职工代表。三是听取意见，在职工大会或职工代表大会召开前一定期限内征求职工代表、工会或全体职工的意见。比如，《北京市企业民主管理及职工代表大会（暂行）办法》规定，职代会预备会召开前，要将向职代会报告和需经职代会讨论、通过的各项文件材料，至少提前7天发给职工代表广泛征求意见、征集大会提案（职工代表最好向所在选区的员工征求意见，归纳汇总提交工会）。四是民主表决，即通过职工大会或职工代表大会就决议事项进行表决，需要注意的是，根据法律规定，当参会代表人数大于总职工代表人数的三分之二以上时方能举行职工代表大会，因此建议在召开职工代表大会时，要求参会的职工代表以手写签名等方式进行签到，并留存签到表、签到记录等证明文件。表决可以通过公开唱票或者计数唱票的形式进行，表决完成后，应由职工代表对表决结果和会议纪要（如有）进行签名。有条件的，还可以对会议全程进行录音、录像。

案例参考

用人单位依据未经民主程序制定的《员工手册》解除劳动合同违法

2011年8月1日，郑某与某证券公司订立劳动合同。2013年1月11日，某证券公司以郑某存在虚假报销为由单方解除了与郑某的劳动合同。郑某主张某证券公司属于违法解除劳动合同，通过仲裁和诉讼要求继续履行劳动合同。审理中，郑某主张某证券公司解除劳动合同所依据的《员工手册》未经民主程序制定，其中关于违反一次即可立即解雇的"不符合正当并忠实履行职责的欺诈、不诚实或不当行为"以及"不诚实或虚假陈述的行为"等规定过于宽泛且苛刻，容易导致某证券公司解除权的滥用，某证券公司提交的证据不足以证实《员工手册》系经过民主程序制定。

【裁判观点】

郑某的不实报销行为是否属于"严重违反用人单位的规章制度"，相关规章制度未经民主程序能否作为解除劳动合同的依据是本案的争议焦点。规章制度是用人单位依法制定，并在本单位实施的效力及于全体职工的规范劳动管理的制度。用人单位制定规章制度不得违反法律、法规的规定；须公示并使劳动者对规章制度的内容知情。除了合法性、公示性之外，《劳动合同法》第四条对用人单位规章制度的民主程序作出了明确规定，劳动者作为用人单位劳动管理的亲历者，对涉及切身利益的规章制度内容最敏感也最有发言权，保障劳动者适当参与规章制度制定程序的权利，是对规章制度重要且有效的合理规制手段。尽管并非任何规章制度都需要经过严格的民主程序，但是某证券公司将郑某的不实报销行为等同于《员工手册》中列举的违反一次即可立即解雇的"不符合正当并忠实履行职责的欺诈、不诚实或不当行为"以及"不诚实或虚假陈述的行为"，郑某则从某证券公司未给予其申辩或自我纠正的权利、《员工手册》的相关规定过于宽泛等角度提出规章制度过苛以及对某证券公司滥用解除权的疑问，出于防止用人单位通过宽泛且缺乏处罚程序规制的规章制度而导致劳动者在履行劳动合同过程中极易陷入不安的价值考量，郑某的质疑具有一定的合理性。故，在郑某所提疑问成立的前提下，法院应该对《员工手册》进行民主程序的审查，并据此认定某证券公司是否属于违法解除劳动合同。

综上，北京市某中级人民法院作出终审判决：某证券公司违法解除劳动合同，但是双方信任基础丧失，不具备继续履行条件，郑某可另行要求某证券公司支付违法解除劳动合同赔偿金。

法律分析

职工代表大会（或职工大会）是职工行使民主管理权力的机构，是企业民主管理的基本形式。企业工会委员会是职工代表大会的工作机构，负责职工代表大会的日常工作。根据《全民所有制工业企业职工代表大会条例》第二条规定，全民所有制企业在实行厂长负责制的同时，必须建立和健全职工代表大会（或职工大会，下同）制度和其他民主管理制度，保障与发挥工会组织和职工代表在审议企业重大决策、监督行政领导、维护职工合法权益等方面的权力和作用。

对于企业职工代表大会代表人员的组成，各地相关规范性文件一般均有明确规定，如《北京市企业民主管理及职工代表大会（暂行）办法》规定，按照法律规定享有政治权利，与企业建立劳动关系的职工，均可当选为职工代表。职代会代表以班组、科室、工段、车间为单位，（大型企业也可由分厂、分公司为单位）由职工直接选举。集团公司职代会的职工代表由包括下属分公司（厂）选举产生；资本运营型控股有限责任公司职代会的职工代表应在所代表的职工范围内选举产生。

需要注意的是，《员工手册》等企业规章制度制定的民主程序并没有完全固定的程序步骤，在把握民主集中、充分参与、公正透明等原则的基础上，企业可根据法律规范相关要求和自身实际情况确定民主程序实施的具体流程，并注意在执行过程中对民主程序相关重要节点证据进行保存。

合规依据

《企业民主管理规定》

第十三条 职工代表大会行使下列职权：（一）听取企业主要负责人关于企业发展规划、年度生产经营管理情况，企业改革和制定重要规章制度情况，企业用工、劳动合同和集体合同签订履行情况，企业安全生产情况，企业缴纳社会保险费和住房公积金情况等报告，提出意见和建议；审议企业制定、修改或者决定的有关劳动报酬、工作时间、休息休假、劳动安全卫生、保险福利、职工培训、劳动纪律以及劳动定额管理等直接涉及劳动者切身利益的规章制度或者重大事项方案，提出意见和建议；（二）审议通过集体合同草案，按照国家有关规定提取的职工福利基金使用方案、住房公积金和社会保险费缴纳比例和时间的调整方案，劳动模范的推荐人选等重大事项；（三）选举或者罢免职工董事、职工监事，选举依法进入破产程序企业的债权人会议和债权人委员会中的职工代表，根据授权推荐或者选举企业经营管理人员；（四）审查监督企业执行劳动法律法规和劳动规章制度情况，民主评议企业领导人员，并提出奖惩建议；（五）法律法规规定的其他职权。

《企业工会工作条例》

第三十条 帮助和指导职工签订劳动合同。代表职工与企业协商确定劳动合同文本的主要内容和条件，为职工签订劳动合同提供法律、技术等方面的咨询和服务。监督企业与所有职工签订劳动合同。工会对企业违反法律法规和有关合同规定解除职工劳动合同的，应提出意见并要求企业将处理结果书面通知工会。工会应对企业经济性裁员事先提出同意或否决的意见。监督企业和引导职工严格履行劳动合同，依法督促企业纠正违反劳动合同的行为。

合规要点2：履行公示、送达程序

企业规章制度公示和送达是对劳动者发生效力的要件之一。其主要分为两部分：一是对于规章制度决议草案的公示和送达，即在决议草案形成之后、提交职工代表大会或职工大会表决之前，应当向职工代表或全体职工进行公示送达，保障其知情权和建议权，予以职工代表或全体职工对规章制度决议草案提出意见、建议的时间，避免民主表决制度流于形式。二是对于生效规章制度的公示和送达，即在规章制度生效之后，应当以一定的方式确保全体职工可以充分、完整、及时地知悉规章制度的相关内容。

实践中，企业规章制度公示和送达的具体方式较多，在此选取具有代表性的几种进行逐一介绍。

1. 线上公示。比如，将企业规章制度上传至企业官方网站，或通过OA、钉钉等办公系统及其他能被全体职工接收的通信平台进行公示。此种方法的优点是较为便捷、及时且成本较低，缺点是难以确保员工及时了解到相关制度，不利于企业对自身公示送达义务的举证。企业可以通过设置强提醒功能、对点击阅览进行记录、要求进行阅读签到、阅后回复等手段保存公示和送达的证据。

2. 线下公示。比如，将企业规章制度张贴至企业公告栏或办公场所醒目位置；刊发在企业内部读物上；要求员工进行传阅等。此种方法的优缺点与线上类似。企业可以通过要求员工填写阅读确认表等方式明确公示效果。

3. 逐一送达。通过发送电子邮件、微信单独通知，或者逐一印发规章制度等方式对每一位受规章制度管理或影响的劳动者进行送达。此种方式的优点是能确保企业向每位应当受送达的劳动者都履行了告知义务。采取此种方式进行告知的，企业可以通过要求劳动者收到回复或填写回执等方式明确劳动者已充分知悉相关内容。

4. 培训宣讲。由企业组织培训会、宣讲会，向员工介绍、宣读、讲解相关规章制度。此种方式的优点在于能够使得员工充分理解规章制度的内涵要求，体现企业的尽职履责担当，尤其适用于一些重要规章制度的公示和传达。采取此种方式进行告知的，企业可以通过组织考试、要求劳动者进行会议签到、对培训过程进行录音录像等方法强化证据效力。

5. 作为劳动合同的附件。这种公示公告方法可以降低企业的举证责任、有效预防劳动争议的发生；但需要注意的是，劳动合同的附件条款必须表述清晰、明确，并由劳动者签字确认。对于规章制度中的重要条款，企业还可以通过加粗文字等醒目方式进行提示。

案例参考

规章制度未向员工公示，用人单位构成违法解除

2018年6月14日，丁某入职C公司，工作岗位为销售，负责人力资源派遣和软件开发外包。2020年3月29日，C公司以丁某2020年3月1日至29日旷工18.5

天，严重违反公司规章制度为由，通知丁某双方的劳动关系解除。

丁某认为其工作岗位为客户经理，工作性质决定了不能以实际考勤打卡情况作为其是否上班的评判标准，C 公司以此为由解除劳动关系，系违法解除，故向仲裁委员会提出申请，请求 C 公司支付违法解除劳动合同赔偿金 40000 元。后，仲裁委支持了许某的仲裁请求。C 公司不服仲裁裁决，诉至法院，要求判决其无须向丁某支付违法解除劳动合同赔偿金 40000 元。

【裁判观点】

法院经审理认为，C 公司长期未严格按照《考勤办法》对丁某进行管理，尽管 2019 年 10 月 22 日 C 公司法定代表人曾在微信群中通知要求严格考勤，但只是强调考勤与工资相关，并未明确将依据《考勤办法》的规定对丁某进行其他方面的管理，亦未依据《考勤办法》就丁某的考勤情况对丁某进行过处理。在法定代表人通知严格考勤后至 2020 年 3 月的五个多月，C 公司也一直未严格按照《考勤办法》的规定对丁某的考勤进行管理。C 公司未依据《考勤办法》对丁某进行管理，后在未明确警示的情况下，又以丁某违反《考勤办法》为由与其解除劳动关系，存在明显不当。故，对丁某关于 C 公司违法与其解除劳动合同的主张，法院予以采信，判决 C 公司向丁某支付违法解除劳动合同赔偿金 39763.94 元。

C 公司不服该判决，提起上诉，二审法院经审理后维持原判。

法律分析

北京市房山区人民法院在 2018 年发布的涉企业规章制度类劳动争议案件典型案例评析中指出，《劳动合同法》规定了用人单位向劳动者公示规章制度的义务，但并未对公示方式及程度作出详细要求。公示程序的目的就是让劳动者知晓。故实践中，用人单位可以根据实际情况灵活选择公示方式。由此可见，对于用人单位是否履行规章制度公示义务，在实践中一般应当做实质性判断，即用人单位的公示方法是否能够使劳动者充分知晓规章制度的相关内容，而不必拘泥于特定的公示方法。

此外，用人单位应当特别注意，涉及劳动关系成立、变更、解除，员工奖惩、晋升降职、薪酬计算等涉及劳动者切身利益的事项，更要严格遵守规章制度的制定程序，让劳动者充分知晓，对于此类规章制度的公示和送达，可以和一般规章制度予以区分，尽可能地通知到位、明确到人。

合规依据

《企业民主管理规定》

第三十一条 企业应当建立和实行厂务公开制度,通过职工代表大会和其他形式,将企业生产经营管理的重大事项、涉及职工切身利益的规章制度和经营管理人员廉洁从业相关情况,按照一定程序向职工公开,听取职工意见,接受职工监督。

《最高人民法院关于审理劳动争议案件适用法律问题的解释(一)》

第五十条 用人单位根据劳动合同法第四条规定,通过民主程序制定的规章制度,不违反国家法律、行政法规及政策规定,并已向劳动者公示的,可以作为确定双方权利义务的依据。用人单位制定的内部规章制度与集体合同或者劳动合同约定的内容不一致,劳动者请求优先适用合同约定的,人民法院应予支持。

第三节 绩效考核管理

合规要点 1：建立切实可行的考核制度

《劳动合同法》第三十九条规定了劳动者严重违反用人单位规章制度的,用人单位可以解除劳动合同。这一条款赋予用人单位根据劳动者对规章制度的履行情况进行单方解除劳动关系的权利。实践中,用人单位常常以劳动者严重违反企业考核评价类的规章制度为由,解除与员工的劳动合同。然而解除劳动合同不是"尚方宝剑",用人单位有效适用该条款解除劳动合同的前提是所依据的考核制度本身公平合理、切实可行;如果考核制度本身存在显失公平或缺乏合理性等缺陷,则可能导致用人单位解除劳动合同的行为存在合法性瑕疵,不利于企业对员工进行日常的考核、评价与管理。因此,建立科学客观、切实可行的考核制度对于企业管理具有重要意义。

关于如何建立切实可行的考核制度,企业可以从以下三个方面来着重把握:一是公平性。不患寡而患不均,不患贫而患不安,企业在制定考核标准时,应当注重考核标准的实质公平,特别是对工作时间、工作纪律等日常管理要求,应尽可能对全体员工采取相同的评价标准。如果因工作岗位性质、工作地点、工作环境等客观原因确有必要对考核标准予以区分的，应当说明理由。二是合法性。企业考核制度应当具有合法性，首先是不得违反法律、行政法规的强制性规定。其次是不得超越法律规定不当限缩劳动者权利或者不当扩大用人单位权利，如强制延长正常的工作时间，并将其与员工正常薪资挂钩。最后是不得通过考核制度改变劳动合同的实质性约定。三是可行性。实践中，一些企业可能会故意设置不合理的条件，使规章制度中规定的员工福利待遇流于形式，如将正常的加班申请、休假、工伤、疗养、报销等程序设置得极为烦琐晦涩，导致员工权利无法正常实现。四是客观性。用人单位在制定规章制度时应注重考核标准客观可量化，避免主观性较强的表述。

案例参考

用人单位未按规章制度履行加班审批手续，能否认定劳动者加班事实？

吴某于2019年12月入职某医药公司，月工资为18000元。某医药公司加班管理制度规定："加班需提交加班申请单，按程序审批。未经审批的，不认定为加班，不支付加班费。"吴某入职后，按照某医药公司安排实际执行每天早9时至晚9时，每周工作6天的工作制度。其按照某医药公司加班管理制度提交了加班申请单，但某医药公司未实际履行审批手续。2020年11月，吴某与某医药公司协商解除劳动合同，要求某医药公司支付加班费，并出具了考勤记录、与部门领导及同事的微信聊天记录、工作会议纪要等。某医药公司虽认可上述证据的真实性但以无公司审批手续为由拒绝支付。吴某向劳动人事争议仲裁委员会申请仲裁。仲裁委员会裁决某医药公司支付吴某2019年12月至2020年11月加班费50000元。某医药公司不服仲裁裁决，诉至法院。

【裁判观点】

法院经审理认为，本案的争议焦点是某医药公司能否以无公司审批手续为由拒绝支付吴某加班费。《劳动法》第四十四条规定："有下列情形之一的，用人单位应当按照下列标准支付高于劳动者正常工作时间工资的工资报酬：（一）安排劳动者延长工作时间的，支付不低于工资的百分之一百五十的工资报酬；（二）休息日安排劳动者工作又不能安排补休的，支付不低于工资的百分之二百的工资报酬……"《工资支付暂行规定》（劳部发〔1994〕489号）第十三条规定："用人单位在劳动者完成劳动定额或规定的工作任务后，根据实际需要安排劳动者在法定标准工作时间以外工作的,应按以下标准支付工资:(一)用人单位依法安排劳动者在日法定标准工作时间以外延长工作时间的,按照不低于劳动合同规定的劳动者本人小时工资标准的150%支付劳动者工资……"从上述条款可知,符合"用人单位安排""法定标准工作时间以外工作"情形的,用人单位应当依法支付劳动者加班费。

本案中,吴某提交的考勤记录、与部门领导及同事的微信聊天记录、工作会议纪要等证据形成了相对完整的证据链,某医药公司亦认可上述证据的真实性。某医药公司未实际履行加班审批手续,并不影响对"用人单位安排"加班这一事实的认定。故,仲裁委员会依法裁决某医药公司支付吴某加班费的仲裁结果并无不妥,一审法院判决与仲裁裁决一致。

法律分析

对于员工的违规行为是否构成《劳动合同法》第三十九条规定的"劳动者严重违反用人单位规章制度"情节,往往是此类案件的争议重点。企业在制定规章制度时,应当尽可能明确具体,避免因规章制度对"严重违纪""重大损害"等情形说明不清而导致实践中无法进行认定。建议企业可以从三个方面来提升规章制度的明确性:一是对于规章制度本身的重要性予以区分。对于涉及公司重要利益或者对于劳动者核心要求的条款,企业可以单独制定专门规章,或者明确标注重要条款、基本原则。二是对于违规的情形予以区分。可以在规章制度中直接明确一般违规行为和严重违规行为的具体情形,对于严重违规行为的认定,既可以从情节入手,也可以次数或者造成的影响为标准。三是对于违规的后果予以明确,规章制度制定中可以罗列违纪行为的具体行为方式以及应对的违纪处理办法。比如,将对劳动者的违纪处罚类别分为警告、记过、大过等,也可晋级设置,如三次警告为一次记过,三次记过为一次大过,三次大过为严重违纪。并对特定情形明确"达到×××情节的,属于严重违反用人单位规章制度的行为,企业有权依据《劳动合同法》第三十九条规定解除劳动合同"。

合规依据

《民法典》

第一百五十三条第一款 违反法律、行政法规的强制性规定的民事法律行为无效。但是,该强制性规定不导致该民事法律行为无效的除外。

《劳动法》

第二十五条 劳动者有下列情形之一的，用人单位可以解除劳动合同：……（二）严重违反劳动纪律或者用人单位规章制度的……

《劳动合同法》

第三十九条 劳动者有下列情形之一的，用人单位可以解除劳动合同：……（二）严重违反用人单位的规章制度的……

《最高人民法院关于适用〈中华人民共和国民法典〉合同编通则若干问题的解释》

第十六条第一款 合同违反法律、行政法规的强制性规定，有下列情形之一，由行为人承担行政责任或者刑事责任能够实现强制性规定的立法目的的，人民法院可以依据民法典第一百五十三条第一款关于"该强制性规定不导致该民事法律行为无效的除外"的规定认定该合同不因违反强制性规定无效：（一）强制性规定虽然旨在维护社会公共秩序，但是合同的实际履行对社会公共秩序造成的影响显著轻微，认定合同无效将导致案件处理结果有失公平公正……（三）强制性规定旨在要求当事人一方加强风险控制、内部管理等，对方无能力或者无义务审查合同是否违反强制性规定，认定合同无效将使其承担不利后果；（四）当事人一方虽然在订立合同时违反强制性规定，但是在合同订立后其已经具备补正违反强制性规定的条件却违背诚信原则不予补正；（五）法律、司法解释规定的其他情形。

合规要点2：考核流程应公平合理

企业对考核流程的设计和操作，会对员工的晋升、薪资，甚至是去留产生重要影响，因此，考核流程应当注意公平合理，避免产生合法性与合理性争议。注意以下几个合规要点：

一是避免采取有合规性瑕疵的考核方法。比如，一些企业在规章制度中明确采用"末位淘汰"的考核方法，对于已经完成工作任务，但是考核排名处于末位的劳动者采取辞退处理，显然违反了《劳动法》与《劳动合同法》关于过失性解除的有关要求，可能会造成违法解除的法律后果。

二是考核的标准应明确具体、有章可循。对于考核标准应当尽量予以量化，如年终奖结算、加班薪资结算、期权结算等有明确计算公式的，予以列明。对于一些较为主观、笼统的事项，如"工作态度不端正""出工不出力"等，也应有量化考核标准，明确不同行为违反规章制度的严重程度。

三是考核的过程应公开透明。首先是负责考核的人员应当向被考核群体公开，有条件的，还可以邀请职工代表参与或进行监督。其次是考核各指标的起算节点、截止日期、纳入考核的标准、业绩累积计算标准、过失或过错的累积计算、消除等标准应当向劳动者予以明确。最后是考核结果，对于奖金结算等具有私密性的考核结果，应当通知到具体的被考核人，对于应当通报表扬、批评的考核结果，应当在特定范围内予以公开。

案例参考

未按规定请假奔丧是否构成"严重违反规章制度"？

曾某于2014年12月25日进入Z医院，从事食堂厨师工作，双方于2015年1月22日签订书面劳动合同，合同期限至2017年12月31日止。2016年7月12日晚，曾某因母亲病危向厨师长口头请假后赶回老家。7月14日至8月1日，曾某所在的膳食管理科负责人陆续与其微信、电话联系，了解曾某母亲情况及告知科室工作情况。2016年7月26日，曾某母亲去世。2016年8月1日，膳食科负责人微信告知曾某"因为食堂营业高峰期，丧假只有三天，你12号回江西，至今上不了班，科室里实在没办法了，只能解除你的劳动合同，另聘厨师"。同日，Z医院出具《解除（终止）劳动合同及失业登记证明书》，未载明解除原因。曾某于8月4日收到《解除（终止）劳动合同及失业登记证明书》。同月15日曾某以Z医院违法解除劳动合同为由提起仲裁，要求Z医院支付违法解除劳动合同赔偿金19200元。庭审中，Z医院提交了《员工手册》，辩称曾某未按规定办理请假手续，系旷工、无正当理由不归，其依据规章制度解除劳动合同合法。

【裁判观点】

法院认为，首先，一般情况下，解除原因以用人单位盖章的《解除（终止）劳动合同及失业登记证明书》为准，但Z医院出具给曾某的《解除（终止）劳动合同及失业登记证明书》仅列出被用人单位解除劳动合同，未写明具体理由。Z医院在答辩中称"Z医院的《员工手册》规定了如有特殊情况不能事先办理（请假）的应立即向科室负责人口头请假，3日内补办相关手续""未经同意擅自休假的，一律作旷工处理""旷工或无正当理由逾期不归连续超过10个工作日，或一年内累计超过20个工作日，解除聘用合同"。但Z医院并没有提供考勤记录、上班催告通知等证据证明申请人存在旷工或无正当理由逾期不归的情形。而根据曾某提供的、Z 医院确认的微信聊天记录显示其告知申请人解除的理由是"你至今上不了班，科室里实在没办法了"，明显与 Z 医院答辩所述的旷工、无正当理由不归的理由不一致，这显然不属于用人单位可以解除劳动合同的法定事由。其次，Z 医院辩称曾某未按规定办理请假手续，曾某于 7 月 12 日晚回老家确实仅向厨师长口头请了假，但根据微信证据，7 月 14 日曾某的科室长即开始与曾某微信联系，显然其是知道曾某回家的事实，但期间其既未告知申请人应当补办请假手续，也未明示不同意申请人请假，更没有告知申请人未办理书面请假手续系严重违纪行为，该情形应当视为 Z 医院默认了曾某请假的事实。最后，即使依据 Z 医院《员工手册》的规定，曾某于 2016 年 7 月 12 日晚赶回老家，7 月 26 日其母去世，其间，曾某连续 9 个工作日未上班，26 日之后系休丧假和路程假（Z 医院规定可休丧假及路程假）期间，而 Z 医院 8 月 1 日即出具解除证明书，也不符合其《员工手册》规定的解除条件。

从解除依据看，Z 医院依据的是其 2014 年编制成册的《员工手册》。根据《劳动合同法》及相关规定，用人单位在《劳动合同法》实施前制定的规章制度，虽未经过该法第四条第二款规定的民主程序，但内容不违反法律、行政法规、政策及集体合同规定，不存在明显不合理情形，并已向劳动者公示或告知的，可以作为审理劳动争议案件的依据。《劳动合同法》实施后，用人单位制定、修改或决定直接涉及劳动者切身利益的规章制度或重大事项时，未经过该法第四条第二款规定的民主程序的，一般不能作为审理劳动争议案件的依据。但规章制度或重大事项决定的内容不违反法律、行政法规、政策及集体合同规定，不存在明显不合理的情形，并已向劳动者公示或告知，且劳动者没有异议的，可以作为审理劳动争议案件的依据。而本案中，Z 医院提交的作为其解除依据的《员工手册》是在 2014 年印制的，既未提供证据证明其相应的规章制度的制定时间，也没有提供合法有效的证据证明其依据的规章制度系经过民主程序依法制定并经公示或告知曾某。故，Z 医院的《员工手册》不能作为审理本案的依据。综上，Z 医院单方解除曾某劳动合同的行为不合法，应当向曾某支付违法解除劳动合同赔偿金。

法律分析

在日常考核机制中，企业应对劳动者岗位职责作出明确界定，以便判断劳动者"失职"的行为过错。同时，规章制度应对"严重失职""重大损害"的标准作出界定，明确其"严重"的程度，量化"重大"的形态。比如，企业常见的有"商业贿赂、虚假报销、挪用侵占、违规操作"等，当出现此"严重失职"、造成"重大损害"的情形时，企业还负有举证责任。企业还需注意，"严重失职"与"重大损害"两者之间是有关联性的，只有同时满足以上条件，企业才可解除劳动合同。

合规依据

《劳动法》

第二十六条 有下列情形之一的，用人单位可以解除劳动合同，但是应当提前三十日以书面形式通知劳动者本人：（一）劳动者患病或者非因工负伤，医疗期满后，不能从事原工作也不能从事由用人单位另行安排的工作的；（二）劳动者不能胜任工作，经过培训或者调整工作岗位，仍不能胜任工作的；（三）劳动合同订立时所依据的客观情况发生重大变化，致使原劳动合同无法履行，经当事人协商不能就变更劳动合同达成协议的。

《劳动合同法》

第四十条 有下列情形之一的，用人单位提前三十日以书面形式通知劳动者本人或者额外支付劳动者一个月工资后，可以解除劳动合同：（一）劳动者患病或者非因工负伤，在规定的医疗期满后不能从事原工作，也不能从事由用人单位另行安排的工作的；（二）劳动者不能胜任工作，经过培训或者调整工作岗位，仍不能胜任工作的；（三）劳动合同订立时所依据的客观情况发生重大变化，致使劳动合同无法履行，经用人单位与劳动者协商，未能就变更劳动合同内容达成协议的。

合规要点3：不能胜任工作员工的考核

《劳动合同法》第四十条规定，劳动者不能胜任工作，经过培训或者调整工作岗位，仍不能胜任工作的，用人单位提前三十日以书面形式通知劳动者本人或者额外支付劳动者一个月工资后，可以解除劳动合同。在对员工的日常考核中，如何体现劳动者"不能胜任工作"这一特定情形成了用人单位能否适用该条款解除劳动关系的重要因素。在发生劳动争议时，企业可以着重收集以下几个方面的证据：

一是"不能胜任工作"情形的持续时间。用人单位可以通过劳动者最近一个时期（如半年或一年）的考核情况来反映劳动者"不能胜任工作"情形的持续时间，证明劳动者不能胜任工作并非偶发或临时性的情况，而是长期存在的。同时，还可以将劳动者的考核情况、评分与同岗位其他劳动者进行横向对比，证明劳动者的能力或业绩确实低于同岗位的平均水平。

二是"不能胜任工作"的原因和理由。企业还可以通过考核记录、谈话记录等材料证明劳动者"不能胜任工作"的原因和理由是出于自身客观能力不足或主观故意，排除因不可抗力、意外事件或工伤等合理原因导致的工作能力下降。

三是"不能胜任工作"后的调整措施。用人单位可以对每次考核之后对劳动者进行的岗位等方面的调整情况予以记录，证明企业依法履行了《劳动合同法》规定的"培训或者调整工作岗位"义务，具备解除劳动合同的要件。

案例参考

劳动者在用人单位等级考核中居于末位等次，不等同于"不能胜任工作"

2005年7月，王某进入Z公司工作，劳动合同约定王某从事销售工作，基本工资每月3840元。Z公司的《员工绩效管理办法》规定：员工半年、年度绩效考核分别为S、A、C1、C2四个等级，分别代表优秀、良好、价值观不符、业绩待改进；S、A、C（C1、C2）等级的比例分别为20%、70%、10%；不能胜任工作原则上考核为C2。王某原在该公司分销科从事销售工作，2009年1月后因分销科解散等原因，转岗至华东区从事销售工作。2008年下半年、2009年上半年及2010年下半年，王某的考核结果均为C2。Z公司认为，王某不能胜任工作，经转岗后，仍不能胜任工作，故在支付了部分经济补偿金的情况下解除了劳动合同。

2011年7月27日，王某提起劳动仲裁。同年10月8日，仲裁委作出裁决：Z公司支付王某违法解除劳动合同的赔偿金余额36596.28元。Z公司认为其不存在违法解除劳动合同的行为，故于同年11月1日诉至法院，请求判令不予支付解除劳动合同赔偿金余额。

【裁判观点】

法院生效裁判认为：为了保护劳动者的合法权益，构建和发展和谐稳定的劳动关系，《劳动法》《劳动合同法》对用人单位单方解除劳动合同的条件进行了明确限定。原告Z公司以被告王某不胜任工作，经转岗后仍不胜任工作为由，解除劳动合同，对此应负举证责任。根据《员工绩效管理办法》的规定，"C（C1、C2）考核等级的比例为10%"，虽然王某曾经考核结果为C2，但是C2等级并不完全等同于"不能胜任工作"，Z公司仅凭该限定考核等级比例的考核结果，不能证明劳动者不能胜任工作，不符合据此单方解除劳动合同的法定条件。虽然2009年1月王某从分销科转岗，但是转岗前后均从事销售工作，并存在分销科解散导致王某转岗这一根本原因，故不能证明王某系因不能胜任工作而转岗。因此，Z公司主张王某不能胜任工作，经转岗后仍然不能胜任工作的依据不足，存在违法解除劳动合同的情形，应当依法向王某支付经济补偿标准二倍的赔偿金。综上，法院判决原告Z公司于本判决生效之日起十五日内一次性支付被告王某违法解除劳动合同的赔偿金余额36596.28元。

法律分析

应当认识到，劳动者的考核排名与其是否胜任岗位没有必然联系，用人单位不能仅以劳动者排名末位为由与其解除劳动关系。不过，法律规定并不禁止用人单位根据劳动者的业绩、表现等因素进行综合排名。排名结果，可以在合理的范围内用于薪资、岗位的调整。企业可以妥善运用考核评价制度，帮助企业发挥最大效能。

合规依据

《劳动合同法》

第二十九条 用人单位与劳动者应当按照劳动合同的约定，全面履行各自的义务。

第四十六条 有下列情形之一的，用人单位应当向劳动者支付经济补偿：（一）劳动者依照本法第三十八条规定解除劳动合同的；（二）用人单位依照本法第三十六条规定向劳动者提出解除劳动合同并与劳动者协商一致解除劳动合同的……

《江苏省工资支付条例》

第三十四条 用人单位依法变动劳动者工作岗位降低其工资水平，应当符合用人单位依法制定的规章制度的规定，但不得违反诚信原则滥用权力，对劳动者的工作岗位作出不合理的变动。

第四章
薪酬福利管理

第一节　工资与福利之界限

合规要点 1：制定合理的工资结构

1. 企业应根据国家法律规定并结合当地最低工资标准，合理确定员工工资标准，并公示工资结构。同时，也应加强员工绩效考核和奖励机制，公正、合理地评价和激励员工的工作表现。企业在制定变更员工工资结构的决策时，需要充分考虑员工利益，避免引起纠纷。

2. 建立企业薪酬管理规章制度。此处的规章制度，不是指企业员工手册中概括性表述为"企业有权单方面调整员工工资结构及数额"的规定，此类规定在实践中往往不具有可操作性，易被司法机关认定无效。

3. 区分权利来源，注意实施过程中的合理性。企业因生产经营困难，需对全体或部分员工的工资结构进行调整或者采取降薪等措施的，可以事先请第三方审计机构对企业的财务运营状况进行审计，在取得财务审计报告后，制订相应的工资调整方案。工资调整方案涉及员工切身利益，企业应通过召开职工大会、职工代表大会的方式征求员工意见，注意实施过程中的合理性。

案例参考

哺乳期员工调薪：李某与某公司广东分公司劳动争议案

李某 2011 年 12 月 1 日入职某公司，岗位为重大客户部副总经理，劳动合同期限自 2011 年 12 月 1 日起至 2017 年 12 月 31 日止。2017 年 9 月 18 日李某生育休产假，其与某公司的劳动合同法定续延至 2018 年 9 月 18 日。李某主张月工资包括基本工资 9193 元、基本奖金 11951 元、其他福利 2300 元，另有年终奖 38059 元、季度奖 15400 元。

2017 年 9 月 1 日，某公司工会审议通过了《2017 年广东分公司非销售系列员工薪酬调整方案》，规定"分公司副总经理薪酬标准年薪小计 280000 元，全年季度奖励35600元，年度总收入为315600元，年薪制人员不再享有原补贴、过节费、降暑费与年终奖"。李某的月工资调整为18333元，由基本工资15000元、奖金3333元构成。

【裁判观点】

李某主张某公司在其哺乳期内违法降薪，根据某公司《关于〈2017年广东分公司非销售系列员工薪酬调整方案〉意见征询函》《广东分公司党委会议纪要》等证据可知，某公司系通过合法程序对所有非销售系列的人员进行薪酬体系调整，而并非因李某处于哺乳期而对其个人薪酬进行变更。同时，双方签订的《劳动合同》第四条第（五）项约定，某公司经营情况、薪酬结构或薪酬制度发生变化时可对李某的薪酬结构及水平进行相应调整。故，某公司对员工薪酬结构进行调整属于其自主经营权的一部分，没有违反法律规定及双方约定，亦非针对李某的哺乳期而调整。

法律分析

《劳动法》第四十七条规定了"用人单位根据本单位的生产经营特点和经济效益，依法自主确定本单位的工资分配方式和工资水平"。员工的工资结构及数额属于企业用工自主权范围，企业有权视生产经营需要作适当性调整。如上述案例中，企业通过民主程序将非销售系列员工的津贴、过节费等归入基本工资，并且设置一定比例的绩效工资，最终得到司法机关的支持。

实践中，企业单方面调整员工工资结构，往往会导致员工工资降低。根据最高人民法院司法解释规定，企业应当对降低工资的合法合理性进行举证，否则将被司法机关界定为"未足额支付劳动报酬"而承担补足工资差额、支付解除劳动合同经济补偿等法律责任，HR们更是将其形象地总结为"岗位能上不能下、工资能增不能减"。通过上述案例我们看到司法机关基于双方劳动合同约定"某公司经营情况、薪酬结构或薪酬制度发生变化时可对李某的薪酬结构及水平进行相应调整"以及企业履行的民主程序等相关内容，采纳了企业单方面调整非销售系列员工工资构成的主张。又因员工的工资结构属于《劳动合同法》第四条规定的直接涉及员工切身利益的重大事项，企业在调整员工工资结构前应当履行民主协商程序，即经职工代表大会或者全体职工讨论，提出方案和意见，与工会或者职工代表平等协商确定。并且，企业拟定的调整方案应当设定在合理范围内，不得显著降低员工工资，否则可能引起员工的不满和抵触情绪，甚至影响企业的稳定运营。从法律视角看，如调整幅度过大，即使有约定且履行了民主协商程序，也可能会因不满足合理性需要而得不到司法机关的支持。

公司改变员工的工资结构，降低基本工资标准，提高绩效工资、奖金等项目的标准，员工能否解除合同要求经济补偿？以下是一起败诉案例，可供用人单位参考。

某公司决定改变员工的工资结构，降低基本工资标准，提高绩效工资、奖金等项目的标准。在这种情况下，工作多年的员工李先生不满于这种改变。尽管总体工资水平可能会有所提高，但基本工资的降低导致他的社保、公积金等降低，影响到他的长期福利。因此，他希望解除与公司的合同，并要求经济补偿。

经过劳动仲裁委员会的审理，裁决认为公司在没有征得员工同意的情况下单方改变工资结构，降低了员工的基本工资，违反了《劳动合同法》的相关规定，员工李先生有权解除合同，并享有取得经济补偿的权利。该案例反映了企业改变员工工资结构，导致员工经济补偿纠纷的问题。在管理中，企业应该保障员工的基本工资，同时加强绩效评估机制，避免在提高员工工资待遇的同时减少员工的基本工资。

合规依据

《劳动法》

第四十七条 用人单位根据本单位的生产经营特点和经济效益，依法自主确定本单位的工资分配方式和工资水平。

《劳动合同法》

第十七条 劳动合同应当具备以下条款……（六）劳动报酬……

第三十条 用人单位应当按照劳动合同约定和国家规定，向劳动者及时足额支付劳动报酬。用人单位拖欠或者未足额支付劳动报酬的，劳动者可以依法向当地人民法院申请支付令，人民法院应当依法发出支付令。

合规要点2：约定采取年薪制时应明确考核标准

采取年薪制时，可以约定对其中部分收入通过绩效考核制度进行浮动。但是，这对用人单位的考核制度提出了较高的要求，规定本身要细致，对考核标准、周期、考核流程、对绩效工资的影响程度均应制定明确的规章制度；且规章制度应当经过民主程序及公示程序。

案例参考

吴某某与某控股集团公司劳动合同纠纷

原告吴某某于 2010 年 1 月 31 日进入被告某控股集团公司处工作，担任造价中心副总经理，年薪 280000 元（人民币，下同），年薪的一半按月平均发放，另一半作为绩效工资在次年年初发放。2011 年 5 月 26 日，被告任命原告为造价中心总经理，年薪调整为 480000 元。原告在职期间，被告仅在 2011 年 4 月发放了 2010 年度的绩效工资，未发放 2011 年 1 月至 2014 年 1 月的绩效工资，应予补发。2014 年 1 月 3 日，被告公司领导在总裁办公会议上要求原告辞职，原告考虑后于 2014 年 1 月 5 日发函同意与被告解除劳动关系，2014 年 1 月 17 日，原告填写了员工辞职申请书，并最后工作至 2014 年 1 月 26 日。因系被告提出并与原告协商一致解除劳动合同，故被告应支付原告解除劳动合同的经济补偿。

【裁判观点】

法院认为，用人单位以归属于上市公司股东的净利润增长情况作为绩效考核指标，并据此决定是否发放绩效工资，缺乏规章制度依据，判令用人单位支付劳动者 2011 年 1 月 1 日至 2014 年 1 月 26 日的绩效工资 50 余万元。

法律分析

根据《劳动法》第四十六条的规定，工资分配应当遵循按劳分配原则，实行同工同酬。工资水平在经济发展的基础上逐步提高。国家对工资总量实行宏观调控。第四十七条规定，用人单位根据本单位的生产经营特点和经济效益，依法自主确定本单位的工资分配方式和工资水平。年薪制是一种以年度为单位向劳动者支付工资报酬的分配方式，仍然应当遵循按劳分配的原则。用人单位应当在劳动合同中就年薪的标准、年薪的构成、各部分薪酬的发放时间、发放条件进行明确约定，若需要通过考核确定发放标准的，考核制度应当向劳动者事先公示，并经过民主程序制定。

合规要点 3：遵守最低工资标准的相关规定

《最低工资规定》第三条第一款规定："本规定所称最低工资标准，是指劳动者在法定工作时间或依法签订的劳动合同约定的工作时间内提供了正常劳动的前提下，用人单位依法应支付的最低劳动报酬。"最低工资标准一般包括月最低工资标准和小时最低工资标准。月最低工资标准适用于全日制就业劳动者，小时最低工资标准适用于非全日制就业劳动者。企业按照最低工资标准向劳动者支付劳动报酬时，需要考虑两个方面：一是法定工作时间；二是正常劳动。

案例参考

企业停业期间公司能否支付低于最低工资标准的工资？

刘某于2012年5月起在某高尔夫公司从事球场球童工作，双方签订了自2012年5月16日至2017年5月15日的劳动合同。2016年8月23日，公司作出通知，因公司全面停止营业，决定终止与员工的劳动关系。2016年10月，刘某向劳动仲裁委员会申请仲裁，要求某高尔夫公司支付解除劳动合同经济补偿17831.52元；支付2015年9月至2016年8月低于当地最低工资差额6518.08元；后，刘某对仲裁结果不服，诉至法院。经查，刘某工资卡交易明细显示，除2015年12月和2016年4月、5月、8月外，其余月份刘某工资均低于当地最低工资标准。

【裁判观点】

法院认为，某高尔夫公司向刘某支付的工资，除了2015年12月和2016年4月、5月、8月外，其余月份均低于当地最低工资标准，因该公司未提供证据证明是因为刘某的原因未正常提供劳动，导致工资收入降低。故，法院判决要求该公司按照最低工资标准补足刘某的工资差额。因劳动关系解除前刘某12个月的平均工资低于最低工资标准，故法院最终以最低工资标准支持了刘某的经济补偿。

法律分析

向劳动者支付的工资不低于最低工资标准是以劳动者在法定工作时间或依法签订的劳动合同约定的工作时间内提供了正常劳动为支付前提的，劳动者依法享受带薪年休假、探亲假、婚丧假、生育（产）假、节育手术假等国家规定的假期，以及法定工作时间内依法参加社会活动期间，视为提供了正常劳动，用人单位应保障劳动者最低劳动报酬。

相反，若因劳动者个人原因请事假，未能提供正常劳动的情况下，用人单位实际支付的工资金额则不受最低工资标准的限制，若劳动关系双方就此发生争议的，用人单位应就工资支付方法及合法性举证。

合规要点 4：明确工资与福利的界限

福利待遇包括法定福利、约定福利、规章福利和临时福利。其中后三项并非法律法规所规定的福利，是用人单位与劳动者意思自治及用人单位自主经营权的体现。劳动者主张用人单位存在福利待遇给付义务的，应当承担举证责任。

案例参考

工资结构与报销额度争议：王某与深圳 TF 有限公司劳动合同纠纷案

2005 年 3 月 9 日，王某入职 TF 公司，双方最后一份劳动合同签订于 2011 年 1 月 1 日，为无固定期限劳动合同。王某的月收入为 6800 元（计时工资 5500 元 + 报销额度 1300 元）。2016 年 10 月 26 日，TF 公司在正常经营的情况下，通知王某停工放假，并在放假期间按照计时工资的 80% 给付工资，没有支付 1300 元的报销额度。对此，王某不服，向劳动仲裁机构申请劳动仲裁，要求 TF 公司给付工资的差额 2400 元及定额报销款 1300 元。劳动仲裁机构裁决 TF 公司支付 2016 年 10 月 26 日至 11 月 25 日的工资差额 1040 元，并给付定额报销款 1300 元。裁决作出后，王某不服，向法院提起诉讼，要求 TF 公司给付工资差额 2400 元及定额报销款 1300 元，理由是报销额度 1300 元，应当计入工资范围内。

【裁判观点】

法院认为，被告未将王某每月以贴票报销形式领取的 1300 元纳入缴纳社会保险的月工资基数，王某亦未提交证据证明该笔报销款属于双方约定的工资组成部分，且没有证据显示该笔报销款与王某的计时劳动有关，王某要求将该笔报销款计入月工资组成，依据不足。该笔报销款应作为被告向王某提供的福利。

法律分析

劳动争议中的福利待遇是指用人单位为吸引劳动者入职，以及满足劳动者工作生活的共同或特殊需要，在工资、社会保险、住房公积金之外向劳动者提供一定货币、实物、服务等形式的物质帮助。福利待遇类纠纷主要包括劳动者向用人单位主张福利待遇的给付与用人单位向劳动者主张福利待遇的返还两种类型。福利待遇纠纷案件因种类名目繁杂、款项性质模糊、履行方式多样，且涉及劳动者生存发展权与用人单位经营管理权的平衡保护，审理中存在诸多难点。

一般而言，福利待遇不直接以劳动成果为对价，是用人单位在劳动报酬之外以多种形式（货币、实物、服务等）向劳动者履行的给付。对于某一给付项目是否属于福利待遇，可从以下四个方面进行判断：

1. 给付目的。劳动报酬是劳动的对价，一般实行按劳分配，与劳动者提供的劳动数量、质量直接相关。福利待遇虽以提供劳动为前提，但一般不要求与劳动成果对等，而是综合劳动者需求和用人单位给付可能，按照所有劳动者均占和共享等原则进行分配。具体而言，主要包括：（1）为提高生活水平而向全体劳动者提供的补贴；（2）通勤、外调、出差、加班、值勤或特定情形下，劳动者产生交通、食宿、通信支出，用人单位在票据报销之外给付的津贴；（3）为解决特殊的生活困难而向特定劳动者提供的帮助；（4）引进人才的激励等。

2. 给付形式。劳动报酬一般以货币形式发放，如工资、年终奖等。福利待遇的给付形式则非常多样，有以货币形式发放的，如高温费，中、夜班津贴等；有以实物形式发放的，如电脑、车辆等；也有以服务等其他形式提供的，如旅游疗养、子女入学、年休假等。

3. 给付标准。劳动报酬与劳动时间或工作成果挂钩，一般有明确的计算方式。福利待遇大多只要具备劳动者的身份即可享有，较少因职位高低、劳动多少以及工作成果而存在差别。关于给付标准，除部分法定福利如年休假及其折算工资、高温费等有固定的计算方式或标准外，大多数福利可根据约定或由用人单位自主决定。

4. 给付周期。劳动报酬的给付存在固定周期，如按月发放的工资、按约定周期发放的奖金。因给付的自主性较强，福利待遇的给付存在无固定周期的情形；包括一次性发放的人才引进补助；因特殊节日发放的节日福利；因特定情形产生的项目，如高温费；用人单位自主决定发放的偶发性福利。

另外需要注意的是，工资是必须支付的，而福利则是用人单位根据自身经营情况决定是否支付。区分工资的构成及工资与福利的区别，关系经济补偿、加班工资等计算基数的确定，也涉及部分劳动争议申请事项的仲裁时效的确定，用人单位应当明确二者的界限。

第二节　福利待遇

合规要点 1：法定福利

法定福利是指存在法律法规或有关文件明确规定的福利待遇，如年休假、高温费、中夜班津贴。法定福利的审查依据为法律法规等相关规定。为劳动者提供法定福利系用人单位的法定义务，法定福利的给付条件为劳动者提供劳动并满足一定条件或符合相关情节。满足条件的，用人单位应当履行给付义务。以年休假为例，劳动者累计工作已满1年不满10年的，年休假5天；已满10年不满20年的，年休假10天；已满20年的，年休假15天。对于应休未休的年休假，用人单位应当按照劳动者当年日工资收入的300%支付折算工资（其中包含劳动者正常工作期间的工资收入）。

案例参考

韩某与金融公司劳动争议：未休年休假工资的法律认定

韩某入职一家金融公司任司机，工作15年后，韩某与该公司就解除劳动合同等问题产生争议，遂向劳动仲裁机构申请仲裁，要求该公司支付解除劳动合同经济补偿金和离职当年的未休年休假工资。劳动仲裁机构裁决支持了韩某关于支付解除劳动合同经济补偿金的诉求，但驳回了他关于未休年休假工资的诉求，韩某不服裁决结果，便向法院提起了诉讼。庭审中，金融公司称，公司每年会组织两次国内或国外旅游，并由其支付旅游费，韩某离职当年已经享受了带薪年休假免费旅游的福利，故韩某无权主张未休年休假工资。

【裁判观点】

法院经审理认为，金融公司组织旅游系单位福利，并未举证证明双方在事前就组织旅游可以抵扣年休假作出过约定，且韩某对此不予认可，故该公司组织韩某旅游的天数不能视为年休假，不能抵扣年休假，该公司仍应依法向韩某支付未休年休假的工资。

法律分析

除非特别约定，福利待遇不能替代年休假。虽然《职工带薪年休假条例》第五条规定了用人单位根据生产、工作的具体情况，并考虑职工本人意愿，统筹安排职工年休假。但这里的"统筹安排"仅仅是对劳动者带薪年休假具体时间的安排，并不包括对享受带薪年休假的具体形式的安排，劳动者具有自主安排休假时间与方式的权利，用人单位在安排职工休年休假时亦应当尊重职工的个人意愿。用人单位统一安排组织旅游，并不符合劳动者可以自主安排休假方式的特征。一方面，用人单位统一安排旅游，劳动者服从用人单位的安排而参加，不是劳动者可自由支配休息的时间；另一方面，用人单位为劳动者安排外出旅游、报销旅游费用，是其为了激励劳动者工作积极性，提高劳动者待遇的一种方式。因此，在没有特别约定的情形下，用人单位组织的集体旅游，只能视为福利待遇。如公司确要以此来抵扣年休假，务必在事前就组织旅游抵扣年休假和劳动者作出明确约定，否则安排免费旅游不能抵扣年休假。

合规要点2：约定福利

约定福利是指用人单位与劳动者特别约定的福利待遇。此类福利待遇存在个体差异性，是用人单位吸引劳动者入职的重要条件。不同劳动者所享有的具体福利待遇存在差别，一般与劳动者的个人能力或劳动价值有关。常见的约定福利包括用人单位提供的住房、车辆、安家费、购房优惠等。约定福利的审查依据为双方达成的约定，形式包括入职通知、劳动合同等。约定福利的给付条件以通过各种载体固定的约定内容为依据。在具体处理中，对合意的审查与解释应遵循劳动合同的一般规则。如对该约定的有效性提出异议，则按合同效力来判断；如双方对约定的意思产生分歧或约定不明时，应当兼顾劳动者的合法权益与用人单位经营自主权之间的法益平衡。

案例参考

某留学咨询公司与朱某劳动合同纠纷

朱某于2018年4月16日入职某留学咨询公司，双方签订的劳动合同约定朱某担任留学项目咨询主管。公司奖金分配制度为凡市场工作人员提供生源数据经转换确定在本公司留学项目报名并通过退费期，市场人员奖金为1500元/人。该制度自朱某2018年进入公司时就已实施，但公司未与朱某签订书面的分配制度或协议，仅为双方口头约定。

公司曾于 2019 年 12 月向朱某发放奖金 86500 元。但 2020 年奖金的发放均以与员工签订的《补充协议》为准，因公司未与朱某签订任何协议，故公司认为朱某不属于提成奖金发放的范围，拒绝向其发放奖金。后，该公司于 2020 年 11 月 1 日出具《劳动合同解除通知书》，通知载明朱某在劳动合同履行过程中发生了严重违反《劳动合同书》约定及法律规定的不当行为，故解除双方劳动合同，公司仅支付朱某工资至 2020 年 10 月。

【裁判观点】

法院经审理认为，奖金系劳动报酬的一部分，如用人单位变更劳动者劳动报酬的，应当与劳动者协商一致。某留学咨询公司确认自公司成立之初即实行奖金分配制度，且朱某自入职起至 2019 年 8 月，公司均根据朱某招生人数，按照 1500 元／人的标准支付朱某奖金，公司亦未提供证据证明其就取消奖金分配制度向朱某进行过明确告知，故在朱某的工作岗位和工作内容均未发生变化的情况下，公司现不同意向朱某发放自 2019 年 9 月起的奖金依据不足，法院遂判决公司应当向朱某支付奖金 145500 元。

法律分析

奖金的发放与否以及发放标准，首先要看劳动关系双方当事人之间是否有约定。双方之间存在合法有效约定的，按照约定处理；没有约定的，则用人单位具有较大的支配权。具体而言，用人单位规章制度有规定的，依据合法有效的相关规定处理；规章制度没有相关规定的，用人单位则可根据自身经营状况、劳动者个人年度工作表现等因素自主决定是否发放年终奖以及发放标准，当然用人单位同时也须兼顾同工同酬原则以体现公平。

合规要点 3：规章福利

规章福利一般是指用人单位通过规章制度明确的福利待遇。此类福利待遇一般存在普遍性，相关劳动者均可享有。此种福利的内容、形式、数量等均由用人单位决定，不同用人单位所给予的规章福利存在差异性。规章福利的审查依据为用人单位有效制定与公示的规章制度、《员工手册》等，如公司《员工手册》中规定的福利年休假即属规章福利。规章福利的给付条件是通过有效的规章制度予以明确。一般而言，劳动者主张符合福利发放条件的，需举证用人单位存在该规章制度。比如，张三主张未休福利年休假可折算工资，应当对用人单位规章制度有此规定举证证明。用人单位以规章制度已变更或废止为由抗辩的，需就变更或废止进行举证，并需证明已履行合法程序曾向劳动者公示。用人单位以自主经营权以及客观情况发生变化为由抗辩的，应当对此进行举证。

案例参考

彭某某与某城建集团公司追索劳动报酬纠纷案

某城建集团公司2016年8月12日制定《某城建集团关于引进投资项目的奖励暂行办法》（以下简称89号文），规定对该公司引进项目的人员及团队给予奖励。彭某某于2017年2月27日入职该公司任投资开发部负责人并负责引进地产投资项目。2017年6月12日，彭某某所在的投资开发部内部通过《会议纪要》确定彭某某有权获得投资开发部团队奖励的75%。后，彭某某在职期间主导投资开发部分别为某城建集团公司拿下无锡等三个项目、徐州等三个项目，共六个项目。投资开发部依据89号文向某城建集团公司提交了六份奖励申请，其中无锡等三个项目已经审批但某城建集团公司拒绝兑现，徐州等三个项目某城建集团公司则拒绝审批。现彭某某依据89号文及投资开发部《会议纪要》的规定，要求某城建集团公司向其发放奖励1689083元。

【裁判观点】

对劳动者的奖励申请进行实体审批，不仅是用人单位的权利，也是用人单位的义务。某城建集团公司主张奖励发放的审批权为公司的用工自主权，其有权决定奖金的审批与否、发放与否及如何发放。法院认为，本案中，案涉89号文规定，"为了有效地激发集团内部员工和团队的积极性，鼓励员工创造性地开展工作，激励在集团获取项目过程中做出特殊贡献的员工和团队，特制定本办法"，"奖励方式有以下方式……现金奖励"。国家统计局《关于工资总额组成的规定》第四条规定，工资总额由下列六个部分组成：（1）计时工资；（2）计件工资；（3）奖金；（4）津贴和补贴；（5）加班加点工资；（6）特殊情况下支付的工资。第七条规定，奖金是指支付给职工的超额劳动报酬和增收节支的劳动报酬。包括：（1）生产奖；（2）节约奖；（3）劳动竞赛奖；（4）机关、事业单位的奖励工资；（5）其他奖金。

可见，89号文所设立的现金奖励系某城建集团公司为鼓励员工进行创造性劳动所承诺给员工的超额劳动报酬，其性质上属于《关于工资总额组成的规定》奖金中的"其他奖金"，此时89号文不应仅视为某城建集团公司基于用工自主权而对员工行使的单方激励行为，还应视为其与包括彭某某在内的不特定员工就该项奖励的获取达成的约定。即某城建集团公司在员工现有的薪酬基础之上，许以超额的劳动报酬来激发劳动者的工作积极性，促使员工充分发挥主观能动性从而为其创造更多的价值，并承诺劳动者在付出相应的劳动并取得89号文规定之业绩时，给予该劳动者现有薪酬之外的奖励性报酬。就本案而言，彭某某如通过努力达到89号文所设奖励的获取条件，其向某城建集团公司提出申请要求兑现该超额劳动报酬，无论是基于诚实信用原则，还是基于按劳取酬原则，某城建集团公司皆有义务启动审核程序对该奖励申请进行核查，以确定彭某某关于奖金的权利能否实现。

法律分析

本案为指导案例，形成的裁判观点为"用人单位规定劳动者在完成一定绩效后可以获得奖金，但无正当理由拒绝履行相关审批义务，劳动者主张获奖条件成就，要求用人单位按照规定发放奖金的，人民法院应予支持"。这个裁判观点的前提在于，劳动者能够向仲裁院、人民法院提供存在奖金约定的事实。而现实情况是，一些企业为了规避这一点，以口头方式或者所谓行业惯例、"潜规则"等方式与劳动者进行相关奖金约定，在无其他证据相佐证的情况下，造成劳动者维权困难。

合规要点4：临时福利

临时福利是指用人单位自主决定发放的福利，不受法定、约定或规章制度规定的限制。临时福利的审查依据为用人单位作出的发放决定，一般系偶发、临时、一次性的福利。需要注意的是，临时福利系用人单位向劳动者作出的单方意思表示，体现了用人单位的经营自主权。临时福利的给付条件是通过用人单位作出的意思表示加以确定。须注意该类福利是非固定、一次性的。前次发放完毕后，如再次满足同样条件，但用人单位并无再次发放意思表示的，劳动者一般不能以惯例为由进行主张。如果福利不是非固定，而是长期的，则不能被认定为临时福利，可能会被法院认定为约定福利。

案例参考

劳动者离职后能否主张公司应付却未付的餐费补贴？

程某华于 2015 年 4 月 3 日进入欣某荣公司的关联公司某贸易公司处工作，双方签订书面劳动合同。2015 年 12 月 1 日，程某华与欣某荣公司签订书面劳动合同，与其和某贸易公司签订的劳动合同相比，其工作内容、岗位和地点均未变更。2020 年 3 月 14 日，程某华因欣某荣公司未足额向其支付 2020 年 1 月的劳动报酬，申请辞职。后程某华向昆山市劳动人事争议仲裁委员会申请仲裁，请求欣某荣公司支付 2020 年 1 月工资差额 5730 元、2 月工资 7500 元、3 月工资 3173.08 元，支付 2019 年应休未休的年休假工资 5769.23 元、经济补偿 42291.67 元。后，该仲裁委员会作出仲裁裁决：欣某荣公司支付程某华 2020 年 1 月工资差额 5480 元、餐费 250 元、2 月工资 7191.3 元、3 月工资 808 元、经济补偿 37840 元。欣某荣公司对此不服，故诉至法院。

关于餐费部分，由于欣某荣公司与第三方某制衣公司发生纠纷，被迫临时搬迁，欣某荣公司为了稳定员工而临时发放了餐费补贴，该补贴系企业给予的临时福利待遇，由企业自主决定安排，后该补贴已取消。

【裁判观点】

法院经审理认为，欣某荣公司从 2019 年 10 月开始不再提供食堂餐饮，而改为发放补贴 10 元 / 天，且实际发放，应当视为双方就劳动期间的餐饮条件进行了变更，2020 年 1 月，程某华实际出勤 14 天，欣某荣公司未提供餐饮，应当按照原标准向程某华支付餐贴 140 元。

法律分析

本案用人单位败诉的原因是餐费的支付不是非固定、一次性的，正如法院判决书中认为欣某荣公司从 2019 年 10 月开始不再提供食堂餐饮，而改为发放补贴 10 元 / 天，且实际发放，应当视为双方就劳动期间的餐饮条件进行了变更，2020 年 1 月，程某华实际出勤 14 天，欣某荣公司未提供餐饮，应当按照原标准向程某华支付餐贴 140 元。

第三节　各类假期的工资支付

合规要点 1：医疗期及病假工资待遇

1.员工请病假必须得到单位领导的批准后，类似规定并不具有法律效力。2.如何处理虚假病假，首先，应审查虚假病假条的真实性。具体而言可以采用下列方法：一是登录国家卫健委的网站，查询执业医生的执业机构、执业类别、执业范围；二是去医院实地调查，发现违规开具病假条的，可以向院务部门或者当地卫生行政管理部门投诉。其次，设置复查制度。当用人单位对员工的病假有合理怀疑时，可以要求员工到指定医院进行复查。规章制度中明确复查的相关事项，特别是复查的费用应由用人单位支付，一来，可以体现用人单位的人文关怀，二来也可以使员工少一些拒绝的理由。最后，设定处理规则。虚假病假的行为如何处罚，在规章制度中应该明确。发现虚假病假并查证属实了，则严格按照规章制度依法处理。3.病假工资或疾病救济费可以低于当地最低工资标准支付，但不能低于最低工资标准的 80%。

案例参考

职工医疗期内，用人单位可以擅自解除劳动合同吗？

2018 年至 2021 年，蒋某与广安某医院先后三次签订书面劳动合同，最后一次劳动合同期限截至 2021 年 12 月 31 日。蒋某的岗位为病房安保服务人员。2021 年 10 月 21 日，蒋某因心脏疾病入院治疗，治疗时向广安某医院履行了请假手续，后蒋某转诊至重庆某医院住院治疗并于 2021 年 11 月 28 日出院。蒋某在重庆某医院住院治疗期间，广安某医院电话通知蒋某被辞退，并停发 11 月及之后的工资。蒋某遂申请劳动仲裁，要求广安某医院支付医疗期违法解除劳动合同赔偿金 22128 元。仲裁委支持了蒋某的请求，广安某医院不服，向法院起诉。

【裁判观点】

法院经审理认为，根据《企业职工患病或非因工负伤医疗期规定》第三条规定："企业职工因患病或非因工负伤，需要停止工作医疗时，根据本人实际参加工作年限和在本单位工作年限，给予三个月到二十四个月的医疗期：（一）实际工作年限十年以下的，在本单位工作年限五年以下的为三个月……"蒋某在广安某医院实际工作年限为三年零七个月，根据规定享有三个月的医疗期。广安某医院2021年11月于蒋某住院治疗期间即通知其解除劳动合同，并停发蒋某工资，其行为违背上述规定，系违法解除劳动合同，法院遂判决广安某医院向蒋某支付违法解除劳动合同赔偿金共计22128.00元。

法律分析

医疗期是一个解雇保护期，而不是治疗期，它不是医学概念，《企业职工患病或非因工负伤医疗期规定》（劳部发〔1994〕479号文）第二条规定，医疗期是指企业职工因患病或非因工负伤停止工作治病休息不得解除劳动合同的时限。医疗期是法律对患病劳动者进行"解雇保护"的一种具体表现形式，是国家对用人单位用工自主权的一种适当限制。即使此时劳动合同期满，劳动合同也延续至医疗期满时终止。故，在医疗期内，用人单位不得随意解除劳动合同，否则构成违法解除，将承担按经济补偿标准的二倍支付违法解除劳动合同赔偿金的法律后果。这里的"不得解除"不能理解为绝对"不能解除"。《劳动合同法》第四十二条规定："劳动者有下列情形之一的，用人单位不得依照本法第四十条、第四十一条的规定解除劳动合同：……（三）患病或者非因工负伤，在规定的医疗期内的……"如果劳动者存在《劳动合同法》第三十九条的情形，即有重大过错，一样可以解雇。

医疗期与病休期的区别在于是否属于病假，病假简单来说就是指劳动者本人因患病或非因工负伤，需要停止工作治疗时，企业根据医生的建议和本单位的规定，给予劳动者治疗休息的假期。

病假是生理上的概念，医疗期是法律概念，两者法律性质不同。医疗期是限制解除劳动合同的一个期间，医疗期长短一般与劳动者的工龄有关，由法律规定；病假是治疗休息的一个假期，与疾病的严重程度有关，由医生决定。

《企业职工患病或非因工负伤医疗期规定》（劳部发〔1994〕479号文）第三条明确规定，根据本人实际参加工作年限和在本单位工作年限，给予三个月到二十四个月的医疗期：1.实际工作年限十年以下的，在本单位工作年限五年以下的为三个月；五年以上的为六个月。2.实际工作年限十年以上的，在本单位工作年限五年以下的为六个月；五年以上十年以下的为九个月；十年以上十五年以下的为十二个月；

十五年以上二十年以下的为十八个月；二十年以上的为二十四个月。因此，医疗期长短与累计工作年限和本单位工作年限有关。

特殊疾病医疗期规定。医疗期长短一般与劳动者的工龄有关，"一般"对应"特殊"，《劳动部关于贯彻〈企业职工患病或非因工负伤医疗期规定〉的通知》（劳部发〔1995〕236号）第二条规定，对某些患特殊疾病（如癌症、精神病、瘫痪等）的职工，在24个月内尚不能痊愈的，经企业和劳动主管部门批准，可以适当延长医疗期。江苏地区对此规定非常明确，对某些患有特殊疾病（如癌症、精神病、瘫痪等）的职工，不论其工作年限长短，均给予不少于24个月的医疗期。

病假工资标准。《劳动部关于印发〈关于贯彻执行《中华人民共和国劳动法》若干问题的意见〉的通知》（劳部发〔1995〕309号）第五十九条规定，病假工资或疾病救济费可以低于当地最低工资标准支付，但不能低于最低工资标准的80%。《江苏省工资支付条例》第三十二条对此标准作了重申，而且还明确规定，按照当地最低工资标准的80%支付给劳动者病假工资、疾病救济费和生活费的，必须同时承担应当由劳动者个人缴纳的社会保险费和住房公积金。意思是到手工资不能低于最低工资的80%。

用人单位能否不批准员工的病假申请？实务中，用人单位为了防止员工"小病大养"甚至"无病装病"，大多会在规章制度中规定病假的申请和审批程序，这无可厚非，劳动者病休有告知用人单位的义务。但有些用人单位规定：员工请病假必须得到单位领导的批准后方可离岗休息。按照这样的规定，即使员工履行了请假手续，如果单位领导不批准的话，员工仍然无法休病假。这样的规定，其实是无效的。我国《宪法》规定劳动者享有休息权。有用人单位认为，医院出具的是病假建议书，医生只是建议休息，决定权应该在用人单位。这样的理解是错误的。简单来说：休病假，医生说了算。

合同期内员工是不是只能享受一次医疗期？《企业职工患病或非因工负伤医疗期规定》（劳部发〔1994〕479号）第四条对此进行了明确，医疗期三个月的，按六个月内累计病休时间计算；六个月的，按十二个月内累计病休时间计算；九个月的，按十五个月；十二个月的，按十八个月；十八个月的，按二十四个月；二十四个月的，按三十个月内累计病休时间计算。

是否可以要求员工只能到指定医院看病？不少用人单位在规章制度中规定了指定医院开具病假证明（三甲、二甲以上级别医院），这样的制度是否有效呢？一般情况下，用人单位指定医院，即医院与用人单位建立了长期的合作关系，医院有可能服从单位的意志，在员工确实患病需要休病假的时候，不出具病假证明，损害员工的身体健康权。而且，指定的医院也不是万能的，不可能什么疾病都擅长，指定医院就有可能使员工丧失最佳医疗的机会，使员工权益受损。再者，指定就医也可能影响员工就医的便利性（如居住在 A 区，指定医院在 B 区）。因此，为了尊重和保护员工的身体健康权，员工因患病而到哪家医院看病就诊，应属于员工自由决定的正当权利。

合规依据

《劳动合同法》

第四十二条 劳动者有下列情形之一的，用人单位不得依照本法第四十条、第四十一条的规定解除劳动合同……（三）患病或者非因工负伤，在规定的医疗期内的……

《企业职工患病或非因工负伤医疗期规定》

第二条 医疗期是指企业职工因患病或非因工负伤停止工作治病休息不得解除劳动合同的时限。

第三条 企业职工因患病或非因工负伤，需要停止工作医疗时，根据本人实际参加工作年限和在本单位工作年限，给予三个月到二十四个月的医疗期：（一）实际工作年限十年以下的，在本单位工作年限五年以下的为三个月；五年以上的为六个月。（二）实际工作年限十年以上的，在本单位工作年限五年以下的为六个月；五年以上十年以下的为九个月；十年以上十五年以下的为十二个月；十五年以上二十年以下的为十八个月；二十年以上的为二十四个月。

第四条 医疗期三个月的按六个月内累计病休时间计算；六个月的按十二个月内累计病休时间计算；九个月的按十五个月内累计病休时间计算；十二个月的按十八个月内累计病休时间计算；十八个月的按二十四个月内累计病休时间计算；二十四个月的按三十个月内累计病休时间计算。

《劳动部关于贯彻〈企业职工患病或非因工负伤医疗期规定〉的通知》

二、关于特殊疾病的医疗期问题 ……对某些患特殊疾病（如癌症、精神病、瘫痪等）的职工，在 24 个月内尚不能痊愈的，经企业和劳动主管部门批准，可以适当延长医疗期。

《劳动部关于印发〈关于贯彻执行《中华人民共和国劳动法》若干问题的意见〉的通知》（劳部发〔1995〕309号）

第五十九条 ……病假工资或疾病救济费可以低于当地最低工资标准支付，但不能低于最低工资标准的80%。

《江苏省工资支付条例》

59.……按照当地最低工资标准的百分之八十支付给劳动者病假工资、疾病救济费和生活费的，必须同时承担应当由劳动者个人缴纳的社会保险费和住房公积金。

合规要点2：产假工资待遇

用人单位不得因女职工怀孕、生育、哺乳等情形降低其工资待遇，亦不得无故辞退或解除与其的劳动或者聘用合同。

案例参考

劳动者休产假期间工资怎么发？

2019年2月，林某入职某科技有限公司，担任人力行政副经理，约定工资由基本工资、岗位绩效工资构成。后，在林某产假期间，公司发布了《绩效考核暂行办法》及《员工薪酬管理办法（试行）》，将原先薪酬结构调整为月度无责底薪、月度有责底薪、月度绩效、提成，载明产假不核算绩效工资，无责底薪和有责底薪全额发放。此外，公司为林某缴纳了生育保险，林某收到生育保险基金支付的生育津贴共30503.52元。产假期间，公司按新管理办法向林某发放无责底薪和有责底薪，但未发放绩效工资，双方因产假工资等问题产生纠纷。2021年9月，林某向区劳动仲裁委员会申请劳动仲裁，要求公司支付产假期间的绩效工资。劳动仲裁委员会支持了林某的部分请求。对此结果，某科技有限公司与林某均不服，向法院提起诉讼。

【裁判观点】

人民法院经审理认为，根据《妇女权益保障法》第二十七条"任何单位不得因结婚、怀孕、产假、哺乳等情形，降低女职工的工资……"的规定，女职工产假期间的工资标准应当不变，且产假期间女职工由生育保险基金支付生育津贴，生育津贴低于劳动者产假前工资标准的，应当由用人单位补足差额。某科技有限公司以林某产假期间没有工作业绩而不向林某发放绩效，实际已降低了林某产假期间的工资标准。综上所述，该公司应向林某全额发放工资结构变更后的绩效工资 19740 元。

法律分析

《女职工劳动保护特别规定》第五条规定："用人单位不得因女职工怀孕、生育、哺乳降低其工资、予以辞退、与其解除劳动或者聘用合同。"我国《劳动合同法》及其他相关法律法规对女职工的保护，体现在产假期间视女职工正常出勤和提供劳动，女职工休产假期间应享受正常的工资待遇，用人单位不得降低女职工的工资和福利待遇。用人单位未依法足额为女职工缴纳生育保险，导致生育津贴低于产假前工资标准的，差额应由用人单位补齐。本案中，用人单位在女职工产假期间调整了薪资构成，并在规章制度中规定产假期间不发放绩效工资。该规定本质上是降低产假期间女职工工资的行为，用人单位不应以女职工已领取生育津贴或未提供劳动为由拒绝发放绩效工资，法院判决用人单位予以支付绩效工资，有效保障了女职工的合法权益。

合规依据

《女职工劳动保护特别规定》

第五条 用人单位不得因女职工怀孕、生育、哺乳降低其工资、予以辞退、与其解除劳动或者聘用合同。

合规要点 3：年休假工资待遇

用人单位经职工同意不安排年休假或者安排职工年休假天数少于应休年休假天数，应当在本年度内对职工应休未休年休假天数，按照其日工资收入的 300% 支付未休年休假工资报酬，其中包含用人单位支付职工正常工作期间的工资收入。

案例参考

未休年休假工资，按什么标准？

吴某为航空厂的一线工人，每月工资 8000 元，在航空厂工作了 15 年。依照法律规定，吴某每年的带薪年休假应当为 10 天。2021 年，因该厂接到大批订单，工期较紧，经与吴某协商一致，不安排吴某休当年的年休假。

此后，航空厂以其每月工资8000元为基数，折算其未休年休假的工资报酬为7356.32元（具体算法为8000÷21.75×10×200%）。吴某认为公司的计算方式不合理，应当为11034.48元（具体算法为8000÷21.75×10×300%）。双方就未休年休假工资计算方式无法达成一致，吴某遂申请仲裁。

【处理结果】

仲裁员根据《企业职工带薪年休假实施办法》的规定向吴某解释了未休年休假的计算方式，吴某表示理解，也接受了航空厂未休年休假工资的核算结果，遂撤销了仲裁申请。

法律分析

《企业职工带薪年休假实施办法》第十条第一款规定："用人单位经职工同意不安排年休假或者安排职工年休假天数少于应休年休假天数，应当在本年度内对职工应休未休年休假天数，按照其日工资收入的300%支付未休年休假工资报酬，其中包含用人单位支付职工正常工作期间的工资收入。"

由此可知，用人单位须另外支付给职工相当于日工资收入200%的未休年休假工资。未休年休假工资报酬的日工资标准按照职工本人的月工资除以月计薪天数（21.75天）进行折算。因航空厂已经支付了吴某正常工作期间的工资收入，故未休年休假的工资应按日工资的200%另行支付。

合规依据

《企业职工带薪年休假实施办法》

第十条第一款 用人单位经职工同意不安排年休假或者安排职工年休假天数少于应休年休假天数，应当在本年度内对职工应休未休年休假天数，按照其日工资收入的300%支付未休年休假工资报酬，其中包含用人单位支付职工正常工作期间的工资收入。

合规要点4：婚丧假和探亲假工资支付

1.在企业制度有规定，或者双方有约定的情况下，婚丧假的天数以规定或约定为准，但一般不应当少于三天。且若婚丧假休完，员工仍未处理完相关事情，建议企业可以参照事假、调休或以休年假的形式给予员工最大的关怀。

2.劳动者请休探亲假须同时具备三个条件：一是所在单位为国家机关、人民团体和全民所有制企业、事业单位。也就是说，民营企业、外商投资企业可以不安排探亲假。二是申请休假的职工是工作满一年的"固定职工"。但是何为"固定职工"，法律并未作出相关解释。三是与亲属（包括配偶、父母）不住在一起，又不能在公休假日团聚。

案例参考

劳动者因亲人离世请假的，按年假处理是否合理？

祝某齐于2010年1月26日入职荷某克公司，合同到期后双方于2012年1月13日续签了劳动合同，合同期限5年，自2012年1月26日起至2017年1月25日止。

祝某齐提供的工资清单显示，其离职前应发平均工资为5095.50元/月（因2014年4月工资中含有双方确认的未休年休假工资2019元，故该月工资未计入应发工资总额中一并计算平均工资）。荷某克公司提供的请假单显示，祝某齐在2011年休年假共计3天；2012年请假13天，其中3月1日至4日祝某齐亲生母亲去世请假4天按丧假处理；7月11日至14日养母去世请假4天按年假处理，另外5天按年假处理；2013年休年假2.25天；2014年休年假1天。现祝某齐要求荷某克公司支付2012年7月17日至21日原告未休丧假期间被扣除的带薪年假工资1272元。

【裁判观点】

《国家劳动总局、财政部关于国营企业职工请婚丧假和路程假问题的通知》规定："职工本人结婚或职工的直系亲属（父母、配偶和子女）死亡时，可以根据具体情况，由本单位行政领导批准，酌情给予一至三天的婚丧假。"在本案中，2012年3月1日至4日祝某齐生母去世时，荷某克公司已酌情给予祝某齐4天的带薪丧假。同年其养母去世再请假时，荷某克公司按事假处理并不违反法律的禁止性规定，故祝某齐的该项请求无法律依据，本院亦不予支持。

法律分析

一、婚丧假

婚丧假规定最早见于1959年原劳动部《对企业单位工人、职员加班加点、事假、病假和停工期间工资待遇的意见》，其中规定"不论工人职员请婚丧假在三个工作日以内的，工资照发……超过三个工作日以上的其超过的天数，不发给工资"。1980年，

《国家劳动总局和财政部关于国营企业职工请婚丧假和路程假问题的通知》进一步规定，职工结婚时双方不在一地工作的；职工在外地的直系亲属死亡时需要职工本人去外地料理丧事的，都可以根据路程远近，另给予路程假；在批准的婚丧假和路程假期间，职工的工资照发。途中的车船费等，全部由职工自理。需要注意的是，这里的"直系亲属"是指父母、配偶及子女，劳动者的其他亲属死亡的，是否给予丧假，由用人单位自行决定。

除基本婚假3天外，不少地方还给予劳动者奖励婚假。劳动者结婚后，应当在多久时间内提出婚假申请，法律并未作出明确规定，但各个地方政府有规定的遵照规定执行。笔者认为，用人单位有制度规定的，按制度规定执行；制度未规定的，劳动者应当自结婚登记之日起1年内提出。

婚丧假期间"工资照发"，这里的工资，地方有规定标准的，按地方规定执行；地方未规定的，按劳动合同约定的工资标准来确定，但同样不得低于当地最低工资标准。

二、探亲假的法律分析

探亲假，是指与父母或配偶分居两地的职工享有的与父母或配偶团聚的假期。

《国务院关于职工探亲待遇的规定》第二条规定："凡在国家机关、人民团体和全民所有制企业、事业单位工作满一年的固定职工，与配偶不住在一起，又不能在公休假日团聚的，可以享受本规定探望配偶的待遇；与父亲、母亲都不住在一起，又不能在公休假日团聚的，可以享受本规定探望父母的待遇。但是，职工与父亲或与母亲一方能够在公休假日团聚的，不能享受本规定探望父母的待遇。"

根据上述规定，劳动者请休探亲假需同时具备三个条件：一是所在单位为国家机关、人民团体和全民所有制企业、事业单位。也就是说，民营企业、外商投资企业可以不安排探亲假。二是申请休假的职工是工作满一年的"固定职工"。但是何为"固定职工"，法律并未作出相关解释。三是与亲属不住在一起，又不能在公休假日团聚。这里的"不能在公休假日团聚"是指不能利用公休假日在家居住一夜和休息半个白天。

职工在规定的探亲假期和路程假期内，按照本人的标准工资享受工资。这里的"标准工资"即基本工资。基本工资不明确的，按劳动合同约定的工资标准来确定，但均不得低于当地最低工资标准。

但是，探亲假的落实在实践中始终存在一定难度，其中一个重要原因就在于缺乏罚则规定，即当用人单位拒绝安排劳动者探亲假时，如何惩处用人单位，缺乏相应的法律依据。而且，我国的工时制度已由探亲假制度出台时的每周工作6天休1天，调整为工作 5 天休 2 天，在公休日延长、交通运输快速便捷的情况下，如何认定"与父母或配偶不住在一起又不能在公休日团聚"这一假期享受条件，还存在很多难点。

合规依据

《民法典》

第一千零四十五条 亲属包括配偶、血亲和姻亲。配偶、父母、子女、兄弟姐妹、祖父母、外祖父母、孙子女、外孙子女为近亲属。配偶、父母、子女和其他共同生活的近亲属为家庭成员。

《劳动法》

第五十一条 劳动者在法定休假日和婚丧假期间以及依法参加社会活动期间，用人单位应当依法支付工资。

《工资支付暂行规定》

第十一条 劳动者依法享受年休假、探亲假、婚假、丧假期间，用人单位应按劳动合同规定的标准支付劳动者工资。

《国家劳动总局、财政部关于国营企业职工请婚丧假和路程假问题的通知》

一、职工本人结婚或职工的直系亲属（父母、配偶和子女）死亡时，可以根据具体情况，由本单位行政领导批准，酌情给予一至三天的婚丧假。

二、职工结婚时双方不在一地工作的；职工在外地的直系亲属死亡时需要职工本人去外地料理丧事的，都可以根据路程远近，另给予路程假。

《国务院关于职工探亲待遇的规定》

第二条 凡在国家机关、人民团体和全民所有制企业、事业单位工作满一年的固定职工，与配偶不住在一起，又不能在公休假日团聚的，可以享受本规定探望配偶的待遇；与父亲、母亲都不住在一起，又不能在公休假日团聚的，可以享受本规定探望父母的待遇。但是，职工与父亲或与母亲一方能够在公休假日团聚的，不能享受本规定探望父母的待遇。

第三条 职工探亲假期：（一）职工探望配偶的，每年给予一方探亲假一次，假期为三十天。（二）未婚职工探望父母，原则上每年给假一次，假期为二十天。如果因为工作需要，本单位当年不能给予假期，或者职工自愿两年探亲一次的，可以两年给假一次，假期为四十五天。（三）已婚职工探望父母的，每四年给假一次，假期为二十天。探亲假期是指职工与配偶、父、母团聚的时间，另外，根据实际需要给予路程假。上述假期均包括公休假日和法定节日在内。

《上海市劳动局、上海市人事局、上海市财政局关于职工的岳父母或公婆等亲属死亡后可给予请丧假问题的通知》

职工的岳父母或公婆死亡后，需要职工料理丧事的，由本单位行政领导批准，可给予一至三天的丧假。丧事在外地料理的，可以根据路程远近，另给予路程假。在批准的丧假和路程假期间，职工的工资照发，往返途中的车船费等，由职工自理。

《广东省职工假期待遇和死亡抚恤待遇规定》

四、职工的直系亲属（父母、配偶、子女）死亡，给予3天丧假。职工配偶的父母死亡，经用人单位批准，可给予3天丧假。需要到外地料理丧事的，可根据路程远近给予路程假。途中交通费由职工自理。

《江苏省人力资源和社会保障厅关于职工的岳父母或公婆死亡后可给予请丧假问题的通知》

职工的岳父母或公婆死亡后，需要职工料理丧事的，由本单位行政领导批准，可酌情给予一至三天的丧假。丧事在外地料理的，可根据路程的远近，另给予路程假。在批准的丧假和路程假期间，职工的工资照发。往返途中的车船费等，由职工自理。

第四节　加班工资支付

合规要点1：加班工资的计算

加班工资的计算是用人单位与劳动者容易出现争议的问题，用人单位通过内部规章制度规定的加班工资或加班津贴计发标准高于法定标准时，此项制度方为有效。

案例参考

员工加班费怎么算，加班津贴能否替代加班费？

2018年6月20日，马某与某塑料制造公司签订劳动合同，岗位为行政助理，月薪5000元，负责各分公司的运营统计及初步策划等工作。因岗位性质特殊，马某需要常常到分公司考察工作，出差和加班成了家常便饭。某塑料制造公司的员手册规定，凡超时工作符合加班情形的，公司都将按照工作年限和工作表现向员工支付不同金额的加班津贴。马某每月的加班津贴金额为"平均小时工资 × 加班时长 × 36"。由于频繁的出差加班让马某损失了很多私人时间，严重影响了生活品质，2020年3月，马某向公司提出辞职，并要求公司按照实际加班时间为他补发一年多来的加班工资。公司认为，加班津贴的支付制度是公司通过法定程序制定的，马某从没有提出过异议，在有安排马某加班的月份，公司都向马某支付了当月加班津贴，有的月份加班津贴的金额远远超过法律规定的加班工资的标准，这表明公司已经履行了给付加班工资的法律义务。

【处理结果】

经测算，马某实际应得加班工资低于其获得的加班津贴，因此仲裁委裁决驳回马某请求。

法律分析

是否应该补发马某加班工资，应当明确加班津贴是否可以替代加班工资。

加班津贴是用人单位给本企业员工设定的一项福利制度。法律对加班津贴并没有强制要求，用人单位可以根据企业经营特点及需要决定是否设定和执行加班津贴制度。

加班工资则是法律给用人单位设定的一项法定义务，劳动者超时工作，用人单位应当根据实际发生的加班时间（如平时加班、周末加班、法定休假日加班），按照相应标准计发加班工资。由此可见，用人单位支付了加班津贴，不必然免除支付加班工资的法定义务。但是在用工实践中，很多用人单位设定加班津贴的目的是对超时工作的员工进行补偿，与法律规定加班工资的目的相同，基于公平原则，加班津贴可以部分抵销加班工资。但加班津贴应当实行"多不退少要补"的原则，当实际应得加班工资高于加班津贴时，用人单位应当按照实际加班工资金额支付；当实际加班工资低于加班津贴标准时，用人单位可以按照企业内部规定的加班津贴标准支付。

合规依据

《劳动法》

第四十四条 有下列情形之一的，用人单位应当按照下列标准支付高于劳动者正常工作时间工资的工资报酬：（一）安排劳动者延长工作时间的，支付不低于工资的百分之一百五十的工资报酬；（二）休息日安排劳动者工作又不能安排补休的，支付不低于工资的百分之二百的工资报酬；（三）法定休假日安排劳动者工作的，支付不低于工资的百分之三百的工资报酬。

江西省高级人民法院、江西省人力资源和社会保障厅《关于办理劳动争议案件若干问题的解答（试行）》（赣高法〔2020〕67号）

12.加班工资基数应如何认定？双方当事人对工资构成和工作时间有明确约定的，从其约定。劳动者正常工作时间的工资低于当地最低工资标准的，以当地最低工资标准为计算基数。双方当事人对工资构成和工作时间约定不明确，按实际发放工资中的正常工作时间工资作为加班工资的计算基数。折算后的正常工作时间工资低于当地最低工资标准的，以当地最低工资标准为计算基数。

浙江省劳动争议仲裁委员会《关于劳动争议案件处理若干问题的指导意见（试行）》（浙仲〔2009〕2号）

38.加班工资和依据《中华人民共和国劳动合同法》第八十二条规定加付的一倍工资的计算以职工所在的岗位（职位）相对应的标准工资为基数。前款标准工资难以确定的，按以下方式确定计算基数：（1）劳动合同有约定的，按劳动合同约定的工资为基数；（2）劳动合同没有约定的，实行岗位技能工资制的单位，以职工本人的岗位工资与技能工资之和为基数；（3）岗位、技能工资难以确定的，以上月职工正常工作情况下的工资为基数，同时应扣除绩效、奖金和物价补贴；难以区分工资、奖金、物价补贴等项目的，以职工上月实得工资的70%为基数。上述计发基数低于当地最低工资标准的，按当地最低工资标准为计发基数。

合规要点2：加班工资争议的时效问题

加班工资在性质上属于"劳动报酬"，适用特殊仲裁时效，劳动者在职期间或劳动关系终止后一年内提出加班工资的请求符合仲裁时效规定。劳动者逾期提出加班工资主张的，受仲裁时效限制。

案例参考

尹某、陶某与某石化实业公司劳动纠纷案

尹某、陶某分别于2011年3月15日、8月15日到某石化实业公司工作，均签订了书面劳动合同。尹某、陶某的日常工作时间为先连上两个白班（8：00至

16:00），第三天开始连上两个夜班（16:00至次日8:00），然后休息40个小时，六天一个循环，休息日和法定节假日均不休息。尹某、陶某的工资构成为基本工资（岗位工资和技能工资）、工龄工资、考核工资、夜班费、奖金（损耗奖）、其他补贴、加班工资。双方终止劳动合同前的两年间，尹某、陶某很少请假，基本按照上述工作周期上班，某石化实业公司按月支付了尹某、陶某的一般性工资和法定节假日11天的加班工资，但未支付延长工作时间和周休息日的加班工资，也未安排尹某、陶某休年休假。此外，每年春节前某石化实业公司均向尹某、陶某发放一笔数千元的年终奖。尹某、陶某确认其正常工作期间的工资由岗位工资、技能工资、工龄工资、考核工资组成，即为4060元和3570元。2019年4月2日，尹某向某石化实业公司申请解除劳动合同。2019年4月19日，陶某向某石化实业公司申请解除劳动合同。之后，尹某、陶某以某石化实业公司未足额支付加班费为由，向县劳动人事争议仲裁委员会申请仲裁，后又提起诉讼。

【裁判观点】

二审法院认为，《劳动合同法》第三十一条规定，用人单位应当严格执行劳动定额标准，不得强迫或者变相强迫劳动者加班。用人单位安排加班的，应当按照国家有关规定向劳动者支付加班费。本案中，1.尹某、陶某主张其在某石化实业公司工作期间的加班工资，应自与某石化实业公司解除劳动关系之日起一年内提出，尹某、陶某于当年就向当涂县劳动人事争议仲裁委员会申请仲裁，一审适用《劳动争议调解仲裁法》第二十七条第四款规定，认定其未超过一年的仲裁时效，并无不当。2.因工资支付发生争议，用人单位负有举证责任。尹某、陶某基本按照一审查明的工作周期上班，某石化实业公司按月支付一般性工资和法定节假日加班工资，但未提供证据证明已支付延长工作时间和周休息日的加班工资。某石化实业公司虽主张2019年1月支付尹某的7969.35元、陶某的6973.18元是加班工资，但从该款的发放时间及发放方式来看，一审认定该款系年终奖，并无不当。3.用人单位应当书面记录支付劳动者工资的应发项目及数额、支付日期等内容，并保存两年以上。故，自进入某石化实业公司工作时至解除劳动合同两年之前公司未足额支付加班工资的事实，应由尹某、陶某承担举证责任，在其未提供证据证明的情况下，一审判决某石化实业公司支付尹某、陶某终止劳动合同前两年内的加班工资，并无不当。综上所述，某石化实业公司的上诉请求不能成立，应予驳回；一审判决认定事实清楚，适用法律正确，应予维持。依照《民事诉讼法》第一百七十条第一款第一项的规定，二审判决驳回上诉，维持原判。

法律分析

《劳动争议仲裁调解法》第二十七条确定了劳动争议的仲裁时效制度，分为：一般时效和特别时效。其中第二十七条第一款是关于劳动争议一般时效的规定，即劳动争议申请仲裁的时效期间为一年。仲裁时效期间从当事人知道或者应当知道其权利被侵害之日起计算。第二十七条第四款是关于劳动争议特别时效的规定，即劳动关系存续期间因拖欠劳动报酬发生争议的，劳动者申请仲裁不受上述第一款规定的仲裁时效期间的限制；但是，劳动关系终止的，应当自劳动关系终止之日起一年内提出。加班工资在性质上属于"劳动报酬"，故适用特殊仲裁时效，劳动者在职期间或劳动关系终止后一年内提出加班工资的请求都是符合仲裁时效规定的。

合规要点3：劳动合同中约定每月工资含加班费的效力认定

现行法律法规对"打包工资"或"包薪制"的工资发放方式或约定方式没有禁止性规定，用人单位有确定工资分配方式和工资水平的自主权，因此，用人单位与劳动者约定工资中包含加班工资不违反法律规定，应属有效。

用人单位不可滥用优势地位，假意以"打包工资"或"包薪制"的方式侵害劳动者的合法权益，规避支付加班工资的义务，甚至违反最低工资标准或劳动者最长工作时间的相关强制性规定。如果用人单位确需与劳动者约定工资中包括加班工资的，须注意对加班时间进行较为明确的约定，在日常劳动管理中，用人单位勿因已约定"打包工资"或实行"包薪制"就忽略考勤管理。并且，用人单位安排劳动者加班加点不得违反劳动者最长工作时间相关的强制性规定；工资约定不得违反最低工资标准的强制性规定，如果约定劳动者的月工资数额未区分正常工作时间工资及加班工资的，结合劳动者加班时长进行折算后，劳动者正常工作时间的工资不得低于当地最低工资标准。

案例参考

劳务派遣员工休息日加班工资争议案

2015年6月1日，吴某与劳务公司签订了《劳务派遣员工劳动合同》，约定：劳动合同期限为 2015 年 6 月 1 日至 2017 年 5 月 31 日；劳务公司将吴某派遣至西城某环卫队工作，岗位为公厕保洁；每月休息 4 天；实行月工资制（工作满一个月后给付），由银行代发；吴某月工资为 3007 元。2017 年 6 月 1 日，劳务公司（甲方）与吴某（乙方）再次签订《劳务派遣员工劳动合同》，约定：本合同于 2017 年 6 月 1 日起生效，至 2018 年 5 月 31 日终止。乙方实行工时制，按所在单位工时制度执行。2018 年 6 月 1 日，双方再次续签劳动合同至 2019 年 5 月 31 日。2018 年 12 月，劳务公司与吴某解除劳动合同。

吴某以劳务公司、西城某环卫队为共同被申请人申请劳动仲裁，请求由劳务公司向其支付休息日加班工资 121431.36 元，西城某环卫队承担连带责任，后又提起诉讼。

【裁判观点】

二审法院认为，关于休息日加班工资。劳务公司与吴某签订的期限为 2015 年 6 月 1 日至 2017 年 5 月 31 日的《劳务派遣员工劳动合同》约定每月休息 4 天，月工资为 3007 元。从双方劳动合同中可以看出，双方对于每月存在休息日加班及相应的月工资数额是有明确约定的，3007 元对应的是吴某每月休息 4 天的月工资，是双方对劳务公司应支付吴某包括休息日加班工资在内的月工资数额进行的概括性约定。根据该约定的每月休息 4 天对应的休息日加班天数及月工资 3007 元进行核算，吴某在正常工作时间可获得的工资数额不低于劳动合同签订时的北京市最低工资标准。从现有工资支付记录看，劳务公司每月向吴某支付的工资均高出 3007 元不少，即便在北京市最低工资标准上调后，吴某每月在正常工作时间获得的工资数额亦不低于上调后的标准。故，劳务公司已向吴某足额支付了 2015 年 6 月 1 日至 2017 年 5 月 31 日休息日加班工资，吴某关于劳务公司还应向其支付上述期间休息日加班工资的主张，不符合双方劳动合同的约定，依据不足，本院不予支持。

法律分析

《劳动合同法》第三十一条规定："用人单位应当严格执行劳动定额标准，不得强迫或者变相强迫劳动者加班。用人单位安排加班的，应当按照国家有关规定向劳动者支付加班费。"据此，若用人单位在劳动合同规定的正常工作时间之外额外安排劳动者工作，应当向劳动者支付加班工资。同时，《劳动法》第四十七条规定："用人单位根据本单位的生产经营特点和经济效益，依法自主确定本单位的工资分配方式和工资水平。"在实践中，对于加班时间相对固定但并不适用特殊工时工作制的岗位，有的用人单位会与劳动者约定实际支付的工资已包含加班工资，这种工资支付方式被称为"打包工资"或"包薪制"。现行法律法规对"打包工资"或"包薪制"的工资发放方式或约定方式没有禁止性规定，用人单位有确定工资分配方式和工资水平的自主权，因此，用人单位与劳动者约定工资中包含加班工资不违反法律规定，应属有效。

合规依据

《上海市高级人民法院关于审理劳动争议案件若干问题的解答》（民一庭调研指导〔2010〕34号）

二、……如工资系打包支付，或双方形式上约定的"正常工作时间工资"标准明显不合常理，或有证据可以证明用人单位恶意将本应计入正常工作时间工资的项目归入非常规性奖金、福利性、风险性等项目中，以达到减少正常工作时间工资数额计算目的的，可参考实际收入×70%的标准进行适当调整……

《天津法院劳动争议案件审理指南》（津高法〔2017〕246号）

34.【约定工资中包括加班费】用人单位与劳动者约定了正常工作时间工资标准，且约定应发工资中包含加班费的，从其约定。但核算后的加班费基数标准不符合本指南第33条规定，劳动者要求用人单位补齐的，应予支持。用人单位与劳动者约定了正常工作时间工资标准，但未约定应发工资中是否包含加班费的，如用人单位有证据证明应发工资中已经包含正常工作时间工资和加班费的，可以认定用人单位已经支付的工资中包含加班费。但核算后的加班费基数标准不符合本指南第33条规定，劳动者要求用人单位补齐的，应予支持。用人单位与劳动者未约定正常工作时间工资标准，亦未约定应发工资中是否包含加班费的，如用人单位有证据证明应发工资中已经包含正常工作时间工资和加班费的，可以认定用人单位已经支付的工资中包含加班费，但核算后的加班费基数标准不得低于最低工资标准。本条规定的正常工作时间工资低于最低工资标准的，应当按照最低工资标准计算。

《深圳市中级人民法院关于审理劳动争议案件的裁判指引》（深中法发〔2015〕13号）

六十二、劳动者与用人单位在签订劳动合同时约定的工资中注明"已包含加班工资"或虽未书面约定实际支付的工资是否包含加班工资，但用人单位有证据证明已支付的工资包含了正常工作时间工资和加班工资的，劳动者的时薪为：时薪＝约定工资÷(21.75天×8小时+约定包含在工资中的平时加班时间小时数×150%+约定包含在工资中的休息日加班时间小时数×200%+约定包含在工资中的法定节假日加班时间小时数×300%)。按上述方法计算出的劳动者的时薪低于当地最低工资标准的,该约定为无效;劳动者的工资应以最低工资标准为基本工资,超过法定工作时间为加班时间,加班工资以最低工资标准按法律规定标准计算。

合规要点4:非全日制用工的加班费问题

非全日制员工是否享有法定节假日加班工资,用人单位在实际用工中困惑较多,故建议用人单位与劳动者订立非全日制用工协议时,应一并就法定节假日的报酬给付标准进行明确约定,尽早疏导隐患,以减少劳动关系矛盾,维护劳动者权益。

案例参考

非全日制用工制转化为全日制用工制,未签劳动合同须支付二倍工资

某学校聘请李某作为女生宿舍的清洁工,与她口头约定执行非全日制用工制,李某只需每天早晚将一栋女生宿舍的走廊和楼道打扫干净即可,学校每半个月发一次工资,双方不签订劳动合同。李某上岗后,其每天的工作时长不到3个小时。后来,学校又增加了李某的工作量,要求她每天清理宿舍楼每间寝室的垃圾,并改为1个月发一次工资。李某觉得工作量增加,每天工作时长超过了4个小时,要求学校给她涨工资,学校不同意。于是,李某提起劳动争议仲裁申请,要求裁决学校支付未签订书面劳动合同的二倍工资。

【裁判观点】

劳动仲裁委认为,学校给李某增加了工作量后,李某每天的工作时间超过4个小时,这样一来每周的工作时长超过了24个小时,且该学校并没有遵循非全日制用工劳动报酬结算支付周期最长不得超过15日的要求,而是1个月发一次工资。其用工形式不再属于非全日制用工,故不再适用订立口头协议的法律规定。因此,双方属于未签订书面劳动合同情形,学校需要支付二倍工资。

法律分析

非全日制用工是否存在加班及支付加班工资的情形。加班工资包括三种:即延长工作时间的"延时加班费"、休息日应休未休的"周末加班费"、法定节假日不能调休的"法定节假日加班费"。根据《劳动合同法》规定，非全日制用工是指以小时计酬为主，劳动者在同一用人单位一般每日平均工作不超过 4 个小时，每周工作时间累计不超过 24 个小时的用工形式。可见，非全日制用工与全日制用工最本质的区别就在于工作时间。非全日制劳动合同是劳动者与用人单位约定的以小时作为工作时间单位确立劳动关系的协议，顾名思义非全日制员工实行的是"小时计酬制"，这与全日制员工以"法定标准工作时间"为基础计算加班费的计酬方式还是有很大区别的。此外，非全日制用工关系中，劳动合同约定的工作时间并非标准工作时间，具体工作时间安排由用人单位自主决定，存在一定的灵活性，无法区别加班与正常上班，亦不能区分工作日与休息日，故劳动者从事非全日制工作的，无论是休息日还是法定休假日工作，均不宜认定是加班。

合规依据

《劳动合同法》

第六十八条 非全日制用工，是指以小时计酬为主，劳动者在同一用人单位一般平均每日工作时间不超过四小时，每周工作时间累计不超过二十四小时的用工形式。

第七十二条第一款 非全日制用工小时计酬标准不得低于用人单位所在地人民政府规定的最低小时工资标准。

《上海市劳动合同条例》

第四十六条 非全日制劳动合同是劳动者与用人单位约定的以小时作为工作时间单位确立劳动关系的协议。劳动者与一个或者一个以上用人单位确立非全日制劳动合同关系的，劳动者与每个用人单位约定的每日、每周或者每月工作时间，应当分别在法定工作时间的百分之五十以下。劳动者在多个用人单位的工作时数总和，不得超过法定最高工作时数。

第四十七条 订立非全日制劳动合同可以采用书面形式，也可以采用其他形式，劳动合同当事人一方提出采用书面形式的，应当采用书面形式。

第四十九条 非全日制劳动合同当事人可以对劳动时间、工作内容、劳动报酬及支付形式、保守用人单位商业秘密等内容进行约定。

第五十条 非全日制劳动者的劳动报酬按小时计算。劳动报酬包括小时工资收入和法律、法规规定应当缴纳的社会保险费等。

第五十二条第一款 非全日制劳动者的最低小时工资标准，由上海市劳动和社会保障局报经市人民政府批准后公布。最低小时工资标准的确定，应当综合考虑非全日制工作的职业稳定、福利待遇等因素。

《上海市企业工资支付办法》

十三、企业根据实际需要安排劳动者在法定标准工作时间以外工作的，应以本办法第九条确定的计算基数，按以下标准支付加班工资：（一）安排劳动者在日法定标准工作时间以外延长工作时间的，按照不低于劳动者本人小时工资的150%支付；（二）安排劳动者在休息日工作，而又不能安排补休的，按照不低于劳动者本人日或小时工资的200%支付；（三）安排劳动者在法定休假节日工作的，按照不低于劳动者本人日或小时工资的300%支付……

二十四、非全日制就业的劳动者，小时工资由企业与劳动者约定，但不得低于本市规定的小时最低工资标准，且支付周期最长不得超过十五日。

合规要点5：值班的劳动补偿

值班劳动报酬的性质应当属于工资总额中的津贴。关于值班劳动报酬的发放，用人单位最好提前与劳动者进行约定。没有约定的，可以参照类似岗位工资的标准发放。具体内容可通过下列案例进行了解。

案例参考

高某与上海某公司劳动合同纠纷案

高某系上海某公司的职工，2004年10月与公司初签劳动合同，2008年4月1日续签无固定期限劳动合同。2009年1月23日，公司以其不服从单位工作安排，累计旷工15天，严重违反单位的规章制度为由，与之解除劳动关系。高某遂向上海市青浦区劳动争议仲裁委员会申请仲裁，要求公司支付克扣工资、年休假工资、忠诚服务奖及2004年至2010年工作日、休息日、法定节假日加班工资等费用。其中2004年至2009年延时加班工资597698元、休息日加班工资1034341元、法定节假日加班工资53068元。后，该案先后诉至上海市青浦区人民法院、上海市第二中级人民法院。

据法院查实：因高某系公司行政经理，负责行政管理工作；另查明公司有专职的保安人员，但由于保安人手不够，休息日和日常保安工作公司均安排高某执行，高某在双休日和平时的延时加班都是做具体的保安工作。因此高某认为，其从 2004 年一直到离职都在加班，公司应当支付加班费，但公司认为因其担任保安工作并不属于其本职工作，故其行为不属于法律规定可以获得加班费的范畴。

【裁判观点】

二审法院认为，关于高某主张的加班工资。用人单位向劳动者支付加班工资的前提是存在用人单位安排劳动者加班的事实。高某主张加班工资，应当承担相应的举证责任。高某为证明其加班，提供了历年法定节假日值班安排的请示。上海某公司除了对 2008 年十一期间的值班安排予以认可外，对其余材料均以是复印件为由不予认可，并称公司按照国家规定只保留 2 年的材料，对 2008 年之前的情况已无法核实。因高某提供的 2008 年之前的有关材料均为复印件，上海某公司不予认可，高某亦未有其他证据可以印证其存在法定节假日被安排加班而未获加班工资的事实，故本院对高某主张的 2008 年之前的法定节假日加班工资不予支持。而从高某提供的 2008 年十一期间的值班安排来看，高某上述期间系出于单位假日安全、消防等需要从事单位临时安排的与其本职工作无关的值班，故高某主张加班待遇，本院不予支持。另，高某对于其主张的历年来双休日和平时延时加班的事实均未提供证据加以证明，本院亦无法支持。

法律分析

值班作为延长工作时间的一种特殊形式，有别于加班，有其独特的价值。值班劳动报酬的性质应当属于工资总额中的津贴。值班劳动报酬的发放标准，劳动关系双方有约定的，依照约定；没有约定的，则可比照劳动强度相近或工作性质相同的岗位工资（含加班工资）的标准进行发放；无从比照的，可将加班工资发放标准减去正常工资发放标准的差额，作为发放值班劳动报酬的参照标准。

合规要点 6：放弃加班费协议的效力

用人单位应当严格执行劳动定额标准，不得强迫或者变相强迫劳动者加班。如果劳动者按照用人单位的要求加班的，有权获得加班费，而用人单位有义务支付加班费。公司要求签署自愿放弃加班费的协议，免除了用人单位的法定责任，排除了劳动者权利，该协议应属无效。用人单位利用在订立劳动合同时的主导地位，要求劳动者在其单方制定的格式条款上签字放弃加班费，既违反法律规定，也违背公平原则，侵害了劳动者的工资报酬权益。

案例参考

劳动者拒绝违法超时加班安排，用人单位能否解除劳动合同？

张某于 2020 年 6 月入职某快递公司，双方订立的劳动合同约定试用期为 3 个月，试用期月工资为 8000 元，工作时间执行某快递公司规章制度相关规定。某快递公司规章制度规定，工作时间为早 9 时至晚 9 时，每周工作 6 天。2 个月后，张某以工作时间严重超过法律规定上限为由拒绝超时加班安排，某快递公司即以张某在试用期间被证明不符合录用条件为由与其解除劳动合同。张某向劳动人事争议仲裁委员会申请仲裁。

【裁判观点】

仲裁委员会认为，本案中，某快递公司规章制度中"工作时间为早 9 时至晚 9 时，每周工作 6 天"的内容，严重违反法律关于延长工作时间上限的规定，应认定为无效。张某拒绝违法超时加班安排，系维护自己的合法权益，不能据此认定其在试用期间被证明不符合录用条件。故，仲裁委员会依法裁决某快递公司支付张某违法解除劳动合同赔偿金。

法律分析

加班费是劳动者延长工作时间的工资报酬，是劳动者的权利。要求员工以签协议的形式放弃加班费的行为，系免除了用人单位的法定责任、排除了劳动者权利，显失公平，应认定无效，劳动者可依法主张加班费。

第五节　特殊情况下的工资支付

合规要点 1：停工停产期间的工资支付

1. 用人单位决定停工停产应当出于正当目的，应当兼顾劳动关系双方权利的平衡,即同时保障劳动者生存生活的权利和用人单位的复工复产。

2. 用人单位决定停工停产应当履行相应的民主程序,应当经职工代表大会或者全体职工讨论,征求工会或者职工代表意见,并进行公示或告知劳动者。

3. 用人单位实施停工停产不能超过合理期限或约定期限,对于短期内无法恢复生产经营的,应当及时解除劳动关系并按照劳动法相关法律法规进行职工安置。

4. 各省市有关停工停产期间的工资支付规定略有不同,大多是在一个工资支付周期内按照劳动合同约定的标准支付,超过一个工资支付周期的,按照不低于当地最低工资的一定比例支付。具体停工停产期间的工资如何支付,用人单位需查阅当地相关规定。

案例参考

用人单位安排员工待岗不得超过合理期限

彭某是某机械公司员工,公司因业绩下滑暂停了两条生产线,安排彭某等30名员工从2020年1月1日起在家待岗,复工时间另行通知,其间发放待岗工资2000元/月。一直到2020年8月1日,公司经营状况并没有好转,彭某等人多次要求复工被拒绝。2020年9月,彭某向公司提出解除劳动关系并要求公司支付经济补偿,公司拒绝。彭某随后向仲裁委申请仲裁,要求公司支付经济补偿。

【裁判观点】

本案的争议焦点为用人单位安排员工待岗是否有期限限制?仲裁委认为:《广东省高级人民法院、广东省劳动人事争议仲裁委员会关于劳动人事争议仲裁与诉讼衔接若干意见》第五点规定:非因劳动者原因致用人单位生产经营陷入严重困境,有丧失清偿能力的可能并致用人单位停产、限产,用人单位可以与劳动者协商约定停工限产期限。停工限产超过合理期限或约定期限,劳动者根据《劳动合同法》第三十八条第一款第一项的规定提出解除劳动合同并主张经济补偿的,应予支持。本案中用人单位安排待岗已长达9个月,且短期内没有恢复生产的能力,彭某要求解除劳动合同并支付经济补偿的理由成立,应予支持。此外,部分用人单位因对法律的理解错误或滥用,实践中产生各类因待岗而侵犯劳动者合法权益的行为。例如,"将待岗变成一种惩罚方式变相淘汰员工或要求员工待岗期间需要每天到企业打卡报到"等做法都是错误的。

法律分析

停工停产主要规定在劳动和社会保障部《工资支付暂行规定》（劳部发〔1994〕489号）以及各省市有关工资支付的地方性法律法规中。《工资支付暂行规定》第十二条规定，非因劳动者原因造成单位停工、停产在一个工资支付周期内的，用人单位应按劳动合同规定的标准支付劳动者工资。超过一个工资支付周期的，若劳动者提供了正常劳动，则支付给劳动者的劳动报酬不得低于当地的最低工资标准；若劳动者没有提供正常劳动，应按国家有关规定办理。各省市有关停工停产期间的工资支付规定略有不同，大多是在一个工资支付周期内按照劳动合同约定的标准支付，超过一个工资支付周期的，按照不低于当地最低工资的一定比例支付。

对于用人单位决定停工停产是否需要履行相应的民主程序这一问题，国家层面的法律法规并没有明确且统一的规定，与该问题有所关联的规定是《劳动合同法》第四条规定："……用人单位在制定、修改或者决定有关劳动报酬、工作时间、休息休假、劳动安全卫生、保险福利、职工培训、劳动纪律以及劳动定额管理等直接涉及劳动者切身利益的规章制度或者重大事项时，应当经职工代表大会或者全体职工讨论，提出方案和意见，与工会或者职工代表平等协商确定。在规章制度和重大事项决定实施过程中，工会或者职工认为不适当的，有权向用人单位提出，通过协商予以修改完善。用人单位应当将直接涉及劳动者切身利益的规章制度和重大事项决定公示，或者告知劳动者。"

那么，停工停产是否属于直接涉及劳动者切身利益的规章制度或者重大事项？

答案应当是肯定的。在停工停产期间，除部分劳动者正常提供劳动，用人单位照常发放工资之外，对于大部分不能提供正常劳动的劳动者，用人单位大多按照《工资支付暂行规定》以及各省市有关工资支付的规定发放生活费。也就是说在停工停产期间，大部分劳动者的工资收入低于正常提供劳动期间的工资收入。工资收入是大多数劳动者提供劳动最直接、最根本的目的，也是大多数劳动者及其家庭最重要的生活来源，所以停工停产属于直接涉及劳动者切身利益的重大事项，用人单位决定停工停产应当履行相应的民主程序。

此外，部分省市像广东省、上海市对用人单位决定停工停产的具体程序作出了明确的规定。

广东省劳动保障厅《关于印发企业裁员、停产、倒闭及职工后续处理工作指引》

（2008年12月8日）第二点规定：（一）企业决定停工停产时，首先应当向职工说明情况。企业非因劳动者原因而停工停产的，应当采取会议等方式向职工说明停工停产原因、期限、停工停产期间拟安排的工作任务情况和拟执行的工资支付标准等相关情况，听取职工意见，并依法作出解释答复。企业在可能或已经出现停工停产情形时，请及时向所在地劳动保障部门反映情况，在劳动保障部门指引下做好预案，并将职工异常情况随时报告劳动保障部门，共同确保停工停产期间的企业秩序与社会秩序的和谐安定……（四）复工复产。企业应采取积极措施，尽快复工复产。复工复产后，企业应继续履行原劳动合同，或者结合复工复产后的实际生产经营情况，依法在平等自愿、协商一致的基础上与职工重新约定新工资标准等内容，达成一致的，应签订书面的变更协议。（五）无法复工复产而解除或终止劳动合同。企业经过努力认为确已无法恢复正常生产经营的，可依法实施裁员、破产或提前解散等，并按照本《指引》相关内容办理职工安置手续。从该《指引》可以看出，企业决定停工停产，应当履行相应的民主程序，应向职工说明停工停产原因、期限、停工停产期间的工作安排、工资支付等情况；企业应积极努力，尽快复工复产。对于确定无法复工复产的企业，可以通过依法裁员的方式解除劳动关系，避免劳动者待岗期限过长；或者通过破产、清算等方式予以出清。

停工停产应当有一个合理的期限，该期限应当符合普通大众的合理预期。例如，上述案例中仲裁委认为用人单位安排员工待岗不得超过合理期限，用人单位安排劳动者待岗已长达9个月，且短期内没有恢复生产的能力，劳动者要求解除劳动合同并支付经济补偿的理由成立，应予支持。此外，用人单位不能因待岗而侵犯劳动者合法权益，不能将待岗变成一种惩罚方式变相淘汰员工。裁决的依据是《广东省高级人民法院、广东省劳动人事争议仲裁委员会关于劳动人事争议仲裁与诉讼衔接若干意见》（粤高法发〔2018〕2号）第五点规定，即非因劳动者原因致用人单位生产经营陷入严重困境，有丧失清偿能力的可能并致用人单位停产、限产，用人单位可以与劳动者协商约定停工限产期限。停工限产超过合理期限或约定期限，劳动者根据《劳动合同法》第三十八条第一款第一项的规定提出解除劳动合同并主张经济补偿的，应予支持。该意见并不属于国家层面的法律法规，但对其他省市类似劳动争议案件的处理仍有积极的参考借鉴意义，裁判人员在认定用人单位停工停产期限的合理性问题上，应当兼顾劳动关系双方利益的平衡。

合规依据

《工资支付暂行规定》

第十二条 非因劳动者原因造成单位停工、停产在一个工资支付周期内的,用人单位应按劳动合同规定的标准支付劳动者工资。超过一个工资支付周期的,若劳动者提供了正常劳动,则支付给劳动者的劳动报酬不得低于当地的最低工资标准;若劳动者没有提供正常劳动,应按国家有关规定办理。

《陕西省企业工资支付条例》

第二十五条 用人单位停工停业,未超过一个工资支付周期的,应当按照劳动合同约定的工资标准支付劳动者工资。用人单位停工停业,超过一个工资支付周期的,对没有解除劳动合同,也没有安排工作的劳动者,应当按照不低于当地最低工资标准的75%支付劳动者生活费。

《山东省企业工资支付规定》

第三十一条 非因劳动者原因造成企业停工、停产、歇业,企业未与劳动者解除劳动合同,停工、停产、歇业在一个工资支付周期内的,企业应当视同劳动者提供正常劳动并支付该工资支付周期的工资;超过一个工资支付周期的,企业安排劳动者工作的,按照双方新约定的标准支付工资,但不得低于当地最低工资标准;企业没有安排劳动者工作,劳动者没有到其他单位工作的,应当按照不低于当地最低工资标准的70%支付劳动者基本生活费。国家和省另有规定的,依照其规定执行。

《广东省工资支付条例》

第三十九条 非因劳动者原因造成用人单位停工、停产,未超过一个工资支付周期(最长三十日)的,用人单位应当按照正常工作时间支付工资。超过一个工资支付周期的,可以根据劳动者提供的劳动,按照双方新约定的标准支付工资;用人单位没有安排劳动者工作的,应当按照不低于当地最低工资标准的百分之八十支付劳动者生活费,生活费发放至企业复工、复产或者解除劳动关系。

《上海市企业工资支付办法》

十二、企业停工、停产在一个工资支付周期内的,应当按约定支付劳动者工资。超过一个工资支付周期的,企业可根据劳动者提供的劳动,按双方新的约定支付工资,但不得低于本市规定的最低工资标准。

合规要点 2：停工留薪期的工资支付

对于用人单位来说，由于目前司法实务中对"原工资福利"的理解及认定标准并不统一，因劳动者实际未上班没有业绩而不发绩效或提成等浮动部分，有一定的道理但却不一定能够得到裁判者的认可，部分裁判者会认为工伤期间，用人单位为劳动者提供的工资保障不应低于其原先正常工作情况下的标准，因此，从避免争议的角度来说，我们不建议用人单位贸然将绩效等浮动部分剔除，否则后续不仅存在补足工资差额的风险，还可能会面临劳动者以"未及时足额支付劳动报酬"为由解除劳动合同并要求支付经济补偿等法律风险；由于劳动争议具有强地域性的特点，因此，用人单位遇到此类问题时，应注意结合不同地区的地方性规定及裁审观点，并在此基础上进行谨慎处理。

案例参考

工伤职工停工留薪期的工资应当按什么标准支付？

王某于 2014 年进入某公司从事操作工工作。2016 年 1 月，王某在厂区下楼梯时不慎将脚扭伤，因伤情严重，在医院进行治疗，之后王某被认定为工伤。治疗期间，该公司一直按当地最低工资标准向王某发放工资，远低于王某受伤前 12 个月的月平均工资 5500 元。王某认为公司未按法律规定支付停工留薪期工资，要求该公司按照自己受伤前 12 个月的月平均工资 5500 元支付停工留薪期工资差额。

【裁判观点】

根据《工伤保险条例》第三十三条规定，职工因工作遭受事故伤害或者患职业病需要暂停工作接受工伤医疗的，在停工留薪期内，原工资福利待遇不变，由所在单位按月支付。王某治疗这段时间属于停工留薪期，停工留薪期是指职工因工负伤、患职业病需要接受工伤医疗而暂停工作，由用人单位继续发给原工资福利待遇的一段时间。公司只按当地最低工资标准向王某发放工资，未达到王某原工资福利待遇水平，是不合理的。所以公司应按照王某受伤前 12 个月的月平均工资 5500 元标准支付停工留薪期工资差额。

法律分析

《工伤保险条例》第三十三条规定："职工因工作遭受事故伤害或者患职业病需

要暂停工作接受工伤医疗的，在停工留薪期内，原工资福利待遇不变，由所在单位按月支付。"依据上述条例的规定，工伤职工在停工留薪期的，用人单位应按照原工资福利待遇的标准，向工伤职工支付停工留薪期工资。但对于何为"原工资福利"，条例并未给出进一步的解释，往往会困扰着很多用人单位。当劳动者的工资结构仅为固定工资时，则关于停工留薪期工资标准的争议相对较小，但当劳动者的工资结构为固定工资＋浮动工资（如绩效等）时，浮动工资是否需要支付则经常引发争议，因此关于停工留薪期工资的支付问题，有必要通过各地的地方性规定和案例进行进一步的研究，笔者检索了部分地区的相关规定，详见合规依据部分。通过检索我们发现多数地区均确立了以工伤职工受伤前的月平均工资作为基数计算停工留薪期工资的规则，但在是否包含加班费上，各地又有所不同。

合规依据

《工伤保险条例》

第三十三条第一款 职工因工作遭受事故伤害或者患职业病需要暂停工作接受工伤医疗的，在停工留薪期内，原工资福利待遇不变，由所在单位按月支付。

《广东省工伤保险条例》

第六十四条 ……（二）原工资福利待遇，是指工伤职工在本单位受工伤前十二个月的平均工资福利待遇。工伤职工在本单位工作不足十二个月的，以实际月数计算平均工资福利待遇……

《广东省高级人民法院、广东省劳动人事争议仲裁委员会关于劳动人事争议仲裁与诉讼衔接若干意见》

七、在工伤停工留薪期内，劳动者的原工资福利待遇不变，由所在单位按月支付。工伤停工留薪期工资应按劳动者工伤前十二个月的平均工资（包括加班工资）支付。

《吉林省实施〈工伤保险条例〉办法》

第三十四条第一款 工伤职工在停工留薪期内，用人单位不得解除劳动（人事）关系，按本人受到事故伤害或被诊断为职业病前12个月平均工资和福利支付停工留薪待遇。停工留薪期内需要护理的，由用人单位指派专人护理。用人单位不派人护理的，按照统筹地区上年度在岗职工平均工资1人的标准支付护理费。

《厦门市工伤保险待遇管理办法》

第十六条 用人单位应当按照《福建省工伤职工停工留薪期管理办法》的规定，

及时为工伤职工确定停工留薪期,并按照《条例》第三十三条的规定向工伤职工支付停工留薪期内的工资福利待遇。工伤职工受伤前在用人单位工作已满12个月的,按受伤前12个月应发工资的月平均工资计算原工资福利待遇,应发工资包括计时工资、计件工资、奖金、津贴和补贴、加班加点工资、特殊情况下支付的工资等;未满12个月的,按实际工作月数应发工资的月平均工资计算原工资福利待遇;未满1个月的,按合同约定的月工资计算原工资福利待遇;尚未约定或无法确定原工资额度的,按不低于受伤时本市上年度职工月平均工资的60%计算原工资福利待遇。生活不能自理的工伤职工在停工留薪期内需要护理的,由用人单位负责。用人单位以支付护理费方式代替护理的,护理人数及护理期限由就诊医疗机构确认,护理人员每人每日护理费不得低于本市上年度职工月平均工资除以21后的60%。

合规要点3:依法参加社会活动期间的工资支付

劳动者依法参加社会活动的权利是受法律保护的。《工资支付暂行规定》第十条规定,劳动者在法定工作时间内依法参加社会活动期间,用人单位应视同其提供了正常劳动而支付工资。社会活动包括:依法行使选举权或被选举权;当选代表出席乡(镇)、区以上政府、党派、工会、青年团、妇女联合会等组织召开的会议;出任人民法庭证明人;出席劳动模范、先进工作者大会;《工会法》规定的不脱产工会基层委员会委员因工作活动占用的生产或工作时间;其他依法参加的社会活动。

案例参考

劳动者依法参加社会活动期间不应扣除工资

孙某来自一个偏远的农村,独自一人来到大城市打拼,现在是一家公司的会计。一天孙某正在上班,他的母亲给他打电话,称孙某的家乡将于后天进行选举,希望孙某回家行使选举权。孙某答应了母亲的要求,于是找经理请假。说明请假事由后,经理批准了孙某的请假。就这样,孙某按时回家参加了选举,选举活动一结束,便立刻回到了公司。月底发工资的时候,孙某发现自己的工资比上个月少了300元钱。孙某感到很疑惑,便去询问专管发放工资同事。同事告诉孙某,因为孙某参加选举,请了两天的假,所以扣掉300元钱。

法律分析

除前述《工资支付暂行规定》和《工会法》的相关规定外，我国《劳动法》第五十一条也规定，劳动者在法定工作时间内参加社会活动，应视为提供了正常劳动，用人单位应向劳动者支付工资。在本案中，依照上述相关法律的规定，孙某回家乡行使选举权，依法参加社会活动。因此公司不应扣除其工资，公司的做法是违反法律规定的。孙某可以与公司协商，维护自己的合法权益，也可以通过仲裁或者诉讼的途径维护自身的合法权益。

合规依据

《劳动法》

第五十一条 劳动者在法定休假日和婚丧假期间以及依法参加社会活动期间，用人单位应当依法支付工资。

《工会法》

第四十一条第二款 基层工会的非专职委员占用生产或者工作时间参加会议或者从事工会工作，每月不超过三个工作日，其工资照发，其他待遇不受影响。

《工资支付暂行规定》

第十条 劳动者在法定工作时间内依法参加社会活动期间，用人单位应视同其提供了正常劳动而支付工资。社会活动包括：依法行使选举权或被选举权；当选代表出席乡（镇）、区以上政府、党派、工会、青年团、妇女联合会等组织召开的会议；出任人民法庭证明人；出席劳动模范、先进工作者大会……

第五章 工时与休息休假管理

第一节　工时管理

合规要点 1：工时制度的种类

工时制度是劳动者在一定时间内的劳动时间的有关规定。根据法律、法规的规定，我国目前有三种工时制度：标准工时制、综合计算工时工作制、不定时工作制。

1. 标准工时制

标准工时制是由立法确定一天 24 小时中的工作时间长度、一周中工作日天数，并要求各用人单位和一般职工普遍实行的基本工时制度。标准工时制度的确定，给其他工时制度的设定提供了参考。在衡量劳动者的工作强度、给付劳动报酬、保障劳动者休息权利方面具有重要意义。

在标准工时制下，《劳动法》第三十六条规定："国家实行劳动者每日工作时间不超过八小时、平均每周工作时间不超过四十四小时的工时制度。"《国务院关于职工工作时间的规定》第三条规定："职工每日工作 8 小时、每周工作 40 小时。"上述两个规定在每周工作时长方面存在差异，司法解释也没针对该问题给出明确的答复，没有说明当两者出现矛盾时应该以哪个标准为准，在实践中，适用两个工作时长的情况均有出现，以实际裁判结果为准。

2. 综合计算工时工作制

综合计算工时工作制是指针对因工作性质特殊，需连续作业或受季节及自然条件限制的企业部分职工，采用以周、月、季、年等为周期的综合计算工作时间的一种工时制度。在综合计算工时工作制度下，某一天、某一周的工作时间可以超过标准工时制度的规定，但是在整个计算周期内的实际总工作时间不应超过标准工时制度下的总工作时间，超过的部分应视为延时加班并支付加班费。另外，延长工作时间的小时数平均每月不得超过 36 小时。

根据《劳动部关于企业实行不定时工作制和综合计算工时工作制的审批办法》（劳部发〔1994〕503 号）第五条的规定，企业对符合下列条件之一的职工，可实行综合计算工时工作制：①交通、铁路、邮电、水运、航空、渔业等行业中因工作性质特殊，需连续作业的职工；②地质及资源勘探、建筑、制盐、制糖、旅游等受季节和自然条件限制的行业的部分职工；③其他适合实行综合计算工时工作制的职工。

3. 不定时工作制

不定时工作制是指没有固定工作时间的限制，针对因生产特点、工作特殊需要或职责范围的关系，需要连续上班或难以按时上下班，无法适用标准工作时间或需要机动作业的劳动者而采用的一种工作时间制度。

根据《劳动部关于企业实行不定时工作制和综合计算工时工作制的审批办法》（劳部发〔1994〕503号）第四条的规定，企业对符合下列条件之一的职工，可以实行不定时工作制：（1）企业中的高级管理人员、外勤人员、推销人员、部分值班人员和其他因工作无法按标准工作时间衡量的职工；（2）企业中的长途运输人员、出租汽车司机和铁路、港口、仓库的部分装卸人员以及因工作性质特殊，需机动作业的职工；（3）其他因生产特点、工作特殊需要或职责范围的关系，适合实行不定时工作制的职工。

为了叙述方便，以下将综合计算工时工作制、不定时工作制合并简称为"特殊工时制"。

合规要点2：特殊工时制度的使用规则

大多数用人单位或者岗位适用标准工时制，劳动者在和用人单位签订劳动合同时，工时制度普遍能够在合同中载明。实践中，结合劳动者的考勤记录即能够证明。但是，实践中往往存在劳动合同约定的工时制度和实际实行工时制度不相符的情形。在此情况下，对于判断劳动者具体适用的是何种工时制度，存在不同的观点。

1. 以劳动行政部门批准为前提

该观点严格执行《劳动法》第三十九条的规定，即"企业因生产特点不能实行本法第三十六条、第三十八条规定的，经劳动行政部门批准，可以实行其他工作和休息办法"。据此，用人单位实行特殊工时制应当报请劳动行政部门批准，未经批准不能实行特殊工时制。

案例参考

适用不定时工作制应依规定进行审批

周某于2012年6月12日入职某公司，任职保安岗位，双方签订劳动合同，约定实行不定时工作制度，但是未得到劳动行政部门审批。周某的工作为上班24小时，休息24小时，从前一日早8点至后一日早8点。偶尔有串休或者其他未上班情况，夜间不定时巡查一次厂区情况，通过打卡考勤。周某于2017年离职并提起劳动仲裁，要求公司支付超时工作加班费。该诉求在一审、二审阶段均被支持。

【裁判观点】

一审法院认为，双方约定不定时工作制，因未经劳动行政部门批准，应适用标准工时制，超出法定工作时间部分应计算加班时间，公司应支付周某加班工资。

二审法院认为，企业实行不定时工作制应经劳动行政部门批准，未经审批应按照标准工时制计算员工工作时间。虽然双方签订的劳动合同约定实行不定时工作制，但未经劳动行政部门审批，原审法院审查后亦据此认定双方之间按照标准工时制计算工作时间，故周某该项诉请原审法院已经支持，二审法院依法予以维持。

法律分析

部分岗位因为工作性质或生产特点的特殊性，导致劳动者无法按照标准工时制执行工作和接受考核，所以才允许用人单位经过审批后实行特殊工时制。用人单位采用特殊工时制需要以获得行政审批为前提，且法律规定特殊工时制需要审批就是为了保障职工的休息休假时间，如果用人单位可以随意约定，实质上损害了劳动者最基本的休息权利，且特殊工时制并非所有员工都适用，更不是用人单位用来规避加班费的万能"盾牌"。

2. 以劳动者与用人单位的约定为前提

该观点认为，劳动合同中的约定内容为劳动关系双方的真实意思表示，根据民法典中有关合同的"意思自治"原则，如果劳动关系双方通过合同约定确定了工时制度，即使没有经过劳动行政部门的审批，也不妨碍合同中有关内容的生效，因此劳动关系双方的约定应认定为有效，故应当按照双方的约定来确定工时制度。

3. 结合实际情况综合认定

该观点认为，确定劳动者具体实行的工时制度应当综合实际情况来判定：①劳动合同约定采用特殊工时制，劳动行政部门也审批通过的，则当然应认定采用的是特殊工时制；②劳动合同没有约定采用特殊工时制，但是该岗位通过了劳动行政部门有关特殊工时制的审批，则应当认定劳动者实行的是特殊工时制；③根据劳动者实际的工作岗位进行判定，如果该岗位属于《劳动部关于企业实行不定时工作制和综合计算工时工作制的审批办法》（劳部发〔1994〕503号）规定的可以实行特殊工时制的范围，而且劳动者的工作特点也符合上述规定的，则可以认定劳动者实行的是特殊工时制。

案例参考

根据实际情况认定实行何种工时制度

2003年9月5日孟某入职某商业公司，2009年3月6日双方签订至2014年3月5日的劳动合同，约定工作实行不定时工作制，且该岗位经过劳动行政部门审批。孟某每周工作六天，正常工作时间为9:00-18:00，中午休息一个半小时。2013年9月孟某因旷工被解除劳动合同。孟某不服，申请仲裁，要求单位支付违法解除劳动合同赔偿金及休息日加班费工资，后双方诉至法院。

【裁判观点】

仲裁阶段驳回了孟某的请求；一审阶段判决用人单位支付休息日加班费，驳回其他请求；二审维持原判。某公司实行不定时工作制已通过劳动行政部门审批，且与孟某在劳动合同中也已明确约定，但在实际履行过程中，公司仍然按照标准工时制来要求孟某，每周工作六天，每天工作7.5小时，并且存在大量调休。故，法院最终认为，公司的做法不符合不定时工作制的条件，其主张员工适用不定时工作制度，不支付加班费的理由不能成立，仍应按照标准工时支付员工休息日加班费。

法律分析

实践中对于不定时工作制的实施有以下几点需要注意：①不定时工作岗位获得劳动行政部门的审批；②具体适用不定时工作制需要通过合同约定或告知等方式确认；③岗位性质须满足条件，且向劳动行政部门申请的岗位名称与劳动合同约定的岗位名称应当一致。

合规要点3：三种工时制度的区别

1. 适用的岗位不同

标准工时制适用于一般劳动者，生活中绝大多数工作岗位适用的都是标准工时制。

综合计算工时工作制适用于三种特定劳动者：①交通、铁路、邮电、水运、航空、渔业等行业中因工作性质特殊，需连续作业的职工；②地质及资源勘探、建筑、制盐、制糖、旅游等受季节和自然条件限制的行业的部分职工；③其他适合实行综合计算工时工作制的职工。

不定时工作制适用于三种特定劳动者：（1）企业中的高级管理人员、外勤人员、推销人员、部分值班人员和其他因工作无法按标准工作时间衡量的职工；（2）企业中的长途运输人员、出租汽车司机和铁路、港口、仓库的部分装卸人员以及因工作性质特殊，需机动作业的职工；（3）其他因生产特点、工作特殊需要或职责范围的关系，适合实行不定时工作制的职工。

综合分析三种工时制度适用的对象，笔者认为可以大致划分一个区别标准：标准工时制适用于绝大多数普通劳动者；综合计算工时工作制适用于需要在一个时期连续工作的劳动者；不定时工作制适用于需要机动工作（缺少工作规律）的劳动者。

案例参考

高级管理人员的加班工资认定

葛某于 2015 年 7 月 1 日入职某软件公司任总经理，2016 年 3 月 15 日，双方解除劳动关系，后葛某以要求某软件公司支付 2016 年 1 月至 3 月加班工资为由诉至法院。

【裁判观点】

葛某系某软件公司总经理，属于高级管理人员。在适用不定时工作制的前提下，即使其有延时或休息日工作的情况，也不能当然视为加班，故对葛某要求加班工资的请求未予支持。

法律分析

公司高管负责企业日常经营管理事务，由于随时处理各种突发事务和管理之需，工作时间具有不确定性和灵活性。对于公司高管要求支付加班工资的，应当在尊重双方当事人约定的基础上，参考工时制度、工资明细等内容合理确认加班工资的支付。如果用人单位与公司高管约定实行不定时工作制，公司高管要求用人单位支付加班工资的，不应予以支持。

2. 工作时间不同

标准工时制要求每天工作 8 小时，每周 40 个小时，用人单位应保证劳动者每周至少休息 1 日。

综合计算工时工作制以月、季、年为周期综合计算工作时间。在综合计算周期内，某一具体日（或周）的实际工作时间可以超过 8 小时（或 40 小时），但综合计算周期内的总实际工作时间应当不能超过总法定标准工作时间，超过部分应当支付加班费。

不定时工作制则更为灵活，不受《劳动法》第四十一条规定的日延长工作时间标准和月延长工作时间标准的限制。

3.是否需要劳动行政部门审批不同

标准工时制无须审批。综合计算工时工作制、不定时工作制需要劳动行政部门批准，但是在司法实务中，很多法院倾向于认为行政审批并不是特殊工时制成立的唯一充要条件，需要结合具体个案具体认定。

三种工时制度的综合对比参见表5-1。

表5-1 标准工时制、综合计算工时工作制、不定时工作制综合对比

	标准工时制	综合计算工时工作制	不定时工作制
性质	工作时间定工作量	工作时间定工作量	直接确定工作量
范围	一般劳动者	特定的三类人员	特定的三类人员
内容	8小时/天 40小时/周	一个周期内平均 8小时/天，40小时/周	无固定时间要求
要求	无须批准	需劳动部门批准	需劳动部门批准
加班	工作时间超过标准时间就是加班，休息日法定节假日安排工作也是加班	一个周期内超过总标准工作时间即属于延时加班；法定节假日安排工作属于法定节假日加班	一般不存在加班，只有法定节假日安排工作才有可能被认定为属于加班[①]

---

① 注：针对此观点，不同地区存在不同的裁判口径，请以实际情况为准，以下仅就其中的部分观点进行展示：

不支持支付法定节假日加班费的观点：

原劳动部《工资支付暂行规定》第十三条对不同工作时间制度加班费的计算进行了规定，其最后一款规定："实行不定时工时制度的劳动者，不执行上述规定。"

《北京市工资支付规定》（2007年修订）第十四条第三项规定："（三）在法定休假日工作的，应当按照不低于日或者小时工资基数的300%支付加班工资。"第十七条规定："用人单位经批准实行不定时工作制度的，不适用本规定第十四条的规定。"

《辽宁省工资支付规定》第二十一条规定：除实行不定时工作制的以外，用人单位安排劳动者在法定节假日工作的，按照不低于劳动者本人日工资基数或者小时工资基数的300%支付。

支持支付法定节假日加班费的观点：

《上海市企业工资支付办法》（2016年修订）第十三条第一款第三项规定："安排劳动者在法定休假节日工作的，按照不低于劳动者本人日或小时工资的300%支付"，并规定："经人力资源社会保障行政部门批准实行不定时工时制的劳动者，在法定休假节日由企业安排工作的，按本条第（三）项的规定支付加班工资。"（转下页）

合规要点 4：未约定工作时间的劳动合同的效力

根据《劳动合同法》第二十六条第一款的规定，有以下情形之一的劳动合同会认定为部分无效或全部无效：1. 以欺诈、胁迫的手段或者乘人之危，使对方在违背真实意思的情况下订立或者变更劳动合同的；2. 用人单位免除自己的法定责任、排除劳动者权利的；3. 违反法律、行政法规强制性规定的。工作时间是劳动合同的必备条款，但未约定该条款并不当然地推定合同无效。因为从保护劳动关系双方的利益角度考虑，虽然双方没有在合同中明确约定工作时间，但已实际履行了劳动合同

（接上页）《深圳市员工工资支付条例》（2022 年修正）第二十条规定："用人单位安排实行不定时工作制的员工在法定休假节日工作的，按照不低于员工本人正常工作时间工资的百分之三百支付员工加班工资。"

各地规定简要汇总：

不支持支付法定节假日加班费的地区	
地 区（省/市）	依 据
北京	《北京市工资支付规定》
广东	《广东省工资支付条例》
浙江	《工资支付暂行办法》
天津	《天津市工资支付规定》
江苏	《江苏省工资支付条例》
山东	《山东省企业工资支付规定》
辽宁	《辽宁省工资支付规定》
安徽	《安徽省工资支付规定》
江西	《江西省工资支付规定》
吉林	《吉林省企业工资支付暂行规定》
内蒙古	《内蒙古自治区企业工资支付暂行规定》
支持支付法定节假日加班费的地区	
上海	《上海市企业工资支付办法》
厦门	《厦门市企业工资支付条例》
南京	《南京市企业工资支付条例》
深圳	《深圳市员工工资支付条例》
湖南	《湖南省工资支付监督管理办法》

的，应通过其他补充手段来解决此问题，如协商。

劳动合同的必备条款涉及劳动关系双方具体的权利义务，但缺少某一条款并不会动摇双方建立劳动关系的合意，欠缺必备条款表明双方未就劳动合同的内容完全达成一致，并不当然导致劳动合同无效。欠缺必备条款而实际用工的情况下，双方劳动关系仍然存在。

按照前述分析，没有约定工作时间的劳动合同，可能会被视为双方依照标准工时工作制来确定权利义务。所以，笔者建议，如果用人单位的工作内容适合非标准工时工作制，则应及时申请劳动行政部门审批。

合规依据

《劳动法》

第三十六条 国家实行劳动者每日工作时间不超过八小时、平均每周工作时间不超过四十四小时的工时制度。

第三十九条 企业因生产特点不能实行本法第三十六条、第三十八条规定的，经劳动行政部门批准，可以实行其他工作和休息办法。

《劳动部关于企业实行不定时工作制和综合计算工时工作制的审批办法》（劳部发〔1994〕503号）

第四条 企业对符合下列条件之一的职工，可以实行不定时工作制。（一）企业中的高级管理人员、外勤人员、推销人员、部分值班人员和其他因工作无法按标准工作时间衡量的职工；（二）企业中的长途运输人员、出租汽车司机和铁路、港口、仓库的部分装卸人员以及因工作性质特殊，需机动作业的职工；（三）其他因生产特点、工作特殊需要或职责范围的关系，适合实行不定时工作制的职工。

第五条 企业对符合下列条件之一的职工，可实行综合计算工时工作制，即分别以周、月、季、年等为周期，综合计算工作时间，但其平均日工作时间和平均周工作时间应与法定标准工作时间基本相同。（一）交通、铁路、邮电、水运、航空、渔业等行业中因工作性质特殊，需连续作业的职工；（二）地质及资源勘探、建筑、制盐、制糖、旅游等受季节和自然条件限制的行业的部分职工；（三）其他适合实行综合计算工时工作制的职工。

《国务院关于职工工作时间的规定》（1995年修订）

第三条 职工每日工作8小时、每周工作40小时。

第二节 加班管理

合规要点1：加班的种类

1. 延时加班

在标准工时制度下，劳动者每天工作8小时，每周40个小时，用人单位应保证劳动者每周至少休息1日。因生产经营需要，经与工会和劳动者协商，一般每天延长工作时间不得超过1小时，特殊原因每天延长工作时间不得超过3小时，每月延长工作时间不得超过36小时。

在综合计算工时工作制度下，劳动者以周、月、季、年为周期综合计算工作时间。在综合计算周期内，劳动者的平均工作时间不能超过总法定标准工作时间（8小时/日，或者40小时/周），超过部分应视作加班。

依据《劳动法》第四十四条的规定，延时加班的，应当向劳动者支付不低于工资150%的工资报酬。

2. 休息日加班

依据《劳动法》第三十八条的规定：用人单位应当保证劳动者每周至少休息一日。在休息日安排劳动者工作，又不能安排补休的，应当视作加班，依据《劳动法》第四十四条的规定，应当向劳动者支付不低于工资200%的工资报酬。

3. 法定节假日加班

节假日属于法定带薪休假，无论采用何种工时制度、无论在节假日工作了几个小时都算加班。法定休假日安排劳动者工作的，用人单位应当支付不低于工资300%的工资报酬。

需要特别说明的是，法定休假日安排劳动者工作的，该加班不能作调休处理。

案例参考

法定节假日加班不能以调休抵销加班工资

靳某于2014年4月1日入职某工程监理公司，职务为总监，2017年3月公司单方面解除了劳动合同，靳某遂提起劳动仲裁，诉求为支付违法解除赔偿金、拖欠工资、法定节假日加班费等，后双方诉至法院。

【裁判观点】

一审法院认为，依据相关法律规定，法定节假日加班不能调休，故用人单位应支付靳某法定节假日加班工资差额。

二审法院维持上述判决。

法律分析

根据《劳动法》第四十条、第四十四条的规定，在法定节假日安排加班的，应当按不少于工资300%的标准发放加班工资。这意味着，如果在法定节假日上班，用人单位必须支付不低于劳动合同规定的劳动者本人日或小时工资的300%作为加班费，而不能通过调休的方式补偿。此外，法律并没有规定在法定节假日加班可以选择调休，而是明确了加班费的支付标准。因此，一旦发生法定节假日加班的情况，用人单位就应当按照法律规定支付相应的加班费用，而不能以调休替代加班费。

合规要点 2：考勤与加班认定

劳动者的电子打卡记录，作为公司在考勤方面的一项管理措施，客观来说，只能说明劳动者到达和离开公司的具体时间。所以，仅凭借电子打卡记录，并不能证明劳动者从事加班工作。如果劳动者仅依据电子打卡记录，要求用人单位支付加班费，那么从证据的效力上来分析，并不足以证明是否存在加班的事实，因此电子打卡记录作为加班证明的证据效力不足。

案例参考

根据岗位工作内容的实际情况认定劳动者加班与否

毛某于2017年12月12日入职某企业管理服务公司，双方签订期限为2017年12月12日至2020年12月11日的劳动合同，后续签期限为2020年12月10日至2023年12月9日的劳动合同，职务为店长。2022年2月15日毛某以用人单位未及时足额支付工资为由提出解除劳动合同并提起劳动仲裁，诉求为支付经济补偿金、延时加班费、法定节假日加班费、未休年休假加班费等。

【裁判观点】

劳动者主张加班工资的，应当就加班事实承担举证责任。毛某提交了考勤表及工资表和预约客户单等证据，考勤表上记载的为打卡时间，并非毛某真正的工作时间，根据毛某提交的预约客户单记载以及证人的陈述，实际工作时间取决于有无客户以及与客户预约的时间，毛某以打卡时间累加主张加班工资缺乏合理性……此外，关于加班需要考量劳动者对工作时间是否有自主选择权，在该案件中，毛某的自主选择权体现得较为明显，用人单位对毛某工作时间的"支配权"弱化，毛某只需按照要求进行打卡，至于如何排班、如何预约顾客、如何提升业绩，都由毛某进行安排，与用人单位强制要求加班明显不同。综上，对毛某要求用人单位支付延时加班工资和双休日加班工资的请求不予支持。

法律分析

打卡记录可以作为考勤管理的依据之一，但不具备单独作为加班证据的法律效力和说服力。为了有效证明加班事实，还可能需要其他形式的书面证明材料，如加班审批表、书面确认等。根据相关规定，加班通常是由用人单位根据生产经营的需要安排劳动者进行的额外工作或相关活动。打卡记录反映了劳动者到达和离开单位的时间，但它只能证明劳动者何时进入和离开了工作场所，而不能直接证明延时打卡的具体原因、延时期间是否提供了劳动以及劳动的内容。

合规要点3：加班管理

1. 建立加班审批制度

加班首先体现的是用人单位的意志，《劳动法》第四十四条和《工资支付暂行规定》第十三条的规定均体现出了用人单位的主导地位，用人单位有提出加班建议与审核批准加班的权利，在取得工会和劳动者的同意后，可安排加班。劳动者可以主动提出延长工作时间，在取得用人单位批准后，可加班。换言之，只有当用人单位安排劳动者加班或者劳动者的加班得到了用人单位的批准或认可，用人单位才有义务向劳动者支付加班费。

劳动者自愿加班，或者因劳动者原因（如效率低下等）正常工作时间内无法完成工作任务而导致加班的，用人单位可以不支付加班费。

案例参考

依据用人单位加班审批制度认定劳动者加班与否

郭某于2022年6月入职某物业管理公司，任人事行政经理一职。双方签订的《劳动合同》第6条约定："若因工作需要加班的，则应履行如下加班审批程序：乙方应事先提交书面加班申请，由加班审批人签字批准，即仅凭出勤记录／打卡记录不能直接认定劳动者是否加班。"2022年9月7日，公司以郭某严重违反公司规章制度为由，依据法律规定及公司规章制度与其解除劳动合同。郭某遂提起劳动仲裁，诉求为支付年终奖金、延时加班费等，后双方诉至法院。

【裁判观点】

双方确认，经签署加班审批程序确认并经出勤记录／打卡记录证明的加班为有效加班，对于劳动者有效加班，用人单位将依法对劳动者安排补休或支付加班费。结合用人单位提供的考勤记录，郭某未能举证证明已按规定履行加班审批程序，因此不能仅凭考勤记录认定郭某存在有效加班，故对于郭某主张的加班费，法院不予支持。

法律分析

在实践中，普遍存在劳动者提前打卡或延迟打卡的行为，这些行为也只能表明劳动者到达了或离开了用人单位，但不能推断出加班事实的存在。如果劳动者想要证明加班事实，应负有相应的举证责任，如提供加班审批文件、工作任务分配记录或其他相关证据。如果没有足够的证据支持加班事实，那么仅凭打卡记录是不足以证明存在加班行为的。此外，加班审批制度能够被法院认可的前提是用人单位在员工管理制度中有明确的相关条款，且该制度经过了合法的民主程序，这样才能被认定为具有约束效力。

2. 举证责任分配

《最高人民法院关于审理劳动争议案件适用法律问题的解释（一）》（法释〔2020〕26号）第四十二条规定："劳动者主张加班费的，应当就加班事实的存在承担举证责任。但劳动者有证据证明用人单位掌握加班事实存在的证据，用人单位不提供的，由用人单位承担不利后果。"

《劳动争议调解仲裁法》第六条规定："发生劳动争议，当事人对自己提出的主张，有责任提供证据。与争议事项有关的证据属于用人单位掌握管理的，用人单位应当提供；用人单位不提供的，应当承担不利后果。"

前述两条规定基本在延续"谁主张，谁举证"这一民事诉讼的一般原则，但所不同的是，对劳动者的举证责任作了适当弱化，即劳动者无须承担与主张对等的举证责任，只需证明该主张对应的证据由用人单位掌握，如果有证据证明用人单位的确掌握该证据而拒不提供的，则败诉的责任由用人单位承担。因此，在加班争议中，劳动者如果主张单位掌握其加班的证据，但用人单位一直拒绝提供的，那么用人单位应当承担举证不能的后果。

需要说明的是，劳动者在主张用人单位存在加班证据时，应当承担举证责任，如果劳动者不能证明用人单位存在加班证据，那么劳动者的主张就有可能不被裁判机构接受。

案例参考

劳动者主张加班应依法举证

马某于2021年8月4日入职某网络公司，2022年1月14日被用人单位以"试用期内不符合录用条件"为由解除劳动合同。马某遂提起劳动仲裁，仲裁请求为支付违法解除赔偿金、延时加班费等，后双方诉至法院。

【裁判观点】

《最高人民法院关于审理劳动争议案件适用法律问题的解释（一）》第四十二条规定，劳动者主张加班费的，应当就加班事实的存在承担举证责任。但劳动者有证据证明用人单位掌握加班事实存在的证据，用人单位不提供的，由用人单位承担不利后果。本案中，马某提交的证据中没有公司针对其加班的签章或书面意见，与用人单位提交的员工手册中规定的加班管理制度不符，此外马某也没有提交证据证明用人单位掌握其加班的相关证据，故对于马某主张的延时加班费，因证据不足法院不予以支持。

法律分析

当事人对自己提出的主张，有责任提供证据。与争议事项有关的证据属于用人单位掌握管理的，用人单位应当提供；用人单位不提供的，应当承担不利后果。劳动者在证明自己存在加班时，仅仅提供打卡记录是不够的，还应当提供在加班中完成的工作内容、成果等实质性证据。

3. 加班管理的注意事项

（1）用人单位应用合法的程序通过书面方式制定加班制度。相关的内容包括：制定完善的考勤制度、制定详细的加班申请和审批制度、制定适用于用人单位实际情况的工时制度、制定合理的考勤卡管理制度等。

（2）避免形成加班文化、合理分配劳动者工作、提高劳动者的工作效率、增加劳动者的数量都是控制加班的主动手段。严格加班申请和批准流程是效果最好的办法，如将加班的审批权交给管理层，会最大限度地减少加班。将加班作为对管理者的绩效考核指标（加班时数和绩效成反比），也是非常好的控制手段。

（3）根据不同岗位的实际情况选择合适的工时制度，如对高管、销售、司机等工作时间弹性较大的岗位可申请不定时工作制，对受季节性影响较大的生产性岗位可申请综合计算工时制。

（4）用人单位应慎重使用通过变相的手段促使劳动者"主动加班"从而逃避加班费的做法，因为用人单位有义务管理劳动者，有义务保证劳动者的休息和健康。如劳动者因"主动加班"失去了休息时间并损害了健康，用人单位依然要承担相应的责任。

（5）相关"加班福利"可能作为认定加班的证据。用人单位没有直接安排劳动者加班，但为延长工作时间的劳动者报销交通费、提供餐费补助等，可能据此被认定为加班。

案例参考

用人单位关于认定加班的规章制度应合法合理

常某于2016年4月入职某网络公司。入职之初，某网络公司通过电子邮件告知常某，公司采取指纹打卡考勤。员工手册规定："21：00之后起算加班时间；加班需由员工提出申请，部门负责人审批。"常某于2016年5月至2017年1月通过工作系统累计申请加班126小时。某网络公司以公司规章制度中明确21：00之后方起算加班时间，21：00之前的不应计入加班时间为由，拒绝支付常某加班费差额。常某遂提起仲裁，请求裁决某网络公司支付其加班费差额。某网络公司不服仲裁裁决，诉至人民法院。

【裁判观点】

一审法院判决：某网络公司支付常某加班费差额32000元。双方不服，均提起上诉。二审法院判决：驳回上诉，维持原判。

本案中，一方面，某网络公司的员工手册规定有加班申请审批制度，该规定并不违反法律规定，且具有合理性，在劳动者明知此规定的情况下，可以作为确定双方权利义务的依据。另一方面，某网络公司的员工手册规定 21：00 之后起算加班时间，并主张 18：00 至 21：00 是员工晚餐和休息时间，故自 21：00 起算加班。鉴于 18：00 至 21：00 时间长达 3 个小时，远超过合理用餐时间，且在下班 3 个小时后再加班，不具有合理性。在某网络公司不能举证证实该段时间为员工晚餐和休息时间的情况下，其规章制度中的该项规定不具有合理性，员工手册中此部分内容不具有效力。法院结合考勤记录、工作系统记录等证据，确定了常某的加班事实，判决某网络公司支付常某加班费差额。

法律分析

用人单位应当根据单位实际，制定更为人性化的规章制度，用人单位制定的合理合法的规章制度，可以作为确定用人单位、劳动者权利义务的依据。一旦用人单位以规章制度形式规避应当承担的用工成本，侵害劳动者的合法权益，仲裁委员会、人民法院就应当依法予以审查，充分保护劳动者的合法权益。

合规要点 4：加班与值班

1. 值班与加班的区别

值班行为要求劳动者长时间驻留在用人单位，该时间通常要比标准工时制度下的劳动时间长很多。当劳动关系双方发生纠纷的时候，劳动者往往会以"上班时间远超 8 小时"为由主张存在加班行为，要求用人单位向其支付值班期间的加班费。判断值班是否属于加班，首先要搞清楚值班、加班二者之间的区别：

（1）值班一般是指用人单位为临时负责接听电话、看门、防火、防盗或为处理突发事件、紧急公务处理等原因，安排本单位有关人员在夜间、公休日、法定休假日等非工作时间进行值守。值班时，劳动者一般不从事本岗位正常工作时间内进行的劳动活动，值班内容也与值班人员的日常工作内容没有必然联系。加班是指用人单位因生产经营需要，安排劳动者在法定标准工作时间之外，继续从事本职工作。

（2）值班时，值班人员除了保证不脱岗、能够应对突发情况之外，可以休息或者自主安排其他活动。加班一般由于工作量大或时间紧迫，劳动者无法在正常时间内完成生产任务，不得不通过延长劳动时间的方法来弥补时间的不足，在此期间仍然要遵守劳动纪律。

（3）当前，尚未有专门的法律对值班进行规范，多由用人单位的规章制度、劳动合同等予以自行规定或约定。《劳动法》《工资支付暂行规定》等法律法规对加班程序、加班报酬等作出了具体规定。

2. 值班的劳动补偿

按照上述标准来区别两者是相对容易的，但是对于某些岗位而言，其值班时的工作内容和正常的工作内容基本一致，此时不宜将其值班行为单纯地认定为值班，而是应当认定为加班。例如，保安、维修等工作岗位。但是从工作强度角度来看，鉴于劳动者在值班期间可以休息或者自主安排其他活动，工作强度低于正常工作时间，因此计算加班费时可以酌情减少或不予计发加班费。

3. 法定节假日值班是否算加班

在法定节假日值班通常不算加班，不能享受加班费待遇。如上文所述，安排值班通常是为了处理突发事件，工作量一般较小，如果没有什么具体的事宜，值班的过程中一般以休息为主，这与加班行为是有本质上区别的。因此，即使是在法定节假日，也不能将值班视作加班，劳动者只能要求用人单位按照劳动合同、规章制度或惯例等支付相应待遇。

案例参考

值班不等于加班

2010年2月28日，金某与某市档案局签订劳动合同，合同期为2010年3月1日至2011年2月28日。合同约定：档案局发给金某每月固定工资1050元，另发午餐补贴和福利，不再享受加班费补贴；金某做好24小时的值班安全保卫、来访接待、公物管理等工作，承担内勤工作，还负责邮件收发、打扫卫生、垃圾清运等工作。之后金某一直居住生活在值班室，并利用档案局提供的电饭煲、电磁炉等工具做饭。2011年1月21日，有关部门向档案局发出《整改意见函》，认为该局存在"楼梯下使用明火、配电房堆放物品较多、未配备灭火器"的安全隐患，要求整改。合同期满后，档案局决定不再与金某续签合同。后，金某要求档案局支付加班工资，被拒，双方遂发生劳动争议。

【裁判观点】

金某的岗位为值班内勤，其工作内容为 24 小时的安全保卫工作、并负责邮件收发、打扫卫生、垃圾清运等工作。双方所签的劳动合同也特别约定金某不享受加班费补贴。劳动合同履行期间，金某对约定内容也从未提出过异议。且金某平时居住生活都是在单位值班室，工作场所和住处高度重合，工作与生活状态不能严格区分。根据其在档案局的实际工作情况，值班期间也有足够的睡眠休息时间，故金某主张加班工资缺乏依据，不予支持。

法律分析

通常认为，值班并不能直接等同于加班，不应由用人单位支付加班费。但不管值班人员是休息还是巡视，主要任务是保障安全与值班时间的一些事务处理（或联络工作）。在值班期间假如发生意外（如盗窃、火灾等）应及时处理或告知，可见其职责重要。要求值班人员担当这样的责任，又不支付工资，是责任与利益的严重失衡，侵害了值班人员的劳动权益。因此，安排劳动者值班应当向其支付报酬。但值班不等同于加班，对于值班费或值班津贴的标准，相关法规中无明确规定，应按照用人单位相应的规章制度执行。

合规要点 5：退休劳务人员的加班认定

根据 2021 年 1 月 1 日施行的《最高人民法院关于审理劳动争议案件适用法律问题的解释（一）》第三十二条第一款的规定：用人单位与其招用的已经依法享受养老保险待遇或者领取退休金的人员发生用工争议而提起诉讼的，人民法院应当按劳务关系处理。针对此部分人员，应充分利用好法律规定灵活进行用工设计。对于退休返聘类的劳务关系劳动者而言，可以通过双方平等协商的方式进行处理。

退休返聘类劳务关系劳动者受到劳动法保护的程度较低，但是疏于管理和预案设计的话，也会给企业带来很多潜在问题，因此对于意外情形应事先做好预防方案和应对策略。比如，劳务费、工伤事项等，均可通过事先在合同中约定的方式进行预防性处理，一旦此种问题发生，首先可以优先适用双方合同的约定。因此，如果在劳务合同中没有明确写明加班费的给付方式，退休返聘者的加班费诉求一般无法得到法院系统的支持。

案例参考

劳务关系下不予认定加班

陈某,女,1967 年 9 月 17 日出生,于 2020 年 2 月 1 日入职某物业管理公司,双方签订了劳务协议。2021 年 8 月 31 日劳务合同到期后,用人单位不再与陈某续签,陈某遂提起仲裁,请求确认双方存在事实劳动关系,支付经济补偿金、代通知金、法定节假日加班费等,后双方诉至法院。

【裁判观点】

陈某自 2017 年 9 月 17 日起即达到退休年龄,且双方签订了《劳务协议(适用于退休返聘人员)》,该协议系双方真实意思表示,对双方均有约束力,根据协议约定双方应属劳务关系。综上,陈某主张双方存在事实劳动关系,缺乏事实和法律依据,法院不予支持。陈某主张支付经济补偿金、代通知金、加班费等,该主张均以双方存在劳动关系为前提,因双方并不存在劳动关系,故对原告提出的上述主张,法院不予支持。

法律分析

由于退休人员不属于《劳动法》中的劳动者,所以与公司的协议不属于劳动合同,而属于劳务合同。对于劳务合同中所谓的加班工资计算方式,法律没有规定,提供劳务者的报酬、福利、休息方式等没有最低标准要求,均可由双方自行约定。

合规要点 6:"微信加班"是否视为加班

1. 如何认定"微信加班"

随着经济发展及互联网技术的进步,劳动者的工作模式越来越灵活,可以通过电脑、手机随时随地提供劳动,不再拘束于用人单位提供的工作地点、办公工位,特别是劳动者在工作时间、场所以外利用微信等社交软件开展工作的情况并不鲜见。对于此类劳动者隐形加班问题,不能仅因劳动者未在用人单位工作场所工作而否定加班,应淡化工作场所概念,综合考虑劳动者是否提供实质工作内容认定加班情况。

在认定劳动者在非工作时间使用社交软件沟通这一行为是否属于加班时，沟通内容是认定加班的关键。《劳动法》第三条规定：劳动者享有休息休假的权利。因此劳动者在下班期间，理应得到充分休息。用人单位应该尊重劳动者的休息权，不应随意侵占劳动者的休息时间。如果劳动者在非工作时间使用社交软件工作超出一般简单沟通的范畴，劳动者付出实质性劳动内容，或者使用社交软件工作具有周期性和固定性，有别于临时性、偶发性的一般沟通，明显占用了劳动者休息时间，体现了用人单位管理用工的特点，则应当认定为加班。

案例参考

线上沟通工作也可能被认定为加班

李某于2019年4月1日入职某科技公司担任产品运营，双方签订劳动合同至2022年3月31日，其中约定李某执行不定时工作制（该公司未进行不定时工作制审批）。后因加班问题，双方发生劳动争议。李某提交《假期社群官方账号值班表》、微信记录、钉钉打卡记录，称其经常在下班后或假期，使用社交软件与客户及员工沟通，公司应向其支付加班费。

【裁判观点】

一审法院认为，李某虽提交了《假期社群官方账号值班表》，但其主张加班的大部分日期并非法定节假日，且不能证明加班时的具体工作内容、工作时长，因此法院不支持其主张法定节假日加班费的请求。最终，一审判决驳回李某的全部诉讼请求。李某不服，提起上诉。

二审法院认为，根据《劳动部关于企业实行不定时工作制和综合计算工时工作制的审批办法》规定，用人单位实行不定时工作制和综合计算工时工作制必须经劳动保障部门审批。本案中，虽然双方在合同中约定实行不定时工作制，但用人单位未获得不定时工作制审批。根据李某提供的微信记录、《假期社群官方账号值班表》等证据分析，用人单位存在工作日下班时间及休息日安排其工作的情形。

李某在部分工作日下班时间及休息日利用社交媒体工作已经超出了简单沟通的范畴，该工作内容具有周期性和固定性的特点，有别于临时性、偶发性的一般沟通，体现了用人单位管理用工的特点，应当认定构成加班；考虑到劳动者在加班时亦可从事其他生活活动，以全部时长作为加班时长有失公平，应当酌定用人单位支付的加班费数额。最终，二审法院判决用人单位向李某支付加班费3万元。

法律分析

上述案例系全国首例在裁判文书中明确"存在隐形加班"问题，对利用微信等社交媒体进行隐形加班提出相关认定标准的案件。在信息时代背景下，劳动者提供劳动的工具由实体化向数字化转变，随之也产生了加班"虚拟化""隐形化"的问题。新技术、新发展对既有审判规则提出新挑战。传统认定加班的案件一般要求工作场所固定化、工作时间可量化，对于劳动者在工作单位之外的地点，利用社交媒体等虚拟工具开展工作是否应认定为加班的问题，司法实践中缺乏认定标准。

科技在发展，工作模式在转变，司法实践也应与时俱进。对于此类在数字经济发展背景下产生的新型劳动争议问题，上述案例能动性地突破了传统加班认定模式，创造性地提出"提供工作实质性"原则和"占用时间明显性"原则作为对"隐形加班"问题的认定标准，填补了法律空白，保障了劳动者的"离线权"，为后续处理类似案件提供了参考与借鉴，深刻诠释了"能动司法"的理念，生动体现了法院在司法实践中发挥主观能动性、顺应科技发展、回应科技创新的态度与能力。

2."微信加班"时长如何计算

即使社交软件被用于工作，沟通内容被认定为加班，如何计算加班时长也是一大难题。社交软件沟通的即时性与延后性并存，往往使加班时间的计算变得复杂。

鉴于没有法规明确解释加班时间如何计算，考虑到劳动者在加班时亦可从事其他生活活动，以全部时长作为加班时长有失公平，应当酌定劳动者的加班时长。审判实践一般从以下两种情形考察：

（1）通过微信对劳动者作出非常具体的工作任务安排及工作时间安排的，则安排的工作时间认定为加班时间。例如，某案中微信聊天显示主管要求其下属："你周六来公司把项目计划书做好"，则该周六视为加班。

（2）微信要求劳动者加班，但没有明确具体工作时间的，如上述举例中的情形，一般按照以下原则确认具体加班时间。

1）辅助证据：如劳动者或用人单位提供证据证明一般情况下完成类似工作任务需要的时间；

2）合理性：一般不会把收到工作任务安排到反馈完成的期间都视作加班时间，

会根据具体工作任务以常理推测、具体对待。

合规依据

《劳动法》

第三条 劳动者享有平等就业和选择职业的权利、取得劳动报酬的权利、休息休假的权利、获得劳动安全卫生保护的权利、接受职业技能培训的权利、享受社会保险和福利的权利、提请劳动争议处理的权利以及法律规定的其他劳动权利。劳动者应当完成劳动任务，提高职业技能，执行劳动安全卫生规程，遵守劳动纪律和职业道德。

第三十八条 用人单位应当保证劳动者每周至少休息一日。

第四十条 用人单位在下列节日期间应当依法安排劳动者休假：（一）元旦；（二）春节；（三）国际劳动节；（四）国庆节；（五）法律、法规规定的其他休假节日。

第四十四条 有下列情形之一的，用人单位应当按照下列标准支付高于劳动者正常工作时间工资的工资报酬：（一）安排劳动者延长工作时间的，支付不低于工资的百分之一百五十的工资报酬；（二）休息日安排劳动者工作又不能安排补休的，支付不低于工资的百分之二百的工资报酬；（三）法定休假日安排劳动者工作的，支付不低于工资的百分之三百的工资报酬。

《劳动争议调解仲裁法》

第六条 发生劳动争议，当事人对自己提出的主张，有责任提供证据。与争议事项有关的证据属于用人单位掌握管理的，用人单位应当提供；用人单位不提供的，应当承担不利后果。

《工资支付暂行规定》

第十三条 用人单位在劳动者完成劳动定额或规定的工作任务后，根据实际需要安排劳动者在法定标准工作时间以外工作的，应按以下标准支付工资：（一）用人单位依法安排劳动者在日法定标准工作时间以外延长工作时间的，按照不低于劳动合同规定的劳动者本人小时工资标准的150％支付劳动者工资；（二）用人单位依法安排劳动者在休息日工作，而又不能安排补休的，按照不低于劳动合同规定的劳动者本人日或小时工资标准的200％支付劳动者工资；（三）用人单位依法安排劳动者在法定休假节日工作的，按照不低于劳动合同规定的劳动者本人日或小时工资标准的300％支付劳动者工资。实行计件工资的劳动者，在完成计件定额任务后，由用人单位安排延长工作时间的,应根据上述规定的原则,分别按照不低于其本人法定工作时间计件单价的 150%、200%、300% 支付其工资。经劳动行政部门批准实行综合计算工时工作制的,其综合计算工作时间超过法定标准工作时间的部分,应视为延长工作时间,并应按本规定支付劳动者延长工作时间的工资。实行不定时工时制度的劳动者,不执行上述规定。

《最高人民法院关于审理劳动争议案件适用法律问题的解释(一)》(法释〔2020〕26号)

第三十二条 用人单位与其招用的已经依法享受养老保险待遇或者领取退休金的人员发生用工争议而提起诉讼的,人民法院应当按劳务关系处理。企业停薪留职人员、未达到法定退休年龄的内退人员、下岗待岗人员以及企业经营性停产放长假人员,因与新的用人单位发生用工争议而提起诉讼的,人民法院应当按劳动关系处理。

第四十二条 劳动者主张加班费的,应当就加班事实的存在承担举证责任。但劳动者有证据证明用人单位掌握加班事实存在的证据,用人单位不提供的,由用人单位承担不利后果。

第三节 病假管理

合规要点1:病假与医疗期的区别

医疗期与病假是不同的概念,通常情况下不容易被区分。病假与医疗期不同,病假是劳动者患病或非因工负伤,经医生建议停止工作、治疗并需要离岗休息的期间。病假期间一般根据医生的专业意见,以及劳动者的病情或是伤势决定其长短,通过医嘱及开具的病假证明单的形式来确定。病假属于公司自主决策的范畴,目前没有明确的法律、法规对其作出具体的指导,通常其期限视病情程度而定,没有明确的准假标准。

医疗期是指企业职工因患病或非因工负伤停止工作治病休息不得解除劳动合同的时限。医疗期是一个明确的法律概念,具体规定可参见《企业职工患病或非因工负伤医疗期规定》(劳部发〔1994〕479号)。医疗期并非疾病或伤情彻底治愈的期间,其本质是劳动合同保护期，即在医疗期内，用人单位不能在劳动者无过错以及经济性裁员的情况下解除劳动合同。

综上，医疗期就是病假，但是病假不等同于医疗期。在一个累计计算周期内，医疗期届满后的病假不再受到医疗期相关政策的保护，用人单位可以根据员工的实际情况及内部相关规定进行处理。

案例参考

用人单位不得解除与医疗期内劳动者的劳动合同

2008年李某（女）与某人力资源公司签订了劳务派遣合同，约定2008年12月28日至2010年12月27日派遣李某至某检验检疫局从事辅助检疫工作。2010年8月，李某因被查出患有乳腺癌入院治疗。2011年3月24日，李某以承诺人的身份致函某检验检疫局，申请回到原工作岗位，并承诺"如因自身原因没能完成本职工作，愿无条件辞职，如发病等意外，一切后果自负，会自动辞职"等。某检验检疫局未同意李某申请，于2011年4月8日以长期患病并超过规定的医疗期且合同期限已满为由致函某人力资源公司，将其退回。某人力资源公司口头通知李某前来办理终止合同手续，并从2011年4月起停交了李某的社会保险。2011年5月3日，李某以个人名义开始续交医疗保险。2011年7月12日，某人力资源公司向李某送达了《终止劳动合同书》，告知其双方的劳动合同2010年12月27日期满，因在医疗期，劳动合同延续，因用人单位提出医疗期已满，续延合同的情形消失，双方的劳动合同自2011年3月31日终止。李某申请仲裁，要求裁决撤销某人力资源公司终止劳动合同决定并继续履行劳动合同、支付医疗费等。

【裁判观点】

仲裁委裁决撤销某人力资源公司对李某的《终止劳动合同书》，双方继续履行劳动合同并为李某补缴保险，所需费用由某人力资源公司和某检验检疫局连带承担。某检验检疫局不服该裁决诉至法院。法院认为李某患病至诉讼时未满24个月，某检验检疫局将李某退回某人力资源公司以及某人力资源公司与李某解除劳动合同的行为违反法律规定。判决撤销某人力资源公司对李某发出的《终止劳动合同书》，双方继续履行劳动合同，某人力资源公司和某检验检疫局连带给付李某的医疗费。

法律分析

劳动者患病或者负伤，在规定的医疗期内，劳动合同应当延续至相应的情形消失时终止，用人单位不得解除劳动合同。这是对劳动者权益的充分保障，对用人单位来说，其在作为经营主体的同时也承担着相应的社会责任。劳动者在维护自身劳动权益的同时也为用人单位的发展作出了自己的贡献，用人单位应当按照国家规定，给予患病的劳动者适当的照顾，这样有利于保障全社会劳动关系的和谐稳定。

合规要点 2：医疗期的期限

1. 医疗期的期限

医疗期是法律规定的期限，有相应的计算标准，不能随意延长或缩短。

根据《劳动部关于贯彻〈企业职工患病或非因工负伤医疗期规定〉的通知》第一条规定，关于医疗期的计算问题：医疗期计算应从病休第一天开始，累计计算。病休期间，公休、假日和法定节日包括在内。

根据《企业职工患病或非因工负伤医疗期规定》（以下简称《规定》）第三条规定，企业职工因患病或非因工负伤，需要停止工作医疗时，根据本人实际参加工作年限和在本单位工作年限，给予 3 个月到 24 个月的医疗期：

（1）实际工作年限 10 年以下的，在本单位工作年限 5 年以下的为 3 个月；5 年以上的为 6 个月。

（2）实际工作年限 10 年以上的，在本单位工作年限 5 年以下的为 6 个月；5 年以上 10 年以下的为 9 个月；10 年以上 15 年以下的为 12 个月；15 年以上 20 年以下的为 18 个月；20 年以上的为 24 个月。

不同医疗期统计周期内的病假不能合并计算，上述《规定》第四条规定：医疗期 3 个月的按 6 个月内累计病休时间计算；6 个月的按 12 个月内累计病休时间计算；9 个月的按 15 个月内累计病休时间计算；12 个月的按 18 个月内累计病休时间计算；18 个月的按 24 个月内累计病休时间计算；24 个月的按 30 个月内累计病休时间计算。

综上，医疗期的计算方式和劳动者的实际工作年限、本单位工作年限有关，具体计算方式如表 5-2 所示：

表 5-2　劳动者工作年限与医疗期计算

实际工作年限	本单位工作年限	医疗期	医疗期累计计算期间
10 年以下	5 年以下	3 个月	6 个月
	5 年以上	6 个月	12 个月
10 年以上	5 年以下	6 个月	12 个月
	5 年以上 10 年以下	9 个月	15 个月
	10 年以上 15 年以下	12 个月	18 个月
	15 年以上 20 年以下	18 个月	24 个月
	20 年以上	24 个月	30 个月

另有医疗期延长的情形，根据《劳动部关于贯彻〈企业职工患病或非因工负伤医疗期规定〉的通知》第二条规定：根据目前的实际情况，对某些患特殊疾病（如癌症、精神病、瘫痪等）的职工，在 24 个月内尚不能痊愈的，经企业和劳动主管部门批准，可以适当延长医疗期。

需要说明的是，医疗期的计算存在地区差异，各地对国家法规政策解读口径不统一，或是出台了本地的相关规定，导致某些地区在确定医疗期的具体长度时会存在差异，在实践中需要特别注意。

2. 医疗期的具体说明

（1）医疗期的计算

某劳动者于 2003 年 3 月 1 日入职某工作单位之前，已在其他单位工作满 3 年，该劳动者于 2008 年 5 月 1 日开始因病请假。通过上述规定可知，该劳动者的实际工作年限为 8 年，在本单位工作年限为 5 年零 2 个月，故可享有的医疗期为 6 个月，医疗期累计期间为 12 个月。即从 2008 年 5 月 1 日起至 2009 年 4 月 30 日止，劳动者可连续休满 6 个月的病假，也可以断续休病假最多不超过 6 个月的时间。如果在该期间内劳动者休病假的时间超过 6 个月，则属于医疗期已满。如果劳动者在上述期间内累计休病假未超过 6 个月，从 2009 年 5 月 1 日起又可以享有新一轮的医疗期。

（2）不同累计期间的医疗期病休天数能否叠加

如果劳动者的医疗期在一个累计期间未休满时，在下一个累计期间内计算医疗期天数时，是否需要将之前病休天数累积计算？例如：某劳动者可以依法享有的医疗期是6个月，在上一个医疗期的累计期间内病休4个月，在第二个累计期间内，其应当享有的医疗期应该是6个月还是2个月？需要说明的是，各个累计期间的病休天数单独计算，互不累计叠加，因此上一个累计期间的医疗期病休天数不能累积计入下一个计算期间。针对前述问题，在新的累计期间，该劳动者的医疗期仍为6个月。

如果一个劳动者享有3个月的医疗期，在第一个期间内只休了50天。而在下一个期间内又休了70天。在这两个医疗期周期内劳动者都未休够3个月，也就是劳动者仍然在医疗期内，用人单位不能解除同劳动者的劳动关系。如果用人单位把这两个期间的病假天数加起来，以劳动者的实际病休天数超过3个月为由解除同劳动者的劳动关系，就属于违法行为。

（3）下一个医疗期累计时间的起始时间

劳动者上一个医疗期满后，下一个医疗期的起始时间应从上一个医疗期累计计算期间届满次日开始计算。例如，某劳动者依法享有3个月的医疗期，其于2015年1月1日开始病休，故其医疗期的累计期间为2015年1月1日至6月30日。如果该劳动者于2015年5月31日休满了3个月的医疗期，则其下一个医疗期累计期间的计算起点为2015年7月1日，而不是2015年6月1日。

假如该劳动者在2015年6月1日至30日仍休病假，则该时间段的病假均不受医疗期政策保护，用人单位可以自行决定是否批准；若不批准，当劳动者符合《劳动合同法》第四十条第一项的规定时，用人单位可以解除与劳动者的劳动合同。

假如该劳动者在2015年5月31日医疗期满后持续休病假至2015年8月1日，且该用人单位予以批准，则劳动者在2015年6月1日至30日的病假不属于医疗期，在2015年7月1日至2015年8月1日的病假属于下一个累计周期内的医疗期。

案例参考

劳务派遣员工医疗期满被退回及解除合同纠纷

2020年6月1日，某人力公司（甲方）与某化工厂（乙方）签订《劳务派遣合作协议书》，约定甲方为乙方提供劳务派遣服务。2021年5月1日，该人力公司与刘某签订书面劳动合同，期限为2021年5月1日至2022年4月30日，并将刘某派遣至某化工厂从事勤杂岗位工作。

刘某在某化工厂工作至2021年8月23日，8月24日被诊断为乳腺恶性肿瘤，并住院治疗，此后未再返岗工作。2022年2月16日，某化工厂给某人力公司发函，主要内容为：刘某自2021年8月26日因病请假，连续请假即将满六个月。根据《企业职工患病或非因工负伤医疗期规定》第三条及双方签订的劳务派遣协议，刘某于2月28日结束医疗期，病假工资发放至2月底，并对其做退回处理。2022年2月20日，某人力公司作出《关于对派遣员工刘某的处理决定》，主要内容为：刘某连续请假满六个月，某化工厂将其退回后，经公司职工大会研究决定解除与刘某的劳动关系。2022年5月11日，刘某收到该处理决定。

2022年5月19日，刘某申请仲裁，请求撤销某人力公司2022年2月20日作出的解除劳动关系证明，并支付欠付工资及2021年3月23日至4月30日未签订劳动合同二倍工资。

仲裁结果：撤销某人力公司2022年2月20日作出的《关于对派遣员工刘某的处理决定》，继续履行原劳动合同；支付刘某欠付工资，对刘某主张的未签订劳动合同二倍工资的请求未支持。

某人力公司不服，诉至法院。

【裁判观点】

一审法院认为，医疗期是法律给予患病或非因工负伤劳动者的一种特殊保护。在此期间，除法定情形外，医疗期内用人单位不能解除或终止劳动合同。根据《企业职工患病或非因工负伤医疗期规定》第三条规定，医疗期根据本人实际参加工作年限和在本单位工作年限予以确定。根据原劳动部《关于贯彻执行〈中华人民共和国劳动法〉若干问题的意见》（劳部发〔1995〕309号）第七十六条规定，患特殊疾病，如癌症、精神病、瘫痪等职工，在24个月内尚不能痊愈的，可以适当延长医疗期。该案中，刘某患有乳腺恶性肿瘤，根据上述规定，享受特殊疾病医疗期待遇。《劳动合同法》第四十二条第三项规定，患病或者非因工负伤，在规定的医疗期内的，用人单位不得依照本法第四十条、第四十一条的规定解除劳动合同。2022年2月，刘某仍在规定的医疗期内，某人力公司在医疗期内单方作出解除劳动合同决定，违反法律规定，应当予以撤销。《劳动合同法》第四十八条规定，用人单位违反本法规定解除或者终止劳动合同，劳动者要求继续履行劳动合同的，用人单位应当继续履行。现被告要求继续履行劳动合同，符合法律规定，该院予以支持。

某人力公司不服，提起上诉。

二审法院认为，首先，本案中，刘某在某人力公司处工作虽未满1年，但所患疾病属于特殊疾病，不应受其实际工作年限的限制，原审认定刘某享受的医疗期为24个月并无不当，法院予以确认。其次，《劳动合同法》第四十二条规定，劳动者有下列情形之一的，用人单位不得依照本法第四十条、第四十一条的规定解除劳动合同……（三）患病或者非因工负伤，在规定的医疗期内的……刘某自患病至某人力公司2022年2月20日作出《关于对派遣员工刘某的处理决定》时未满24个月，尚在医疗期间内，某人力公司不得与刘某解除劳动关系。最后，《劳动合同法》第四十八条规定，用人单位违反本法规定解除或者终止劳动合同，劳动者要求继续履行劳动合同的，用人单位应当继续履行。本案中，某人力公司在刘某医疗期内单方作出解除劳动合同决定，违反法律规定，刘某主张继续履行劳动合同，符合法律规定。因此，某人力公司主张双方劳动关系于2022年2月28日解除的上诉请求，法院不予支持。

法律分析

因劳动者患病或者非因工负伤与其从事的工作无关，用人单位对劳动者患病或者非因工负伤无过错，故劳动者因患病或者非因工负伤而享有的医疗期是依据其实际工作年限和在本单位工作年限不同而享受的不同停工治疗期间的劳动福利待遇。当劳动者患有特殊疾病时，应当根据劳动者的实际情况给予劳动者适当的医疗期，充分体现用人单位的人文关怀，照顾员工的情感需求，尽可能避免出现争议。

合规要点3：医疗期内的工资标准

根据原劳动部《关于贯彻执行〈中华人民共和国劳动法〉若干问题的意见》（劳部发〔1995〕309号）的规定，职工患病或非因工负伤治疗期间，企业应当支付病假工资，工资标准可以低于当地最低工资标准，但不能低于最低工资标准的80%。

国家和地方有关规定或者企业规章制度规定的病假工资待遇高于此规定的，按照国家和地方有关规定或者企业规章制度的规定执行。

合规要点 4：医疗期届满时用人单位可解除与相关劳动者的劳动合同

1. 用人单位可采取的措施

（1）用人单位非过错性解除

在劳动者依法享有的医疗期届满后，如果该劳动者不能胜任原工作也不能胜任用人单位另行安排的工作，且不具备法律规定不得解除劳动关系的情形，则可以与劳动者解除劳动关系。此处要说明的是，另行调整的岗位的工作强度与原岗位相比不能更大，考核标准不能比原岗位更高。

符合上述条件后，用人单位可以提前 30 天书面通知该劳动者，或者额外支付该劳动者一个月工资即可解除劳动合同。用人单位在解除之前，还应当将解除事宜通知单位的工会。

（2）协议解除

采取此种方式只要双方协议一致即可，同时应注意，解除协议的内容不得违反法律、行政法规的强制性规定以及不得存在欺诈、胁迫或者乘人之危的情形，亦不得存在重大误解或显失公平，否则，该解除协议将被认定为无效或者可撤销。

（3）劳动合同到期终止

如果用人单位与劳动者的劳动合同在医疗期内届满，那么劳动合同期限应当续延至该劳动者医疗期满，期满后用人单位可以不再与劳动者续签劳动合同，但该行为需要通过书面形式进行确认。

（4）退休退职

劳动者医疗期满，被劳动鉴定委员会鉴定为 1—4 级的，应当退出劳动岗位，解除劳动关系，办理因病或非因工负伤退休退职手续，享受相应的退休退职待遇。

医疗期满的劳动者符合下列条件的，应该退休：男年满五十周岁，女年满四十五周岁，连续工龄满十年，由医院证明，并经劳动鉴定委员会确认，完全丧失劳动能力的。

不具备退休条件，由医院证明，并经劳动鉴定委员会确认，完全丧失劳动能力的工人，应该退职。

2. 解除时用人单位须承担的责任

当用人单位在上述情形下与劳动者解除或终止劳动关系后，应向劳动者支付经济补偿金，并分别不同情形为其办理退休退职手续。

依据《劳动合同法》的相关要求，用人单位需要支付经济补偿金，即每满1年，按照1个月的标准支付，此处的月工资是指该劳动者在解除劳动合同前12个月的平均工资。如该劳动者的月工资高于用人单位所在直辖市、设区的市级人民政府公布的本地区上一年度职工月平均工资的3倍的，用人单位向劳动者支付的经济补偿金的标准按职工月平均工资的3倍支付，且支付经济补偿金的年限最高不得超过12年。

不同的处理方式的适用条件以及用人单位需承担的责任见表5-3。

表5-3 医疗期解除劳动合同与用人单位责任承担

序号	方式		适用条件	操作方式	用人单位需承担的责任
1	解除劳动合同	依法解除	1. 医疗期满； 2. 劳动者不能从事原工作，也不能从事由用人单位另行安排的工作； 3. 用人单位提前30日以书面形式通知劳动者本人或额外支付一个月工资； 4. 劳动者不存在《劳动合同法》第四十二条存在的情形	1. 用人单位提前30天书面通知或者额外支付1个月工资； 2. 用人单位提前将解除理由通知工会	支付经济补偿金
		协议解除	双方在平等、自愿的基础上协商一致	操作方式无特别规定，建议采取签订书面解除劳动合同的形式	支付经济补偿金
2	终止劳动合同		医疗期内劳动合同期限届满	医疗期满后书面通知不予续签	支付经济补偿金
3	继续履行劳动合同			安排原工作岗位或另行安排工作	

案例参考

劳动者医疗期满，用人单位解除劳动合同合法性：
杨某与某管理有限公司劳动争议案

杨某于 2014 年 6 月 16 日入职某公司，担任客房部楼层培训主管。双方于 2020 年 6 月 16 日签订无固定期限劳动合同。杨某提供实际劳动至 2021 年 5 月 30 日，此后一直休病假。2022 年 10 月 14 日，某公司向杨某邮寄医疗期届满的通知，载明杨某自 2021 年 5 月 31 日开始申请享受医疗期，至今已 16 个月之余，医疗期已经届满，通知杨某于 2022 年 10 月 21 日到岗。杨某于 2022 年 10 月 18 日签收前述医疗期届满的通知。医疗期届满后，杨某因不能胜任本岗位工作，向公司提出病假申请，公司基于人文关怀，同意其申请至 2022 年 10 月 20 日，公司于 2022 年 10 月 18 日将届满返岗通知送达杨某，但杨某仍继续提交病假申请，因多次与杨某沟通返岗及调岗事宜，杨某均表示不能胜任。鉴于以上事实，公司决定解除与杨某之间的劳动合同并依法支付经济补偿金，劳动合同解除日为 2022 年 12 月 9 日。杨某不满公司作出的决定，双方发生劳动争议，杨某向公司提出支付违法解除赔偿金等诉求。

【裁判观点】

本案中，杨某自 2021 年 5 月 31 日起一直休病假，直至 2022 年 12 月 9 日，长达 18 个月有余，在某公司向其送达医疗期满的通知后，杨某仍然继续提交了诊断证明书及门诊病历，以实际行动表明其因病无法正常到岗，某公司亦无法为其另行安排工作。根据双方陈述的沟通过程，亦能说明杨某难以从事某公司另行安排的其他工作。据此某公司提前一个月通知杨某解除劳动合同，符合前述法律的规定，应属合法解除。

法律分析

《劳动合同法》从保护劳动者的角度，赋予了劳动者享受医疗期的权利，但同时也考虑到如果劳动者出现"拖病号"的情形，用人单位将承担较大的成本。所以在法定的条件和程序下用人单位可以解除劳动合同。当劳动者的医疗期已经届满时，用人单位首先应当通知劳动者来上班，如果劳动者的身体状况不能胜任原岗位，应当另行安排合适的工作，有必要的话还要让劳动者接受岗前培训，如果此时劳动者仍不能从事新工作，用人单位在提前三十天通知或额外支付一个月工资的前提下，支付经济补偿金与医疗补助费后，方可行使与劳动者解除合同的权利，否则用人单位的解除行为就有被认定为违法的可能。

合规要点 5：病假管理建议

1. 完善制度

（1）规范病假申请程序与销假手续

劳动者确实患病或非因工受伤，且医生建议休息的情况下，用人单位应当准许劳动者享受一定期限的病假。但是，应当建立一套完善的病假管理制度，尽可能地防范虚假病假的情形，并明确违反请病假流程管理规定的处罚措施。规章制度应当按照法律规定的民主程序进行制定、修改和公示，使病假申请流程、操作、违背之处罚均有合法依据。

通常情况下，劳动者患病后的第一要务应当是及时就诊，所以应当准许劳动者先行口头通知用人单位，并在完成就诊后的一定时间内完善请假手续，并提供就诊病例等以备查验。

对于没有履行请假程序或请假未被批准即离岗休息的，可认定其属于旷工，用人单位可以根据其内部管理规定对有此类行为的劳动者进行处理。但笔者建议，对确实患病但因客观原因没有及时请假的劳动者，用人单位可以要求其补办请假程序；对属于其他情形擅自离岗的劳动者，用人单位可按旷工处理，并采取进一步的处理措施。

（2）严格审核请假手续

劳动者有权自行选择最合适的医疗机构，但由于部分医疗机构没有规范的病假证明管理制度，所以会存在开具病假证明不规范的情形。为了避免前述情形发生，用人单位应当要求劳动者提供系统的就医证明材料。仅凭一纸病假证明单来确定员工休病假的事实显然是不够的，考虑到没有真正就医时无法提供一系列完整的就诊资料，则应当同时结合其他就医材料，如诊断病历、就诊发票、出入院手续证明等。因此，审查更为全面的就诊资料，能够较为有效地杜绝虚假病假的情形。

（3）长病假劳动者的劳动合同处理

对超过法定医疗期的劳动者，可以要求劳动者以申请事假的方式给予其额外的治疗时间，同时也可以根据前文介绍的内容，在履行法定程序并支付经济补偿金等款项后与其解除劳动合同。对于法定医疗期间的劳动者而言，用人单位可以通过协商一致的方式与其解除劳动关系。

2. 对医疗期届满的劳动者进行劳动能力鉴定

法律对此没有强制性的规定，但笔者建议这样做。因为鉴定的结果可以让用人单位在确定如何解决该劳动者问题的方案时有更加充分的事实依据。根据前文的内容，如果该劳动者经鉴定确认完全失去劳动能力，用人单位可为该劳动者办理退休、退职手续，使其享受相应的待遇；如果该劳动者丧失部分劳动能力或者未丧失劳动能力，用人单位可根据鉴定结果为其安排工作；如果该劳动者既不能胜任原岗位，也不能胜任重新安排的岗位，则用人单位就可以采取前述第一种方式的措施与劳动者解除劳动关系。

合规要点6：病假的确认及调查

用人单位可以在劳动合同以及规章制度中明确载明：对劳动者请病假的事由存在合理怀疑的，可以要求员工复查。但是在实际操作中，用人单位要掌握"合理怀疑"的依据和适用尺度。另外，"复查"制度也会对劳动者起到一定的震慑效果，使其在虚报病假时有所顾忌。

针对劳动者病假的真伪问题，用人单位除了可以采取前文中提到的要求劳动者提供多元化的病假申请材料进行审查之外，还可以自行去病假证明单载明的就诊医院核查病假证明单的真伪及员工是否真实就诊。核实病假证明单也是对医院和医生的警示：不能乱开病假证明单。另外，用人单位可以要求劳动者去指定医院复查或由公司其他人员陪同复查就诊，如果劳动者配合复查，基本上病假事实就是真实的。但是如果劳动者不配合，用人单位是否能够据此不批准劳动者的病假申请呢？答案是否定的，毕竟劳动者有权自主决定什么时间、去哪家医院就医，没有义务必须配合用人单位的复查，用人单位更不能强迫劳动者配合复查。因此，最妥当的方式还是直接去就诊医院核查病假事实的真伪。

在确定员工欺骗用人单位，并不存在患病或非因工负伤的事实后，用人单位应当按照规章制度的规定，对劳动者给予相应的处罚措施，惩治这种违纪行为，规范劳动纪律。同时，用人单位应当注意留存相关单据和证明材料，做到有备无患。

案例参考

劳动者病假期间，用人单位解除劳动合同系违法解除

周某 2012 年 7 月 1 日进入某机械公司担任销售顾问，双方签订自 2012 年 7 月 1 日起至 2015 年 6 月 30 日止的劳动合同。2013 年春节期间，周某在老家因身体不适，于 2013 年 2 月 25 日至该县第三人民医院就诊，被诊断为先兆流产，须卧床休息；同年 3 月至 9 月，周某先后去该院就诊，病例及疾病证明书均建议卧床休息。周某于 2013 年 10 月 20 日生产。

2013 年 7 月 19 日，公司向周某发出通知，载明"你自 2013 年 2 月 25 日起至今，未到公司报到，亦未履行任何请假手续。现限你于 2013 年 8 月 18 日前，办理离职或请假手续"。周某收到通知后即向公司邮寄病假申请单以及相关病例材料，请假时间自 2013 年 2 月 25 日至待产。2013 年 8 月 20 日，公司向周某发出解除劳动合同通知书，载明"周某自 2013 年 2 月 25 日起在未请假的情形下不到公司工作，经追讨仍未补全相关资料手续，作严重违纪行为处理，视为自动离职"。周某所签收的公司员工手册明确规定，请病假必须要出示二级甲等以上医疗机构的证明。随后，周某以公司违法解除劳动合同为由，提起劳动仲裁，后双方诉至法院。

【裁判观点】

一审法院认为，公司主张周某自 2013 年 2 月 25 日起未至公司工作，亦未履行请假手续，然而根据周某提供的证据以及庭审查明的事实，周某自 2013 年 2 月 25 日起未出勤系因怀孕被诊断为先兆流产，须卧床休息，且周某也向公司提交了相关病假材料；至于公司主张周某的请假手续不符合公司规定，即使如公司所述周某提交的病假材料存在一定的不规范之处，然而结合周某怀孕被诊断为先兆流产的事实，周某确实需要卧床休息，无法正常提供劳动，并不影响对其病假期间的认定。综上，确认周某上述期间系病假，其未出勤并不构成旷工，现公司以周某旷工为由解除劳动合同并无依据，故判决公司应支付违法解除赔偿金。

公司不服，提起上诉。

二审法院认为，综合本案查明的周某怀孕、生产的事实，周某主张其 2013 年 2 月 25 日起未出勤系因怀孕被诊断为先兆流产，需卧床休息，应属事实，且周某也向公司提交了相关病假材料。公司主张根据员工手册规定，员工请病假必须要出示二级甲等以上医疗机构的证明。二审法院认为，从周某病发时所在地来看，要求周某

按上述规定就诊，缺乏实现的客观条件。故，即使如公司所述，周某提交的病假材料存在一定的不规范之处，然而结合周某怀孕被诊断为先兆流产的事实，周某确实需要卧床休息，无法正常提供劳动，对周某的病假期间应当予以认定，其未出勤并不构成旷工，公司解除劳动合同并无依据。

法律分析

为了保护患病劳动者的利益，法律特别规定了劳动者患病的情况下在病休期间也享有获得一定劳动报酬的权利，但是劳动者有义务证明自己符合享受这份保护的条件。因此，用人单位可以要求劳动者提供病假单及其他就诊记录，对于不能提供相关证明材料或者未提供较为权威的医疗机构出具的病假证明的劳动者，用人单位有权不给予其病假待遇。但前述规定在实际执行中，应当考虑到劳动者发病时的客观情况，在特殊情况下，如果用人单位所在地无二级甲等以上医疗机构的，则不应对劳动者请病假作出医疗机构方面的限制。即使用人单位在规章制度中载明了请病假需要提供较高等级医院开具的病假证明，也不能排除其他医疗机构开具出的病假证明的证明效力。每个医院擅长的领域不同，劳动者有权根据自己的病情选择合适的医院。

合规依据

《劳动合同法》

第四十条 有下列情形之一的，用人单位提前三十日以书面形式通知劳动者本人或者额外支付劳动者一个月工资后，可以解除劳动合同：（一）劳动者患病或者非因工负伤，在规定的医疗期满后不能从事原工作，也不能从事由用人单位另行安排的工作的；（二）劳动者不能胜任工作，经过培训或者调整工作岗位，仍不能胜任工作的；（三）劳动合同订立时所依据的客观情况发生重大变化，致使劳动合同无法履行，经用人单位与劳动者协商，未能就变更劳动合同内容达成协议的。

第四十二条 劳动者有下列情形之一的，用人单位不得依照本法第四十条、第四十一条的规定解除劳动合同：（一）从事接触职业病危害作业的劳动者未进行离岗前职业健康检查，或者疑似职业病病人在诊断或者医学观察期间的；（二）在本单位患职业病或者因工负伤并被确认丧失或者部分丧失劳动能力的；（三）患病或者非因工负伤，在规定的医疗期内的；（四）女职工在孕期、产期、哺乳期的；（五）在本单位连续工作满十五年，且距法定退休年龄不足五年的；（六）法律、行政法规规定的其他情形。

第四十七条 经济补偿按劳动者在本单位工作的年限，每满一年支付一个月工资的标准向劳动者支付。六个月以上不满一年的，按一年计算；不满六个月的，向劳动者支付半个月工资的经济补偿。劳动者月工资高于用人单位所在直辖市、设区的市级人民政府公布的本地区上年度职工月平均工资三倍的，向其支付经济补偿的标准按职工月平均工资三倍的数额支付，向其支付经济补偿的年限最高不超过十二年。本条所称月工资是指劳动者在劳动合同解除或者终止前十二个月的平均工资。

第四十八条 用人单位违反本法规定解除或者终止劳动合同，劳动者要求继续履行劳动合同的，用人单位应当继续履行；劳动者不要求继续履行劳动合同或者劳动合同已经不能继续履行的，用人单位应当依照本法第八十七条规定支付赔偿金。

《工伤保险条例》

第三十三条 职工因工作遭受事故伤害或者患职业病需要暂停工作接受工伤医疗的，在停工留薪期内，原工资福利待遇不变，由所在单位按月支付。停工留薪期一般不超过12个月。伤情严重或者情况特殊，经设区的市级劳动能力鉴定委员会确认，可以适当延长，但延长不得超过12个月。工伤职工评定伤残等级后，停发原待遇，按照本章的有关规定享受伤残待遇。工伤职工在停工留薪期满后仍需治疗的，继续享受工伤医疗待遇。生活不能自理的工伤职工在停工留薪期需要护理的，由所在单位负责。

《企业职工患病或非因工负伤医疗期规定》（劳部发〔1994〕479号）

第二条 医疗期是指企业职工因患病或非因工负伤停止工作治病休息不得解除劳动合同的时限。

第三条 企业职工因患病或非因工负伤，需要停止工作医疗时，根据本人实际参加工作年限和在本单位工作年限，给予三个月到二十四个月的医疗期：（一）实际工作年限十年以下的，在本单位工作年限五年以下的为三个月；五年以上的为六个月。（二）实际工作年限十年以上的，在本单位工作年限五年以下的为六个月；五年以上十年以下的为九个月；十年以上十五年以下的为十二个月；十五年以上二十年以下的为十八个月；二十年以上的为二十四个月。

第四条 医疗期三个月的按六个月内累计病休时间计算；六个月的按十二个月

内累计病休时间计算；九个月的按十五个月内累计病休时间计算；十二个月的按十八个月内累计病休时间计算；十八个月的按二十四个月内累计病休时间计算；二十四个月的按三十个月内累计病休时间计算。

第五条 企业职工在医疗期内，其病假工资、疾病救济费和医疗待遇按照有关规定执行。

《劳动部关于贯彻〈企业职工患病或非因工负伤医疗期规定〉的通知》（劳动发〔1995〕236号）

一、关于医疗期的计算问题　1.医疗期计算应从病休第一天开始，累计计算。如：应享受三个月医疗期的职工，如果从1995年3月5日起第一次病休，那么，该职工的医疗期应在3月5日至9月5日之间确定，在此期间累计病休三个月即视为医疗期满。其他依此类推。2.病休期间，公休、假日和法定节日包括在内。

二、关于特殊疾病的医疗期问题　根据目前的实际情况，对某些患特殊疾病（如癌症、精神病、瘫痪等）的职工，在24个月内尚不能痊愈的，经企业和劳动主管部门批准，可以适当延长医疗期。

《劳动部关于印发〈关于贯彻执行《中华人民共和国劳动法》若干问题的意见〉的通知》（劳部发〔1995〕309号）

35.请长病假的职工在医疗期满后，能从事原工作的，可以继续履行劳动合同；医疗期满后仍不能从事原工作也不能从事由单位另行安排的工作的，由劳动鉴定委员会参照工伤与职业病致残程度鉴定标准进行劳动能力鉴定。被鉴定为一至四级的，应当退出劳动岗位，解除劳动关系，办理因病或非因工负伤退休退职手续，享受相应的退休退职待遇；被鉴定为五至十级的，用人单位可以解除劳动合同，并按规定支付经济补偿金和医疗补助费。

59.职工患病或非因工负伤治疗期间，在规定的医疗期内由企业按有关规定支付其病假工资或疾病救济费，病假工资或疾病救济费可以低于当地最低工资标准支付，但不能低于最低工资标准的80%。

76.依据劳动部《企业职工患病或非因工负伤医疗期的规定》（劳部发〔1994〕479号）和劳动部《关于贯彻〈企业职工患病或非因工负伤医疗期的规定〉的通知》（劳部发〔1995〕236号），职工患病或非因工负伤，根据本人实际参加工作的年限和本企业工作年限长短，享受3-24个月的医疗期。对于某些患特殊疾病（如癌症、精神病、瘫痪等）的职工，在24个月内尚不能痊愈的，经企业和当地劳动部门批准，可以适当延长医疗期。

《国务院关于工人退休、退职的暂行办法》(国发〔1978〕104号)

第一条 全民所有制企业、事业单位和党政机关、群众团体的工人，符合下列条件之一的，应该退休。(一)男年满六十周岁，女年满五十周岁，连续工龄满十年的。(二)从事井下、高空、高温、特别繁重体力劳动或者其他有害身体健康的工作，男年满五十五周岁、女年满四十五周岁，连续工龄满十年的。本项规定也适用于工作条件与工人相同的基层干部。(三)男年满五十周岁，女年满四十五周岁，连续工龄满十年，由医院证明，并经劳动鉴定委员会确认，完全丧失劳动能力的。(四)因工致残，由医院证明，并经劳动鉴定委员会确认，完全丧失劳动能力的。

第五条 不具备退休条件，由医院证明，并经劳动鉴定委员会确认，完全丧失劳动能力的工人，应该退职……

《全国人民代表大会常务委员会关于实施渐进式延迟法定退休年龄的决定》

第一条 从2025年1月1日起，男职工和原法定退休年龄为五十五周岁的女职工，法定退休年龄每四个月延迟一个月，分别逐步延迟至六十三周岁和五十八周岁；原法定退休年龄为五十周岁的女职工，法定退休年龄每二个月延迟一个月，逐步延迟至五十五周岁。国家另有规定的，从其规定。

第四节 法定年休假

合规要点1：享受法定年休假的基本条件

1.可享受法定年休假的主体

根据《职工带薪年休假条例》第二条规定，机关、团体、企业、事业单位、民办非企业单位、有雇工的个体工商户等单位的职工连续工作1年以上的，享受带薪年休假(以下简称年休假)。单位应当保证职工享受年休假。职工在年休假期间享受与正常工作期间相同的工资收入。

2.针对"连续工作1年"的理解

(1)关于"连续工作1年"是仅限于职工在同一单位连续工作1年以上的情形，

还是包括职工在不同用人单位连续工作1年以上的情形存在很大的争议，人社部曾就此问题向国务院致函请示，原国务院法制办公室于2009年1月9日作出《国务院法制办对〈关于《职工带薪年休假条例》有关问题的请示〉的复函》（国法秘政函〔2009〕5号），回复如下："一、《职工带薪年休假条例》（以下简称条例）第二条规定的'职工连续工作1年以上'，没有限定必须是同一单位，因此，既包括职工在同一单位连续工作1年以上的情形，也包括职工在不同单位连续工作1年以上的情形。"此复函将实践中的争议问题进行了明确。

（2）针对"连续工作1年"中的"连续"应当如何理解，在实践中存有争议，部分观点主张严格适用，认为劳动者变更用人单位的，新旧两段劳动关系应当连续，中间不宜有空隙。笔者认为，针对此条，对于劳动者的要求不应过于苛刻，一方面，劳动者在一用人单位工作期间如果出现《劳动合同法》第四十二条第一项至第四项所规定的情形，因法定情形出现而需要停止工作的，不能认定劳动者未连续工作；另一方面，在劳动者的工作生涯中，"从一而终"者是少数，绝大多数劳动者会更换一次至多次工作，新旧两段劳动关系之间难免会出现空档期，不宜据此认定劳动者必然不符合"连续工作"的要求，只要劳动者有就业意愿，就应当按照劳动者累计的工作时间来认定连续工作时间（部分地区的裁判观点认为，只要两段工作的间隔不超过1个月，就认为是连续的）。故，劳动者在不同用人单位工作的短期间隔期间，以及依照法律、行政法规规定视同工作期间的，应当计为连续的工作时间。

3.可享受年假的天数

根据《职工带薪年休假条例》第三条第一款规定：职工累计工作已满1年不满10年的，年休假5天；已满10年不满20年的，年休假10天；已满20年的，年休假15天。总结如表5-4所示：

表5-4 职工年休假天数计算

累计工作年限	是否享受年休假	享受年休假的天数
累计工作年限12个月以下	否	0天
累计工作1年以上，10年以下	是	5天
累计工作10年以上，20年以下	是	10天
累计工作满20年	是	15天

根据《企业职工带薪年休假实施办法》第六条规定，职工依法享受的探亲假、婚丧假、产假等国家规定的假期以及因工伤停工留薪期间不计入年休假假期。

合规要点 2：不享受年休假及其他特殊情形

1.《职工带薪年休假条例》第四条规定，职工有下列情形之一的，不享受当年的年休假：

（1）职工依法享受寒暑假，其休假天数多于年休假天数的；

（2）职工请事假累计 20 天以上且单位按照规定不扣工资的；

（3）累计工作满 1 年不满 10 年的职工，请病假累计 2 个月以上的；

（4）累计工作满 10 年不满 20 年的职工，请病假累计 3 个月以上的；

（5）累计工作满 20 年以上的职工，请病假累计 4 个月以上的。

2.《企业职工带薪年休假实施办法》第七条规定：职工享受寒暑假天数多于其年休假天数的，不享受当年的年休假。确因工作需要，职工享受的寒暑假天数少于其年休假天数的，用人单位应当安排补足年休假天数。

第八条规定：职工已享受当年的年休假，年度内又出现《职工带薪年休假条例》第四条第（二）、（三）、（四）、（五）项规定情形之一的，不享受下一年度的年休假。

3.新入职劳动者享有的年假天数

新入职的劳动者如果在入职前已经连续工作满 1 年，则其当年有权享有年假。当年度年休假天数，按照在本单位剩余日历天数折算确定，折算后不足 1 整天的部分不享受年休假。折算方法为：（当年度在本单位剩余日历天数 ÷365 天）× 职工本人全年应当享受的年休假天数。

4.连续工作刚满一年的劳动者享有的年假天数

针对刚参加工作满一年的劳动者，具体应当享有的年假天数在法律上没有明确规定，但是依据《职工带薪年休假条例》第三条的规定"累计工作已满 1 年不满 10 年的，年休假 5 天"，即自届满次日可享有 5 天年休假，因此无须再按照该年度剩余时间和劳动者应享有年假天数的比例进行折算。

5.试用期是否计入实际工作年限

《企业职工带薪年休假实施办法》第四条规定：年休假天数根据职工累计工作时间确定。职工在同一或者不同用人单位工作期间，以及依照法律、行政法规或者国务院规定视同工作期间，应当计为累计工作时间。试用期也是职工实际工作年限，所以，劳动者累计工作时间应该从其入职当天开始计算，而不是从转正时间算起。

6. 劳动者离职时的年假计算

用人单位与劳动者解除或者终止劳动合同时，当年度未安排职工休满应休年休假的，应当按照职工当年已工作时间折算应休未休年休假天数并支付未休年休假工资报酬，但折算后不足1整天的部分不支付未休年休假工资报酬。

折算方法为：（当年度在本单位已工作日历天数÷365天）×劳动者本人全年应当享受的年休假天数－当年度已安排年休假天数。用人单位当年已安排劳动者年休假的，多于折算应休年休假的天数不再扣回。

合规要点3：合理安排员工的法定年休假

《职工带薪年休假条例》第五条规定：单位根据生产、工作的具体情况，并考虑职工本人意愿，统筹安排职工年休假。

年休假在1个年度内可以集中安排，也可以分段安排，一般不跨年度安排。单位因生产、工作特点确有必要跨年度安排职工年休假的，可以跨1个年度安排。

单位确因工作需要不能安排职工休年休假的，经职工本人同意，可以不安排职工休年休假。对职工应休未休的年休假天数，单位应当按照该职工日工资收入的300%支付年休假工资报酬。

《企业职工带薪年休假实施办法》第九条规定：用人单位根据生产、工作的具体情况，并考虑职工本人意愿，统筹安排年休假。用人单位确因工作需要不能安排职工年休假或者跨1个年度安排年休假的，应征得职工本人同意。

合规要点4：安排休年假的主导权之争

在决策能否休年假的问题上，实践中常遇到以下几种困惑：

1. 企业对员工提出休年假的请求是否必须应允？

2. 如果用人单位安排劳动者在某个期间休年假，但是劳动者不同意，用人单位是否可以强制安排？

3. 如果劳动者未提出年休假申请，是否视为放弃年休假的权利？

以上三个问题究其根本，都是针对"决定休年假的过程中，劳动者和用人单位谁占据主导地位"展开的讨论，笔者建议从《职工带薪年休假条例》第五条与《企业职工带薪年休假实施办法》第九条的规定中寻找答案。

针对第 1 个问题：上述法条中提到了用人单位"考虑职工本人意愿"，"统筹安排"职工休年假。"考虑"一词可见劳动者的意愿具有一定参考性；"统筹安排"则体现了上级对下级的位阶差别。因此，在听取了劳动者的个人意见后，用人单位拥有最终的决定权，在年休假安排中起主导作用。

针对第 2 个问题：某些用人单位为了规避法律责任，对法定年休假的安排方式在公司规章制度中作了有利于自身经营的变通规定。比较典型的有两种：一是安排劳动者统一休假（通常安排在春节前后）；二是规定所有员工每天提前半小时下班，以冲抵年假。以上两种情形：第一种做法有违员工个人意愿，不甚合理。但如果取得了员工本人同意，或将方案提交职工大会讨论通过，且用人单位做好相应的书面归档（关键词：明示＋签收：在放假通知中须明确写有"超过法定假期的天数作为年休假"等类似字样；放假通知需要有公告记录及劳动者签收记录等）工作情况下，也有一定的可行性；第二种做法则是有违法定年假的立法本意，年休假应当以"天"为单位来安排。用人单位规章制度将法定年假分解为以"半天""小时"为单位来执行，这种是违法的。

针对第 3 个问题：《职工带薪年休假条例》第二条规定："机关、团体、企业、事业单位、民办非企业单位、有雇工的个体工商户等单位的职工连续工作 1 年以上的，享受带薪年休假（以下简称年休假）。单位应当保证职工享受年休假……"以上规定中提到了"单位应当保证职工享受年休假"，从"应当保证"的表述，结合第一个问题中涉及的规定能够判断出，为劳动者安排法定年休假是用人单位的一项义务。除非劳动者因个人的原因自行放弃休假，且向用人单位提交书面说明，否则，即便劳动者不提出法定年假申请，用人单位也应主动安排。在实践中有些用人单位在规章制度中载明"若劳动者因为各种原因没有提出申请，则视为放弃法定年假"等类似内容的条款，综合前文的论述，这种规定限制了劳动者的法定权利，属于无效条款。

综上，关于年休假的安排，首先应由劳动者和用人单位进行协商，双方协商一致是最理想的解决方案；其次用人单位在相关制度及程序完善的情况下，可以安排劳动者在规定期间内统一休年假。但是，如果双方无法达成一致，导致劳动者未能享受应有的年休假，或用人单位以"劳动者未主动提出，视为放弃年假"为由拒绝安排年休假，则应当按照规定给予劳动者相应的经济补偿。

案例参考

年休假能否按小时拆分？黄某与上海某仪器技术有限公司劳动合同纠纷

黄某于2019年10月8日进入某公司处从事装配调试工作，双方先后签订了期限为2019年10月8日至2021年9月30日、2021年12月1日至2023年11月30日的劳动合同。2022年2月14日，黄某向公司递交《辞职报告》，言明自己已累计工作满20年，应享受15天带薪年假。2021年只休5天，现提前30天提出辞职，于2022年3月15日解除劳动合同，2021年2月15日至3月14日为2021年的年假（剩余10天）及2022年年假12天，已休3天。公司法定代表人在落款处写明：同意辞职，但不同意年休假的理由，要按国家规定办理。后，双方发生劳动争议，提起仲裁后诉至法院，诉求为支付未休年休假工资及支付未签劳动合同二倍工资差额。该公司辩称黄某每天提前半小时下班，系公司安排了半小时年休假，并提供《人事管理制度》电子件证明，载明：根据公司运营特点，员工每天17点可以下班，春节除国家规定假期外一般另外增加2天以上带薪假期，以此冲抵国家规定的年休假。

【裁判观点】

关于年休假，用人单位主张已经安排黄某每日提前半小时下班，工作日每日少上班半小时视为已经安排黄某休年休假。但相关管理规定并未对黄某予以告知，且此种安排不符合《职工带薪年休假条例》的规定，故对用人单位的主张，法院不予采信。结合双方陈述，确认黄某2021年度未休10天年休假。黄某在提出离职时已申请年休假，公司未同意，故应支付年休假工资。

法律分析

《职工带薪年休假条例》第五条规定，单位在安排职工年休假时拥有统筹权，但这一权力的行使必须合法合规。统筹安排时，必须充分尊重并考虑职工本人的意愿，而非任意妄为。同时，年休假的时间计量单位为"天"，并未规定可以按小时计算或将"天"进行拆分。标准的"天"指连续的24小时，任何对"天"的拆分做法都违背了该条例的立法初衷。

合规要点 5：年休假逾期不能视为员工主动放弃

在探讨年休假的问题时，不能轻率地作出"劳动者年休假逾期即视为放弃"的论断。

首先需要明确的是，只有当用人单位已经为劳动者安排了法定的年休假，并且明确告知劳动者休年假是他们的法定权利时，如果劳动者在知悉这一权利后，仍然因为自己的原因选择放弃休假，并书面提出不休年假，那么在这种情况下，用人单位只需支付劳动者的正常工资，此时可以认为员工主动放弃了年休假。

然而，如果用人单位未经劳动者同意就不安排年休假，或者安排的年休假天数少于劳动者应休的年休假天数，那么用人单位就需要在本年度内，对劳动者应休未休的年休假天数，按照其日工资收入的 300% 支付未休年休假工资报酬。当然，考虑到用人单位在平时已经支付了劳动者正常工作期间的工资，所以劳动者只能按照日工资收入的 200% 来主张用人单位支付应休年休假工资差额（在部分地区，针对此点有异议，在实务中支持了支付 300% 工资报酬的主张，即劳动者最终拿到的工资为 400% 工资报酬）。

综上所述，不能轻易地认为"年休假逾期即视为员工主动放弃"。只有在劳动者明确且书面地表示放弃年休假的情况下，用人单位才能免除安排年休假和支付应休年休假工资的义务。在其他情况下，即使劳动者同意不安排年休假，用人单位也应支付应休年休假工资，不能简单地将之视为劳动者主动放弃。因此，"年休假逾期视为员工主动放弃"的观点并不成立。这样的理解，既是对劳动者权益的尊重，也是对法律精神的遵循。

合规要点 6：年休假工资计算基数

年休假工资以劳动者日工资收入为计算基数，那么劳动者的日工资收入如何计算呢？根据《企业职工带薪年休假实施办法》第十一条第二款规定，劳动者的月工资为劳动者在用人单位未支付年休假工资报酬前 12 个月剔除加班工资后的月平均工资。在用人单位工作时间不满 12 个月的，按实际月份计算月平均工资。

合规要点 7：年休假的仲裁时效

1. 主流观点

根据《劳动争议调解仲裁法》第二十七条第一款、第二款的规定，有关未休年休假的争议只有 1 年的仲裁时效，超过 1 年时效的未休年休假相关诉求应不予支持。但是实践中，各个地区针对未休年休假工资仲裁时效的起算日期有着不同的解读，在众多观点中，各方观点的共识是应区别对待在职和离职劳动者。离职的劳动者应当自离职之日起一年内提出。而对于在职的劳动者，其仲裁时效的起算日期有不同观点。

有观点认为，从次年的 12 月 31 日起算 1 年时效，即劳动者可以获得 3 年的应休未休年休假 200% 的工资报酬。例如，北京市多持该观点。

案例参考 1

未休年休假工资时效的认定

金某于 2017 年 6 月 1 日入职某航空公司，后者于 2020 年 10 月 15 日解除了金某的劳动合同，随后金某提起诉讼，要求支付违法解除赔偿金、2017 年 6 月 1 日至 2020 年 10 月 15 日未休年休假工资等。

【裁判观点】

关于 2017 年 6 月 1 日至 2020 年 10 月 15 日未休年休假工资报酬。劳动争议申请仲裁的时效期间为一年。仲裁时效期间从当事人知道或者应当知道其权利被侵害之日起计算。考虑年休假可以集中、分段和跨年度安排的特点，故劳动者每年未休带薪年休假应获得年休假工资报酬的时间应从第二年的 12 月 31 日起算。本案劳动者于 2020 年 11 月 9 日申请仲裁，故其 2018 年 1 月 1 日之前的未休年休假工资报酬的诉请已超过仲裁时效，一审法院不予支持。

也有观点认为，从第三年的 1 月 1 日起算 1 年，即劳动者最多可以主张 3 年应休未休年休假的 200% 的工资报酬。例如，深圳市、湖南省、吉林省多持该观点（比北京市起算点多一天的保护时效）。

案例参考 2

年休假的仲裁时效问题

孙某于 2013 年 12 月入职某卫生管理所，从事驾驶员工作，双方签订了书面《劳动合同》。《劳动合同》对合同期限、工作内容、工资报酬等权利义务进行了约定，同时明确约定用工形式为不定时工作制。在劳动关系存续期间，该卫生管理所支付了孙某在休息日、节假日工作的加班工资，但未安排带薪年休假。随后双方于2020年8月发生劳动争议，诉至法院。

【裁判观点】

劳动者要求用人单位支付未休年休假折算工资的仲裁时效适用一年的时效规定，从次年的1月1日起计算。经劳动者同意跨年度安排年休假的，顺延至下一年度的1月1日起计算。本案无证据证明跨年度安排年休假系用人单位与劳动者协商一致，故年休假工资报酬的仲裁时效应从次年的1月1日起计算。劳动者系2020年8月申请劳动仲裁，故2019年及2020年的年休假工资报酬均未超过仲裁时效。2018年的年休假的仲裁时效从2019年1月1日起计算，已超过一年的仲裁时效。故，一审法院判决支持2019年、2020年的年休假工资报酬，适用法律正确。劳动者主张年休假的仲裁时效可计算至2018年不符合法律规定，不予支持。

2. 认为未休年休假工资是劳动报酬，应适用特殊仲裁时效的观点[①]

因为未休年休假争议的最终解决结果表现为补偿工资报酬，因此在裁判过程中，存在将其视为劳动报酬争议的情况，适用有关劳动报酬的诉讼时效，即《劳动争议调解仲裁法》第二十七条第四款的规定："劳动关系存续期间因拖欠劳动报酬发生争议的，劳动者申请仲裁不受本条第一款规定的仲裁时效期间的限制；但是，劳动关系终止的，应当自劳动关系终止之日起一年内提出。"根据此观点，劳动者在职期间可以主张其自入职以后每一年的未休年休假工资。

3. 反对将未休年休假工资视为劳动报酬的观点

针对将未休年休假工资适用特殊时效的观点，在实务中存在不同的声音，北京市高级人民法院、北京市劳动人事争议仲裁委员会发布的《关于审理劳动争议案件法律适用问题的解答》对"未休年休假工资是否属于劳动报酬"进行了讨论，

---

① 在本书编辑期间，最高人民法院发布了《最高人民法院关于审理劳动争议案件适用法律问题的解释（二）（征求意见稿）》，第五条规定："劳动者主张用人单位支付未休年休假工资报酬、加班费的仲裁时效适用劳动争议调解仲裁法第二十七条第四款规定的，人民法院应予支持。"即在该解释中，将未休年休假工资适用了特殊时效，因其尚未生效，本书仅作为一种观点展示，请各位读者在实务中以该解释的后续解读及实践为准。

认为支付未休年休假的工资报酬与正常劳动工资报酬、加班工资报酬的性质不同，其中包含用人单位支付职工正常工作期间的工资收入（100%部分）及法定补偿（200%部分）。《职工带薪年休假条例》的立法宗旨在于维护劳动者休息休假的权利，劳动者以用人单位未支付其未休带薪年休假工资的法定补偿（仅200%部分）而提出解除劳动合同时，不宜认定属于用人单位"未及时足额支付劳动报酬"的情形。因此，将"未休年休假工资"与劳动报酬在定性上进行了区分处理。

合规依据

《劳动合同法》

第四十二条 劳动者有下列情形之一的，用人单位不得依照本法第四十条、第四十一条的规定解除劳动合同：（一）从事接触职业病危害作业的劳动者未进行离岗前职业健康检查，或者疑似职业病病人在诊断或者医学观察期间的；（二）在本单位患职业病或者因工负伤并被确认丧失或者部分丧失劳动能力的；（三）患病或者非因工负伤，在规定的医疗期内的；（四）女职工在孕期、产期、哺乳期的；（五）在本单位连续工作满十五年，且距法定退休年龄不足五年的；（六）法律、行政法规规定的其他情形。

《劳动争议调解仲裁法》

第二十七条 劳动争议申请仲裁的时效期间为一年。仲裁时效期间从当事人知道或者应当知道其权利被侵害之日起计算。前款规定的仲裁时效，因当事人一方向对方当事人主张权利，或者向有关部门请求权利救济，或者对方当事人同意履行义务而中断。从中断时起，仲裁时效期间重新计算。因不可抗力或者有其他正当理由，当事人不能在本条第一款规定的仲裁时效期间申请仲裁的，仲裁时效中止。从中止时效的原因消除之日起，仲裁时效期间继续计算。劳动关系存续期间因拖欠劳动报酬发生争议的，劳动者申请仲裁不受本条第一款规定的仲裁时效期间的限制；但是，劳动关系终止的，应当自劳动关系终止之日起一年内提出。

《职工带薪年休假条例》

第二条 机关、团体、企业、事业单位、民办非企业单位、有雇工的个体工商户等单位的职工连续工作1年以上的，享受带薪年休假（以下简称年休假）。单位应当保证职工享受年休假。职工在年休假期间享受与正常工作期间相同的工资收入。

第三条 职工累计工作已满1年不满10年的，年休假5天；已满10年不满20

年的，年休假10天；已满20年的，年休假15天。

第四条 职工有下列情形之一的，不享受当年的年休假：（一）职工依法享受寒暑假，其休假天数多于年休假天数的；（二）职工请事假累计20天以上且单位按照规定不扣工资的；（三）累计工作满1年不满10年的职工，请病假累计2个月以上的；（四）累计工作满10年不满20年的职工，请病假累计3个月以上的；（五）累计工作满20年以上的职工，请病假累计4个月以上的。

第五条 单位根据生产、工作的具体情况，并考虑职工本人意愿，统筹安排职工年休假。年休假在1个年度内可以集中安排，也可以分段安排，一般不跨年度安排。单位因生产、工作特点确有必要跨年度安排职工年休假的，可以跨1个年度安排。单位确因工作需要不能安排职工休年休假的，经职工本人同意，可以不安排职工休年休假。对职工应休未休的年休假天数，单位应当按照该职工日工资收入的300%支付年休假工资报酬。

《企业职工带薪年休假实施办法》

第三条 职工连续工作满12个月以上的，享受带薪年休假（以下简称年休假）。

第四条 年休假天数根据职工累计工作时间确定。职工在同一或者不同用人单位工作期间，以及依照法律、行政法规或者国务院规定视同工作期间，应当计为累计工作时间。

第五条 职工新进用人单位且符合本办法第三条规定的，当年度年休假天数，按照在本单位剩余日历天数折算确定，折算后不足1整天的部分不享受年休假。前款规定的折算方法为：（当年度在本单位剩余日历天数÷365天）×职工本人全年应当享受的年休假天数。

第六条 职工依法享受的探亲假、婚丧假、产假等国家规定的假期以及因工伤停工留薪期间不计入年休假假期。

第七条 职工享受寒暑假天数多于其年休假天数的，不享受当年的年休假。确因工作需要，职工享受的寒暑假天数少于其年休假天数的，用人单位应当安排补足年休假天数。

第八条 职工已享受当年的年休假，年度内又出现条例第四条第（二）、（三）、（四）、（五）项规定情形之一的，不享受下一年度的年休假。

第九条 用人单位根据生产、工作的具体情况，并考虑职工本人意愿，统筹安排年休假。用人单位确因工作需要不能安排职工年休假或者跨1个年度安排年休假的，应征得职工本人同意。

第十条 用人单位经职工同意不安排年休假或者安排职工年休假天数少于应休年休假天数，应当在本年度内对职工应休未休年休假天数，按照其日工资收入的300%支付未休年休假工资报酬，其中包含用人单位支付职工正常工作期间的工资收入。用人单位安排职工休年休假，但是职工因本人原因且书面提出不休年休假的，用人单位可以只支付其正常工作期间的工资收入。

第十一条 计算未休年休假工资报酬的日工资收入按照职工本人的月工资除以月计薪天数（21.75天）进行折算。前款所称月工资是指职工在用人单位支付其未休年休假工资报酬前12个月剔除加班工资后的月平均工资。在本用人单位工作时间不满12个月的，按实际月份计算月平均工资。职工在年休假期间享受与正常工作期间相同的工资收入。实行计件工资、提成工资或者其他绩效工资制的职工，日工资收入的计发办法按照本条第一款、第二款的规定执行。

第十二条第一款 用人单位与职工解除或者终止劳动合同时，当年度未安排职工休满应休年休假的，应当按照职工当年已工作时间折算应休未休年休假天数并支付未休年休假工资报酬，但折算后不足1整天的部分不支付未休年休假工资报酬。

《国务院法制办对〈关于《职工带薪年休假条例》有关问题的请示〉的复函》（国法秘政函〔2009〕5号）

一、《职工带薪年休假条例》（以下简称条例）第二条规定的"职工连续工作1年以上"，没有限定必须是同一单位，因此，既包括职工在同一单位连续工作1年以上的情形，也包括职工在不同单位连续工作1年以上的情形。

《人力资源和社会保障部办公厅关于〈企业职工带薪年休假实施办法〉有关问题的复函》（人社厅函〔2009〕149号）

一、关于带薪年休假的享受条件《企业职工带薪年休假实施办法》第三条中的"职工连续工作满12个月以上"，既包括职工在同一用人单位连续工作满12个月以上的情形，也包括职工在不同用人单位连续工作满12个月以上的情形。

北京市高级人民法院、北京市劳动人事争议仲裁委员会《关于审理劳动争议案件法律适用问题的解答》（2017年）

19. 劳动者要求用人单位支付未休带薪年休假工资的，如何处理？

对劳动者应休未休的年休假天数，单位应当按照该职工日工资收入的300%支付年休假工资报酬。劳动者要求用人单位支付其未休带薪年休假工资中法定补偿

（200%福利部分）诉请的仲裁时效期间应适用《劳动争议调解仲裁法》第二十七条第一款规定，即劳动争议申请仲裁的时效期间为一年。仲裁时效期间从当事人知道或者应当知道其权利被侵害之日起计算。考虑年休假可以集中、分段和跨年度安排的特点，故劳动者每年未休带薪年休假应获得年休假工资报酬的时间从第二年的12月31日起算。

20. 劳动者因用人单位不支付未休年休假工资，而依据《劳动合同法》第三十八条"未及时足额支付劳动报酬"的规定要求解除劳动合同并支付经济补偿，如何处理？

劳动者未休年休假，根据《职工带薪年休假条例》第5条规定，用人单位按职工日工资收入300%支付年休假工资报酬。支付未休年休假的工资报酬与正常劳动工资报酬、加班工资报酬的性质不同，其中包含用人单位支付职工正常工作期间的工资收入（100%部分）及法定补偿（200%部分）。《职工带薪年休假条例》在于维护劳动者休息休假权利，劳动者以用人单位未支付其未休带薪年休假工资中法定补偿（仅200%部分）而提出解除劳动合同时，不宜认定属于用人单位"未及时足额支付劳动报酬"的情形。

浙江省高级人民法院民事审判第一庭、浙江省劳动人事争议仲裁院《关于审理劳动争议案件若干问题的解答（二）》（浙高法民一〔2014〕7号）

十九、劳动者与用人单位就未休年休假的工资报酬发生争议的，申请仲裁的时效期间及起算点应如何确定？

答：用人单位未安排劳动者年休假，侵害的是劳动者的休假权利，支付未休年休假工资报酬是因用人单位未安排年休假而应当承担的法律义务，故适用一般的时效规定。劳动者要求用人单位支付未休年休假工资报酬的仲裁时效从次年的1月1日起计算。经劳动者同意跨年度安排年休假的，顺延至下一年度的1月1日起计算；劳动关系解除或者终止的，从解除或者终止之日起计算。

深圳市中级人民法院《关于审理劳动争议案件的裁判指引》

第一百一十一条 未休年休假工资的申请劳动仲裁时效期间应从第三个年度的1月1日当天开始计算。但双方劳动合同解除或终止的，应从劳动合同解除或终止之日起计算。

四川省高级人民法院民一庭《关于审理劳动争议案件若干疑难问题的解答》（川高法民一〔2016〕1号）

第三十七条 劳动者要求用人单位支付未休年休假折算工资的仲裁时效适用一

年的时效规定,从次年的 1 月 1 日起计算。经劳动者同意跨年度安排年休假的,顺延至下一年度的 1 月 1 日起计算;劳动关系解除或者终止的,该年度的未休年休假折算工资仲裁时效从解除或者终止之日起计算。

江西省高级人民法院、江西省人力资源和社会保障厅《关于办理劳动争议案件若干问题的解答(试行)》(赣高法〔2020〕67 号)

25. 劳动者主张未休年休假补偿工资的仲裁时效及起算点应如何确立?劳动者要求用人单位支付其未休带薪年休假工资诉请的仲裁时效期间应适用《中华人民共和国劳动争议调解仲裁法》第二十七条第一款之规定,从应休年休假年度次年的 1 月 1 日起计算;用人单位允许跨年度安排劳动者休年休假的,请求权时效顺延至下一年度的 1 月 1 日起计算;劳动关系已经解除或者终止的,从劳动关系解除或者终止之日起计算。

第五节 女职工的"三期"管理

合规要点 1:关于女职工"三期"的法律规定

所谓女职工的"三期",即"孕期、产期、哺乳期",是法律对女职工的特殊保护。

1. 关于女职工孕期、产期、哺乳期休假的规定

《劳动法》第六十二条规定:"女职工生育享受不少于九十天的产假"。

《女职工劳动保护特别规定》(国务院令第 619 号)第七条规定:女职工生育享受 98 天产假,其中产前可以休假 15 天;难产的,增加产假 15 天;生育多胞胎的,每多生育 1 个婴儿,增加产假 15 天。女职工怀孕未满 4 个月流产的,享受 15 天产假;怀孕满 4 个月流产的,享受 42 天产假。

第九条规定:对哺乳未满 1 周岁婴儿的女职工,用人单位不得延长劳动时间或者安排夜班劳动。用人单位应当在每天的劳动时间内为哺乳期女职工安排 1 小时哺乳时间;女职工生育多胞胎的,每多哺乳 1 个婴儿每天增加 1 小时哺乳时间。

根据上述规定,女职工在产后至少享有 90 天的产假。虽然《女职工劳动保护特别规定》第七条允许女职工可以提前 15 天休产假,但该规定并非强制性规定女职工

必须提前15天休假，用人单位可以尊重女职工的意愿，灵活安排产假休息时间。对于因身体原因需要提前休产假的女职工，确实需要按照用人单位的要求提供医疗机构的证明，并按照用人单位的规章制度办理请假、休假手续。这是为了保障女职工的权益，同时确保用人单位能够正常运营和管理。用人单位在规章制度中应当完善相关规定，对女职工产前假的处理作出明确规定。如果孕妇申请提前休产假后，最终享受的产假超出了法定天数，用人单位可以根据实际情况灵活处理。例如，用人单位可以与女职工协商，将超出天数按病假处理，这意味着女职工在超出法定产假期间只能享受病假待遇，而不能享受产假期间的全额工资和福利待遇。当然，在处理这类情况时，用人单位应当充分尊重女职工的权益，与女职工进行充分的沟通和协商，确保处理结果既符合法律法规，又能够保障女职工的合法权益。同时，用人单位也应当加强规章制度的宣传和培训，确保所有女职工都清楚了解相关规定和流程，避免发生不必要的纠纷和误解。

在上述规定的基础上，各省、自治区、直辖市对于女职工产假出台了相应的规定，但给予女职工的产假天数有所不同。例如，《福建省女职工劳动保护条例》第十三条第一款："符合《福建省人口与计划生育条例》规定生育子女的，女职工产假为一百五十八天至一百八十天，具体天数由用人单位规定，男方照顾假为十五天。"《内蒙古自治区人口与计划生育条例》第三十条："依法办理结婚登记的夫妻增加婚假十五日；符合本条例规定生育子女的夫妻，女方除享受国家规定的产假外，生育第一、二个子女的增加产假六十日，生育第三个子女的增加产假九十日，并给予男方护理假二十五日；符合本条例规定生育子女的夫妻，在子女三周岁以前，每年给予双方各十日育儿假。"

2. 女职工在孕期禁忌从事的劳动范围

（1）作业场所空气中铅及其化合物、汞及其化合物、苯、镉、铍、砷、氰化物、氮氧化物、一氧化碳、二硫化碳、氯、己内酰胺、氯丁二烯、氯乙烯、环氧乙烷、苯胺、甲醛等有毒物质浓度超过国家职业卫生标准的作业；

（2）从事抗癌药物、己烯雌酚生产，接触麻醉剂气体等的作业；

（3）非密封源放射性物质的操作，核事故与放射事故的应急处置；

（4）高处作业分级标准中规定的高处作业；

（5）冷水作业分级标准中规定的冷水作业；

（6）低温作业分级标准中规定的低温作业；

（7）高温作业分级标准中规定的第三级、第四级的作业；

（8）噪声作业分级标准中规定的第三级、第四级的作业；

（9）体力劳动强度分级标准中规定的第三级、第四级体力劳动强度的作业；

（10）在密闭空间、高压室作业或者潜水作业，伴有强烈振动的作业，或者需要频繁弯腰、攀高、下蹲的作业。

3. 女职工在哺乳期禁忌从事的劳动范围：

（1）孕期禁忌从事的劳动范围的第1项、第3项、第9项；

（2）作业场所空气中锰、氟、溴、甲醇、有机磷化合物、有机氯化合物等有毒物质浓度超过国家职业卫生标准的作业。

案例参考

用人单位解除与法定产假期内
劳动者的劳动合同被判支付违法解除劳动合同赔偿金

2020年2月，机械公司女职工缪某因生育向公司申请98天的产假，机械公司同意。之后，缪某又依据江苏省有关延长产假的规定向机械公司申请30天的延长产假，机械公司未同意。2020年6月5日，机械公司通知缪某返岗。因缪某未返岗，机械公司于2020年6月15日以旷工违纪为由决定解除劳动合同。缪某申请劳动仲裁，要求支付违法解除劳动合同的赔偿金。仲裁裁决后，机械公司不服，诉至法院。

【裁判观点】

法院认为，根据《江苏省人口与计划生育条例》的规定，缪某应享受128天的产假，机械公司通知缪某返岗和解除劳动关系时，缪某仍处于法定延长产假期内。机械公司以缪某旷工违纪为由解除劳动合同违反法律规定，故判决机械公司支付缪某违法解除劳动合同的赔偿金。

法律分析

产假制度是保护生育妇女的重要制度之一，对于母亲及新生儿的身心健康发展、提高生育水平均具有重要意义。我国《女职工劳动保护特别规定》规定，女职工生育享受98天产假，其中产前可以休假15天。一些省份在此基础上又出台了各自的计划生育条例及女职工劳动保护特别规定，延长了女职工的产假，延长后的产假期间均视为女职工已出勤，应当享受相应的产假待遇。

合规要点 2："三期"女职工可因过错被解除劳动合同

《劳动合同法》第四十二条规定："劳动者有下列情形之一的，用人单位不得依照本法第四十条、第四十一条的规定解除劳动合同……（四）女职工在孕期、产期、哺乳期的。"但是用人单位并非不能与"三期"女职工解除劳动合同。劳动法对孕期、产期、哺乳期内的女职工给予特殊保护，规定用人单位不得依据非过失性解除规定或以裁员为由解除"三期"内女职工的劳动合同，但并不禁止用人单位对严重违反劳动纪律或者用人单位规章制度，严重失职、营私舞弊，对用人单位利益造成重大损害，或被依法追究刑事责任的"三期"女职工解除劳动合同。因此，当劳动者存在严重过错时，用人单位有权单方面与其解除劳动合同。这是为了维护企业的正常运营和管理秩序，确保企业的利益不受损害。然而，在行使这一权利时，用人单位必须遵守法律法规的规定，确保解除劳动合同的合法性和合规性。

任何单位若要以严重违纪或给单位造成严重损失为由对职工实施辞退，都必须有确凿的事实作为依据。这意味着用人单位在作出辞退决定前，必须进行深入调查，收集充分的证据，确保事实清楚、证据确凿。同时，公司的规章制度中应当明确哪些行为属于严重违纪或给单位造成严重损失，并制定对应的处理意见，以便在需要时能够依法依规进行处理。一旦发生争议进入法律程序，用人单位均应当积极应对，为自己的决定提供充分的证据。包括但不限于劳动者违纪行为的记录、相关证人的证言、损失评估报告等。如果用人单位无法提供充分的证据来支持自己的决定，可能会面临败诉的后果，承担相应的法律责任。

因此，用人单位在行使解除劳动合同的权利时，必须谨慎行事，确保决策的合法性和合规性。同时，劳动者也应当遵守企业的规章制度，尊重企业的管理权，共同维护企业的正常运营和发展。

需要说明的是，目前我国已经取消非婚同居的违法性规定，自然人依法享有生育权，法律不予限制。因此，《人口与计划生育法》（2021 年修正）已移除了有关未婚生育属于违法行为的条文。

案例参考

怀孕职工提交假材料请病假，被合法解除劳动合同

2010 年 6 月 12 日，程某入职某商贸公司，双方签订了起止期限为 2010 年 6 月

12日至2013年6月30日的劳动合同。程某于2012年3月怀孕，并在2012年4月15日至9月16日休了病假。2012年10月12日，商贸公司以程某存在提交虚假诊断证明和门诊就诊记录为由与程某解除了劳动合同。程某到劳动仲裁委进行申诉，仲裁委裁决某商贸公司支付程某违法解除劳动合同赔偿金。商贸公司不服裁决，诉至法院。商贸公司向法庭提交了北京市某妇幼保健院诊断证明书、门诊就诊记录复印件及程某的休假申请表，主张该组证据系程某向其公司提交的请假材料，但经其公司核实，诊断证明书和门诊就诊记录为伪造的。其公司员工手册载明：员工提供虚假的个人信息（包括但不限于教育学历、离职证明、健康证明、体检证明、病休证明……）属于严重违纪行为，公司可立即解除与其之间的劳动合同。公司主张程某存在伪造病历请假的行为，解除与程某劳动合同的行为合法，请求法院判令其公司无须向程某支付违法解除劳动关系赔偿金。经法院调查核实，程某提交的门诊就诊记录并非程某所述的医院医生所出具。

【裁判观点】

法院认为，程某存在提交虚假门诊就诊记录请假的行为，原告公司依据员工手册规定与程某解除劳动合同，符合法律规定，原告公司无须向程某支付违法解除劳动合同赔偿金。

法律分析

尽管我国法律对"三期"（孕期、产期、哺乳期）女职工提供了特别保护，但这种保护是有条件的。这种特别规定是为了保障女职工在特定阶段的权益，但并不意味着女职工可以在任何情况下都免受用人单位规章制度的约束。

现实生活中，有些女职工可能会因为怀孕而忽视或违反用人单位的规章制度。然而，法律规定用人单位不得单纯以女职工"三期"为由降低工资、解除劳动合同，但若"三期"女职工的行为符合《劳动合同法》第三十九条规定的情形，如严重违纪、给用人单位造成重大损失等，用人单位仍然有权行使单方解除权。

因此，"三期"女职工应当自觉遵守用人单位的规章制度，尊重企业的管理权。同时，用人单位也应当在规章制度中明确对"三期"女职工的特别保护措施，确保她们在特定阶段的权益得到保障。双方应当相互理解、相互配合、互相尊重，共同维护企业的正常运营和员工的权益。

合规要点 3："三期"女职工能否被退回劳务派遣公司

根据《劳务派遣暂行规定》（人力资源和社会保障部令第 22 号）第十三条规定："被派遣劳动者有劳动合同法第四十二条规定情形的，在派遣期限届满前，用工单位不得依据本规定第十二条第一款第一项规定将被派遣劳动者退回劳务派遣单位，派遣期限届满的，应当延续至相应情形消失时方可退回。"《劳务派遣暂行规定》第十二条第一款第一项规定的是劳动合同法第四十条"客观情况发生重大变化，致使劳动合同无法履行"及第四十一条"经济裁员"的情况。

根据上述规定可知，在劳务派遣关系中，用工单位不得将女员工退回劳务派遣单位的法定情形有两种：

（1）劳务派遣合同未到期之前，女员工处于"三期"状态的，用工单位不得依据《劳动合同法》第四十条"客观情况发生重大变化，致使劳动合同无法履行"及第四十一条"经济性裁员"的情况将女员工退回。

（2）"三期"女员工合同到期的，用工单位也应当以劳务派遣用工形式保持与该"三期"劳务派遣女员工的用工关系，直至其"三期"结束。

案例参考

劳务派遣合同到期，孕期女职工能否退回

某资产管理公司与劳务派遣公司签订了劳务派遣合同，约定由劳务派遣公司向某资产管理公司派遣劳动者，并支付相应的工资及社会保险，合同期限自 2017 年 2 月 3 日起至 2019 年 2 月 2 日止，罗某（女）作为劳务派遣员工被派遣至该资产管理公司工作。2018 年 11 月 20 日罗某被诊断怀孕并通知某资产管理公司相关负责人，2019 年 2 月 2 日某资产管理公司以"劳务派遣合同"到期为由，将罗某退回劳务派遣公司，随后罗某与劳务派遣公司发生劳动争议，经过仲裁、一审、二审，劳务派遣公司向罗某缴纳社会保险至 2019 年 12 月，合计缴纳 15032.49 元；支付 2019 年 2 月至 6 月的工资计 6163.85 元，以上共计 21196.34 元。劳务派遣公司随后起诉某资产管理公司，要求支付 2019 年 2 月至 12 月的劳务派遣费用 21196.34 元。

【裁判观点】

一审法院认为，当事人一方不履行合同义务或履行合同义务不符合约定的，应当承担继续履行、采取补救措施或者赔偿损失等违约责任。《劳务派遣暂行规定》第十三条规定:"被派遣劳动者有劳动合同法第四十二条规定情形的,在派遣期限届满前,用工单位不得依据本规定第十二条第一款第一项规定将被派遣劳动者退回劳务派遣单位;派遣期限届满的,应当延续至相应情形消失时方可退回。"《劳动合同法》第四十二条规定:"劳动者有下列情形之一的,用人单位不得依照本法第四十条、第四十一条的规定解除劳动合同……(四)女职工在孕期、产期、哺乳期的……"据此,对孕期、产期、哺乳期"三期"女职工特殊保护是劳动法的重要原则,本案某资产管理公司在与劳务派遣公司的派遣期限届满后将处于孕期的劳动者罗某退回劳务派遣公司处,违反了相关法律及法规的规定,现原告已向劳动者罗某支付了相应的工资及社会保险费,依据原、被告双方签订的劳务派遣协议书,该费用应由被告承担。故,对原告要求被告支付劳务派遣职工工资及社会保险费21196.34元的诉讼请求,一审法院予以支持。被告不服,提起上诉,二审维持原判。

法律分析

当劳务派遣女职工处于"三期"时,除非用工单位被依法宣告破产、吊销营业执照、责令关闭、撤销、决定提前解散或者经营期限届满不再继续经营的,否则不能将这名女职工退回给劳务派遣单位。即使劳务派遣协议到期,用工单位也有责任继续以劳务派遣的形式维持与该女职工的用工关系,直至其"三期"结束。

这样的规定是为了确保劳务派遣女职工在"三期"内的基本生活和工作权益不受到侵害。如果用工单位强行将处于"三期"内的劳务派遣女员工退回,那么依据《劳务派遣暂行规定》第二十四条规定,用工单位违反本规定退回被派遣劳动者的,按照劳动合同法第九十二条第二款规定执行,即劳务派遣单位、用工单位违反本法有关劳务派遣规定的,由劳动行政部门责令限期改正;逾期不改正的,以每人5000元以上10000元以下的标准处以罚款,对劳务派遣单位,吊销其劳务派遣业务经营许可证。用工单位给被派遣劳动者造成损害的,劳务派遣单位与用工单位承担连带赔偿责任。

合规要点4:"三期"女职工能否调岗降薪

1. 在条件允许的情况下,可以调岗

根据《女职工劳动保护特别规定》第六条规定:女职工在孕期不能适应原劳动

的，用人单位应当根据医疗机构的证明，予以减轻劳动量或者安排其他能够适应的劳动。对怀孕7个月以上的女职工，用人单位不得延长劳动时间或者安排夜班劳动，并应当在劳动时间内安排一定的休息时间。怀孕女职工在劳动时间内进行产前检查，所需时间计入劳动时间。

调整之后的岗位必须合理，是与女职工的工作技能存在关联性的，且岗位的调整不存在侮辱性或是惩罚性。

2. 调岗的形式

根据《劳动合同法》第十七条的规定，工作内容与劳动报酬是劳动合同的重要条款。根据第三十五条第一款的规定，用人单位与劳动者协商一致，可以变更劳动合同约定的内容。变更劳动合同，应当采用书面形式。既然法律已经明确规定工作岗位与薪酬都是劳动合同的必备条款，但凡对此调整、变更的，都必须经过劳动关系双方协商一致才能执行，不能由用人单位或员工任何一方单方作出决定。

3. 对"三期"女职工进行调薪需慎重

依据《女职工劳动保护特别规定》第五条、《妇女权益保障法》第四十八条规定，用人单位无权单方调整"三期"女职工的工资标准。原则上不得因岗位的调整而降低女职工的工资待遇，这里的工资待遇一般指的是工资结构中固定发放的部分，如果某岗位的工资是与工作绩效或提成等浮动工资挂钩的，那么用人单位可以根据自身的薪酬制度和规章制度来决定具体的工资发放方式。但前提条件是，这套薪酬制度和规章制度必须是完善的，并且具备法律效力。

4. 对企业的建议

用人单位如何平衡自身利益与保护"三期"女职工利益，这一课题贯穿于企业的整个管理及发展过程中，我们建议用人单位从以下几个方面考虑及处理：

（1）依法制定并公示用人单位规章制度，保障"三期"女职工的合法权益；同时也保证用人单位在处理"三期"期间严重违反用人单位规章制度的女职工时，能够有据可依。

（2）健全生育保险，保障"三期"女职工的福利待遇，同时也是减轻用人单位负担。

（3）当"三期"女职工因身体原因确实不适宜继续从事原工作时，用人单位的处理方式显得尤为关键。与女职工进行积极的沟通，并尝试协商一致变更工作岗位，是一个明智的选择。这不仅体现了用人单位对女职工权益的尊重，也有助于维护双方之间的和谐关系。同时，确保这一过程有书面协议作为支持，有助于明确双方的权利和义务，避免后续产生纠纷。

（4）在实际操作中，可能会遇到一些女职工不愿意调离原岗位的情况。在这种情况下，用人单位应当遵循法律法规的规定，并尽量做到合理、公平和透明。用人单位可以依法单方调岗或是减轻女职工的工作量，但在此之前，应当举证证明调岗的合法性和合理性。这可能需要用人单位提供岗位适应性评估等相关证据。

案例参考

孕期女职工岗位调整、工资降低被认定为不合法

沈某于2011年5月5日进入某创意公司工作，并与其签订了书面劳动合同，最后一份劳动合同期限从2014年7月1日起至2020年9月30日止，双方约定的工作岗位为创意自动化中心督导。2016年7月30日，沈某开始休产假，分娩时间为2016年8月15日。2017年2月2日，用人单位以"对产品工艺不熟，不适合做生产主管"为由，决定从2017年4月1日起将沈某降为产品装配区组长，同时每月工资中的正常工作时间工资从2000元调整至1800元，岗位补贴从1400元调整至1200元。沈某认为用人单位随意调整岗位和薪水的行为严重违反了法律法规，遂于2017年8月29日申请仲裁，请求终止劳动关系、补缴2011年5月和6月的社保、支付经济补偿金、补发2017年4月至8月的工资差额2720元，后本案诉至法院。

【裁判观点】

依据《女职工劳动保护特别规定》第五条："用人单位不得因女职工怀孕、生育、哺乳降低其工资、予以辞退、与其解除劳动或者聘用合同。"用人单位应足额发放沈某哺乳期的工资。按照正常工作时间工资2000元、岗位补贴1400元的标准，2017年4月至8月工资差额共计2388.86元，应由用人单位补发给沈某。随后用人单位提起上诉，二审法院维持原判。

法律分析

用人单位欲调整"三期"女职工的岗位，只能依据以下方式进行：一是与劳动者协商一致；二是依照《女职工劳动保护特别规定》第六条规定，如果用人单位确实有证据表明劳动者因怀孕而不能胜任原劳动的，应当根据医疗机构的证明予以减轻劳动量或者安排其他劳动，但不改变原工资福利等待遇；三是企业有证据证明企业情况发生重大变化。除此之外，企业不得任意单方面调整"三期"女职工的工作岗位。

上文提到的工资包括津贴和补贴。根据国家统计局《〈关于工资总额组成的规定〉若干具体范围的解释》第5项"关于标准工资（基本工资，下同）和非标准工资（辅助工资，下同）的定义"的规定，"标准工资是指按规定的工资标准计算的工资（包括实行结构工资制的基础工资、职务工资和工龄津贴）"。同时，国家统计局令第1号《关于工资总额组成的规定》第四条的规定："工资总额由下列六个部分组成：（一）计时工资；（二）计件工资；（三）奖金；（四）津贴和补贴；（五）加班加点工资；（六）特殊情况下支付的工资"。此外，从保障"三期"女职工的角度出发，用人单位扣发或是降低"三期"女职工的福利待遇也是不合理的。

合规要点5：女职工特殊假期期间的工资计算

对于孕期和哺乳期的女职工，虽然存在产前检查和哺乳等视为正常劳动的情况，但一般都会正常出勤提供劳动，所以，应该支付其正常劳动的工资，包括基本工资、绩效工资、各种福利补贴等。

依据《女职工劳动保护特别规定》第八条规定，女职工产假期间，用人单位应支付其正常工资。若用人单位为女职工缴纳了生育保险，女职工能够享受生育保险待遇，则生育津贴即为女职工产假期间的工资，生育津贴按照用人单位上一年度职工月平均工资的标准由生育保险基金支付，生育津贴低于本人工资标准的，差额部分由企业补足。对未参加生育保险的，按照女职工产假前工资的标准由用人单位支付。职工领取生育津贴期间，用人单位和职工应当按照规定缴纳社会保险费。

因生育津贴的支付标准为用人单位上一年度职工月平均工资，其与女职工本人的工资可能会存在差别。首先需要明确这里的本人工资应包括哪些，一般劳动者的工资组成中，基本工资、岗位工资、补贴、津贴、福利等部分，对于存在劳动关系或处于一定的岗位的劳动者而言，这部分的工资都是固定的。而绩效在工资组成中是一个常见的浮动部分，它与劳动者的工作成果、表现等因素密切相关。对于女职工在产假期间因无法正常工作而导致的绩效不达标情况，用人单位在绩效工资发放上需要谨慎。

案例参考

生育津贴低于本人工资标准，企业须补足差额

2010年1月1日，原告张某与被告某公司签订期限自2010年1月1日起至2016年10月31日止的劳动合同。被告公司未按实际月工资4500元的标准为张某申报缴纳生育保险，而是按2500元的标准为张某缴纳生育保险。2014年8月19日，张某生育一女。社会保险经办部门《生育津贴支付审批表》显示，核定月缴费基数为2500元，享受生育津贴月数为4个月，金额共计10000元。张某起诉要求被告公司支付产假工资差额。

【裁判观点】

法院认为，根据相关法律规定，女职工休产假期间的工资标准不应降低。张某提供的工资条显示其生育前工资标准高于缴纳生育保险的缴费基数，证明用人单位未按实际工资情况为张某缴纳生育保险，由此导致的生育津贴与应得工资差额，应由用人单位补齐。

法律分析

生育津贴制度设立的目的是保障女职工生育子女休产假期间工资收入不降低，因此相关法律规定生育津贴为女职工产假期间的工资，生育津贴低于本人工资标准的，差额部分由企业补足。

合规要点6：女职工享受哺乳假后能否享受年假

女职工享受哺乳假之后，是否还能享受带薪年休假？对此，现有法律法规并没有明确规定。根据《企业职工带薪年休假实施办法》第六条规定："职工依法享受的探亲假、婚丧假、产假等国家规定的假期以及因工伤停工留薪期间不计入年休假假期。"另根据《职工带薪年休假条例》第四条规定："职工有下列情形之一的，不享受当年的年休假：（一）职工依法享受寒暑假，其休假天数多于年休假天数的；（二）职工请事假累计20天以上且单位按照规定不扣工资的；（三）累计工作满1年不满10年的职工，请病假累计2个月以上的；（四）累计工作满10年不满20年的职工，请病假累计3个月以上的；（五）累计工作满20年以上的职工，请病假累计4个月以

上的。"依据以上条文，哺乳假未被列入带薪年休假的免除范围，因此用人单位不可将哺乳假抵充带薪年休假，剥夺员工带薪年休假的权利。

案例参考

已休产假、哺乳假仍享有休年休假的权利

孔某为某物流公司的员工，于2017年1月入职，月工资标准为6000元，双方签订为期三年的劳动合同。2019年1月，孔某生育一子，并享受产假、哺乳假，当年度未休带薪年休假。2020年1月，物流公司与孔某终止劳动合同，未支付其2019年度未休年休假工资报酬。某物流公司以孔某已享受产假及哺乳假，不符合享受带薪年休假的条件为由，不同意支付其2019年度未休年休假工资，双方因此发生争议。

【裁判观点】

经仲裁委主持调解，物流公司同意向孔某支付上述未休年休假工资报酬2758元。

法律分析

本案虽为调解结案，但其裁判观点是十分明确的，即职工依法享受的探亲假、婚丧假、产假等国家规定的假期以及因工伤停工留薪期间不计入年休假假期。女职工依法能够享受产假、哺乳假，但前述假期依法不应计入年休假。用人单位如果以劳动者"已休产假、享受哺乳假"为由拒绝安排劳动者休年假，则应当依法按照劳动者日工资收入的300%支付未休年休假工资报酬。

第六章 职业健康预防与检查

第一节 加强事前预防力度

合规要点 1：应建立劳动安全卫生制度

1.对可能造成劳动者职业病的工作岗位进行招工时，应当对劳动者可能造成职业病的工作经历及自身健康情况进行充分的询问、了解，避免因劳动者个人原因造成后续职业病，从而影响劳动者健康并引发用人单位赔偿风险问题；2.应当要求劳动者入岗前体检，为其提供安全可靠的工作环境、设备设施及相关工作用品；3.应该保留存在职业病风险的工作环境状况检查报告；4.应当为劳动者建立职业健康监护档案，并按照规定期限妥善保存；5.为劳动者参加工伤保险，以此为劳动者提供保障，分散用人单位的工伤风险，这是对劳动者和用人单位的一种保护。

案例参考

职业病工伤认定争议：在多单位工作情况下的责任归属

解某中于2008年1月至2012年8月先后在原兴化市某特钢精密铸造厂、江苏某特钢制品有限公司沾浆车间从事沾浆工作。在前单位工作期间办理了工伤保险，在后单位工作期间未办理工伤保险。解某中在离开前单位以及进入后单位工作时，两单位均未对其进行体检，且两用人单位均未能提供证据证明解某中工作期间，其车间环境状况、职工防护等符合标准要求。2014年4月29日，泰州市职业病鉴定委员会作出职业病鉴定书，载明用人单位名称为：江苏某特钢制品有限公司、原兴化市某特钢精密铸造厂；职业病危害接触史为：2008年1月至2012年1月在原兴化市某特钢精密铸造厂沾浆车间从事沾浆工作，接触莫来砂、锆砂粉尘；2012年2月21日至8月17日在江苏某特钢制品有限公司沾浆车间从事沾浆工作，接触莫来砂、锆砂粉尘；鉴定结论为：硅肺一期。2014年5月19日，原兴化市某特钢精密铸造厂投资人刘某芹提交工伤认定申请材料，原审被告兴化市人力资源和社会保障局受理后，于 2014 年 6 月 6 日作出认定工伤决定书，认定解某中为工伤。刘某芹不服，向兴化市人民政府申请行政复议，复议机关维持后，刘某芹仍不服，遂提起行政诉讼。

另查明，原兴化市某特钢精密铸造厂系刘某芹投资的个人独资企业，该厂已于 2012 年 2 月 2 日被注销。原审被告曾于 2013 年 12 月 3 日受理解某中以江苏某特钢制品有限公司为用人单位提出的工伤认定申请，并于 2014 年 6 月 5 日作出工伤认定决定书。2014 年 3 月 27 日，解某中因硅肺、间质性肺炎、呼吸衰竭死亡。

【裁判观点】

一审法院认为刘某芹撤销工伤认定的请求不符合法律规定，对刘某芹的诉讼请求不予支持，刘某芹进行上诉后，二审法院认为主要争议焦点是劳动者先后在两个具有相同职业危害因素的单位从事同种类工作，后发现并被鉴定为职业病，被上诉人兴化市人力资源和社会保障局针对前用工主体（本案上诉人）作出工伤认定决定是否合法。此外，二审法院同样认定原审判决事实清楚，适用法律正确，审判程序合法，应予维持。

法律分析

工伤申请：用人单位中发生事故伤害或者按照《职业病防治法》规定被诊断、鉴定为职业病的，一般应当自事故伤害发生之日或者被诊断、鉴定为职业病之日起向统筹地区社会保险行政部门提出工伤认定申请。

《工伤保险条例》第五十七条规定："社会保险行政部门工作人员有下列情形之一的，依法给予处分；情节严重，构成犯罪的，依法追究刑事责任：（一）无正当理由不受理工伤认定申请，或者弄虚作假将不符合工伤条件的人员认定为工伤职工的；（二）未妥善保管申请工伤认定的证据材料，致使有关证据灭失的；（三）收受当事人财物的。"

工伤保险：保障因工作遭受事故伤害或者患职业病的职工获得医疗救治和经济补偿，促进工伤预防和职业康复，分散用人单位的工伤风险，一定程度上对劳动者权益进行保护。

《工伤保险条例》第五十八条规定："经办机构有下列行为之一的，由社会保险行政部门责令改正，对直接负责的主管人员和其他责任人员依法给予纪律处分；情节严重，构成犯罪的，依法追究刑事责任；造成当事人经济损失的，由经办机构依法承担赔偿责任：（一）未按规定保存用人单位缴费和职工享受工伤保险待遇情况记录的;(二)不按规定核定工伤保险待遇的;(三)收受当事人财物的。"

合规依据

《职业病防治法》

第三十六条 用人单位应当为劳动者建立职业健康监护档案,并按照规定的期限妥善保存。职业健康监护档案应当包括劳动者的职业史、职业病危害接触史、职业健康检查结果和职业病诊疗等有关个人健康资料。劳动者离开用人单位时,有权索取本人职业健康监护档案复印件,用人单位应当如实、无偿提供,并在所提供的复印件上签章。

《工伤保险条例》

第二条 中华人民共和国境内的企业、事业单位、社会团体、民办非企业单位、基金会、律师事务所、会计师事务所等组织和有雇工的个体工商户(以下称用人单位)应当依照本条例规定参加工伤保险,为本单位全部职工或者雇工(以下称职工)缴纳工伤保险费。中华人民共和国境内的企业、事业单位、社会团体、民办非企业单位、基金会、律师事务所、会计师事务所等组织的职工和个体工商户的雇工,均有依照本条例的规定享受工伤保险待遇的权利。

第十四条 职工有下列情形之一的,应当认定为工伤:(一)在工作时间和工作场所内,因工作原因受到事故伤害的;(二)工作时间前后在工作场所内,从事与工作有关的预备性或者收尾性工作受到事故伤害的;(三)在工作时间和工作场所内,因履行工作职责受到暴力等意外伤害的;(四)患职业病的;(五)因工外出期间,由于工作原因受到伤害或者发生事故下落不明的;(六)在上下班途中,受到非本人主要责任的交通事故或者城市轨道交通、客运轮渡、火车事故伤害的;(七)法律、行政法规规定应当认定为工伤的其他情形。

《人力资源和社会保障部关于执行〈工伤保险条例〉若干问题的意见》(人社部发〔2013〕34号)

第八条 曾经从事接触职业病危害作业、当时没有发现罹患职业病、离开工作岗位后被诊断或鉴定为职业病的符合下列条件的人员,可以自诊断、鉴定为职业病之日起一年内申请工伤认定,社会保险行政部门应当受理……(二)劳动或聘用合同期满后或者本人提出而解除劳动或聘用合同后,未再从事接触职业病危害作业的人员。

……

合规要点 2：应做好职业病的前期预防措施

1.签订劳动合同时将合同内容向劳动者进行全面的解释，对解释的情景进行记录，避免劳动者后续以"格式合同"为由加大用人单位的责任；2.劳动合同中与劳动者约定的工作岗位内容应当尽量与实际安排的工作岗位内容一致，避免后续产生纠纷；3.劳动合同中应当对劳动者违规操作的方式、时间等进行较为全面的规定，列出"劳动者负面行为清单"，对因劳动者个人原因产生的职业病责任减轻进行约定。

案例分析

用人单位解除劳动合同应安排劳动者进行离岗前职业健康检查

2010年9月26日，李某入职某服饰公司担任胶印部门负责人，双方签订的最后一份劳动合同的期限为2013年11月26日至2018年11月25日。在职期间，某服饰公司每年安排李某进行职业健康检查。经查，李某职业健康检查表中显示，"'接害'工龄5年，毒害种类和名称：苯、甲苯、二甲苯类"。2016年12月8日，某服饰公司以经济性裁员为由与李某解除了劳动合同。李某遂以某服饰公司违法解除劳动合同为由申请劳动仲裁，要求某服饰公司支付违法解除劳动合同赔偿金差额等。仲裁委裁决：某服饰公司应支付李某违法解除劳动合同赔偿金差额6万余元。某服饰公司不服仲裁裁决，向法院提起诉讼。

【裁判观点】

李某所在的车间为胶印部门，其工作岗位属于接触有毒、有害物质的岗位。虽然李某系部门主管，但其履行职责时确需进入车间，且某服饰公司亦每年安排李某进行职业健康检查，故李某应属于从事接触职业病危害作业的劳动者。《职业病防治法》第三十五条规定，对未进行离岗前职业健康检查的劳动者不得解除或者终止与其订立的劳动合同。《劳动合同法》也规定，对从事接触职业病危害作业的劳动者未进行离岗前职业健康检查的，用人单位不得依照该法第四十条、第四十一条的规定解除劳动合同，而第四十一条就是对用人单位经济性裁员的规定。由此可见，用人单位安排从事接触职业病危害作业的劳动者进行离岗前职业健康检查是其法定义务，该项义务并不因用人单位进行经济性裁员而免除。某服饰公司在未安排李某进行职业健康检查的情况下，便以经济性裁员为由解除了双方的劳动合同，其解除行为违法，应当向李某支付违法解除劳动合同赔偿金。

法律分析

经济性裁员，是指用人单位一次性辞退部分劳动者，以此作为改善生产经营状况的一种手段，其目的是保护用人单位在市场经济中的竞争和生存能力，使用人单位渡过暂时的难关。

《劳动法》第二十七条第一款规定："用人单位濒临破产进行法定整顿期间或者生产经营状况发生严重困难，确需裁减人员的，应当提前三十日向工会或者全体职工说明情况，听取工会或者职工的意见，经向劳动行政部门报告后，可以裁减人员。"

职业健康检查：指通过各种检查和分析，评价职业性有害因素对接触者健康影响及其程度，掌握职工健康状况，及时发现健康损害征象，以便采取相应的预防措施，防止有害因素所致疾患的发生和发展。

未给劳动者安排职业健康检查的用人单位，由卫生行政部门责令限期改正，给予警告，可以并处五万元以上十万元以下的罚款。

合规依据

《职业病防治法》

第三十三条 用人单位与劳动者订立劳动合同（含聘用合同，下同）时，应当将工作过程中可能产生的职业病危害及其后果、职业病防护措施和待遇等如实告知劳动者，并在劳动合同中写明，不得隐瞒或者欺骗。劳动者在已订立劳动合同期间因工作岗位或者工作内容变更，从事与所订立劳动合同中未告知的存在职业病危害的作业时，用人单位应当依照前款规定，向劳动者履行如实告知的义务，并协商变更原劳动合同相关条款。用人单位违反前两款规定的，劳动者有权拒绝从事存在职业病危害的作业，用人单位不得因此解除与劳动者所订立的劳动合同。

第三十四条 用人单位的主要负责人和职业卫生管理人员应当接受职业卫生培训，遵守职业病防治法律、法规，依法组织本单位的职业病防治工作。用人单位应当对劳动者进行上岗前的职业卫生培训和在岗期间的定期职业卫生培训，普及职业卫生知识，督促劳动者遵守职业病防治法律、法规、规章和操作规程，指导劳动者正确使用职业病防护设备和个人使用的职业病防护用品。劳动者应当学习和掌握相关的职业卫生知识，增强职业病防范意识，遵守职业病防治法律、法规、规章和操作规程，正确使用、维护职业病防护设备和个人使用的职业病防护用品，发现职业病危害事故隐患应当及时报告。劳动者不履行前款规定义务的，用人单位应当对其进行教育。

第三十五条 对从事接触职业病危害的作业的劳动者，用人单位应当按照国务院卫生行政部门的规定组织上岗前、在岗期间和离岗时的职业健康检查，并将检查结果书面告知劳动者。职业健康检查费用由用人单位承担。用人单位不得安排未经上岗前职业健康检查的劳动者从事接触职业病危害的作业；不得安排有职业禁忌的劳动者从事其所禁忌的作业；对在职业健康检查中发现有与所从事的职业相关的健康损害的劳动者，应当调离原工作岗位，并妥善安置；对未进行离岗前职业健康检查的劳动者不得解除或者终止与其订立的劳动合同。职业健康检查应当由取得《医疗机构执业许可证》的医疗卫生机构承担。卫生行政部门应当加强对职业健康检查工作的规范管理，具体管理办法由国务院卫生行政部门制定。

《劳动合同法》

第四十条 有下列情形之一的，用人单位提前三十日以书面形式通知劳动者本人或者额外支付劳动者一个月工资后，可以解除劳动合同：（一）劳动者患病或者非因工负伤，在规定的医疗期满后不能从事原工作，也不能从事由用人单位另行安排的工作的；（二）劳动者不能胜任工作，经过培训或者调整工作岗位，仍不能胜任工作的；（三）劳动合同订立时所依据的客观情况发生重大变化，致使劳动合同无法履行，经用人单位与劳动者协商，未能就变更劳动合同内容达成协议的。

第四十一条 有下列情形之一，需要裁减人员二十人以上或者裁减不足二十人但占企业职工总数百分之十以上的，用人单位提前三十日向工会或者全体职工说明情况，听取工会或者职工的意见后，裁减人员方案经向劳动行政部门报告，可以裁减人员：（一）依照企业破产法规定进行重整的；（二）生产经营发生严重困难的；（三）企业转产、重大技术革新或者经营方式调整，经变更劳动合同后，仍需裁减人员的；（四）其他因劳动合同订立时所依据的客观经济情况发生重大变化，致使劳动合同无法履行的。裁减人员时，应当优先留用下列人员：（一）与本单位订立较长期限的固定期限劳动合同的；（二）与本单位订立无固定期限劳动合同的；（三）家庭无其他就业人员，有需要扶养的老人或者未成年人的。用人单位依照本条第一款规定裁减人员，在六个月内重新招用人员的，应当通知被裁减的人员，并在同等条件下优先招用被裁减的人员。

合规要点 3：依法为劳动者参加工伤保险

1. 用人单位应当依法为劳动者参加工伤保险，加强对劳动者的保护，为后续用人单位可能存在的职业病赔偿进行风险分担；2. 对于外包或者派遣劳动人员，需要与外包单位及派遣单位明确劳动者的劳动合同与身份关系，明确本单位与外包单位、派遣单位关于劳动者的职业病工伤责任。

案例参考

职业病工伤赔偿：未参保劳动者如何争取合法权益？

2002年6月至2013年8月，王某某在安徽省某矿业集团有限公司从事炮工工作。2013年8月，安徽省某矿业集团有限公司因发生安全事故停产。王某某在家等待复工期间发觉身体不适前往医院诊治，2018年11月14日经安徽省六安市某医院诊断为职业性硅肺一期。2019年2月25日经霍邱县人力资源和社会保障局认定王某某患职业病（硅肺）为工伤，并经相关部门鉴定其为劳动功能障碍七级。

之后，王某某就工伤赔偿事宜与用工单位进行协商，但用工单位拒绝赔付，王某某遂向霍邱县法律援助中心请求援助，霍邱县法律援助中心认为其符合援助条件并指派安徽兴隆律师事务所律师承办此案。承办律师到霍邱县人力资源和社会保障局进行查询，发现该矿业集团有限公司并未给王某某参加工伤保险，且在人力资源和社会保障局系统内也未查询到王某某有任何工伤保险参保记录，在与安徽某矿业集团有限公司多次协商无果后，承办律师决定帮助王某某提起劳动争议仲裁申请。

2019年9月1日，承办律师代受援人向劳动仲裁庭申请仲裁，要求工伤事故单位解除劳动合同，支付医疗费、职业病诊断费、停工留薪期工资、一次性伤残补助金、一次性伤残就业补助金、一次性工伤医疗补助金、交通费、住宿费等共计356966元。仲裁庭审中，被申请人安徽省某矿业集团有限公司当庭申请追加陕西某工程有限公司为被申请人并答辩：1. 王某某所在工作场所二采区系陕西某工程有限公司承包，王某某的实际用工单位是陕西某工程有限公司，与被申请人安徽省某矿业集团不存在劳动合同关系；2. 陕西某工程有限公司作为王某某的工伤参保单位，违法约定不履行工伤理赔手续，导致王某某无法获得赔偿，被申请人已经申请追加陕西某工程有限公司为本案的被申请人；3. 申请人申请的赔偿金额中：（1）一次性伤残补助金应在与陕西某工程有限公司核实王某某实际工资情况后再予以计算；（2）应按照上年度统筹地区的平均工资标准5028元/月，计算一次性伤残就业补助金、一次性医疗补助金；（3）停工留薪期未实际发生，申请人要求的停工留薪期工资应不予支持；（4）其他事项应核实申请人提供的发票及发票日期等内容与申请人职业病诊断或工伤认定的关联性后予以确定。

针对被申请人的答辩，承办律师提出代理意见：1. 申请人与被申请人之间具有合法的劳动关系，申请人在受到伤害后，依法提起了工伤认定程序，霍邱县人力资源和社会保障局已于2019年2月25日作出工伤认定，已确定申请人的用工单位为被申请人，经霍邱县人力资源和社会保障局审查核实后，认定了双方之间的劳动关系。故，该工伤认定决定书已发生法律效力。由于双方之间存在合法劳动关系，现按照《工伤保险条例》第三十七条和《安徽省实施工伤保险条例办法》第二十五条规定，申请人请求解除与被申请人之间的劳动关系，并要求支付一次性工伤医疗补助金和一次性伤残就业补助金具有事实和法律依据。2. 申请人的职业病诊断、工伤认定及劳动功能障碍程度鉴定程序合法，结果客观公正，被申请人依法应承担申请人职业病工伤事故法律责任。申请人王某某在2018年11月14日经六安市某医院出具《职业病诊断证明书》诊断申请人系职业性硅肺一期，职业病危害因素接触史系申请人在2002年6月至2013年8月在被申请人公司从事炮工接触粉尘所致，申请人所患职业病的损害结果与被申请人提供的工作环境具有直接因果关系。3. 申请人主张的赔偿项目和具体赔偿数额符合法律规定，并有证据佐证，应予以支持，且被申请人未为申请人缴纳工伤保险费，依据《工伤保险条例》第六十二条规定，应按照七级工伤保险待遇的项目和标准向申请人支付一次性伤残补助金等相关费用。4. 因被申请人未提供证据证明申请人的工资标准，且申请人于2018年11月14日被诊断为职业病时已不在被申请人处工作，故应参照安徽省2018年度职工月平均工资标准6433元作为申请人的本人工资。

【裁判观点】

2020年11月6日，霍邱县劳动人事争议仲裁委员会基本采纳了援助律师的代理意见，裁定：确认申请人王某某与被申请人安徽某矿业集团有限公司于本裁决生效之日起解除劳动关系；要求被申请人安徽省某矿业集团有限公司于裁决生效之日起十日内向申请人王某某支付一次性伤残补助金83629元、一次性工伤医疗补助金64330元、一次性伤残就业补助金128660元、停工留薪期工资38598元、职业病诊断费1000元、医疗费584元，合计316801元。

法律分析

《职业病防治法》第五十六条至第五十九条规定了职业病病人可依据其参加的工伤保险享受国家规定的职业病待遇、有权向用人单位提出赔偿要求等。

用人单位未参加工伤保险应当补缴相关费用及滞纳金并且可被相关主管部门处以罚款。

合规依据

《职业病防治法》

第五十七条 职业病病人的诊疗、康复费用，伤残以及丧失劳动能力的职业病病人的社会保障，按照国家有关工伤保险的规定执行。

第五十八条 职业病病人除依法享有工伤保险外，依照有关民事法律，尚有获得赔偿的权利的，有权向用人单位提出赔偿要求。

第五十九条 劳动者被诊断患有职业病，但用人单位没有依法参加工伤保险的，其医疗和生活保障由该用人单位承担。

第六十条 职业病病人变动工作单位，其依法享有的待遇不变。用人单位在发生分立、合并、解散、破产等情形时，应当对从事接触职业病危害的作业的劳动者进行健康检查，并按照国家有关规定妥善安置职业病病人。

《工伤保险条例》

第六十二条 用人单位依照本条例规定应当参加工伤保险而未参加的，由社会保险行政部门责令限期参加，补缴应当缴纳的工伤保险费，并自欠缴之日起，按日加收万分之五的滞纳金；逾期仍不缴纳的，处欠缴数额1倍以上3倍以下的罚款。依照本条例规定应当参加工伤保险而未参加工伤保险的用人单位职工发生工伤的，由该用人单位按照本条例规定的工伤保险待遇项目和标准支付费用。用人单位参加工伤保险并补缴应当缴纳的工伤保险费、滞纳金后，由工伤保险基金和用人单位依照本条例的规定支付新发生的费用。

合规要点 4：保障劳动者休息休假权利

1.用人单位应该依法为劳动者缴纳社会保险，尤其是对于容易患职业病的高危险岗位的劳动者；2.对劳动者休息、休假及休息休假期间可能发生职业病的情形进行约定，避免劳动者因其他外在因素对用人单位进行索赔；3. 在与可能发生职业病劳动者的劳动合同中，可增加关于职工停工留薪期间的条款，避免对法律规定的违反及后续的程序纠纷。

案例参考

职业病退休后死亡的工伤认定与工亡补助金争议

王某系案外人任某之妻。任某于1970年1月进入原天津市水泥厂工作，1985年6月经天津市劳动能力鉴定委员会鉴定为伤残四级。任某于2002年3月退休，后分别于2004年12月和2011年6月重新鉴定为职业病水泥尘肺一期，伤残四级，于2012年1月13日死亡。王某于2012年2月21日向天津市社会保险中心申请按照《工伤保险条例》第三十九条规定，支付丧葬补助金和一次性工亡补助金。天津市社会保险基金管理中心和平分中心工伤保险科于2012年3月19日向建材托管中心作出关于任某家属申请一次性工亡补助金的复函，内容为："你单位工伤职工任某家属申请一次性工亡补助金问题，经请示上级主管部门后，回复如下：一、任某于1985年6月3日鉴定为职业病（水泥尘肺），属于老工伤人员。我市老工伤人员在纳入工伤保险统筹时依据《关于2003年12月31日前工伤职业病人员办理审核登记鉴定的通知》（津劳办〔2004〕93号）文件精神，对老工伤人员要进行劳动能力的复查鉴定，出具《天津市劳动能力鉴定结论表（三）》。《天津市工伤保险若干规定》（天津市政府令第12号）第十八条规定：'工伤职工停工留薪期满或者停工留薪期内治愈，存在残疾、影响劳动能力的，应当提出劳动能力鉴定申请。'可见，进行了劳动能力鉴定具有伤残等级就意味着停工留薪期已满或者停工留薪期内治愈，对于职业病（尘肺）人员，不存在治愈情形，因此视为停工留薪期已满。二、对于职业病人员是有停工留薪期的，《天津市工伤职工停工留薪期管理办法》（津劳办〔2003〕449号）明确注明职业病人员（包括尘肺职工）停工留薪期的期限。不存在该家属所述职业病人员没有停工留薪期的说法。三、新修订的《工伤保险条例》（国务院令第586号）第三十九条规定，职工因工死亡或在停工留薪期满后死亡的，其近亲属可以享受丧葬补助金、供养亲属抚恤金待遇。综上，任某不具备享受一次性工亡补助金的条件，不能支付其该项待遇。"

【裁判观点】

在《工伤保险条例》实施之前已确诊为职业病的职工，退休若干年后死亡，且死亡与职业病存在直接因果关系的，仍应当认定为工伤，其近亲属可享受相应的工伤保险待遇，但所享受的待遇中不包括一次性工亡补助金。

法律分析

一次性工亡补助金是指在职工因工死亡的情况下，按照规定的标准，从工伤保险基金中对工亡职工的直系亲属支付的一次性赔偿。职工的死亡使其亲属丧失了重要的生活来源，导致其生活水平下降，这是工伤事故的后果之一，因此用人单位应当进行赔偿。

合规依据

《职业病防治法》

第五十八条 职业病病人除依法享有工伤保险外，依照有关民事法律，尚有获得赔偿的权利的，有权向用人单位提出赔偿要求。

第五十九条 劳动者被诊断患有职业病，但用人单位没有依法参加工伤保险的，其医疗和生活保障由该用人单位承担。

第六十条 职业病病人变动工作单位，其依法享有的待遇不变。用人单位在发生分立、合并、解散、破产等情形时，应当对从事接触职业病危害的作业的劳动者进行健康检查，并按照国家有关规定妥善安置职业病病人。

第六十一条 用人单位已经不存在或者无法确认劳动关系的职业病病人，可以向地方人民政府医疗保障、民政部门申请医疗救助和生活等方面的救助。地方各级人民政府应当根据本地区的实际情况，采取其他措施，使前款规定的职业病病人获得医疗救治。

《工伤保险条例》

第三十九条 职工因工死亡，其近亲属按照下列规定从工伤保险基金领取丧葬补助金、供养亲属抚恤金和一次性工亡补助金：（一）丧葬补助金为6个月的统筹地区上年度职工月平均工资；（二）供养亲属抚恤金按照职工本人工资的一定比例发给由因工死亡职工生前提供主要生活来源、无劳动能力的亲属。标准为：配偶每月40%，其他亲属每人每月30%，孤寡老人或者孤儿每人每月在上述标准的基础上增加10%。核定的各供养亲属的抚恤金之和不应高于因工死亡职工生前的工资。供养亲属的具体范围由国务院社会保险行政部门规定；（三）一次性工亡补助金标准为上一年度全国城镇居民人均可支配收入的20倍。伤残职工在停工留薪期内因工伤导致死亡的,其近亲属享受本条第一款规定的待遇。一级至四级伤残职工在停工留薪期满后死亡的,其近亲属可以享受本条第一款第(一)项、第(二)项规定的待遇。

第二节 落实事中预防

合规要点 1：应定期安排职业健康检查

1.为可能患职业病的岗位制定高标准的职业卫生管理制度和劳动者操作流程,严格要求劳动者参照执行,并安排专人进行督查,避免劳动者因不规范的作业方式影响自身安全及加重用人单位风险；2.工作过程中,用人单位及主管人员应当对采用的技术、工艺、设备、材料及其可能产生的职业病危害着重告知劳动者,履行告知义务,避免后续可能的风险；3.为从事职业病岗位的劳动者提供定期的职业病健康检查及诊断,将劳动者的职业病风险降到最低,避免后续为职业病承担赔偿风险责任。

案例参考

职业病诊断期间劳动合同终止的法律保护：
吴某诉某公司职业病诊断与合同终止纠纷案

2010年3月,吴某入职某公司从事兽医工作,双方签订了劳动合同,最后一期劳动合同期限为2014年11月1日至2017年10月31日。2017年5月3日,南京市职业病防治院接受吴某的职业病诊断申请。2017年10月31日,因双方劳动合同期限届满,某公司与吴某终止劳动关系,并给付吴某终止劳动合同的经济补偿金。2018年1月,吴某被诊断为职业病。吴某经仲裁诉至法院要求单位支付违法解除劳动合同赔偿金。法院认为,吴某在某公司就职期间,从事接触职业病危害的兽医工作,某公司以劳动合同期满为由与吴某终止劳动合同前应为吴某安排离岗前的职业健康检查。某公司在劳动合同期满前虽安排吴某在江苏省人民医院体检,但该体检项目为常规体检,并非职业病的健康检查。且吴某已于2017年5月向南京市职业病防治院申请职业病诊断,属于疑似职业病病人在诊断期间,故某公司在此期间以劳动合同期满为由与吴某解除劳动合同违反法律规定，应支付解除劳动合同的赔偿金。

【裁判观点】

吴某属于从事接触职业病危害作业的劳动者，用人单位仅安排吴某进行常规体检，未按照法律规定进行职业健康检查。未经审批获准的医疗卫生机构，无权进行职业健康检查及职业病的诊断；不具有职业病诊断资质医疗卫生机构作出的职业病诊断不具有合法性，也无法享受国家规定的职业病待遇。本案有利于促进用人单位建立健全从事接触职业病危害劳动者的工作保护机制，为劳动者创造符合国家职业卫生标准和要求的工作环境和条件，保障劳动者获得职业卫生保护，从源头上预防、控制和消除职业病危害。

法律分析

职业病诊断：对某种疾病的发生、病情程度及其与职业性危害因素有无因果关系所作出的判断结论。职业病诊断应当由取得医疗机构执业许可证的医疗卫生机构承担。卫生行政部门应当加强对职业病诊断工作的规范管理，劳动者可以在用人单位所在地、本人户籍所在地或者经常居住地依法承担职业病诊断的医疗卫生机构进行职业病诊断。拥有相关资质的医疗卫生机构作出的职业病认定应当作为科学依据，《职业病防治法》第四十三条、第四十四条、第四十五条对如何进行认定职业病作出了相应规定。

用人单位对劳动者职业病诊断进行隐瞒的，由卫生行政部门给予警告，责令限期改正，逾期不改正的，处五万元以上二十万元以下的罚款；情节严重的，责令停止产生职业病危害的作业，或者提请有关人民政府按照国务院规定的权限责令关闭。

合规依据

《职业病防治法》

第二十一条 用人单位应当保障职业病防治所需的资金投入，不得挤占、挪用，并对因资金投入不足导致的后果承担责任。

第二十二条 用人单位必须采用有效的职业病防护设施，并为劳动者提供个人使用的职业病防护用品。用人单位为劳动者个人提供的职业病防护用品必须符合防治职业病的要求；不符合要求的，不得使用。

第二十三条 用人单位应当优先采用有利于防治职业病和保护劳动者健康的新

技术、新工艺、新设备、新材料，逐步替代职业病危害严重的技术、工艺、设备、材料。

第二十四条 产生职业病危害的用人单位，应当在醒目位置设置公告栏，公布有关职业病防治的规章制度、操作规程、职业病危害事故应急救援措施和工作场所职业病危害因素检测结果。对产生严重职业病危害的作业岗位，应当在其醒目位置，设置警示标识和中文警示说明。警示说明应当载明产生职业病危害的种类、后果、预防以及应急救治措施等内容。

第二十五条第一款 对可能发生急性职业损伤的有毒、有害工作场所，用人单位应当设置报警装置，配置现场急救用品、冲洗设备、应急撤离通道和必要的泄险区。

合规要点 2：提供劳动过程中的安全防护

1.用人单位应当为劳动者提供有效的职业病防治措施，保证良好的工作环境，为劳动者提供合格的职业病防护用品；2.用人单位应当监督劳动者正确使用职业病防护用品，避免个别劳动者存在其他原因故意不使用防护用品，增加用人单位的用工风险；3.用人单位应当对可能产生职业病及危险的工作场所设置应急救援和控制措施，避免职业病突发事件；4.用人单位和从事可能产生职业病危害岗位的劳动者在工作中不得将可能造成职业病的作业交给普通劳动者，普通劳动者也不得违规接受，由此产生的责任应该由用人单位承担责任，所以须严格禁止此类行为。

案例参考

最终被确诊为职业病的劳动者在疑似职业病期间病休，
可参照享受停工留薪期工资待遇

程某在某家具公司从事大理石台面切割、安装工作多年。自 2018 年 11 月起，程某因咳嗽、胸闷前往医院检查，被诊断为肺部感染、支气管扩张、肺气肿。出院后，程某开始病休并逐月复查，复查结果为慢性阻塞性肺病、硅肺。2019 年 3 月，医院建议程某进行职业病检查。2019 年 11 月，职业病防治院确认程某为职业性硅肺二期。2020 年 1 月，劳动行政部门认定程某构成工伤。2020 年 5 月，劳动能力鉴定委员会评定程某的致残程度为四级。自程某病休开始，某家具公司一直按照最低工资标准的 80% 支付其病假工资待遇。程某经仲裁后提起诉讼，要求自 2018 年 11 月病休时起按照停工留薪期工资标准补发工资差额。法院认为，应当将程某自 2018 年 11 月起的诊治过程作为一个整体看待，其疑似职业病期间应当从 2018 年 11 月起算。程某在疑似职业病期间病休，系因履职受到伤害而引起，与普通病假存在本质区别，故判决家具公司参照停工留薪期间的工资标准补发程某疑似职业病期间的工资差额。

【裁判观点】

在劳动用工过程中，用人单位必须严格按照法律规定为劳动者提供安全卫生健康的工作环境和劳动保护设施及防护用品，确保劳动者的安全权。根据我国《工伤保险条例》相关规定，劳动者患职业病的，应当认定为工伤，依法享受工伤保险待遇。但对劳动者在疑似职业病期间病休时的工资待遇问题，现有法律规定不够明确，双方当事人有不同理解。本案中，某家具公司在程某疑似职业病期间仅按照最低工资标准的 80% 支付病假工资待遇，这与工伤保险制度有效保障因工作遭受事故伤害或者患职业病的劳动者获得医疗救治和经济补偿，促进工伤预防和职业康复的立法目的不符。本案判决用人单位参照停工留薪期工资标准支付劳动者疑似职业病期间的工资待遇，有利于更好地保护职业病患者这类特殊群体的合法权益。

法律分析

停工留薪期是指职工因工作遭受事故伤害或者患职业病需要暂停工作接受工伤医疗，原工资、薪水、福利、保险等待遇不变的期限。

停工留薪期一般不会超过 12 个月。伤情严重或者情况特殊，经设区的市级劳动能力鉴定委员会确认，可以适当延长，但延长不得超过 12 个月。

工伤职工在停工留薪期满后仍需治疗的，继续享受工伤医疗待遇。生活不能自理的工伤职工在停工留薪期需要护理的，由所在单位负责。

合规依据

《职业病防治法》

第五十六条 用人单位应当保障职业病病人依法享受国家规定的职业病待遇。用人单位应当按照国家有关规定，安排职业病病人进行治疗、康复和定期检查。用人单位对不适宜继续从事原工作的职业病病人，应当调离原岗位，并妥善安置。用人单位对从事接触职业病危害的作业的劳动者，应当给予适当岗位津贴。

第五十七条 职业病病人的诊疗、康复费用，伤残以及丧失劳动能力的职业病病人的社会保障，按照国家有关工伤保险的规定执行。

第五十八条 职业病病人除依法享有工伤保险外，依照有关民事法律，尚有获得赔偿的权利的，有权向用人单位提出赔偿要求。

第五十九条 劳动者被诊断患有职业病，但用人单位没有依法参加工伤保险的，其医疗和生活保障由该用人单位承担。

第六十条 职业病病人变动工作单位，其依法享有的待遇不变。用人单位在发生分立、合并、解散、破产等情形时，应当对从事接触职业病害的作业的劳动者进行健康检查，并按照国家有关规定妥善安置职业病病人。

《工伤保险条例》

第三十三条 职工因工作遭受事故伤害或者患职业病需要暂停工作接受工伤医疗的，在停工留薪期内，原工资福利待遇不变，由所在单位按月支付。停工留薪期一般不超过12个月。伤情严重或者情况特殊，经设区的市级劳动能力鉴定委员会确认，可以适当延长，但延长不得超过12个月。工伤职工评定伤残等级后，停发原待遇，按照本章的有关规定享受伤残待遇。工伤职工在停工留薪期满后仍需治疗的，继续享受工伤医疗待遇。生活不能自理的工伤职工在停工留薪期需要护理的，由所在单位负责。

第七章
竞业限制

第一节　竞业限制的约定

合规要点1：设立竞业限制义务应进行书面约定

竞业限制须通过书面形式进行明确约定，即用人单位可通过竞业限制条款或竞业限制协议书面形式与特定劳动者约定竞业限制，而不能通过口头形式或规章制度的形式。关于竞业限制内容方面，劳动者如离职后入职其他单位或自行经营企业的，须注意两点：第一，是否有与原单位履行竞业限制的情况；第二，入职的新单位或者自行经营企业是否有与原单位存在经营项目或经营业务冲突的情况。另外，劳动者在入职新用人单位时，须注意新用人单位是否与原用人单位存在上下游等关联企业的情况，毕竟关联业务公司会存在业务交叉或冲突等情况，不能完全排除用人单位在经营或交易过程中，劳动者存在违反竞业限制的情况。

案例参考

仅在规章制度中约定竞业限制，劳动者离职后不构成违反竞业限制约定

张某入职某技术公司担任技术工程师，在入职时并未签订书面的竞业限制协议。后张某离职，某技术公司认为张某离职后未遵守竞业限制约定，应支付用人单位竞业限制违约金，而张某认为双方未在劳动合同中约定竞业限制条款，也没有签订竞业限制协议，因此无须履行竞业限制义务。用人单位为证明张某需要履行竞业限制义务，提供了张某签收的《员工手册》以及签收页。用人单位认为张某签收并学习了《员工手册》，《员工手册》相关条款对竞业限制进行了明确约定，因此张某应履行竞业限制义务。法院经审理后认为：规章制度、员工手册等用人单位制度性文件，是劳动者在与用人单位建立劳动关系在职工作期间适用。而劳动者在离职后，用人单位的制度性文件并不具有延续的适用性，因此无论是在适用的原则上相对主体方面还是在时间方面竞业限制约定和用人单位的规章制度性文件存在明显的区别，因此，规章制度中约定的竞业限制条款属于无效约定，不能通过在规章制度中约定劳动者的竞业限制。最终驳回了科技公司的诉讼请求。

法律分析

竞业限制应进行书面明确约定，通常为劳动合同中的竞业限制条款以及单独的书面竞业限制协议形式。有的用人单位通过规章制度约定竞业限制，其认为劳动者在本单位工作应遵守本单位的规章制度，因此应遵守竞业限制约定，那么此种做法是否有效呢？首先，从竞业限制协议适用的原则方面，竞业限制的约定需要用人单位和劳动者双方协商确定的内容，亦应遵循以协商为前提的原则，而规章制度、员工手册并不能体现出是用人单位和劳动者本人一对一协商确定的结果；其次，从竞业限制的相对主体方面，竞业限制属于用人单位针对高级管理人员以及负有保密义务的劳动者单独协商确定的，并不具有普适性即不是对所有员工生效，而规章制度、员工手册等制度性文件在用人单位具有普适性，属于用人单位对所有劳动者进行公开的制度，用人单位所有劳动者亦应遵守用人单位的基本准则；最后，从竞业限制协议适用的时间方面，竞业限制协议对劳动者适用的时间是在用人单位与劳动者解除或终止劳动关系后，启用竞业限制条款，劳动者开始遵守竞业限制的约定。综上，对于限制劳动者就业权的竞业限制协议，应以书面形式明确约定。

合规依据

《劳动合同法》

第二十四条 竞业限制的人员限于用人单位的高级管理人员、高级技术人员和其他负有保密义务的人员。竞业限制的范围、地域、期限由用人单位与劳动者约定，竞业限制的约定不得违反法律、法规的规定。在解除或者终止劳动合同后，前款规定的人员到与本单位生产或者经营同类产品、从事同类业务的有竞争关系的其他用人单位，或者自己开业生产或者经营同类产品、从事同类业务的竞业限制期限，不得超过二年。

合规要点 2：谨慎选择竞业限制补偿金的发放方式

用人单位和劳动者明确约定了竞业限制补偿金的支付方式，但根据竞业限制补偿金支付的相关法律规定，应在解除或终止劳动关系后向履行了竞业限制的劳动者支付，如果出现在劳动者工作期间支付的情形，需要用人单位与劳动者明确支付情况，以及款项备注情况。笔者认为除非明确和劳动者确定某笔款项费用为竞业限制补偿款，否则很难被仲裁委或法院支持认定已经支付过竞业限制补偿。同时需要注意的是，如果用人单位与劳动者约定了每月支付的竞业限制补偿金的金额，但低于劳动合同履行地最低工资标准的，也属于无效约定，竞业限制的补偿金额不得低于最低工资标准。

案例参考

约定工资中包括竞业限制补偿金，不予认可

刘某在某通信公司工作，担任高级管理人员，双方签订竞业限制协议，后刘某提出离职。离职后用人单位一直没有支付刘某竞业限制补偿金，刘某向仲裁委提起仲裁，刘某主张因用人单位未支付竞业限制经济补偿金，要求解除竞业限制协议。仲裁阶段，用人单位主张："一方面，用人单位同意劳动者离职后应承担相应的保密义务、竞业限制义务，认可应向其支付保密和竞业限制补偿金；另一方面，对于劳动者的竞业限制补偿情况，已经包含在用人单位支付劳动者每月的工资报酬中，且用人单位在支付劳动者每月的工资报酬时，已考虑了劳动者离职后需要承担的保密及竞业限制义务，已随同每月工资一并发放，故无须在劳动者离职时（后）另外支付保密及竞业限制费用。"对于用人单位的主张，劳动者表示不认可，劳动者认为竞业限制补偿金应在其离职后单独发放，且其在职期间的工资并不包含竞业限制补偿金。对此仲裁委要求用人单位对劳动者的工资进行明确说明，每个月的哪一笔款项是劳动者的竞业限制补偿款，后用人单位无法举证证明竞业限制补偿金的款项情况，因此仲裁委认为用人单位并没有支付劳动者竞业限制补偿金的事实，支持了刘某的仲裁请求。

法律分析

关于竞业限制补偿金的发放方式，需要注意的是在竞业限制协议中对于补偿金的支付是否有明确约定，并不影响竞业限制补偿金的支付。首先，根据目前司法解释及相关法律规定，用人单位与劳动者约定了竞业限制补偿条款，但没有约定竞业限制补偿金支付情况的属于有效条款或有效协议，不存在未约定竞业限制补偿金导致条款或协议无效的情形。竞业限制补偿金的支付标准，可以参照法律规定的标准情况进行支付,即按照劳动者在劳动合同解除或者终止前十二个月平均工资的30%按月支付。

其次,基于没有约定竞业限制补偿金的支付不影响竞业限制条款的生效的原则,即便是没有约定补偿金的支付,劳动者仍需履行竞业义务。但如果在竞业限制生效期间,劳动者存在违反竞业限制义务的,用人单位可以要求劳动者支付违反竞业限制违约金,虽未明确用人单位支付劳动者竞业限制补偿金的前提,但并不影响用人单位和劳动者履行竞业限制的权利义务。且根据目前法律规定用人单位在要求劳动者支付违约金的情形的同时,还可以要求劳动者继续履行竞业限制协议。

最后,在竞业限制协议中没有约定竞业限制补偿金,但是用人单位通过实际行动支付了竞业限制补偿金的,可以看出用人单位已经在履行竞业限制约定,劳动者亦应遵守契约精神履行竞业限制的约定。

合规依据

《劳动合同法》

第二十三条 用人单位与劳动者可以在劳动合同中约定保守用人单位的商业秘密和与知识产权相关的保密事项。对负有保密义务的劳动者,用人单位可以在劳动合同或者保密协议中与劳动者约定竞业限制条款,并约定在解除或者终止劳动合同后,在竞业限制期限内按月给予劳动者经济补偿。劳动者违反竞业限制约定的,应当按照约定向用人单位支付违约金。

《最高人民法院关于审理劳动争议案件适用法律问题的解释(一)》

第三十六条 当事人在劳动合同或者保密协议中约定了竞业限制,但未约定解除或者终止劳动合同后给予劳动者经济补偿,劳动者履行了竞业限制义务,要求用人单位按照劳动者在劳动合同解除或者终止前十二个月平均工资的30%按月支付经济补偿的,人民法院应予支持。

合规要点3:应明确竞业限制补偿金的发放标准

用人单位没有与劳动者约定竞业补偿金,并不影响竞业限制条款的生效,因此如果劳动者主张履行了竞业限制义务,用人单位在没有证据证明劳动者违反竞业限制约定的前提下,用人单位需要支付劳动者竞业限制补偿金。在用人单位告知无须履行竞业限制义务前，劳动者已按约定履行了义务，因此要求用人单位支付履行期间经济补偿的，应予支持。用人单位在与劳动者约定竞业限制补偿金时，具体的金额可以参考劳动者在劳动合同解除或终止前十二个月平均工资的 30% 作为竞业限制经济补偿金。需要注意的是，如果平均工资的 30% 低于劳动合同履行地最低工资标准的，应以最低工资标准为准，故建议用人单位与劳动者如果约定竞业限制补偿金首选平均工资的 30%，其次为最低工资标准。

案例参考

没有约定竞业限制补偿金，是否还需要发放竞业限制补偿金

吴某入职某销售公司，入职时从事市场销售的工作，后某销售公司对其相关岗位进行了调整，调整为高级负责人，月工资 5000 元。吴某和用人单位签订了《竞业限制协议》，约定："吴某在工作期间以及离职之日起两年内，不得在销售公司或销售公司关联的公司有竞争关系的单位内任职或以任何方式为其服务，也不得自己生产、经营与销售公司及销售公司关联的公司有竞争关系的同类产品或业务，但未约定竞业限制补偿金的给付以及具体金额。"吴某自行离职后，某销售公司未支付吴某竞业限制补偿金。吴某提起申请仲裁，但仲裁委并未支持吴某的仲裁请求。后，吴某提起诉讼，要求某销售公司支付吴某已经履行竞业限制期间的竞业限制补偿金。在案件审理过程中，吴某主张虽然《竞业限制协议》没有明确约定某销售公司支付竞业限制补偿金及具体金额，但是自己在离职后严格遵守竞业限制规定，理应获得竞业限制补偿金。某销售公司认为在吴某离职时，单位并未明确告知吴某的竞业限制协议已经启动，且双方未约定竞业限制补偿金，因此吴某无须履行竞业限制义务，双方的竞业限制协议并未生效。法院经审理后认为，吴某与某销售公司签订了《竞业限制协议》，该协议合法有效，是双方真实意思表示，在某销售公司未举证证明吴某违反了竞业限制义务的情况下，某销售公司应该支付吴某竞业限制补偿金。鉴于双方在竞业限制协议中并未明确约定竞业限制补偿金的金额，故根据法律规定，应按照吴某离职前十二个月平均工资的 30% 计算，但由于该数额低于同期劳动合同履行地最低工资标准，故按同期劳动合同履行地最低工资标准计算吴某的竞业限制补偿金。

法律分析

关于竞业限制补偿金支付金额，《北京市高级人民法院、北京市劳动争议仲裁

委员会关于劳动争议案件法律适用问题研讨会会议纪要》（已于 2024 年 4 月 30 日失效）第三十八条规定："用人单位与劳动者在劳动合同或保密协议中约定了竞业限制条款，但未就补偿费的给付或具体给付标准进行约定，不应据此认定竞业限制条款无效，双方在劳动关系存续期间或在解除、终止劳动合同时，可以通过协商予以补救，经协商不能达成一致的，可按照双方劳动关系终止前最后一个年度劳动者工资的 20%—60% 确定补偿费数额。用人单位明确表示不支付补偿费的，竞业限制条款对劳动者不具有约束力。"2013 年发布的《最高人民法院关于审理劳动争议案件适用法律若干问题的解释（四）》（已废止）中规定了竞业限制补偿金的金额标准为 30% 且不低于最低工资标准。因此，在 2009 年至 2013 年，对于竞业限制补偿金虽未约定但双方可以进行协商，若协商未达成一致的，采取的标准会出现 20% 至 60% 的标准，在 2013 年之后最高人民法院出台了相关司法解释，但在相关司法解释中没有表明协商的前提，而是直接认定没有约定标准的，标准采取 30% 且不低于最低工资标准，因此在 2009 年至 2013 年的关于补偿金的标准相关案例裁判结果是存在一定差异的。后，2020 年新颁布的《最高人民法院关于审理劳动争议案件适用法律问题的解释（一）》中该条款并未进行修改，继续沿用了："按照劳动者在劳动合同解除或者终止前十二个月平均工资的 30% 的标准支付劳动者竞业限制补偿金。"这里的劳动合同解除或者终止前十二个月平均工资标准情况该如何统计？《北京市高级人民法院、北京市劳动人事争议仲裁委员会关于审理劳动争议案件法律适用问题的解答》（京高法发〔2017〕142 号，已于 2024 年 4 月 30 日失效）中关于劳动者解除或者终止前十二个月平均工资标准情况规定为："在计算劳动者解除劳动合同前十二个月平均工资时，应当包括计时工资或者计件工资以及奖金、津贴和补贴等货币性收入。其中包括正常工作时间的工资，还包括劳动者延长工作时间的加班费。劳动者应得的年终奖或年终双薪，计入工资基数时应按每年十二个月平均分摊。《劳动合同法》第四十七条规定的计算经济补偿的月工资标准应依照《劳动合同法实施条例》第二十七条规定予以确定；《劳动合同法实施条例》第二十七条中的'应得工资'包含由个人缴纳的社会保险和住房公积金以及所得税。"仍须注意的是，竞业限制补偿金有最低金额限制，虽适用劳动合同解除或者终止前十二个月平均工资的 30% 的标准，但如果劳动者的平均工资 30% 的标准低于劳动合同履行地最低工资标准的，须按照劳动合同履行地最低工资标准支付劳动者竞业限制补偿金。

合规依据

《最高人民法院关于审理劳动争议案件适用法律问题的解释（一）》

第三十六条 当事人在劳动合同或者保密协议中约定了竞业限制，但未约定解除或者终止劳动合同后给予劳动者经济补偿，劳动者履行了竞业限制义务，要求用人单位按照劳动者在劳动合同解除或者终止前十二个月平均工资的30%按月支付经济补偿的，人民法院应予支持。前款规定的月平均工资的30%低于劳动合同履行地最低工资标准的，按照劳动合同履行地最低工资标准支付。

合规要点4：应注意承担竞业限制义务主体的特定性

无论是法定竞业限制义务还是约定的竞业限制义务，都明确了竞业限制主体的情况，不难看出无论是法定竞业限制义务的主体还是约定竞业限制的主体均可以归纳为：董事、高级管理人员、高级技术人员和其他负有保密义务的人员，而这几类群体都有一个显著特征，都是公司的高级管理人员或者对公司有保密义务的人。

为何要明确将董事、高级管理人员、高级技术人员和其他负有保密义务的人员等列为竞业限制的主体，因为在整个公司运营以及管理体系中，公司各项秘密是公司运营体系的核心，公司的商业秘密、技术秘密等最容易接触到的群体就是公司的高级管理人员以及对公司负有保密义务的人，因此，法律明确规定了竞业限制的主体情况。那么判断一份竞业限制协议是否有效，首先要审查的就是竞业限制主体是否具有保密及竞业限制义务。

案例参考

签订竞业限制协议，一定属于竞业限制人员吗

案例一：刘某入职某医药公司，任职岗位为销售人员，主要依据销售业绩进行考核，其在入职时，在其劳动合同中约定了竞业限制条款。后，因用人单位拖欠工资、绩效奖金等原因，刘某向用人单位邮寄了被迫解除劳动合同通知书。后，刘某向仲裁委员会提起仲裁要求单位支付相应的工资、绩效、经济补偿金以及竞业限制补偿金。刘某认为双方在劳动合同中约定了竞业限制条款，其在离职后也履行了竞业限制义务，为此其提供了相关的证据材料，因此用人单位应支付其竞业限制补偿金，仲裁支持了刘某的仲裁请求。后，用人单位不服仲裁结果，向法院提起了诉讼，诉讼中用人单位认为刘某系销售人员，既不是本单位的董事、高级管理人员、高级技术人员，也不属于其他负有保密义务的人员，且劳动合同为格式条款，双方对于格式条款发生争议时，应当作出不利于提供格式条款一方的解释，所以刘某与用人单位之间竞业限制条款并不生效，用人单位也无须支付竞业限制补偿金。法院经审理认为：依据双方劳动合同的约定，双方已在订立劳动合同时就竞业限制事宜进行了明确约定，上述约定系双方自愿签署，故对双方均具有法律约束力，因此对于用人单位关于刘某不属于竞业限制主体的主张，不予支持。

案例二：李某与某科技公司建立劳动关系，从事销售业务工作，担任销售主管，后李某与科技公司签订了保密和竞业限制协议，协议约定："劳动者在其任职期间内，无论何种原因离职的两年内，无论在何地域，除非获得用人单位书面允许，否则不得直接或间接实施下列行为……与用人单位生产、经营同类产品或同类业务的……"等条款。李某因个人原因离职，用人单位发现李某违反竞业限制义务，故提起仲裁要求李某履行竞业限制义务并要求李某支付竞业限制违约金。用人单位不服仲裁裁决结果，诉至法院。在法院审理阶段，法院认为：法律仅规定对负有保密义务的劳动者，用人单位才可以在劳动合同或者保密义务中约定竞业限制条款，故在认定李某是否履行竞业限制义务时，应审查李某是否负有保密义务，首先本案中李某仅是销售人员，并不是高级管理岗位；其次李某日常工作中掌握的信息以及工作情况仅是正常的业务往来并不涉及公司的经营秘密、产品秘密等，最后李某工作时间仅有二年，工作时间较短、薪资较低，其薪资构成为基本工资和绩效提升，基本工资部分仅是本市最低工资标准，因此，其对于公司的经营秘密知情或掌握的可能性较小。综上几点分析法院认为，李某虽签有保密和竞业限制协议，但因李某并不符合竞业限制主体资格，双方签订的竞业限制协议无效，因此劳动者李某无须履行竞业限制义务，故驳回了某科技公司的诉讼请求。

法律分析

对于竞业限制主体的审查分为两部分：一部分是法律规定的主体董事、高级管理人员、高级技术人员；另一部分是其他负有保密义务的人员。对于第一部分董事、高级管理人员、高级技术人员主体审查，一般是依据劳动者的工作岗位、工作内容直接进行判断，而对于另一部分中负有保密义务的人员审查，目前实践中就出现了分歧，一种观点认为只要签订了竞业限制协议就应视为竞业限制的主体，无论其具体岗位情况，都应尊重竞业限制协议双方意思自治原则，意思自治原则作为民法的基本原则之一，而竞业限制属于民事法律行为的一种，属于民法基本原则调整的范围，因此在劳动者和用人单位双方签订了竞业限制协议的基础上，双方即应履行竞业限制协议中约定的权利义务。而实践中另一种观点认为，根据法律规定竞业限制主体无非就是董事、高级管理人员、高级技术人员和其他负有保密义务的人员，竞业限制主体范围固定应做缩小解释，在仲裁委或者法院审理竞业限制协议案件时，对于主体应进行明确审查，对劳动者是否负有保密义务进行重点审查，此时用人单位负有举证义务，证明劳动者是否保密义务，而不能将所有人员全部归纳总结为对用人单位负有保密义务的人员，且判决劳动者是否有保密义务可以从劳动者的工作内容、工作岗位、工作时间等方面具体分析，从而最终认定劳动者是否属于对用人单位负有保密义务的人员。

  对于何谓"负有保密义务的人员"，在法律规定以及实践中并没有明确的规定，且实践中用人单位和劳动者对于负有保密义务的认知存在明显偏差，尤其是劳动者对自身是否有保密义务十分不清楚。对此笔者认为，对是否有保密义务一方面可以通过保密协议的形式体现，用人单位与劳动者通过签订保密协议的形式，约定保密义务，以此认定劳动者为负有保密义务的人员，另一方面可以将劳动者的具体工作内容作为相应的证据，劳动者的工作内容可以接触到用人单位的经营秘密。但要注意的是保密协议并不等同于竞业限制协议，签订了保密协议并不代表要履行竞业限制义务，竞业限制义务需要有明确有效的竞业限制条款或竞业限制协议。对此笔者认为：在劳动者与用人单位签订竞业限制协议时，用人单位处于强势地位，劳动者是否签订协议的选择性几乎为零，有时甚至会出现如果不签协议就要离职的尴尬境遇，在用人单位和劳动者处于不平等的地位时，仅从是否签订协议的角度来认定是否存在竞业限制义务，难免会出现对劳动者显失公平的情况。竞业限制协议认定是否有效不仅要看双方是否签订竞业限制协议，还要进一步具体审查劳动者符合哪一类竞业限制主体，如果劳动者既不属于董事、高级管理人员、高级技术人员，也不属于其他负有保密义务的人，劳动者在工作实践中也不会接触到公司的秘密，劳动者就无须履行竞业限制义务。

  那么用人单位应该如何辨别是否与劳动者签订竞业限制协议或者如何进行竞业限制协议有效性方面的风险防范？劳动者是否签订了竞业限制协议就要履行竞业限

制义务呢？在此笔者建议，用人单位在与劳动者签订竞业限制协议时，需要根据劳动者的相关工作岗位情况以及具体工作内容情况，进行具体分析后再确定劳动者是否有签订竞业限制协议的必要，对于工作年限较长的，如无固定期限劳动合同的劳动者、薪资比较高的劳动者，可以优先选择签订竞业限制协议，因为此类人员具备接触到用人单位相应的秘密时间和相应的条件；对于劳动者而言，在入职时或工作过程中要注意是否有接触到用人单位的商业秘密、技术秘密等情况或者在职期间是否有签订保密协议、竞业限制协议情况，以及在离职时，需要注意用人单位是否有履行竞业限制义务的要求。

合规依据

《劳动合同法》

第二十三条　用人单位与劳动者可以在劳动合同中约定保守用人单位的商业秘密和与知识产权相关的保密事项。对负有保密义务的劳动者，用人单位可以在劳动合同或者保密协议中与劳动者约定竞业限制条款，并约定在解除或者终止劳动合同后，在竞业限制期限内按月给予劳动者经济补偿。劳动者违反竞业限制约定的，应当按照约定向用人单位支付违约金。

第二十四条第一款　竞业限制的人员限于用人单位的高级管理人员、高级技术人员和其他负有保密义务的人员。竞业限制的范围、地域、期限由用人单位与劳动者约定，竞业限制的约定不得违反法律、法规的规定。

《公司法》

第一百八十四条　董事、监事、高级管理人员未向董事会或者股东会报告，并按照公司章程的规定经董事会或者股东会决议通过，不得自营或者为他人经营与其任职公司同类的业务。

《合伙企业法》

第三十二条　合伙人不得自营或者同他人合作经营与本合伙企业相竞争的业务。除合伙协议另有约定或者经全体合伙人一致同意外，合伙人不得同本合伙企业进行交易。合伙人不得从事损害合伙企业利益的活动。

《个人独资企业法》

第二十条　投资人委托或者聘用的管理个人独资企业事务的人员不得有下列行为……（六）未经投资人同意，从事与本企业相竞争的业务；（七）未经投资人同意，同本企业订立合同或者进行交易……

合规要点5：合理约定竞业限制期限

根据《劳动合同法》规定，竞业限制期限可以双方自行协商确定，最长不得超过两年。实践中，关于竞业限制期限的问题主要涉及：有的劳动者认为竞业限制的期限自签订竞业限制协议时就开始起算；有的用人单位认为竞业限制的期限可以双方进行协商确定，只要用人单位支付竞业限制补偿金，劳动者就应履行竞业限制义务。如果发生劳动者和用人单位约定的竞业限制期限超过法律规定的二年，或者实际履行超过二年的情况，此时双方的竞业限制约定是否还有效？竞业限制期限该从何时起算以及竞业限制期限超过法定期限是否有效？

案例参考

竞业限制期限可以在劳动合同基础上进行约定吗

张某入职某公司，在签订劳动合同的同时又签订了竞业限制协议，其中劳动合同的期限为二年，竞业限制协议约定的时间为二年，劳动合同期满后，张某提出不与用人单位续签，提出离职，用人单位批准了张某的离职。张某离职后的第一个月用人单位发现张某自行经营开设了与公司同类业务的企业，用人单位将张某诉至法院，法院审理阶段张某认为，双方建立劳动关系时约定的劳动合同期限为二年、竞业限制期限也为二年，其已经履行完毕竞业限制义务，因此其无须再履行竞业限制义务。法院经审理认为，竞业限制条款启动期限是在劳动合同解除或终止后，对劳动者就业权的限制，因此本案中张某自离职后开始履行竞业限制义务，在张某离职后其经营了与原单位相同或相近似的企业，因此张某违反了竞业限制协议的约定，需要向用人单位支付违反竞业限制违约金。

法律分析

关于竞业限制期限的约定超过2年的效力或履行实践中竞业限制期间超过了2年，就如何认定超过2年部分竞业限制协议的效力问题，实践中存在两种观点，一种观点认为：既然用人单位和劳动者签订了竞业限制协议，即双方亦应遵守协议内容的约定，因此竞业限制期限需按照协议约定的期限履行即便是存在超期的情况也是属于双方平等自愿的约定，需要根据协议履行；另一种观点认为：双方签订的竞业限制协议亦应受到法律法规的强制性规定约束，如果双方约定的时间超过了法律规定的2年时间，超出部分属于违反法律规定的部分，属于无效部分，对于用人单位和劳动者均不发生法律效力，因此也无须履行。

对此《最高人民法院新劳动争议司法解释（一）理解与适用》一书中的观点认为[①]："对于超过2年的竞业限制条款的效力问题，我们认为，应当认定该条款部分无效，即超出2年的期限部分无效，主要理由在于：（1）竞业限制义务对劳动者的择业自由权和生存权会产生影响。而劳动者的择业自由权和生存权在法益体系中至少不比合同自由位阶低；（2）在劳动合同关系中，劳动者与用人单位缔约谈判的能力并不均衡；（3）如果不认定超出2年期限部分的竞业限制条款无效，就难以通过其他手段达到《劳动合同法》所追求的将竞业限制期限制在合理范围内的立法目的。当然，如果双方当事人已经履行完毕超过2年期限的竞业限制义务，劳动者请求用人单位按约定支付经济补偿金的，自然应予支持，此时已无必要以该约定违反强制性规定为由认定其无效，而应通过其他手段制裁此种违反强制性规范的行为。"对此，北京市高级人民法院的观点"劳动者与用人单位未约定竞业限制期限的，应由双方协商确定，经协商不能达成一致的，限制期限最长不得超过两年。"笔者认为，竞业限制期限的2年期限属于对劳动者就业权利的限制，对于就业基本权利的限制应受法律法规的强制性规定的约定，如果该部分权利被用人单位扩大化解释或适用，就会使劳动者的就业权受到更多的损失，所以在就竞业限制期限上应做限制解释，最长仅为2年的期限，如果出现超出2年期限的则超出部分为无效部分。那么如果劳动者已经实际履行了，根据上述指导意见如果劳动者有证据证明已经实际履行了超出法律规定部分的竞业限制期限的，也应支持。笔者赞同此种观点，劳动者因履行竞业限制导致择业权利受到损害，如果劳动者履行了竞业限制义务的，用人单位则应支付相应的竞业限制补偿金。

实践中，有些用人单位在竞业限制中约定："自离职之日起，本协议开始执行。"这里的离职之日包括解除、终止劳动合同之日；而有些用人单位在竞业限制协议中约定："自本协议签订之日起，劳动者即开始遵守竞业限制条款约定。"上述章节我

[①] 最高人民法院民事审判第一庭编著：《最高人民法院新劳动争议司法解释（一）理解与适用》，人民法院出版社2021年版，第430页。

们分析了根据法律规定，在解除或者终止劳动合同后，竞业限制期限不超出2年。就关于在职期间的问题，即"在职期间劳动者到与本单位生产或者经营同类产品、从事同类业务的有竞争关系的其他用人单位工作，或者自己开业生产或者经营同类产品、从事同类业务的企业。"笔者认为，劳动者在职期间的竞业限制其本质是属于就业的职业道德原则，属于每个劳动者都应遵守的义务；而在离职之后即解除或终止劳动关系之后竞业限制期限才正式开始，从竞业限制本身的含义上是对劳动者择业权的限制层面也可以印证这一点，在劳动者离职后才会开始进行新择业、就业。

另，在竞业限制履行过程中，有的用人单位或者劳动者就解除或违约等问题开始进行仲裁或诉讼，那么竞业限制期限是否要排除仲裁或诉讼的期限问题，该如何理解？如果不排除仲裁或诉讼的问题仍以两年为期限，可能就会存在仲裁或诉讼结束，竞业限制期限也结束。对此问题，在相关指导案例[①]中，法院认为："劳动者陷入'寻求司法救济则其竞业限制期限被延长'或'不寻求司法救济则其权益受损害'的两难境地，在一定程度上对劳动者的司法救济权利进行了约定的限制；而对于用人单位一方，该协议使用人单位无须与劳动者进行协商，即可通过提起仲裁和诉讼的方式单方地、变相地延长劳动者的竞业限制期限，一定程度上免除了其法定责任。"综上，如劳动合同约定"但如因履行本协议发生争议而提起仲裁或诉讼时……劳动者应履行竞业限制义务的期限，在扣除仲裁和诉讼审理的期限后，不应短于上述约定的竞业限制月数"的部分，属于《劳动合同法》第二十六条第一款第二项规定的"用人单位免除自己的法定责任、排除劳动者权利"的情形，应属无效。但根据该法第二十七条规定，劳动合同部分无效，不影响其他部分效力的，其他部分仍然有效。

因此，竞业限制期限需要明确具体，以避免劳动者择业陷入极不稳定的状态。同时，也不能因为具体履行期限的不确定，使用人单位对竞业限制的权利进行扩大化适用。

合规依据

《劳动合同法》

第二十四条第二款　在解除或者终止劳动合同后，前款规定的人员到与本单位

[①] 最高人民法院发布第32批指导性案例之六。

生产或者经营同类产品、从事同类业务的有竞争关系的其他用人单位，或者自己开业生产或者经营同类产品、从事同类业务的竞业限制期限，不得超过二年。

合规要点6：合理约定竞业限制地域、范围

就竞业限制地域以及限制范围问题，如何分辨劳动者离职后是否入职了与原用人单位存在经营同类业务的企业，或者劳动者自行经营了与原用人单位相同或相近似的业务，如果用人单位认为劳动者违反竞业限制协议，根据"谁主张，谁举证"的原则，用人单位须承担举证责任证明劳动者存在违反竞业限制的行为，此时用人单位往往通过工商部门登记的企业经营范围进行举证，那么用人单位提交的企业营业登记信息中关于经营范围的标准是否可以作为认定相同营业范围的标准？实践中，用人单位在规章制度中约定了竞业限制规定，此种表现形式对劳动者是否构成有效的竞业限制规定，劳动者是否需要履行竞业限制义务？

案例参考

对于经营相同或相类似企业的认定

案例一：李某原系某教育公司员工，担任教师工作，在职期间签有竞业限制协议，后李某离职自行成立公司。原单位教育公司在发放李某竞业限制补偿金时，发现李某独立经营新的公司，其经营与本公司经营同类业务，某教育公司认为李某违反竞业限制协议，提起仲裁。因仲裁驳回了教育公司的仲裁请求，后起诉至法院，法院审理阶段，某教育公司提交了李某所经营公司的工商企业信息，同时也提交了本单位的经营范围为教育咨询；因私出入境中介服务；承办展览展示；自费出国留学中介服务；组织文化艺术交流等，在上述经营范围中双方属于完全重合的部分，法院审理认为，李某与教育公司签有竞业限制协议，且教育公司支付了李某竞业限制补偿金，李某离职后成立的公司在经营范围上与教育公司存在相同的情形，因此李某属于经营相同或相类似企业，属于违反竞业限制协议，需向某教育公司支付违约金。

案例二：赵某在科技公司担任销售一职，工作期间与公司签订竞业限制协议。离职后，科技公司在尚未支付赵某竞业限制补偿金时发现赵某入职一家策划公司，科技公司认为赵某入职的策划公司属于与科技公司存在利益关系的下游公司，因此

赵某属于违反了双方签订的竞业限制协议，用人单位要求赵某支付违反竞业限制违约金。后，经法院审理认为，虽然科技公司主张与策划公司之间存在利益关系，但并未提供相应的证据材料能够证明策划公司与其存在相同或相类似的经营内容，因此赵某并未违反竞业限制协议的约定，故驳回了科技公司的请求。

法律分析

通过上述案例，我们不难看出，因为劳动者违反竞业限制协议约定，用人单位主张劳动者违约时承担主要的举证责任，须证明的主要待证事实为劳动者到与本单位生产或者经营同类产品、从事同类业务的有竞争关系的其他用人单位工作的事实，或者劳动者自己开业生产或者经营同类产品、从事同类业务的企业的事实。公司经营产品情况以及经营范围主要是通过公开的工商信息进行查询，对于劳动者入职新单位岗位情况以及在新单位从事相关工作情况存在举证困难，因此对用人单位举证证明，用人单位存在事实上的举证困难，劳动者存在违约的事实达到高度盖然性即可。

实践中，劳动者在解除或终止劳动关系后，其竞业限制条款启用，在用人单位发现劳动者离职后存在违反竞业限制协议时，用人单位会提起仲裁要求劳动者支付竞业限制违约金，而此时用人单位需要对劳动者违反竞业限制约定的事实进行举证，用人单位通常提交的相关材料有本单位的经营情况以及劳动者新入职单位的经营情况，以此种对比的形式明确显示两个用人单位的经营情况。但在实践中对于经营相同或相类似的经营内容区分存在两种观点：一种观点认为，通过用人单位与用人单位之间的横向对比，即只要在企业工商登记经营范围内存在重合就构成经营范围相同或相类似；另一种观点认为，如果企业工商登记经营范围不存在重合，但是通过纵向对比如果经营范围内容中有属于本企业上游或下游相关产业链的相应产品，也构成经营范围相同或相类似。对此笔者认为，两种观点中可能都会存在认定不清，如技术类公司，在横向对比中经营范围可能都会存在技术咨询、技术服务等，无法具体辨别是否属于同类经营内容，因此两种观点可以同时作为用人单位的证据，用以经营相同或相类似的经营内容。

在此还需要注意的是，自己经营或者为他人经营与其所任职公司、企业同类的营业的可能存在刑事犯罪的风险。关于非法经营同类营业罪的相关规定，主体为国有公司、企业的董事、经理的人员，利用职务上的便利经营同类营业业务的可能构成刑事犯罪。在 2023 年 12 月 29 日通过的刑法修正案中,《刑法》第一百六十五条非法经营同类营业罪,增加了对犯罪主体进行扩大认定,在原国有企业董事、经理的基础上,增加了:"监事、高级管理人员"以及"其他公司、企业董事、监事、高级管理人员",就增加的范围部分和原公司法以及劳动合同法保持了一致,增加了对民营企业发展的保护。

合规依据

《劳动合同法》

第二十四条 竞业限制的人员限于用人单位的高级管理人员、高级技术人员和其他负有保密义务的人员。竞业限制的范围、地域、期限由用人单位与劳动者约定,竞业限制的约定不得违反法律、法规的规定。在解除或者终止劳动合同后,前款规定的人员到与本单位生产或者经营同类产品、从事同类业务的有竞争关系的其他用人单位,或者自己开业生产或者经营同类产品、从事同类业务的竞业限制期限,不得超过二年。

《中华人民共和国刑法修正案(十二)》

一、在刑法第一百六十五条中增加一款作为第二款,将该条修改为:"国有公司、企业的董事、监事、高级管理人员,利用职务便利,自己经营或者为他人经营与其所任职公司、企业同类的营业,获取非法利益,数额巨大的,处三年以下有期徒刑或者拘役,并处或者单处罚金;数额特别巨大的,处三年以上七年以下有期徒刑,并处罚金。其他公司、企业的董事、监事、高级管理人员违反法律、行政法规规定,实施前款行为,致使公司、企业利益遭受重大损失的,依照前款的规定处罚。"

第二节 竞业限制的实操

合规要点 1:企业对竞业限制人员应给予适当经济补偿

企业在与竞业限制人员约定竞业限制补偿金时需要注意:1. 建议在与竞业限制人员签订时明确约定竞业限制补偿金的金额或标准,以免出现不确定的争议和法律风险；2. 关于竞业限制补偿金的标准，我们建议企业可以综合考虑员工生活和工作所处地域的经济水平，以及员工本身的年龄、职位、工作年限、竞业期限、行业特点等因素，约定相对合理的竞业限制补偿金标准。竞业限制补偿金是对于员工就业限制的补偿，制定相对合理的标准有助于企业的管理。3. 若未在签订竞业限制协议／条款时约定竞业限制补偿，建议在启动竞业限制时与员工进行再次协商，以明确竞业限制补偿金的标准。若企业与员工关于竞业限制补偿金标准发生争议，则企业可能存在未足额支付竞业限制补偿金的风险，那么员工有可能基于此享有解除竞业限制约定的权利，进而导致竞业限制约定解除、企业竞业限制的目的无法实现。

案例参考

未约定补偿金，竞业限制条款对劳动者不产生约束力

原告王某人于2005年8月29日与被告某上海分公司签订劳动合同和《保密和竞业禁止协议》，约定在离职后一年内不得在竞争对手处工作或自己从事与公司业务相竞争的业务。公司同雇员签订的劳动合同终止或者解除后，作为对雇员遵守披露禁止和竞业禁止承诺的经济补偿，公司将向雇员支付相当于其离职前一个月基本工资的竞业禁止补偿费。

2007年4月30日，王某人从某上海分公司离职后，在菲尼克斯公司工作，某上海分公司认为菲尼克斯公司与其存在业务竞争关系，王某人的行为违反了竞业禁止协议。某上海分公司申请劳动仲裁，要求王某人承担竞业禁止违约金66600元，并继续履行竞业禁止义务。仲裁裁决支持了某上海分公司的请求，王某人不服裁决，提起诉讼。庭审中，王某人认为菲尼克斯公司与某上海分公司只存在一些产品的交叉互补，不存在业务竞争关系。某上海分公司提供了该公司和菲尼克斯公司的产品介绍、市场份额调查数据等证据，用于证明两公司在电源产品、工业以太网、接插线产品等方面存在业务竞争关系。

【裁判观点】

竞业禁止义务是对劳动者的权利限制，要求劳动者在离职后的一定期间内不得自营或为他人经营与原用人单位有直接竞争关系的业务。根据《江苏省劳动合同条例》的规定，用人单位可以与负有保守商业秘密义务的劳动者约定竞业限制条款，并应给予经济补偿。若未给予经济补偿，则竞业限制条款对劳动者不具有约束力。因此，用人单位和劳动者在约定竞业禁止义务的同时，还应约定相应的经济补偿。

本案中，原告王某人与被告某上海分公司签订的《保密和竞业禁止协议》所约定的竞业禁止经济补偿金低于法定标准，因此该协议中的竞业禁止条款对原告不具有约束力。即使原告违反了该竞业禁止义务，也不应承担违约责任。

如果劳动者履行竞业禁止义务，在一定期间内可能难以找到新的工作，进而影响劳动者个人及其家庭的生活。正是考虑到涉及劳动者个人及其家庭生活的实际问题，上述法律、行政法规和地方性法规都明确规定，用人单位与劳动者在约定竞业禁止义务的同时，还应当约定在双方解除或者终止劳动合同后，由用人单位给予劳动者一定的竞业禁止经济补偿。没有约定竞业禁止经济补偿或者补偿数额过低、不符合规定的，竞业禁止协议不具有法律约束力。

故，被告关于原告应支付违约金的诉讼主张不成立，依法不予支持。

法律分析

法院在本案判决中明确指出，若竞业禁止协议未约定经济补偿或补偿数额过低、不符合规定，则该协议不具备法律约束力。这一案例在司法实践中产生了深远影响，使得一种观点逐渐形成，即未约定竞业限制补偿金的情况下，竞业限制约定可能被视为无效或对劳动者不具有约束力。

因此，我们强烈建议企业应当与竞业限制人员明确约定合理的竞业限制补偿金。这样做的目的是避免因未约定而导致竞业限制约定失效，从而使得企业难以达到通过竞业限制保护商业秘密的目的。

然而，随着时间的流逝，相关观点也在不断发展和演变。目前，在未约定竞业限制补偿金的情况下，竞业限制协议或条款并非完全没有约束力。《最高人民法院新劳动争议司法解释（一）理解与适用》（人民法院出版社2021年版）中，对于"未约定补偿金的竞业限制条款的效力"问题，最高人民法院民一庭给出了明确的意见：《最高人民法院关于审理劳动争议案件适用法律问题的解释（一）》第三十六条的规定并非将未约定经济补偿金的离职竞业限制条款视为无效条款，而是承认其仍然具有法律效力。

针对司法实践中如何确定此类竞业限制条款下的经济补偿存在裁判不一致的现象，《最高人民法院关于审理劳动争议案件适用法律问题的解释（一）》，明确规定按照劳动者在劳动合同解除或终止前12个月平均工资的30%来确定补偿金额。

综上所述，尽管关于相关问题的司法实践观点和立场有所发展和变化，我们仍然建议企业尽量对竞业限制补偿金进行明确约定。同时，企业应将所在地和劳动合同履行地的地方规定纳入补偿金标准的确定范畴中，以满足地域合规要求，并降低潜在的法律风险。

合规依据

《劳动合同法》

第二十三条　用人单位与劳动者可以在劳动合同中约定保守用人单位的商业秘密和与知识产权相关的保密事项。对负有保密义务的劳动者，用人单位可以在劳动合同或者保密协议中与劳动者约定竞业限制条款，并约定在解除或者终止劳动合同后，在竞业限制期限内按月给予劳动者经济补偿。劳动者违反竞业限制约定的，应当按照约定向用人单位支付违约金。

《最高人民法院关于审理劳动争议案件适用法律问题的解释（一）》

第三十六条　当事人在劳动合同或者保密协议中约定了竞业限制，但未约定解除或者终止劳动合同后给予劳动者经济补偿，劳动者履行了竞业限制义务，要求用人单位按照劳动者在劳动合同解除或者终止前十二个月平均工资的30%按月支付经济补偿的，人民法院应予支持。前款规定的月平均工资的30%低于劳动合同履行地最低工资标准的，按照劳动合同履行地最低工资标准支付。

合规要点2：员工违反竞业限制，公司的调查取证方法

公司在对员工违反竞业限制进行调查取证时需要注意：1.任何取证行为都应当符合公序良俗的要求，最基本和常见的要求包括调查取证的行为不违反《治安管理处罚法》，不侵犯他人隐私权、人身自由等合法权益，避免因调查取证而出现违法/违规行为，进而避免因此受到处罚。2.公司调查取证应当满足《民事诉讼法》关于证据要求的规定，即真实性、合法性和关联性，故要求公司调查取证的证据材料应当是真实的、来源合法且与案件相关。3.公司可以通过建立员工定期报告制度进行调查取证，要求离职员工定期向公司汇报工作单位、工作地点，同时提供社保文件和工资发放的银行凭证等。4.拍照/录像取证。公司通过在员工经常出入的工作地点对员工进出进行录像取证，拍摄内容包括进出公司、公司的影像等。5.采用签收快递、外卖或者专人专送快递方式，以此证明员工所在的工作地点。

案例参考

通过拍摄录像的方式取得劳动者在竞争对手处工作的证据

案件号：（2022）京0108民初14581号

【案情介绍】

自2018年10月1日起圆某与某度公司签订了竞业限制协议，该协议约定了竞业限制期限为双方劳动合同有效期内及劳动合同终止或解除后一年。2021年1月12日圆某离职，某度公司在其离职后多次要求圆某反馈工作去向，圆某均未予以回复且在庭审中表示无法解释原因。

某度公司为证明圆某违反竞业限制入职具有竞争关系的竞争对手公司向法庭提交了视频影像、视频截图、司法鉴定意见书，证明圆某先后多次（7天）刷卡进入竞争对手公司经营地点。

对该证据，圆某认可上述证据的真实性，认可视频影像及截图中的人员均为其本人，但表示证据来源非法，根据我国《个人信息保护法》第二十八条规定，行踪轨迹属于"个人敏感信息"范畴，而该法第二十九条规定，处理敏感个人信息应当取得个人的单独同意，视频拍摄过程系多次偷拍、跟拍，内容包含了其样貌、体貌、行踪路线等个人敏感信息，严重侵犯了其隐私，不能作为定案依据，应当予以排除。

法院认为，鉴于圆某未提交相反证据以推翻现有证据显示内容，亦未对其行为作出合理解释，故本院采纳某度公司的主张，认定圆某自某度公司离职后，为竞争对手公司工作，并继而认定其离职后违反了竞业限制义务。

【裁判观点】

某度公司提交的视频证据应否予以排除？

《最高人民法院关于适用〈中华人民共和国民事诉讼法〉的解释》第一百零六条规定"不得作为认定案件事实的根据"的证据。本案中，对拍摄到圆某走入竞争对手公司办公区的七段视频，审查认定如下：

1. 视频拍摄地点是某度公司竞争单位的办公地点。圆某若自觉守约，不应多次在上班时间打卡进入该场所，也当然不会被拍摄到。

2. 视频内容为圆某快步走入竞争对手公司办公区闸机内门的过程，拍摄时间较短，且并未涉及圆某的私密空间、私密活动、身体私密部位。

3. 某度公司已多次催告圆某依约主动报告就业单位，在其拒不回应之后才拍摄上述视频，可以理解为守约方出于救济自身权益之目的与动机而进行取证。

4. 相应视频在诉讼程序之外被传播使用之情形，亦无证据证明相应视频被用于争议事实证明以外的其他非正当目的。

综上，我们认为：一方面，从证据本身来看，拍摄上述七段视频确未取得圆某的同意，损害了其合法权益，但从情节上审视，尚未达到严重侵害圆某合法权益的程度，不存在违反法律禁止性规定或者严重违背公序良俗的情形；另一方面，从取证方式上来看，经审查本案具体情况可见，取证方式的违法性对圆某权益的损害，明显弱于忽略违法性所能够保护的利益，故秉承利益衡量理念予以考量，上述七段视频不应被排除，可以作为认定案件事实的根据。

某度公司对圆某离职后从事竞业应达到何种证明标准？

《最高人民法院关于适用〈中华人民共和国民事诉讼法〉的解释》第一百零八条第一款规定"对负有举证证明责任的当事人提供的证据，人民法院经审查并结合相关事实，确信待证事实的存在具有高度可能性的，应当认定该事实存在。"本案中，圆某主张即便其打卡进入竞争对手公司办公区，亦不能证明其违反了竞业限制义务，对此认定如下：

首先，基于劳动关系主体的相对性及对举证能力的合理判断，第三方通常无法获悉实际用工方的具体名称。某度公司已举证证明圆某在上班时间、多次打卡走入竞争对手公司办公区，依据日常经验法则及逻辑规则进行判断，已具备了高度盖然性的标准，可以印证某度公司所持圆某为竞争对手公司工作的主张。

其次，圆某本人无正当理由拒绝到庭接受询问，其通过委托诉讼代理人表示，无法解释进入竞争对手公司办公区的理由，不清楚其进入的是哪家公司，不清楚该办公区内是否还有其他公司，显然不符合一般常理。此外，圆某在仲裁与诉讼过程中自称是其他公司员工，但被其他公司予以否认，综合现有证据可见，圆某并未如实陈述其本人的真实就业情况。

鉴于圆某未提供相反证据以推翻现有证据显示内容，亦未对其行为作出合理解释，故采纳某度公司的主张，认定圆某自某度公司离职后，为竞争对手公司工作，并继而认定其离职后违反了竞业限制义务。

法律分析

上述案例是较为经典的关于员工违反竞业限制公司进行取证的案例，其中案件的争议焦点之一也集中在调查取证收集的证据的合法性。作为被调查取证一方，通常会以侵犯个人信息及隐私作为抗辩理由。从本案法官对此进行的充分解释和说明中我们可以清晰发现，调查取证手段的合法性，或者说调查取证手段的边界应当尽可能保持较低的侵犯他人权益的程度。若公司在调查取证阶段采用了超过合理且必要的限度时，即使待证事实为真，但仍可能会因证据来源不合法而被不予采纳，并由此承担举证不能的后果。

补充建议和调查方式：

1.调查方式：

（1）联系前员工：直接与前员工沟通，询问其离职后的就业情况。但此方法可能受到前员工不配合或提供虚假信息的限制。

（2）人力资源数据库查询：检查公司内部的人力资源数据库，看是否有前员工的离职后去向记录。

（3）社交媒体和专业网络平台调查：通过前员工的社交媒体账号（如LinkedIn、微信、微博等）以及专业招聘网站上的个人信息，了解其最新职位和工作单位。

（4）背景调查公司：委托专业的背景调查公司对前员工的就业情况进行调查。这些公司通常拥有更广泛的数据库和调查手段。

（5）联系竞争对手公司：以正式或非正式的方式联系竞争对手公司的人力资源部门，确认前员工是否在其公司就职。但此方法可能会遭遇竞争对手的拒绝或因竞争对手的保密措施而受阻。

（6）公开信息查询：查找公开的商业登记信息、新闻报道、公司年报等，看是否有前员工在竞争对手公司的相关信息。

2.保证证据合法性的措施：

（1）遵守法律法规：在调查过程中，严格遵守国家及地方的隐私保护、个人信息保护、劳动法等相关法律法规。

（2）获得授权：在可能的情况下，获得前员工的明确授权，允许公司对其离职后的就业情况进行调查。

（3）使用合法手段获取信息：避免使用黑客攻击、非法入侵、窃取等违法手段获取证据。

（4）尊重隐私权：在调查过程中，尊重前员工的隐私权，不收集、存储或传播与其个人隐私有关的信息。

（5）保留证据链：确保收集的证据能够形成完整的证据链，记录证据的来源、收集时间和方式等信息，以便在需要时证明证据的合法性。

（6）内部审查和监管：建立内部审查和监管机制，确保调查人员的行为符合法律法规和公司的道德标准。

通过以上方式和措施，可以在合法合规的前提下，有效地调查离职员工是否入职了竞争对手公司。

合规依据

《个人信息保护法》

第十三条 符合下列情形之一的，个人信息处理者方可处理个人信息：（一）取得个人的同意；（二）为订立、履行个人作为一方当事人的合同所必需，或者按照依法制定的劳动规章制度和依法签订的集体合同实施人力资源管理所必需；（三）为履行法定职责或者法定义务所必需；（四）为应对突发公共卫生事件，或者紧急情况下为保护自然人的生命健康和财产安全所必需；（五）为公共利益实施新闻报道、舆论监督等行为，在合理的范围内处理个人信息；（六）依照本法规定在合理的范围内处理个人自行公开或者其他已经合法公开的个人信息；（七）法律、行政法规规定的其他情形。依照本法其他有关规定，处理个人信息应当取得个人同意，但是有前款第二项至第七项规定情形的，不需取得个人同意。

第二十八条 敏感个人信息是一旦泄露或者非法使用，容易导致自然人的人格尊严受到侵害或者人身、财产安全受到危害的个人信息，包括生物识别、宗教信仰、特定身份、医疗健康、金融账户、行踪轨迹等信息，以及不满十四周岁未成年人的个人信息。只有在具有特定的目的和充分的必要性，并采取严格保护措施的情形下，个人信息处理者方可处理敏感个人信息。

《最高人民法院关于适用〈中华人民共和国民事诉讼法〉的解释》

第一百零四条 人民法院应当组织当事人围绕证据的真实性、合法性以及与待证事实的关联性进行质证，并针对证据有无证明力和证明力大小进行说明和辩论。能够反映案件真实情况、与待证事实相关联、来源和形式符合法律规定的证据，应当作为认定案件事实的根据。

第一百零五条 人民法院应当按照法定程序，全面、客观地审核证据，依照法律规定，运用逻辑推理和日常生活经验法则，对证据有无证明力和证明力大小进行判断，并公开判断的理由和结果。

第一百零六条 对以严重侵害他人合法权益、违反法律禁止性规定或者严重违背公序良俗的方法形成或者获取的证据，不得作为认定案件事实的根据。

合规要点3：竞业限制义务的免除

关于公司免除员工竞业限制义务的操作，应当注意：1.竞业限制协议或竞业限制条款，并不因劳动合同终止或解除（包括劳动者提出预告解除、被迫解除，或公司提出终止／解除）而解除；2.建议在与员工订立竞业限制约定时设置竞业限制义务免除的条款，在条款中确定公司免除员工竞业限制义务的方式或条件；3.建议公司在设置竞业限制义务免除条款时避免因违反法律法规而无效，如"若员工离职后3个月内公司未支付竞业限制补偿金则视为公司未启动竞业限制约定"，这类约定在一定程度上免除和减轻了公司的责任，致使竞业限制条款陷入约定的不确定情形；4.员工离职且公司要求员工离职后遵守竞业限制的，在竞业限制期内公司可以任意解除竞业限制约定，但应向劳动者额外支付三个月的竞业限制经济补偿。

案例参考

公司未在约定的"劳动关系解除／终止"时
以约定方式确认竞业协议效力，竞业限制约定是否有效

案件号：（2018）京0108民初7633号

【案情介绍】

孙某于2014年6月4日入职某科技公司，双方签署了《劳动合同》及《不竞争协议》，其中《不竞争协议》约定"3.3条款最终竞业限制协议的效力、竞业限制补偿费以双方劳动合同解除或终止时，甲方向乙方出具的竞业限制协议效力确认书为准……4.2条款如甲方按协议的约定向乙方支付了竞业限制补偿费，而乙方不履行竞业限制协议，则乙方应按照如下方式承担违约责任：应向甲方支付相当于本协议约定的甲方应向乙方支付的竞业限制补偿费总额五倍的违约金，如该违约金不足以赔偿由此给甲方造成的损失的，乙方应就差额部分做出进一步赔偿，上述违约金的给付及损失赔偿，并不意味着乙方对甲方竞业限制义务的减弱、解除或终止……"

后，孙某以个人原因为由向某科技公司提出离职，双方劳动关系于2017年7月

12日解除。离职前,孙某在某科技公司从事APP的渠道推广工作,孙某因工作原因知悉某科技公司的推广渠道、推广计划以及成本、比重、投放量、报价等信息(孙某主张以上信息为公开信息,某科技公司主张以上信息属于商业秘密)。离职后,孙某入职与某科技公司存在竞争关系的一家公司。

某科技公司先后于2017年8月30日、9月20日、10月18日、11月20日向孙某转账支付"竞业限制补偿金",同时分别通过快递、邮件及微信和短信方式分别于2017年9月4日、5日向孙某发出《不竞争协议履行提醒通知》。

双方的争议焦点在于,依据《不竞争协议》3.3条约定,最终竞业限制协议的效力应以双方劳动合同解除或终止时某科技公司出具的竞业限制协议效力确认书为准。鉴于某科技公司于劳动关系解除一个月后发出《不竞争协议履行提醒通知》,那么在此情形下竞业限制协议是否有效?

【裁判观点】

考虑到竞业限制对于劳动者的劳动自由权加以限制,势必会削弱劳动者的谋生能力、减少劳动者的就业机会、影响劳动者的生存权,故而竞业限制必须以双方间有约定为前提。再考虑到竞业限制仅是对劳动者劳动自由权进行一定程度上的限制而非剥夺,劳动者仍可以行使"未受限"部分的劳动自由权,故至迟在双方劳动关系解除时,劳动者应否履行离职后竞业限制应处于确定状态。

首先,某科技公司是否履行了《不竞争协议》第3.3条款中的通知义务?本院认为,《不竞争协议》第3.3条款中,某科技公司自愿背负了在劳动合同解除或终止时向孙某出具《竞业限制协议效力确认书》的义务,对其公司的人力资源管理工作提出了较高标准的要求;同时某科技公司也自愿背负了在纠纷发生后,应举证证明其公司曾在"劳动合同解除或终止时向孙某出具竞业限制协议效力确认书"的举证责任。就此问题,某科技公司虽提供证人郭某的书面证言,但一则证人郭某为某科技公司在职员工,自述为对接孙某所在部门的人力资源员工,即郭某与某科技公司、与本案争议间具有明显的利害关系;二则协议第3.3条款业已明确约定竞业限制的最终效力须以书面形式出具的竞业限制协议效力确认书为准。据此,本院认为,在双方劳动关系解除时某科技公司并未履行该项通知义务,即未明确告知孙某应履行竞业限制义务。

其次,某科技公司在双方劳动关系解除一个多月后(双方劳动关系于2017年7月12日解除),于2017年8月30日向孙某支付竞业限制补偿金、于2017年9月5日向孙某送达《不竞争协议履行提醒通知》的行为,能否视为其公司对于履行"通知"义务的有效补救？一方面，该付款行为及《不竞争协议履行提醒通知》的送达行为的发生时间均晚于《不竞争协议》第3.3条款所载"劳动合同解除或终止时"的特定时点，故两行为不构成对于《不竞争协议》第3.3条款的执行。另一方面，本院需要指出的是，如前所述，竞业限制是对劳动者离职后劳动自由权的限制，故而，在"劳动合同解除或终止时"的这一特定时点，劳动者是否应遵守竞业限制应属于确实状态，即负担竞业限制的劳动者自"劳动合同解除或终止时"起即处于应履行竞业限制义务的状态，未承担竞业限制的劳动者自"劳动合同解除或终止时"起源于劳动自由权的基本属性即有权自由择业。因此，某科技公司在双方劳动关系解除后所为的支付行为及通知送达行为，并不构成对《不竞争协议》第3.3条款中关于出具竞业限制协议效力确认书的履行。

再次，在某科技公司并未为"通知"行为的情况下，孙某此前签署《不竞争协议》的行为，是否意味着孙某不经通知即应履行竞业限制义务？基于社会公众的通常理解，《不竞争协议》第3.3条款中竞业限制协议的效力以某科技公司的通知为准的含义是：如双方劳动合同解除或终止时某科技公司向孙某出具了竞业限制协议确认书，则孙某需要履行离职后竞业限制；如双方劳动合同解除或终止时某科技公司未向孙某出具竞业限制协议确认书，则孙某无须履行离职后竞业限制。由此，某科技公司作为《不竞争协议》文本的提供者，其公司应受制于该文本中所约定的规则。基于最朴素的公平正义价值判断，我院亦难以在其公司未履行通知义务的情况下，仅凭借孙某此前曾经签署《不竞争协议》的行为，即认定孙某未经通知即应遵守竞业限制义务。

复次，对于某科技公司商业秘密的保护，如孙某确有侵害某科技公司商业秘密之处，则某科技公司仍有通过侵权之诉索要赔偿来维护己方权益之救济可能。

综上，对于"问题三、某科技公司能否据《不竞争协议》要求孙某履行竞业限制义务，要求孙某承担竞业限制违约责任"一节，本院所需要表达的是：某科技公司作为劳动关系中的管理者、商业秘密的持有者，其公司尽可以通过严谨的竞业限制制度来保护公司的商业秘密，进而维持本公司的竞争优势。但落实到具体的劳动者，该名劳动者是否需要履行竞业限制，仍应以双方间有无合法、有效的竞业限制约定为准。本案中，某科技公司作为格式合同的提供者，其公司与孙某间的《不竞争协议》明确约定竞业限制的最终效力以双方劳动关系解除时公司出具的书面通知为准，故仅以某科技公司未书面通知这一点，本院即难以支持其公司要求孙某承担违约责任的诉讼请求。

最后，对于因支付竞业限制补偿金而引发的个人所得税返还问题。双方确认孙某业已退回了收到的竞业限制补偿金，则某科技公司于本案中主张的个人所得税，属于税收征收征管问题，并非人民法院审理劳动争议纠纷的受案范围，故我院对某科技公司的该项诉讼请求不予处理。

法律分析

案件的复杂不仅在于关于竞业限制效力的适用，而且对于明示或默示规则的适用。从该案件以及法律法规的理解与适用，我们得出以下结论：

第一，在双方未明确约定员工离职时如何启动竞业限制时，在一般情况下竞业限制协议有效，即公司和劳动者均应遵守竞业限制约定。由此可见，当员工离职时，若公司未明确表示免除员工竞业限制义务，则竞业限制的约定不因公司的默示行为而不产生效力。因此，若公司计划免除员工的竞业限制义务，则应当在劳动关系解除／终止时明确告知员工。

第二，由于明示或默示意思表示行为的效力，会依据双方的约定而产生不同的法律后果，因此，当公司与员工对就离职时竞业限制的启动进行了约定的情况下，应严格且审慎依据约定行使权利和义务。例如，若本案双方明确约定，"若公司在劳动解除／终止时未明确通知员工竞业限制协议效力，则员工离职后无须遵守竞业限制"，那么，本案中公司在劳动关系解除／终止时未通知的情况下，员工自然无须遵守竞业限制。

第三，明示或默示的意思表示在实践中的适用标准。默示只在有法律规定、当事人约定或符合当事人之间的交易习惯时，才可以视为意思表示。该规则可以简单理解为，未经明示或依法推定的默示方式予以解除，则协议不得自行解除或终止。因此，当公司作出免除员工竞业限制义务的首选方式为明确告知（明示）；然后，当公司希望以默示方式免除员工竞业限制义务时，则应当考量是否符合约定或交易习惯等因素，以避免由此造成的法律风险。

我们建议：

公司应当建立员工离职时的竞业限制启动／免除管理，在竞业限制条款中明确公司的操作和管理规则，统一公司的管理标准。我们通常建议在离职证明或解除通知中明确设置是否启动竞业限制的选项内容，以避免因为疏忽而未就竞业限制事宜进行确认。

合规依据

《最高人民法院关于审理劳动争议案件适用法律问题的解释（一）》

第三十七条 当事人在劳动合同或者保密协议中约定了竞业限制和经济补偿，当事人解除劳动合同时，除另有约定外，用人单位要求劳动者履行竞业限制义务，或者劳动者履行了竞业限制义务后要求用人单位支付经济补偿的，人民法院应予支持。

第三十八条 当事人在劳动合同或者保密协议中约定了竞业限制和经济补偿，劳动合同解除或者终止后，因用人单位的原因导致三个月未支付经济补偿，劳动者请求解除竞业限制约定的，人民法院应予支持。

第三十九条 在竞业限制期限内，用人单位请求解除竞业限制协议的，人民法院应予支持。在解除竞业限制协议时，劳动者请求用人单位额外支付劳动者三个月的竞业限制经济补偿的，人民法院应予支持。

合规要点 4：合理使用任意解除权

依据《最高人民法院关于审理劳动争议案件适用法律若干问题的解释（四）》（已废止），公司享有竞业限制协议的任意解除权，那么公司在行使任意解除权时应当注意：1. 应当注意行使方式，即应当以员工知道或应当知道的方式进行；2. 公司应当注意任意解除权的行使时间，不同的时间阶段则可产生不同的法律效果，如在职期间以及在竞业限制期限届满前解除竞业限制约定，则公司无须支付竞业限制补偿（但另有约定的除外），在竞业限制期内解除竞业限制约定则员工可以向公司主张额外三个月的竞业限制补偿；3. 公司在竞业限制解除时应当关注地方司法实践的特殊规定，如对公司行使任意解除权设置的权利实行时间的限制以及行使方式。

案例参考

公司在行使竞业限制协议任意解除权时不应违反法律规定而无效

案件号：（2018）湘 01 民终 3535 号

【案情介绍】

廖某于 2015 年 1 月 4 日进入某分公司处工作，双方于当日签订了《劳动合同书》，合同期限自 2015 年 1 月 4 日起至 2018 年 1 月 3 日止。廖某的岗位职责是负责管理赔案件、审查合同、参与招投标评判和权限管理等事务。鉴于廖某知悉某分公司的重要商业秘密，2015年2月13日，某分公司作为甲方与廖某作为乙方签订了《竞业限制协议》，协议的主要内容为："一、竞业限制期限为两年……四、违约责任和赔偿责任。五、协议第五条，出现下列情形之一，本协议自行终止：（一）竞业限制期满；（二）甲方不履行本协议规定的义务，拒绝向乙方支付经济补偿金（甲方无正当理由，延迟支付超过一个月或支付金额不足当月应付金额50%的，可视为拒绝支付）。"

2016年8月3日，某分公司（甲方）与廖某（乙方）签订《提前解除劳动合同协议书》，该协议书确认双方劳动关系于2016年8月5日解除，甲方配合乙方办理社保、住房公积金转移手续，甲乙双方将遵守有关竞业限制的约定。此后，廖某按照《提前解除劳动合同协议书》的约定履行了竞业限制义务，但某分公司没有按照约定向廖某支付经济补偿金。2017年8月23日，廖某向长沙市劳动人事争议仲裁委员会申请仲裁。

某分公司主张，根据《竞业限制协议》约定……（二）甲方不履行本协议规定的义务，拒绝向乙方支付经济补偿金（甲方无正当理由，延迟支付超过一个月或支付金额不足当月应付金额50%的，可视为拒绝支付）。那么，某分公司应在2016年8月31日之前向廖某支付经济补偿金，但没有支付，其以拒绝支付的行为终止了竞业限制协议。为此，涉案《竞业限制协议》在2016年9月1日终止履行，廖某至多仅能要求某分公司支付2016年8月6日至31日的经济补偿金，而无权要求支付2016年9月1日之后的经济补偿金。

【裁判观点】

第一，用人单位免除自己法定责任，排除劳动者权利的约定无效。劳动者的合法权益依法应受法律保护。根据《劳动合同法》第二十六条"用人单位免除自己的法定责任、排除劳动者权利的劳动合同无效或部分无效"之规定，某分公司在《竞业限制协议》第五条第二项中的"甲方不履行本协议规定的义务，拒绝向乙方支付经济补偿金（甲方无正当理由，延迟支付超过一个月或支付金额不足当月应付金额50%的，可视为拒绝支付）"的内容属于某分公司免除自己的法定责任，排除劳动者权利的约定，违反了用人单位向劳动者支付经济补偿的法定义务，该内容的约定是无效的。

第二，用人单位应当以明示通知方式向劳动者告知。商业秘密是否需要保护是由某分公司单方面决定的，如某分公司认为廖某所掌握的商业秘密不再需要保护，应当以明示通知的方式告知廖某，在廖某已履行竞业限制义务的前提下，某分公司不支付相应的经济补偿金属于侵害廖某的合法权益，免除其法定义务的行为，故某分公司应当支付竞业限制补偿金。

法律分析

《劳动合同法》及相关法律法规赋予了公司单方解除竞业限制协议的权利，但竞业限制约定以限制员工就业为条件，因此公司应当给予员工适当的经济补偿。所以，公司行使任意解除权并非无限制和无代价，特别是在有可能损害员工合法权益的情形下，公司更应当合理地行使该任意解除权。关于公司任意解除权的行使，我们可以总结以下结论：

第一，竞业限制期满前，公司可以单方解除竞业限制约定，无须员工的同意，但公司作出解除决定应当向员工额外支付三个月的竞业限制经济补偿。

第二，虽然公司与员工签订了竞业限制协议，但公司认为员工离职后无须遵守竞业限制的，则公司应当在离职前或离职时以明示的方式告知员工。这里存在两个重点问题：1.解除的时间：离职时解除竞业限制约定与竞业限制期内解除竞业限制约定；2.须以明示的方式告知员工。

离职时解除竞业限制约定与竞业限制期内解除竞业限制约定虽然存在区别，该区别会体现在是否需要额外支付三个月的竞业限制补偿。按当前司法实践观点，竞业限制约定生效前以及竞业限制期限尚未到来时，由于员工并未实际受到竞业限制的约束和择业选择权的限制，因此公司在员工离职时解除竞业限制则无须额外支付竞业限制补偿。相反，在竞业限制期内，若公司解除竞业限制约定则需额外支付三个月的竞业限制补偿。

若公司解除竞业限制，则应明确告知员工。若公司未能明示告知的，员工势必会在重新就业时受到限制（就业权受到限制），因此，公司未明示告知的行为可能造成员工权利受到损害，则公司可能承担由此造成法律责任的风险。所以，建议公司在解除竞业限制时应当明示告知，尽量减少存在分歧或表述含糊的情形出现。

第三，关于公司能否随意单方解除竞业限制协议，最高人民法院民事审判一庭采纳了折中说的观点。即公司可以单方提出解除竞业限制协议，但必须受到以下条件的限制：（1）公司必须举证证据证明履行竞业限制协议对其已无现实需要，如商业秘密、技术秘密已经公开等，此时竞业限制协议已丧失了继续履行的前提和价值；（2）公司必须明示提前通知劳动者，保障劳动者重新寻找工作的合理期限；（3）合理期限内，公司仍须支付经济补偿；(4) 双方可以通过约定的方式排除公司单方解除权的行使。① 关于（1）的限制条件，虽然目前司法实践中并未严格要求公司对此进行举证，但鉴于最高人民法院的观点，建议公司对此给予适当的重视和考虑。关于（2）的限制条件，最高人民法院提出了"提前通知"的条件要求，该条件已有应用如上海地区《上海市劳动和社会保障局关于实施〈上海市劳动合同条例〉若干问题的通知（二）》规定，竞业限制协议生效前或者履行期间，用人单位放弃对劳动者竞业限制的要求，应当提前1个月通知劳动者。但关于"提前告知"的规定仅限于部分地区，若公司所在地区并未有此规定，但仍建议公司尽量采纳"提前告知"的做法。

第四，关于竞业限制的法律法规在不断发展和补充，各地方的规定或司法意见可能并未立即更改，所以公司就相关问题仍然要因地制宜，结合地方规定及司法实践作出相应的调整。

合规依据

《民法典》

第一百四十条 行为人可以明示或者默示作出意思表示。沉默只有在有法律规定、当事人约定或者符合当事人之间的交易习惯时，才可以视为意思表示。

《最高人民法院关于审理劳动争议案件适用法律问题的解释（一）》

第三十九条 在竞业限制期限内，用人单位请求解除竞业限制协议的，人民法院应予支持。在解除竞业限制协议时，劳动者请求用人单位额外支付劳动者三个月的竞业限制经济补偿的，人民法院应予支持。

《上海市劳动和社会保障局关于实施〈上海市劳动合同条例〉若干问题的通知（二）》

四、关于竞业限制协议及其经济补偿金问题

（一）用人单位与负有保守用人单位商业秘密义务的劳动者在竞业限制协议中对经济补偿金的标准、支付形式有约定的，从其约定。因用人单位原因不按协议约定支付经济补偿金，经劳动者要求仍不支付的，劳动者可以解除竞业限制协议。

---

① 最高人民法院民事审判第一庭编著：《最高人民法院新劳动争议司法解释（一）理解与适用》，人民法院出版社2021年版，第484页

（二）竞业限制协议对经济补偿金的标准、支付形式等未作约定的，劳动者可以要求用人单位支付经济补偿金。双方当事人由此发生争议的，可按劳动争议处理程序解决。用人单位要求劳动者继续履行竞业限制协议的，应当按劳动争议处理机构确认的标准及双方约定的竞业限制期限一次性支付经济补偿金，劳动者应当继续履行竞业限制义务；用人单位放弃对剩余期限竞业限制要求的，应当按劳动争议处理机构确认的标准支付已经履行部分的经济补偿金。

（三）竞业限制协议生效前或者履行期间，用人单位放弃对劳动者竞业限制的要求，应当提前一个月通知劳动者。

第八章

社保缴纳与工伤问题

第一节　社会保险费用缴纳

合规要点 1：依法足额为劳动者缴纳各项社会保险费

用人单位和劳动者应当依法参加社会保险，按时、足额缴纳各项社会保险费，用人单位需要注意：1. 一旦与劳动者建立劳动关系，就应当为劳动者缴纳社会保险；2. 应当按照《社会保险法》的规定为劳动者缴纳基本养老保险、基本医疗保险、工伤保险、失业保险和生育保险，不能只缴纳部分险种；3. 用人单位应当按照本单位职工工资总额及政府规定比例缴纳社会保险。

案例参考

未足额缴纳社会保险，劳动者主张被迫解除劳动合同并要求经济补偿

叶某于 2011 年 10 月 20 日入职深圳某保安公司，双方签订了书面劳动合同，最后一份合同期限为 2015 年 4 月 1 日至 2021 年 3 月 31 日。因该公司未为叶某足额缴纳社会保险，叶某遂于 2019 年 11 月 29 日向公司发出《足额缴纳社会保险请求书》要求以本人实际工资数额缴纳社会保险，公司收到该请求书后仍未予补缴。2020 年 1 月 15 日，叶某以公司未依法为其足额缴纳社保为由提出辞职。后叶某申请仲裁，要求该保安公司支付经济补偿金。

该保安公司在案件庭审中自认其未足额为叶某缴交社会保险，以及在收到叶某要求补缴社保的请求后未补缴的事实。

【裁判观点】

本案争议的焦点是用人单位未足额缴纳社会保险费用，劳动者是否可以主张被迫解除劳动合同并请求支付经济补偿金。根据庭审查明的事实，该公司未按叶某实际工资数缴纳社会保险费用，即存在未足额缴纳社会保险费的违法行为，且根据叶某提交的证据，其书面请求公司为其足额缴纳，公司收到书面请求后仍未补缴，主观过错明显。上述情况发生在双方劳动关系存续期间，该保安公司有条件办理补缴事项但并未办理，应依法承担责任。《深圳经济特区和谐劳动关系促进条例》第十五条第二款规定：用人单位未依法为劳动者缴纳社会保险费的，劳动者应当依法要求用人单位缴纳；用人单位未在一个月内按规定缴纳的，劳动者可以解除劳动合同，用人单位应当依法支付经济补偿，据此，一审、二审法院对叶某要求该公司支付经济补偿金的主张予以支持。

法律分析

缴纳社会保险是用人单位和劳动者的法定义务。依法缴纳社会保险，不仅指用人单位应当自用工之日起 30 日内为劳动者办理社会保险登记，缴纳基本养老保险、基本医疗保险、工伤保险、失业保险和生育保险，还应当依法按照职工工资总额及法定比例缴纳各项社会保险费。未依法缴纳社会保险，包括不及时缴纳、不足额缴纳、仅缴纳部分社会保险，均属于违法行为，其法律责任包括被追缴社会保险费及滞纳金，还可能被社保部门处以罚款，且劳动者有权依据《劳动合同法》第三十八条、第四十六条的规定单方解除劳动合同，并要求用人单位支付经济补偿。此外，若因用人单位未依法为劳动者缴纳社会保险，且社会保险经办机构不能补办而导致劳动者无法享受社会保险待遇（如医保待遇等），劳动者有权要求用人单位承担赔偿责任。

根据国家发改委、人力资源社会保障部等 28 部委联合签署的《关于对社会保险领域严重失信企业及其有关人员实施联合惩戒的合作备忘录》及人力资源社会保障部发布的《社会保险领域严重失信人名单管理暂行办法》，若用人单位不依法缴纳社会保险且拒不改正的，将会被列入"社会保险严重失信人名单"，并可能被给予涉及 32 个方面的联合惩戒。

在社保入税、金税四期的税务征收监管系统之下，税务机关可以全面掌握劳动者工资薪酬、个人所得税、企业所得税、社会保险情况，用人单位不应再抱有侥幸心理逃避依法缴纳社会保险的法定义务。

合规依据

《社会保险法》

第四条 中华人民共和国境内的用人单位和个人依法缴纳社会保险费，有权查询缴费记录、个人权益记录，要求社会保险经办机构提供社会保险咨询等相关服务。

个人依法享受社会保险待遇，有权监督本单位为其缴费情况。

第五十八条第一款 用人单位应当自用工之日起三十日内为其职工向社会保险经办机构申请办理社会保险登记。未办理社会保险登记的，由社会保险经办机构核定其应当缴纳的社会保险费。

第六十条第一款 用人单位应当自行申报、按时足额缴纳社会保险费，非因不可抗力等法定事由不得缓缴、减免。职工应当缴纳的社会保险费由用人单位代扣代缴，用人单位应当按月将缴纳社会保险费的明细情况告知本人。

第八十四条 用人单位不办理社会保险登记的，由社会保险行政部门责令限期改正；逾期不改正的，对用人单位处应缴社会保险费数额一倍以上三倍以下的罚款，对其直接负责的主管人员和其他直接责任人员处五百元以上三千元以下的罚款。

第八十六条 用人单位未按时足额缴纳社会保险费的，由社会保险费征收机构责令限期缴纳或者补足，并自欠缴之日起，按日加收万分之五的滞纳金；逾期仍不缴纳的，由有关行政部门处欠缴数额一倍以上三倍以下的罚款。

《劳动法》

第七十二条 社会保险基金按照保险类型确定资金来源，逐步实行社会统筹。用人单位和劳动者必须依法参加社会保险，缴纳社会保险费。

《劳动合同法》

第三十八条第一款 用人单位有下列情形之一的，劳动者可以解除劳动合同：（一）未按照劳动合同约定提供劳动保护或者劳动条件的；（二）未及时足额支付劳动报酬的；（三）未依法为劳动者缴纳社会保险费的；（四）用人单位的规章制度违反法律、法规的规定，损害劳动者权益的；（五）因本法第二十六条第一款规定的情形致使劳动合同无效的；（六）法律、行政法规规定劳动者可以解除劳动合同的其他情形。

第四十六条 有下列情形之一的，用人单位应当向劳动者支付经济补偿：（一）劳动者依照本法第三十八条规定解除劳动合同的；（二）用人单位依照本法第三十六条规定向劳动者提出解除劳动合同并与劳动者协商一致解除劳动合同的；（三）用人单位依照本法第四十条规定解除劳动合同的；（四）用人单位依照本法第四十一条第一款规定解除劳动合同的；（五）除用人单位维持或者提高劳动合同约定条件续订劳动合同，劳动者不同意续订的情形外，依照本法第四十四条第一项规定终止固定期限劳动合同的；（六）依照本法第四十四条第四项、第五项规定终止劳动合同的；（七）法律、行政法规规定的其他情形。

第四十七条 经济补偿按劳动者在本单位工作的年限，每满一年支付一个月工资的标准向劳动者支付。六个月以上不满一年的，按一年计算；不满六个月的，向劳动者支付半个月工资的经济补偿。劳动者月工资高于用人单位所在直辖市、设区的市级人民政府公布的本地区上年度职工月平均工资三倍的，向其支付经济补偿的标准按职工月平均工资三倍的数额支付，向其支付经济补偿的年限最高不超过十二年。本条所称月工资是指劳动者在劳动合同解除或者终止前十二个月的平均工资。

《社会保险费征缴暂行条例》

第四条第一款 缴费单位、缴费个人应当按时足额缴纳社会保险费。

合规要点 2：为试用期劳动者缴纳社会保险

在试用期期间，劳动者和用人单位已经建立了劳动关系，试用期员工也享有劳动关系项下的各项权利，用人单位应当自用工之日起 30 日内为劳动者办理参保登记并缴纳各项社会保险费。

案例参考

未为试用期员工缴纳社保，法院判决用人单位支付工伤保险待遇

姜某于 2021 年 10 月入职某公司从事油漆工工作，双方约定试用期 3 个月，该公司未为其缴纳社会保险。2021 年 11 月 21 日，姜某驾驶电动自行车下班途中发生交通事故受伤。2022 年 3 月 14 日，当地人力资源和社会保障局出具工伤认定决定书，认定姜某交通事故受伤为工伤。后经劳动能力鉴定，姜某致残程度为九级。

2022 年 10 月 21 日，姜某向该公司寄送解除劳动合同告知书，后姜某经过劳动仲裁后向法院起诉要求该公司支付其停工留薪期工资、一次性伤残补助金、一次性工伤医疗补助金、一次性伤残就业补助金。

【裁判观点】

法院认为，姜某在下班途中发生交通事故已被人社部门认定为工伤，其依法可享受相应的工伤保险待遇。被告公司未依法为姜某缴纳社会保险，其应按照《工伤保险条例》规定的项目和标准承担姜某的相关工伤保险待遇，故法院判令该公司分别支付姜某一次性伤残补助金 41400 元、一次性工伤医疗补助金 45000 元、一次性伤残就业补助金 20000 元，以及停工留薪期工资 27600 元。

法律分析

实践中，很多用人单位认为试用期员工不是正式员工，双方之间不是劳动关系，或者认为虽然是劳动关系，但是试用期员工稳定性差，社保登记、增员、减员的工作流程烦琐，所以会选择在员工通过试用期之后，再为其缴纳社会保险。这两种观点都是错误的。试用期虽然是用人单位与劳动者在劳动合同中协商约定的考察期，但是根据《劳动合同法》的规定，用人单位与劳动者自用工之日起建立劳动关系。试用期劳动者实际上已经与用人单位建立了劳动关系，用人单位应当向劳动者支付相应的劳动报酬，并依法缴纳社会保险。

上述案例中的用人单位没有为试用期的姜某缴纳社会保险费，导致被认定为工伤的姜某依法可享受的各项工伤保险待遇均由该公司承担，可谓违法成本不低。

合规依据

《社会保险法》

第五十八条第一款 用人单位应当自用工之日起三十日内为其职工向社会保险经办机构申请办理社会保险登记。未办理社会保险登记的，由社会保险经办机构核定其应当缴纳的社会保险费。

《劳动法》

第七十二条 社会保险基金按照保险类型确定资金来源，逐步实行社会统筹。用人单位和劳动者必须依法参加社会保险，缴纳社会保险费。

《劳动合同法》

第七条 用人单位自用工之日起即与劳动者建立劳动关系。用人单位应当建立职工名册备查。

《工伤保险条例》

第六十二条 用人单位依照本条例规定应当参加工伤保险而未参加的，由社会保险行政部门责令限期参加，补缴应当缴纳的工伤保险费，并自欠缴之日起，按日加收万分之五的滞纳金；逾期仍不缴纳的，处欠缴数额1倍以上3倍以下的罚款。依照本条例规定应当参加工伤保险而未参加工伤保险的用人单位职工发生工伤的，由该用人单位按照本条例规定的工伤保险待遇项目和标准支付费用。用人单位参加工伤保险并补缴应当缴纳的工伤保险费、滞纳金后，由工伤保险基金和用人单位依照本条例的规定支付新发生的费用。

合规要点 3：缴纳社会保险属于法定义务，不可协议变更或放弃

如前所述，《社会保险法》等法律法规规定用人单位和劳动者均应参加社会保险，按时、足额缴纳社会保险费。即便双方签订书面协议约定不缴纳社保，或者劳动者书面确认其放弃缴纳社保，该等约定和确认均属于因违反法律的强制性规定而无效。

案例参考

劳动者与用人单位签订的《放弃缴纳社保协议书》被法院认定无效

2013 年 12 月 26 日，某保安公司与姜某签订劳动合同，约定姜某从事保安工作，劳动合同期限为 2013 年 12 月 26 日至 2022 年 12 月 31 日。同日，双方签订《放弃缴纳社保协议书》，该协议书约定：鉴于乙方实际情况，乙方不愿意缴纳社会保险，并自愿放弃公司应为其缴纳部分。另，乙方请求在与公司劳动合同存续期间，甲方将应为其缴纳的社会保险费用以补贴形式每月 x 元的标准发放给乙方，并约定乙方不得以仲裁、诉讼或者非诉讼方式向甲方主张未缴纳社会保险；若乙方向有关部门投诉或主张甲方应给予缴纳社会保险的，乙方应返还甲方按月随工资支付给乙方的单位应承担的社会保险费。返还后，甲方给予办理社保手续，乙方承担部分由其个人承担。因此产生的滞纳金、利息等损失，由乙方全额补偿给甲方。

姜某于 2022 年 3 月向人力资源和社会保障局投诉要求补缴社保，当地人力资源和社会保障局要求某保安公司补缴姜某 2013 年 12 月至 2022 年 2 月的各项社会保险费。该保安公司于 2022 年 4 月 21 日为姜某补缴社保费用共计 97196.32 元（其中单位缴纳额为 66620.32 元，姜某个人承担 30576 元），并缴纳滞纳金 65857.51 元。此后，该保安公司向法院提起诉讼，请求法院判决姜某返还其已发放的保险补贴 99383.14 元，并赔偿其因补缴社保费所产生的滞纳金 65857.51 元。

【裁判观点】

本案的争议焦点是某保安公司能否依据双方签订的《放弃缴纳社保协议书》要求姜某返还补缴的社会保险费用，并赔偿滞纳金。

首先，关于《放弃缴纳社保协议书》的效力问题，根据《劳动法》《社会保险法》的规定，用人单位和劳动者必须依法参加社会保险，缴纳社会保险费，这是法律的

强制性规定。《劳动合同法》第二十六条规定：用人单位免除自己的法定责任、排除劳动者权利的，以及违反法律、行政法规强制性规定的，劳动合同无效或者部分无效。因此，《放弃缴纳社保协议书》虽系该保安公司与姜某协商一致签订，但因违反法律强制性规定而无效。滞纳金系因该公司未依法为姜某缴纳社会保险而产生，是其违法行为导致的法律责任，故该保安公司要求姜某赔偿滞纳金的主张，法院不予支持。

《放弃缴纳社保协议书》因违反法律强制性规定而无效，姜某若因此获得的社会保险补贴应当返还。本案中，该保安公司虽主张向姜某支付了社保补贴99383.14元，但是姜某对此予以否认，且无论是《放弃缴纳社保协议书》还是《劳动合同》，均未约定社会保险补贴数额，也无其他有效证据证明其每月发放的工资中包含社保补贴。因此，法院认定该保安公司提供的证据不足以证明其应承担的"单位应缴社保"已通过社保补贴的形式支付给姜某以及支付的具体数额，故对于该公司要求姜某返还社保补贴99383.14元的主张，法院不予支持。

法律分析

社会保险的征收与缴纳属于公法范畴，用人单位为在职员工缴纳社会保险系国家法律的强制要求，是用人单位和劳动者的共同法定义务。用人单位与劳动者建立劳动关系，即负有为劳动者缴纳各种社会保险费的法定强制义务，该法定义务不因双方的约定或劳动者的自行放弃而被免除或减轻。

合规依据

《社会保险法》

第十条第一款 职工应当参加基本养老保险，由用人单位和职工共同缴纳基本养老保险费。

第六十条第一款 用人单位应当自行申报、按时足额缴纳社会保险费，非因不可抗力等法定事由不得缓缴、减免。职工应当缴纳的社会保险费由用人单位代扣代缴，用人单位应当按月将缴纳社会保险费的明细情况告知本人。

《劳动法》

第七十二条 社会保险基金按照保险类型确定资金来源，逐步实行社会统筹。用人单位和劳动者必须依法参加社会保险，缴纳社会保险费。

《劳动合同法》

第二十六条 下列劳动合同无效或者部分无效：（一）以欺诈、胁迫的手段或乘人之危，使对方在违背真实意思的情况下订立或者变更劳动合同的；（二）用人单位免除自己的法定责任、排除劳动者权利的；（三）违反法律、行政法规强制性规定的。对劳动合同的无效或者部分无效有争议的，由劳动争议仲裁机构或人民法院确认。

合规要点4：避免使用第三方代缴社保

第三方代缴社会保险具体表现为：（1）社会保险缴纳主体和劳动关系主体不一致；（2）用人单位注册地与劳动者社会保险缴纳地不一致。按照我国法律规定，用人单位应当为与其建立劳动关系的员工办理社会保险登记、缴纳社保，为不存在劳动关系的劳动者代缴社保的行为属于违法行为。

如果企业需要在其注册地之外的地方招用员工，可以采取以下措施：（1）由企业在其注册地为员工缴纳社保。（2）企业在员工的劳动合同履行地注册成立分支机构或关联公司，由分支机构或关联公司与员工签署劳动合同并缴纳社会保险。（3）企业将用工方式转变为劳务派遣或者劳务外包。也就是说，企业与异地的劳动者不建立劳动关系，而是由具备资质的第三方劳务派遣单位或者劳务外包公司与员工建立劳动关系、签署劳动合同并缴纳社会保险。

案例参考

委托第三方代缴社保导致劳动者遭受损失，法院判决用人单位赔偿

2018年6月，周某因A公司告知可以帮助非上海生源的毕业生落户上海，周某综合考虑后入职A公司，双方签订了劳动合同，合同约定A公司应按当地政府制定的社会保险缴付制度的标准为周某缴纳社会保险。实际上，A公司委托第三方为周某缴纳社保。入职后，周某、A公司共同就周某的落户事宜办理了相关申办手续，然申请结果于2018年8月3日公布为"未通过"，原因为虽然周某积分满足上海市落户条件，但是A公司委托第三方为周某缴纳社保，故被上海市学生事务中心认定申请无效，不具备落户资质。

此后，周某提起诉讼，要求A公司赔偿其无法落户上海市的损失23万元，包括为备考博士研究生所购买的学习资料费用、读博期间产生的误工损失等。

【裁判观点】

《劳动合同法》第三条第一款规定："订立劳动合同，应当遵循合法、公平、平等自愿、协商一致、诚实信用的原则。"如果一方当事人在订立合同过程中有违背诚实信用原则的行为，给对方造成损失的，应当承担损害赔偿责任。本案中，A 公司向周某表示可以帮助其落户，周某基于此足以产生 A 公司具备申办户籍资质的合理信赖。周某选择就业时，不仅会注重用人单位给出的收入、福利等，能否通过入职该单位取得上海户籍亦为其考虑的重要因素。最终周某未能成功落户的原因在于 A 公司委托第三方代为缴纳周某的社保，导致用工主体与缴纳社保主体不一致，从而被学生事务中心否定周某的落户资格。

为员工缴纳社保是企业的法定义务，委托第三方代缴社保的行为不符合法律规定，法院认定 A 公司的行为有违诚信，应向周某承担赔偿责任。至于赔偿金额，一方面，户籍并不具有直接的经济价值，但依据现行政策，本市户籍与就学、就业、购房资格等诸多方面的待遇均有关联；另一方面，周某就读博士，不仅是其再次以应届毕业生身份取得上海户籍的途径，也有利于其自身的发展。故综合 A 公司的违约情节、损害后果等因素，法院酌情认定 A 公司应赔偿周某 5 万元。

法律分析

根据《社会保险法》的规定，社保登记实行属地管理，由用人单位向其所在地的社保经办机构申请办理社保登记与缴纳，劳动关系主体与社保缴纳主体应保持一致。用人单位委托第三方代缴社保的行为属于违法行为，此种方式下劳动者的各项社保权益、落户与购房购车资格不能得到法律保护和支持，而用人单位需要承担员工不能享受相关社会保险待遇的损失赔偿责任，赔偿员工丧失与社会保险缴纳相关资格、资质的损失，在注册地为员工补缴社会保险费用，以及员工以用人单位未依法缴纳社会保险为由提出解除劳动合同并要求经济补偿金等法律责任。此外，用人单位还可能因该违法行为而被社保部门予以行政处罚。

合规依据

《社会保险法》

第五十七条第一款 用人单位应当自成立之日起三十日内凭营业执照、登记证书或者单位印章，向当地社会保险经办机构申请办理社会保险登记。社会保险经办机构应当自收到申请之日起十五日内予以审核，发给社会保险登记证件。

第八十八条 以欺诈、伪造证明材料或者其他手段骗取社会保险待遇的，由社会保险行政部门责令退回骗取的社会保险金，处骗取金额二倍以上五倍以下的罚款。

《社会保险费征缴暂行条例》

第七条第一款 缴费单位必须向当地社会保险经办机构办理社会保险登记，参加社会保险。

《社会保险基金监督举报工作管理办法》

第七条 参保单位、个人、中介机构涉嫌有下列情形之一的，任何组织或者个人可以依照本办法举报：（一）以提供虚假证明材料等手段虚构社会保险参保条件、违规补缴的；（二）伪造、变造有关证件、档案、材料，骗取社会保险基金的；（三）组织或者协助他人以伪造、变造档案、材料等手段骗取参保补缴、提前退休资格或者违规申领社会保险待遇的；（四）个人丧失社会保险待遇享受资格后，本人或者相关受益人不按规定履行告知义务、隐瞒事实违规享受社会保险待遇的；（五）其他欺诈骗取、套取或者挪用贪占社会保险基金的情形。

《社会保险基金行政监督办法》

第三十二条 用人单位、个人有下列行为之一，以欺诈、伪造证明材料或者其他手段骗取社会保险待遇的，按照《中华人民共和国社会保险法》第八十八条的规定处理：（一）通过虚构个人信息、劳动关系，使用伪造、变造或者盗用他人可用于证明身份的证件，提供虚假证明材料等手段虚构社会保险参保条件、违规补缴，骗取社会保险待遇的……

合规要点5：特殊群体的社保缴纳

用人单位使用实习生和超过法定退休年龄但未享受养老保险待遇的人员，有很大的苦恼是无法为该类人员缴纳社会保险，但若其在工作中发生伤害事故，用人单位需承担赔偿责任，所以往往只能通过购买雇主责任险来分担风险。近年来，江苏省、浙江省、广东省、四川省等地允许用人单位为超过法定退休年龄人员和实习生单独缴纳工伤保险，浙江省、广东省及青岛市还规定了平台企业可以自愿为未建立劳动关系的新业态从业人员单项参加工伤保险、缴纳工伤保险费。

案例参考

使用超过法定退休年龄但未享受养老保险待遇的劳动者，用人单位应承担工伤保险责任

郭某于1962年9月出生，2017年7月5日郭某与某光电公司签订聘用合同，合同约定郭某为勤杂工。2019年1月5日上午，郭某从家中出发步行前往某光电公司上班途中发生交通事故死亡。郭某在事故发生时已年满56周岁，其并未享受基本养老保险待遇。2019年4月30日，人社局出具工伤认定决定书，认定郭某遭受的事故伤害为工伤。后郭某的配偶熊某向仲裁委申请仲裁，请求某光电公司支付郭某因工死亡的丧葬补助金和一次性工亡补助金。

【裁判观点】

人社部门作出的工伤认定决定已经发生法律效力，郭某发生交通事故死亡属于工伤。虽然某光电公司主张郭某已超过法定退休年龄，双方之间是劳务关系，不是劳动关系，但是郭某虽然达到法定退休年龄但未享受基本养老保险待遇或领取退休金，所以双方之间仍属于劳动关系。根据《人力资源社会保障部关于执行〈工伤保险条例〉若干问题的意见（二）》的规定，达到或超过法定退休年龄，但未办理退休手续或者未依法享受城镇职工基本养老保险待遇，继续在原用人单位工作期间受到事故伤害或患职业病的，用人单位应依法承担工伤保险责任。郭某死亡时虽然已达到法定退休年龄，但并未享受养老保险待遇，故某光电公司应当对郭某的死亡承担工伤保险责任。

法律分析

在标准劳动关系之外，特殊群体还包括实习生、超龄就业人员、新业态从业人员。目前司法实践中，新业态从业人员与用人单位之间若符合劳动关系构成要件，则新业态从业人员享有完整的劳动者权益保障；若不构成劳动关系，则其权益不受劳动法律法规的保护。已达到法定退休年龄但未享受基本养老保险待遇或领取退休金的人员，其与用人单位之间属于劳动关系，全日制在校学生也未被排除在劳动关系之外，用人单位聘雇此二类人员，若无法缴纳社会保险，那么其发生工伤后，用人单位须承担全部的工伤赔偿责任，这大大增加了用人单位聘雇此二类人员的风险和负担。因此，很多省市考虑到此二类人员能够与用人单位建立劳动关系，但不能受工伤保险基金保护的情况，近几年江苏省等省市先后出台了专项政策明确用人单位可以为

达到法定退休年龄但未享受基本养老保险待遇的人员（在一定年龄之前）及实习生单项缴纳工伤保险，使得此类人员也被工伤保险覆盖，可以享受各项工伤保险待遇。

合规依据

《关于维护新就业形态劳动者劳动保障权益的指导意见》

（八）完善基本养老保险、医疗保险相关政策，各地要放开灵活就业人员在就业地参加基本养老、基本医疗保险的户籍限制，个别超大型城市难以一步实现的，要结合本地实际，积极创造条件逐步放开。组织未参加职工基本养老、职工基本医疗保险的灵活就业人员，按规定参加城乡居民基本养老、城乡居民基本医疗保险，做到应保尽保。督促企业依法参加社会保险。企业要引导和支持不完全符合确立劳动关系情形的新就业形态劳动者根据自身情况参加相应的社会保险。

《关于推动平台经济规范健康持续发展的若干意见》

（十）加强新就业形态劳动者权益保障。

落实网约配送员、网约车驾驶员等新就业形态劳动者权益保障相关政策措施。完善新就业形态劳动者与平台企业、用工合作企业之间的劳动关系认定标准，探索明确不完全符合确立劳动关系情形的认定标准，合理确定企业与劳动者的权利义务。引导平台企业加强与新就业形态劳动者之间的协商，合理制定订单分配、计件单价、抽成比例等直接涉及劳动者权益的制度和算法规则，并公开发布，保证制度规则公开透明。健全最低工资和支付保障制度，保障新就业形态劳动者获得合理劳动报酬。开展平台灵活就业人员职业伤害保障试点，探索用工企业购买商业保险等机制。实施全民参保计划，促进新就业形态劳动者参加社会保险。加强对新就业形态劳动者的安全意识、法律意识培训。

《浙江省数字经济促进条例》

第五十七条第二款 数字经济新业态从业人员通过互联网平台注册并接单，提供网约车、外卖或者快递等劳务的，平台经营者可以通过单险种参加工伤保险的形式为从业人员提供工伤保险待遇。平台经营者单险种参加工伤保险的，社会保险经办机构应当予以办理。法律、行政法规另有规定的，从其规定。

浙江省**《关于试行职业技工等学校学生在实习期间和已超过法定退休年龄人员在继续就业期间参加工伤保险工作的指导意见》**

第一条 ……本市行政区域内用人单位使用的下列人员，可以单独参加工伤保险：（一）用人单位使用的签订三方（职业技工院校、用人单位、实习学生）实习协议，并由职业技工院校集中统一安排的学期性实习学生，且年龄不小于16周岁（以下简称实习生）。（二）用人单位直接使用的超过法定退休年龄未享受机关事业单位或者城镇职工基本养老保险待遇的人员，且男性不超过65周岁，女性不超过60周岁（以下简称超龄人员）。

《江苏省超过法定退休年龄人员和实习生参加工伤保险办法》

第三条 本办法所指超过法定退休年龄人员（以下简称超龄就业人员），是指用工单位招用的已经达到或者超过法定退休年龄但年龄不超过65周岁、未办理退休手续的就业人员。本办法所指实习生，是指年满16周岁，由实施全日制学历教育的技工院校、中高等职业学校根据法律、法规和国家有关规定集中统一安排学期性顶岗实习的学生。

第五条 用工单位可以依据本办法为超龄就业人员、实习生参加工伤保险。用工单位为超龄就业人员、实习生参加工伤保险的，应当持与超龄就业人员签订的用工协议或者三方实习协议、参保花名册及《江苏省超过法定退休年龄人员和实习生参加工伤保险承诺书》至用工单位参保地的社会保险经办机构办理参保登记手续。入职体检（职业病筛查）情况、在校学生就读证明、未办理退休手续证明等证明事项采用告知承诺制。

广东省《关于单位从业的超过法定退休年龄劳动者等特定人员参加工伤保险的办法（试行）》

第二条 在我省行政区域内的各类企业、国家机关、事业单位、社会团体、民办非企业单位、基金会、律师事务所、会计师事务所等组织和以单位形式参保的个体工商户（以下简称"从业单位"）可按照本办法的规定为其使用的本条第二款规定的特定人员单项参加工伤保险、缴纳工伤保险费；村（社区）党组织委员会和村（居）民委员会［以下简称"村（社区）两委"］可按照本办法的规定为其所属的村（社区）两委人员单项参加工伤保险、缴纳工伤保险费。本办法所指的特定人员主要包括在从业单位工作的超过法定退休年龄人员（包括已享受和未享受机关事业单位或者城镇职工基本养老保险待遇人员）、已享受一级至四级工伤伤残津贴或病残津贴人员、实习学生（包括签订三方实习协议或自行联系实习单位的实习学生和从业单位使用的勤工助学学生）、单位见习人员和在家政服务机构从业的家政服务人员等未与从业单位建立劳动关系的劳动者（以下简称"从业人员"）。本办法所指的村（社区）

两委人员主要包括村（社区）党组织书记、副书记、委员，村（居）民委员会主任、副主任、委员等以及有关工作人员［以下简称"村（社区）两委人员"］。新业态从业人员通过互联网平台注册并接单，提供网约车、外卖或者快递等劳务的，其所在平台企业可参照本办法自愿为未建立劳动关系的新业态从业人员单项参加工伤保险、缴纳工伤保险费，其参保人员参照本办法的规定享受工伤保险待遇。国家出台实施新业态从业人员职业伤害保障政策的，从其规定。

上海市人力资源和社会保障局等四部门《关于本市超过法定退休年龄就业人员和实习生参加工伤保险的试行意见》

二、本意见所称超龄就业人员，是指用人单位招用的已经达到或者超过法定退休年龄且不超过65周岁的就业人员。本意见所称实习生，是指本市职业学校统一安排或者批准自行到用人单位进行岗位实习的在校学生，以及与用人单位约定实习期1个月及以上的本市高等学校在校学生。

三、超龄就业人员和实习生参加工伤保险的，用人单位应当持用工协议或者实习协议等材料至社会保险经办机构办理参保登记手续。用工协议或者实习协议期满后，社会保险经办机构应当为参加工伤保险的超龄就业人员和实习生办理停止缴费手续。需要提前解除、终止或者续签协议的，用人单位应当及时向社会保险经办机构办理相关手续。

四、超龄就业人员和实习生参加工伤保险的，由用人单位按月缴纳工伤保险费……

《四川省超龄等从业人员参加工伤保险办法》

第二条　本办法所称的超龄等从业人员是指在我省行政区域内的企业、机关事业单位、社会团体、社会服务机构、基金会、律师事务所、会计师事务所等组织和有雇工的个体工商户从业，但不属于《中华人民共和国劳动合同法》规定应当建立劳动关系、订立劳动合同的下列人员，具体为：（一）已经达到或者超过法定退休年龄但年龄在65周岁及以下的从业人员；（二）年满16周岁的实习学生。包括大中专学校、职业学校统一安排的学期性（岗位）实习学生、签订实习协议或学校开具实习介绍函的实习学生、自行联系实习单位并签订实习协议的实习学生；（三）在住院医师等规范化培训期间的社会学员和医学在读研究生；（四）在就业见习基地参加就业见习的人员。就业见习基地、就业见习人员界定按照国家和省有关规定执行；（五）按照国家和省有关规定选聘到基层从事专职工作的志愿者和高校毕业生。

第三条　超龄等从业人员可由所在用工单位、实习单位、培训基地及协同单位、见习基地、服务单位等（以下统称从业单位）为其参加工伤保险并缴纳工伤保险费，个人不缴纳工伤保险费。

第二节 工伤相关问题

合规要点 1：及时申报工伤

劳动者享受工伤保险待遇的前提是其发生了工伤或者患有职业病，这需要经社会保险行政部门对是否构成工伤进行认定，社会保险行政部门受理工伤认定申请的一个要件是时间限制。根据《工伤保险条例》的规定，用人单位应当在劳动者发生伤害事故之日或被诊断、鉴定为职业病之日起的 30 日内，向统筹地区社会保险行政部门提出工伤认定申请，如果用人单位未在该时限提出工伤认定申请，那么劳动者在此期间发生的依法可享受的工伤待遇等费用由用人单位自行承担。

虽然对于用人单位来说，未及时申请工伤认定并不一定意味着要承担全部的与工伤保险待遇相关的费用，但实际上，工伤职工治疗工伤所需的医疗费等往往较为集中、大额地发生在工伤治疗的早期，再者即便用人单位没有及时为劳动者申请工伤认定，劳动者及其近亲属、工会组织也可以在伤害事故发生之日或被诊断、鉴定为职业病之日起的一年内向社会保险行政部门提出工伤认定申请，因此用人单位不能存有侥幸心理，如果未及时为受伤职工申请工伤认定，面临的将是一笔不小的赔偿。

案例参考

用人单位未在 30 内申请工伤认定，法院判决用人单位担责

2019 年 5 月 21 日，滕某在就餐后搭乘摩托车返回公司加班，途中发生交通事故受伤。虽然公司为腾某缴纳了工伤保险，但该公司一直没有为腾某申请工伤认定，滕某父亲于 2019 年 7 月 30 日以近亲属身份提交工伤认定申请，人力资源和社会保障局认定滕某受伤为工伤。

因腾某在其受伤之日至其近亲属提交工伤认定申请期间所产生的工伤医疗费用 17 万余元，工伤保险基金不予承担，腾某遂提起诉讼，要求公司承担 17 万余元的工伤医疗费。

【裁判观点】

《工伤保险条例》第十七条第一款规定："职工发生事故伤亡或者按照职业病防治法规定被诊断、鉴定为职业病，所在单位应当自事故发生之日或者被诊断、鉴定为职业病之日起 30 日内，向统筹地区劳动保障行政部门提出工伤认定申请。遇有特殊情况，经报劳动保障行政部门同意，申请时限可以适当延长。"该条第四款规定："用人单位未在本条第一款规定的时限内提交工伤认定申请，在此期间发生符合本条例规定的工伤待遇等有关费用由该用人单位负担。"本案中，腾某是在上班途中发生非本人主要责任的交通事故，公司在腾某受伤后 30 日内未按规定向劳动保障行政部门申报工伤，导致工伤保险基金不承担腾某自受伤之日至其近亲属向人力资源和社会保障局申请工伤认定前所产生的医疗费用合计 171779.43 元。依照《工伤保险条例》第十七条第一款、第三款的规定，公司应当承担腾某 2019 年 5 月 21 日至 7 月 23 日的医疗费用 171779.43 元。故法院判决支持滕某的主张。

法律分析

《工伤保险条例》第十七条明确规定了用人单位为受伤职工申请工伤认定的时限为自事故发生之日或者被诊断、鉴定为职业病之日起 30 日之内，这是用人单位的法定义务，如果用人单位没有履行该法定义务或者迟延履行该法定义务，那么需要承担法律责任，即用人单位需承担从事故伤害发生之日起到社会保险行政部门受理工伤认定申请之日止的工伤保险待遇等有关费用，该等费用工伤保险基金不予承担。社会保险行政部门受理工伤认定申请之后的工伤保险待遇仍由工伤保险基金负担。

需要注意的是：本节讨论问题的前提是用人单位为劳动者缴纳了工伤保险，但未在法定期限内为受伤职工申请工伤认定的法律责任。如果用人单位没有为劳动者缴纳工伤保险，那么无论用人单位是否为劳动者提交了工伤认定申请，劳动者依法享有的工伤保险待遇均由用人单位承担。

合规依据

《工伤保险条例》

第十七条 职工发生事故伤害或者按照职业病防治法规定被诊断、鉴定为职业病，所在单位应当自事故伤害发生之日或者被诊断、鉴定为职业病之日起 30 日内，向统筹地区社会保险行政部门提出工伤认定申请。遇有特殊情况，经报社会保险行政部门同意，申请时限可以适当延长。用人单位未按前款规定提出工伤认定申请的，工伤职工或者其近亲属、工会组织在事故伤害发生之日或者被诊断、鉴定为职业病之日起 1 年内，可以直接向用人单位所在地统筹地区社会保险行政部门提出工伤认定申请。按照本条第一款规定应当由省级社会保险行政部门进行工伤认定的事项，根据属地原则由用人单位所在地的设区的市级社会保险行政部门办理。用人单位未在本条第一款规定的时限内提交工伤认定申请，在此期间发生符合本条例规定的工伤待遇等有关费用由该用人单位负担。

《劳动和社会保障部关于实施〈工伤保险条例〉若干问题的意见》

六、条例第十七条第四款规定"用人单位未在本条第一款规定的时限内提交工伤认定申请的，在此期间发生符合本条例规定的工伤待遇等有关费用由该用人单位负担"。这里用人单位承担工伤待遇等有关费用的期间是指从事故伤害发生之日或职业病确诊之日起到劳动保障行政部门受理工伤认定申请之日止。

《工伤认定办法》

第四条 职工发生事故伤害或者按照职业病防治法规定被诊断、鉴定为职业病，所在单位应当自事故伤害发生之日或者被诊断、鉴定为职业病之日起 30 日内，向统筹地区社会保险行政部门提出工伤认定申请。遇有特殊情况，经报社会保险行政部门同意，申请时限可以适当延长。按照前款规定应当向省级社会保险行政部门提出工伤认定申请的，根据属地原则应当向用人单位所在地设区的市级社会保险行政部门提出。

合规要点 2：用人单位应依法给予工伤员工停工留薪期待遇

停工留薪期是指工伤职工因发生工伤需要暂停工作进行工伤医疗及休息的期间。停工留薪期待遇是工伤职工可享受的工伤保险待遇之一，是工伤职工的基本生活保障。故法律规定工伤职工在停工留薪期的工资福利待遇不变，由用人单位按月支付，用人单位不支付停工留薪期内的工资，或者按照病假工资标准支付工资均属于违法；此外，对于生活不能自理的工伤职工在停工留薪期需要护理的，由用人单位负责，用人单位要么派人进行护理，要么承担该期间的护理费。

案例参考

停工留薪期工资计算

曹某系某公司员工，双方劳动合同约定曹某的基本工资为每月 1970 元，津贴、奖金按照公司相关规定在符合支付条件时支付。2017 年 5 月 21 日，曹某在下班途中发生交通事故，本人承担 50% 的责任。2018 年 6 月曹某的受伤被认定为工伤，经劳动能力鉴定委员会鉴定为九级伤残。2017 年 12 月 27 日，曹某因个人原因从该公司离职。自曹某发生交通事故起至双方解除劳动关系期间，该公司按照病假标准向曹某支付工资，曹某被认定为工伤后，该公司向曹某补发了病假转为工伤的工资差额 9225.35 元。曹某先后申请仲裁、起诉，要求该公司支付停工留薪期工资差额等。在一审庭审中，双方一致确认曹某的停工留薪期共计 7 个月。该公司认为，工伤职工因工作遭受事故伤害前 12 个月的平均月工资不应包含加班工资，加班费并非正常劳动时间的工资，不应计入正常劳动时的工资发放标准。公司已按照劳动合同约定足额支付曹某停工留薪期的工资，无须再支付工资差额。一审、二审法院均认定该公司应按照曹某受伤前月平均工资计算停工留薪期工资，向曹某支付工资差额。后该公司申请再审。

【裁判观点】

本案的争议焦点是计算停工留薪期工资的基数中应否包含加班工资、奖金。一审、二审法院均认为，根据曹某的银行交易流水和薪资明细，曹某在发生交通事故前的每月实发工资均超过 5000 元，其加班工资、奖金等数额超过劳动合同约定的基本工资 1970 元。也就是说曹某需长期加班方可获得每月 5000 余元的工资。停工留薪期制度设立的目的系保障工伤职工在工伤医疗期间生活标准不受工伤影响。若曹某未发生工伤，亦能正常上班获得加班工资、绩效奖励等收入。从公平角度出发，应当以曹某工伤前的实际所得计算月平均工资，并以此作为停工留薪期工资的计发基数。因此，一审、二审法院认定该公司应支付曹某停工留薪期工资差额 14599.81 元。

江苏省高级人民法院再审认为，根据《江苏省工资支付条例》第六十三条的规定，在双方对支付标准有明确约定的情形下，停工留薪期工资优先适用该约定，然后适用集体合同或者本单位工资支付制度。本案中，双方对停工留薪期工资支付标准并没有约定，该公司在一审、二审中亦未举证集体合同或者工资支付制度的相关内容，故其主张直接以劳动合同约定的固定工资数额作为停工留薪期工资计算标准，不能成立。此外，停工留薪期制度设立的目的系保障工伤职工在医疗期间生活标准不受工伤影响；《工伤保险条例》第三十三条亦规定，在停工留薪期间，原工资福利待遇不变。曹某系发生工伤导致不能正常上班获得加班工资。一审、二审法院综合考虑本案实际情况，从公平角度出发，以曹某受伤前12个月实际所得计算月平均工资，并以此作为停工留薪期工资的计发基数，并无不当，最终驳回该公司的再审申请。

法律分析

《工伤保险条例》明确规定停工留薪期内员工享受原工资福利待遇，若在停工留薪期内生活不能自理，由用人单位负责。停工留薪期一般不超过12个月，工伤职工需要向用人单位提供医疗机构出具的诊断证明。伤情严重或者情况特殊，经设区的市级劳动能力鉴定委员会确认，可以适当延长，但延长不得超过12个月。工伤职工经劳动能力鉴定评定伤残等级后，停发原停工留薪待遇，根据伤残等级享受相应的伤残待遇。工伤职工在停工留薪期满后仍需治疗的，继续享受工伤医疗待遇。

关于停工留薪期有以下几个问题需要特别注意：

1.停工留薪期的具体期限依据什么来确定？有些省市出台了停工留薪期管理办法及目录，用人单位根据工伤医疗机构的诊断证明，按照停工留薪期目录确定停工留薪期。江苏省是根据工伤医疗机构出具的诊断休假证明来确定。对用人单位确定的停工留薪期期限有异议或者是否需要延长停工留薪期有争议的，各地一般规定可以申请劳动能力鉴定委员会进行确认。无论采取哪一种方式，工伤职工均需要及时向用人单位提交工伤医疗机构的诊断证明。

2.如何理解停工留薪期内原工资福利待遇不变？原工资福利待遇标准为工伤职工因工作遭受事故伤害或者患职业病前12个月的平均工资收入，且该收入不低于当地最低工资标准。原工资福利待遇的标准各地有所不同，在上海地区，前12个月工资收入可剔除加班工资；在江苏、广州地区，原工资福利待遇是指工伤职工在本单位受工伤前12个月的平均工资福利待遇，不剔除加班工资。

3.停工留薪期内用人单位不得与工伤职工解除或者终止劳动关系。

4.用人单位未足额支付停工留薪期工资，劳动者是否可以用人单位未及时足额支付劳动报酬为由单方解除劳动合同并要求经济补偿金？实践中有以下两种不同观点：一种观点认为，既然法律规定停工留薪期原工资福利待遇不变，那么就属于劳动者的工资，即劳动报酬，用人单位未及时足额支付停工留薪期工资的，劳动者有权解除劳动合同并要求支付经济补偿金；另一种观点认为，停工留薪期享受原工资福利待遇，虽然视同劳动者提供正常劳动，但毕竟劳动者没有实际出勤，没有提供劳动，其实质上是工伤保险待遇，并不是劳动报酬，所以用人单位未及时足额发放停工留薪期工资，不属于未依法发放劳动报酬，劳动者据此单方解除劳动合同，不能要求用人单位支付经济补偿金。

合规依据

《工伤保险条例》

第三十三条　职工因工作遭受事故伤害或者患职业病需要暂停工作接受工伤医疗的，在停工留薪期内，原工资福利待遇不变，由所在单位按月支付。停工留薪期一般不超过12个月。伤情严重或者情况特殊，经设区的市级劳动能力鉴定委员会确认，可以适当延长，但延长不得超过12个月。工伤职工评定伤残等级后，停发原待遇，按照本章的有关规定享受伤残待遇。工伤职工在停工留薪期满后仍需治疗的，继续享受工伤医疗待遇。生活不能自理的工伤职工在停工留薪期需要护理的，由所在单位负责。

第六十四条　本条例所称工资总额，是指用人单位直接支付给本单位全部职工的劳动报酬总额。本条例所称本人工资，是指工伤职工因工作遭受事故伤害或者患职业病前12个月平均月缴费工资。本人工资高于统筹地区职工平均工资300%的，按照统筹地区职工平均工资的300%计算；本人工资低于统筹地区职工平均工资60%的，按照统筹地区职工平均工资的60%计算。

《北京市工伤职工停工留薪期管理办法》

第三条　工伤职工应及时将工伤医疗机构出具的诊断证明或者休假证明报送给所在单位。由用人单位根据工伤医疗机构的诊断证明，按照《停工留薪期目录》（见附件），确定工伤职工的停工留薪期，并书面通知工伤职工本人。

《江苏省工资支付条例》

第六十三条　本条例第二十条用于计算劳动者加班加点工资的标准，第二十四条、第二十八条、第二十九条、第三十条用于计算劳动者提供正常劳动支付月工资的标准，第二十六条用于计算不予支付月工资的标准应当按照下列原则确定：（一）用人单位与劳动者双方有约定的，从其约定；（二）双方没有约定的，或者双方的约定标准低于集体合同或者本单位工资支付制度标准的，按照集体合同或者本单位工资支付制度执行；（三）前两项无法确定工资标准的，按照劳动者前十二个月平均工资计算，

企业法律与管理实务操作系列

① 劳动合同法实务操作与案例精解【增订8版】
书号：978-7-5216-1228-8
定价：109.80元

② 劳动争议实务操作与案例精解【增订6版】
书号：978-7-5216-2812-8
定价：79.80元

③ 人力资源管理合规实务操作进阶：风控精解与案例指引
书号：978-7-5216-1508-1
定价：78.00元

④ 企业裁员、调岗调薪、内部处罚、员工离职风险防范与指导【增订5版】
书号：978-7-5216-3767-0
定价：78.00元

⑤ 人力资源管理实用必备工具箱.rar：常用制度、合同、流程、表单示例与解读
书号：978-7-5216-1229-5
定价：119.80元

⑥ 全新劳动争议处理实务指引：常见问题、典型案例、实务操作、法规参考【增订3版】
书号：978-7-5216-0928-8
定价：66.00元

中国法治出版社管理与法律实用系列图书推荐

M&L 企业管理与法律实用系列

① HR制度与流程合规管理全书：劳动合同法融入人力资源管理体系实战全攻略
书号：978-7-5216-4442-5
定价：69.80元

② 公司人力资源管理全流程法律实操精解
书号：978-7-5216-4527-9
定价：86.00元

③ 公司股权杠杆战略：股权架构设计与股权激励实战
书号：978-7-5216-4466-1
定价：59.80元

④ 公司法律实务案例指引：股权治理、投融资、破产清算、争议解决
书号：978-7-5216-2714-5
定价：68.00元

⑤ 劳动争议指导案例、典型案例与企业合规实务
书号：978-7-5216-3193-7
定价：138.00元

⑥ 工伤认定典型案例解析与实务指南
书号：978-7-5216-2758-9
定价：59.80元

⑦ 企业股权实务操作与案例精解
书号：978-7-5216-2678-0
定价：68.00元

企业人力资源管理与法律顾问实务指引丛书

①人力资源数据分析师：HR数据分析思维与数据建模
书号：978-7-5216-3402-0
定价：49.80元

②劳动争议高频问题裁判规则与类案集成
书号：978-7-5216-3180-7
定价：60.00元

③HR劳动争议案例精选与实务操作指引
书号：978-7-5216-2604-9
定价：69.00元

④人力资源法律风险防范体系：可视化流程指引和工具化落地方案
书号：978-7-5216-1842-6
定价：79.80元

⑤劳动争议案件35个胜诉策略及实务解析
书号：978-7-5216-1180-9
定价：88.00元

⑥人力资源数据分析师：HR量化管理与数据分析业务实操必备手册
书号：978-7-5216-2047-4
定价：68.00元

⑦管理者全程法律顾问

⑧从招聘到离职

⑨企业劳动法实战问题解答精要
书号：978-7-
定价：69.00元

企业合规管理法律实务指引系列

①企业这样做不合规：企业合规风险经典案例精析
书号：978-7-5216-3225-5
定价：59.00元

②数据安全合规实务
书号：978-7-5216-2828-9
定价：66.00元

其中劳动者实际工作时间不满十二个月的按照实际月平均工资计算。

《江苏省实施〈工伤保险条例〉办法》

第二十五条　工伤职工的停工留薪期应当凭职工就诊的签订服务协议的医疗机构，或者签订服务协议的工伤康复机构出具的休假证明确定。停工留薪期超过12个月的，需经设区的市劳动能力鉴定委员会确认。设区的市劳动能力鉴定委员会确认的停工留薪期结论为最终结论。在停工留薪期间，用人单位不得与工伤职工解除或者终止劳动关系。法律、法规另有规定的除外。

《广东省工伤保险条例》

第六十四条第一款第二项　原工资福利待遇，是指工伤职工在本单位受工伤前十二个月的平均工资福利待遇。工伤职工在本单位工作不足十二个月的，以实际月数计算平均工资福利待遇。

合规要点3：工伤保险待遇与侵权损害赔偿

当劳动者因为第三方侵权受到伤害并被认定为工伤后，劳动者既可以向第三方主张侵权损害赔偿，也可以向用人单位主张工伤保险待遇，那么是二者择其一，还是可以兼得？社会保险是一种风险分担机制，而侵权责任是行为人因自己侵害他人权益所应承担的责任，两者在立法目的、价值取向、保护范围、适用条件等方面均有明显不同，不能相互替代，因此民事侵权赔偿和工伤保险待遇可以兼得，但不是所有赔偿项目均可兼得。具体可概括为以下三种处理模式。

模式一：除医疗费外，其他项目双赔，在北京、湖北、湖南、四川、天津、山西、江苏等地的裁审机关多持此观点。

模式二：性质重复项目就高补差，其他项目双赔。例如，上海、广州、深圳等地的法院，但是不同地区裁审机关对"性质重复项目"的认定有所不同。

模式三：全部项目总额就高补差，不支持双赔。采取此种模式的主要是浙江地区。

案例参考

劳动者因第三人侵权造成人身损害并构成工伤的，
法院判决工伤保险待遇和人身损害赔偿兼得

周某于2015年10月至某纺织公司工作，某纺织公司为周某缴纳了社会保险。

某日，周某在下班途中与张某发生交通事故，张某负事故主要责任，周某负次要责任。双方经交警部门调解达成协议，由张某赔偿周某部分医药费、误工费、营养费等相关费用。周某被人社部门认定为工伤，经鉴定为十级伤残。医院为周某开具了建议"休息二周""休息二周""休息一周"的病假证明。后周某申请仲裁请求公司支付其停工留薪期工资、一次性伤残就业补助金等工伤保险待遇，并要求从申请仲裁之日起与该公司解除劳动关系。某纺织公司以张某已向周某赔偿误工费为由，主张无须支付停工留薪期工资。裁决后某纺织公司诉至法院。

【裁判观点】

周某已被认定为工伤并被鉴定为十级伤残，其提出与某纺织公司解除劳动关系，某纺织公司应支付周某一次性伤残就业补助金。关于周某主张的停工留薪期工资，根据法律规定，职工因工作遭受事故伤害需要暂停工作接受工伤医疗的，在停工留薪期间内，原工资福利待遇不变，由所在单位按月支付。停工留薪期工资应当凭伤者就诊的、签订服务协议的医疗机构出具的休假证明确定。法院认为停工留薪期工资与误工费系基于不同的法律关系而产生，周某可以兼得。某纺织公司提出的周某已获得侵权人张某赔偿的误工费，故其无须向周某支付停工留薪期工资的主张，法院不予支持。周某已向某纺织公司提交医院出具的休息35天的休假证明，故法院认定停工留薪期为35天；关于停工留薪期的工资标准，因某纺织公司未提交考勤、工资计算标准等材料予以核算，应承担不利后果。法院认为周某受伤前的工资为每月8000元，属于合理范围，据此认定某纺织公司应支付周某停工留薪期工资7028元。

法律分析

当第三人侵权与工伤赔偿发生竞合时，劳动者既可以向法院起诉主张人身损害赔偿，也可以向用人单位、社保机构主张工伤保险待遇，这是基于不同的法律关系提出的主张，现行法律并未禁止工伤职工同时享受工伤保险待遇和人身损害赔偿，二者性质不同，前者属公法领域，基于社保法律关系发生，后者属私法领域，基于民事法律关系发生，不存在互相替代的关系。因此，工伤职工因第三人侵权造成伤残或死亡的，对于除侵权人已承担的如医疗费等赔偿外，就伤残赔偿、死亡赔偿金及部分相关费用，既可以主张工伤保险待遇，也可以追究侵权人的侵权赔偿责任。

合规依据

《工伤保险条例》

第十四条 职工有下列情形之一的,应当认定为工伤:(一)在工作时间和工作场所内,因工作原因受到事故伤害的;(二)工作时间前后在工作场所内,从事与工作有关的预备性或者收尾性工作受到事故伤害的;(三)在工作时间和工作场所内,因履行工作职责受到暴力等意外伤害的;(四)患职业病的;(五)因工外出期间,由于工作原因受到伤害或者发生事故下落不明的;(六)在上下班途中,受到非本人主要责任的交通事故或者城市轨道交通、客运轮渡、火车事故伤害的;(七)法律、行政法规规定应当认定为工伤的其他情形。

第三十三条 职工因工作遭受事故伤害或者患职业病需要暂停工作接受工伤医疗的,在停工留薪期内,原工资福利待遇不变,由所在单位按月支付。停工留薪期一般不超过12个月。伤情严重或者情况特殊,经设区的市级劳动能力鉴定委员会确认,可以适当延长,但延长不得超过12个月。工伤职工评定伤残等级后,停发原待遇,按照本章的有关规定享受伤残待遇。工伤职工在停工留薪期满后仍需治疗的,继续享受工伤医疗待遇。生活不能自理的工伤职工在停工留薪期需要护理的,由所在单位负责。

《最高人民法院关于审理人身损害赔偿案件适用法律若干问题的解释》

第三条 依法应当参加工伤保险统筹的用人单位的劳动者,因工伤事故遭受人身损害,劳动者或者其近亲属向人民法院起诉请求用人单位承担民事赔偿责任的,告知其按《工伤保险条例》的规定处理。因用人单位以外的第三人侵权造成劳动者人身损害,赔偿权利人请求第三人承担民事赔偿责任的,人民法院应予支持。

《最高人民法院关于因第三人造成工伤的职工或其亲属在获得民事赔偿后是否还可以获得工伤保险补偿问题的答复》

……根据《中华人民共和国安全生产法》第四十八条以及最高人民法院《关于审理人身损害赔偿案件适用法律若干问题的解释》第十二条的规定,因第三人造成工伤的职工或其近亲属,从第三人处获得民事赔偿后,可以按照《工伤保险条例》第三十七条的规定,向工伤保险机构申请工伤保险待遇补偿。

《最高人民法院关于审理工伤保险行政案件若干问题的规定》

第八条第三款 职工因第三人的原因导致工伤,社会保险经办机构以职工或者其近亲属已经对第三人提起民事诉讼为由，拒绝支付工伤保险待遇的，人民法院不予支持，但第三人已经支付的医疗费用除外。

《浙江省工伤保险条例》

第三十二条 因第三人的原因造成工伤，工伤职工可以先向第三人要求赔偿，也可以直接向工伤保险基金或者用人单位要求支付工伤保险待遇。工伤职工先向第三人要求赔偿后，赔偿数额低于其依法应当享受的工伤保险待遇的，可以就差额部分要求工伤保险基金或者用人单位支付。工伤职工直接向工伤保险基金或者用人单位要求支付工伤保险待遇的，工伤保险基金或者用人单位有权在其支付的工伤保险待遇范围内向第三人追偿，工伤职工应当配合追偿。法律、行政法规对因第三人原因造成工伤的赔偿作出明确规定的，依照法律、行政法规规定执行。

《深圳市中级人民法院关于审理工伤保险待遇案件的裁判指引》

十一、劳动者的工伤系第三人侵权所致，劳动者先获得侵权赔偿的，不影响其享受工伤保险待遇，但对于医疗费、丧葬费和辅助器具更换费等不得重复享有。

合规要点4：及时安排工伤劳动者进行劳动能力鉴定

劳动者发生工伤后的停工留薪期内，原工资福利待遇不变，且用人单位不能解除或终止劳动关系。劳动者经治疗伤情相对稳定后存在残疾、影响劳动能力的，应当进行劳动能力鉴定，经鉴定评定伤残等级后，停工留薪期结束，所以用人单位应及时安排工伤劳动者进行劳动能力鉴定。此外，若劳动者主张停工留薪期超过12个月，也应当进行劳动能力鉴定以明确是否延长停工留薪期。劳动能力鉴定还可以对工伤职工的生活自理障碍程度进行鉴定，分为生活完全不能自理、生活大部分不能自理、生活部分不能自理。劳动能力鉴定是工伤职工享受相关待遇的前提，只有评定了伤残等级、进行了生活自理障碍登记，社会保险经办机构才能核发一次性伤残补助金、伤残津贴、护理费等待遇。法律规定工伤职工拒不接受劳动能力鉴定的，停止享受工伤保险待遇。为避免劳动者自身不进行劳动能力鉴定，事后又向用人单位主张各项工伤保险待遇，以及停工留薪期超过12个月，用人单位应当在劳动者伤情相对稳定之后，尽快通知劳动者进行劳动能力鉴定，并保留与劳动者沟通的证据。

案例参考

未经劳动能力鉴定，用人单位解除劳动合同，法院判决撤销解除协议

景某于 2018 年 8 月入职 A 公司，任销售经理，月工资 7200 元。景某于 2019 年 1 月 3 日发生交通事故，后被认定为工伤。2020 年 10 月 27 日，景某与 A 公司签订《解除劳动合同协议书》，约定双方劳动合同于当日解除，协议中未提及工伤事宜。2020 年 11 月 2 日，景某提出劳动能力鉴定申请，劳动能力鉴定委员会经鉴定确认景某为十级伤残。

景某于 2020 年 12 月 3 日向仲裁委员会申请仲裁要求恢复劳动关系并支付 2020 年 11 月、12 月的工资。仲裁裁决 A 公司于 2020 年 12 月 27 日起恢复与景某的劳动关系并于裁决书生效之日起十日内支付景某 2020 年 11 月工资 2200 元、12 月工资 2200 元。A 公司不服，提起诉讼。

【裁判观点】

一审法院认为，一方利用对方处于危困状态、缺乏判断能力等情形，致使民事法律行为成立时显失公平的，受损害方有权请求人民法院或者仲裁机构予以撤销。根据《北京市工伤职工停工留薪期管理办法》第十二条的规定，工伤职工在停工留薪期内或者尚未作出劳动能力鉴定结论的，用人单位不得与之解除或者终止劳动合同。该规定意在保障工伤职工的合法权益。景某与 A 公司签订《解除劳动合同协议书》发生在景某的劳动能力鉴定结论作出之前，且解除协议亦未就景某的工伤待遇问题进行约定，应当认为该协议对景某一方显失公平。故，景某有权请求撤销双方签订的《解除劳动合同协议书》。结合《北京市工伤职工停工留薪期管理办法》关于工伤职工在停工留薪期内或者尚未作出劳动能力鉴定结论的，用人单位不得与之解除或者终止劳动合同的相关规定，法院判令双方于 2020 年 12 月 27 日起恢复劳动关系，A 公司支付景某 2020 年 11 月、12 月工资。

法律分析

《劳动合同法》第四十二条规定，职工在本单位患职业病或者因工负伤并被确认丧失或者部分丧失劳动能力的，用人单位不得依照该法第四十条、第四十一条的规定解除劳动合同。据此规定可知，工伤职工在停工留薪期内尚未进行劳动能力鉴定之前，其是否丧失劳动能力无法确定，用人单位不得在停工留薪期内解除劳动合同，劳动合同到期的，应当顺延至相应情形消失。

合规依据

《劳动合同法》

第四十二条 劳动者有下列情形之一的，用人单位不得依照本法第四十条、第四十一条的规定解除劳动合同……（二）在本单位患职业病或者因工负伤并被确认丧失或者部分丧失劳动能力的……

《工伤保险条例》

第二十一条 职工发生工伤，经治疗伤情相对稳定后存在残疾、影响劳动能力的，应当进行劳动能力鉴定。

第二十三条 劳动能力鉴定由用人单位、工伤职工或者其近亲属向设区的市级劳动能力鉴定委员会提出申请，并提供工伤认定决定和职工工伤医疗的有关资料。

第二十八条 自劳动能力鉴定结论作出之日起1年后，工伤职工或者其近亲属、所在单位或者经办机构认为伤残情况发生变化的，可以申请劳动能力复查鉴定。

第三十三条第二款、第三款 停工留薪期一般不超过12个月。伤情严重或者情况特殊，经设区的市级劳动能力鉴定委员会确认，可以适当延长，但延长不得超过12个月。工伤职工评定伤残等级后，停发原待遇，按照本章的有关规定享受伤残待遇。工伤职工在停工留薪期满后仍需治疗的，继续享受工伤医疗待遇。生活不能自理的工伤职工在停工留薪期需要护理的，由所在单位负责。

第三十四条 工伤职工已经评定伤残等级并经劳动能力鉴定委员会确认需要生活护理的，从工伤保险基金按月支付生活护理费。生活护理费按照生活完全不能自理、生活大部分不能自理或者生活部分不能自理3个不同等级支付，其标准分别为统筹地区上年度职工月平均工资的50%、40%或者30%。

第四十二条 工伤职工有下列情形之一的，停止享受工伤保险待遇：（一）丧失享受待遇条件的；（二）拒不接受劳动能力鉴定的；（三）拒绝治疗的。

上海市劳动和社会保障局、上海市医疗保险局《关于实施〈上海市工伤保险实施办法〉若干问题的通知》

（二十四）工伤人员在停工留薪期内或者劳动能力鉴定结论尚未作出前，用人单位不得与其解除或者终止劳动关系。

《北京市工伤职工停工留薪期管理办法》

第十二条 工伤职工在停工留薪期内或者尚未作出劳动能力鉴定结论的，用人单位不得与之解除或者终止劳动合同。

合规要点 5：工伤员工的劳动关系处理

基于对工伤职工的特殊保护，用人单位要慎重处理与工伤职工的劳动关系。除了前述停工留薪期内，用人单位不得解除无过错工伤职工的劳动合同，以及劳动合同在停工留薪期内到期的，不得终止，应当顺延至相应情形消失之外，用人单位还须注意不得随意解除与工伤员工的劳动关系，具体如下：

工伤职工构成一级至四级伤残的，用人单位不得单方解除劳动合同，劳动合同不得到期终止，双方应保留劳动关系，劳动者退出工作岗位。

工伤职工为五级、六级伤残，用人单位不得单方解除劳动合同，劳动合同不得到期终止，用人单位应根据劳动者的身体状况适当安排工作。难以安排工作的，用人单位应按月发放伤残津贴。工伤职工本人可以提出解除、终止劳动合同。这种情况限制了用人单位一方解除或终止劳动关系的权利，将选择权交至工伤职工手中。

工伤职工为七级至十级伤残的，用人单位不得单方解除劳动合同，劳动合同到期可以终止（仅限第一份固定期限劳动合同），工伤职工本人可以提出解除劳动合同。

当然，若工伤职工存在《劳动合同法》第三十九条规定的情形，如严重违反用人单位规章制度的，或者被依法追究刑事责任的，用人单位可以依法解除劳动合同。

案例参考

工伤职工严重违反规章制度，法院判决公司有权解除劳动合同

马某于 2014 年 8 月 4 日与 A 公司签订《劳动合同》，最后一期劳动合同期限至 2021 年 8 月 3 日。A 公司经过民主讨论协商，依法制定了《员工违纪处理规定》《考勤制度》《行为规范》等规章制度，并记录在《新员工入职告知书》中，马某入职时在该告知书上签字确认，《员工违纪处理规定》中规定了违纪情节严重的行为包括"不使用或者绕过机器设备上的安全装置将自己或他人置于危险状态，如关闭安全装置、当安全装置损坏时继续使用设备、绕过安全装置使安全装置失效、翻越或者绕过安全装置"及"违反公司或客户现场操作安全规程，造成安全责任事故（包括本人和他人受到伤害）"。入职后，马某多次接受了关于安全操作等方面的培训。2017 年 3 月 21 日，马某工作时因绕过安全装置违规操作而受伤，经人力资源和社会保障局认定为工伤。2017年9月7日，马某经劳动能力鉴定委员会评定为伤残十级。2017年10月20日，A公司向马某送达了《劳动合同解除通知书》，以马某严重违反公司的规章制度为由与其解除劳动合同。马某起诉要求确认A公司违法解除劳动合同、恢复劳动关系并支付恢复之前的工资。

【裁判观点】

法院认为，工伤职工在被确认丧失或者部分丧失劳动能力的情况下，用人单位不得解除无过错员工的劳动合同。结合《工伤保险条例》第三十三条及第三十五条至第三十七条规定可知，工伤职工被评定为一级至六级伤残的，用人单位不得单方解除劳动关系；七级至十级伤残职工可在劳动合同期满后解除或职工本人提出解除，但当工伤职工发生严重违反用人单位规章制度的行为时，用人单位仍有权依据《劳动合同法》第三十九条规定单方解除劳动合同。本案中，A公司与马某解除劳动合同的理由为马某严重违反用人单位的规章制度，即《员工违纪处理规定》"解除合同"规定的违纪情节严重的行为"不使用或者绕过机器设备上的安全装置将自己或他人置于危险状态，如关闭安全装置、当安全装置损坏时继续使用设备、绕过安全装置使安全装置失效、翻越或者绕过安全装置"及"违反公司或客户现场操作安全规程，造成安全责任事故（包括本人和他人受到伤害）"。A公司提供的视频资料与证人证言可以证明马某确实存在违规操作行为。A公司提供的培训记录、会议记录、入职告知书亦能证明其规章制度经过民主议定程序及已对马某进行告知，马某在明知操作规范情况下不按规范执行，造成自己处于危险状态并受伤，构成《员工违纪处理规定》中违纪情节严重的行为。马某已进行了劳动能力鉴定，被确认构成十级伤残，其已经领取了一次性伤残补助金、一次性伤残就业补助金和一次性工伤医疗补助金，工伤保险待遇均已享受。A公司与马某解除劳动合同不违反法律规定，对于马某提出撤销解除决定，要求恢复工作，并支付劳动合同解除之日至恢复工作止的工资99582元的上诉主张，法院不予支持。

法律分析

《工伤保险条例》的立法宗旨是保障因工作遭受事故伤害或职业病的职工获得医疗救治和经济补偿，使其不因伤残影响以后的治疗及就业。工伤认定是无过错责任原则，即无论职业伤害的责任在用人单位、他人还是受伤职工自己，只要工伤职工不是主观故意造成的事故伤害，哪怕存在违规操作，都应被认定为工伤，这是对因工作原因遭受人身损害的劳动者的保护。虽然劳动者违章操作不影响认定为工伤，但是用人单位仍有权依据《劳动合同法》第三十九条的规定，单方解除与工伤员工的劳动合同。

合规依据

《劳动合同法》

第三十九条 劳动者有下列情形之一的，用人单位可以解除劳动合同：（一）在试用期间被证明不符合录用条件的；（二）严重违反用人单位的规章制度的；（三）严重失职，营私舞弊，给用人单位造成重大损害的；（四）劳动者同时与其他用人单位建立劳动关系，对完成本单位的工作任务造成严重影响，或者经用人单位提出，拒不改正的；（五）因本法第二十六条第一款第一项规定的情形致使劳动合同无效的；（六）被依法追究刑事责任的。

第四十二条 劳动者有下列情形之一的，用人单位不得依照本法第四十条、第四十一条的规定解除劳动合同：（一）从事接触职业病危害作业的劳动者未进行离岗前职业健康检查，或者疑似职业病病人在诊断或者医学观察期间的；（二）在本单位患职业病或者因工负伤并被确认丧失或者部分丧失劳动能力的；（三）患病或者非因工负伤，在规定的医疗期内的；（四）女职工在孕期、产期、哺乳期的；（五）在本单位连续工作满十五年，且距法定退休年龄不足五年的；（六）法律、行政法规规定的其他情形。

《工伤保险条例》

第三十五条 职工因工致残被鉴定为一级至四级伤残的，保留劳动关系，退出工作岗位，享受以下待遇：（一）从工伤保险基金按伤残等级支付一次性伤残补助金，标准为：一级伤残为27个月的本人工资，二级伤残为25个月的本人工资，三级伤残为23个月的本人工资，四级伤残为21个月的本人工资；（二）从工伤保险基金按月支付伤残津贴，标准为：一级伤残为本人工资的90%，二级伤残为本人工资的85%，三级伤残为本人工资的80%，四级伤残为本人工资的75%。伤残津贴实际金额低于当地最低工资标准的，由工伤保险基金补足差额；（三）工伤职工达到退休年龄并办理退休手续后，停发伤残津贴，按照国家有关规定享受基本养老保险待遇。基本养老保险待遇低于伤残津贴的，由工伤保险基金补足差额。职工因工致残被鉴定为一级至四级伤残的，由用人单位和职工个人以伤残津贴为基数，缴纳基本医疗保险费。

第三十六条 职工因工致残被鉴定为五级、六级伤残的,享受以下待遇:(一)从工伤保险基金按伤残等级支付一次性伤残补助金,标准为:五级伤残为18个月的本人工资,六级伤残为16个月的本人工资;(二)保留与用人单位的劳动关系,由用人单位安排适当工作。难以安排工作的,由用人单位按月发给伤残津贴,标准为:五级伤残为本人工资的70%,六级伤残为本人工资的60%,并由用人单位按照规定为其缴纳应缴纳的各项社会保险费。伤残津贴实际金额低于当地最低工资标准的,由用人单位补足差额。经工伤职工本人提出,该职工可以与用人单位解除或者终止劳动关系,由工伤保险基金支付一次性工伤医疗补助金,由用人单位支付一次性伤残就业补助金。一次性工伤医疗补助金和一次性伤残就业补助金的具体标准由省、自治区、直辖市人民政府规定。

第三十七条 职工因工致残被鉴定为七级至十级伤残的,享受以下待遇:(一)从工伤保险基金按伤残等级支付一次性伤残补助金,标准为:七级伤残为13个月的本人工资,八级伤残为11个月的本人工资,九级伤残为9个月的本人工资,十级伤残为7个月的本人工资;(二)劳动、聘用合同期满终止,或者职工本人提出解除劳动、聘用合同的,由工伤保险基金支付一次性工伤医疗补助金,由用人单位支付一次性伤残就业补助金。一次性工伤医疗补助金和一次性伤残就业补助金的具体标准由省、自治区、直辖市人民政府规定。

合规要点6:一次性工伤医疗补助金和一次性伤残就业补助金的支付

工伤职工经鉴定确认构成伤残的,有权获得三个"一次性补助金",分别为:一次性伤残补助金、一次性工伤医疗补助金、一次性伤残就业补助金。在用人单位依法为职工缴纳工伤保险的情况下,一次性伤残补助金和一次性工伤医疗补助金均由工伤保险基金支付,一次性伤残就业补助金由用人单位向劳动者支付。若用人单位未依法为劳动者缴纳工伤保险,则三个"一次性补助金"均由用人单位支付。

一次性伤残补助金是在工伤职工伤残等级确定后,由工伤保险基金进行支付;经工伤职工本人提出,该职工可以与用人单位解除或者终止劳动关系,由工伤保险基金支付一次性工伤医疗补助金,由用人单位支付一次性伤残就业补助金。一次性工伤医疗补助金和一次性伤残就业补助金的具体标准由省、自治区、直辖市人民政府规定。

案例参考

工伤职工解除合同的经济补偿金与工伤待遇：
孙某与 B 公司工伤保险待遇纠纷案

孙某于 2015 年 3 月 27 日入职 B 公司，从事营业员工作。双方最近一期合同期限自 2018 年 3 月 26 日起至 2021 年 3 月 25 日止。B 公司委托第三方为孙某缴纳社保。2019 年 9 月 26 日，当地人社部门出具工伤认定决定书，认定孙某于 2019 年 7 月 28 日上班途中发生的交通事故受伤构成工伤。后劳动能力鉴定委员会认定孙某伤残等级为十级。工伤保险基金向孙某支付一次性伤残补助金为 32944.8 元。

2020 年 10 月 20 日，孙某向 B 公司发出《解除劳动合同通知书》，以 B 公司未依法及时支付停工留薪期工资、未依法缴纳社保为由，要求解除劳动合同。B 公司盖章的职工解除或终止劳动合同证明显示，明确孙某的合同期限、解除合同原因，孙某在下方签字，落款时间为 2020 年 11 月 7 日。后孙某在仲裁裁决后，向法院起诉请求 B 公司支付经济补偿金、一次性工伤医疗补助金和一次性伤残就业补助金。

【裁判观点】

关于孙某主张的经济补偿金。法院认为，B 公司住所地在江苏省常州市，其在苏州市未登记有分支机构，孙某工作地在苏州市，B 公司以自己名义为孙某在苏州市缴纳社保客观上确有不便，故其委托第三方代为缴纳社保虽不符合相关法律规定，但情有可原。B 公司亦无不为孙某缴纳社保费的主观恶意，此外，停工留薪期工资是《工伤保险条例》规定的工伤保险待遇，虽也属于用人单位依据国家规定在特殊情况下支付工伤职工的工资，但与劳动者正常劳动情况下的劳动报酬确有一定区别。用人单位未依法足额支付工伤职工停工留薪期工资的，不能作为劳动者据以解除劳动合同主张经济补偿金的理由。综合以上两点，法院对孙某要求经济补偿金的主张不予支持。

关于孙某主张的一次性工伤医疗补助金法院认为，B 公司委托第三方代其为孙某在苏州市缴纳社保，故孙某的一次性工伤医疗补助金应当由工伤保险基金支付，B 公司委托第三方代缴社保事先未取得孙某书面同意，因此 B 公司、第三方公司应与孙某配合向工伤保险基金申请一次性工伤医疗补助金。因目前未有充分证据证实孙某无法领取一次性工伤医疗补助金，故法院对孙某要求 B 公司支付一次性工伤医疗补助金的请求，暂不予支持。

关于孙某主张的一次性伤残就业补助金。孙某构成十级伤残，且孙某在解除劳动合同关系时距离法定退休年龄不足三年，一次性伤残就业补助金应按照全额的40%支付，故B公司应支付孙某一次性伤残就业补助金6000元。

法律分析

工伤构成五至十级伤残的员工与用人单位之间的劳动关系解除或终止时，其有权获得一次性伤残就业补助金和一次性工伤医疗补助金，其中一次性工伤医疗补助金由工伤保险基金支付，一次性伤残就业补助金由用人单位支付。主流观点认为这两个一次性补助金的支付与劳动合同解除或终止的原因和类型无关。各省市对于一次性伤残就业补助金和一次性工伤医疗补助金的标准主要有以下三种方式：1.根据伤残等级规定固定金额，如江苏省；2.根据伤残等级按照上年度职工平均工资计算，如上海市、浙江省；3.根据伤残等级按照职工本人的工资计算。

部分省市规定解除劳动关系时劳动者距离法定退休年龄不足5年的，一次性伤残就业补助金和一次性工伤医疗补助金按一定比例计算，达到法定退休年龄或者按照规定办理退休手续的，不支付一次性工伤医疗补助金和一次性伤残就业补助金。

合规依据

《工伤保险条例》

第三十六条　职工因工致残被鉴定为五级、六级伤残的，享受以下待遇：（一）从工伤保险基金按伤残等级支付一次性伤残补助金，标准为：五级伤残为18个月的本人工资，六级伤残为16个月的本人工资；（二）保留与用人单位的劳动关系，由用人单位安排适当工作。难以安排工作的，由用人单位按月发给伤残津贴，标准为：五级伤残为本人工资的70%，六级伤残为本人工资的60%，并由用人单位按照规定为其缴纳应缴纳的各项社会保险费。伤残津贴实际金额低于当地最低工资标准的，由用人单位补足差额。经工伤职工本人提出，该职工可以与用人单位解除或者终止劳动关系，由工伤保险基金支付一次性工伤医疗补助金，由用人单位支付一次性伤残就业补助金。一次性工伤医疗补助金和一次性伤残就业补助金的具体标准由省、自治区、直辖市人民政府规定。

第三十七条　职工因工致残被鉴定为七级至十级伤残的，享受以下待遇：（一）从工伤保险基金按伤残等级支付一次性伤残补助金，标准为：七级伤残为13个月的本人工资，八级伤残为11个月的本人工资，九级伤残为9个月的本人工资，十级伤残为7个月的本人工资；（二）劳动、聘用合同期满终止，或者职工本人提出解除劳动、聘用合同的，由工伤保险基金支付一次性工伤医疗补助金，由用人单位支付一次性伤残就业补助金。一次性工伤医疗补助金和一次性伤残就业补助金的具体标准由省、自治区、直辖市人民政府规定。

《人力资源社会保障部关于执行〈工伤保险条例〉若干问题的意见》

第十条 职工在同一用人单位连续工作期间多次发生工伤的，符合《条例》第三十六、第三十七条规定领取相关待遇时，按照其在同一用人单位发生工伤的最高伤残级别，计发一次性伤残就业补助金和一次性工伤医疗补助金。

《山东省贯彻〈工伤保险条例〉实施办法》

第十一条 因工伤发生的下列费用，按照国家规定由用人单位支付：（一）治疗工伤期间的工资福利；（二）五级、六级伤残职工按月领取的伤残津贴；（三）终止或者解除劳动合同时，应当享受的一次性伤残就业补助金。

《北京市实施〈工伤保险条例〉若干规定》

第二十四条 工伤职工与用人单位的劳动关系依法解除或者终止的，该用人单位应当按照《条例》的规定向该工伤职工支付一次性伤残就业补助金。新的用人单位与工伤职工建立劳动关系，并且同意支付一次性伤残就业补助金的，原用人单位和新用人单位应当及时到社会保险经办机构办理工伤保险关系转移手续。

《江苏省实施〈工伤保险条例〉办法》

第二十七条第一款 职工因工致残被鉴定为五至十级伤残，按照《条例》规定与用人单位解除或者终止劳动关系时，由工伤保险基金支付一次性工伤医疗补助金，由用人单位支付一次性伤残就业补助金。一次性工伤医疗补助金的基准标准为：五级20万元，六级16万元，七级12万元，八级8万元，九级5万元，十级3万元。一次性伤残就业补助金的基准标准为：五级9.5万元，六级8.5万元，七级4.5万元，八级3.5万元，九级2.5万元，十级1.5万元。

第二十八条 工伤职工本人提出与用人单位解除劳动关系，且解除劳动关系时距法定退休年龄不足5年的，一次性工伤医疗补助金和一次性伤残就业补助金按照下列标准执行：不足5年的，按照全额的80%支付；不足4年的，按照全额的60%支付；不足3年的，按照全额的40%支付；不足2年的，按照全额的20%支付；不足1年的，按照全额的10%支付，但属于《中华人民共和国劳动合同法》第三十八条规定的情形除外。达到法定退休年龄或者按照规定办理退休手续的，不支付一次性工伤医疗补助金和一次性伤残就业补助金。五至十级工伤职工领取一次性工伤医疗补助金的具体办法由统筹地区经办机构制定。

《天津市工伤保险若干规定》

第二十九条 职工因工致残被鉴定为五级、六级伤残的，经本人提出，可以与用人单位解除劳动（聘用）合同或者终止劳动（人事）关系；被鉴定为七级至十级伤残的，劳动（聘用）合同期满或者经本人提出，可以与用人单位解除劳动（聘用）合同或者终止劳动（人事）关系。解除劳动（聘用）合同或者终止劳动（人事）关系的职工，由工伤保险基金支付一次性工伤医疗补助金，由用人单位支付一次性伤残就业补助金。一次性工伤医疗补助金的具体标准为本市上年度职工月平均工资的2至12个月：五级伤残为12个月，六级伤残为10个月，七级伤残为8个月，八级伤残为6个月，九级伤残为4个月，十级伤残为2个月。一次性伤残就业补助金的具体标准为本市上年度职工月平均工资的3至18个月：五级伤残为18个月，六级伤残为15个月，七级伤残为12个月，八级伤残为9个月，九级伤残为6个月，十级伤残为3个月。工伤职工解除劳动（聘用）合同或者终止劳动（人事）关系时，距法定退休年龄不足五年的，一次性工伤医疗补助金和一次性伤残就业补助金按金额的80%支付，不足四年的按60%支付，不足三年的按40%支付，不足二年的按20%支付，不足一年的按10%支付。工伤职工解除劳动（聘用）合同或者终止劳动（人事）关系时，已达到法定退休年龄并符合按月领取养老金条件的，不支付一次性工伤医疗补助金和一次性伤残就业补助金，但属于《中华人民共和国劳动合同法》第三十八条规定的情形除外。

《广东省工伤保险条例》

第三十一条 五级、六级伤残职工本人提出与用人单位解除或者终止劳动关系的，由工伤保险基金支付一次性工伤医疗补助金，由用人单位支付一次性伤残就业补助金，终结工伤保险关系：（一）一次性工伤医疗补助金。标准为：五级伤残为十个月的本人工资，六级伤残为八个月的本人工资。（二）一次性伤残就业补助金。标准为：五级伤残为五十个月的本人工资，六级伤残为四十个月的本人工资。

第三十二条 职工因工致残被鉴定为七级至十级伤残的，由工伤保险基金支付一次性伤残补助金，标准为：七级伤残为十三个月的本人工资，八级伤残为十一个月的本人工资，九级伤残为九个月的本人工资，十级伤残为七个月的本人工资。七级至十级伤残职工劳动、聘用合同终止或者依法与用人单位解除劳动关系的，除享受基本养老保险待遇或者死亡情形之外，由工伤保险基金支付一次性工伤医疗补助金，由用人单位支付一次性伤残就业补助金，终结工伤保险关系。补助金标准如下：（一）一次性工伤医疗补助金：七级伤残为六个月的本人工资，八级伤残为四个月的本人工资，九级伤残为二个月的本人工资，十级伤残为一个月的本人工资。（二）一次性伤残就业补助金：七级伤残为二十五个月的本人工资，八级伤残为十五个月的本人工资，九级伤残为八个月的本人工资，十级伤残为四个月的本人工资。

第三十三条 计发本条例第三十一条、第三十二条规定的一次性工伤医疗补助金和一次性伤残就业补助金，本人工资低于工伤职工与用人单位解除或者终止劳动关系前本人十二个月平均月缴费工资的，按照解除或者终止劳动关系前本人十二个月平均月缴费工资为基数计发。缴费工资不足十二个月的，以实际缴费月数计算本人平均月缴费工资。本人平均月缴费工资高于全省上年度职工月平均工资百分之三百的，按照全省上年度职工月平均工资的百分之三百计算；低于全省上年度职工月平均工资百分之六十的，按照全省上年度职工月平均工资的百分之六十计算。

《浙江省工伤保险条例》

第二十七条 五级至十级工伤职工，保留劳动关系的，按照《工伤保险条例》规定享受相关待遇；工伤职工按月享受基本养老保险待遇后，继续保留工伤医疗保险待遇。五级至十级工伤职工，解除或者终止劳动关系的，其一次性工伤医疗补助金和一次性伤残就业补助金，均以解除或者终止劳动关系时上年度全省职工月平均工资为基数，分别按照下列标准计发：五级伤残为三十个月，六级伤残为二十五个月，七级伤残为十个月，八级伤残为七个月，九级伤残为四个月，十级伤残为两个月。但职工离法定退休年龄不足五年的，一次性伤残就业补助金按照职工每增加一周岁递减百分之二十的标准支付。

合规要点7：工伤保险责任的承担主体

一般情况下，工伤认定的前提是具备劳动关系，承担工伤保险责任的主体是用人单位。但是，用工单位违反法律法规将承包业务转包、分包给不具备用工主体资格的组织或个人，以及个人挂靠其他单位对外经营，这两种情况下劳动关系与工伤保险责任关系不再重合，不具备用工主体资格的组织或个人聘用的劳动者因工伤亡的，由违法转包、分包的用工单位以及被挂靠单位承担工伤保险责任。这主要是为了加强对劳动者的倾斜保护和对违法转包、分包单位、违法挂靠的惩戒。

若劳动者与两个或两个以上单位建立劳动关系，工伤事故发生时，由劳动者当时为之工作的单位承担工伤保险责任。

劳务派遣员工在用工单位工作期间因工伤亡的，由劳务派遣公司承担工伤保险责任。

被借调员工（共享员工）在借调单位工作时因工伤亡的，由借出（指派）单位承担工伤保险责任。

用人单位不应将业务发包、转包给不具备用工主体资格的组织或个人，不应同意个人挂靠经营业务。在劳务派遣、借调用工、非全日制用工等情况下，在相关协议中应明确工伤保险责任最终由哪一方承担，以及如何追偿，以分散和降低自身的法律风险。

案例参考

用工单位违法转包、分包的，承担工伤职工的工伤保险
责任不以存在劳动关系为前提

A公司将其承建的道路建设工程的劳务部分分包给某建筑劳务公司，该建筑劳务公司又将铺设琉璃瓦劳务分包给自然人董某，董某招聘蔺某等四人共同铺设琉璃瓦。蔺某在铺设琉璃瓦时被塔吊铁盘砸伤左足。蔺某先后申请仲裁、起诉请求确认与A公司或某建筑劳务公司存在劳动关系，二审法院于2016年2月判决：一、蔺某与A公司之间不存在劳动关系；二、蔺某与某建筑劳务公司之间不存在劳动关系。2016年4月人社局受理了蔺某提出的工伤认定申请，同年6月人社局作出《工伤认定决定书》，认定蔺某为工伤，该建筑劳务公司为工伤保险责任主体。该建筑劳务公司不服工伤认定决定，提起行政诉讼。当地中级人民法院一审判决认为，人社局作出的工伤认定决定符合法律规定，予以维持。该建筑劳务公司不服一审判决，向省高级人民法院提起上诉。二审法院认为，生效判决已经确认该建筑劳务公司与蔺某之间不存在劳动关系，据此判定人社局作出的工伤认定决定和一审法院判决均错误，撤销人社局作出的工伤认定决定。蔺某不服二审判决，向最高人民法院申请再审。

经最高人民法院审理，判决撤销二审判决，维持一审判决，即蔺某所受伤害属于工伤，某建筑劳务公司依法应当承担蔺某所受事故伤害的工伤保险责任。

【裁判观点】

本案再审的争议焦点为：在法院生效判决认定蔺某与某建筑劳务公司之间不存在劳动关系的情况下，某建筑劳务公司是否应承担蔺某的工伤保险责任。

二审法院认为，是否存在劳动关系是认定工伤的必要条件，没有劳动关系的劳动者，即使在工作中受到伤害，也不属于工伤事故的保险责任。该案中，法院生效判决已确认某建筑劳务公司与蔺某之间不存在劳动关系，人社局作出工伤认定决定属认定事实不清，应予撤销。

最高人民法院再审认为：通常情况下，社会保险行政部门认定职工工伤，应以职工与用人单位之间存在劳动关系为前提，除非法律、法规及司法解释另有规定情形。根据《最高人民法院关于审理工伤保险行政案件若干问题的规定》第三条第一款的规定，用工单位违反法律、法规规定将承包业务转包给不具备用工主体资格的组织或者自然人，该组织或者自然人聘用的职工从事承包业务时因工伤亡的，用工单位为承担工伤保险责任的单位。二审法院以生效判决已确认某建筑劳务公司与蔺某之间不存在劳动关系为由，判决撤销工伤认定决定，不符合《最高人民法院关于审理工伤保险行政案件若干问题的规定》第三条的规定，存在适用法律错误。

法律分析

本案二审判决的错误之处在于机械地认为认定工伤的前提是双方必须存在劳动关系，只要不存在劳动关系，就不构成工伤，也不承担工伤保险责任。

最高人民法院正确适用《最高人民法院关于审理工伤保险行政案件若干问题的规定》，认为从有利于保护职工合法权益的角度出发，当存在违法转包、分包的情形时，用工单位承担职工的工伤保险责任不以是否存在劳动关系为前提。该建筑劳务公司属于具有建筑劳务资质的企业，应使用自有工人完成所承接的劳务项目，但其将铺设琉璃瓦劳务分包给自然人董某，属于违法分包，所以该建筑劳务公司应当对蔺某承担工伤保险责任。

合规依据

《**工伤保险条例**》

第十八条 提出工伤认定申请应当提交下列材料：（一）工伤认定申请表；（二）与

用人单位存在劳动关系（包括事实劳动关系）的证明材料；（三）医疗诊断证明或者职业病诊断证明书（或者职业病诊断鉴定书）。工伤认定申请表应当包括事故发生的时间、地点、原因以及职工伤害程度等基本情况。工伤认定申请人提供材料不完整的，社会保险行政部门应当一次性书面告知工伤认定申请人需要补正的全部材料。申请人按照书面告知要求补正材料后，社会保险行政部门应当受理。

《最高人民法院关于审理工伤保险行政案件若干问题的规定》

第三条 社会保险行政部门认定下列单位为承担工伤保险责任单位的，人民法院应予支持：（一）职工与两个或两个以上单位建立劳动关系，工伤事故发生时，职工为之工作的单位为承担工伤保险责任的单位；（二）劳务派遣单位派遣的职工在用工单位工作期间因工伤亡的，派遣单位为承担工伤保险责任的单位；（三）单位指派到其他单位工作的职工因工伤亡的，指派单位为承担工伤保险责任的单位；（四）用工单位违反法律、法规规定将承包业务转包给不具备用工主体资格的组织或者自然人，该组织或者自然人聘用的职工从事承包业务时因工伤亡的，用工单位为承担工伤保险责任的单位；（五）个人挂靠其他单位对外经营，其聘用的人员因工伤亡的，被挂靠单位为承担工伤保险责任的单位。前款第（四）、（五）项明确的承担工伤保险责任的单位承担赔偿责任或者社会保险经办机构从工伤保险基金支付工伤保险待遇后，有权向相关组织、单位和个人追偿。

《人力资源社会保障部关于执行〈工伤保险条例〉若干问题的意见》

七、具备用工主体资格的承包单位违反法律、法规规定，将承包业务转包、分包给不具备用工主体资格的组织或者自然人，该组织或者自然人招用的劳动者从事承包业务时因工伤亡的，由该具备用工主体资格的承包单位承担用人单位依法应承担的工伤保险责任。

第九章 劳动合同解除与终止

第一节 协商解除

合规要点1：协商一致解除应签订书面协议

1.用人单位与劳动者协商一致解除劳动合同的，应当通过书面协议来明确解除的内容和条件，以避免后续争议。2.双方未就解除合同达成书面协议时，应注意如果用人单位口头通知劳动者离职，可能会被认定为单方解除劳动合同，除非有充分证据证明双方已经协商一致。3.虽然口头协商也可用于解除劳动合同，但为了保证解除行为的合法性和有效性，建议签订书面协议。因为书面协议能够防止未来的纠纷，并且有助于法院判决时的事实认定和法律适用。

案例参考

劳动合同解除后的经济补偿金争议：张某与某冶矿业公司劳动争议案

2015年12月8日，某冶公司出台了《某冶公司职工自愿协商解除劳动合同实施方案》，方案中规定：……三、职工自愿协商解除劳动合同工作原则和程序，1.依据《劳动合同法》相关规定，本着平等自愿的原则，在企业现有经营状况下，尽量给广大职工提供选择。对自愿提出与单位解除劳动合同的职工，单位与其协商解除劳动合同……四、自愿协商解除劳动合同的经济补偿办法……3.自愿协商解除劳动合同的职工支付经济补偿的年限最高不超过十二年，即经济补偿金不超过十二个月……2015年12月25日，张某生向某冶公司提交了自愿解除劳动合同申请表。当日，双方达成协议：1.双方劳动关系于2015年12月25日正式解除，双方无任何争议；2.支付给乙方（张某生）一次性经济补偿金44436元（3703元/月×12个月）。随即，某冶公司支付了经济补偿金44436元。2016年4月11日，某冶公司再次出台了《某冶公司职工自愿协商解除劳动合同实施方案》，对2015年12月8日出台的《某冶公司职工自愿协商解除劳动合同实施方案》的内容进行了修改，其中将支付经济补偿金的年限由"最高不超过十二年"修改为"按职工在本单位工作的年限"。2016年7

月 14 日，张某生向密云区仲裁委申请仲裁。2016 年 9 月 7 日，密云区仲裁委裁决：驳回张某生的仲裁请求。

【裁判观点】

根据《最高人民法院关于审理劳动争议案件适用法律若干问题的解释（三）》（已失效）第十条第一款规定，劳动者与用人单位就解除或者终止劳动合同办理相关手续、支付工资报酬、加班费、经济补偿或者赔偿金等达成的协议，不违反法律、行政法规的强制性规定，且不存在欺诈、胁迫或者乘人之危情形的，应当认定有效。根据该司法解释的规定，用人单位与劳动者在平等自愿、协商一致的原则下，可以对双方劳动关系的解除事宜进行约定。本案中，张某生认可向某冶公司提交的《自愿协商解除劳动合同申请表》，并与某冶公司签订《协商解除合同协议书》，双方协商一致解除劳动合同并就所有劳动争议处理完毕，上述协议不违反法律的强制性规定，亦无证据证明存在欺诈、胁迫、乘人之危、重大误解或者显失公平的情形，故应当认定有效。双方在签订《协商解除合同协议书》后实际履行了该协议的约定。张某生认可已收到某冶公司所支付的补偿款项，但提出此后某冶公司变更了《某冶公司职工自愿协商解除劳动合同实施方案》中补偿金年限的规定，故上诉要求按照修改后的《某冶公司职工自愿协商解除劳动合同实施方案》的规定支付解除劳动合同经济补偿金差额的主张，依据不足，本院不予支持。

法律分析

劳动合同解除涉及的主要问题是用人单位与劳动者是否为协商一致解除劳动合同，以及双方是否签订了书面劳动合同等。

所谓协商一致解除劳动合同，即根据《劳动合同法》第三十六条规定，用人单位与劳动者协商一致，可以解除劳动合同。如果双方在协商一致解除劳动合同的情况下，且协议没有违反法律禁止性规定，并且没有证据证实一方存在欺诈或受胁迫等情形，那么该协议应当被认定有效。

书面合同的重要性，无论是在解除劳动合同还是在订立新的劳动合同时，签订书面劳动合同都极其重要。书面劳动合同能够证明双方当事人的权利义务关系，也能作为发生争议时的法律依据。即使在合同签订时未加盖公章，但只要双方有明确的意思表示，并且有书面合同作为证据，就可以认定双方已签订了书面劳动合同。

合规依据

《劳动合同法》

第三十六条 用人单位与劳动者协商一致，可以解除劳动合同。

第三十七条 劳动者提前三十日以书面形式通知用人单位，可以解除劳动合同。劳动者在试用期内提前三日通知用人单位，可以解除劳动合同。

第四十条 有下列情形之一的，用人单位提前三十日以书面形式通知劳动者本人或者额外支付劳动者一个月工资后，可以解除劳动合同：（一）劳动者患病或者非因工负伤，在规定的医疗期满后不能从事原工作，也不能从事由用人单位另行安排的工作的；（二）劳动者不能胜任工作，经过培训或者调整工作岗位，仍不能胜任工作的；（三）劳动合同订立时所依据的客观情况发生重大变化，致使劳动合同无法履行，经用人单位与劳动者协商，未能就变更劳动合同内容达成协议的。

第八十九条 用人单位违反本法规定未向劳动者出具解除或者终止劳动合同的书面证明，由劳动行政部门责令改正；给劳动者造成损害的，应当承担赔偿责任。

合规要点2：协商解除协议文本必备条款

1.法院在审理劳动争议案件时，会基于双方是否出于真实意思表示、是否违反法律强制性规定以及是否存在欺诈、胁迫或乘人之危的情形来判定劳动合同协商解除协议的有效性。如果协议符合法律规定，且不存在无效情形，并且已实际履行，则该协议应当被认定为有效。2.注意协商解除协议的内容应具有合法性，劳动者与用人单位就解除或终止劳动合同的手续、支付款项等内容达成的协议，如果不违反法律和行政法规的强制性规定，且无违法情形，则该解除协议有效。用人单位与员工解除或者终止劳动合同时，可以就支付工资报酬、加班费、经济补偿或者赔偿金等达成协议。3.即使是经过签名确认，也需要双方进行协商，单方面的协议不被法律支持。4.解除协议格式条款无效，即双方签订的协议书若是由用人单位提供的格式条款，免除了用人单位的法定责任或排除了劳动者权利，则违反了《劳动合同法》第二十六条的规定，此类条款无效。

案例参考

打架事件引发的劳动合同解除争议：贾某秋与恒丰餐饮公司劳动争议案

2007年2月10日，贾某秋与恒某丰公司签订《劳动合同书》，岗位为厨师，适用综合计算工时工作制，恒某丰公司在北京市东城区劳动和社会保障局（现北京市东城区人力资源和社会保障局）办理了实行综合计算工时工作制和不定时工作制的行政许可。《员工手册》（2019年3月版）中关于奖惩制度中有如下规定：殴打他人或互相斗殴的，或对公司任何成员或顾客使用暴力或威胁的，恒某丰公司可以与其解除劳动关系。贾某秋签署了《员工手册阅读确认书》并同意遵照执行。

因贾某秋在2019年11月2日发生打架事件，11月4日，恒某丰公司厨师长王某弘、副厨师长车某远与贾某秋进行了约谈，约谈内容为了解当天事件经过，并告知依公司规定，可能有解除劳动关系或记大过2次的处分。2019年11月25日，恒某丰公司厨务副总许某强、厨师长王某弘与贾某秋进行了约谈，约谈内容为对11月2日的冲突事件，依员工手册的规定，给予解除劳动合同的处分，并发出《过失单》，通知贾某秋自2019年12月1日解除劳动合同。贾某秋在《约谈记录单》和《过失单》上均签字确认。其后，双方达成《解除劳动关系协议书》一份，协议约定：解除原因为协商一致；恒某丰公司无须向贾某秋支付任何经济补偿、赔偿金等，贾某秋对此知晓且认可，无任何异议；劳动合同履行期间，恒某丰公司依法履行了义务，包括但不限于贾某秋应享有的劳动报酬、社会保险、年假待遇、福利待遇、劳动保护等；双方之间不再存在其他任何劳动争议。

一审庭审过程中，贾某秋申请法院调取其户籍档案，证明其本人曾用名为贾某秋及其入职时间为2005年4月9日，因上述申请不符合当事人因客观原因不能自行收集证据的相关规定，法院未予准许。贾某秋未提供其自2005年4月9日入职恒某丰公司的证据。贾某秋提出2019年11月2日发生打架事件，是因为其他员工偷吃公司食物，但未提供证据，恒某丰公司表示即使属实，亦不能以打架方式制止。贾某秋认可2017年至2019年年休假已休，但表示2017年之前的年休假未休；贾某秋主张其每周工作超过40小时，但未提供证据；贾某秋认可《员工手册阅读确认书》并签字，但表示没有收到手册；贾某秋认可《解除劳动关系协议书》并签字，但表示不知道法律后果，并认为受恒某丰公司误导签订，恒某丰公司表示贾某秋原系严重违反用人单位的规章制度被解除合同，之所以解除劳动合同后仍签订《解除劳动关系协议书》，是为不影响贾某秋再就业，故以协商一致为理由解除劳动合同。

另查，北京市东城区劳动人事争议仲裁委员会于 2020 年 4 月 13 日对本案争议作出裁决书，裁决：驳回贾某秋的全部仲裁请求。

【裁判观点】

劳动者与用人单位就解除或者终止劳动合同办理相关手续、支付工资报酬、加班费、经济补偿或者赔偿金等达成的协议，不违反法律、行政法规的强制性规定，且不存在欺诈、胁迫或者乘人之危情形的，应当认定有效。本案中，恒某丰公司与贾某秋签订《解除劳动关系协议书》，该协议内容不违反法律、行政法规的强制性规定，且贾某秋未能举证证明存在欺诈、胁迫或者乘人之危情形。现贾某秋主张该协议书不完整，故不应被采信，但该协议书第二页有贾某秋签字，且该页已载明双方确认不再存在其他任何劳动争议。综合考虑恒某丰公司提交的约谈记录单、过失单等证据及双方当事人的陈述，一审法院认定该协议书有效，并判决驳回贾某秋的诉讼请求并无不当。

法律分析

用人单位与员工解除或者终止劳动合同时，就支付工资报酬、加班费、经济补偿或者赔偿金等达成的协议，称为《解除劳动合同协议书》。其文本应包括但不限于主体信息、解除背景、社保公积金、解除时间、解除原因、经济补偿、工资、竞业限制、违约责任等。

解除劳动合同协议内容是否合法取决于其是否违反了法律、行政法规的强制性规定，是否存在欺诈、胁迫或乘人之危的情形。在某些情况下，即使存在争议，但如果协议本身不违反法律规定，且未涉及严重违法行为，法院通常会认定该协议有效。

合规依据

《劳动合同法》

第十七条 劳动合同应具备以下条款：（一）用人单位的名称、住所和法定代表人或者主要负责人；（二）劳动者的姓名、住址和居民身份证或其他有效身份证件号码；（三）劳动合同期限；（四）工作内容和工作地点；（五）工作时间和休息休假；（六）劳动报酬；（七）社会保险；（八）劳动保护、劳动条件和职业危害防护；（九）法律、法规规定应当纳入劳动合同的其他事项。

第三十六条　用人单位与劳动者协商一致，可以解除劳动合同。

《最高人民法院关于审理劳动争议案件适用法律问题的解释（一）》

第三十五条　劳动者与用人单位就解除或者终止劳动合同办理相关手续、支付工资报酬、加班费、经济补偿或者赔偿金等达成的协议，不违反法律、行政法规的强制性规定，且不存在欺诈、胁迫或者乘人之危情形的，应当认定有效。前款协议存在重大误解或者显失公平情形，当事人请求撤销的，人民法院应予支持。

第二节　员工主动辞职

合规要点 1：劳动者自离的，应避免"不了了之"

1.劳动者未经企业批准或未按规定程序擅自离岗的行为，通常会导致劳动关系的终止。2.认定员工擅自离职涉及多种因素，应注意是否有书面形式的离职申请、用人单位是否批准、员工是否遵守相关法律法规和规章制度等。3.用人单位可基于法律规定要求擅自离职的劳动者赔偿损失。用人单位基于劳动者行为作出解除劳动合同的决定，属于用人单位单方解除劳动合同的行为。

案例参考

自动离职的法律认定与经济补偿

原告赵某于 2013 年 5 月 26 日入职被告某鱼郎酒店，担任点菜员，当时双方没有签订书面劳动合同，双方只是口头约定月工资额 2000 元，并同时约定上班时间为早 9 时至晚 9 时，节假日不休。2019 年 4 月赵某找到双鸭山市尖山区劳动监察局，请求劳动监察局责令某鱼郎酒店与所有员工签订书面劳动合同。2019 年 6 月 5 日赵某与某鱼郎酒店补签了一份无固定期限的劳动合同，双方约定工作底薪 1200 元 / 月，另含养老保险、加班费 800 元，每月工资合计 2000 元。2019 年 7 月 1 日，赵某口头告知某鱼郎酒店的经营者石某文的母亲姜某珍自己离职。2019 年 7 月 7 日赵某又向某鱼郎酒店邮寄了《被迫解除劳动关系通知书》。另查，2019 年 4 月，原告赵某曾以被告某鱼郎酒店的名义自拟一份《推荐信》，某鱼郎酒店加盖了财务专用章，赵某欲离职外出打工。2019年7月1日，赵某找来一名男孩欲接替其的岗位，但某鱼郎酒店认为该男孩系未成年人，没有录用。又查，双鸭山的月最低工资标准自2017年10月1日起调整为1450元。赵某向一审法院起诉请求：1.被告支付原告未足额支付劳动报酬，未缴纳社会保险的经济补偿金12000元；2.被告支付2017年10月1日至2019年7月1日最低工资标准补差5000元。关于2019年7月1日赵某提出离职系"自动离职"还是"被迫离职"的问题，一审法院认为综合双方当事人的当庭陈述和所举证据来看，2019年7月1日赵某提出离职系"自动离职"，系自身原因，赵某称其当时提出离职的理由是"某鱼郎酒店不给缴纳社保，且工作时间为12小时"的主张没有证据证实，故赵某主张的"请求被告支付原告未足额支付劳动报酬，未缴纳社会保险的经济补偿金12000元"的诉讼请求于法无据，本院不予支持。此外，赵某自2013年5月26日入职某鱼郎酒店至2019年7月1日"自动离职"时每月工资总额均为2000元，高于双鸭山的月最低工资标准1450元，故赵某主张的"请求被告支付2017年10月1日至2019年7月1日最低工资标准补差5000元"的诉讼请求于法无据，本院不予支持。赵某不服提起上诉。

【裁判观点】

原劳动部办公厅在《关于自动离职与旷工除名如何界定的复函》[①]中明确：（1）自动离职是指职工擅自离职的行为；（2）职工未经企业批准而擅自离职的，企业按自动离职处理，是指企业应依据《企业职工奖惩条例》有关规定，对其作出除名处理。原劳动部《关于被告劳动合同制度若干问题的通知》规定，职工自动离职属于违法解除劳动合同，应当按照《违反〈劳动法〉有关劳动合同规定的赔偿办法》承担赔偿责任。据此，应当认定，劳动者未经用人单位准许擅自离开工作岗位系自动离职，是劳动者强行与企业解除劳动关系的行为。对于劳动者提出辞职的，应当以劳动者实际辞职的原因作为认定案件事实的依据。综合各方当事人提供的证据及全案案情，本案双方发生劳动争议的原因系上诉人赵某因要去外地工作，于2018年7月1日请求辞去在某鱼郎酒店的工作未获准，且未经某鱼郎酒店的同意，便擅自离开工作岗位。赵某的行为符合自动离职的情形，赵某自动离职时未提出其解除劳动合同是基于《劳动合同法》第三十八条第一款的规定，自动离职的行为应认定为自身原因。

[①] 已于2017年11月24日失效，失效依据：《人力资源社会保障部关于第五批宣布失效和废止文件的通知》（人社部发〔2017〕87号）。

劳动者单方强制解除合同后,再要求用人单位给付经济补偿的,依法不予支持。

法律分析

自动离职是指劳动者终止劳动关系时不履行解除手续,擅自出走离岗,或者解除手续没有办理完毕而离开单位,通常会导致劳动关系的终止。从相关的案例中可以看出,擅自离职的认定涉及多种因素,包括是否有书面形式的离职申请、用人单位是否批准、员工是否遵守相关法律法规和规章制度等。

擅自离职的判定需要综合考虑员工的离职原因、离职方式、用人单位的审批程序以及相关的法律规定等多个方面。当员工的擅自离职行为得到合理解释和证实时,法院可能不会支持其主张的经济补偿请求;反之,若员工的行为违反了《劳动合同法》等相关规定,法院则可能会支持用人单位的决定。

合规依据

《劳动争议调解仲裁法》

第五条 发生劳动争议,当事人不愿协商、协商不成或者达成和解协议后不履行的,可以向调解组织申请调解;不愿调解、调解不成或者达成调解协议后不履行的,可以向劳动争议仲裁委员会申请仲裁;对仲裁裁决不服的,除本法另有规定的外,可以向人民法院提起诉讼。

江苏省高级人民法院《关于审理劳动人事争议案件的指导意见(二)》

第十四条 劳动者主张被用人单位口头辞退,而用人单位主张是劳动者自动离职,由用人单位就劳动者自动离职的事实负举证责任,用人单位不能举证证明的,由其承担不利后果。

浙江省高级人民法院民一庭《关于审理劳动争议案件若干问题的意见》

第四十五条 对劳动者无正当理由未办理请假手续,擅自离岗连续超过十五日,用人单位规章制度已有规定的,按有关规定执行;用人单位规章制度无规定的,用人单位可以劳动者严重违反劳动纪律为由,解除劳动合同。

合规要点2:员工自离应采取书面形式并写明离职原因

1.劳动者自愿提出离职时,应当采取书面形式,劳动者签字确认离职原因后,法院才会认定离职行为是有效的。2.劳动者应对自己签字的行为承担法律责任。3.离职原因模糊时，可能导致劳动者不能获得经济补偿，此时用人单位需承担更多举证责任，甚至可能需要向劳动者支付经济补偿金或赔偿金。4.劳动者采用虚假或不真实的离职理由可能违反诚信原则，影响劳动合同解除的合法性。

案例参考

自愿离职的劳动者主张经济补偿金未获法院支持

原告于2005年7月6日到被告处从事微机员工作。2013年1月1日，双方签订无固定期限劳动合同。2019年2月28日，原告签署员工离职单，离职原因写明：本人自愿提出离职，并手写"本人已充分知悉并了解集团员工离职相关管理规定，且以上所有信息内容已确认无误"，原告在员工签字处签字并按手印。同年3月1日双方订立了《解除或终止劳动关系证明书》。后，原告向辽阳市劳动人事仲裁委员会申请仲裁，要求被告给付解除劳动合同的经济补偿金。辽阳市劳动人事争议仲裁委员会于2019年6月10日作出仲裁裁决书，裁决："对申请人徐某荣的申请诉求不予支持。"原告不服仲裁结果，提起本诉。审理过程中，当事人围绕诉辩主张分别提交了证据，原告提供仲裁裁决书、《解除或终止劳动合同证明书》，被告提供劳动合同、员工离职单、2018年3月至2019年2月工资明细表以及当事人陈述笔录在案为凭，以上证据材料已经开庭质证和法院审查，予以采信，后被告对一审判决不服提起上诉。

【裁判观点】

被上诉人（被告）提供的上诉人（原告）于2019年2月28日签署的《员工离职单》中，离职原因明确写明"本人自愿提出离职"，上诉人虽提出离职单上"本人自愿离职"的几个字不是其本人书写，但上诉人承认"本人已充分知悉并了解集团员工离职相关管理规定，且以上所有信息内容已确认无误"是自己手写的事实，并有上诉人签名确认，可以表明上诉人对离职单的内容予以认可，因此，一审法院对《员工离职单》予以确认，并无不当。上诉人系自愿提出离职，一审法院认为不属于《劳动合同法》向劳动者支付经济补偿的情形，对于没有支持上诉人要求被上诉人给付经济补偿金诉讼请求，并无不当。

法律分析

在实践中，如果因劳动者的原因解除劳动合同，用人单位有时会出具"离职证明"。离职单是用人单位依法出具的，解除劳动合同关系往往是双方协商的结果，而辞职单是劳动者自己主动提出解除劳动合同的书面通知，是由劳动者发起的。无论是手写还是打印，员工在离职单、辞职申请表等文件上签字确认是其离职意愿的表现，离职单必须是自愿签署的，员工在签署之前应充分了解自己的权利和义务，且离职单必须符合劳动法律法规的规定，内容必须与实际情况相符。

合规依据

《劳动合同法》

第三十七条 劳动者提前三十日以书面形式通知用人单位，可以解除劳动合同。劳动者在试用期内提前三日通知用人单位，可以解除劳动合同。

第三十八条 用人单位有下列情形之一的，劳动者可以解除劳动合同：（一）未按照劳动合同约定提供劳动保护或者劳动条件的；（二）未及时足额支付劳动报酬的；（三）未依法为劳动者缴纳社会保险费的；（四）用人单位的规章制度违反法律、法规的规定，损害劳动者权益的；（五）因本法第二十六条第一款规定的情形致使劳动合同无效的；（六）法律、行政法规规定劳动者可以解除劳动合同的其他情形。用人单位以暴力、威胁或者非法限制人身自由的手段强迫劳动者劳动的，或者用人单位违章指挥、强令冒险作业危及劳动者人身安全的，劳动者可以立即解除劳动合同，不需事先告知用人单位。

第八十九条 用人单位违反本法规定未向劳动者出具解除或者终止劳动合同的书面证明，由劳动行政部门责令改正；给劳动者造成损害的，应当承担赔偿责任。

合规要点 3：员工自称被动离职时的应对措施

1.界定员工被动离职需要综合考虑用人单位的责任、劳动合同的法律状态、员工的意愿以及双方的行为等多方面因素。当存在用人单位违法解除合同或无明确证据表明员工自愿离职时，可能被认定为用人单位单方面解除劳动合同，即员工被动离职。2.用人单位在面对员工被动离职时，应当尊重法律规定，采取合理措施处理员工离职事宜，并向员工提供必要的经济补偿。3.用人单位应确保自身行为合法合规，避免因违法行为给员工造成损失，加重用人单位责任。

案例参考

劝退情形下的劳动合同解除：张某与某城市服务有限公司经济补偿金纠纷案

2019年10月21日，原告与被告签订劳动合同一份，约定：劳动合同期间为2019年10月21日至2020年10月31日。工作时间实行标准工时制，劳动者工资标准为2100元/月。该劳动合同第二十七条第一项："如本合同到期后，因故未能及时续签，本合同期限自动续延，直至双方协商一致解除本合同。"第二项："人员接收前所发生的相关违章、交通事故及劳动纠纷与本单位无关。"

2020年11月4日，原告张某在员工离职申请书本人签名一栏签名，辞职原因为"打架"。原告在被告处工作前就业于张店区市政环卫中心。2020年10月中旬，因非工作原因与同事打架斗殴，并报警处理，原告赔偿另一方10000元。因严重违背单位员工奖惩管理制度，单位劝其自动离职。原告认为被告的行为严重违反了《劳动合同法》第四十条规定，也未提前30日以书面形式通知劳动者本人，故请求按照《劳动合同法》第四十六条规定支付经济补偿。双方诉诸法院。

【裁判观点】

职工因发生严重违纪问题本应辞退的情况下，经单位劝说，职工虽然存在不情愿的状态，但如果用人单位不存在威胁、恐吓、逼迫之行为，职工出具辞职报告的，仍应视为职工自愿自动离职。离职后，职工若再以非本人自愿为理由，推翻辞职报告，法院难以支持。

同时，"劝退"是用人单位对违纪职工的处理措施和方式之一，但是起决定作用的仍是职工本人意愿。从原告提供的录音证据看，该录音证据中显示："张某贵说是劝你离职这名声也好听点，以后还能在上环卫行业……""我不是说，你要不劝我，这个离职合同我是不会签的，你早打预防针了，以后还能回去，所以说当时我就签了，你知道不？这是我签那个离职合同签得（很痛快）的原因。"因此，用人单位因原告打架斗殴予以劝退属实，但仍出于对职工名声的保护，而非出于逃避支付经济补偿金的目的。职工签订离职合同时不存在受威胁、受逼迫的行为。故，本案中，本院认定仍系劳动者主动辞职之劳动合同解除情形，用人单位无须支付经济补偿金。同时，也不属于用人单位提前三十日通知劳动者解除劳动合同的法定情形。劳动者以此主张用人单位违法解除劳动合同，没有法律依据和事实依据。

法律分析

被动离职是指员工在非自愿的情况下离开当前的工作岗位，包括员工被公司裁员、解雇或者其他原因（如公司经营状况不佳、业务调整、人员精减等）。在被动离职的情况下，如果员工无过错，用人单位通常需要支付一定的补偿金。此外，被动离职的员工在满足一定条件时，将有权领取失业金。

合规依据

《劳动合同法》

第三十七条　劳动者提前三十日以书面形式通知用人单位，可以解除劳动合同。劳动者在试用期内提前三日通知用人单位，可以解除劳动合同。

第三十八条　用人单位有下列情形之一的，劳动者可以解除劳动合同：（一）未按照劳动合同约定提供劳动保护或者劳动条件的；（二）未及时足额支付劳动报酬的；（三）未依法为劳动者缴纳社会保险费的；（四）用人单位的规章制度违反法律、法规的规定，损害劳动者权益的；（五）因本法第二十六条第一款规定的情形致使劳动合同无效的；（六）法律、行政法规规定劳动者可以解除劳动合同的其他情形。用人单位以暴力、威胁或者非法限制人身自由的手段强迫劳动者劳动的，或者用人单位违章指挥、强令冒险作业危及劳动者人身安全的，劳动者可以立即解除劳动合同，不需事先告知用人单位。

第三十九条　劳动者有下列情形之一的，用人单位可以解除劳动合同：（一）在试用期间被证明不符合录用条件的；（二）严重违反用人单位的规章制度的；（三）严重失职，营私舞弊，给用人单位造成重大损害的；（四）劳动者同时与其他用人单位建立劳动关系，对完成本单位的工作任务造成严重影响，或者经用人单位提出，拒不改正的；（五）因本法第二十六条第一款第一项规定的情形致使劳动合同无效的；（六）被依法追究刑事责任的。

第四十条　有下列情形之一的，用人单位提前三十日以书面形式通知劳动者本人或者额外支付劳动者一个月工资后，可以解除劳动合同：（一）劳动者患病或者非因工负伤，在规定的医疗期满后不能从事原工作，也不能从事由用人单位另行安排的工作的；（二）劳动者不能胜任工作，经过培训或者调整工作岗位，仍不能胜任工作的；（三）劳动合同订立时所依据的客观情况发生重大变化，致使劳动合同无法履行，经用人单位与劳动者协商，未能就变更劳动合同内容达成协议的。

第四十一条 有下列情形之一，需要裁减人员二十人以上或者裁减不足二十人但占企业职工总数百分之十以上的，用人单位提前三十日向工会或者全体职工说明情况，听取工会或者职工的意见后，裁减人员方案经向劳动行政部门报告，可以裁减人员：（一）依照企业破产法规定进行重整的；（二）生产经营发生严重困难的；（三）企业转产、重大技术革新或者经营方式调整，经变更劳动合同后，仍需裁减人员的；（四）其他因劳动合同订立时所依据的客观经济情况发生重大变化，致使劳动合同无法履行的。裁减人员时，应当优先留用下列人员：（一）与本单位订立较长期限的固定期限劳动合同的；（二）与本单位订立无固定期限劳动合同的；（三）家庭无其他就业人员，有需要扶养的老人或者未成年人的。用人单位依照本条第一款规定裁减人员，在六个月内重新招用人员的，应当通知被裁减的人员，并在同等条件下优先招用被裁减的人员。

第四十六条 有下列情形之一的，用人单位应当向劳动者支付经济补偿：（一）劳动者依照本法第三十八条规定解除劳动合同的；（二）用人单位依照本法第三十六条规定向劳动者提出解除劳动合同并与劳动者协商一致解除劳动合同的；（三）用人单位依照本法第四十条规定解除劳动合同的；（四）用人单位依照本法第四十一条第一款规定解除劳动合同的；（五）除用人单位维持或者提高劳动合同约定条件续订劳动合同，劳动者不同意续订的情形外，依照本法第四十四条第一项规定终止固定期限劳动合同的；（六）依照本法第四十四条第四项、第五项规定终止劳动合同的；（七）法律、行政法规规定的其他情形。

第四十八条 用人单位违反本法规定解除或者终止劳动合同，劳动者要求继续履行劳动合同的，用人单位应当继续履行；劳动者不要求继续履行劳动合同或者劳动合同已经不能继续履行的，用人单位应当依照本法第八十七条规定支付赔偿金。

第五十条 用人单位应当在解除或者终止劳动合同时出具解除或者终止劳动合同的证明，并在十五日内为劳动者办理档案和社会保险关系转移手续。劳动者应当按照双方约定，办理工作交接。用人单位依照本法有关规定应当向劳动者支付经济补偿的，在办结工作交接时支付。用人单位对已经解除或者终止的劳动合同的文本，至少保存二年备查。

第八十七条 用人单位违反本法规定解除或者终止劳动合同的，应当依照本法第四十七条规定的经济补偿标准的二倍向劳动者支付赔偿金。

第八十九条 用人单位违反本法规定未向劳动者出具解除或者终止劳动合同的书面证明，由劳动行政部门责令改正；给劳动者造成损害的，应当承担赔偿责任。

《劳动争议调解仲裁法》

第六条 发生劳动争议，当事人对自己提出的主张，有责任提供证据。与争议事项有关的证据属于用人单位掌握管理的，用人单位应当提供；用人单位不提供的，应当承担不利后果。

第二十七条 劳动争议申请仲裁的时效期间为一年。仲裁时效期间从当事人知道或者应当知道其权利被侵害之日起计算。前款规定的仲裁时效，因当事人一方向对方当事人主张权利，或者向有关部门请求权利救济，或者对方当事人同意履行义务而中断。从中断时起，仲裁时效期间重新计算。因不可抗力或者有其他正当理由，当事人不能在本条第一款规定的仲裁时效期间申请仲裁的，仲裁时效中止。从中止时效的原因消除之日起，仲裁时效期间继续计算。劳动关系存续期间因拖欠劳动报酬发生争议的，劳动者申请仲裁不受本条第一款规定的仲裁时效期间的限制；但是，劳动关系终止的，应当自劳动关系终止之日起一年内提出。

合规要点4：离职证明及退工手续的办理

1.离职证明是用人单位在劳动合同终止或解除时向劳动者出具的书面证明，其目的是确保劳动者能够顺利地与新的劳动单位建立劳动关系，保障劳动者的再就业权和生存权。因此，任何单位都应当依法履行这一义务，否则将承担相应的法律责任。2.用人单位应出具解除或终止劳动合同的证明，并在十五日内为劳动者办理档案和社会保险关系转移手续。3.劳动者在退工过程中必须遵守相关法律规定，确保自身合法权益得到充分保护。同时，也要注意处理方式的合理性和合法性，避免操作不当引发法律纠纷。

案例参考

劳务派遣人员退工手续的法律认定：邓某飞与某才公司劳动争议案

邓某飞系劳务派遣人员，其与某才公司签订了期限为2017年5月22日至2019年5月21日的劳动合同，月工资29167元。2017年5月22日，邓某飞由某才公司派遣至芯某特公司从事研发工作，担任ACDC芯片设计经理。2018年5月11日，芯某特公司的法定代表人庄某，口头解除了与邓某飞之间的劳动关系。2018年5月25日，悦才公司短信通知邓某飞"您好，庄总通知我们，您的离职时间是5月11日。离职证明您看如何寄给您"。邓某飞回复短信"你先拍照发给我看看，我邮箱×××××××××@126.com"。某才公司向邓某飞的电子邮箱发送了退工单的电子版。邓某飞表示某才公司的退工信息有误。某才公司提供的上海市单位退工证明载明："邓某飞自2017年5月22日进我单位工作，现于2018年5月11日合同解除。"某才公司为邓某飞网上登记的退工信息载明："退工登记日期2018年06月12日。"某才公司主张，其于2018年5月25日通过短消息与邓某飞沟通退工单的寄送问题，并按照邓某飞要求向其发送了退工单的电子版，其已经履行了退工义务。邓某飞对此持有异议，主张双方虽然进行了邮件沟通，但某才公司仍有为邓某飞及时办理网上退工及寄送退工单及劳动手册的义务。邓某飞主张，虽然某才公司于2018年6月12日在网上为其办理了退工手续，但是超过了15天的法定期限，且网上登记的包括入职时间、就业登记时间、工作结束时间、合同起始时间等信息存在差错，故某才公司并未履行合法的退工义务。

【裁判观点】

用人单位应当在解除或者终止劳动合同时出具解除或者终止劳动合同的证明，并在十五日内为劳动者办理档案和社会保险关系转移手续。上海市单位与全工时制职工终止或解除劳动关系后，应在七日内填写"上海市单位退工证明"并将该证明第三联交被退劳动者本人。本案中，某才公司上诉主张其于2018年5月25日通过邮件向邓某飞送达了记载信息正确的退工单和解除聘用关系证明的图片应属已履行退工义务，但根据以上规定，用人单位应填写并将第三联交劳动者本人，故某才公司仅向劳动者通过电子邮件送达图片，退工义务尚未履行完毕，某才公司此项上诉主张，本院不予采信。邓某飞在某才公司询问地址时回答"你先拍照发给我看看"，某才公司随后通过邮件向邓某飞送达了记载信息正确的退工单和解除聘用关系证明的图片。此后，某才公司并未再询问邓某飞送达退工手续的地址。某才公司上诉主张其系因邓某飞未提供相关地址，故无法向邓某飞送达退工手续，在没有证据证明其向邓某飞询问地址被拒的情况下，某才公司的此项主张，缺乏事实依据，本院亦不予采信。某才公司在2018年5月11日双方劳动合同解除后，于6月12日在网上办理了邓某飞的退工手续，9月5日才将退工单及劳动手册交付邓某飞。通过上述事实，可以认定，某才公司未在法定期限内履行合法有效的退工义务，应当向邓某飞支付延误退工损失。原审法院在就确定某才公司支付邓某飞延误退工损失的金额时，已经详尽地阐明了判决理由，该理由正确，据此所作的判决亦无不当。

法律分析

离职证明是指用人单位在解除或终止与某员工的劳动合同时，向该员工出具的一种书面证明，用于证明员工与原单位的劳动合同关系已经解除或终止。如果用人单位未及时出具离职证明，可能会影响员工的再就业，增加新用人单位的用工风险。退工手续是指劳动合同解除或终止时用人单位依法向劳动者提供相关证明和相关手续的程序，包括但不限于开具退工证明、办理档案和社会保险关系转移等。

合规依据

《劳动合同法》

第五十条 用人单位应当在解除或者终止劳动合同时出具解除或者终止劳动合同的证明，并在十五日内为劳动者办理档案和社会保险关系转移手续。劳动者应当按照双方约定，办理工作交接。用人单位依照本法有关规定应当向劳动者支付经济补偿的，在办结工作交接时支付。用人单位对已经解除或者终止的劳动合同的文本，至少保存二年备查。

第八十九条 用人单位违反本法规定未向劳动者出具解除或者终止劳动合同的书面证明，由劳动行政部门责令改正；给劳动者造成损害的，应当承担赔偿责任。

合规要点5：员工提出离职又在通知期内撤回的效力

1.劳动者单方申请撤回离职申请，一般不能产生撤回解除劳动合同意思表示的法律效力。2.应注意如果企业存在违法情形，员工可以单方随时解除劳动关系，此时企业仍须支付经济补偿。3.企业应遵循《劳动合同法》及相关司法解释的规定，依法为员工办理离职流程，以规避违法解除劳动合同的风险。同时，企业也需要保存好与员工解除劳动合同的相关文件和证据，并为可能发生的劳动争议做好准备。

案例参考

撤回离职申请的法律认定：某物业公司与宋某劳动争议案

2017年7月27日，宋某与某物业公司签订劳动合同。2020年1月1日，宋某向某物业公司提交《辞职表》，载明："本人于2017年7月28日入职湖北某物业公司，履行物业管理员的职责，入职后几个月，由于身体原因，不能胜任夜班工作，感谢领导一直以来的关心和照顾，让我一直担任长白班的工作至今。目前领导又给我安排夜班工作，由于身体状况确实不佳，通过武汉三甲以上的医院检查报告及诊断报告，医生再三嘱咐要注意生活规律，不能熬夜，所以我目前无法胜任夜班工作，无奈之下只好选择离职，望领导批准。"2020年1月21日，某物业公司人事部门放假，2月7日之前宋某均在正常上班。2020年2月2日，宋某向某物业公司法定代表人蔡某军发微信称：那目前我就不离职了，大家一起应对困难。蔡某军回复：好。2月7日至3月27日，宋某经公司批准请假未上班。3月20日，某物业公司复工复产，3月27日，某物业公司为宋某开具《复工证明》，宋某返回公司上班。某物业公司3月、4月排班表均安排了宋某班次。3月31日，某物业公司给宋某办理了离职手续。2020年6月22日，宋某向武汉市江夏区劳动人事争议仲裁委员会递交了书面仲裁申请，请求裁决某物业公司支付违法解除劳动合同赔偿金27107.46元。2020年7月15日，武汉市江夏区劳动人事争议仲裁委员会驳回宋某仲裁请求。宋某不服，诉至法院。

【裁判观点】

《劳动合同法》第三十七条规定，劳动者提前三十日以书面形式通知用人单位，可以解除劳动合同。本案中，宋某虽然于2020年1月1日以书面形式通知某物业公司解除劳动合同，但2020年2月2日，宋某与某物业公司的法定代表人蔡某军通过微信沟通，表达了其不愿离职的意愿，而蔡某军也表示同意，此时蔡某军作为某物业公司的法定代表人，与宋某沟通的系公司的人事管理事务，并非私人事务，故蔡某军同意宋某继续为某物业公司提供劳务的意思表示的效力及于公司。法律规定劳动者提前三十天通知单位解除劳动关系，一方面是考虑单位需要安排相应人员接管辞职者的工作；另一方面其实也给予了双方沟通的时间及劳动者撤回辞职、继续履行劳动合同的机会。因此，在此期间内劳动合同并不会因劳动者提交辞职报告等而自行解除。宋某与某物业公司作出上述不离职沟通之时虽然距离2020年1月

1日超过了30天，但鉴于当时很多社会公共服务部门职能停滞，某物业公司尚未为宋某办理离职手续或作出接受其辞职的其他意思表示，且某物业公司亦认可在全市复工复产之前尚属于三十天办理离职手续的合理期间，故宋某在此期间内选择不离职，继续履行劳动合同，不违反法律规定，而某物业公司在2020年2月2日同意宋某不离职后，一直正常安排宋某上班，向其支付报酬，并为其顺利返工开具证明、提供便利，依照职工管理制度进行排班，实则双方通过实际行动表达了继续履行劳动合同的意思表示，并予以了践行。2020年3月30日，某物业公司在没有合理理由的情况下，通知宋某办理离职手续，不符合法律规定的协议解除或可依法解除劳动合同的情形，属于违法解除。依据《劳动合同法》第四十八条"用人单位违反本法规定解除或者终止劳动合同，劳动者要求继续履行劳动合同的，用人单位应当继续履行；劳动者不要求继续履行劳动合同或者劳动合同已经不能继续履行的，用人单位应当依照本法第八十七条规定支付赔偿金"和第八十七条"用人单位违反本法规定解除或者终止劳动合同的，应当依照本法第四十七条规定的经济补偿标准的二倍向劳动者支付赔偿金"及第四十七条第一款"经济补偿按劳动者在本工作单位工作的年限，每满一年支付一个月工资的标准向劳动者支付。六个月以上不满一年的，按一年计算；不满六个月的，向劳动者支付半个月工资的经济补偿"之规定，某物业公司应向宋某支付违法解除劳动合同赔偿金27107.46元（4517.91元×3个月×2倍）。

法律分析

员工在通知期内撤回离职的行为，一般情况下不发生离职效力，除非能够证明双方已就离职期限协商一致。此外，如果用人单位已接收离职申请，则劳动者的撤回行为并不改变其解除行为的生效。因此，在处理此类争议时，应充分考虑相关事实，以确定是否存在有效的撤回行为。

合规依据

《民法典》

第一百三十七条 以对话方式作出的意思表示，相对人知道其内容时生效。以非对话方式作出的意思表示，到达相对人时生效。以非对话方式作出的采用数据电文形式的意思表示，相对人指定特定系统接收数据电文的，该数据电文进入该特定系统时生效；未指定特定系统的，相对人知道或者应当知道该数据电文进入其系统时生效。当事人对采用数据电文形式的意思表示的生效时间另有约定的，按照其约定。

第一百四十一条　行为人可以撤回意思表示。撤回意思表示的通知应当在意思表示到达相对人前或者与意思表示同时到达相对人。

《劳动合同法》

第三十七条　劳动者提前三十日以书面形式通知用人单位，可以解除劳动合同。劳动者在试用期内提前三日通知用人单位，可以解除劳动合同。

《劳动法》

第三十一条　劳动者解除劳动合同，应当提前三十日以书面形式通知用人单位。

第三节　企业单方解除劳动合同

合规要点1：企业单方解除劳动合同应符合法定情形

1.用人单位单方解除劳动合同必须符合法律规定的情形，遵守法定程序，确保解除行为的正当性和合法性，并考虑对劳动者权益的保护。2.用人单位违法解除劳动合同，须支付相应的赔偿金。3.即使在客观情况发生重大变化的情形下，用人单位也应与劳动者进行充分协商，不能直接与劳动者解除劳动合同。4.用人单位在提出解除劳动合同的理由时，应当注意证据的收集和保存，避免因证据不足而导致解除行为违法。

案例参考

不服从工作安排引发的劳动合同解除争议：安龙公司与解某雷劳动争议案

2014年1月9日解某雷与安龙公司签订劳动合同，2015年1月28日双方续签劳动合同至2018年2月8日。2017年3月1日解某雷与安龙公司签订劳动合同，2018年1月4日双方续签劳动合同期限至2020年2月8日。解某雷工作岗位为司机，月工资为3200元，安龙公司认可未发放解某雷2018年8月工资2795元。

安龙公司主张：2018年8月24日其公司要求解某雷驾驶车辆开往延庆进行车辆

检测，解某雷拒绝公司安排。2018年8月27日安龙公司向解某雷发出《解除劳动关系通知书》，内容为：解某雷在工作期间违反《员工手册》第三章第二条第2.3项规定，不服从执行上级工作安排、工作指令、不接受指导，安龙公司书面通知与解某雷解除劳动关系。为证明劳动关系解除合法，安龙公司提交了安龙联合公司的《员工手册》、会计验资报告、承诺书两份、安龙公司发布的《司机考核指标》、安龙公司制定的《车辆使用管理制度》及补充规定、安龙公司出具的《处罚通知》《关于司机解某雷的处罚决定》、车辆临时牌照、机动车交强险保单、产品合格证明两份、试验报告。

解某雷质证意见：1.认可见过《员工手册》，但未进行培训学习，且与安龙公司无关；2.认可会计验资报告真实性，不认可证明目的；3.认可承诺书真实性，但解某雷就职于安龙公司，不应受安龙公司《员工手册》的约束；4.不认可安龙公司发布的《司机考核指标》；5.认可《车辆使用管理制度》及补充规定的真实性，不认可证明目的及关联性；6.不认可《关于司机解某雷的处罚决定》；7.认可车辆临时牌照，但解某雷当时所驾驶车辆未挂临时车牌，不符合驾驶要求；认可交强险投保单，但无法核实该车辆与当时要求解某雷驾驶的车辆一致；8.不认可安龙公司出具的产品合格证明，认为此合格证明上印章为安龙公司加盖的，即使是真实的，上面所载车辆制造日期为2018年8月30日，也并非要求解某雷驾驶的车辆，安龙公司陈述要求解某雷驾驶车辆时该车辆已制造完成，只是出证日期为8月30日；9.认可庆铃公司出具的合格证明；10.认可试验报告，但送样日期和签发日期均在解某雷离职之后，不能证明安龙公司要求解某雷驾驶车辆时，该车辆符合安全标准。

解某雷认可安龙公司要求其驾驶车辆进行检测，但认为安龙公司要求其驾驶的车辆未挂临时车牌，不符合上路标准，解某雷不具有驾驶该车辆的资质；2015年安龙公司曾要求其驾驶类似车辆，上路后被交管局进行过处罚，故解某雷不能服从安龙公司的指令，安龙公司的解除行为系违法解除，双方的劳动关系于2018年8月27日解除。为证明其主张，解某雷提交了部门协作单、处罚决定书、通知书、反馈通知书。安龙公司认可上述证据的真实性，但不认可证明目的。

2018年8月28日，解某雷向北京市房山区劳动人事争议仲裁委员会申请仲裁，要求安龙公司：1.支付违法解除劳动合同赔偿金32000元；2.支付2014年1月4日至2018年8月27日加班工资920元；3.支付2018年8月1日至27日工资3200元。2018年12月10日，房山仲裁委作出裁决书，裁决：1.安龙公司支付解某雷违法解除劳动合同赔偿金 32000 元；2. 安龙公司支付解某雷 2018 年 8 月 1 日至 27 日工资 2795 元；3. 驳回解某雷的其他申请请求。

【裁判观点】

一审法院认为，关于解除劳动关系一节，根据双方均无异议的《解除劳动关系通知书》可知，安龙公司以解某雷不服从、执行上级工作安排、工作指令、不接受指导为由解除劳动关系。关于安龙公司要求解某雷驾驶车辆开往延庆区进行车辆检测是否符合法律规定，焦点在于该车辆是否符合上路标准。安龙公司提交的车辆临时牌照、机动车交强险保单显示，2018 年 8 月 24 日安龙公司安排工作时所涉车辆处于临时行驶车号牌的有效期内，且该车辆投保了机动车交通事故强制责任险，以上证据可以证明安龙公司要求解某雷驾驶的车辆符合上路标准。解某雷主张车辆未挂临时车牌，但未提交相应的证据予以证明，法院对该主张不予采信。解某雷主张其不具有驾驶该车辆的资质，但未提交相应证据证明，法院对该主张不予采信。从工作职责来说，解某雷岗位为司机，安龙公司安排其驾驶车辆进行检测属于其工作范围，未有正当理由，其应当服从安龙公司的工作安排。故，解某雷确实存在不服从、执行上级工作安排、工作指令的行为。但安龙公司自行提交的《员工手册》显示，故意不服从主管上级的工作安排的，应予以记过处分，而并非直接解除劳动关系。因此，安龙公司以解某雷不服从工作安排为由解除劳动关系确系违法解除，对其要求无须支付违法解除劳动合同赔偿金的诉讼请求，法院不予支持。结合双方庭审中一致认可的工作年限及工资标准核算，仲裁机构裁决的违法解除劳动合同赔偿金数额符合法律规定，法院依法予以确认。

法律分析

用人单位解除劳动合同的事由应当符合法律规定，解除程序应当严格按照法律要求，《劳动合同法》第三十九条列出了用人单位可以解除劳动合同的情形，如试用期不符合录用条件、严重违反规章制度、严重失职、营私舞弊造成重大损害、影响工作任务等。

合规依据

《劳动合同法》

第三十九条 劳动者有下列情形之一的，用人单位可以解除劳动合同：（一）在试用期间被证明不符合录用条件的;(二)严重违反用人单位的规章制度的;(三)严重失职,营私舞弊,给用人单位造成重大损害的;(四)劳动者同时与其他用人单位建立劳动关系,对完成本单位的工作任务造成严重影响,或者经用人单位提出,拒不改正的;(五)因本法第二十六条第一款第一项规定的情形致使劳动合同无效的;(六)被依法追究刑事责任的。

第四十条 有下列情形之一的,用人单位提前三十日以书面形式通知劳动者本人或者额外支付劳动者一个月工资后,可以解除劳动合同:(一)劳动者患病或者非因工负伤,在规定的医疗期满后不能从事原工作,也不能从事由用人单位另行安排的工作的;(二)劳动者不能胜任工作,经过培训或者调整工作岗位,仍不能胜任工作的;(三)劳动合同订立时所依据的客观情况发生重大变化,致使劳动合同无法履行,经用人单位与劳动者协商,未能就变更劳动合同内容达成协议的。

第四十一条 有下列情形之一,需要裁减人员二十人以上或者裁减不足二十人但占企业职工总数百分之十以上的,用人单位提前三十日向工会或者全体职工说明情况,听取工会或者职工的意见后,裁减人员方案经向劳动行政部门报告,可以裁减人员:(一)依照企业破产法规定进行重整的;(二)生产经营发生严重困难的;(三)企业转产、重大技术革新或者经营方式调整,经变更劳动合同后,仍需裁减人员的;(四)其他因劳动合同订立时所依据的客观经济情况发生重大变化,致使劳动合同无法履行的。裁减人员时,应当优先留用下列人员:(一)与本单位订立较长期限的固定期限劳动合同的;(二)与本单位订立无固定期限劳动合同的;(三)家庭无其他就业人员,有需要扶养的老人或者未成年人的。用人单位依照本条第一款规定裁减人员,在六个月内重新招用人员的,应当通知被裁减的人员,并在同等条件下优先招用被裁减的人员。

第四十二条 劳动者有下列情形之一的,用人单位不得依照本法第四十条、第四十一条的规定解除劳动合同:(一)从事接触职业病危害作业的劳动者未进行离岗前职业健康检查,或者疑似职业病病人在诊断或者医学观察期间的;(二)在本单位患职业病或者因工负伤并被确认丧失或者部分丧失劳动能力的;(三)患病或者非因工负伤,在规定的医疗期内的;(四)女职工在孕期、产期、哺乳期的;(五)在本单位连续工作满十五年,且距法定退休年龄不足五年的;(六)法律、行政法规规定的其他情形。

第四十八条 用人单位违反本法规定解除或者终止劳动合同,劳动者要求继续履行劳动合同的，用人单位应当继续履行；劳动者不要求继续履行劳动合同或者劳动合同已经不能继续履行的，用人单位应当依照本法第八十七条规定支付赔偿金。

合规要点 2：企业单方解除劳动合同应事先通知工会

1.企业在解除与劳动者的劳动合同时，应事先将理由通知工会。当用人单位违反法律、行政法规或劳动合同约定时，工会有权要求用人单位纠正。2.如果用人单位未事先通知工会，即便解除劳动合同的理由合法，程序上也构成违法解除劳动合同，劳动者可以请求用人单位支付违法解除劳动合同的赔偿金。

案例参考

用人单位未通知工会解除劳动合同被判违法解除

崔某萍于 2012 年 2 月入职派某克公司，派某克公司为其缴纳了基本养老保险、失业保险等社会保险金。在 2020 年 3 月前崔某萍一直是在仓管岗位工作，双方最后签订的劳动合同约定的期限为 2015 年 4 月 10 日至 2022 年 4 月 9 日，工作内容为仓管等。2020 年 3 月，派某克公司以仓库合并为由将崔某萍调离仓管岗位，从事质检工作，后又调至生产部，最后安排其在生产部从事清扫工作，崔某萍因对派某克公司的调动不满而未提供劳动，双方发生争执并报警处理。2020 年 4 月 20 日，派某克公司将崔某萍重新安排至仓管岗位。2020 年 6 月 24 日，派某克公司根据崔某萍在 4 月 21 日至 6 月 23 日的工作实际情况，又再次将其调离仓管岗位，让其负责车间公共区域的卫生，崔某萍仍未接受工作调动。2020 年 6 月 29 日，派某克公司以崔某萍不服从新岗位安排，严重影响公司工作氛围给公司造成严重后果为由，作出《劳动合同解除说明书》。崔某萍与派某克公司解除劳动关系前 12 个月实际发放的平均工资为 2165.85 元 / 月，其个人承担的社会保险费为 353.64 元 / 月，其在派某克公司工作了 8 年 4 个月。2020 年 12 月 17 日，崔某萍就其与派某克公司赔偿金纠纷向县劳动人事争议仲裁委员会申请仲裁，称因超过受理期限，其不同意由县劳动人事争议仲裁委员会受理该案。一审另查明，派某克公司为崔某萍垫付了 2020 年 7 月至 11 月社会保险费 3306.95 元。崔某萍于 2020 年 10 月与其他用人单位建立新的劳动关系。二审另查明，上诉人派某克公司于 2020 年 6 月 29 日解除与被上诉人崔某萍劳动合同时未履行通知工会程序。

【裁判观点】

《劳动合同法》第四十三条规定，用人单位单方解除劳动合同，应当事先将理由通知工会。《江苏省劳动合同条例》第三十一条规定，用人单位解除或终止劳动合同，应当符合法定的条件和程序。用人单位单方解除劳动合同，应当事先将理由通知工会；用人单位尚未建立工会的，通知用人单位所在地工会。本案中，上诉人派某克公司解除与崔某萍之间的劳动关系，并未将解除理由事先通知工会，违反了解除劳动合同的法定程序，一审判决认定该解除系违法解除并判决支持赔偿金符合法律规定。

法律分析

企业单方解除劳动合同时必须遵守《劳动合同法》第四十三条的规定，即事先通知工会。工会是劳动者利益的代表者和合法权益的维护者，其基本职责是维护职工合法权益，这一点不仅体现了工会在维护劳动者权益中的作用，也是确保解除劳动合同过程合法、程序正当的基础。未履行该程序的企业可能需要承担相应的法律责任，包括支付赔偿金等。

合规依据

《劳动合同法》

第四十三条　用人单位单方解除劳动合同，应当事先将理由通知工会。用人单位违反法律、行政法规规定或者劳动合同约定的，工会有权要求用人单位纠正。用人单位应当研究工会的意见，并将处理结果书面通知工会。

《最高人民法院关于审理劳动争议案件适用法律问题的解释（一）》

第四十七条　建立了工会组织的用人单位解除劳动合同符合劳动合同法第三十九条、第四十条规定，但未按照劳动合同法第四十三条规定事先通知工会，劳动者以用人单位违法解除劳动合同为由请求用人单位支付赔偿金的，人民法院应予支持，但起诉前用人单位已经补正有关程序的除外。

合规要点3：对严重违规违纪程度的量化认定

1.根据劳动法律、法规的规定，违纪行为一般根据其情节、造成后果的不同分为一般违纪、严重违纪等。2. 判断是否违纪及违纪是否严重，应以劳动者有义务遵守的劳动纪律和劳动法规所规定的内容或用人单位内部劳动规则中关于严重违纪行为的具体规定为衡量标准，因此用人单位应当制定并公布内部劳动规则，明确员工违纪的处理方式。3. 如果劳动者存在违纪行为，如外出申请记录、签到记录等，这些都可以作为用人单位判断劳动者是否违纪的证据。4. 劳动者的工作性质和过错程度、违规行为对用人单位的经济效益和声誉的影响以及实际侵害程度都是判断违规违纪程度的重要指标。

案例参考

违反保密协议引发劳动合同解除：许某刚与费某托公司劳动争议案

2014年1月24日，许某刚与费某托公司签订了无固定期限劳动合同，劳动合同起始时间为2013年3月1日。合同约定了若许某刚违反公司的规章制度，费某托公司可以给予解除劳动合同的处分。费某托公司员工手册中规定员工违反员工手册规定的规章制度、保密规定以及相关行为准则的，公司有权随时解除劳动合同；同日，许某刚与费某托公司签订《保密协议》，约定保密事项包括：经销商资料、销售资料、市场推广计划、价位策略、销售渠道、销售模式、销售办法及诀窍、客户资料等。若违反该约定，公司有权根据其行为得到控制的程度及对业务产生影响的大小给予警告、通报批评、降职降薪及解除劳动合同的处分。

2018年3月9日，许某刚经办某宁海右公司在费某托公司处的382号订单。2018年4月4日，许某刚与某蝶公司互有邮件往来，邮件内容包含某宁海右公司与某蝶公司的购销合同。2018年8月3日，某蝶公司将其与某宁海右公司的购销合同发送给许某刚。2018年8月6日，许某刚经办某宁海右公司在费某托公司处165号订单。2019年5月20日，许某刚与某宁海右公司、某蝶公司就南宁PPP(Public-Private Partnership)项目进行邮件沟通。2020年8月10日，某蝶公司与许某刚就章丘项目进行邮件沟通。另查明，《费某托公司销售条款及条件》第十一条规定，除费某托事先书面同意外，客户从费某托采购的货物，仅限于生产制造客户自身的产品，不得向任何第三方直接或间接转售（包括将产品的部件拆下转卖）。如客户违反此保证或费某托有合理依据怀疑客户将违反此保证，费某托有权拒绝接受该客户发出的订购信息，而客户应承担费某托公司由此遭受的一切损失。

2020年11月25日，费某托公司以许某刚严重违反劳动纪律、规章制度为由向其发出《解除劳动合同通知书》，并将劳动关系解除事项通知工会。许某刚于 2021 年 1 月 12 日向济南市历下区劳动人事争议仲裁委员会提起仲裁，仲裁请求与本案诉讼请求相同。济南市历下区劳动人事争议仲裁委员会于 2021 年 3 月 2 日作出裁决书，裁决驳回许某刚的仲裁请求。许某刚对此裁决不服，于法定期限内向一审法院提起诉讼。

【裁判观点】

《劳动合同法》第三十九条规定，劳动者严重违反用人单位的规章制度的，用人单位可以解除劳动合同。一般情况下，在企业规章制度的适用问题上，应遵循合理、最后手段原则和可预测原则相结合的原则，认定劳动者的违规违纪行为是否到达严重标准时，应充分考虑劳动者的工作性质及过错程度，行为对用人单位的经济效益、声誉产生的影响及实际侵害程度等因素综合考量。本案中，根据一审查明的事实，许某刚确实存在配合帮助买货客户向第三方转售所购买产品的行为。但在费某托公司的《员工手册》等规章制度及签订的《保密协议》中，并未明确规定该种行为属于严重违反单位规章制度，且单位可以与员工解除劳动合同的情形。综合考虑许某刚作为销售人员的工作性质、其行为的过错程度，行为对用人单位的经济效益、声誉产生的影响及实际侵害程度等因素，以及单位适用规章制度与员工解除劳动合同应遵循最后手段原则和可预测原则的前提下，费某托公司在首次发现许某刚存在上述行为后，无证据证实许某刚存在明知该行为将会导致被解除劳动合同即明知故犯或存在故意损害公司利益的情况下，直接据此解除与许某刚的劳动合同依据不足，一审法院认定费某托公司属于违法解除劳动合同并无不当。

法律分析

《劳动合同法》第三十九条规定了用人单位可以因劳动者严重违反规章制度而解除劳动合同。这一规定为用人单位提供了法律依据，但其效力需要基于具体的违纪行为来判断是否严重违规。对严重违规违纪程度的量化认定是一个复杂的问题，需要综合考虑多个因素，包括但不限于劳动者的过错程度、对单位规章制度的违反程度、行为造成的实际后果、劳动者的主观态度以及规章制度本身的合法性等。在具体案例中，法院会根据案件的具体情况和法律规定，综合这些因素来作出判断。

合规依据

《劳动法》

第二十五条 劳动者有下列情形之一的,用人单位可以解除劳动合同:(一)在试用期间被证明不符合录用条件的;(二)严重违反劳动纪律或者用人单位规章制度的;(三)严重失职,营私舞弊,对用人单位利益造成重大损害的;(四)被依法追究刑事责任的。

《劳动合同法》

第三十九条 劳动者有下列情形之一的,用人单位可以解除劳动合同:(一)在试用期间被证明不符合录用条件的;(二)严重违反用人单位的规章制度的;(三)严重失职,营私舞弊,给用人单位造成重大损害的;(四)劳动者同时与其他用人单位建立劳动关系,对完成本单位的工作任务造成严重影响,或者经用人单位提出,拒不改正的;(五)因本法第二十六条第一款第一项规定的情形致使劳动合同无效的;(六)被依法追究刑事责任的。

合规要点4:以违反劳动法基本原则为由解除劳动合同的合法性认定

1.劳动者的行为不完全符合公司规章制度,若其行为违反了诚信原则,用人单位有权解除劳动合同。这表明在没有具体规章规定的情况下,法院也会考虑适用诚实信用原则来评估解除行为的合法性。2.根据规则优先适用原则,劳动规则应优先适用,只有穷尽规则后才能适用劳动法基本原则。3.劳动者负有忠诚义务,是劳动关系中诚实信用原则的体现和要求,也是劳动者理应遵守的基本职业道德。

案例参考

滥用病假违反诚信原则与企业规章制度引发的劳动合同解除争议

丁某某于2013年1月28日入职北京某科技公司,后非因劳动者原因用人单位主体变更为某里公司。2013年4月1日,某里公司与丁某某签订了劳动合同,合同期限自2013年4月1日起至2016年1月27日止,合同中并未约定试用期。丁某某在某里公司的职位为资深经理,其自称月工资标准为36000元,某里公司对丁某某主张的工资总额无异议,但其表示丁某某的工资由1000元的基本工资和35000元的浮动工资组成，丁某某对某里公司主张的工资构成不予认可。2013年4月19日，丁某某通过电子邮件向某里公司请病假两周，某里公司予以批准。丁某某提交的诊断证明书、病历手册、医疗费单据记载，2013年4月18日丁某某到北京某按摩医院就诊，北京某按摩医院诊断及建议为：颈椎病，建议休两周。某里公司对上述证据的真实性无异议。

丁某某于2013年4月19日前往巴西，5月4日回国。2013年4月25日某里公司曾以丁某某在试用期内不符合录用条件为由通知与丁某某解除劳动合同。经丁某某与某里公司交涉后，某里公司撤销了上述解除劳动合同决定。2013年5月16日，某里公司再次向丁某某送达了解除劳动合同通知，主要内容为：您提出两周病假全休申请后当日即赴巴西出境旅游，属提供虚假申请信息并恶意欺骗公司，上述行为严重违反公司规章制度，公司决定立即解除您的劳动合同，劳动合同解除日期为2013年5月16日。此前公司向您送达"试用期不符合录用条件"的解除劳动合同通知，已作废。为证明与丁某某解除劳动合同符合法律规定，某里公司向法院提交了电子邮件、《某里集团员工纪律制度》《某里集团商业行为准则》、谈话录音等证据予以证明。电子邮件是丁某某向某里公司请病假时发送，内容为："老板，您好。最近两周一直受头疼困扰，昨天去医院检查，发现颈椎问题严重，医生要求先休两周，五一后根据复查情况有可能要住院治疗。"某里公司主张按照丁某某请病假时的描述，其病情十分严重，如此严重的病情根本不可能承受住长途飞行，由此可见丁某某提供了虚假信息。丁某某对上述邮件的真实性予以认可，但不认可某里公司主张的证据的证明目的。《某里集团员工纪律制度》中第1.13条规定：对公司要求提供的个人重要信息有意虚报、欺骗、隐瞒，例如教育背景、个人信息、培训与工作经历、入职体检信息、资质资格信息等，公司可以立即解除劳动合同。《某里集团商业行为准则》中规定：员工必须按某里集团的要求来履行作为员工的职责，遵守上级主管的合理指挥及与某里集团签订的雇佣协议。员工故意违反上述义务的，公司可予以解雇。某里公司称丁某某回国后公司就其出国事宜进行了询问，丁某某表示其并未出国，其上述行为属于不服从公司合理指挥、故意隐瞒重要信息。丁某某对上述规章制度的真实性无异议，其表示某里公司一直要求其承认是去巴西旅游，其从来没有否认出国休养的事实，只是不认可是出国旅游的说法。谈话录音是2013年5月16日某里公司的几位工作人员与丁某某交谈时录制，谈话中某里公司反复追问丁某某休病假时是在北京还是在巴西，丁某某强调其是在休病假，至于在哪儿休病假与今天谈话的主题无关,公司如果采取这种谈话方式而且录音,就不是善意的了,其什么也不回答了。丁某某对上述录音的真实性无异议,其表示谈话当日是要与某里公司沟通试用期解除劳动合同的后续事宜,没想到公司又采用诱导的方式和其讨论休病假的事情,其认为公司不是善意的,就没有正面答复。谈话结束后,某里公司就拿出了解除劳动合同通知让其签字。

某里公司就丁某某已在其他单位任职的主张向法院提交了网页截屏图、视频资料予以证明,上述证据显示丁某某在 2013 年 7 月参加了某求职类节目并且应聘成功。丁某某对上述证据的真实性无异议,其表示参加的是一档娱乐节目,整个节目的过程和结果都是为了满足收视率的需求,其实际上并没有入职节目中的招聘单位。某里公司就丁某某已经入职新单位的主张未向法院提交其他证据予以证明。在本案审理过程中,某里公司未向法院举证证明其规章制度中有对员工病休期间休假地点的限制性规定。

丁某某以要求撤销某里公司对其作出的解除劳动合同决定、继续履行劳动合同为由向北京市海淀区劳动人事争议仲裁委员会提出申诉,仲裁委员会裁决如下:某里公司于 2013 年 5 月 16 日对丁某某作出的解除劳动合同决定不能成立,双方应继续履行所签订期限为 2013 年 4 月 1 日至 2016 年 1 月 27 日的劳动合同。某里公司不服仲裁裁决,提起诉讼。

北京市海淀区人民法院于 2014 年 11 月 20 日作出民事判决:撤销某里公司于 2013 年 5 月 16 日对丁某某作出的解除劳动合同决定,双方继续履行劳动合同。某里公司不服一审判决,提出上诉,请求撤销一审判决,改判支持其诉讼请求。丁某某同意一审判决。

【裁判观点】

二审法院认为,依法保护劳动者合法权益的前提是劳动者与用人单位在法律上的平等和相互尊重。劳动者严重违反用人单位的劳动纪律和规章制度,有悖相互尊重和信任,导致劳动合同失去继续履行的基础,按照相关法律规定,用人单位可以解除劳动合同。虽然司法实践中倡导用人单位制定明确的规章制度和劳动纪律,但是不能苛求用人单位对劳动者的日常行为事无巨细地作出规制。对于劳动纪律和规章制度中没有具体涉及的情形,应当遵循民法基本原则加以理解适用,而诚实信用原则不但是劳动者应当恪守的社会公德,更是用人单位与劳动者依法建立和履行劳动关系的基石。本案中,丁某某于 2013 年 4 月 18 日前往医院就诊,4 月 19 日就以自己患有严重颈椎病,医生建议休息为由,向某里公司请病假两周,并于当日启程前往巴西。丁某某回国后,某里公司的工作人员与其谈话时,丁某某刻意回避谈及休假地点,仅强调事先已请假,且以公司规章制度没有对员工的休假地点作出限制为由辩解。本院再审庭审中,丁某某对于前往巴西期间的行程及是否遵医嘱接受适当的治疗或疗养等问题均予以回避。根据上述事实,本院再审认为,用人单位的规章制度虽然未对劳动者休假地点作出限定,但是劳动者休假期间的行为应当与其请假事由相符。按照一般生活常识判断,某里公司有理由质疑丁某某请病假的目的并非休养或治疗,丁某某在某里公司向其了解情况时拒绝提供真实信息,违背诚信原则和企业规章制度,对用人单位的工作秩序和经营管理造成恶劣影响,故某里公司以丁某某严重违反企业规章制度为由决定与其解除劳动合同合法有效。

法律分析

劳动法基本原则包括按劳分配,同工同酬原则、保障劳动者权利和义务原则、公平原则、诚实信用原则、合法公平自愿原则等。劳动者违反劳动法基本原则可能导致用人单位解除劳动合同,劳动者需支付经济赔偿,甚至承担刑事责任。同时若用人单位违反劳动法基本原则,用人单位应向劳动者支付经济补偿金或赔偿金。

合规依据

《劳动法》

第一条 为了保护劳动者的合法权益,调整劳动关系,建立和维护适应社会主义市场经济的劳动制度,促进经济发展和社会进步,根据宪法,制定本法。

第三条 劳动者享有平等就业和选择职业的权利、取得劳动报酬的权利、休息休假的权利、获得劳动安全卫生保护的权利、接受职业技能培训的权利、享受社会保险和福利的权利、提请劳动争议处理的权利以及法律规定的其他劳动权利。劳动者应当完成劳动任务,提高职业技能,执行劳动安全卫生规程,遵守劳动纪律和职业道德。

第四条 用人单位应当依法建立和完善规章制度,保障劳动者享有劳动权利和履行劳动义务。

第七十八条 解决劳动争议,应当根据合法、公正、及时处理的原则,依法维护劳动争议当事人的合法权益。

合规要点 5：被依法追究刑事责任与被行政拘留不可混同

1.用人单位在行使解除权时需要注意行使期限，并对劳动者提供宽宥与保护，促进其就业与社会稳定。如果超过合理期限不行使，形成权灭失，无法以劳动者被追究刑事责任而解除劳务关系。2.即使劳动者被判处刑罚并执行完毕，用人单位也不能随意解除劳动关系，应符合法律规定和合同约定。3.用人单位应注意行政拘留情形下解除劳动合同的合法性问题。一般情况下劳动者被行政拘留，用人单位以行政拘留为由解除劳动合同的，该行为违法。但如果公司章程有明确规定，而劳动者清楚这些规定，仍然严重违反用人单位的规章制度，那么用人单位有权合法解除劳动合同。

案例参考

季某自 2005 年进入兖州工务段工作，兖州工务段和季某于 2012 年 11 月 5 日签订无固定期限劳动合同。季某因涉嫌危险驾驶罪于 2018 年 6 月 1 日被枣庄市公安局薛城分局刑事拘留，2018 年 11 月 26 日被一审法院判处拘役一个月零十五天，并处罚金人民币四千二百元。自 2018 年 11 月 26 日被判处刑事处罚开始，至 2019 年 1 月 16 日季某回单位上班，考勤记录均为"休假""年假""病假"等状态，兖州工务段在 2018 年 12 月 11 日收到一审法院的判决书后，以季某被追究刑事责任为由，征求了工会意见后，于 2019 年 7 月 22 日解除劳动合同，同日作出《解除（终止）劳动合同证明》，并依据《济南铁路局职工奖惩实施办法》（济铁劳卫发〔2014〕135 号）和《济南局劳动合同管理办法》（济铁劳卫发〔2014〕314 号）的有关规定出具了《关于解除季某劳动合同的通知》和《关于给予季某开除处分的决定》。季某不服该处分，决定向枣庄市劳动人事争议仲裁委申请仲裁，该仲裁委于 2020 年 9 月 4 日依法作出仲裁裁决，裁决内容："一、确认被申请人于 2019 年 7 月 22 日作出的对申请人开除处分、解除劳动合同行为违法；二、申请人与被申请人自本裁决书生效之日起继续履行劳动关系。"后案件进入诉讼阶段。

【裁判观点】

《劳动合同法》第三十九条第六项规定，劳动者被依法追究刑事责任的，用人单位可以解除劳动合同。该项规定的解除劳动合同情形在法律性质上为解除权的一种，属于形成权的范畴，有其行使的合理期限，如果权利人超过合理期限不行使，则形成权灭失。本案中，季某于 2018 年 11 月 26 日被判危险驾驶罪、处拘役一个月零十五天，兖州工务段于2018年12月11日收到刑事判决书，季某于2019年1月16日回单位上班，兖州工务段于2019年7月22日以季某曾于2018年11月被依法追究刑事责任为由与季某解除劳动关系，兖州工务段以此为由行使解除劳动合同权利已超过合理期限，一审法院认定兖州工务段对季某进行解除劳动合同不符合法律规定，系违法解除，对兖州工务段请求确认作出的《关于给予季某开除处分的决定》及《关于解除季某劳动合同的通知》有效的诉请，不予支持并无不当。一审法院根据《劳动合同法》第四十八条："用人单位违反本法规定解除或者终止劳动合同，劳动者要求继续履行合同的，用人单位应当继续履行……"之规定，对季某要求与兖州工务段恢复履行双方劳动关系的主张，予以支持，具有事实和法律依据，本院二审予以确认。兖州工务段的上诉主张不能成立，本院不予支持。

法律分析

根据《劳动合同法》规定，用人单位可以解除劳动合同的情形之一为"劳动者被依法追究刑事责任"。但如果劳动者触犯《治安管理处罚法》《道路交通安全法》等法律而被作出的行政拘留决定，属于行政处罚，一般情况下用人单位无权解除劳动合同，应注意虽然二者都对劳动者人身自由进行限制，但被行政拘留与被追究刑事责任在性质上完全不同，不能等同。

合规依据

《劳动法》

第二十五条 劳动者有下列情形之一的，用人单位可以解除劳动合同：（一）在试用期间被证明不符合录用条件的；（二）严重违反劳动纪律或者用人单位规章制度的；（三）严重失职，营私舞弊，对用人单位利益造成重大损害的；（四）被依法追究刑事责任的。

《劳动合同法》

第三十九条 劳动者有下列情形之一的，用人单位可以解除劳动合同：（一）在试用期间被证明不符合录用条件的；（二）严重违反用人单位的规章制度的；（三）严重失职，营私舞弊，给用人单位造成重大损害的；（四）劳动者同时与其他用人单位建立劳动关系，对完成本单位的工作任务造成严重影响，或者经用人单位提出，拒不改正的；（五）因本法第二十六条第一款第一项规定的情形致使劳动合同无效的；

（六）被依法追究刑事责任的。

合规要点6：医疗期满解除劳动合同的注意事项

1.如果劳动者在规定的医疗期满后，不能从事原工作，也不能从事由用人单位另行安排的工作，用人单位可以依法解除劳动合同，同时用人单位应提前三十天书面通知劳动者。2.在计算医疗期内的工作时间时，应当按照实际工作年限进行计算，并确认是否已经享受了相应的医疗期。如果劳动者实际享受了超过规定的医疗期，那么即使实际病休时间少于医疗期，用人单位也可以解除劳动合同。3.在解除劳动合同过程中，用人单位应与劳动者进行沟通协商，了解其病情及康复情况，判断是否有可能调整工作岗位或继续支付工资等。4.用人单位解除劳动合同，应当按照法律规定的程序进行，包括提前三十天书面通知、报请工会批准等。5.如果双方约定了特殊的医疗期或延长了医疗期的期限，则必须按照约定执行，不得随意变更。

案例参考

医疗期满后解除劳动合同的法律认定

2010年8月2日，戚某亮入职地铁第三公司担任电动列车驾驶员职务，此前戚某亮曾有两年部队服役年限。双方签订过多次劳动合同，且末次劳动合同为自2016年8月2日起的无固定期限劳动合同。

2020年6月2日，地铁第三公司向戚某亮发送通知书，载明："……你自2010年8月起病假，累计至今13.2个月的事实，故公司特此通知你……在收到本通知书后于2020年6月9日前到3号线管理部报到、安排工作……"2020年6月30日，地铁第三公司向戚某亮发送的通知书记载："……你可享受医疗期12个月……自2010年8月起病假，累计至今达13.2个月，已超过法定医疗期。公司2020年6月2日的通知书通知你于2020年6月9日到3号线管理部报到、安排工作，你未按时报到。公司现以你医疗期满不能从事原工作，也不能从事公司另行安排的工作为由，于2020年6月30日解除双方劳动合同。"后地铁第三公司支付戚某亮147409元。

2020年8月21日，戚某亮向上海市虹口区劳动人事争议仲裁委员会申请仲裁，未获支持，戚某亮不服诉至本院，仲裁及一审诉讼请求为：要求判令地铁第三公司支付：1.违法解除劳动合同赔偿金差额60695元；2.2019年3月1日至8月31日病假工资差额 38807.94 元；3. 2019 年 12 月 1 日至 2020 年 2 月 29 日疾病救济费差额 8358.88 元。事实和理由为：1. 原告于 2010 年 8 月 2 日入职被告，此前曾有两年部队服役年限，原告应享受 13 个月医疗期，原告已休病假不足 10 个月，却被被告解除劳动合同，故被告在医疗期内解除原告构成违法解除。2. 原告 2018 年 3 月至 2019 年 2 月平均实发工资为 8671 元，因被告未足额支付原告病假期间工资，故应支付 2019 年 3 月 1 日至 8 月 31 日病假工资差额 8671 元 / 月 ×6 个月 –13218.06 元 =38807.94 元；3. 疾病救济费应为工资标准的 60%，被告应支付原告 2019 年 12 月 1 日至 2020 年 2 月 29 日疾病救济费差额 8671 元 / 月 ×3 个月 ×60%–7248.90 元 =8358.9 元。

一审审理中：（一）地铁第三公司向一审法院提供了戚某亮 2019 年 3 月至 2020 年 6 月工资清单，表示戚某亮工资由岗位工资、能级工资、计件工资、洞下津贴（50 元）、绩效奖励等组成，每月扣除养老金、企业年金、公积金、补充公积金、失业保险金、工会费，若当月有病假缺勤情况，洞下津贴（50 元）将根据病假缺勤天数按比例予以扣除。2019 年 3 月至 8 月，戚某亮实发工资分别为 7090.74 元、2836.27 元、2006.80 元、1984 元、1984 元、1984 元，2019 年 12 月至 2020 年 2 月实发工资分别为 3280.92 元、1984 元、1984 元，故地铁第三公司已足额支付 2019 年 3 月 1 日至 8 月 31 日、2019 年 12 月 1 日至 2020 年 2 月 29 日工资。戚某亮对于上述期间的实发工资金额并无异议，对于工资清单项目构成不予认可，但表示其收到的工资单明细与地铁第三公司提供的工资清单是一致的。（二）根据地铁第三公司提供的戚某亮在职期间的病假单，戚某亮自入职起至 2020 年 6 月 24 日，其累计病假天数达 376 天，其中连续病假没有超过 6 个月。（三）地铁第三公司称，2020 年 5 月 8 日戚某亮曾提出调岗，地铁第三公司表示同意将戚某亮调岗至站务员，但戚某亮不同意，之后便无下文。2020 年 6 月 9 日戚某亮到地铁第三公司表示要继续病假，故地铁第三公司无法再安排工作，且戚某亮也无回公司上班的意愿。

【裁判观点】

根据相关法律规定，医疗期是指劳动者患病或者非因工负伤停止工作治病休息，而用人单位不得解除劳动合同的期限。医疗期按劳动者在本用人单位的工作年限设置，劳动者在本单位工作第 1 年，医疗期为 3 个月；以后工作每满 1 年，医疗期增加 1 个月，但不超过 24 个月。劳动者患病或者非因工负伤，在规定的医疗期满后不能从事原工作，也不能从事由用人单位另行安排的工作的，用人单位可以解除劳动合同。

就医疗期按照劳动者在本用人单位的工作年限设置的相关规定，戚某亮于2010年8月2日入职地铁第三公司，根据其在地铁第三公司的工作年限，戚某亮应享有累计12个月的医疗期。戚某亮认为应将其军龄视作其在地铁第三公司工作年限，对此无相应证据证实，且与医疗期规定不符，故其要求享受13个月医疗期的意见，本院不予采纳。戚某亮提供的病假证明单显示，自其入职后实际请病假累计天数已超过12个月。戚某亮因身体原因申请调岗，地铁第三公司就此对戚某亮另行安排工作，但戚某亮医疗期满既未从事原岗位工作，又未从事重新安排的工作，在此情况下，地铁第三公司依据相关法律规定，于2020年6月30日解除与戚某亮的劳动合同，并无不当，戚某亮要求地铁第三公司支付其违法解除劳动合同赔偿金之请求，缺乏事实和法律依据，本院不予支持。戚某亮认为地铁第三公司应支付其2019年3月1日至8月31日病假工资差额，戚某亮虽对工资清单项目构成不予认可，然该工资清单与其工资明细可相互对应，且戚某亮亦对地铁第三公司上述期间实发其工资金额予以确认，故其主张上述期间的病假工资差额无依据，本院不予支持。发放疾病救济费是为保障因疾病或非因工负伤连续休假超过6个月的企业职工在休假期间基本生活而设立的一项救济措施，由于戚某亮并不符合疾病救济费的发放情形，故对其该主张，本院亦无法支持。

法律分析

医疗期满解除劳动合同是指在劳动者患病或非因工负伤停止工作治病休息，用人单位在规定的医疗期满后，如果劳动者不能从事原工作或另行安排的工作，用人单位可以根据法律规定解除与劳动者的劳动合同的情形。用人单位在解除劳动关系时应支付解除劳动合同的经济补偿金。

合规依据

《劳动法》

第二十九条 劳动者有下列情形之一的，用人单位不得依据本法第二十六条、第二十七条的规定解除劳动合同：（一）患职业病或者因工负伤并被确认丧失或者部分丧失劳动能力的；（二）患病或者负伤，在规定的医疗期内的；（三）女职工在孕期、产期、哺乳期内的；（四）法律、行政法规规定的其他情形。

第二十六条 有下列情形之一的，用人单位可以解除劳动合同，但是应当提前三十日以书面形式通知劳动者本人：（一）劳动者患病或者非因工负伤，医疗期满后，不能从事原工作也不能从事由用人单位另行安排的工作的；（二）劳动者不能胜任工作，经过培训或者调整工作岗位，仍不能胜任工作的；（三）劳动合同订立时所依据的客观情况发生重大变化，致使原劳动合同无法履行，经当事人协商不能就变更劳动合同达成协议的。

《劳动合同法》

第四十二条 劳动者有下列情形之一的，用人单位不得依照本法第四十条、第四十一条的规定解除劳动合同：（一）从事接触职业病危害作业的劳动者未进行离岗前职业健康检查，或者疑似职业病病人在诊断或者医学观察期间的；（二）在本单位患职业病或者因工负伤并被确认丧失或者部分丧失劳动能力的；（三）患病或者非因工负伤，在规定的医疗期内的；（四）女职工在孕期、产期、哺乳期的；（五）在本单位连续工作满十五年，且距法定退休年龄不足五年的；（六）法律、行政法规规定的其他情形。

第四十条 有下列情形之一的，用人单位提前三十日以书面形式通知劳动者本人或者额外支付劳动者一个月工资后，可以解除劳动合同：（一）劳动者患病或者非因工负伤，在规定的医疗期满后不能从事原工作，也不能从事由用人单位另行安排的工作的；（二）劳动者不能胜任工作，经过培训或者调整工作岗位，仍不能胜任工作的；（三）劳动合同订立时所依据的客观情况发生重大变化，致使劳动合同无法履行，经用人单位与劳动者协商，未能就变更劳动合同内容达成协议的。

《企业职工患病或非因工负伤医疗期规定》

第二条 医疗期是指企业职工因患病或非因工负伤停止工作治疗休息不得解除劳动合同的时限。

第三条 企业职工因患病或非因工负伤，需要停止工作医疗时，根据本人实际参加工作年限和在本单位工作年限，给予三个月到二十四个月的医疗期：（一）实际工作年限十年以下的，在本单位工作年限五年以下的为三个月；五年以上的为六个月。（二）实际工作年限十年以上的，在本单位工作年限五年以下的为六个月；五年以上十年以下的为九个月；十年以上十五年以下的为十二个月；十五年以上二十年以下的为十八个月；二十年以上的为二十四个月。

第四条 医疗期三个月的按六个月内累计病休时间计算；六个月的按十二个月内累计病休时间计算；九个月的按十五个月内累计病休时间计算；十二个月的按十八

个月内累计病休时间计算;十八个月的按二十四个月内累计病休时间计算;二十四个月的按三十个月内累计病休时间计算。

第六条 企业职工非因工致残和经医生或医疗机构认定患有难以治疗的疾病,在医疗期内终结,不能从事原工作,也不能从事用人单位另行安排的工作的,应当由劳动鉴定委员会参照工伤与职业病致残程度鉴定标准进行劳动能力的鉴定。被鉴定为一至四级的,应当退出劳动岗位,终止劳动关系,办理退休、退职手续,享受退休、退职待遇;被鉴定为五至十级的,医疗期内不得解除劳动合同。

第七条 企业职工非因工致残和经医生或医疗机构认定患有难以治疗的疾病,医疗期满,应当由劳动鉴定委员会参照工伤与职业病致残程度鉴定标准进行劳动能力的鉴定。被鉴定为一至四级的,应当退出劳动岗位,解除劳动关系,并办理退休、退职手续,享受退休、退职待遇。

合规要点7:劳动者不能胜任工作时解除劳动合同的注意事项

1.用人单位在决定解除劳动合同时,须考虑劳动者培训或调整工作岗位是否具有合法性与合理性。如果用人单位未提供足够证据证明劳动者经培训或调整工作岗位仍不能胜任工作,则其解除劳动合同的行为可能被认定为违法。2.如果用人单位要解除劳动合同,应在提前30天书面通知劳动者本人,或按照《劳动合同法》第四十条的规定,额外支付一个月工资后解除劳动合同。3.如发现用人单位违法解除劳动合同,劳动者可以要求赔偿,即使劳动者被认为不能胜任工作,也应根据其工作实绩进行认定,而不是仅凭一次考核不合格就解除合同。4.用人单位在劳动者不能胜任工作的情况下,应当依法行事,确保解除合同的行为合法有效,同时尊重劳动者的合法权益,避免因违法解除而承担相应的责任。

案例参考

用人单位以劳动者绩效考核不合格为由解除劳动合同,应承担相应举证责任

贺某某入职甲乙丙丁公司时间为2017年12月25日,双方曾签署多份劳动合同,最后一份劳动合同期限为2020年12月25日至2023年12月24日。贺某某离职时间为2022年3月2日,离职前12个月平均工资标准为5780.16元。贺某某以要求甲乙丙丁公司支付违法解除劳动合同赔偿金等为由,向北京市海淀区劳动人事争议仲裁委员会提起仲裁申请。北京市海淀区劳动人事争议仲裁委员会作出仲裁裁决书，裁决：1. 甲乙丙丁公司支付贺某某违法解除劳动合同赔偿金 52021.44 元；2. 驳回贺某某的其他仲裁请求。甲乙丙丁公司不服仲裁结果，于法定期限内提起诉讼。

甲乙丙丁公司每月月初发布绩效考核方案，根据工作岗位制定当月考核指标，依据月度任务的完成度核算考核得分；完成指标即为 100 分，月度考核低于 70 分给予预警黄牌，连续两次预警黄牌，公司有权进行降级、降薪或淘汰处理。贺某某 2022 年 1 月、2 月绩效考核结果均低于 70 分，甲乙丙丁公司在 2022 年 2 月 18 日、3 月 2 日分别将上述二次考核结果通过电子邮件方式告知贺某某。

甲乙丙丁公司作出的《解除劳动合同通知书》载明："由于您的绩效表现，2022 年 1 月已对您发放一张黄牌警告；2 月绩效考核分数仍小于 70 分，今天对您发放第二张黄牌警告，截至目前，您已经累计黄牌两张……累计两次黄牌，则进行降级降薪或淘汰处理。鉴于以上情况，公司决定自 2022 年 3 月 2 日起与您解除劳动合同。"

2022 年 1 月 11 日、1 月 18 日、2 月 8 日甲乙丙丁公司组织贺某某参加业务培训，2 月 19 日针对上述 3 次培训开展业务考试。

甲乙丙丁公司主张贺某某 2022 年 1 月考核不合格，经培训后 2 月考核依然不合格，其依据《劳动合同法》第四十条第二项规定解除劳动合同。贺某某主张其参加的培训并非因不能胜任工作所进行的专门培训，而是公司开展的日常培训；同时，贺某某主张绩效考核方案系甲乙丙丁公司单方制订。

2021 年 12 月 17 日甲乙丙丁公司进行组织架构调整，贺某某由商家管理部调整至汽配服务站销售部，工作内容发生变化。甲乙丙丁公司提交的 2021 年 12 月商家管理部绩效方案显示当月考核指标为汽配店铺招商数、汽配店铺动销数、GMV 三方面；2022 年 1 月汽配服务站销售部绩效考核方案显示当月考核指标为易损件销售额、服务站开发数量。

【裁判观点】

《劳动合同法》第四十条规定："有下列情形之一的，用人单位提前三十日以书面形式通知劳动者本人或者额外支付劳动者一个月工资后，可以解除劳动合同：（一）劳动者患病或者非因工负伤，在规定的医疗期满后不能从事原工作，也不能从事由用人单位另行安排的工作的；（二）劳动者不能胜任工作，经过培训或者调整工作岗位，仍不能胜任工作的；（三）劳动合同订立时所依据的客观情况发生重大变化，致使劳动合同无法履行，经用人单位与劳动者协商，未能就变更劳动合同内容达成协议的。"甲乙丙丁公司以贺某某不能胜任工作且经过培训仍不能胜任为由解除双方劳动合同，应就该事实承担举证证明责任。根据已经查明的事实，甲乙丙丁公司于2021年12月进行公司组织架构调整，贺某某的工作岗位及对应的考核事项等在调整前后存在变化，甲乙丙丁公司以贺某某2022年1月考核不合格为由主张其不能胜任工作缺乏依据。甲乙丙丁公司虽主张在2022年1月、2月对贺某某进行培训，但考虑到甲乙丙丁公司在2021年12月进行组织架构调整的情况以及参训人员的范围和培训的内容，不足以认定相关培训系针对贺某某不能胜任工作而开展。结合甲乙丙丁公司考核规则中并未以解除劳动合同作为处理两次考核不合格人员的必然方式的情况，甲乙丙丁公司主张解除与贺某某的劳动合同关系符合法律规定不能成立，故对其上诉主张，本院不予支持。一审法院认定甲乙丙丁公司违法解除与贺某某的劳动合同并判令其支付违法解除劳动合同赔偿金并无不当。

法律分析

不能胜任工作解雇是指劳动者在履行劳动合同期间，因业绩未达标、绩效不佳或其他原因，导致无法胜任工作时，用人单位按照《劳动合同法》第四十条的规定，解除与劳动者的劳动合同。解除与不能胜任工作的劳动者的劳动合同，必须遵循法定程序，即先对劳动者进行培训或调整工作岗位，劳动者仍然不能胜任的再解除劳动合同，同时确保解除劳动合同的过程合法。

合规依据

《劳动法》

第二十六条 有下列情形之一的，用人单位可以解除劳动合同，但是应当提前三十日以书面形式通知劳动者本人：（一）劳动者患病或者非因工负伤，医疗期满后，不能从事原工作也不能从事由用人单位另行安排的工作的；（二）劳动者不能胜任工作，经过培训或者调整工作岗位，仍不能胜任工作的；（三）劳动合同订立时所依据的客观情况发生重大变化，致使原劳动合同无法履行，经当事人协商不能就变更劳动合同达成协议的。

《劳动合同法》

第四十条 有下列情形之一的，用人单位提前三十日以书面形式通知劳动者本人或者额外支付劳动者一个月工资后，可以解除劳动合同：（一）劳动者患病或者非因工负伤，在规定的医疗期满后不能从事原工作，也不能从事由用人单位另行安排的工作的；（二）劳动者不能胜任工作，经过培训或者调整工作岗位，仍不能胜任工作的；（三）劳动合同订立时所依据的客观情况发生重大变化，致使劳动合同无法履行，经用人单位与劳动者协商，未能就变更劳动合同内容达成协议的。

第四十八条　用人单位违反本法规定解除或者终止劳动合同，劳动者要求继续履行劳动合同的，用人单位应当继续履行；劳动者不要求继续履行劳动合同或者劳动合同已经不能继续履行的，用人单位应当依照本法第八十七条规定支付赔偿金。

《劳动合同法实施条例》

第十九条　有下列情形之一的，依照劳动合同法规定的条件、程序，用人单位可以与劳动者解除固定期限劳动合同、无固定期限劳动合同或者以完成一定工作任务为期限的劳动合同：（一）用人单位与劳动者协商一致的；（二）劳动者在试用期间被证明不符合录用条件的；（三）劳动者严重违反用人单位的规章制度的；（四）劳动者严重失职，营私舞弊，给用人单位造成重大损害的；（五）劳动者同时与其他用人单位建立劳动关系，对完成本单位的工作任务造成严重影响，或者经用人单位提出，拒不改正的；（六）劳动者以欺诈、胁迫的手段或者乘人之危，使用人单位在违背真实意思的情况下订立或者变更劳动合同的；（七）劳动者被依法追究刑事责任的；（八）劳动者患病或者非因工负伤，在规定的医疗期满后不能从事原工作，也不能从事由用人单位另行安排的工作的；（九）劳动者不能胜任工作，经过培训或者调整工作岗位，仍不能胜任工作的；（十）劳动合同订立时所依据的客观情况发生重大变化，致使劳动合同无法履行，经用人单位与劳动者协商，未能就变更劳动合同内容达成协议的；（十一）用人单位依照企业破产法规定进行重整的；（十二）用人单位生产经营发生严重困难的；（十三）企业转产、重大技术革新或者经营方式调整，经变更劳动合同后，仍需裁减人员的；（十四）其他因劳动合同订立时所依据的客观经济情况发生重大变化，致使劳动合同无法履行的。

合规要点8：以客观情况发生重大变化为由解除劳动合同的注意事项

1.在客观情况发生重大变化的情况下，用人单位需要与劳动者协商变更劳动合同内容，如果未能达成协议，用人单位可以依法解除劳动合同，但须提前三十日书面通知劳动者本人。2. 用人单位有责任提供证据证明客观情况发生重大变化及需要对劳动合同进行变更或者解除劳动合同。3. 法院会对解除劳动合同是否符合法律规定进行判断。如果公司进行调整并非出于不可抗力或其他不可预见的原因，而是基于公司的自主经营权，如因部门撤销或岗位取消而解除劳动合同，通常不被认定为合理解除。但如果是由于法律法规或政策变化，公司经营状况发生重大变化而进行调整，则可能被认定为合理解除，且用人单位应提前通知劳动者，并支付相应的经济补偿金。

案例参考

因组织架构调整解除劳动合同的合法性认定

王某坚于 2016 年 12 月 5 日进入某汽公司处工作，担任某汽公司大区高级经理一职，工作地点位于上海。双方签订有书面的劳动合同，最近一期劳动合同的期限为 2019 年 12 月 5 日至 2022 年 12 月 4 日。王某坚每月工资为 50960 元。某汽公司每月月底通过银行转账方式发放王某坚当月整月工资，工资发放至 2022 年 1 月 25 日。2021 年 12 月 29 日、2022 年 1 月 13 日，某汽公司向全体员工发送内部招聘的电子邮件。王某坚于 2022 年 1 月 16 日回复了某汽公司处工作人员内部招聘的电子邮件。某汽公司于同年 1 月 20 日通过邮件通知王某坚参加面试。王某坚于同年 1 月 21 日参加了面试。同年 1 月 25 日，某汽公司处工作人员通过邮件告知王某坚，面试未通过。2022 年 1 月 25 日，某汽公司通过邮寄的形式向王某坚送达劳动合同解除通知书，内载："王某坚先生，您于 2016 年 12 月 5 日起就职于某汽公司上海分公司，工作岗位是大区高级经理。自 2018 年起公司受内外部多种因素影响，销量逐年呈现断崖式下跌……公司于 2021 年 8 月 27 日发布了全新的组织机构……在新的架构中，公司对你所负责的业务进行了简化和剥离，因此公司与您劳动合同订立时所依据的客观情况发生重大变化，劳动合同已无法履行。公司前期与您进行了协商，未能就解除劳动合同事宜达成一致。根据《劳动合同法》的相关规定，现正式通知您，您的劳动合同于 2022 年 1 月 25 日正式解除，公司将依法对您支付经济补偿金……"双方劳动关系于该日终结。

2022 年 2 月 28 日，王某坚向上海市闵行区劳动人事争议仲裁委员会申请仲裁，要求某汽公司支付其未休年休假工资、违法解除劳动合同的赔偿金差额、交通补助费等。该会于 2022 年 7 月 22 日作出裁决，由某汽公司支付王某坚 2021 年度 4 天未休年休假工资 18743.90 元、违法解除劳动合同赔偿金差额 119617 元，对王某坚其余仲裁请求未予支持（不包括不予处理部分）。某汽公司对此不服遂诉至一审法院，王某坚对一审判决不服提起上诉。

一审庭审中，某汽公司陈述，由于国际经济形势变化以及某汽公司母公司自身产品结构与现实消费环境的错位，某汽公司的经营状况出现严重困难，财务报表体现出大额负债。某汽公司最初是启动了经济性裁员程序，因亏损过于严重，某汽公司对公司的组织结构进行了调整，将原属区域管理团队的北大区、华北大区、华东大区、华中大区、华南大区和西大区六个大区，调整为东大区、南大区、西大区和北大区四个大区，并将此四个大区划入商务运营部，取消了原区域经理的岗位；取消了原华东大区下的中三区；原客户服务部虽仍保留了区域管理科，但实际职能与调整前完全不同；大区经理与区域经理的工作内容也同时进行了调整。与此对应人员也应相应减少。因与员工订立劳动合同所依据的客观情况发生了重大变化，某汽公司与员工就变更劳动合同进行面谈或电话沟通，向员工提供内部转岗或变更工作地点的面试通知。有部分员工经与某汽公司协商一致变更了劳动合同，继续留任，有部分员工无法与某汽公司协商一致而解除劳动合同，也有部分员工拒绝进行面试。因王某坚原区域管理团队华北大区经理的岗位调整后已不复存在，某汽公司向王某坚发送了内部岗位招聘邮件。王某坚亦通过网络参加了面试，但未竞聘成功。由于双方未协商一致，故某汽公司于 2022 年 1 月 25 日解除了双方的劳动合同。此后，某汽公司也足额支付了王某坚经济补偿金。某汽公司为支持其诉请，提供了 2020 年财务报表、2019 年 5 月的公司一体化组织架构图、关于商务部门组织机构及职能调整的通知邮件、2021 年 10 月（实为 8 月）公司商务部门组织机构图、公司商务部门组织机构职能划分表、关于公司 2021 年人员优化的议案及决议、启动经济性裁员的报告、工会意见书、内部招聘面试通知邮件、面试结果沟通邮件、变更劳动合同沟通录音及文字整理件、劳动合同解除通知书以及网页公告等。其中 2019 年 5 月的组织架构图表中，商务部门（销售公司）下辖销售部、市场部、客户服务部、网络发展与管理部以及产品规划部。而 2021 年 8 月的组织机构图中商务部门下辖商务运营部、渠道发展部、市场部、客户服务部、产品管理部等。某汽公司提供的两段录音均无时间记载。其中一段录音时长 18 分 14 秒。在此录音中公司人事田某称，目前一共有三个岗位，招四个人，且需要面试。在面试通过后，还会涉及重新定薪定级等问题。王某坚表示理解，即先走正式流程，然后再进行沟通面试。田某还称，如果站岗不成，就会解除，并建议王某坚在有岗位的情况下试一试。另一段录音时长48分23秒。在此录音中田某称："所以我也会去反馈，然后其实对于目前公司补偿方案的结果，我想您也表达非常清楚了，所以我也了解目前您是不接受补偿的方案的。"王某坚称："就是这样的。公司这种安排我不干，这个完全不能接受，然后这个加上我都找不到工作，那就只能没办法，我只要希望我合同要按照原来合同执行，否则的话，我相当于是马上就是持续失业，没办法。"王某坚对2020年财务报表、2019年5月的公司一体化组织架构图、关于商务部门组织机构及职能调整的通知邮件、2021年8月公司商务部门组织机构图、公司商务部门组织机构职能划分表的真实性未持异议，但认为财务报表仅提供了部分内容，组织架构调整未经过民主程序，且调整后相关部门及岗位还是存在的；对于公司2021年人员优化的议案及决议、启动经济性裁员的报告未予认可；对于工会意见书认为需要有工会的具体意见；对于内部招聘面试通知邮件、面试结果沟通邮件的真实性认可，但认为前者是发给全体员工的，而不是针对某一位员工协商变更劳动合同，后者也只是询问王某坚是否参加内部招聘。王某坚对于变更劳动合同沟通录音及文字整理件的真实性不认可，认为某汽公司进行了截取，仅提供了录音的部分内容，且在录音中人事没有提到岗位的具体信息，也没有提到薪资待遇；对于劳动合同解除通知书认可于2022年1月25日收到；对于网页公告的真实性无异议，但认为与本案无关。

王某坚对此陈述，某汽公司于2021年8月27日向其发送组织架构调整的邮件，但邮件中并未提及岗位撤销一事，直至2021年11月，某汽公司方才与其协商劳动合同变更事宜。至2022年1月中旬，某汽公司通知其参加企业内部招聘，其于2022年1月21日参加了面试，于2022年1月25日收到面试未通过邮件。其还于当日收到了解除劳动合同通知书。

二审法院另查明，2022年12月9日，湖南省长沙市中级人民法院作出民事裁定书，裁定受理某汽公司的破产清算申请。该裁定书载明，根据该公司提交的资产负债表，截至2022年9月30日，公司资产负债率高达214%。根据该公司提交的审计报告，该公司自2018年开始即连续亏损，截至2020年12月31日，该公司累计亏损约1345066842.47元。目前公司基本处于停止经营状态。

【裁判观点】

二审法院认为，根据法律规定，劳动合同订立时所依据的客观情况发生重大变化，致使劳动合同无法履行，经用人单位与劳动者协商，未能就变更劳动合同内容达成协议的，用人单位提前三十日以书面形式通知劳动者本人或额外支付劳动者一个月工资后，可以解除劳动合同。本案的争议焦点是被上诉人与上诉人解除劳动合同是否符合上述法律规定。上诉人系于2016年入职被上诉人处，并担任大区高级经理。被上诉人自2018年开始即连续亏损，截至2020年12月31日，已累计亏损约1345066842.47元。被上诉人为解决经营困难而于2021年对公司进行组织架构调整及人员优化，系公司经营自主权的体现。根据被上诉人处2021年8月的组织机构图，被上诉人需对相关机构进行撤销、重组和合并，并对公司人员进行优化，故双方劳动合同订立时所依据的客观情况确已发生重大变化。对此，被上诉人已发送电子邮件进行告知，并向全体员工发送了内部招聘电子邮件，被上诉人处人事亦多次与上诉人进行了电话沟通，但双方未能就变更劳动合同达成一致，故原审据此认定被上诉人解除与上诉人的劳动合同符合上述法律规定，并无不当，本院予以确认。被上诉人与上诉人解除劳动合同后，已实际按"N+1"之标准向上诉人支付了经济补偿金及代通金，履行了用人单位的相关义务。现上诉人上诉坚持认为被上诉人解除劳动合同不符合上述法律规定，并据此要求被上诉人支付违法解除劳动合同赔偿金，依据不足，本院不予采信。关于被上诉人提交的录音证据，该录音证据与本案基本事实相关联，上诉人并未提供证据证明该录音证据系以严重侵害他人合法权益、违反法律禁止性规定或者严重违背公序良俗的方法形成或者获取，亦未提供证据证明该录音证据经过删减或剪辑等处理，故上诉人仅以录音未经过其同意及录音时长与其通话记录不符为由主张该录音证据非法，依据不足，本院不予采信。

法律分析

"劳动合同订立时所依据的客观情况发生重大变化"是指劳动合同订立后发生了用人单位和劳动者订立合同时无法预见的变化，致使双方订立的劳动合同全部或者主要条款无法履行，或者若继续履行将出现成本过高等显失公平的状况，致使劳动合同目的难以实现。

这种变化是不可预见且不可归责于任何一方当事人的，以客观情况发生重大变化为由解除劳动合同的条件较为严格，在实际操作中，用人单位应提供充分证据来证明其解除劳动合同合法，并遵守相应的法律程序。

合规依据

《劳动法》

第二十六条 有下列情形之一的,用人单位可以解除劳动合同,但是应当提前三十日以书面形式通知劳动者本人:(一)劳动者患病或者非因工负伤,医疗期满后,不能从事原工作也不能从事由用人单位另行安排的工作的;(二)劳动者不能胜任工作,经过培训或者调整工作岗位,仍不能胜任工作的;(三)劳动合同订立时所依据的客观情况发生重大变化,致使原劳动合同无法履行,经当事人协商不能就变更劳动合同达成协议的。

第二十七条 用人单位濒临破产进行法定整顿期间或者生产经营状况发生严重困难,确需裁减人员的,应当提前三十日向工会或者全体职工说明情况,听取工会或者职工的意见,经向劳动行政部门报告后,可以裁减人员。用人单位依据本条规定裁减人员,在六个月内录用人员的,应当优先录用被裁减的人员。

《劳动合同法》

第四十条 有下列情形之一的,用人单位提前三十日以书面形式通知劳动者本人或者额外支付劳动者一个月工资后,可以解除劳动合同:(一)劳动者患病或者非因工负伤,在规定的医疗期满后不能从事原工作,也不能从事由用人单位另行安排的工作的;(二)劳动者不能胜任工作,经过培训或者调整工作岗位,仍不能胜任工作的;(三)劳动合同订立时所依据的客观情况发生重大变化,致使劳动合同无法履行,经用人单位与劳动者协商,未能就变更劳动合同内容达成协议的。

第四十六条 有下列情形之一的,用人单位应当向劳动者支付经济补偿:(一)劳动者依照本法第三十八条规定解除劳动合同的;(二)用人单位依照本法第三十六条规定向劳动者提出解除劳动合同并与劳动者协商一致解除劳动合同的;(三)用人单位依照本法第四十条规定解除劳动合同的;(四)用人单位依照本法第四十一条第一款规定解除劳动合同的;(五)除用人单位维持或者提高劳动合同约定条件续订劳动合同,劳动者不同意续订的情形外,依照本法第四十四条第一项规定终止固定期限劳动合同的;(六)依照本法第四十四条第四项、第五项规定终止劳动合同的;(七)法律、行政法规规定的其他情形。

《劳动合同法实施条例》

第十九条 有下列情形之一的,依照劳动合同法规定的条件、程序,用人单位可以与劳动者解除固定期限劳动合同、无固定期限劳动合同或者以完成一定工作任务为期限的劳动合同：（一）用人单位与劳动者协商一致的；（二）劳动者在试用期间被证明不符合录用条件的；（三）劳动者严重违反用人单位的规章制度的；（四）劳动者严重失职，营私舞弊，给用人单位造成重大损害的；（五）劳动者同时与其他用人单位建立劳动关系，对完成本单位的工作任务造成严重影响，或者经用人单位提出，拒不改正的；（六）劳动者以欺诈、胁迫的手段或者乘人之危，使用人单位在违背真实意思的情况下订立或者变更劳动合同的；（七）劳动者被依法追究刑事责任的；（八）劳动者患病或者非因工负伤，在规定的医疗期满后不能从事原工作，也不能从事由用人单位另行安排的工作的；（九）劳动者不能胜任工作，经过培训或者调整工作岗位，仍不能胜任工作的；（十）劳动合同订立时所依据的客观情况发生重大变化，致使劳动合同无法履行，经用人单位与劳动者协商，未能就变更劳动合同内容达成协议的；（十一）用人单位依照企业破产法规定进行重整的；（十二）用人单位生产经营发生严重困难的；（十三）企业转产、重大技术革新或者经营方式调整，经变更劳动合同后，仍需裁减人员的；（十四）其他因劳动合同订立时所依据的客观经济情况发生重大变化，致使劳动合同无法履行的。

北京市高级人民法院、北京市劳动人事争议仲裁委员会《关于审理劳动争议案件解答（一）》

79.哪些情形属于《劳动合同法》第四十条第三项规定的"劳动合同订立时所依据的客观情况发生重大变化"？

"劳动合同订立时所依据的客观情况发生重大变化"是指劳动合同订立后发生了用人单位和劳动者订立合同时无法预见的变化，致使双方订立的劳动合同全部或者主要条款无法履行，又或者若继续履行将出现成本过高等显失公平的状况，致使劳动合同目的难以实现。下列情形一般属于"劳动合同订立时所依据的客观情况发生重大变化"：（1）地震、火灾、水灾等自然灾害形成的不可抗力；（2）受法律、法规、政策变化导致用人单位迁移、资产转移或者停产、转产、转（改）制等重大变化的；（3）特许经营性质的用人单位经营范围等发生变化的。

合规要点9：经济性裁员需符合法定条件并经法定程序

1.用人单位进行经济性裁员，人数须达到一定标准，即裁减人员二十人以上或者裁减不足二十人但占企业职工总数的百分之十以上。2.在裁减人员前,为了保护被裁减人员的劳动权益,确保裁减人员决策的合法性和合理性,用人单位需要提前三十日向工会或者全体职工说明情况,并听取工会或职工的意见。3.裁减人员方案需要向劳动行政部门报告,由劳动行政部门审查批准后,方可实施经济性裁员。4.裁减人员时,应遵循优先留用的原则,优先留用与本单位订立较长期限的固定期限劳动合同、与本单位订立无固定期限劳动合同、家庭无其他就业人员且有需要扶养的老人或者未成年人的人员。

案例参考

经济性裁员条件与程序的法律认定

金某峰于1995年9月1日入职某公司,双方签订无固定期限劳动合同。2019年6月5日,某公司召开工会会议讨论裁员方案,并形成工会会议纪要一份。同年6月13日,某公司召开员工沟通大会,会议上向员工公布了经济性裁员方案,金某峰出席该会议。同年7月18日,上海市人力资源和社会保障局向某公司出具受理用人单位裁减人员情况报告回执一份,其中载明:"本局于2019年7月10日收到某汽车系统(上海)有限公司送交的裁减人员报告材料,编号为:(2019)×××号。劳动行政部门郑重提示:望贵单位通过实施减少工时、适当降低工资等积极的补救措施,尽量避免或减少裁员,确需裁员的,要认真听取劳动者和工会对裁员方案的意见,谋求合理的裁员方式……"后某公司向金某峰出具加盖公章的劳动合同协商解除协议一份,拟一次性支付补偿金及代通金共计323750元,并于2019年8月31日解除劳动关系。但金某峰拒绝在上述劳动合同协商解除协议上签字。

同年8月30日,某公司解除了双方之间的劳动关系,并向金某峰支付经济补偿金、代通金共计323750元(鉴于金某峰工资标准超过上海市上年度职工平均工资的3倍,依法代扣代缴个税246.66元,金某峰实际收到经济补偿金、代通金共计323503.34元)。

一审中,双方一致确认金某峰离职前12个月的平均工资为12950元。

二审中,某公司又提交了(1)2017年至2019年度审计报告中的利润表,证明其自2017年起连续三年亏损,企业生产经营严重困难;(2)召开员工大会时的照片,证明其召开了员工大会。金某峰对证据(1)表示没有见过,对证据(2)表示员工大会确实开过,但是并没有说明要裁员。

【裁判观点】

《劳动合同法》第四十一条第一款、第二款规定，用人单位生产经营发生严重困难，需要裁减人员二十人以上或者裁减不足二十人但占企业职工总数百分之十以上的，提前三十日向工会或者全体职工说明情况，听取工会或者职工的意见后，裁减人员方案经向劳动行政部门报告，可以裁减人员。裁减人员时，应当优先留用下列人员：（一）与本单位订立较长期限的固定期限劳动合同的；（二）与本单位订立无固定期限劳动合同的；（三）家庭无其他就业人员，有需要扶养的老人或者未成年人的。二审中，某公司提交了2017年至2019年度审计报告，以印证其生产经营发生严重困难。金某峰虽对前述证据表示没有见过，但是经本院核查该组证据系由会计师事务所出具，金某峰亦未能提供证据证明该组证据存在不应采信的情况，故本院对该组证据予以采信。审计报告显示，某公司自2018年始利润锐减，2019年始已出现亏损，结合2018年国内外经济情况、某公司的主营业务以及劳动者陈述的某公司现状，本院认为可以认定某公司生产经营发生严重困难。根据在卷证据，某公司已经提前三十日向工会说明情况，听取工会的意见后，裁减人员方案也已经向劳动行政部门报告，故应认定履行了法定程序。故，本院认定，某公司已经符合了《劳动合同法》第四十一条规定的经济性裁员条件并已经履行了法定的必要程序。经济性裁员是《劳动合同法》赋予用人单位改善生产经营的一种手段，以使其渡过暂时的难关，并在市场竞争中继续生存。因此，为尽量减少劳动者失业的情况，应当允许符合条件的用人单位裁减部分人员，但应当优先留用法定人员。《劳动合同法》第四十二条亦规定了不得裁减人员，故"优先留用"与"不得裁减"系不同概念。因此，《劳动合同法》第四十一条中规定的"优先留用"宜解释为"在同等条件下优先留用"。某公司主张应当考虑工种、技能、效率等多方面因素，并不违反立法本意，且属合理，本院予以支持。本案金某峰并非不得裁减人员，其虽与某公司签订了无固定期限劳动合同，但其所在部门已经被裁撤，也无证据证明与其他劳动者相比，在"同等条件"下应优先留用，故其要求优先留用，并无依据。故，法院对金某峰提出的要求某公司支付违法解除劳动合同赔偿金的主张，不予支持。

法律分析

企业在生产经营状况发生严重困难时，可以进行经济性裁员。这里的"严重困难"是指企业无法通过调整生产经营活动维持正常运营。经济性裁员是企业为了应对经营困难而采取的措施，但必须在满足法定条件和程序的前提下，方可实施。这样做既能保证企业经营的灵活性，又能够最大限度地保护员工的合法权益。

合规依据

《劳动法》

第二十七条 用人单位濒临破产进行法定整顿期间或者生产经营状况发生严重困难，确需裁减人员的，应当提前三十日向工会或者全体职工说明情况，听取工会或者职工的意见，经向劳动行政部门报告后，可以裁减人员。用人单位依据本条规定裁减人员，在六个月内录用人员的，应当优先录用被裁减的人员。

《劳动合同法》

第四十一条 有下列情形之一，需要裁减人员二十人以上或者裁减不足二十人但占企业职工总数百分之十以上的，用人单位提前三十日向工会或者全体职工说明情况，听取工会或者职工的意见后，裁减人员方案经向劳动行政部门报告，可以裁减人员：（一）依照企业破产法规定进行重整的；（二）生产经营发生严重困难的；（三）企业转产、重大技术革新或者经营方式调整，经变更劳动合同后，仍需裁减人员的；（四）其他因劳动合同订立时所依据的客观经济情况发生重大变化，致使劳动合同无法履行的。裁减人员时，应当优先留用下列人员：（一）与本单位订立较长期限的固定期限劳动合同的；（二）与本单位订立无固定期限劳动合同的；（三）家庭无其他就业人员，有需要扶养的老人或者未成年人的。用人单位依照本条第一款规定裁减人员，在六个月内重新招用人员的，应当通知被裁减的人员，并在同等条件下优先招用被裁减的人员。

第四十六条 有下列情形之一的，用人单位应当向劳动者支付经济补偿：（一）劳动者依照本法第三十八条规定解除劳动合同的；（二）用人单位依照本法第三十六条规定向劳动者提出解除劳动合同并与劳动者协商一致解除劳动合同的；（三）用人单位依照本法第四十条规定解除劳动合同的；（四）用人单位依照本法第四十一条第一款规定解除劳动合同的；（五）除用人单位维持或者提高劳动合同约定条件续订劳动合同，劳动者不同意续订的情形外，依照本法第四十四条第一项规定终止固定期限劳动合同的；（六）依照本法第四十四条第四项、第五项规定终止劳动合同的；

第四十七条 经济补偿按劳动者在本单位工作的年限，每满一年支付一个月工资的标准向劳动者支付。六个月以上不满一年的，按一年计算；不满六个月的，向劳动者支付半个月工资的经济补偿。劳动者月工资高于用人单位所在直辖市、设区的市级人民政府公布的本地区上年度职工月平均工资三倍的，向其支付经济补偿的标准按职工月平均工资三倍的数额支付，向其支付经济补偿的年限最高不超过十二年。本条所称月工资是指劳动者在劳动合同解除或者终止前十二个月的平均工资。

合规要点10：特殊劳动者的解雇限制

1.部分劳动者由于特定的工作性质或者其他原因，在劳动法律法规规定的范围内享有不被用人单位单方解雇的权利。比如，用人单位在女职工哺乳期内强行与其解除劳动合同，是违反我国法律规定的行为，需要向劳动者支付赔偿金。2.在用人单位辞退工伤职工、孕期哺乳期女职工等违法解除劳动合同的情形下，相关劳动者有权要求继续履行合同。劳动者要求继续履行劳动合同的，用人单位应当继续履行；劳动者不要求继续履行劳动合同或者劳动合同已经不能继续履行的，用人单位应按照法律规定支付赔偿金。

案例参考

孕期女职工的特殊保护与经济性裁员的合法性：
乔某与某煤电公司某煤矿劳动争议案

乔某原系某煤电公司某煤矿职工。在双方劳动合同存续期间，徐州市人力资源和社会保障局于2014年9月3日、2015年11月25日分别批准了包括乔某在内的部分岗位人员实行不定时工作制。2016年7月，按照《国务院关于煤炭行业化解过剩产能实现脱困发展的意见》和国务院国资委要求，经某润集团及电力控股批准，某煤电公司某煤矿实施关闭。为了做好员工安置工作，某煤电公司某煤矿制订了《煤矿员工安置方案》，安置方案包括转岗就业、协商待遇、协商待岗、自主创业、留守、终止或解除劳动合同关系。其中对特殊人员的安置明确暂不解除劳动合同，对孕期、产期、哺乳期的员工按照《女职工劳动保护特别规定》的假期规定执行，假期结束后进行分流安置。2016年8月5日，某煤电公司某煤矿向乔某送达《解除劳动合同通知书》，解除理由为："按照国家的去产能政策要求，某煤电公司某煤矿经上级同意停产关闭。《煤矿员工安置方案》已于2016年7月9日经职代会/员工大会讨论通过，依据《劳动合同法》和《煤矿员工安置方案》，自2016年8月1日起解除你与某煤电公司某煤矿的劳动合同。"2016年9月24日，乔某检查身体时检查出怀孕18+3周。

2016年，乔某以诉请事由向徐州市劳动人事争议仲裁委员会申请仲裁，2016年11月10日，该仲裁委作出裁决书，双方对该裁决均不服，进而诉至法院。

一审法院认为，（一）某煤电公司某煤矿的解除通知应予撤销。根据《劳动合同法》第四十二条规定，用人单位在女职工孕期、产期、哺乳期不得依据本法第四十条、第四十一条解除其劳动合同。根据某煤电公司某煤矿作出的《煤矿员工安置方案》，其解除的并非个体劳动合同，而系因去产能政策进行的经济性裁员，其解除的法律依据实际是《劳动合同法》第四十一条。劳动合同法如此规定实际是基于女职工在特殊时期的弱势地位进行的特殊保护，某煤电公司某煤矿在解除劳动合同时虽然并不知情，但仅能说明被告在解除时涉及孕期审查时不存在违法情形，并不代表该解除决定不能撤销。乔某怀孕的事实发生于双方劳动关系存续期间，仅是乔某未及时发现导致其未及时告知某煤矿，且《劳动合同法》第四十二条对于女职工"三期"不能进行经济性裁员系强制性规定，并无例外情形，故某煤电公司某煤矿作出的解除决定应予撤销。某煤电公司某煤矿抗辩不具有实际履行劳动合同的可能，但根据其提供的《煤矿员工安置方案》，其对于"三期"女职工有明确的安置途径，因此该抗辩理由与其制订的安置方案冲突，法院不予采纳。（二）关于乔某主张的生活费及加班费，参照江苏省高级人民法院《关于审理劳动争议案件若干问题的意见》[①]第二十七条的规定，用人单位作出开除、除名、辞退或解除劳动合同的决定被依法撤销后，应当按照劳动者原工资标准赔偿劳动者的损失；如果诉讼期间劳动合同期满的，人民法院可以参照当地最低工资标准判令用人单位一次性给付劳动者自合同期满之日至判决之日的必要的生活费。根据《劳动合同法》第四十五条的规定，劳动合同期满，有本法第四十二条规定的情形之一的，劳动合同应当延续至相应的情形消失时止。鉴于某煤电公司某煤矿的解除通知被撤销，双方的劳动关系应当自然恢复，无论双方的劳动合同期限是否到期，双方的劳动关系均应当至少延续至哺乳期结束。乔某有权要求劳动关系存续期间的正常工资及至裁判之日的生活费，乔某庭审中仅要求按照最低工资标准的80%支付生活费有计算依据，本院支持其生活费至2018年3月（裁判当月），故某煤电公司某煤矿应支付乔某生活费25600元（1600

[①] 已于2022年1月24日失效，失效依据：《江苏省高级人民法院关于废止部分审判业务文件的通知（二）》（苏高法〔2022〕10号）。

元*80%*20个月）。关于加班费，双方对于某煤电公司某煤矿实行不定时工作制均无异议，在此种工时制度下无论劳动者是否存在法定节假日、休息日工作的情况，用人单位均无须支付加班费。某煤电公司某煤矿作为某润天能公司的分支机构，其领取了营业执照，可以作为用人单位承担责任，故本案某润天能公司不应承担责任。综上，遂判决：1. 撤销某煤电公司某煤矿 2016 年 8 月 5 日对乔某作出的《解除劳动合同通知书》；2. 某煤电公司某煤矿于本判决生效之日起十日内支付乔某生活费 25600 元；3. 驳回乔某、某煤电公司某煤矿其他诉讼请求。

【裁判观点】

上诉人某煤电公司某煤矿虽然是依据《国务院关于煤炭行业化解过剩产能实现脱困发展的意见》和国务院国资委的要求，并经某润集团及电力控股的批准同意进行关井去产能，但是根据《劳动合同法》第四十二条规定，用人单位在女职工怀孕期、产期、哺乳期不得依据本法第四十条、第四十一条解除其劳动合同。同时上诉人某煤电公司某煤矿自己作出的《煤矿员工安置方案》也明确规定孕、产、哺乳期的员工，按照国家法律规定暂不解除劳动合同。基于此，上诉人某煤电公司某煤矿在解除劳动合同时虽然并不知道被上诉人乔某怀孕的情况，但仅能说明其在解除劳动合同时不具有主观恶意，并不代表该解除决定不能撤销。被上诉人乔某怀孕的事实发生于双方劳动关系存续期间，虽然被上诉人乔某未及时发现导致其未及时告知上诉人某煤电公司某煤矿，但基于劳动法对女职工在特殊时期的弱势地位的特殊保护，对于上诉人某煤电公司某煤矿作出的解除决定应予撤销。上诉人某煤电公司某煤矿抗辩不具有实际履行劳动合同的可能，但根据《煤矿员工安置方案》，某煤矿对于"三期"女职工的意见是待假期结束后进行分流安置，因此该抗辩理由与其制订的安置方案冲突，本院不予采纳。

鉴于上诉人某煤电公司某煤矿的解除通知被撤销，双方的劳动关系应当自然恢复，无论双方的劳动合同期限是否到期，双方的劳动关系均应当至少延续至哺乳期结束。因此，原审法院判令上诉人某煤电公司某煤矿向被上诉人乔某支付生活费，并无不当。

【法律分析】

为保护特殊劳动者的合法权益，确保他们在因特定原因暂时无法继续工作的情况下，能够得到合理的待遇，法律对符合特定情况的员工给予特殊对待，规定禁止用人单位单方辞退特殊劳动者、解除与特殊劳动者的雇佣关系。

合规依据

《劳动法》

第二十九条 劳动者有下列情形之一的,用人单位不得依据本法第二十六条、第二十七条的规定解除劳动合同:(一)患职业病或者因工负伤并被确认丧失或者部分丧失劳动能力的;(二)患病或者负伤,在规定的医疗期内的;(三)女职工在孕期、产期、哺乳期内的;(四)法律、行政法规规定的其他情形。

《妇女权益保障法》

第四十八条 用人单位不得因结婚、怀孕、产假、哺乳等情形,降低女职工的工资和福利待遇,限制女职工晋职、晋级、评聘专业技术职称和职务,辞退女职工,单方解除劳动(聘用)合同或者服务协议。女职工在怀孕以及依法享受产假期间,劳动(聘用)合同或者服务协议期满的,劳动(聘用)合同或者服务协议期限自动延续至产假结束。但是,用人单位依法解除、终止劳动(聘用)合同、服务协议,或者女职工依法要求解除、终止劳动(聘用)合同、服务协议的除外。用人单位在执行国家退休制度时,不得以性别为由歧视妇女。

《职业病防治法》

第三十三条 用人单位与劳动者订立劳动合同(含聘用合同,下同)时,应当将工作过程中可能产生的职业病危害及其后果、职业病防护措施和待遇等如实告知劳动者,并在劳动合同中写明,不得隐瞒或者欺骗。劳动者在已订立劳动合同期间因工作岗位或者工作内容变更,从事与所订立劳动合同中未告知的存在职业病危害的作业时,用人单位应当依照前款规定,向劳动者履行如实告知的义务,并协商变更原劳动合同相关条款。用人单位违反前两款规定的,劳动者有权拒绝从事存在职业病危害的作业,用人单位不得因此解除与劳动者所订立的劳动合同。

第三十五条 对从事接触职业病危害的作业的劳动者,用人单位应当按照国务院卫生行政部门的规定组织上岗前、在岗期间和离岗时的职业健康检查,并将检查结果书面告知劳动者。职业健康检查费用由用人单位承担。用人单位不得安排未经上岗前职业健康检查的劳动者从事接触职业病危害的作业;不得安排有职业禁忌的劳动者从事其所禁忌的作业;对在职业健康检查中发现有与所从事的职业相关的健康损害的劳动者,应当调离原工作岗位,并妥善安置;对未进行离岗前职业健康检查的劳动者不得解除或者终止与其订立的劳动合同。职业健康检查应当由取得《医疗机构执业许可证》的医疗卫生机构承担。卫生行政部门应当加强对职业健康检查工作的规范管理，具体管理办法由国务院卫生行政部门制定。

第五十五条 医疗卫生机构发现疑似职业病病人时，应当告知劳动者本人并及时通知用人单位。用人单位应当及时安排对疑似职业病病人进行诊断；在疑似职业病病人诊断或者医学观察期间，不得解除或者终止与其订立的劳动合同。疑似职业病病人在诊断、医学观察期间的费用，由用人单位承担。

《女职工劳动保护特别规定》

第五条 用人单位不得因女职工怀孕、生育、哺乳降低其工资、予以辞退、与其解除劳动或者聘用合同。

合规要点 11：员工绩效考核末位并不等同于无法胜任工作

1.劳动者在绩效考核中处于末位，并不直接等同于其无法胜任工作。用人单位必须对考核结果为末位的员工进行培训或调整其工作岗位，直至确认其不能胜任工作后才能解除与其的劳动合同并依法给予经济补偿。2.用人单位规章制度的内容和制定程序必须合法合理，经过民主程序制定，否则不能对劳动者产生效力。3.认定无法胜任工作，关键在于判断用人单位依据的考核标准是否具备法律依据、经过合法程序以及"淘汰"员工前是否对员工进行了必要的培训或调整。

案例参考

绩效考核"末位淘汰"引发的劳动合同解除争议：
某泰置地公司与范某海经济补偿金纠纷案

2011年2月28日，某泰置地公司与范某海建立劳动关系。同日，双方当事人订立期限为12个月的书面劳动合同。其中第四条约定，范某海的工作岗位为工程管理部土建工程师（以下简称土建工程师）；第七条约定，范某海不能通过绩效考核，视为不能胜任本岗位工作，某泰置地公司有权对其调整工作岗位或者重新进行培训；第二十七条约定，某泰置地公司有权依据本单位规章制度规定调整范某海的劳动报酬。2012年2月28日，双方当事人续订了期限为35个月的书面劳动合同。续订的劳动合同仍约定范某海的工作岗位为土建工程师，第七条和第二十七条与原劳动合同内容相同。2013年9月18日，某泰置地公司印发《关于对土建工程师范某海的处罚通报》，主要内容是某项目1期2标段撒水施工暗沟排水工作未严格按照下发图纸施工，土建工程师范某海现场监管不力，导致施工单位的违规行为未被及时制止，故决定对范某海处罚款300元。某泰置地公司提供的员工绩效考核成绩表显示，2013年范某海的年终考核分为83分（总分为100分），年度总成绩为81.83分，年度等级为C级；2014年第1季度考核成绩为85分，强制排序为D级。根据某泰置地公司提供的绩效管理制度规定，其对员工按季度和年度进行绩效考核，考核成绩分为A、B、C、D、E五档，并运用强制分布法进行排序，其中A档占20%，B档占50%，C档、D档和E档占30%；绩效结果的应用包括对C、D档采取限期改进、调离岗位或者加强培训，对年度考核为E档的可以解除劳动关系。2014年6月30日，某泰置地公司的人力资源部向范某海所在部门发出《关于土建工程师范某海职务调整函》，通知从7月1日起范某海的工作岗位调整为助理土建工程师，薪资按助理土建工程师定级。7月3日，某泰置地公司要求范某海在《劳动合同变更协议书》上签字被拒。此后范某海未再上班，并于10日申请仲裁。7月14日，某泰置地公司作出《关于开除范某海的通报》，以范某海自7月7日起连续旷工5天以上为由给予其开除处分。同日，某泰置地公司通过电子邮件向范某海发送《员工开除通知书》。仲裁裁决根据某泰置地公司提供的并经范某海质证认可的其离职前12个月的工资表认定范某海的月平均工资为9077元。该案诉讼中某泰置地公司仅提供了范某海2014年6月的工资表，显示应发工资为10262.50元，实发工资为8539.83元。

原审另查明，9月22日，成都市新都区劳动人事争议仲裁委员会作出仲裁裁决。仲裁结果为：一、解除双方当事人之间的劳动合同；二、由某泰置地公司支付范某海经济补偿27231元（9077元/月×3个月）；三、由某泰置地公司支付范某海未休年休假工资2085元；四、驳回范某海的其他仲裁请求。

原审认定上述事实采信了劳动合同书、《关于对工程师范某海的处罚通报》、员工绩效考核成绩表、某泰置地公司绩效管理制度、《关于土建工程师范某海职务调整函》、《劳动合同变更协议书》、仲裁委员会收到仲裁申请书的收件证明、《关于开除范某海的通报》《员工开除通知书》、电子邮件记录、仲裁裁决书和工资表及各方当事人当庭陈述等。

【裁判观点】

二审法院认为，上诉人（某泰置地公司）制定并实施的强制分布法，设定了A、B、C、D、E五个等级，其中考评为D等级的，属于上诉人认定的不能胜任工作，而就实施的强制分布法的结果而言，每一个考核周期，无论员工是否能够胜任工作，均有考核为末位等级的员工，上诉人实施的强制分布法得出的绩效考核等级实质上属于"末位淘汰"的绩效考核，以"末位淘汰"方法认定劳动者不能胜任工作，并无不能胜任工作的事实依据，且侵害了劳动者的合法权益。本案中，上诉人由考评结果得出被上诉人（范某海）不能胜任工作，并据此调整其工作岗位，在被上诉人不同意调整工作岗位的情形下，以被上诉人旷工为由解除劳动合同，上诉人的行为属于违法解除劳动合同。

法律分析

从我国《劳动合同法》及相关法律法规的规定来看，法律并未允许用人单位以"末位淘汰"机制为由解除劳动合同，只是规定"劳动者不能胜任工作，经过培训或者调整工作岗位，仍不能胜任工作的，用人单位提前三十日以书面形式通知劳动者本人或者额外支付劳动者一个月工资后，可以解除劳动合同"。因此，末位员工被"淘汰"并没有法律依据，单位根据未经依法考核的劳动者的培训情况直接判定其不能胜任工作而解除劳动合同的，属于单方面违法解除。

合规依据

《劳动法》

第二十六条 有下列情形之一的，用人单位可以解除劳动合同，但是应当提前三十日以书面形式通知劳动者本人：（一）劳动者患病或者非因工负伤，医疗期满后，不能从事原工作也不能从事由用人单位另行安排的工作的；（二）劳动者不能胜任工作，经过培训或者调整工作岗位，仍不能胜任工作的；（三）劳动合同订立时所依据的客观情况发生重大变化，致使原劳动合同无法履行，经当事人协商不能就变更劳动合同达成协议的。

《劳动合同法实施条例》

第十九条 有下列情形之一的，依照劳动合同法规定的条件、程序，用人单位可以与劳动者解除固定期限劳动合同、无固定期限劳动合同或者以完成一定工作任务为期限的劳动合同：（一）用人单位与劳动者协商一致的；（二）劳动者在试用期间被证明不符合录用条件的；（三）劳动者严重违反用人单位的规章制度的；（四）劳动者严重失职，营私舞弊，给用人单位造成重大损害的；（五）劳动者同时与其他用人单位建立劳动关系，对完成本单位的工作任务造成严重影响，或者经用人单位提出，拒不改正的；（六）劳动者以欺诈、胁迫的手段或者乘人之危，使用人单位在违背真实意思的情况下订立或者变更劳动合同的；（七）劳动者被依法追究刑事责任的；（八）劳动者患病或者非因工负伤，在规定的医疗期满后不能从事原工作，也不能从事由用人单位另行安排的工作的；（九）劳动者不能胜任工作，经过培训或者调整工作岗位，仍不能胜任工作的；（十）劳动合同订立时所依据的客观情况发生重大变化，致使劳动合同无法履行，经用人单位与劳动者协商，未能就变更劳动合同内容达成协议的；（十一）用人单位依照企业破产法规定进行重整的；（十二）用人单位生产经营发生严重困难的；（十三）企业转产、重大技术革新或者经营方式调整，经变更劳动合同后，仍需裁减人员的；（十四）其他因劳动合同订立时所依据的客观经济情况发生重大变化，致使劳动合同无法履行的。

合规要点 12：解雇通知的出具与送达

1. 解除劳动合同的通知应采用书面形式，并且需要当面送达劳动者或寄达劳动者预留的有效地址，如果劳动者未亲自签收，可以交其同住的成年亲属签收。只有在无法直接送达或劳动者下落不明时，才可以通过张贴公告或新闻媒介进行通知。
2. 用人单位未能提供证据证明已按照规定程序送达当事劳动者，法院可能会认定其解除劳动关系的行为违法，并要求用人单位支付违法解除劳动合同的赔偿金。

案例参考

用人单位未以合法方式送达解除劳动合同通知被判违法解除

原告王某伟系被告某煤电公司员工。2018年8月1日，公司以王某伟连续旷工15天以上为由，作出《关于给予丛某国等四人解除劳动关系的决定》，四人中包括王某伟。2018年8月3日，在本公司公告栏张贴该决定。2020年年初，王某伟得知公司停产，询问得知公司已与其解除劳动合同关系。2020年4月21日，王某伟提起劳动争议仲裁，甲市乙区劳动争议仲裁委员会以仲裁请求超过仲裁申请时效为由，裁决不予受理。王某伟不服诉至法院。

【裁判观点】

关于王某伟的主张是否超过诉讼时效，一审法院认为，《最高人民法院关于审理劳动争议案件适用法律若干问题的解释（二）》第一条规定："（二）因解除或者终止劳动关系产生的争议，用人单位不能证明劳动者收到解除或者终止劳动关系书面通知时间的，劳动者主张权利之日为劳动争议发生之日。"该案中，王某伟的第一项诉求系解除或终止劳动关系引起的争议，因被告既未为王某伟直接送达解除或终止劳动关系的证明手续，也未能举证劳动者王某伟收到解除或者终止劳动关系书面通知的时间，故王某伟主张权利的起算之日应为劳动争议发生之日，诉请未超过诉讼时效。

关于被告采用本单位公告栏张贴解除劳动合同的方式是否合法，一审法院认为，用人单位应当在解除或者终止劳动合同时出具解除或者终止劳动合同的证明。用人单位单方解除劳动合同，可以采取口头或书面形式通知，采取口头形式通知的，用人单位应承担举证责任；采取书面形式通知的，应当当面送达劳动者，或送至本单位预留的有效地址，并在穷尽其他送达方式后仍不能送达后采取公告方式送达，不宜直接公告送达。该案中，公司采取直接将解除合同的决定张贴在本单位公告栏送达的方式，受众范围较小，也不符合法律规定，故被告解除原告劳动关系不合法。综上，依照《劳动合同法》第五十条、《最高人民法院关于审理劳动争议案件适用法律若干问题的解释（二）》第一条之规定，判决：确认被告某煤电公司解除与原告王某伟劳动关系的决定无效，原告与被告存在劳动关系；案件受理费10.00元，由某煤电公司承担。被告不服提起上诉，二审驳回上诉，维持原判。

法律分析

用人单位在解除或终止劳动合同时，应当出具解除或终止劳动合同的证明，这是用人单位的义务。解雇通知的出具与送达是法律规定的重要环节，用人单位在此过程中必须遵循法定程序，确保通知能够有效地送达并证明自己已履行义务。而任何违法行为都可能导致解除劳动合同的效力受到质疑，甚至被判定为违法解除合同。

合规依据

《劳动法》

第二十六条 有下列情形之一的，用人单位可以解除劳动合同，但是应当提前三十日以书面形式通知劳动者本人：（一）劳动者患病或者非因工负伤，医疗期满后，不能从事原工作也不能从事由用人单位另行安排的工作的；（二）劳动者不能胜任工作，经过培训或者调整工作岗位，仍不能胜任工作的；（三）劳动合同订立时所依据的客观情况发生重大变化，致使原劳动合同无法履行，经当事人协商不能就变更劳动合同达成协议的。

第三十一条　劳动者解除劳动合同，应当提前三十日以书面形式通知用人单位。

第三十二条　有下列情形之一的，劳动者可以随时通知用人单位解除劳动合同：（一）在试用期内的；（二）用人单位以暴力、威胁或者非法限制人身自由的手段强迫劳动的；（三）用人单位未按照劳动合同约定支付劳动报酬或者提供劳动条件的。

《民事诉讼法》

第八十八条　送达诉讼文书，应当直接送交受送达人。受送达人是公民的，本人不在交他的同住成年家属签收；受送达人是法人或者其他组织的，应当由法人的法定代表人、其他组织的主要负责人或者该法人、组织负责收件的人签收；受送达人有诉讼代理人的，可以送交其代理人签收；受送达人已向人民法院指定代收人的，送交代收人签收。受送达人的同住成年家属，法人或者其他组织的负责收件的人，诉讼代理人或者代收人在送达回证上签收的日期为送达日期。

第四节　因劳动者违纪而解除劳动合同的实务要点

合规要点1：劳动者旷工缺勤类违纪行为解除要点

1.用人单位制定的规章制度中对于旷工的界定标准要明确具体。2.规章制度要向员工公示告知，保证规章制度送达的有效性。3.在员工出现旷工缺勤的违纪行为时，及时固定证据并判断员工违纪行为是否达到足以解除劳动合同的"严重"程度。4.用人单位作出解除与员工之间的劳动合同决定前要告知员工其存在违纪行为并达到"严重"程度，并将解除决定通知工会并送达员工。

案例参考

钉钉考勤虽有打卡记录，但用人单位能证明考勤记录与实际出勤情况不符的，可以旷工为由单方解除

D公司主张员工甲于2020年2月11日、13日虽有钉钉打卡时间记录，但经公司核实其并未按打卡时间到办公室上班，属于虚假考勤，其系利用打卡软件有地域范围的漏洞弄虚作假、恶意伪造正常出勤记录，并按照旷工解除了与员工甲的劳动合同。员工甲主张其并未违反规章制度，亦未违反劳动纪律，不存在旷工情况，且D公司的规章制度，未经民主程序制定，不应作为用工管理和法院裁判依据，D公司以旷工为由解除劳动合同属于违法解除。

就员工甲的旷工事实，D公司提供的证据包括以下三种：

1.《员工严重违纪解除劳动合同通知书》。其中载明"员工甲同志：2020年2月11日、12日，你本人虽有钉钉打卡时间记录，但经公司核实你并未按打卡时间到办公室上班，属于虚假考勤……以上情况均为你利用打卡软件有地域范围的漏洞弄虚作假、恶意伪造正常出勤记录。公司发现后立刻邮件通知你提供请假手续，但你置之不理，未按公司考勤管理制度进行请假手续申请，也未按你邮件回复内容提供该几日的实际出勤说明。在公司提供了多种解决渠道的情况下，你仍不予配合，在特殊时期，公司与员工本应诚实互助、共克时艰，但你此举给公司和同事造成极为恶劣的影响。公司现按照《考勤休假管理制度》……你此种行为属于'旷工'。按照公司对旷工的行政处分'员工连续旷工两天及以上，或一年内累计旷工三天（含）以上的，公司可与员工解除劳动合同，并不给予经济补偿'。"

2.电子邮件。2020年2月24日公司人力向员工甲发送邮件"员工甲：我们在审核二月份员工考勤……你2月10日至14日每天虽有打卡记录，但是在公司值班的同事反映你周二（2月11日）、周三（2月12日）并没有在公司出现，也就是说你只有打卡记录而没有实际出勤，我们为此查看了公司监控，没有任何你到公司办公的证明。如果这样我们有理由怀疑你利用公司钉钉打卡软件的便利伪造出勤骗取公司工资。今天早上我们通知你，提交你实际出勤的证据，我们也可以再次调监控和你确认……那公司暂时就这两天的考勤问题先做事假处理，但如果你后期（5个工作日内）不能如实提交两日的证明或其他确认，公司保留继续追究你考勤不实骗取工资及记入旷工的权利。"后续双方还有多次就出勤的交涉，但员工甲提出的请假等理由均没有事实依据，并被D公司反驳。

3.钉钉打卡记录、视频监控。打卡记录显示员工甲2020年2月11日及12日上班打卡时间均为8：01，下班打卡时间均为17：00，打卡地点为某大学科技园。视频监控为11日、12日早7：00至晚6：00的连续录像，据此证明员工甲未实际出勤。

【裁判观点】

一审法院认为，D公司系以员工甲2020年2月11日、12日虚假考勤、旷工，严重违反劳动纪律及规章制度为由与员工甲解除劳动合同。根据在案证据，员工甲上述两日均在同一时间进行上下班打卡，但并未出现在上述两日的监控视频中。在D公司人力对员工甲考勤情况质疑时，员工甲先回复按年假处理，随后提交说明，后又答复已经请过假，而在本案中员工甲主张上述两日其均有正常到岗工作，但未提交充分有效的证据证明其上述两日确曾到岗正常出勤，故法院对员工甲之主张不予采信。D公司以员工甲违反劳动纪律及规章制度为由与其解除劳动合同并无不当，系合法解除。

二审法院认为，根据本案查明的事实，员工甲在2020年2月11日和12日进行了上下班打卡，但实际上并未出现在公司的监控视频中。事后，D公司对员工甲考勤情况质疑，员工甲先回复按年假处理，后又答复已经请过假，诉讼中其又主张上述两日均正常到岗工作。员工甲的陈述明显前后矛盾，亦未就其未出勤却打卡的行为作出合理解释。因此，能够认定上述两日员工甲未出勤且存在虚假考勤的情况，员工甲的行为明显已经违反基本的劳动纪律。据此，D公司解除与员工甲的劳动合同并无不当。

法律分析

一、旷工事实的认定与取证

1. 建议将旷工认定情形在规章制度中进行明确规定。如：职工连续旷工×日以上或一年累计旷工×日以上的，属于严重违反公司规章制度，公司可单方面解除劳动关系。

2. 用人单位需要提前收集并固定涉案证据，尤其对于部分特殊员工可能需要长达数月来准备和收集证据。包括违纪行为实际发生的证据（例如：考勤记录、监控录像、员工的违纪确认书或自认的录音），对出勤和考勤打卡情况进行调查的证据（例如：当事员工面谈记录、其他员工访谈记录、违纪调查报告），对违纪行为进行管理的证据（例如：书面警告函、限期返岗通知书、工资扣发记录）。

3. 对于实行不定时工作制的员工，在满足一定条件的情况下，用人单位也能以旷工为由进行单方解除劳动合同。不定时工作制员工虽然不计考勤，但不意味着可以不工作，如果该员工持续不提供劳动，用人单位依然可以依据"旷工"解除劳动合同，但需要搜集证据证明其未提供劳动的事实。总体而言，公司对于存在"旷工"行为的不定时工作制员工，要证明其"旷工"并据此与其解除劳动合同时，举证难度远远高于标准工时制下的旷工行为处理。

二、用人单位发现员工存在缺勤、旷工行为的，应当及时处理

用人单位切勿消极对待员工的不当行为，超过合理期限的容易被认定为对违纪行为的默许或认可，由此导致劳动者认识错误，既影响司法机关对严重违纪行为的认定，也不利于用人单位有效管理其他员工。

三、规章制度的效力与适用

1. 用人单位的规章制度需要经过民主程序制定。具体流程为先经职工代表大会或者全体职工讨论，提出方案和意见，再与工会或者职工代表平等协商确定，并保留好相关记录。

2. 规章制度的内容不能违反国家法律、行政法规及政策规定。当然，实践中还会考虑一定的合理性。例如，规章制度规定旷工一天即可开除，一般将被认定为不合理。

3. 规章制度已向劳动者公示。公示的方式多样。例如，作为劳动合同附件，让劳动者签字确认及通过邮箱、微信等送达劳动者。

合规依据

《劳动合同法》

第四条 用人单位应当依法建立和完善劳动规章制度，保障劳动者享有劳动权利、履行劳动义务。用人单位在制定、修改或者决定有关劳动报酬、工作时间、休息休假、劳动安全卫生、保险福利、职工培训、劳动纪律以及劳动定额管理等直接涉及劳动者切身利益的规章制度或者重大事项时，应当经职工代表大会或者全体职工讨论，提出方案和意见，与工会或者职工代表平等协商确定。在规章制度和重大事项决定实施过程中，工会或者职工认为不适当的，有权向用人单位提出，通过协商予以修改完善。用人单位应当将直接涉及劳动者切身利益的规章制度和重大事项决定公示，或者告知劳动者。

第三十九条 劳动者有下列情形之一的，用人单位可以解除劳动合同：（一）在试用期间被证明不符合录用条件的；（二）严重违反用人单位的规章制度的；（三）严重失职，营私舞弊，给用人单位造成重大损害的；（四）劳动者同时与其他用人单位建立劳动关系，对完成本单位的工作任务造成严重影响，或者经用人单位提出，拒不改正的；（五）因本法第二十六条第一款第一项规定的情形致使劳动合同无效的；（六）被依法追究刑事责任的。

第四十三条 用人单位单方解除劳动合同，应当事先将理由通知工会。用人单位违反法律、行政法规规定或者劳动合同约定的，工会有权要求用人单位纠正。用人单位应当研究工会的意见，并将处理结果书面通知工会。

合规要点2：违反管理类违纪行为解除要点

1. 建议用人单位与劳动者建立劳动关系时，与劳动者确认工作职责、工作内容，可通过签署《岗位职责说明书》的形式进行确认。

2. 安排工作内容时建议综合考虑劳动者的岗位职责、平时的工作内容、上下级管理与被管理关系、工作经历等进行判断，以尽量保证工作安排的合理性。

3. 在规章制度中明确规定劳动者不服从工作安排的处分规则，细化规定可以根据员工不服从工作安排的次数、严重程度等相应给予警告或严重警告或解除劳动合同的处理结果。同时应当确保规章制度已履行民主程序和公示程序。

案例参考

高管不服从工作安排被解雇，经法院审理判决用人单位赔偿98万余元

1995年7月15日，梁某某进入福州某公司工作，先后任文员、副经理、分公司经理等职务，双方签订无固定期限劳动合同。离职前十二个月平均工资为19260元。

2020年7月10日至9月30日，梁某某与其上级主管就"业绩改善"进行电子邮件沟通。该邮件显示，上级主管要求其针对上半年亏损，制订多项改善计划。梁某某回复后，上级主管要求其按要求再次回复。梁某某再次回复后，其上级主管在邮件中又要求梁某某回答"你负责什么工作、参与业务开发什么时候开始执行、亏损情况如何及如何可以改善"等问题，梁某某回复后，其上级主管要求其再次回复，其间两次催促其回复邮件。数日后，梁某某回复称公司已在用何种方式处理其去留问题，现在要讨论的是对该问题的处理结果，并非改善计划。此后，梁某某的上级主管要求其认真及时回复邮件，梁某某通过邮件回复称公司和各位领导采取各种小人之心及各种不信任态度，其认为无须再回复此邮件。

2020年8月17日下午，某公司要求梁某某独自一个人在会议室再次熟悉自己的工作职责及员工手册等内容，其间，梁某某未翻阅文件，在浏览手机后，于当日17:25离开公司。

2020年8月19日，某公司以其未翻阅上述文件、全程在浏览手机违反《员工奖惩管理办法》"不服从主管的工作指派或工作安排"等规定为由，对其作出书面警告处分。

2020年8月18日至21日，梁某某与其上级主管就"福州日常工作安排"进行电子邮件沟通。邮件内容显示，梁某某上级主管发送多份邮件要求其完成各项日常工作，梁某某回复称"请见另一封业绩改善邮件的信息"。

2020年8月22日，某公司以梁某某未就"福州日常工作安排"回复任何邮件违反《员工奖惩管理办法》"不服从主管的工作指派或工作安排"规定为由，对其作出书面警告处分。

2020年9月27日，因梁某某上级主管未批复销售奖励奖，梁某某向其上级主管发送的邮件中称："梁某某的上级主管是想违法逼迫其离职等内容，并将邮件抄送多名员工。"

2020年9月29日，某公司以其在邮件中对其上级主管进行人身攻击等违反《员工奖惩管理办法》"人为制造矛盾、无中生有、造谣传播、干扰正常工作秩序"规定为由，对其作出书面警告的处分。

2020年10月20日，某公司作出《劳动合同解除通知》，称梁某某严重违反公司规章制度和劳动纪律，公司决定自2020年10月31日起解除双方的劳动合同关系，梁某某于同日收到解除通知。梁某某随即向福州市仲裁委员会申请仲裁，要求认定公司违法解除劳动关系并支付其赔偿金982260元，后诉至法院。

一审法院认为，某公司以梁某某严重违反公司的规章制度和劳动纪律等为由，与梁某某解除劳动合同，其所适用的《员工奖惩管理办法》为集团制定，办法中规定适用于集团下属分公司及站点的所有员工，但某公司并未提交证据证明规章制度的制定程序是否符合法律规定。某公司与梁某某多次邮件沟通的核心均围绕同一工作内容即"业绩改善计划"。同时，某公司称2020年8月17日要求其在会议室熟悉工作职责及员工手册，而梁某某全程在浏览手机，但未提供有效证据证明梁某某的上述行为严重违反某公司的规章制度、劳动纪律等。综上，某公司解除与梁某某劳动合同的行为系用人单位违法解除，依法应向梁某某支付赔偿金982260元（19260元/

月 ×25.5 个月 ×2 倍)。

某公司不服一审判决，继续上诉。理由如下：梁某某作为高管，却拒不服从工作安排，不仅给公司的其他员工起到恶劣的示范作用，还严重影响公司对其他员工的管理，而且直接导致公司经营业绩下滑亏损，给公司的经营造成了严重影响。同时梁某某更加乐于进行对抗，对其上级进行指责，明明只要及时完成工作就能解决的问题，却被其无限放大直至成为严重违纪问题，说明其主观过错严重，等等。

梁某某则称，首先，某公司据以解除劳动合同的《员工奖惩管理办法》未经法定程序制定，不具有约束员工行为的法律效力，亦不能作为定案依据，一审法院适用法律正确；其次，不存在公司所述的"拒不服从工作安排"等违纪事实。

二审法院认为，自 2020 年 7 月 10 日起，双方就业绩改善问题进行多次沟通，梁某某 2020 年 7 月 14 日至 20 日就业绩改善问题三次进行反馈，此后双方的分歧主要围绕业绩改善计划，而梁某某的上级主管要求其在会议室熟悉工作职责及员工手册，梁某某均在浏览手机，因梁某某在一审中已提供证据证明其存在通过微信等方式安排日常工作的情形，故梁某某在会议室浏览手机不宜认定为违反公司有关规定，故，一审法院认定公司未提供有效证据证明梁某某的行为严重违反公司的规章制度、劳动纪律以及劳动合同基本义务，并无不当，应予以维持。

法律分析

一、用人单位向劳动者布置工作任务的注意事项

用人单位安排的工作任务应当与劳动者职责相关、与劳动者能力相匹配，并注意安排的工作量及完成期限要合理。是否属于本职相关工作、工作安排是否合理，可以结合过往工作情况以及工作职责进行判断。故，提前与员工明确本职工作内容和职责很重要。

二、劳动者拒绝工作安排的不同情形

关于员工拒绝本职岗位工作，根据《劳动合同法》第二十九条规定，用人单位与劳动者应当按照劳动合同的约定，全面履行各自的义务。完成本职工作是劳动者的基本义务，如员工无正当理由拒绝的，根据公司的规章制度考虑其拒绝本职岗位工作的次数或程度，可以认定为其构成严重违纪，根据规章制度予以解除。

关于员工拒绝临时增派工作，不仅要考虑是否明显增加员工工作强度或负担，

还要考虑员工是否具备相关技能，不能强人所难，如果并未明显增加员工负担，且员工具有相关能力，可参照拒绝本岗位工作处理。

关于劳动者拒绝加班，除法律明确规定用人单位在自然灾害、公共利益受到威胁等特殊情况下，可无须协商直接安排员工加班，其余情况均须经过劳动者同意，且劳动者有权拒绝。

综上，需要审查员工不服从工作安排是否具有合理的理由，尤其是有特殊情况的员工。虽然安排员工的工作是用人单位当然的自主管理权，但仍然应当考虑该自主管理权与劳动者权益的边界问题。公司应当考虑：该工作安排是否只能由该员工完成或者可由他人替代，员工不服从工作安排是否具有特殊原因且该原因具有一定合理性。

三、作出解除决定前需要评估劳动者违纪行为的严重程度

大多数用人单位通过制定规章制度明确规定员工严重违纪的类型，但这也不意味着用人单位可以随意根据员工的违纪行为作出解除劳动合同的决定。当发生劳动争议时，司法机关不仅有权审查规章制度的具体内容、制定程序是否合法，而且会审查规章制度的合理性。对于违纪行为是否达到严重程度，可以参考以下因素确定：违纪行为发生的次数以及公司是否已采取批评教育措施／违纪行为产生的损害后果（是否造成损失或负面影响）／员工的职位高低及具体职责范围。

此外，对员工不服从工作安排的行为应进行阶梯式累积处罚，而不建议直接解除劳动合同。在作出解除决定之前，应当先对员工进行充分的教育、警告，以及给其改过自新的机会。例如，员工因故拒绝了公司安排的工作，但给出了替代方案或者安排了其他人去，没有造成不良后果，则不宜以严重违纪为由直接开除。

四、用人单位滥用用工自主权侵犯劳动者权益的判断标准

根据《劳动法》《劳动合同法》等相关法律规定，用人单位享有在劳动合同约定、规章制度以及法律法规范围内对劳动者指挥调度的权利，劳动者有义务接受工作指派并完成工作任务，对于无正当理由不服从工作安排的劳动者，用人单位有权依约依规对涉事员工作出惩戒，这属于用人单位合法行使用工自主权的表现之一。

司法实践中，用人单位滥用用工自主权所引起的劳动人事争议不在少数，而"不服从工作安排"引发的常见争议包括岗位及工作地点调整、工作时间调整、薪资待遇下调等。为规范行使用工自主权，各地司法机关相继出台了各种形式的地方文件以统一裁判尺度。以广东地区为例，判断用人单位是否构成合法调岗主要考量是否基于生产经营需要、调岗后工资水平是否持平或提高、调岗是否具有侮辱性和惩罚性、有无其他违反法律法规的情形，而以上要点在"不服从工作安排"的类案处理上也十分常见。

回顾本案，制订业绩改善计划、熟悉工作职责及员工手册与作为经理的梁某某的本职工作相符，前者与某公司经营活动直接挂钩，后者虽然与梁某某的劳动者身份具有正常联系，但结合常情常理、事件起因判断，劳动者虽然负有遵守用人单位规章制度的义务，但不代表劳动者未在规定时间内翻阅员工手册便认定其构成违纪，可见某公司工作安排具有针对性（惩罚性），某公司上述行为显然已构成用工自主权的不当行使。

合规依据

《劳动合同法》

第四条 用人单位应当依法建立和完善劳动规章制度，保障劳动者享有劳动权利、履行劳动义务。用人单位在制定、修改或者决定有关劳动报酬、工作时间、休息休假、劳动安全卫生、保险福利、职工培训、劳动纪律以及劳动定额管理等直接涉及劳动者切身利益的规章制度或者重大事项时，应当经职工代表大会或者全体职工讨论，提出方案和意见，与工会或者职工代表平等协商确定。在规章制度和重大事项决定实施过程中，工会或者职工认为不适当的，有权向用人单位提出，通过协商予以修改完善。用人单位应当将直接涉及劳动者切身利益的规章制度和重大事项决定公示，或者告知劳动者。

第三十九条 劳动者有下列情形之一的，用人单位可以解除劳动合同：（一）在试用期间被证明不符合录用条件的；（二）严重违反用人单位的规章制度的；（三）严重失职，营私舞弊，给用人单位造成重大损害的；（四）劳动者同时与其他用人单位建立劳动关系，对完成本单位的工作任务造成严重影响，或者经用人单位提出，拒不改正的；（五）因本法第二十六条第一款第一项规定的情形致使劳动合同无效的；（六）被依法追究刑事责任的。

第四十三条 用人单位单方解除劳动合同，应当事先将理由通知工会。用人单位违反法律、行政法规规定或者劳动合同约定的，工会有权要求用人单位纠正。用人单位应当研究工会的意见，并将处理结果书面通知工会。

合规要点3：不当行为类违纪行为解除要点

1.职工存在违纪违法或不当行为时的取证要点：先固定第一手证据，如录音录像、监控视频、照片、微信聊天记录等，防止关键证据灭失；再进一步巩固违纪事实证据，如谈话笔录、电子沟通记录、检讨书、悔过书、情况说明、书面函件沟通等。

2.在规章制度中尽可能详细地罗列不当行为的具体情形，并明确规定劳动者存在不当行为时的处分规则，可以根据员工违纪的次数、严重程度等设置不同梯度的惩罚措施，如警告、严重警告，直至解除劳动合同。同时规章制度应当确保已履行民主程序和公示程序。

案例参考

员工辱骂同事被开除，被认定构成严重违纪，公司解除劳动合同合法有效

张某于2007年4月2日入职南京某纤维公司从事操作工工作，2015年4月30日，双方订立无固定期限劳动合同。2018年5月3日，张某与公司人力资源部人事经理谢某因加班费问题发生争执，争执过程中张某对公司的人事经理谢某有言语辱骂、威胁等行为，致谢某报警，后派出所接处警。公司2007版违纪行为范例以及相对应的处分规定：暴力或者侵略性行为，如工作时间打架斗殴或对公司和同事进行恐吓、威胁、无理取闹的，可以书面警告、最后警告或解聘。公司2016版员工手册附录违纪行为范例以及相对应的处分规定：工作时间对同事实施恐吓、威胁或无理取闹等，可以最后警告或解除合同。

2018年5月9日，公司出具了立即解聘通知并以张某严重违反用人单位规章制度出具了解除劳动合同证明。张某认为公司解雇违法，要求公司支付违法解除劳动合同赔偿金89838.76元。双方就争议事项历经仲裁、一审、二审。

【裁判观点】

一审法院认为，本案中，张某在文件传阅单上签字确认了《公司行为规范及工作纪律规定》，其应知晓《公司行为规范及工作纪律规定》的相关内容并遵守。结合公司提交的证据，《公司行为规范及工作纪律规定》经过了民主程序和公示程序，对劳动者具有约束力。张某与公司之间就加班费产生分歧，其应通过协商或法律途径维护相应权益，但因其在与公司人事经理沟通加班费争议时，采取了辱骂、威胁方式，明显行为不当，违反了《公司行为规范及工作纪律规定》，属于严重违反用人单位规章制度的行为，故公司据此与张某解除劳动合同，符合法律规定。张某主张解除劳动合同的赔偿金，于法无据，一审法院不予支持。张某不服一审判决，提起上诉。

二审法院认为，《劳动合同法》第三十九条第二项规定，劳动者严重违反用人单位规章制度的，用人单位可以解除劳动合同。张某在2007版规章制度文件传阅单上签名确认，可以证明其对于对公司和同事进行恐吓、威胁、无理取闹的，可以书面警告、最后警告或解聘的规定明知且应遵守。2016版员工手册中关于对同事实施恐吓、威胁或无理取闹等的处罚可以最后警告或解聘，该项规定与2007版的上述规定内容并无矛盾之处。根据公司在一审中提交的录音资料，张某对公司人力资源部人事经理谢某进行威胁、恐吓，公司依据公司相关规章制度的规定，与其解除劳动合同，依据充分，且已通知工会。张某上诉主张相关规章制度未向其告知，据此主张公司向其支付违法解除劳动合同赔偿金，证据不足，最终驳回上诉，维持原判。

法律分析

以上述案件为例，针对以员工存在不当行为为由解除劳动合同的情况，企业需要注意从以下六个方面来规避违法解除的风险：

1. 企业应当有经过合法程序制定的规章制度，并将此制度告知员工本人；

2. 规章制度中须明确规定不当行为的具体情形（如辱骂、殴打、发表不当言论等），且这些情形均属于严重违纪，因而可以解除劳动合同；

3. 企业有足够的证据证明员工有辱骂的行为，如员工的检讨信、现场录音录像、同事的证言等，但需要注意的是，最有效的是员工本人的检讨信或者自认的录音，如果单单只是同事的证言则可能存在证明效力不足的风险；

4. 员工的辱骂行为是没有合理原因的，如没有上司或其他同事的不当行为在先造成的，假如是上司先对该员工进行了不恰当的管理或冲突的产生是由于其他人的过错，则很可能员工此类行为将不会被认定为严重违纪，而会被认为是"情有可原"的；

5. 避免公司规章制度中严重违纪的情形或解除通知书中载明的理由与员工的实际违纪行为不契合；

6. 避免规章制度中对员工违纪行为的严重程度界定不明以及对应的处罚措施不

明确，如规定"员工存在违纪行为可以根据严重程度给予口头批评、警告、停职、降职、解除劳动合同等处罚措施"。

合规依据

《劳动合同法》

第四条 用人单位应当依法建立和完善劳动规章制度，保障劳动者享有劳动权利、履行劳动义务。用人单位在制定、修改或者决定有关劳动报酬、工作时间、休息休假、劳动安全卫生、保险福利、职工培训、劳动纪律以及劳动定额管理等直接涉及劳动者切身利益的规章制度或者重大事项时，应当经职工代表大会或者全体职工讨论，提出方案和意见，与工会或者职工代表平等协商确定。在规章制度和重大事项决定实施过程中，工会或者职工认为不适当的，有权向用人单位提出，通过协商予以修改完善。用人单位应当将直接涉及劳动者切身利益的规章制度和重大事项决定公示，或者告知劳动者。

第三十九条 劳动者有下列情形之一的，用人单位可以解除劳动合同：（一）在试用期间被证明不符合录用条件的；（二）严重违反用人单位的规章制度的；（三）严重失职，营私舞弊，给用人单位造成重大损害的；（四）劳动者同时与其他用人单位建立劳动关系，对完成本单位的工作任务造成严重影响，或者经用人单位提出，拒不改正的；（五）因本法第二十六条第一款第一项规定的情形致使劳动合同无效的；（六）被依法追究刑事责任的。

第四十三条 用人单位单方解除劳动合同，应当事先将理由通知工会。用人单位违反法律、行政法规规定或者劳动合同约定的，工会有权要求用人单位纠正。用人单位应当研究工会的意见，并将处理结果书面通知工会。

合规要点4：多次违反屡教不改类违纪行为解除要点

从预防风险的角度，建议企业：

1. 规章制度的制定应经过民主程序，并经公示等方式有效送达劳动者；

2. 规章制度对屡次违反的行为和处理有递进性规定，从轻微违纪到严重违纪的过渡环节不可少。

对从已发现的员工存在多次违反屡教不改构成严重违反规章制度为由解除劳动

合同的,应注意事实依据、制度依据以及遵守合法的解除程序:

1.保留好员工违纪的事实证据,如录音、录像、聊天记录、其他书证材料等;

2.对违纪事实及时作出处分决定,并经员工签字确认,拒签的则通过微信、邮件或公告形式送达;

3.作出解除劳动关系的决定之前应向工会征求意见,如本单位内无工会的,可考虑向用人单位所在地的工会或总工会发函征求意见;

4.解除通知须送达员工。

案例参考

发出多次《警告信》后员工仍屡教不改,用人单位解除劳动合同被判合法解除

2012年7月20日,赵某某进入某杰公司从事刀工工作。2021年5月31日,某杰公司向赵某某发出《违纪解除劳动关系通知书》,载明:赵某某于2020年9月9日、30日,10月9日未在2个工作日内提交书面病假证明。根据《员工手册》的有关规定给予书面警告各1次,合计3次。赵某某于2021年4月22日、23日在未请假的情况下不出勤到岗工作,事后也没有履行有关请假手续,根据《员工手册》有关规定属于旷工行为,且属于严重违纪行为,给予严重警告各1次,合计2次。赵某某于2021年4月30日、5月4日无正当理由拒绝参加公司规章制度的培训。根据《员工手册》的有关规定给予严重警告各1次,合计2次。赵某某于2021年4月20日、21日、28日、29日、30日,2021年5月4日、25日、26日在工作时间睡觉、玩手机、打电话、串岗。根据《员工手册》的有关规定给予书面警告1次、严重警告合计13次。赵某某于2021年5月25日下午上班迟到1.5小时,根据《员工手册》的有关规定给予严重警告1次。赵某某于2021年5月25日14时许在厂区内骑行电动车,根据《员工手册》的有关规定给予书面警告1次。赵某某从2020年9月至今,多次违反公司规章制度,并且屡教不改,毫不吸取教训,根据《员工手册》的有关规定,累计受到2次警告(包含书面警告、严重警告、最后警告等所有警告处分)者,予以解除劳动关系(赵某某累计警告23次)。依据法律赋予公司的权利和公司工会会议决定,于2021年5月31日正式与赵某某解除劳动关系。如对公司造成经济损失的,公司将保留追究损失的权利。

【裁判观点】

关于违法解除劳动合同赔偿金。用人单位违法解除或者终止劳动合同,劳动者不要求继续履行劳动合同的，用人单位应当依照法律规定的经济补偿标准的二倍向劳动者支付赔偿金。本案中，某杰公司于 2021 年 5 月 31 日向赵某某发出《违纪解除劳动关系通知书》，违纪事实包括未在 2 个工作日内提交书面病假证明、2021 年 4 月 22 日及 23 日旷工、无正当理由拒绝参加公司规章制度的培训、工作时间睡觉、玩手机、打电话、串岗等。赵某某均不认可，并主张某杰公司违法解除。首先，某杰公司的员工手册及相应规章制度对赵某某具有约束力，赵某某应严格遵守相关规定。赵某某签字确认已读员工手册，并承诺遵守各项规章制度，且参加包括考勤请假制度、奖惩条款、年假制度等在内的培训，理应知晓员工手册及各项规章制度的内容，并应严格遵守相关规定。其次，某杰公司员工手册中规定，员工请假须将符合要求的医院开具病情证明单等证明材料于 2 个工作日送至 HR 部，如未及时送至 HR 部的，将予以书面警告；连续旷工 2 日（含）以上者，或累计发生 2 次旷工行为者，累计受到 2 次警告处分，属于严重违纪行为，公司有权予以解除劳动关系。最后，赵某某还主张某杰公司解除与其劳动关系并未通知工会，但某杰公司提交的证据显示，在作出与赵某某解除劳动合同的决定时已通知工会，且工会已出具同意解除的意见。故，赵某某的该项主张，缺乏依据，本院不予支持。某杰公司要求无须支付赵某某违法解除劳动合同赔偿金的诉讼请求，本院予以支持。

发出多次《奖惩决定书》后员工仍屡教不改，企业解除劳动合同被判违法解除

上海某电子公司与顾某某签订自 2010 年 6 月 13 日起的无固定期限劳动合同。上海某电子公司制定的《就业规则奖惩规定》（以下简称《就业规则》）规定，不服从或抵制所属领导的合理安排、指导工作的，公司可以进行严重警告处分；《就业规则》还规定：上海某电子公司对奖惩行为采用累计叠加统计的方式，即在一个自然年度内，2 次书面警告处分，相当于 1 次严重警告处分；2 次严重警告处分相当于 1 次降职/降薪处分；2 次降职/降薪处分，公司可以解除劳动合同。

2021 年 1 月 7 日，上海某电子公司向顾某某出具从业员赏罚决定书，赏罚原因是 2021 年 1 月 7 日，顾某某不服从主管合理安排工作，给予书面警告。上海某电子公司向顾某某出具过该决定书，顾某某认为自己没有上面记载的违纪事实，故拒绝签字。上海某电子公司另出具了书面警告的决定通知，出具对象是全体员工，载明了顾某某于 2021 年 1 月 7 日因不服从主管合理安排工作，给予书面警告

1次。但上海某电子公司未提交对该处罚决定进行过公告的证据。后上海某电子公司分别于2021年6月8日作出严重警告的决定、7月29日给予严重警告的决定、10月26日作出给予严重警告的决定、12月8日给予严重警告的决定、12月27日出具了严重警告的决定。2021年12月31日，上海某电子公司向顾某某寄送《解除劳动合同通知书》，载明：因顾某某多次违反《就业规则》被处以警告，故上海某电子公司依据《就业规则》第十五条规定，决定于2021年12月31日解除劳动合同。

【裁判观点】

本院认为，用人单位对解除劳动合同的合法性，负有举证责任。本案中，上海某电子公司认为顾某某有多次违反《就业规则》相关规定的事实，虽然已多次给予了顾某某相关的警告处分，但是顾某某屡教不改，已经达到《就业规则》的解除条件，属于合法解除。为此，上海某电子公司提交证据证明2021年顾某某有6次被处罚的经历，在顾某某拒不认可存在违纪事实的情况下，本院对此6次处罚分析认定如下：

1. 2021年1月7日的处罚决定书，上海某电子公司仅提交了无顾某某签名的决定书，既未提交其他证据予以佐证，也未证明就该决定进行过公告，在顾某某否认的情况下，该次处罚无事实依据，本院无法认定。

2. 2021年6月8日的处罚决定书，上海某电子公司认为顾某某不服从或抵制所属领导的合理安排，并给予了严重警告。虽然顾某某未在处罚决定书上签名，但是根据上海某电子公司提交的谈话视频，顾某某亲口承认一天安排的工作最多做50%，因为不涨工资，所以心情不好，干不动。由此可见上海某电子公司的该项处罚具有事实依据，本院予以认定。

3. 2021年7月29日的处罚决定书，上海某电子公司仅提交了无顾某某签名的决定书，未提交其他证据予以佐证，也未证明就该决定进行过公告，在顾某某否认的情况下，该次处罚无事实依据，本院无法认定。

4. 2021年10月26日的处罚决定书，上海某电子公司认为顾某某在上班时间睡觉，给予了严重警告，但其提交的照片非常模糊，无法证明顾某某有上班时间睡觉的事实，教育培训事实记录表上，亦无顾某某签名。在顾某某否认的情况下，该次处罚的事实依据不足，本院无法认定。

5. 2021年12月2日的处罚决定书，上海某电子公司认为顾某某上班时间不听从领导指示，到办公室询问打卡事宜，对顾某某进行了严重警告。上海某电子公司提交的监控照片，无法证明顾某某有不听从领导指示的行为，教育培训事实记录表上，亦无顾某某签名。在顾某某否认的情况下，该次处罚的事实依据不足，本院不予认定。

6. 2021年12月27日的处罚决定书，上海某电子公司认为顾某某不服从领导安排的工作，当日，顾某某的工作内容本应是在1号楼进行一部洗净协助，但是顾某某8小时都在2号楼，因不服从工作指令，故对顾某某进行了严重警告。顾某某在庭审中表示自己只是一名焊工，不会做其他工作，怕做不了。由此可见，顾某某的确存在该违纪行为，对该次处罚决定，本院予以认定。

综上，2021年，顾某某有两次严重警告的违纪行为，按照《就业规则》，上海某电子公司应给予顾某某降职/降薪的处罚，尚未达到《就业规则》规定的解除条件，但是上海某电子公司解除了劳动合同，解除依据不足，属于违法解除，应支付顾某某违法解除劳动合同赔偿金。庭审中，顾某某仅对是否属于违法解除有争议，对赔偿金的金额110972.80元并无异议，故上海某电子公司应支付顾某某违法解除劳动合同赔偿金110972.80元。

法律分析

在实务中，围绕《劳动合同法》第三十九条第二款发生的劳动争议屡见不鲜，规章制度的制定与执行体现了用人单位的自主用工权，本质是劳动关系的人身属性。但是部分用人单位滥用自主管理权，随意解除劳动关系，因此劳动关系双方的解除争议矛盾层出不穷。

从预防风险的角度，建议用人单位：1.规章制度的制定应经过民主程序且用人单位应保留相应证据，如全体职工或职工代表大会会议记录、与工会协商的记录等；2.规章制度对屡次违反的行为和处理有递进性规定，从轻微违纪到严重违纪的过渡环节不可少，达到严重违纪的才能解除劳动合同。可设计添加条款如：（1）员工上班玩手机，发现一次属于轻微违纪；一个月内2次轻微违纪则达到中度违纪，一个月内2次中度违纪则达到严重违纪，对于严重违纪的员工，公司将解除劳动合同。（2）一个自然年度内累计8次轻微违纪的达到严重违纪，公司有权解除劳动合同。

对于存在多次违反公司规定且屡教不改的员工，用人单位拟以严重违反规章制度为由解除劳动合同的，应注意：1.留存员工违纪事实的证据。这是判定公司是否随意解除的重要事实依据，如违纪事实不存在或用人单位无法举证存在违纪事实，那么适用规章制度中的违纪条款无疑是站不住脚的，因此用人单位应注重在决定解除劳动合同之前，通过充分调查取证固定员工的违纪事实，并以让员工自行出具悔过书、检讨书、签字确认、录音录像等形式固定员工的违纪证据。2.及时对违纪事实作出处分决定，并要求员工签字确认，拒签的应将处分决定通过其他方式送达给员工。3.解除程序要合法。根据《劳动合同法》第四十三条之规定，用人单位单方解除劳动合同的，应当事先通知工会。《最高人民法院关于审理劳动争议案件适用法律问题的解释（一）》第四十七条进一步规定了通知工会的补正程序条款，因此，通知工会是单方解除劳动合同的前置程序。4.解除的通知应送达员工本人。送达的形式包括当面签收送达、邮寄送达、公告送达等。

合规依据

《劳动合同法》

第四条 用人单位应当依法建立和完善劳动规章制度，保障劳动者享有劳动权利、履行劳动义务。用人单位在制定、修改或者决定有关劳动报酬、工作时间、休息休假、劳动安全卫生、保险福利、职工培训、劳动纪律以及劳动定额管理等直接涉及劳动者切身利益的规章制度或者重大事项时，应当经职工代表大会或者全体职工讨论，提出方案和意见，与工会或者职工代表平等协商确定……

第三十九条 劳动者有下列情形之一的，用人单位可以解除劳动合同：（一）在试用期间被证明不符合录用条件的；（二）严重违反用人单位的规章制度的；（三）严重失职，营私舞弊，给用人单位造成重大损害的；（四）劳动者同时与其他用人单位建立劳动关系，对完成本单位的工作任务造成严重影响，或者经用人单位提出，拒不改正的；（五）因本法第二十六条第一款第一项规定的情形致使劳动合同无效的；（六）被依法追究刑事责任的。

《最高人民法院关于审理劳动争议案件适用法律问题的解释（一）》

第四十七条 建立了工会组织的用人单位解除劳动合同符合劳动合同法第三十九条、第四十条规定，但未按照劳动合同法第四十三条规定事先通知工会，劳动者以用人单位违法解除劳动合同为由请求用人单位支付赔偿金的，人民法院应予支持，但起诉前用人单位已经补正有关程序的除外。

合规要点 5：弄虚作假类违纪行为解除要点

从预防风险的角度，建议公司：

1. 做好入职招聘环节的候选人背调审查工作；
2. 规章制度的制定应经过民主程序；
3. 细化完善规章制度规定，设计具有针对性且合理的条款；
4. 在劳动合同中对弄虚作假行为的后果做出明确约定。

发现员工存在弄虚作假行为的，用人单位可按严重违反规章制度解除劳动合同，但应注意：

1. 保留好员工违纪的事实证据，如录音、录像、聊天记录、其他书证材料等；
2. 及时对违纪事实作出处分决定并送达劳动者，以免被认定为默许该违纪行为；
3. 作出解除劳动关系的决定之前应向工会征求意见；
4. 解除通知应送达劳动者。

案例参考

员工多次伪造考勤记录弄虚作假，企业解除劳动合同被判合法解除

被告唐某于 2005 年 3 月 1 日入职原告蝶某诗公司，任店铺形象科经理。双方签订自 2017 年 2 月 28 日起的无固定期限劳动合同，该份劳动合同载明原告办公地址为上海市黄浦区河南南路×号×楼，第二十九条约定被告严重违反原告劳动纪律和规章制度的，原告可以解除劳动合同。原告公司要求的上下班打卡时间为 9 点至 18 点。2021 年 12 月 3 日，经公司工会同意，原告书面通知被告解除劳动合同，解除理由为被告 2020 年 11 月 1 日至 2021 年 11 月 30 日未经同意在非合同约定的办公地点打卡，属于虚假打卡，构成严重违纪。

【裁判观点】

本院认为，根据《劳动法》的相关规定，劳动者严重违反劳动纪律或者用人单位规章制度的，用人单位可以解除劳动合同。本案中，被告在长达一年的时间内，有 46 次在并非其实际办公地点的其他考勤地点进行打卡，该打卡地点距离其实际办公地点有 1 公里的物理距离。无论在其他考勤设备上打卡后再到办公点需要多长时间，亦无论是否实际造成迟到，被告在非其实际办公地点进行打卡的行为本身既有违用人单位的管理规则，也违背了劳动者应当遵守的基本劳动纪律。被告系在长达一年的时间内有四十余次虚假打卡，与规章制度中列举的代人打卡或者请人打卡有实质上的区别，已然构成丙类过失（严重违纪行为）中的弄虚作假。被告之行为确已违背原告处规章制度的规定及劳动纪律的基本要求，达到了解除劳动合同的程度，原告据此解除劳动合同，并无不妥。

法律分析

本节与多次违纪屡教不改类行为的合规要点既有共通之处，也有独特之处。从预防风险的角度，建议公司：

1. 在入职招聘环节对员工进行背景调查、入职登记并要求员工签署入职承诺书等。

2. 用人单位的内部规章制度是其解除劳动合同的依据，但规章制度存在并不代表可以完全适用于员工，规章制度还应具有合法性，如规章制度的制定应经过民主程序且用人单位应保留相应已经过民主程序的证据如全体职工或职工代表大会会议记录、与工会协商的记录等。

3. 细化完善规章制度规定，可设计针对性条款。例如，（1）员工有以下行为的，构成严重违纪，公司将与其解除劳动合同，无须支付任何补偿或赔偿，并有权要求员工赔偿给公司造成的损失：a.应聘或入职时隐瞒工作经历、学历、技能证书或其他欺骗公司的行为；b.弄虚作假，利用欺骗手段或虚假材料获取利益，造成公司财物或商誉损失者……

4. 劳动合同中明确约定如员工在应聘、入职以及在职期间，存在隐瞒、欺骗公司行为并给公司造成损失（达到××数额）的，用人单位有权拒绝录用或无责解除劳动合同并要求员工承担赔偿损失责任。

用人单位发现员工存在弄虚作假行为并依据规章制度中的相关规定解除劳动合同的，系用人单位的用工自主权。但是在实务中，较多用人单位因规章制度存在问题、违纪事实证据不足以及解除程序违法等被认定为违法解除劳动关系，并被判决向劳动者支付赔偿金。因此，用人单位在劳动者存在弄虚作假已经构成严重违纪，并以严重违反规章制度为由解除劳动关系时，要同样注意的是：

1. 保存员工违纪事实的证据。这是判定公司是否是随意解除的重要事实依据，如违纪事实不存在或用人单位无法举证存在违纪事实，那么适用规章制度中的违纪条款无疑是站不住脚的，因此用人单位应注重在决定解除劳动合同之前，通过与充分调查取证固定员工的违纪事实，并以签字、录音录像等形式记录与员工沟通的过程及结果;此外,还应注意违纪事实是否适用于用人单位内部规章制度中规定的违纪条款,若不匹配,则用人单位的解除行为可能因无制度依据被认定违法解除。

2. 对违纪事实及时作出处分决定,并经员工签字确认,拒签的则通过微信、邮件或公告形式送达。

3. 解除程序要合法。根据《劳动合同法》第四十三条之规定,用人单位单方解除劳动合同的,应当事先通知工会。《最高人民法院关于审理劳动争议案件适用法律问题的解释(一)》第四十七条进一步规定了通知工会的补正程序条款,因此,通知工会是单方解除劳动合同的前置程序。

4. 解除的通知应送达给员工本人,而非以内部公告的形式。送达的形式可以以当面签收送达,或邮寄送达、公告送达。

合规依据

《劳动合同法》

第四条　用人单位应当依法建立和完善劳动规章制度,保障劳动者享有劳动权利、履行劳动义务。用人单位在制定、修改或者决定有关劳动报酬、工作时间、休息休假、劳动安全卫生、保险福利、职工培训、劳动纪律以及劳动定额管理等直接涉及劳动者切身利益的规章制度或者重大事项时,应当经职工代表大会或者全体职工讨论,提出方案和意见,与工会或者职工代表平等协商确定……

第三十九条　劳动者有下列情形之一的,用人单位可以解除劳动合同:(一)在试用期间被证明不符合录用条件的;(二)严重违反用人单位的规章制度的;(三)严重失职,营私舞弊,给用人单位造成重大损害的;(四)劳动者同时与其他用人单位建立劳动关系,对完成本单位的工作任务造成严重影响,或者经用人单位提出,拒不改正的;(五)因本法第二十六条第一款第一项规定的情形致使劳动合同无效的;(六)被依法追究刑事责任的。

《最高人民法院关于审理劳动争议案件适用法律问题的解释(一)》

第四十七条　建立了工会组织的用人单位解除劳动合同符合劳动合同法第三十九条、第四十条规定,但未按照劳动合同法第四十三条规定事先通知工会,劳动者以用人单位违法解除劳动合同为由请求用人单位支付赔偿金的,人民法院应予支持,但起诉前用人单位已经补正有关程序的除外。

第五节　劳动合同的终止

合规要点1：劳动者开始依法享受基本养老保险待遇或者达到法定退休年龄而终止的注意事项

1. 劳动者达到法定退休年龄时，如果用人单位决定终止劳动合同，应提前书面通知劳动者，并及时办理劳动合同终止手续，此时无须支付经济补偿金。如果用人单位希望继续用工，双方在终止劳动关系后，可以另外签订《劳务合同》，避免直接继续用工而被认定为劳动关系存续，引起不必要的劳动争议。

2. 对于退休年龄的认定，容易引发争议的是女性劳动者退休年龄的认定。用人单位要注意区分"干部"和"工人"身份的界定，对"女性管理人员"界定不清，依然容易引起退休纠纷，这需要用人单位根据自身的组织架构对"管理人员"的范围进行明确界定，并通过劳动合同中的"工作岗位"条款进行明晰，避免因界定不清引发关于退休年龄的争议。

案例参考

民办院校老师退休年龄认定

顾某，女，1970年9月19日出生，系外省市户籍来沪从业人员，在YX学校任职教师，双方签订的最后一份合同系自2010年7月1日起的无固定期限聘用合同。

2020年9月8日，YX学校出具顾某的员工退休通知书，内载"经您个人人事资料显示，您将于2020年9月19日达到国家法定退休年龄，届时您与我单位的劳动合同将自行终止……"顾某最后工作至2020年9月30日，双方确认劳动关系于该日终结。

顾某称其持有教师资格证书并被聘用为教师，且YX学校认定其专业技术职务为小学二级教师，其岗位属于专业技术岗位，另，其获得从事教育工作三十年的荣誉证书，根据本市相关规定，其符合55周岁退休的条件，但YX学校以其50岁达到法定退休年龄终止双方劳动合同的行为违法，故主张恢复劳动合同。YX学校表示其单位的性质属于企业，男职工年满60周岁退休，女职工年满50周岁退休，顾某的退休年龄并不因持教师资格证而改变，其符合50周岁退休的条件，故YX学校认为双方劳动合同终止并不违法。

【裁判观点】

一审法院认为，根据《劳动合同法实施条例》第二十一条规定，劳动者达到法定退休年龄的，劳动合同终止。关于用人单位中女性工作人员适用55周岁退休的条件须按其岗位是否属于管理、技术岗位来确定。用人单位作为企业法人，依法自主经营，法律赋予其施行企业管理制度的权利，可以根据企业自身需求设定各类工作岗位，也包括设定对应于原干部身份的管理、技术岗位类别。本案中，双方就顾某之岗位是否为管理岗位或技术岗位之争议不属于法院受理范围。顾某于2020年9月19日年满50周岁，已达到法定退休年龄。现YX学校以顾某已达法定退休年龄为由终止与其的劳动关系并不违法，故顾某要求YX学校支付其违法解除劳动合同赔偿金的请求，一审法院不予支持。

二审法院认为，本案的争议焦点为YX学校以顾某达到50周岁法定退休年龄为由终止双方劳动合同，是否构成违法解除。本院认为，一审法院已就YX学校不构成违法解除之缘由，作了详尽阐释。YX学校作为民办非企业单位，与顾某之间系建立劳动关系。《劳动合同法实施条例》第二十一条有关劳动者达到法定退休年龄的，劳动合同终止之规定，可成为YX学校与顾某终止劳动合同之依据。对于双方争议的顾某法定退休年龄，YX学校提供的《YX学校教职工退休管理条例》、顾某的聘任表可佐证YX学校所持顾某法定退休年龄为50周岁之主张。顾某虽主张其应该55周岁退休，但所称的人社部相关文件内容，所持教师资格证书、荣誉证书，难以成为该主张成立的充足依据。顾某以其与YX学校之间的无固定期限劳动合同签订于2010年，而以《YX学校教职工退休管理条例》刚通过为由，要求实行老人老办法，55周岁退休，亦缺乏依据，本院实难采纳。一审法院认定YX学校系合法终止与顾某之间的劳动合同，并无不当。故，对顾某要求YX学校支付违法解除劳动合同赔偿金103068元的上诉请求，本院不予支持。

合同期跨越法定退休年龄的劳动合同终止与经济补偿

袁某，女，1964年11月24日出生，2014年8月4日与某公司建立劳动关系，双方于当日签订一份劳动合同，合同期限为2014年8月4日至2017年8月3日。2016年5月9日，某公司向袁某发送一份《解除劳务关系的通知书》，内容为告知袁某因其达到退休年龄，双方劳动关系于 2014 年 11 月 24 日自动终止，双方自 2014 年 11 月 25 日建立劳务关系，现决定于 2016 年 5 月 9 日解除双方的劳务关系，袁某于当日离职。2016 年 5 月 23 日，袁某向厦门市劳动争议仲裁委员会提起劳动仲裁申请，要求某公司支付违法解除劳动合同的赔偿金以及经济补偿金，后对仲裁结果不服，诉至法院。

【裁判观点】

一审法院认为，袁某与某公司于 2014 年 8 月 4 日建立劳动关系，双方签订的劳动合同期限至 2017 年 8 月 3 日。根据《劳动合同法》第四十四条第六项的规定，有法律、行政法规规定的其他情形的，劳动合同终止。袁某于 2014 年 11 月 24 日达到法定退休年龄。根据《劳动合同法实施条例》第二十一条的规定，劳动者达到法定退休年龄的，劳动合同终止。劳动者达到法定退休年龄属于劳动合同终止的事由。某公司在袁某达到法定退休年龄时并未实际办理劳动合同终止手续。因此，双方的劳动关系应当延续至袁某实际离职时止，双方的劳动合同于 2016 年 5 月 9 日终止。双方的劳动合同因袁某达到法定退休年龄而终止，该情形不属于某公司应当支付经济补偿金或赔偿金的情形，袁某要求某公司支付经济补偿金和违法解除劳动合同的赔偿金的诉讼请求，因缺乏事实和法律依据，不予支持。

二审法院认为，《劳动合同法》第四十四条规定，劳动者开始依法享受基本养老保险待遇的，劳动合同终止；《最高人民法院关于审理劳动争议案件适用法律若干问题的解释（三）》第七条规定，用人单位与其招用的已经依法享受养老保险待遇或领取退休金的人员发生用工争议，向人民法院提起诉讼的，人民法院应当按劳务关系处理。上述规定可以说明，对劳动合同期间达到法定退休年龄，但未开始依法享受基本养老保险待遇的人员，与用人单位的用人关系仍为劳动关系。本案中，某公司与袁某签订劳动合同，合同期跨越袁某法定退休年龄，某公司是知情的。袁某达到法定退休年龄后，双方仍继续履行劳动合同，由于袁某并未享受基本养老保险待遇，双方之间仍为劳动关系。某公司认为袁某达到法定退休年龄后即为劳务关系的理由不能成立。鉴于双方已终止劳动关系，袁某要求支付经济补偿应予支持。二审法院撤销了一审法院第二项判决，判决某公司于本判决生效之日起五日内支付袁某经济补偿。

劳动者法定退休年龄的依据选择：上海 MK 公司与刘某劳动合同纠纷案

刘某系上海市外来从业人员，女，1970 年 12 月 30 日生。2007 年 9 月 17 日至

2018年4月,刘某由广州A有限公司、广州市B有限公司、中智广州××公司、北京C有限公司先后劳务派遣至JP糖果(中国)有限公司(下称"JP公司")担任理货员岗位。2018年5月1日,JP公司与MK公司签订门店品牌服务项目合同。同日,刘某与MK公司签订劳动合同及补充协议,约定刘某继续从事门店理货岗位工作。其中,补充协议中载明,MK公司认可刘某与上家公司2007年9月17日至2018年4月30日的工龄,作为承接工龄合并计算,即刘某在上家公司的工龄视为刘某在MK公司的工龄。2020年12月4日,MK公司以刘某达到法定退休年龄为由终止了与刘某之间的劳动合同关系。2021年7月5日,刘某向岳阳市劳动人事争议仲裁委员会申请仲裁,要求MK公司支付刘某违法解除劳动关系赔偿金。岳阳市劳动人事争议仲裁委员会作出裁决,MK公司应支付刘某终止劳动合同经济补偿金。MK公司不服仲裁裁决,向公司所在地上海市嘉定区人民法院起诉。

【裁判观点】

一审法院认为,关于MK公司主张不予支付刘某解除劳动合同经济补偿一节,首先,《国务院关于工人退休、退职的暂行办法》规定,男年满60周岁,女年满50周岁,连续工龄满十年的,应该退休。该规定适用单位范围为全民所有制企业、事业单位和党政机关、群众团体的工人,因MK公司未举证证明其公司类型属于该范围内,故不可适用该规定;其次,刘某提供劳动用工所在地为湖南省岳阳市,根据相关法律规定,用人单位所在地和劳动合同履行地对劳动条件、劳动报酬等规定不一致的,从有利于保护劳动者权益出发,以优于劳动者的权益保护为依据。本案中,双方的劳动合同履行地为岳阳市,根据《湖南省城镇企业、个体工商户从业人员基本养老保险实施办法》(湘政发〔1997〕43号)的规定,从业人员达到退休年龄,男年满60周岁,女年满55周岁,累计缴费年限满15年的,方可办理退休手续,按月领取基本养老金。刘某至2020年12月30日年满50周岁,未达到退休年龄,亦未能办理退休手续、领取养老金,即表明MK公司以该理由与刘某解除劳动关系违法,故MK公司要求不予支付刘某解除劳动合同经济补偿金的请求,于法无据,不予支持。

二审法院认为,《国务院关于工人退休、退职的暂行办法》第一条规定女工人年满五十周岁应该退休。一审法院认为该规定适用单位范围为全民所有制企业、事业单位和党政机关、群众团体的工人,因MK公司未举证其公司类型属于该范围,故本案不可适用。本院认为,该办法制定于1978年,彼时有限责任公司等法人主体尚未存在，一审法院要求 MK 公司举证其属于上述单位范围，并以 MK 公司未举证为由否认本案适用该办法，不符合立法本意，本院予以纠正。湖南省于 2006 年发布的《湖南省关于完善企业职工基本养老保险制度若干政策问题的意见》（湘劳社政字〔2006〕13 号）也明确，长期在生产岗位工作的女职工的退休年龄为 50 周岁。本案劳动者刘某的工作岗位为理货员，不论适用前述办法还是湖南省规定，刘某的法定退休年龄均应认定为五十周岁。《劳动合同法实施条例》第二十一条规定，劳动者达到法定退休年龄的，劳动合同终止。根据查明的事实，刘某认可 MK 公司为其缴纳在职期间的社会保险费，因此，刘某达到法定退休年龄但无法享受养老保险待遇并非 MK 公司所致，MK 公司以刘某达到法定退休年龄为由终止劳动关系，并无不当。因此，MK 公司上诉要求不支付刘某解除劳动合同经济补偿金的请求，于法有据，本院予以支持，撤销一审法院的判决，改判 MK 公司无须支付被上诉人刘某解除劳动合同经济补偿金。

法律分析

我国此前关于法定退休年龄的种类主要分为三类：第一类是正常的退休年龄，即企业职工正常退休年龄是男性年满 60 周岁，女工人年满 50 周岁，女干部年满 55 周岁；第二类是特殊工种岗位的退休年龄，即从事井下、高空、高温、特别繁重体力劳动或者其他有害身体健康的工作，连续工龄满十年的，男年满 55 周岁、女年满 45 周岁；第三类是因病退出工作岗位，即病退年龄，男年满 50 周岁，女年满 45 周岁，连续工龄满十年，由医院证明，并经劳动鉴定委员会确认，完全丧失劳动能力的。

《全国人民代表大会常务委员会关于实施渐进式延迟法定退休年龄的决定》第一条规定："从 2025 年 1 月 1 日起，男职工和原法定退休年龄为五十五周岁的女职工，法定退休年龄每四个月延迟一个月，分别逐步延迟至六十三周岁和五十八周岁；原法定退休年龄为五十周岁的女职工，法定退休年龄每二个月延迟一个月，逐步延迟至五十五周岁。国家另有规定的，从其规定。"

《劳动合同法实施条例》第二十一条规定，劳动者达到法定退休年龄的，劳动合同终止。即不认为达到退休年龄的职工与单位之间形成的是劳动关系。这一规定与《劳动合同法》并不一致，后者的规定是"劳动者开始依法享受基本养老保险待遇"的，劳动合同才终止。也就是说，这两部法律法规对"达到法定退休年龄而未享受基本养老保险待遇"的劳动者与用人单位之间的劳动关系是否自然终止有着不同的规定。

《劳动合同法》是上位法，而《劳动合同法实施条例》则是专门对《劳动合同法》作出实践操作说明的法规，从法理学上来说，适用哪项规定有明确依据，后续出台的几部司法解释也未对"达到法定退休年龄而未享受基本养老保险待遇"的劳动者与用人单位之间的劳动关系是否自然终止，或者说是否还能与用人单位形成劳动关系作出规定。因此，司法实践中对于此类情况如何处理存在较大争议。

上海地区目前对此有比较明确的裁判原则：对于劳动者开始依法享受基本养老待遇的，严格按照前述司法解释的规定，劳动者与用工单位发生争议的，按劳务关系处理；对于达到法定退休年龄，用人单位又未与其解除劳动合同继续留用，未办理退休手续的，按劳动关系处理；对于达到法定退休年龄的，用人单位与其解除劳动合同，因缴费年限不够，而未享受养老保险待遇的，应根据《社会保险法》的规定，劳动者只要补缴社保费就可享受养老保险待遇，与其再就业用工单位发生争议的，按劳务关系处理。

北京地区则认为，无论劳动者是否享受养老保险待遇，只要一到退休年龄，劳动者与用人单位之间的劳动关系即为终止。终止之后，如劳动者继续在单位上班，那么所形成的关系自然也就不是劳动关系，而是劳务关系。如劳动者在超过退休年龄之后才入职，则自始不与该单位形成劳动关系。

由此，劳动者达到法定退休年龄但未能享受基本养老保险待遇时可否终止劳动合同，在理论和裁判实践中存在一定争议时，笔者建议用人单位面临此类情形应注意灵活把握，如果劳动者在本单位工作达到法定退休年龄时，因社保缴费年限不够而未能享受基本养老保险待遇是用人单位原因造成的，为避免劳动争议，建议用人单位与劳动者终止劳动关系的同时，向社保部门补缴该名劳动者的保险费用以达到享受相关待遇的要求；无法补缴的，应与劳动者协商参照基本养老保险待遇标准给予一定补偿；如果社保缴费年限不够而未能享受基本养老保险待遇不是本用人单位的原因，则用人单位直接与劳动者终止劳动关系基本不存在风险。

合规依据

《劳动合同法》

第四十四条 有下列情形之一的，劳动合同终止：……（二）劳动者开始依法享受基本养老保险待遇的……（六）法律、行政法规规定的其他情形。

《劳动合同法实施条例》

第二十一条 劳动者达到法定退休年龄的，劳动合同终止。

《最高人民法院关于审理劳动争议案件适用法律问题的解释（一）》

第三十二条第一款 用人单位与其招用的已经依法享受养老保险待遇或者领取退休金的人员发生用工争议而提起诉讼的，人民法院应当按劳务关系处理。

《国务院关于工人退休、退职的暂行办法》（国发〔1978〕104号）

第一条 全民所有制企业、事业单位和党政机关、群众团体的工人，符合下列条件之一的，应该退休。（一）男年满六十周岁，女年满五十周岁，连续工龄满十年的。（二）从事井下、高空、高温、特别繁重体力劳动或者其他有害身体健康的工作，男年满五十五周岁、女年满四十五周岁，连续工龄满十年的。本项规定也适用于工作条件与工人相同的基层干部。（三）男年满五十周岁，女年满四十五周岁，连续工龄满十年，由医院证明，并经劳动鉴定委员会确认，完全丧失劳动能力的。（四）因工致残，由医院证明，并经劳动鉴定委员会确认，完全丧失劳动能力的。

《全国人民代表大会常务委员会关于实施渐进式延迟法定退休年龄的决定》

第一条 从2025年1月1日起，男职工和原法定退休年龄为五十五周岁的女职工，法定退休年龄每四个月延迟一个月，分别逐步延迟至六十三周岁和五十八周岁；原法定退休年龄为五十周岁的女职工，法定退休年龄每二个月延迟一个月，逐步延迟至五十五周岁。国家另有规定的，从其规定。

合规要点2：劳动合同期满终止的注意事项

1.用人单位应根据用工情况提前确定续签或终止意向。如果用人单位不打算续签的，应及时向劳动者发出《不续签劳动合同通知》；用人单位可根据本单位的实际情况、工作交接复杂程度、劳动者个人表现等综合把握不续签通知的发出时间；因用人单位原因不续签的，应向劳动者支付经济补偿。

2.如果用人单位打算续签，在维持或提高劳动合同条件的情况下，劳动者拒绝续签的，应注意固定劳动者不续签的相关证据，此时终止劳动合同的，用人单位无须支付经济补偿。

3.用人单位应注意甄别劳动者是否存在法定续延事由，避免造成违法终止。

4.用人单位应注意甄别劳动者是否属于签订无固定期限劳动合同的情形,避免造成违法终止。

5.用人单位应注意避免逾期终止,以免形成事实劳动关系,带来不必要的用工风险。

案例参考

劳务派遣员工合同到期不续签的经济补偿金认定

叶某 2020 年 9 月 1 日入职 XY 公司,双方签订了合同期限从 2020 年 9 月 1 日至 2022 年 8 月 31 日的书面劳动合同。随后叶某被派遣至 JS 公司工作,岗位为设计师。2022 年 8 月 1 日,叶某以个人原因为由向 JS 公司提出劳动合同到期不续签,并签署《员工离职申请单》。该申请单"离职申请"一栏载明:而今,由于个人原因,合同到期后不续签。JS 公司于 2022 年 8 月 30 日向 XY 公司出具了《关于不再派遣劳务人员的通知》,内容为"XY 公司:贵司派遣叶某同志到我司工作,现因合同即将期满,本人也向我公司提出辞职,经我司研究决定同意其辞职申请,不再继续派遣,工作交接拟于 9 月 30 日前完成"。XY 公司向叶某出具了《合同到期不续签通知书》,该通知书载明:"您与公司的劳动合同将于 2022 年 8 月 31 日到期,公司决定不再与您续签次年度的劳动合同,请您于合同到期日当天根据相关规定到人力资源管理中心办理离职手续。您的薪资将结算到 2022 年 9 月 30 日……"该通知书的落款日期为 2022 年 8 月 1 日,XY 公司称通知书的实际出具时间为 2022 年 11 月 14 日,晚于叶某 2022 年 8 月提交的《员工离职申请单》。叶某向广州市黄埔区劳动仲裁委提起仲裁,请求裁决 XY 公司支付未提前一个月通知终止劳动合同的代通知金及终止劳动合同经济补偿金。广州市黄埔区劳动仲裁委裁决 XY 公司向叶某支付终止劳动关系经济补偿金。XY 公司不服,提起诉讼。

【裁判观点】

一审法院认为,其一,XY 公司是叶某的用人单位,JS 公司是叶某的用工单位,终止劳动合同的决定应由 XY 公司作出,叶某填写《员工离职申请单》仅能表明其向 JS 公司提出离职,并不能等同于其作出了不与 XY 公司续签劳动合同的意思表示,XY 公司仅以《员工离职申请单》的离职申请就认定叶某合同期满后不与其续签劳动合同于法无据,一审法院不予采纳。其二,XY 公司法定代表人郭某于 2022 年 11 月 16 日通过微信向叶某出具《合同到期不续签通知书》,该通知书已加盖 XY

公司公章，郭某本人又是 XY 公司法定代表人，故一审法院认定该通知书系 XY 公司出具，XY 公司并未举证证明是叶某先提出不与公司续签劳动合同，应自行承担举证不能的不利后果。《最高人民法院关于审理劳动争议案件适用法律问题的解释（一）》第三十四条规定，"劳动合同期满后，劳动者仍在原用人单位工作，原用人单位未表示异议的，视为双方同意以原条件继续履行劳动合同。一方提出终止劳动关系的，人民法院应予支持"。本案双方当事人签订的劳动合同已于 2022 年 8 月 31 日到期，庭审中双方确认叶某实际离职时间为 2022 年 9 月 30 日。综上，一审法院确认 XY 公司于 2022 年 9 月 30 日以合同到期不续签为由终止与叶某的劳动关系，据此，XY 公司应依照《劳动合同法》第四十四条、第四十六条的规定向叶某支付终止劳动关系经济补偿金。

二审法院认为，第一，《员工离职申请单》是叶某向其用工单位 JS 公司出具，而非向用人单位 XY 公司出具。且从叶某填写《员工离职申请单》背景来看，是因 JS 公司未同意与其签订正式工合同而申请离职，仅表明双方结束用工关系，不足以证明叶某向 XY 公司提出解除劳动关系申请。在叶某与 XY 公司法定代表人郭某微信聊天过程中，叶某对于 XY 公司加盖公章的《合同到期不续签通知书》不持异议。XY 公司称《合同到期不续签通知书》仅是对叶某不续签行为的确认，但对此未能提交证据予以证实，本院不予采信。故，一审法院判令 XY 公司向叶某支付经济补偿金并无不当，本院予以维持。

连续订立二次固定期限劳动合同后不续签是否合法

黄某于 2011 年 1 月 4 日入职 FC 物业，双方先后签订二次劳动合同，最后一份劳动合同书的期限自 2017 年 2 月 1 日至 2020 年 1 月 31 日。黄某于 2020 年 1 月 27 日通过邮政向 FC 物业寄送书面申请书，要求签订无固定期限劳动合同。2020 年 1 月 31 日 FC 物业向黄某出具《不续签通知书》，载明"您与公司的劳动合同于 2020 年 1 月 31 日到期，经研究，公司决定不再与您续签。请您按照公司规定在上述劳动合同期满前办理工作交接和离职手续"。黄某于 2020 年 6 月 17 日向上海市黄浦区劳动人事争议仲裁委员会申请仲裁，要求自 2020 年 2 月 1 日起恢复与 FC 物业的劳动关系。该会裁决不予支持。黄某不服，向一审法院起诉。

【裁判观点】

一审法院认为，用人单位已与劳动者连续订立二次固定期限劳动合同，且劳动者没有法律规定的几种情形，在与劳动者续订合同时，劳动者提出订立无固定期限劳动合同的，应当订立无固定期限劳动合同。也就是说，此种情况下订立无固定期限劳动合同的前提是用人单位与劳动者之间有续订劳动合同的合意。本案中，FC物业向黄某发出《不续签通知书》，表明双方并未达成续订劳动合同的合意，因此黄某要求与FC物业续订无固定期限劳动合同，不符合法律规定。FC物业于合同期限最后一日将黄某移出微信群的行为不属于解约行为，退工单打印为1月31日合同解除与事实不符，而FC物业并未提出解约，故双方的劳动合同期满后即行终止。综上，黄某的诉讼请求缺乏法律依据，法院不予支持。

二审法院认为，《劳动合同法》第十四条规定，用人单位与劳动者协商一致，可以订立无固定期限劳动合同。连续订立二次固定期限劳动合同，且劳动者没有本法第三十九条和四十条第一项、第二项规定的情形，续订劳动合同的，劳动者提出或者同意续订、订立劳动合同的，除劳动者提出不订立固定期限劳动合同外，应当订立无固定期限劳动合同。可见，双方签订无固定期限劳动合同的前提条件是劳动者与用人单位就续订劳动合同协商一致，如双方未就劳动合同是否续签达成合意，则签订无固定期限劳动合同无从谈起。本案中，因FC物业向黄某送达《不续签通知书》，明确表达了公司不再续签劳动合同的意思表示，故黄某要求恢复双方之间劳动关系的请求缺乏法律依据。黄某上诉提出FC物业未在合同期届满前提前一个月向其发送书面征询意见，违反劳部发〔1997〕106号的规定。FC物业认为该规定早于《劳动合同法》，属于部委规章，本案应当适用《劳动合同法》。本院认为，黄某主张的该规定早于《劳动合同法》实施之前，因此FC物业未提前发出书面征询意见并未违反《劳动合同法》的相关规定。根据查明的事实，双方末次劳动合同于2020年1月31日到期，一审法院据此认定双方的劳动合同系期满终止，而非FC物业单方解除劳动合同，并无不妥，本院予以认同。

医疗期内劳动者劳动合同到期的，期限应当延续

马某于2007年2月28日进入A公司工作，双方签订的最后一份劳动合同期限至2016年10月31日，工作岗位为操作工。2016年10月22日至26日，马某因腰痛病、腰椎退行性病变休病假；2016年10月27日至31日，马某因项痹病、颈椎退行性病变、颈椎间盘突出休病假。

2016年10月25日，A公司通知马某劳动合同到期后不再续签。马某于该日办

理了离职交接手续。2016年10月31日，双方签订的劳动合同到期终止，A公司出具退工证明。A公司为马某缴纳社保费至2016年10月。A公司已支付经济补偿金35871.56元。

2016年11月10日，马某向上海市浦东新区劳动人事争议仲裁委员会申请仲裁，要求A公司支付违法终止劳动合同赔偿金差额35871.56元。同年12月27日，该仲裁委员会裁决对马某的请求不予支持。马某不服该裁决，遂诉至一审法院。

【裁判观点】

一审法院认为，首先，双方劳动合同到期时是否存在应当续延的情形。根据《劳动合同法》的规定，劳动合同期满，但劳动者患病或者非因工负伤在规定医疗期内的，劳动合同应当续延至相应的情形消失时终止。本案中，双方签订的劳动合同于2016年10月31日到期，马某向A公司提交的病情证明单记载的休息日期也于该日终止，故当时并不存在劳动合同应当顺延的情形。关于马某主张的11月1日至15日其仍处于医疗期，因该段时间的病情证明单，系马某在双方劳动关系终止后取得，且其在终止劳动合同时未向A公司提出其可能仍处于医疗期，A公司亦无法预见在劳动合同到期终止后马某是否仍连续地处于医疗期，故难以以该病情证明单作为评判A公司是否系合法终止劳动关系的依据。

其次，双方是否达成劳动合同到期终止的合意。在A公司已提前通知马某于劳动合同到期后不再续签的情况下，马某未提出其医疗期尚未结束，且于2016年10月25日办理了工作交接，故应视为马某同意劳动到期后不再续签，双方已经达成了劳动合同到期终止的合意。

再次，A公司是否已履行劳动合同到期终止的相关法定义务。根据《劳动合同法》的规定，除用人单位维持或者提高劳动合同约定条件续订劳动合同，劳动者不同意续订的情形外，而用人单位终止固定期限劳动合同的，应当支付经济补偿金。现双方对于A公司已支付的经济补偿金数额不持异议，故A公司已履行了劳动合同到期终止的相关义务。

最后，关于马某主张的A公司未提前1个月通知合同期满系违法终止劳动合同的观点。根据《劳动合同法》的相关规定，劳动合同到期终止并不属于用人单位需提前30日以书面形式通知劳动者本人或者额外支付劳动者1个月工资后，可以解除劳动合同的情形。故，对该主张不予采信。

关于马某主张A公司曾承诺支付经济补偿金及5个月病假工资的观点，因其未提供证据予以证明，故不予采信。

综上，A公司系合法终止双方的劳动关系，无须支付违法终止劳动合同赔偿金差额。

二审法院认为，本案的争议焦点系A公司是否是合法终止双方的劳动关系以及A公司应否支付马某违法终止劳动合同赔偿金差额。本案中，马某主张2016年11月1日至15日因其仍处于医疗期，故A公司不应终止劳动合同。在原审中提供了上述期间的病历、医药费发票及病情证明单，A公司认为马某未向单位提交过该病情证明单，直至仲裁庭审时才看到，故对其真实性不予认可，且马某在原审中亦自述其因认为合同到期终止，故无须提交该病情证明单。对此本院认为，因该段时间马某的病情证明单系马某在双方劳动关系终止后取得，且其在终止劳动合同时未向A公司提出其可能仍处于医疗期。根据双方签订的劳动合同于2016年10月31日到期，马某向A公司提交的病情证明单记载的休息日期也于该日终止，故当时并不存在劳动合同应当顺延的情形。在A公司已提前通知马某于劳动合同到期后不再续签的情况下，马某不但未提出其医疗期尚未结束，且于2016年10月25日办理了工作交接，故原审法院视为马某同意劳动到期后不再续签，就双方已经达成了劳动合同到期终止的合意并无不当。根据《劳动合同法》的规定，除用人单位维持或者提高劳动合同约定条件续订劳动合同，劳动者不同意续订的情形外，用人单位终止固定期限劳动合同的，应当支付经济补偿金。鉴于双方对于A公司已支付的经济补偿金数额不持异议，故A公司已履行了劳动合同到期终止的相关义务。至于马某主张的A公司未提前一个月通知合同期满系违法终止劳动合同的意见，根据《劳动合同法》的相关规定，劳动合同到期终止并不属于用人单位须提前30日以书面形式通知劳动者本人或者额外支付劳动者一个月工资后，才可以解除劳动合同的情形。故，对马某的该项主张不予采纳。综上所述，A公司系合法终止双方的劳动关系，无须支付马某违法终止劳动合同赔偿金差额。现马某要求A公司支付违法终止劳动合同赔偿金差额35871.56元的上诉请求，缺乏依据，本院难以支持。

法律分析

劳动合同期满终止，属于劳动合同终止的法定情形之一，用人单位在劳动用工管理过程中应注意以下事项：

1.劳动合同期满终止是否需要提前通知,以及未提前通知是否要支付代通知金,《劳动合同法》并未有明确规定,大部分省市也未有规定,但某些地方性立法作出了明确的规定,不过,即便没有提前通知,期满终止本身仍然是有效的,只是部分地区规定需要支付待通知金。比如,《北京市劳动合同规定》第四十条、第四十七条就有规定,劳动合同期限届满前,用人单位应当提前30日将终止或者续订劳动合同意向以书面形式通知劳动者,经协商办理终止或者续订劳动合同手续。用人单位违反本规定第四十条规定,终止劳动合同未提前30日通知劳动者的,以劳动者上月日平均工资为标准,每延迟1日支付劳动者1日工资的赔偿金。

劳动合同期满后未及时终止劳动关系而继续用工的,则双方形成事实劳动关系,此时用人单位再提出终止,除需要支付经济补偿金外,还面临未签订书面劳动合同的二倍工资差额问题,以及事实劳动合同超过一年视为双方已经订立无固定期限劳动合同,再行使终止可能涉及违法终止劳动合同的赔偿问题。

2.劳动合同到期终止是否需要支付经济补偿金,这个需要识别不续签的原因和主导方。如果用人单位以原条件或更优厚的条件留用员工,而员工拒绝,则用人单位无须支付经济补偿金,但应注意保留相关证据。比如,发出《续签通知书》让员工签收,并在续签通知书上注明员工不续签的意见,或者可以制作一个谈话笔录,由员工签字确认。如果由于双方就劳动合同的条款有所变更而协商不一致,用人单位应及时在劳动合同期满前发出终止通知,并按规定向劳动者支付经济补偿金。

3.用人单位应注意劳动合同期满时,劳动者是否属于到期不得终止需顺延的法定情形。主要包括:(1)"三期"女职工,如为哺乳期女职工,则顺延至哺乳期满(婴儿满周岁时)。注意,即使是在办理了劳动合同终止手续以后发现怀孕,只要怀孕时间确实是在劳动合同终止前,那么劳动者还是可以要求恢复劳动关系;(2)在本单位患职业病或者因工负伤并被确认丧失或者部分丧失劳动能力的,1—4级伤残,劳动合同不能到期终止;5—6级伤残,到期经劳动者本人同意可终止;7—10级伤残,到期可以终止;(3)劳动者患病或非因工负伤在规定的医疗期内的,顺延至医疗期满;(4)在本单位连续工作满十五年,且距法定退休年龄不足五年的,劳动合同应顺延至员工退休;(5)法律法规规定的其他情形。如员工为工会主席、副主席、工会委员在任期内的,应将劳动合同期限顺延至其卸任或达到退休年龄。

4.此外,用人单位还需要注意劳动合同期满时,劳动者是否属于应签订无固定期限劳动合同的情形。如果劳动者符合《劳动合同法》第十四条规定的应当订立无固定期限劳动合同的情形，此时用人单位因劳动合同期满而终止的行为将受限，否则将被认定为违法终止。

合规依据

《劳动合同法》

第十四条 ……有下列情形之一，劳动者提出或者同意续订、订立劳动合同的，除劳动者提出订立固定期限劳动合同外，应当订立无固定期限劳动合同：（一）劳动者在该用人单位连续工作满十年的；（二）用人单位初次实行劳动合同制度或者国有企业改制重新订立劳动合同时，劳动者在该用人单位连续工作满十年且距法定退休年龄不足十年的；（三）连续订立二次固定期限劳动合同，且劳动者没有本法第三十九条和第四十条第一项、第二项规定的情形，续订劳动合同的……

第四十四条 有下列情形之一的，劳动合同终止：（一）劳动合同期满的……

第四十五条 劳动合同期满，有本法第四十二条规定情形之一的，劳动合同应当续延至相应的情形消失时终止。但是，本法第四十二条第二项规定丧失或者部分丧失劳动能力劳动者的劳动合同的终止，按照国家有关工伤保险的规定执行。

第四十六条 有下列情形之一的，用人单位应当向劳动者支付经济补偿：……（五）除用人单位维持或者提高劳动合同约定条件续订劳动合同，劳动者不同意续订的情形外，依照本法第四十四条第一项规定终止固定期限劳动合同的……

《劳动合同法实施条例》

第二十一条 劳动者达到法定退休年龄的，劳动合同终止。

《最高人民法院关于审理劳动争议案件适用法律问题的解释（一）》

第三十四条 劳动合同期满后，劳动者仍在原用人单位工作，原用人单位未表示异议的，视为双方同意以原条件继续履行劳动合同。一方提出终止劳动关系的，人民法院应予支持。

……

《北京市劳动合同规定》

第四十条 劳动合同期限届满前，用人单位应当提前30日将终止或者续订劳动合同意向以书面形式通知劳动者，经协商办理终止或者续订劳动合同手续。

第四十七条 用人单位违反本规定第四十条规定，终止劳动合同未提前30日通知劳动者的，以劳动者上月日平均工资为标准，每延迟1日支付劳动者1日工资的赔偿金。

合规要点3：提前解散终止的注意事项

1. 用人单位决定提前解散的，劳动合同将加速到期终止，用人单位应按照规定向劳动者支付经济补偿金。

2. 用人单位决定提前解散的，应及时作出股东会（董事会）决议，以解散决议的作出日期作为劳动合同的终止日期。

3. 用人单位决定提前解散的，作出解散决议后，应及时成立清算组进行清算工作，并停止从事与清算业务无关的经营活动，否则有可能被认定为变相解除员工劳动合同、逃避法定义务而被判定违法解除的风险。

4. 用人单位决定提前解散的，为尽可能地避免引发劳动争议，建议用人单位履行提前通知、工会沟通及向有关劳动行政部门沟通告知程序。

案例参考

用人单位因提前解散而解除劳动合同不属于违法解除

赵某于2016年6月20日入职BS公司，双方签订期限为2016年6月20日至2019年6月30日的劳动合同，约定赵某在BS公司销售部门担任区域销售经理职务，工作地点为青岛。该劳动合同到期后，双方续签了期限为2019年7月1日至2022年6月30日的劳动合同。2020年9月8日，BS公司向赵某出具《终止劳动合同通知书》，以公司决定提前解散为由，依据《劳动合同法》第四十四条第五项规定，于2020年9月8日终止与赵某的劳动合同。赵某向青岛市市南区劳动人事争议仲裁委员会申请仲裁，要求确认BS公司解除劳动合同违法，并支付违法解除劳动合同赔偿金，仲裁委员会予以支持。BS公司不服裁决，遂向单位注册地上海市浦东新区人民法院提起诉讼，请求判决BS公司属于合法终止，不支付赔偿金。

【裁判观点】

法院认为，根据《劳动合同法》的有关规定，用人单位决定提前解散的，劳动合同终止。本案中，原告主张因公司股东作出股东决议，决议清算并解散原告公司，原告公司据此终止了与被告赵某的劳动合同。原告就此提供了落款日期为2020年

7月24日的股东决议,该股东决议载明,鉴于因股东对中国市场的商业计划有重大变更,股东决定停止在中国的一切经营活动,并关闭其在上海及其他地区的办公室。鉴于股东现在正在关闭位于上海及北京分公司过程中,并拟计划在所有相关的准备工作(包括注销其所有分公司)完成之后,对公司开始清算并解散公司。被告赵某虽对该股东决议的真实性以及效力提出了异议,但鉴于:一方面,原告已经当庭提供了该决议的原件,同时根据本院的查明,原告公司静安分公司以及北京分公司已经分别在2020年12月14日和2021年9月29日完成了注销,截至2021年9月,原告公司社会保险费处于暂停缴费状态,单位参保人数仅有领取养老待遇1人;另一方面,原告公司还提供了2021年9月15日电子邮件、23日电子邮件及附件以及公证书用于证明公司已经聘请外部会计师事务所进行税务注销。被告赵某虽对该两份电子邮件的真实性不认可,但鉴于原告已经就此进行了公证,本院对两份电子邮件的真实性予以认可,上述电子邮件显示,原告公司确实就税务注销即办资格与相关人员进行沟通。由此,本院确认原告公司实际在按照股东决议的内容进行公司解散清算的流程,并对2020年7月24日股东决议的真实性予以确认。在此情况下,原告公司于2020年9月8日向被告赵某发出《终止劳动合同通知书》,以公司决定提前解散为由终止与被告赵某的劳动合同并无不妥,被告赵某要求原告支付违法解除劳动合同赔偿金的诉讼请求,依据不足,本院不予支持,原告要求不支付被告赵某违法解除劳动合同赔偿金的诉讼请求,于法有据,本院予以支持。

法律分析

《劳动合同法》第四十四条第四项、第五项列举了用人单位主体资格消灭的情形,包括被依法宣告破产、被吊销营业执照、责令关闭、撤销或者用人单位决定提前解散等情形,此时因不再具备劳动用工主体资格,劳动合同即便没有到期,也将"加速"到期终止。且此时亦不存在法定续延事由,对于"三期"、医疗期、工伤员工等特殊群体,也未规定存在特殊保护问题。在企业主体资格消灭的情况下,用人单位需要依据《劳动合同法》第四十四条的规定与职工终止劳动合同,并按照第四十六条的规定向劳动者支付经济补偿金。

用人单位决定提前解散的,作出解散决议后,应及时成立清算组进行清算工作,并停止从事与清算业务无关的经营活动,否则有可能被认定为变相解除员工劳动合同、逃避法定义务而被判定违法解除。而成立清算组、进行清算程序,以及最终的工商注销程序，需要一个较长的手续办理过程，用人单位应及时作出股东会（董事会）决议，并以解散决议的作出日期作为劳动合同的终止日期，做好向员工的告知及沟通工作，避免劳动争议的发生或扩大。

合规依据

《劳动合同法》

第四十四条 有下列情形之一的，劳动合同终止：……（五）用人单位被吊销营业执照、责令关闭、撤销或者用人单位决定提前解散的……

第四十六条 有下列情形之一的，用人单位应当向劳动者支付经济补偿：……（六）依照本法第四十四条第四项、第五项规定终止劳动合同的……

第六节　经济补偿金、赔偿金、代通知金、违约金的适用

合规要点1：经济补偿金的给付情形及计算

1.经济补偿金的情形适用主要分为三类：劳动者解除劳动合同的情形、用人单位解除或终止劳动合同的情形以及劳务派遣单位支付经济补偿金的情形。对于符合该三类任一情形的，用人单位应按照法律规定支付经济补偿金。

2.经济补偿金的计算基数以劳动者在劳动合同解除或终止前12个月的月均工资为标准，月平均工资高于用人单位所在地直辖市、设区的市级人民政府公布的本地区上年度职工月平均工资3倍的，向其支付经济补偿金的标准为月均工资的3倍，支付年限最高不超过12年。月平均工资为劳动者的应发工资，含计件或计时工资、奖金、津贴及补贴等货币性收入。在计算月均工资时是否包含加班费以及年终奖的分摊，存在地区差异。

3.经济补偿金的工作年限计算。劳动者非因本人原因从原用人单位被安排至新用人单位工作的，原用人单位未支付经济补偿金的，劳动者依照《劳动合同法》第三十八条规定与新用人单位解除劳动合同，或者新用人单位向劳动者提出解除、终止劳动合同，在计算支付经济补偿金或赔偿金的工作年限时，劳动者有权请求把在

原用人单位的工作年限合并计算为新用人单位的工作年限。

案例参考

未足额支付工资、未缴纳社保后员工离职，用人单位被判支付经济补偿金

2012年4月26日，某鼎公司（甲方）与洛某（乙方）签订《劳动合同书（非全日制从业人员使用）》，约定合同期限自2012年4月26日至2015年4月25日，洛某工作时间为12:00-16:00，某鼎公司应当以货币形式向洛某支付劳动报酬，劳动报酬标准为每小时15元。2015年4月25日，某鼎公司（甲方）与洛某（乙方）签订《劳动合同书（非全日制从业人员使用）》，约定洛某工作时间为每天4小时，劳动报酬为每小时18.7元。2017年6月30日，洛某填写《员工辞职申请书》，记载因个人原因，自愿提出离职。2017年7月1日，某鼎公司（甲方）与洛某（乙方）签订《劳动合同书（固定期限）》，合同期限为2017年7月1日至2020年6月30日，后续签至2026年6月30日。双方约定执行综合计算工时工作制，月基本工资为1890元，加班费以基本工资计算。2022年6月28日，洛某以某鼎公司未足额支付劳动报酬及未依法为其缴纳社会保险费、住房公积金为由提出解除劳动合同。

【裁判观点】

一审法院认为，根据《劳动合同法》《劳动和社会保障部关于非全日制用工若干问题的意见》的相关规定，非全日制用工是指以小时计酬、劳动者在同一用人单位平均每日工作时间不超过4小时累计每周工作时间不超过24小时的用工形式。非全日制用工劳动报酬结算支付周期最长不得超过15日。用人单位招用劳动者从事非全日制工作，应当在录用后到当地劳动保障行政部门办理录用备案手续。根据银行流水反映的某鼎公司劳动报酬结算支付周期可知，自2012年1月至2014年3月某鼎公司每月仅支付1次工资，与支付周期不超过15日的规定不符；另，2014年4月至2017年7月，某鼎公司于每月中旬分两次支付上个自然月工资，仅说明某鼎公司在每月相近的两天内将上月工资拆分成两笔分别支付，与法律所要求的"结算支付周期最长不得超过15日"不符。综上，一审法院根据实际用工特征，认定双方自2010年3月1日至2017年6月30日存在全日制劳动关系。

根据某鼎公司提交的工资表，洛某每月应享有500元交通补助，但是2020年6月和7月及2022年5月，某鼎公司并未向洛某支付上述补助，存在工资差额，应予补齐。因洛某系农业户口，某鼎公司自2010年3月1日至2011年6月30日与其存在全日制劳动关系但未为其缴纳养老保险金，按照相关规定，某鼎公司应支付 咨某上述期间未缴纳养老保险补偿金，具体数额由一审法院核定。咨某以某鼎公司 未足额支付工资、未为其足额缴纳社保费，向某鼎公司提出解除劳动关系。根据查 明事实，某鼎公司存在上述情形，按照法律规定，某鼎公司应支付咨某解除劳动合 同经济补偿金，具体数额由一审法院核定。

二审法院认为，关于解除劳动合同经济补偿金一节，咨某主张某鼎公司未足额 支付工资、未为其足额缴纳社保费，向某鼎公司提出解除劳动关系。根据查明的事 实，某鼎公司存在上述情形，一审法院核算某鼎公司应支付的解除劳动合同经济补 偿金正确，本院对此予以确认。

关联公司轮流签合同且上一家用人单位未支付经济补偿金的，
在计算经济补偿金时，工作年限累计计算至新换签的用人单位

张某于2013年入职案外人某花公司，某花公司与被告某展公司实际控制人均为 苏某，后某花公司自闵行区搬迁至奉贤区，在苏某安排下，张某于2017年5月24 日入职被告处，双方曾签订期限为2019年7月1日至2021年7月1日的劳动合同。 在职期间，张某发生受伤事故未被认定为工伤，张某于2020年12月18日开始休病 假，之后并未返回被告处工作，其间，陆续提交医院出具的病假证明书，最后一份 为某海医院于2021年5月11日出具的病假证明书，建议全休三天。

2021年6月1日，被告向张某发出《劳动合同到期不续签通知书》，内载："张 某……你于2019年7月1日入职我司，签订的3年期限的劳动合同，劳动合同于 2021年7月1日到期。现我司向你通知如下：1. 劳动合同到期后，我司不再与你续 签劳动合同，双方劳动关系于2021年7月1日终止。2. 根据有关法律规定符合发给 经济补偿的条件，我方向你发给经济补偿金人民币50504元……"并于2021年7月 14日向张某转账50504元，张某对此不予认可，诉至法院。

【裁判观点】

对于张某第一项诉请，根据法律规定，劳动合同期满，被告终止双方劳动关系， 应向张某支付经济补偿金。关于张某工作年限，张某主张将2013年起入职某花公 司的期间纳入工作年限计算，对此本院认为，根据查明事实，某花公司与某展公司 均由苏某控制，双方亦确认张某系苏某安排下入职被告处，工作岗位、内容均无变 化，仅劳动关系主体由某花公司变更为某展公司，符合法律规定关于工作年限连续计算的情形。关于张某入职某花公司的时间，张某主张 2013 年 6 月 20 日，被告虽不予认可，认为系 2014 年 1 月 1 日，但无证据予以反驳，且与已查明的某花公司于 2013 年 7 月起为张某参加社保的事实不符，故本院采信张某主张，认定张某入职某花公司时间为 2013 年 6 月 20 日。据此，本院经核实，被告已足额支付张某终止劳动合同的经济补偿金，张某该项诉请，本院不予支持。

法律分析

第一，经济补偿金的给付情形。根据《劳动合同法》的相关规定，用人单位应支付经济补偿金的情形主要有以下三类：（一）劳动者解除劳动合同的情形。如用人单位未按照劳动合同约定提供劳动保护或劳动条件；未及时足额支付劳动报酬；未依法为劳动者缴纳社会保险费；规章制度违反法律、法规的规定；损害劳动者权益；用人单位以欺诈手段，使劳动者在违背真实意思的情况下订立或者变更劳动合同，致使劳动合同无效；用人单位以胁迫手段，使劳动者在违背真实意思的情况下订立或者变更劳动合同，致使劳动合同无效；用人单位乘人之危，使劳动者在违背真实意思的情况下订立或者变更劳动合同，致使劳动合同无效；用人单位免除自己的法定责任、排除劳动者权利，致使劳动合同无效；用人单位订立劳动合同违反法律、行政法规强制性规定，致使劳动合同无效；用人单位以暴力、威胁、非法限制人身自由手段强迫劳动；用人单位强令冒险作业、违章指挥危及劳动者人身安全；（二）用人单位解除或终止劳动合同的情形。如用人单位向劳动者提出解除劳动合同，并与劳动者协商一致解除劳动合同的；劳动者患病或者非因工负伤，在规定的医疗期满后不能从事原工作，也不能从事由用人单位另行安排的工作，用人单位提前三十日以书面形式通知劳动者本人后解除劳动合同的；劳动者不能胜任工作，经过培训或者调整工作岗位，仍不能胜任工作，用人单位提前三十日以书面形式通知劳动者本人后解除劳动合同的；劳动合同订立时所依据的客观情况发生重大变化，致使劳动合同无法履行，经用人单位与劳动者协商，未能就变更劳动合同内容达成协议，用人单位提前三十日以书面形式通知劳动者本人后解除劳动合同的；用人单位依照企业破产法规定进行重整，依法裁减人员的；用人单位生产经营发生严重困难，依法裁减人员的；企业转产、重大技术革新或者经营方式调整，经变更劳动合同后，仍须裁减人员，用人单位依法定程序裁减人员的；其他因劳动合同订立时所依据的客观经济情况发生重大变化，致使劳动合同无法履行，用人单位依法定程序裁减人员的；劳动合同期满，用人单位终止固定期限劳动合同的；因用人单位被依法宣告破产而终止劳动合同的；因用人单位被吊销营业执照而终止劳动合同的；因用人单位被责令关闭而终止劳动合同的；因用人单位被撤销而终止劳动合同的；因用人单位决定提前解散而终止劳动合同的；以完成一定工作任务为期限的劳动合同因任务完成而终止劳动合同的。（三）劳务派遣单位支付经济补偿金的情形。被派遣劳动者因以下原因被用工单位退回，劳务派遣单位重新派遣时维持或者提高劳动合同约定条件，被派遣劳动者不同意，劳务派遣单位提出解除劳动合同的，或劳务派遣单位重新派遣时降低劳动合同约定条件，导致被派遣劳动者提出解除劳动合同的，劳务派遣单位需支付经济补偿金。例如，劳务派遣用工关系建立时所依据的客观情况发生重大变化，致使劳务派遣用工合同无法履行，用工单位提出退回的；用工单位依照企业破产法规定进行重整，需退回派遣人员的；用工单位生产经营发生严重困难，需退回派遣人员的；用工单位转产、重大技术革新或者经营方式调整，需退回派遣人员的；其他因劳务派遣用工关系建立时所依据的客观经济情况发生重大变化，致使无法继续劳务派遣用工，用工单位需退回的；用工单位被依法宣告破产，需退回派遣人员的；用工单位被吊销营业执照，需退回派遣人员的；用工单位被责令关闭，需退回派遣人员的；用工单位被撤销，需退回派遣人员的；用工单位决定提前解散，需退回派遣人员的；用人单位经营期限届满不再继续经营，需退回派遣人员的；劳务派遣协议期满终止，需退回派遣人员的。

第二，经济补偿金的计算基数问题。根据法律规定，月工资是指劳动者在劳动合同解除或终止前十二个月的平均工资。而月工资按照劳动者应得工资计算，包括计时或计件工资以及奖金、津贴和补贴等货币性收入。此处就实务中争议颇大的几个因素作出列举。

（一）计算基数中是否包含加班费？（2023）沪0113民初6881号判决书中，法院认为"张某解除劳动合同前十二个月平均工资（应发、不含加班工资）为5132.09元"，而在（2018）粤民申2788号、2789号判决书中，法院认为"根据张某的工资单及加班工资，可以认定张某离职前12个月（2016年4月至2017年3月）平均工资为7764.21元"。可见，对于经济补偿金计算基数中是否含加班费问题，不同地区存在差异，其中上海地区支持计算基数中不含加班费，认为加班工资并非正常工作时间内的劳动报酬；而在江苏、广东等地，则认为计算基数包含加班费，因为加班费也属于货币性收入。

（二）计算基数中是否包含年终奖的分摊？在（2021）川01民终17167号判决书中，法院认为年终奖属于非常规性收入，不应纳入前12个月平均工资内。"月平均工资应以劳动者和正常工作状态下十二个月的应得工资计算，即未扣除社会保险费、税费等之前的月工资总额，但是不应将非常规性收入等纳入计算，故一审将加班费、2019年全年一次性奖金收入、项目奖金扣除并无不当"；（2021）苏01民终1413号判决书中，法院认为前12个月如果包含发放年终奖月份的，应分摊，"丁某2018年12月实际应发工资为9517元，2018年12月相对应的年终奖金为6825.58元（81907元/12个月）。故丁某离职前12个月的平均工资为12555.05元［（86303元+48015元+9517元+6825.58元）/12个月］"。可见，对于计算基数中是否包含年终奖问题，不同地区亦存在差异。

第三，经济补偿金的工作年限计算。根据《劳动合同法》第四十七条第一款规定，经济补偿按劳动者在本单位工作的年限，每满一年支付一个月工资的标准向劳动者支付。六个月以上不满一年的，按一年计算；不满六个月的，向劳动者支付半个月工资的经济补偿；根据《最高人民法院关于审理劳动争议案件适用法律问题的解释（一）》第四十六条第一款规定，劳动者非因本人原因从原用人单位被安排到新用人单位上班，原用人单位未支付经济补偿，劳动者依据《劳动合同法》第三十八条规定与新用人单位解除劳动合同，或者新用人单位向劳动者提出解除、终止劳动合同，在计算工作年限时，劳动者请求把原用人单位工作年限合并计算为新用人单位的工作年限时，人民法院予以支持。对于"劳动者非本人原因"，第四十六条第二款规定了种种具体情形。其中如何认定"关联公司"存在一定争议，实务中一般认为，从表象上看，一般彼此具有相同股东，或者相近名称或有统一的经营管理即可认为系关联公司。[①]另外，需要注意的是，部分用人单位为了规避连续计算工龄问题，采取换签劳动合同时让劳动者先辞职，再入职新单位的方式，此种情况是否有效？笔者认为，从文义解释上来看，此条适用于非劳动者原因变更用人单位主体的情况，如果是劳动者自己原因导致用人单位变化的情况并不适用于本规定，因为根据《劳动合同法》规定，劳动者主动辞职的，用人单位无须支付经济补偿金。但是并不代表用人单位让员工先办理主动辞职再入职的方式是万无一失的，因为考虑到用人单位

---

① 最高人民法院民事审判第一庭编著：《最高人民法院劳动争议司法解释（四）理解与适用》，人民法院出版社2013年版，第113页。

的强势地位，不排除有强迫劳动者的情况，使是否因劳动者原因换签主体的问题难以查明，因此个案中裁审机关往往会通过双方举证情况以及事实查明情况进行综合考虑判断。如在（2023）辽02民终2628号判决书中，法院认为虽然用人单位提交了《离职证明》证明劳动者系个人原因主动离职，但并未提交系个人原因离职的证据，最终认定用人单位举证不能而无法认定劳动者系个人原因离职，而不予支持用人单位的主张。综上，劳动者离职实质上是事实的审查认定，劳动者单方提出工作年限主张且证明了与用人单位之间存在劳动关系，用人单位对工作年限存在异议的，根据《最高人民法院关于审理劳动争议案件适用法律问题的解释（一）》第四十四条规定，用人单位应举证证明其所主张的工作年限，如无法证明的则一般采纳劳动者主张的工作年限。

合规依据

《劳动合同法》

第四十六条 有下列情形之一的，用人单位应当向劳动者支付经济补偿：（一）劳动者依照本法第三十八条规定解除劳动合同的；（二）用人单位依照本法第三十六条规定向劳动者提出解除劳动合同并与劳动者协商一致解除劳动合同的；（三）用人单位依照本法第四十条规定解除劳动合同的；（四）用人单位依照本法第四十一条第一款规定解除劳动合同的；（五）除用人单位维持或者提高劳动合同约定条件续订劳动合同，劳动者不同意续订的情形外，依照本法第四十四条第一项规定终止固定期限劳动合同的；（六）依照本法第四十四条第四项、第五项规定终止劳动合同的；（七）法律、行政法规规定的其他情形。

第四十七条 经济补偿按劳动者在本单位工作的年限，每满一年支付一个月工资的标准向劳动者支付。六个月以上不满一年的，按一年计算；不满六个月的，向劳动者支付半个月工资的经济补偿。劳动者月工资高于用人单位所在直辖市、设区的市级人民政府公布的本地区上年度职工月平均工资三倍的，向其支付经济补偿的标准按职工月平均工资三倍的数额支付，向其支付经济补偿的年限最高不超过十二年。本条所称月工资是指劳动者在劳动合同解除或者终止前十二个月的平均工资。

《劳动合同法实施条例》

第十条 劳动者非因本人原因从原用人单位被安排到新用人单位工作的，劳动者在原用人单位的工作年限合并计算为新用人单位的工作年限。原用人单位已经向劳动者支付经济补偿的，新用人单位在依法解除、终止劳动合同计算支付经济补偿的工作年限时，不再计算劳动者在原用人单位的工作年限。

第二十二条 以完成一定工作任务为期限的劳动合同因任务完成而终止的，用人单位应当依照劳动合同法第四十七条的规定向劳动者支付经济补偿。

《最高人民法院关于审理劳动争议案件适用法律问题的解释（一）》

第四十六条 劳动者非因本人原因从原用人单位被安排到新用人单位工作，原用人单位未支付经济补偿，劳动者依据劳动合同法第三十八条规定与新用人单位解除劳动合同，或者新用人单位向劳动者提出解除、终止劳动合同，在计算支付经济补偿或赔偿金的工作年限时，劳动者请求把在原用人单位的工作年限合并计算为新用人单位工作年限的，人民法院应予支持。用人单位符合下列情形之一的，应当认定属于"劳动者非因本人原因从原用人单位被安排到新用人单位工作"：（一）劳动者仍在原工作场所、工作岗位工作，劳动合同主体由原用人单位变更为新用人单位；（二）用人单位以组织委派或任命形式对劳动者进行工作调动；（三）因用人单位合并、分立等原因导致劳动者工作调动；（四）用人单位及其关联企业与劳动者轮流订立劳动合同；（五）其他合理情形。

合规要点 2：赔偿金的给付情形及计算

用人单位违法解除劳动合同赔偿金的给付情形主要有三大类：第一，用人单位未满足法律规定的条件解除合同；第二，用人单位违反法律明确规定不得解除劳动合同的情形；第三，用人单位解除劳动合同的程序违反法律规定。

案例参考

劳动者主张恢复劳动关系但用人单位拒绝，法院最终判决不予恢复劳动关系，用人单位支付违法解除赔偿金

某岁公司于2019年12月13日成立，现企业状态为存续。2020年9月21日，某泺公司通过电子邮件向常某发送《录用意向函》，通知常某在10月9日前往公司办公地点报到，并写明税前月薪30000元、年度奖金无固定、项目奖无固定（实际发放金额将根据项目奖考核方案和公司的业务发展状况计发）。2020年10月9日，常某与某泺公司签订了期限自2020年10月9日至2023年10月8日的《劳动合同》

并签收《录用条件说明及入职申报》，担任供应链金融产品经理一职，每月基本工资5000元，约定试用期6个月，至2021年4月8日。《岗位聘用协议》显示，常某每月月薪包括：岗位薪资25000元（其中岗位工资24000元、保密工资1000元）。年终奖金和项目奖均为"无固定"。另约定所有考核奖金（包括不限于月薪中的考核奖金、年终奖、其他各类奖金），按照公司考核办法，依据公司年度经营指标，员工当年服务司龄，及个人考核结果予以发放。

2020年12月24日，某泺公司向常某发出《解除劳动合同通知书》，相关内容显示："……现因您是某岁公司的股东不符合劳动合同录用条件第五条……［上述《录用条件说明及入职申报》第（5）条内容］。现以《劳动合同法》第三十九条试用期内不符合录用条件和您解除……劳动合同……"常某确认于2020年12月25日当面收到。

2021年3月5日，常某向上海市徐汇区劳动人事争议仲裁委员会申请仲裁，要求某泺公司恢复双方劳动关系。仲裁庭审中，某泺公司主张系合法解除双方劳动合同，且该岗位已有新的招聘人员接手，实际已无法恢复。

【裁判观点】

一审法院认为，关于常某要求某泺公司自2020年12月25日起恢复双方劳动关系并支付相应工资的诉请，根据某泺公司向常某发出的《解除劳动合同通知书》及其庭审中的陈述可见，某泺公司系以常某违反公司规章制度，担任某岁公司股东，不符合试用期录用条件为由解除双方劳动合同。常某在《录用条件说明及入职申报》上手写披露的信息显示，其在入职时即告知某泺公司其系融信天下两家公司的董事和监事，亦系某岁公司的股东，并同时说明，融信天下两家公司将被注销，而某岁公司处于停业状态。由此可见，某泺公司对常某系某岁公司股东的情况显然系明知。常某主张某泺公司人事工作人员当即对上述信息进行了查询核实，为此提供谈话录音并当庭演示，现某泺公司表示因入职时的人事工作人员庞某某已离职，无法就常某入职时披露的信息及公司进行审查的情况进行核实，应承担由此产生的不利后果，对此采纳常某的主张，认定某泺公司系在明知常某为某岁公司股东的情况下仍为常某办理了入职手续，可视作为对该情况的认可。因某泺公司未对其在时隔两个月之后再以此为由解除双方劳动合同提供证据或作出合理解释，对其解除理由难以采纳，认定某泺公司系违法解除劳动合同。

现常某坚持要求恢复劳动关系，某泺公司则主张公司现已无该工作岗位，考虑到常某入职时间为两个月，双方之间并未形成长期、稳定的劳动关系，在此情况下，由某泳公司支付常某违法解除劳动合同的赔偿金更有利于解决双方纠纷。现双方对常某每月收入为 30000 元无异议，某泳公司应支付常某违法解除劳动合同的赔偿金 30000 元（30000 元 ×0.5 个月 ×2 倍）。

二审法院认为，根据查明事实至解除时，双方约定试用期尚未过半。因劳动关系系带有人身性的持续性法律关系，法律规定试用期旨在让用人单位与劳动者在实际工作中互相增进了解，判断是否契合，进而决定是否继续维系劳动关系。虽然某泳公司的解除行为被认定违法，但是考虑到本案实际情况，判令双方恢复劳动合同，不利于构建和谐稳定的劳动关系，易发衍生矛盾。由此，一审法院选择赔偿金作为违法解除的责任承担方式，尚属合理，本院亦予认同。

法律分析

根据《劳动合同法》第四十八条规定，用人单位违法解除劳动合同的，劳动者有权选择继续履行合同或要求违法解除赔偿金。劳动关系的恢复无须用人单位的同意，裁审机关最终裁定或判决应当恢复劳动关系的，则劳动关系一般自法律文书作出之日起恢复，恢复的效力溯及至用人单位违法解除之日。对于部分地区的用人单位来说，一旦恢复劳动关系，则需要补足支付自解除之日起的工资待遇。实务中很多用人单位基于后续用工成本考虑，宁可支付违法解除赔偿金，也不愿恢复劳动关系，但对于患病、非因工负伤、"三期"女职工等员工往往优先选择适用恢复劳动关系。然而，用人单位对无法恢复劳动关系负有举证责任，否则将承担不利后果。从各地出台的规范或意见可以对裁审口径有所了解，如上海高院发布的《关于贯彻审执兼顾原则的若干意见》规定，经审查发现劳动合同客观上已不能继续履行，如原劳动岗位已不存在等，可直接判决给予补偿，不宜判决恢复劳动关系。江苏省劳动人事争议仲裁委员会发布的《江苏省劳动人事争议疑难问题研讨会纪要》（苏劳人仲委〔2017〕1 号）规定，对于劳动合同不能继续履行的审查，应当基于用人单位的抗辩而启动。审查时既要考量用人单位主观不愿继续履行的意思表示，还要审查劳动合同不能继续履行的客观情形。综上，针对用人单位考虑拒绝恢复劳动关系的情况，提出以下抗辩建议：

第一，员工在仲裁或诉讼中已经达到法定退休年龄；

第二，劳动合同在仲裁或诉讼中已经到期终止且不存在应当订立无固定期限劳动合同的情形；

第三,员工原岗位具有较强的不可替代性和唯一性,且其岗位已经被其他人代替,双方无法就新岗位达成一致;

第四,员工已入职新单位;

第五,公司是否已经没有进行经营和销售;

第六,公司实际经营情况是否发生变化导致劳动者原岗位被撤销。

符合前述任一条的,则可以认为该劳动合同已经失去了继续履行的信任基础和必要性,公司主张拒绝恢复劳动关系有一定的可行性。

合规依据

《**劳动合同法**》

第三十九条 劳动者有下列情形之一的,用人单位可以解除劳动合同:(一)在试用期间被证明不符合录用条件的;(二)严重违反用人单位的规章制度的;(三)严重失职,营私舞弊,给用人单位造成重大损害的;(四)劳动者同时与其他用人单位建立劳动关系,对完成本单位的工作任务造成严重影响,或者经用人单位提出,拒不改正的;(五)因本法第二十六条第一款第一项规定的情形致使劳动合同无效的;(六)被依法追究刑事责任的。

第四十二条 劳动者有下列情形之一的,用人单位不得依照本法第四十条、第四十一条的规定解除劳动合同:(一)从事接触职业病危害作业的劳动者未进行离岗前职业健康检查,或者疑似职业病病人在诊断或者医学观察期间的;(二)在本单位患职业病或者因工负伤并被确认丧失或者部分丧失劳动能力的;(三)患病或者非因工负伤,在规定的医疗期内的;(四)女职工在孕期、产期、哺乳期的;(五)在本单位连续工作满十五年,且距法定退休年龄不足五年的;(六)法律、行政法规规定的其他情形。

第四十三条 用人单位单方解除劳动合同,应当事先将理由通知工会。用人单位违反法律、行政法规规定或者劳动合同约定的,工会有权要求用人单位纠正。用人单位应当研究工会的意见,并将处理结果书面通知工会。

第四十八条 用人单位违反本法规定解除或者终止劳动合同,劳动者要求继续履行劳动合同的,用人单位应当继续履行;劳动者不要求继续履行劳动合同或者劳动合同已经不能继续履行的,用人单位应当依照本法第八十七条规定支付赔偿金。

第八十七条 用人单位违反本法规定解除或者终止劳动合同的,应当依照本法

第四十七条规定的经济补偿标准的二倍向劳动者支付赔偿金。

《上海市企业工资支付办法》

二十三、企业解除劳动者的劳动合同，引起劳动争议，劳动人事争议仲裁部门或人民法院裁决撤销企业原决定，并且双方恢复劳动关系的，企业应当支付劳动者在调解、仲裁、诉讼期间的工资。其标准为企业解除劳动合同前12个月劳动者本人的月平均工资乘以停发月数。双方都有责任的，根据责任大小各自承担相应的责任。

上海高级人民法院《关于贯彻审执兼顾原则的若干意见》

二、关于恢复劳动关系案件

劳动者提出恢复劳动关系诉请的，按照以下情况分别处理：（一）经审查发现劳动合同客观上已不能继续履行，如原劳动岗位已不存在等，可直接判决给予补偿，不宜判决恢复劳动关系。（二）劳动合同客观上能履行，但用人单位拒绝履行的，法官可询问劳动者是否愿意变更诉请，以解除劳动合同并取得补偿的方式解决纠纷；劳动者坚持不变更的，法官应向其说明恢复劳动关系存在无法强制执行的风险，并询问劳动者在无法强制恢复劳动关系的情况下，是否愿意增加诉请，要求用人单位直接支付工资报酬；若劳动者仍坚持诉请的，经告知风险并记明笔录后，可判决恢复劳动关系。（三）劳动者申请执行恢复劳动关系判决的，立案部门一般可予立案。执行部门通过加强与劳动监察部门的配合、对用人单位的法定代表人实施司法强制措施等方式，促使用人单位主动履行恢复劳动关系的判决；确实难以执行的，可通过释明等方式，引导劳动者另行起诉解除劳动合同并取得补偿，或要求用人单位支付工资报酬等。

合规要点3：代通知金的给付情形及计算

企业须了解，用人单位单方解除员工劳动合同的以下三种法定情形会涉及"代通知金"的支付：

1.劳动者患病或者非因工负伤，在规定的医疗期满后不能从事原工作，也不能从事由用人单位另行安排的工作的；

2.劳动者不能胜任工作，经过培训或者调整工作岗位，仍不能胜任工作的；

3.劳动合同订立时所依据的客观情况发生重大变化，致使劳动合同无法履行，经用人单位与劳动者协商，未能就变更劳动合同内容达成协议的。

以上三种无过失性辞退情形才会涉及"代通知金"支付，但用人单位也可以选择提前一个月通知劳动者解除劳动合同的事宜，这样就无须支付"代通知金"。代通知金的金额为劳动者上一个月正常应发的工资。

案例参考

劳动者自行解除劳动合同的，用人单位无须支付经济补偿金

张某自 2011 年 2 月起与某公司建立劳动合同关系。2014 年 1 月，因公司根据市委、市政府城市发展整体规划必须整厂搬迁至新地点，故公司告知员工，自行提出终止劳动合同的，公司将给予补助金。公司对新厂搬迁后职工安置做出如下告知：提供上下班交通工具便利；100% 安置员工去新厂上班，不裁员、不减员；公司提供食宿便利；安排相同或相近工作岗位，员工收入不降低，确保不影响劳动合同正常履行；在搬厂过渡时间可能因人员富余，会安排部分人员放假，公司依法支付放假期间薪资；为鼓励支持公司搬迁政策，愿意去新厂上班的员工基本薪资增加 10%；新工厂规划建设小卖部，便于员工生活，等等。

2014 年 2 月，张某向公司出具解除劳动合同申请书，并签署解除劳动合同协议书，领取了补助金 3000 元，张某、公司之间的劳动合同关系终止。随后，张某向劳动仲裁机构提起仲裁，诉请公司利用其用人单位的优势迫使员工在解除劳动合同申请书和解除劳动合同协议书上签字，属于重大误解和显失公平的可撤销行为，并主张代通知金和经济补偿金。

【裁判观点】

法院认为，关于某公司是否需要支付张某解除劳动合同的经济补偿金和代通知金，虽然某公司整厂搬迁至新开发区，工作地点发生了变化，但公司为了使员工原劳动合同能够继续履行，采取了一系列措施表明并非公司要求与张某解除劳动合同，反而是公司希望采取各种措施留住老员工，故本案并不适用《劳动合同法》第四十条第三款的规定。本案系张某向某公司提出解除劳动合同申请，故某公司无须向张某支付经济补偿金和代通知金。

法律分析

现行法律规定中，实际并不存在"代通知金"的表述，我们日常生活中表述的代通知金通常是指以额外一个月的工资成本代替公司提前一个月通知，立即解除与

员工的劳动合同。而法律规定的"代通知金"的适用情形为无过失性辞退的三种情形，且也并非必然支付，如果公司已经提前三十日通知员工解除劳动合同，那么就无须再额外支付一个月的工资即"代通知金"。

"代通知金"的优点在于解除劳动合同的即时性，即避免了通知解除劳动合同后三十天用工过程中可能出现的用工风险，如员工出现工伤等意外情形而导致企业成本增加的可能性。

合规依据

《劳动合同法》

第四十条　有下列情形之一的，用人单位提前三十日以书面形式通知劳动者本人或者额外支付劳动者一个月工资后，可以解除劳动合同：（一）劳动者患病或者非因工负伤，在规定的医疗期满后不能从事原工作，也不能从事由用人单位另行安排的工作的；（二）劳动者不能胜任工作，经过培训或者调整工作岗位，仍不能胜任工作的；（三）劳动合同订立时所依据的客观情况发生重大变化，致使劳动合同无法履行，经用人单位与劳动者协商，未能就变更劳动合同内容达成协议的。

《劳动合同法实施条例》

第二十条　用人单位依照劳动合同法第四十条的规定，选择额外支付劳动者一个月工资解除劳动合同的，其额外支付的工资应当按照该劳动者上一个月的工资标准确定。

合规要点4：约定劳动者支付违约金的法定情形及注意事项

企业在与劳动者约定劳动者违约金时须注意：

1.劳动合同可以约定劳动者承担违约金的情形只有两种：一种是服务期违约金；另一种是竞业限制违约金，企业超出前述两种情形以外的要求劳动者承担违约金的约定多为无效约定。

2.企业可以与劳动者约定服务期的违约金，但违约金的数额不得超过企业提供的专项培训费用，该培训应当是专项专用的。企业应与劳动者签订书面协议，并保留为劳动者提供专项培训费用的证据。

3.企业与劳动者约定服务期违约金的，劳动者按照《劳动合同法》第三十八条规定解除劳动合同的，企业无权要求劳动者支付违约金。

4. 企业可以与劳动者约定违反竞业限制协议的违约金，但应注意违约金条款设置应当合理，可以将竞业限制违约金的计算方式与劳动者竞业限制补偿金、在职工资等挂钩。切勿随意约定固定金额或者约定以实际损失作为违约金等条款，否则将加重企业的举证责任。

5. 企业依据竞业限制协议向离职员工追究违约金的，应当履行竞业限制补偿的支付义务，注意降低因自身未履行义务无法向员工主张违约金的风险。

6. 法律不限制企业承担违约金的约定，企业制定劳动合同时不要盲目套用模板，应检查劳动合同中是否有企业承担违约金的条款，避免不必要的损失。

案例参考

用人单位与劳动者约定服务期的违约金应当针对专项专业培训

王某于 2010 年 7 月 15 日入职某软件公司，双方签订了为期五年的劳动合同，并签订了《保密协议书》，其中约定王某为该公司服务 5 年，若王某违约提前离职，则王某应按未服务年限每年向该公司支付赔偿金 20000 元。2011 年 9 月，王某向公司提出解除劳动关系。9 月 30 日，双方劳动关系终止。该软件公司主张王某违反《保密协议书》中关于服务期的约定，工作不满 2 年即提前离职给公司造成了重大损失，包括培训指导成本等，应当支付赔偿金并以此为由诉至法院。

【裁判观点】

法院认为，该软件公司未向王某提供专项培训，仅提供了内部培训，且没有其他培训。而双方签订的《保密协议书》中约定的公司为王某提供实习培训和专项培训、王某知悉并接触公司的商业秘密等内容均不属于法律规定的可约定服务期的专项培训，故《保密协议书》中关于服务期的约定违反法律强制性规定，应属无效，据此法院判决王某无须支付该软件公司赔偿金。

用人单位与劳动者约定服务期违约金，劳动者依法解除劳动合同的，企业无权要求其支付违约金

2011 年 1 月 1 日，申请人某有限责任公司与被申请人刘某签订了为期 5 年的书面劳动合同，合同期限为 2011 年 1 月 1 日至 2015 年 12 月 31 日。被申请人刘某在申请人处工作后，申请人某有限责任公司安排被申请人刘某到相关培训机构参加了培训，并支付了20000元的培训费用。双方还自愿签订了《培训协议》，约定了服务期为5年，自2011年1月1日至2015年12月31日。2012年12月被申请人刘某以申请人未为其缴纳社会保险费为由通知用人单位提出辞职，而没有按照《培训协议》的约定赔偿申请人某有限责任公司剩余服务期费用。另申请人提起仲裁申请，请求被申请人刘某支付其剩余服务期的培训费用12000元。

【裁判观点】

仲裁认为：本案中，虽然申请人与被申请人刘某签订了《劳动合同》和《培训协议》，但申请人并没有按照法律规定和劳动合同的约定为被申请人刘某缴纳各项社会保险费。据此，劳动者有权提出解除劳动合同。《劳动合同法实施条例》第二十六条规定，用人单位与劳动者约定了服务期，劳动者依照《劳动合同法》第三十八条的规定解除劳动合同的，不属于违反服务期的约定，用人单位不得要求劳动者支付违约金。因此，本案用人单位属违法在先，不能依照用工后签订的《培训协议》来强行约束被申请人刘某，故驳回申请人的仲裁请求。

竞业限制协议违约金的认定

龚某2017年9月入职某公司从事研发工作，在职期间签订了保密协议和竞业限制协议，竞业限制协议约定若龚某违反竞业限制协议，则应向公司支付离职前上一年度年薪5倍的违约金，如实际损失大于违约金数额的，按实际损失赔偿。龚某于2019年4月24日主动离职。2019年4月25日，龚某签收某公司出具的《竞业限制开始通知书》，通知书明确龚某离职后1年内须履行竞业限制义务，时间自2019年4月24日开始，并载明公司按月发放的竞业限制补偿金金额为9650.56元。后某公司发现龚某竞业期间入职了某同业公司，违反了竞业协议，故向员工主张违反竞业限制的违约金336万，并诉至法院。

【裁判观点】

法院认为，关于违反竞业限制协议的违约金数额，双方当事人在竞业限制协议中约定违约金数额为龚某劳动合同解除或者终止前12个月全部收入的10倍，但违约金的数额应当基于违约的具体情节、给用人单位造成实际影响及损失、劳动者的收入水平等因素依据公平合理原则综合考量。结合龚某的工作内容、职务、工资收入、获得的竞业限制补偿金，某公司未就龚某违约行为所造成的实际损失进行举证等情况，双方当事人所签订的竞业限制协议约定的违约金明显偏高，应予以调整。

再考虑到龚某离职后不久就违反竞业限制协议,通过第三方公司向有竞争关系的用人单位提供劳动,主观恶性较重,故违约金数额应以龚某离职前12个月收入的3倍为宜,即龚某应向某公司支付违反竞业限制协议的违约金1021818元。

企业依据竞业限制协议向离职员工追究违约金的,也应当履行竞业限制补偿的支付义务

2020年12月,陈某入职某公司,签订了书面劳动合同,其中第十条约定"乙方不得到与甲方生产或者经营同类产品、从事同类业务的有竞争关系的其他用人单位,或者自己开业生产或者经营同类产品、从事同类业务的竞业禁止期限为2年。(竞业协议另行签订)"。双方没有另行签订竞业协议。2021年3月陈某以个人原因为由离职。之后,某公司没有支付陈某竞业限制补偿金。2021年11月某公司以陈某与其妻子成立了同业公司为由向陈某主张违反竞业限制协议的违约金156万。

【裁判观点】

法院认为,当事人在劳动合同或者保密协议中约定了竞业限制和经济补偿,劳动合同解除或者终止后,因用人单位的原因导致3个月未支付经济补偿,劳动者请求解除竞业限制约定的,人民法院应予支持。用人单位未按照约定给予劳动者经济补偿的,劳动者可以不履行竞业限制义务,但劳动者已经履行的,有权要求用人单位给予经济补偿。本案中,某公司与陈某尽管在劳动合同中约定了竞业限制义务,但未约定经济补偿,而且公司在陈某离职后也未支付竞业限制经济补偿金,故陈某依法可以要求解除竞业限制约定,不履行竞业限制义务。某公司的诉讼请求无事实和法律依据,法院不予支持。

劳动合同约定企业承担违约金的效力认定

张某于2012年6月应聘进入某公司工作,双方签订劳动协议,约定:公司聘请张某担任市场规划及策划工作;第七条违约责任约定:双方任何一方违反协议中的任何一条,都必须给另一方200000元作为损失补偿。签订上述协议后,张某即到某公司工作。2012年10月31日,某公司的法定代表人让张某离职,张某于当日离开公司,从11月1日开始再没有回公司上班。2012年11月,张某向劳动仲裁委员会提起劳动仲裁。劳动仲裁委员会裁决某公司向张某支付工资10000元、赔偿金10000元、违约金200000元。某公司因不服上述仲裁裁决,遂向法院提起诉讼。

【裁判观点】

法院认为，关于违约条款的效力问题。根据《劳动合同法》第二十五条的规定，除了劳动者有违反服务期约定或竞业限制条款的情形外，用人单位不得与劳动者约定由劳动者承担违约金。根据上述规定，在张某不存在除外情形的前提下，某公司约定由张某承担违约金违反了法律的禁止性规定，因此上述约定由张某承担违约金的条款部分无效。根据《民法典》第一百五十六条规定，"民事法律行为部分无效，不影响其他部分效力的，其他部分仍然有效"，由于法律仅规定了用人单位不能与劳动者约定由劳动者承担违约金，而并未规定不能约定由用人单位承担违约金，因此双方约定因用人单位违反协议约定应承担违约金赔偿的条款仍具有法律效力，故某公司应该按协议的约定承担相应的违约责任。

法律分析

劳动合同是一种特殊的民事合同，签订主体系用人单位和劳动者，用人单位对劳动者拥有管理权限，因此存在劳动关系的用人单位与劳动者地位并不平等。为了避免双方利益失衡，保护劳动者的合法权益，我国法律不允许用人单位在劳动合同中随意约定违约金，而可以约定劳动者支付违约金的法定情形只有两种。

第一种是服务期违约金：用人单位为劳动者提供了专项培训费用，对其进行专业技术培训的，可以与该劳动者订立协议，并约定服务期。劳动者违反服务期约定的，用人单位可以主张违约金。这里的培训费用应当是专项专用的，并不是任何培训费用和培训技术都构成约定服务期的条件。如上岗前关于安全生产、操作流程、规章制度等必要的就业基础知识培训则不在此列。

劳动者违反服务期约定的，应当按照约定向用人单位支付违约金。需要注意的是，服务期违约金的金额不能超过用人单位提供的培训费用。在司法实践中，用人单位向员工主张服务期违约金时，往往需要举证证明其在服务期为劳动者提供培训的费用，这就提醒用人单位服务期违约金的约定不能仅停留在书面协议，还要保留所发生的培训费用的相关证据。

另外，并非所有劳动者在服务期提前离职的情形下用人单位都可以主张违约金，法律规定了劳动者存在《劳动合同法》第三十八条被迫离职情形的，用人单位不能主张服务期的违约金。由此可以进一步拓展，用人单位在服务期内单方解除劳动者的，也需要根据解除的具体情形进行分析。用人单位违法解除的，无权向劳动者主张违约金，这一点符合公平原则。因用人单位原因如裁员、客观情况发生重大变化等导致的合同解除，显然也不能让劳动者承担违约金。但如果是员工过错导致的合同解除，应当视为劳动者违约，用人单位有权主张违约金。但关于劳动合同系因员工无过失解除的（《劳动合同法》第四十条所规定的情形），用人单位能否主张服务期违约金法律并没有明确规定。用人单位可以在劳动合同中约定，员工服务期内无过失提前解除劳动合同的仍应当承担违约金，以明确服务期违约金的适用情形。

第二种是竞业限制违约金：用人单位可以在劳动合同或者保密协议中与劳动者约定竞业限制条款，并约定在解除或者终止劳动合同后，在竞业限制期限内按月给予劳动者经济补偿。劳动者违反竞业限制约定的，应当按照约定向用人单位支付违约金。竞业限制协议中违约金条款在设置和适用时需要注意以下两点：

第一，违约金金额的设置需要遵守合理原则，合同中约定竞业限制的违约金计算方式与劳动者在职期间的工资、获得的竞业限制补偿金额等挂钩的则具有一定的合理性，用人单位应当根据劳动者的个人实际情况调整违约金条款。随意采取10万元、20万元这种固定整数的违约金约定方式并不一定会获得法院支持。用人单位也不应采用以实际损失认定违约金的单一条款，因为司法实践中，用人单位实际损失的举证责任难度较高，一旦举证不能，将陷入被动局面。

第二，用人单位依据竞业限制协议向离职员工追究违约金的，也应当履行竞业限制补偿的支付义务。用人单位没有履行竞业限制经济补偿的支付义务的，在劳动者发生竞业行为时，其是否有权向劳动者主张违约金，各地司法实践仍存在不同观点，建议用人单位也及时按照竞业限制协议约定履行补偿义务。

合规依据

《劳动合同法》

第二十二条 用人单位为劳动者提供专项培训费用，对其进行专业技术培训的，可以与该劳动者订立协议，约定服务期。劳动者违反服务期约定的，应当按照约定向用人单位支付违约金。违约金的数额不得超过用人单位提供的培训费用。用人单位要求劳动者支付的违约金不得超过服务期尚未履行部分所应分摊的培训费用。用人单位与劳动者约定服务期的，不影响按照正常的工资调整机制提高劳动者在服务期间的劳动报酬。

第二十三条 用人单位与劳动者可以在劳动合同中约定保守用人单位的商业秘密和与知识产权相关的保密事项。对负有保密义务的劳动者，用人单位可以在劳动合同或者保密协议中与劳动者约定竞业限制条款，并约定在解除或者终止劳动合同后，在竞业限制期限内按月给予劳动者经济补偿。劳动者违反竞业限制约定的，应当按照约定向用人单位支付违约金。

第二十五条 除本法第二十二条和第二十三条规定的情形外，用人单位不得与劳动者约定由劳动者承担违约金。

《劳动合同法实施条例》

第二十六条 用人单位与劳动者约定了服务期，劳动者依照劳动合同法第三十八条的规定解除劳动合同的，不属于违反服务期的约定，用人单位不得要求劳动者支付违约金。有下列情形之一，用人单位与劳动者解除约定服务期的劳动合同的，劳动者应当按照劳动合同的约定向用人单位支付违约金：（一）劳动者严重违反用人单位的规章制度的；（二）劳动者严重失职，营私舞弊，给用人单位造成重大损害的；（三）劳动者同时与其他用人单位建立劳动关系，对完成本单位的工作任务造成严重影响，或者经用人单位提出，拒不改正的；（四）劳动者以欺诈、胁迫的手段或者乘人之危，使用人单位在违背真实意思的情况下订立或者变更劳动合同的；（五）劳动者被依法追究刑事责任的。

第十章 特殊用工适用与管理

第一节 非全日制用工

合规要点 1：非全日制用工的工作时间限制

非全日制用工，是指以小时计酬为主，劳动者在同一用人单位一般平均每日工作时间不超过 4 小时，每周工作时间累计不超过 24 小时的用工形式。在非全日制用工中，用人单位须注意：

1. 劳动者在同一用人单位一般平均每日工作时间不超过 4 小时；

2. 劳动者每周工作时间累计不超过 24 小时。

非全日制用工方式在餐饮、便利店等行业运用广泛，可以有效降低用人单位的用人成本，实现灵活用工。在实践中，使用非全日制用工方式须注意劳动者工作时间的安排。从法律制度的设计角度看，劳动者的工作时间是区分非全日制用工关系与全日制用工关系最显著的特征；从两种用工方式所发生纠纷的处理方式看，企业若未遵守以上工作时间的相关规定，可能会被认定为全日制用工，从而与劳动者存在劳动关系下的权利义务。因此，建议企业在非全日制用工过程中，严格遵守工时规定。同时，企业可灵活运用打卡、签到签退等方式记录劳动者的工作时间，并留存好相关证据。

案例参考

劳动者工作时间系认定全日制或非全日制用工的关键因素

唐某于 2018 年 6 月 29 日入职某餐饮公司名下餐饮店，岗位为后厨服务员，按小时计算报酬，每小时 15 元。2019 年 5 月 19 日，唐某发生交通事故住院，为解决赔偿问题，遂与某餐饮公司引发劳动关系确认争议纠纷。

【裁判观点】

法院认为，劳动关系分为全日制用工与非全日制用工。非全日制用工，是指以小时计酬为主，劳动者在同一用人单位一般平均每日工作时间不超过 4 小时，每周工作时间不超过 24 小时的用工形式。唐某称每天工作时间为上午 7 时至 11 时，餐饮店称唐某每天工作不超过 4 小时，唐某的工作时间符合非全日制用工的用工时数。

综上述情况，本案双方关系符合法定的非全日制用工关系的认定标准，因此双方建立的是非全日制用工劳动关系。

法律分析

非全日制用工关系是一种特殊的劳动关系，此种用工方式下，企业的用工责任相对较少。例如，可以不签订书面合同而不用面临支付二倍工资的风险，企业与劳动者双方都可随时终止用工而企业无须支付经济补偿等。正是非全日制用工的这一特征，导致在实践中，有企业试图使用非全日制用工的外衣去掩盖全日制用工的实质，往往存在非全日制劳动者超时加班的事实，如果劳动者超时加班成为一种常态，即容易被认定为全日制用工。

合规依据

《劳动合同法》

第六十八条　非全日制用工，是指以小时计酬为主，劳动者在同一用人单位一般平均每日工作时间不超过四小时，每周工作时间累计不超过二十四小时的用工形式。

第六十九条　非全日制用工双方当事人可以订立口头协议。从事非全日制用工的劳动者可以与一个或者一个以上用人单位订立劳动合同；但是，后订立的劳动合同不得影响先订立的劳动合同的履行。

第七十一条　非全日制用工双方当事人任何一方都可以随时通知对方终止用工。终止用工，用人单位不向劳动者支付经济补偿。

合规要点 2：非全日制用工不得约定试用期

非全日制用工关系中：

1.用人单位不得与劳动者约定试用期；

2.用人单位违法约定试用期的，由劳动行政部门责令改正；

3.违法约定的试用期已经履行的,用人单位将承担赔偿金,赔偿金的计算:以劳动者试用期满月工资为标准,按已经履行的超过法定试用期的期间向劳动者支付赔偿金。

案例参考

非全日制用工合同不得约定试用期

姚某于2018年6月1日入职某人力资源公司,双方签有《劳动合同》,合同第5条明确约定用工方式为非全日制用工,并约定了6个月的试用期。姚某在试用期内每月工资3000元,试用期结束后,其工资为每钟(一钟为45分钟)35元。姚某于2021年1月离职,于2021年12月2日向北京市东城区劳动人事争议仲裁委员会提起劳动仲裁,要求公司支付违法约定试用期的赔偿,后双方诉至法院。

【裁判观点】

法院认为,关于违法约定试用期的赔偿金问题:本案劳动者与用人单位签署的劳动合同中明确约定为非全日制用工,而非全日制用工,双方当事人不得约定试用期。在本案审理过程中,双方均认可约定了6个月试用期的事实,因此,用人单位违法约定了试用期,应当按照6个月的期限支付姚某违法约定试用期的赔偿金,关于赔偿金数额,本院对仲裁计算的数额不持异议。

法律分析

《劳动合同法》第七十条规定非全日制用工双方当事人不得约定试用期。在非全日制用工关系中,用人单位与劳动者均可随时终止劳动关系,故而缺乏设置试用期的必要性与合理性。用人单位对此应予以注意。

合规依据

《劳动合同法》

第七十条 非全日制用工双方当事人不得约定试用期。

第八十三条 用人单位违反本法规定与劳动者约定试用期的,由劳动行政部门责令改正;违法约定的试用期已经履行的,由用人单位以劳动者试用期满月工资为标准,按已经履行的超过法定试用期的期间向劳动者支付赔偿金。

合规要点 3：非全日制用工劳动报酬支付周期的限制

关于非全日制用工劳动报酬的支付周期：

1. 一般而言，非全日制用工是以小时计酬为主；用人单位也可以与劳动者约定在固定周期内支付固定工资，但折算的小时计酬标准不得低于用人单位所在地人民政府规定的最低小时工资标准。

2. 若用人单位与劳动者约定了固定工资支付周期，则这个周期不得超过 15 日，即若超过 15 日，则工资支付周期以 15 日为准；若未超过 15 日，则以约定为准。

案例参考

劳动报酬的支付周期可作为认定全日制或非全日制用工的辅助因素

2011 年 5 月 10 日，某公司与余某签订了一份期限为 1 年的全日制劳动合同，劳动报酬约定为实行基本工资和绩效工资相结合的内部工资分配办法，基本工资为每月 7000 元。后余某改为在家中办公，平时根据某公司安排到公司出差、开会或汇报工作等，并由某公司报销差旅费用。公司每月固定日期向余某发放上个月工资。2018 年 3 月，某公司提出与余某解除劳动关系。2018 年 4 月 25 日，余某向劳动人事争议仲裁委员会申请劳动仲裁，要求某公司支付违法解除劳动合同的赔偿金，后案件诉至法院。在案件审理过程中，某公司提出余某于家中办公，其在公司上班时间未超过 24 小时每周，故某公司主张其与余某系非全日制用工关系，无须支付赔偿金。

【裁判观点】

法院认为，非全日制用工与全日制用工的首要区别是工作时间的差异，即劳动者在同一用人单位一般平均每日工作时间不超过 4 小时，每周工作时间累计不超过 24 小时，至于劳动者的实际劳动时间，根据《江苏省工资支付条例》第十七条关于用人单位应当建立劳动考勤制度，书面记录劳动者的出勤情况，每月与劳动者核对并由劳动者签字，保存劳动考勤记录不得少于 2 年的规定，应当由用人单位承担举证责任，且证明用工时间不超过法定时间。某公司主张与余某系非全日制用工关系，但未能提供证据证明余某的工作时间。非全日制用工中，报酬计发按照小时计酬且劳动报酬的支付周期最长不得超过 15 日。本案中，某公司确认其与余某的报酬结算方式为按月计发，也与非全日制用工形式明显不符。

法律分析

从案例中不难看出，非全日制用工的劳动关系主要还是看工作时间，而工资支付周期可作为辅助性的认定特征。换言之，最长15日的劳动报酬支付周期仅是非全日制用工众多表现形式的其中之一。在司法实践中，认定非全日制用工劳动关系不能仅凭工资支付周期是否符合要求，更须结合其他实际用工情况予以综合认定，因此，用人单位在使用非全日制员工时，不仅需要遵守15日的工资支付周期，还需要符合非全日制用工的其他要求或特点，否则将有可能被认定为全日制用工。

合规依据

《劳动合同法》

第七十一条　非全日制用工双方当事人任何一方都可以随时通知对方终止用工。终止用工，用人单位不向劳动者支付经济补偿。

第七十二条　非全日制用工小时计酬标准不得低于用人单位所在地人民政府规定的最低小时工资标准。非全日制用工劳动报酬结算支付周期最长不得超过十五日。

合规要点4：非全日制用工中的工伤问题

关于非全日制用工的工伤：

1. 用人单位应当按照国家有关规定为建立劳动关系的非全日制劳动者缴纳工伤保险费；

2. 如果劳动者发生工伤，用人单位需要按照《工伤保险条例》承担工伤赔偿责任。

劳动者工伤是用人单位在劳动关系管理中最为关心的问题之一，在全日制用工劳动关系中，用人单位会为员工缴纳社会保险费。而在非全日制用工的劳动关系中，《劳动和社会保障部关于非全日制用工若干问题的意见》指出，从事非全日制工作的劳动者应当参加基本养老保险，原则上参照个体工商户的参保办法执行；从事非全日制工作的劳动者可以以个人身份参加基本医疗保险；用人单位应当按照国家有关规定为建立劳动关系的非全日制劳动者缴纳工伤保险费。由此可以看出，非全日制用工关系中，用人单位必须为劳动者缴纳工伤保险费，而养老保险费、医疗保险费并不强制由用人单位缴纳。如果用人单位未给劳动者缴纳工伤保险费用而员工发生工伤的，用人单位则需按照《工伤保险条例》承担工伤赔偿责任。

案例参考

用人单位应当为非全日制用工的劳动者缴纳工伤保险费

2016年7月，刘某入职某餐饮公司从事服务员工作，双方未签订书面劳动合同，公司未为刘某参加工伤保险。2017年2月20日，刘某在上班途中因交通事故受伤，即被送往医院住院治疗。后刘某又转至多家医疗机构继续治疗。2018年5月18日，刘某所受伤害经人力资源和社会保障局认定为工伤。同年6月7日，刘某经劳动能力鉴定委员会鉴定为6级伤残。在此过程中，刘某自行支付医疗费，公司未向刘某支付任何费用。刘某伤后亦未再到公司工作。刘某向公司主张工伤赔偿引发本案诉讼，在案件审理中，公司主张其与刘某系非全日制用工关系，无缴纳工伤保险费的法定强制义务。

【裁判观点】

法院认为，首先，刘某的涉案受伤已经被认定为工伤。依照法律规定，用人单位应当为劳动者缴纳工伤保险费，未依法参加工伤保险的，劳动者发生工伤事故，用人单位应当向劳动者支付工伤保险待遇。其次，对于非全日制用工的劳动者，用人单位缴纳相应的工伤保险费仍然是其不能免除的法定义务。用人单位应当主动履行该项法定义务。本案中，公司未为刘某缴纳工伤保险费，刘某发生工伤后，依照上述规定，公司应承担其工伤保险待遇的赔偿责任。

法律分析

非全日制用工劳动关系中，用人单位为劳动者缴纳工伤保险费仍然是其不能免除的法定义务，也是有效分担用人单位工伤责任的必要措施。用人单位可以为非全日制用工的员工参加全部社会保险，但该做法成本较高，且需要确认是否有其他用人单位正在为该员工缴纳社会保险费。用人单位也可以为非全日制用工的员工单独参加工伤保险，但取决于各地保险机构的具体政策，建议用人单位在实操前咨询当地社保机构。此外，用人单位还可以为非全日制用工的员工购买商业保险，并将购买商业保险及工伤赔付事宜明确约定于劳动合同中。

合规依据

《工伤保险条例》

第二条 中华人民共和国境内的企业、事业单位、社会团体、民办非企业单位、基金会、律师事务所、会计师事务所等组织和有雇工的个体工商户（以下称用人单位）应当依照本条例规定参加工伤保险，为本单位全部职工或者雇工（以下称职工）缴纳工伤保险费。中华人民共和国境内的企业、事业单位、社会团体、民办非企业单位、基金会、律师事务所、会计师事务所等组织的职工和个体工商户的雇工，均有依照本条例的规定享受工伤保险待遇的权利。

《劳动和社会保障部关于非全日制用工若干问题的意见》

三、关于非全日制用工的社会保险

（12）用人单位应当按照国家有关规定为建立劳动关系的非全日制劳动者缴纳工伤保险费。从事非全日制工作的劳动者发生工伤，依法享受工伤保险待遇；被鉴定为伤残5—10级的，经劳动者与用人单位协商一致，可以一次性结算伤残待遇及有关费用。

第二节 劳务派遣

合规要点1：劳务派遣单位派遣资质的审查

在劳务派遣业务中存在用人单位（劳务派遣单位）、用工单位（劳动者实际提供劳动的单位）、劳动者三方间的法律关系，在审查劳务派遣业务时，首先须对劳务派遣公司的派遣资质进行审查。

1. 经营劳务派遣业务的单位，注册资本不得少于人民币二百万元，且具有与开展业务相适应的固定的经营场所和设施；

2. 劳务派遣公司，须领取所在地有许可管辖权的人力资源社会保障行政部门颁发的《劳务派遣经营许可证》；

3. 依法办理公司登记手续，并在经营范围中载明有劳务派遣事项。

案例参考

用工单位未对劳务派遣公司相关资质进行审查，被判与劳务派遣单位承担连带赔偿责任

祁某在保洁服务公司工作。某天他被派遣到某建设公司工作。2009年7月17日，祁某在工作中发生了一起安全事故，其左小指受伤被诊断为骨折，被认定为工伤。随后，祁某为争取工伤保险待遇向劳动仲裁委员会提出仲裁申请，但申请被撤销。祁某遂诉至法院。在法院审理过程中，祁某主张保洁服务公司不具备劳务派遣资格，要求由保洁服务公司承担连带赔偿责任。他还对停工留薪期工资的认定提出异议，认为法院的判决未能符合实际情况和法律规定。此外，某建设公司辩称与祁某无任何关系，不应负责。

【裁判观点】

法院认为，根据《劳动合同法》第五十七条关于经营劳务派遣的规定，经营劳务派遣业务，应当向劳动行政部门依法申请行政许可；未经许可的，任何单位和个人不得经营劳务派遣业务。本案中，保洁服务公司作为劳务派遣单位，因其注册资本仅为30000元，经营项目中亦不包含劳务派遣的内容，故其不具备《劳动合同法》第五十七条规定的条件。保洁服务公司没有达到规定的设立条件而擅自从事劳动派遣业务，属于非法用工，派遣单位应承担支付劳动报酬和赔偿劳动者损失的责任，即损失的范围包括社保待遇、经济补偿等劳动者所应享有的待遇。同时根据《劳动合同法》第九十二条规定，劳务派遣单位、用工单位违反本法有关劳务派遣规定的，给被派遣的劳动者造成损害的，劳务派遣单位与用工单位承担连带赔偿责任。本案中，保洁服务公司未经许可，擅自经营劳务派遣业务，某建设公司未对保洁服务公司从事派遣活动资质进行审查，亦存在一定过错，故某建设公司应当就上诉人祁某的工伤保险待遇赔偿承担连带责任。

法律分析

经营劳务派遣业务必须获得劳务派遣行政许可。2012年12月28日修订的《劳动合同法》第五十七条明确规定，经营劳务派遣业务应依法申请行政许可，经许可的，依法办理相应的公司登记。未经许可的，任何单位和个人不得经营劳务派遣业务。人力资源社会保障部2013年7月1日起施行的《劳务派遣行政许可实施办法》，

规定了劳务派遣行政许可的申请受理、审查批准、变更及相关监督检查等内容。

合规依据

《劳动合同法》

第五十七条 经营劳务派遣业务应当具备下列条件：（一）注册资本不得少于人民币二百万元；（二）有与开展业务相适应的固定的经营场所和设施；（三）有符合法律、行政法规规定的劳务派遣管理制度；（四）法律、行政法规规定的其他条件。经营劳务派遣业务，应当向劳动行政部门依法申请行政许可；经许可的，依法办理相应的公司登记。未经许可，任何单位和个人不得经营劳务派遣业务。

合规要点2：关于劳务派遣三方关系中所涉书面协议的相关规定

劳务派遣业务三方关系中，所涉书面协议应满足以下条件：

1. 劳务派遣单位作为用人单位与劳动者签署的书面劳动合同：

（1）固定期限劳动合同不得少于2年，并履行《劳动合同法》所规定的用人单位对劳动者的相关义务；

（2）劳务派遣单位跨地区派遣劳动者的，应当按照用工单位所在地区的标准，向劳动者提供劳动报酬和劳动条件；

（3）劳务派遣单位与同一被派遣劳动者只能约定一次试用期。

2. 劳务派遣单位与用工单位签署的劳务派遣协议：

（1）应根据《劳动合同法》第五十九条的规定，在劳务派遣协议中约定派遣岗位和人员数量、派遣期限、劳动报酬和社会保险费的数额与支付方式以及违反协议的责任等内容；

（2）劳务派遣单位应当将劳务派遣协议的内容告知被派遣劳动者。

案例参考

劳务派遣员工协议到期后未签订新的协议，
劳动者继续提供劳动期间用工关系的性质认定

孙某曾经是某服务外包公司的员工，通过某服务外包公司与某电器公司签订劳务派遣协议，被派遣到某电器公司工作。然而，劳务派遣协议于2020年10月31日到期，某电器公司与某服务外包公司却没有达成新的协议。在此情形下，孙某依旧留在某电器公司工作。在此期间，她于 2020 年 11 月 7 日在工作中遭受了意外伤害，就其受伤是否系工伤引发争议，引起诉讼。

【裁判观点】

本院认为，当事人对自己提出的诉讼请求所依据的事实或者反驳对方诉讼请求所依据的事实，应当提供证据加以证明，未能提供证据或者证据不足以证明其事实主张的，应承担不利的后果。本案中，某服务外包公司与孙某签订劳动合同的期限为 2020 年 7 月 27 日至 10 月 26 日，与某服务外包公司和某电器公司签订的外包工（临时工）协议确定的时间相吻合。其间，某服务外包公司作为用人单位并与孙某签订劳动合同，双方存在劳动关系，孙某因某服务外包公司派遣在某电器公司工作，某电器公司系孙某的用工单位。某服务外包公司与某电器公司之间的外包工（临时工）协议及某服务外包公司与孙某劳动合同到期后，某服务外包公司与孙某之间的劳动关系结束。某服务外包公司与某电器公司虽有续签劳务派遣协议的协商，但未达成一致，因此，不能认定劳务派遣协议延续。孙某实际在某电器公司工作，受某电器公司管理，应当认定与某电器公司存在劳动关系。据此，法院支持某电器公司与孙某于 2020 年 11 月 7 日存在劳动关系。

法律分析

1. 按照《劳动合同法》第五十八条规定，劳务派遣单位与劳动者订立的劳动合同期限不低于 2 年，而根据劳务派遣岗位"三性"（临时性、辅助性和替代性）原则，劳务派遣单位在与员工的劳动关系存续期间，可将员工多次派遣；

2. 劳务派遣单位通过多个短期劳务派遣协议，将同一员工连续多次派遣到同一用工单位的相同岗位的做法是违反法律规定的；

3. 用工单位将派遣员工退回劳务派遣单位的，劳务派遣单位应给派遣员工另外安排用工单位；如果派遣单位无法安排用工单位的，应当按照所在地人民政府规定的最低工资标准向该员工支付报酬。

合规依据

《劳动合同法》

第五十八条 劳务派遣单位是本法所称用人单位，应当履行用人单位对劳动者的义务。劳务派遣单位与被派遣劳动者订立的劳动合同，除应当载明本法第十七条规定的事项外，还应当载明被派遣劳动者的用工单位以及派遣期限、工作岗位等情况。劳务派遣单位应当与被派遣劳动者订立二年以上的固定期限劳动合同，按月支付劳动报酬；被派遣劳动者在无工作期间，劳务派遣单位应当按照所在地人民政府规定的最低工资标准，向其按月支付报酬。

第五十九条 劳务派遣单位派遣劳动者应当与接受以劳务派遣形式用工的单位（以下称用工单位）订立劳务派遣协议。劳务派遣协议应当约定派遣岗位和人员数量、派遣期限、劳动报酬和社会保险费的数额与支付方式以及违反协议的责任。用工单位应当根据工作岗位的实际需要与劳务派遣单位确定派遣期限，不得将连续用工期限分割订立数个短期劳务派遣协议。

第六十条 劳务派遣单位应当将劳务派遣协议的内容告知被派遣劳动者。劳务派遣单位不得克扣用工单位按照劳务派遣协议支付给被派遣劳动者的劳动报酬。劳务派遣单位和用工单位不得向被派遣劳动者收取费用。

第六十一条 劳务派遣单位跨地区派遣劳动者的，被派遣劳动者享有的劳动报酬和劳动条件，按照用工单位所在地的标准执行。

《劳务派遣暂行规定》

第六条 劳务派遣单位可以依法与被派遣劳动者约定试用期。劳务派遣单位与同一被派遣劳动者只能约定一次试用期。

合规要点3："三性"与"比例"应符合法定要求

在劳务派遣用工模式下，对劳务派遣的岗位有临时性、辅助性、替代性的"三性"要求，用工单位使用劳务派遣员工须符合比例限制：

1. 劳务派遣岗位的临时性、辅助性、替代性要求：

（1）临时性工作岗位是指存续时间不超过六个月；

（2）辅助性工作岗位是指为主营业务岗位提供服务；

（3）替代性工作岗位是指用工单位的劳动者因脱产学习、休假等原因无法工作的一定期间内，可以由劳务派遣劳动者替代工作。

2. 用工单位使用劳务派遣员工须符合比例限制：

（1）使用的被派遣劳动者数量不得超过其用工总量的10%；

（2）用工总量是指用工单位订立劳动合同人数与使用的被派遣劳动者人数之和。

案例参考

劳务关系的成立应考虑临时性、辅助性、替代性并符合法定比例要求

任某于2018年3月2日入职某搬家公司担任搬运工，双方未签订书面合同。2018年8月30日，任某在某搬家公司草拟并打印的《协议书》上签字，该协议主要内容为2018年9月起双方不存在任何关联，也不存在任何未了结的债权债务纠纷。2018年9月1日，某搬家公司与某人力资源公司分别签订《劳务外包协议》及《劳动关系外包协议》。2018年10月10日晚，任某于下班途中遇交通事故受伤致脑部4级伤残，因须认定工伤，遂与某搬家公司产生确认劳动关系纠纷。

【裁判观点】

法院认为，用人单位招用劳动者未订立书面劳动合同，但同时具备下列情形的，则劳动关系成立：（一）用人单位和劳动者符合法律、法规规定的主体资格；（二）用人单位依法制定的各项劳动规章制度适用于劳动者，劳动者受用人单位的劳动管理，从事用人单位安排的有报酬的劳动；（三）劳动者提供的劳动是用人单位业务的组成部分。在本案中，某人力资源公司与搬家公司约定的服务内容为地面推广和市场调研，并未涉及搬家服务，无法确认与本案具有关联性。故，某搬家公司主张任某与某人力资源公司存在劳动关系既无事实依据，亦违反了相关法律规定，故法院对此不予采信。

法院最终判决任某与某搬家公司之间存在劳动关系。

法律分析

1.劳务派遣的岗位具有临时性、辅助性、替代性，其中，临时性与替代性较容易认定，辅助性工作则比较模糊。根据《劳务派遣暂行规定》第三条第三款的规定，"用工单位决定使用被派遣劳动者的辅助性岗位，应当经职工代表大会或者全体职工讨论，提出方案和意见，与工会或者职工代表平等协商确定，并在用工单位内公示"，即企业通过民主协商与公示的程序性程序确定辅助性工作。

2.《劳务派遣暂行规定》第四条规定，将劳务派遣用工的比例确定为10%；计算劳务派遣用工比例，分式中分子为"使用的被派遣劳动者数量"，分母为"用工单位订立劳动合同人数与使用的被派遣劳动者人数之和"。

合规依据

《劳动合同法》

第六十六条 劳动合同用工是我国的企业基本用工形式。劳务派遣用工是补充形式，只能在临时性、辅助性或者替代性的工作岗位上实施。前款规定的临时性工作岗位是指存续时间不超过六个月的岗位；辅助性工作岗位是指为主营业务岗位提供服务的非主营业务岗位；替代性工作岗位是指用工单位的劳动者因脱产学习、休假等原因无法工作的一定期间内，可以由其他劳动者替代工作的岗位。用工单位应当严格控制劳务派遣用工数量，不得超过其用工总量的一定比例，具体比例由国务院劳动行政部门规定。

《劳务派遣暂行规定》

第三条 用工单位只能在临时性、辅助性或者替代性的工作岗位上使用被派遣劳动者。前款规定的临时性工作岗位是指存续时间不超过6个月的岗位；辅助性工作岗位是指为主营业务岗位提供服务的非主营业务岗位；替代性工作岗位是指用工单位的劳动者因脱产学习、休假等原因无法工作的一定期间内，可以由其他劳动者替代工作的岗位。用工单位决定使用被派遣劳动者的辅助性岗位，应当经职工代表大会或者全体职工讨论，提出方案和意见，与工会或者职工代表平等协商确定，并在用工单位内公示。

第四条 用工单位应当严格控制劳务派遣用工数量，使用的被派遣劳动者数量不得超过其用工总量的10%。前款所称用工总量是指用工单位订立劳动合同人数与使用的被派遣劳动者人数之和。计算劳务派遣用工比例的用工单位是指依照劳动合同法和劳动合同法实施条例可以与劳动者订立劳动合同的用人单位。

合规要点4：被派遣员工应与其他职工"同工同酬"

被派遣劳动者享有与用工单位的劳动者同工同酬的权利：

1.本单位有同类岗位的，劳动者实行相同的劳动报酬分配办法；

2.本单位无同类岗位的，参照用工单位所在地相同或者相近岗位劳动者的劳动报酬确定。

案例参考

被派遣员工与其他职工同工同酬既包括分配办法，也包括福利待遇

倪某和某 A 公司签订期限自 2017 年 1 月 4 日至 2019 年 1 月 3 日的上岗合同，倪某最后工作至 2018 年 7 月 3 日。当日，倪某向某 A 公司提交辞职报告一份，以个人原因不能在公司继续工作为由，向某 A 公司提出辞职。

倪某于 2017 年 1 月 12 日向某 B 公司提交招聘员工登记表，其中入职日期写明为 2017 年 1 月 4 日。2017 年 1 月 12 日，倪某和某 B 公司签订期限自 2017 年 1 月 3 日至 2019 年 1 月 2 日的派遣员工劳动合同，该合同约定倪某由某 B 公司派遣至某 A 公司工作。同日，倪某和某 B 公司签订协议书，并在派遣员工文件阅读确认书、确认书（三份）、员工工资结构及金额确认书上签名，其中确认书中载明倪某的工资由某 B 公司委托某 A 公司发放。2018 年 7 月 4 日，倪某与某 B 公司签订协议书，约定倪某因个人原因要求协商一致解除劳动关系，双方的劳动合同于 2018 年 7 月 9 日解除，倪某、某 A 公司劳务用工关系于同日终止，工资结算至 2018 年 7 月 8 日，倪某实际工作期间的全部款项已全部结清，倪某和某 A 公司之间、倪某和某 B 公司之间已无其他争议，双方今后无涉。某 A 公司于 2018 年 7 月 9 日在上述协议书上盖章确认。某 A 公司和某 B 公司签有《劳务派遣合同》，合同期限自 2012 年 3 月 1 日至 2015 年 2 月 28 日。该合同约定合同期满若双方不提出终止，原合同自动顺延。2018 年 10 月 22 日，倪某向劳动人事争议仲裁委员会申请仲裁，请求：1. 某 A 公司支付其 2017 年 1 月 2 日至 2018 年 7 月 9 日的工资差额 180000 元；2. 确认其和某 B 公司的劳务派遣合同无效，以上岗合同作为实质性劳动合同；3. 某 A 公司继续履行和倪某之间的劳动合同，补发 2018 年 7 月 1 日至今的工资、补缴社会保险费及公积金，并支付 25% 的赔偿费用，总计 125000 元；4. 某 A 公司按照倪某实际工资补缴 2017 年 1 月至 2018 年 6 月的社会保险费。该仲裁委员会对倪某的请求不予支持。倪某对此不服，遂诉至法院。

【裁判观点】

法院认为，就系争工资差额，倪某系以其离职后看到某 A 公司发布的招聘信息显示其同岗位工资标准高于其在职期间工资为由，要求某 A 公司按照同工同酬原则支付相应工资差额。首先，同岗位劳动者的技能和熟练程度并非均能完全一致，用人单位可根据同岗位劳动者的实际状况、工作能力，合理确定劳动者的劳动报酬；

其次，倪某提供的招聘信息相关证据本即未得某 A 公司认可，且，即便某 A 公司在倪某离职后根据市场供需情况适当调整招聘岗位工资报酬标准，亦未违反法律规定。故，对倪某的工资差额诉求，本院不予支持。

法律分析

1.同工同酬是指用人单位对于技术和劳动熟练程度相同的劳动者在从事同种工作时，不分性别、年龄、民族、区域等差别，只要其提供相同的劳动量，就向其支付相同的劳动报酬。[观点参见《人民法院案例选》2014 年第 2 辑总第 88 辑，（2013）锡民终字第 0543 号]

2.《劳动合同法》第六十三条第一款规定，相同岗位实行相同的劳动报酬分配方案；《劳务派遣暂行规定》第九条进一步确定，与工作岗位相关的福利待遇，不得歧视被派遣劳动者。由此可见，同酬包括分配办法和福利待遇。

合规依据

《劳动合同法》

第六十二条 用工单位应当履行下列义务：（一）执行国家劳动标准，提供相应的劳动条件和劳动保护；（二）告知被派遣劳动者的工作要求和劳动报酬；（三）支付加班费、绩效奖金，提供与工作岗位相关的福利待遇；（四）对在岗被派遣劳动者进行工作岗位所必需的培训；（五）连续用工的，实行正常的工资调整机制。用工单位不得将被派遣劳动者再派遣到其他用人单位。

第六十三条 被派遣劳动者享有与用工单位的劳动者同工同酬的权利。用工单位应当按照同工同酬原则，对被派遣劳动者与本单位同类岗位的劳动者实行相同的劳动报酬分配办法。用工单位无同类岗位劳动者的，参照用工单位所在地相同或者相近岗位劳动者的劳动报酬确定。劳务派遣单位与被派遣劳动者订立的劳动合同和与用工单位订立的劳务派遣协议，载明或者约定的向被派遣劳动者支付的劳动报酬应当符合前款规定。

《劳务派遣暂行规定》

第九条 用工单位应当按照劳动合同法第六十二条规定，向被派遣劳动者提供与工作岗位相关的福利待遇，不得歧视被派遣劳动者。

第三节 外包关系

合规要点 1：外包关系的法律认定与合同管理

外包关系是指发包人将其部分业务或工作内容外包给承包人完成，发包人按照约定向承包人支付外包费用的一种民事关系，该种关系受《民法典》等民事法律规范的调整、约束、保护。

在外包关系的合规管理中，用人单位应：

1. 承包人须具有用工主体资格，如果承包人并无用工主体资格，极易形成事实劳动关系，实践中常见形式为包工头；

2. 重视外包合同的签署，外包协议在性质上类似于承揽合同，应当明确外包关系各方主体的权利义务，确保承包方的相关劳动者与承包方签订劳动合同，必要时发包方应审核承包方及其劳动者之间的劳动合同。

案例参考

从签订劳动合同的双方主体、工资支付主体等多方面判断劳动关系

某集团公司与某市场营销管理公司签订了合同期限为 2014 年 7 月 1 日至 2016 年 6 月 30 日的《促销管理外包合同》，合同中载明，某集团公司与某市场营销管理公司系服务外包关系，不视为某集团公司与某市场营销管理公司具有劳务派遣关系或代理关系。某集团公司与某市场营销管理公司的员工亦无任何劳动和劳务关系。2014 年 6 月 12 日，焦某与某市场营销管理公司签订《劳动合同》，合同期限自 2014 年 8 月 1 日至 2016 年 6 月 30 日。焦某在职期间，由某市场营销管理公司为其发放工资，某市场营销管理公司分公司为其缴纳了社保费用。焦某被辞退后，主张其与某集团公司存在劳动关系，某集团公司与某市场营销管理公司均不认可，并主张两公司之间有销售外包关系。

【裁判观点】

法院认为，判断双方是否建立劳动关系，应从签订劳动合同的双方主体、工资支付的主体、社保费缴纳及用工管理等多方面考虑。本案中，焦某与某市场营销管理公司签订劳动合同，并由其支付工资。现焦某主张其与某集团公司存在劳动关系，并被违法辞退，其提交的证据不足，其证据不足以推翻焦某与某市场营销管理公司存在劳动关系的事实。

法院最终判决不予支持焦某的诉讼请求。

法律分析

外包关系涉及的法律关系属于民事法律领域，而民事法律关系调整的是平等主体之间的权利义务关系。在外包关系中，发包方以接受成果为最终目标，与劳务派遣业务相比，在外包关系中，发包人几乎不承担用工主体责任；而在劳务派遣业务中，用工单位要承担提供劳动条件和劳动保护的责任，同时还需要承担支付加班工资、绩效奖金等责任。当劳动者存在严重违法违纪的情形时，发包人只能在遭受损失或是承包人违约的情形下向承包人主张损失赔偿或违约责任等；而在劳务派遣中，用工单位不仅可以要求派遣单位承担违约责任，还可以将劳动者直接退回。

合规依据

《劳动合同法》

第九十二条第二款　劳务派遣单位、用工单位违反本法有关劳务派遣规定的，由劳动行政部门责令限期改正；逾期不改正的，以每人五千元以上一万元以下的标准处以罚款，对劳务派遣单位，吊销其劳务派遣业务经营许可证。用工单位给被派遣劳动者造成损害的，劳务派遣单位与用工单位承担连带赔偿责任。

第九十四条　个人承包经营违反本法规定招用劳动者，给劳动者造成损害的，发包的组织与个人承包经营者承担连带赔偿责任。

《劳动争议调解仲裁法》

第二十二条　发生劳动争议的劳动者和用人单位为劳动争议仲裁案件的双方当事人。劳务派遣单位或者用工单位与劳动者发生劳动争议的，劳务派遣单位和用工单位为共同当事人。

合规要点2：个人承包中人员受伤的赔偿责任

个人承包经营，是指发包方与个人承包经营者通过订立承包经营合同，将发包方的全部或者部分经营管理权在一定期限内交给个人承包，由个人承包者对承包事项进行经营管理。若在个人承包经营过程中出现人员受伤或者致他人损害，一般而言责任由承包人承担，但在实践中，个人承包经营的情况多存在主体多、责任划分不确定的复杂情况。在合规建议中，我们建议发包方（用工单位）审核以下事项：

1. 自查发包关系的合法性及合理性，即包括承包人资质、发包程序、选定承包人的合理性等；
2. 外包项目中，发包方应履行属于发包方的安全条件保障义务；
3. 发包方应保证在损害发生过程中无过错。

案例参考

发包组织被判与个人承包经营者承担连带赔偿责任

某 A 公司与徐某签订水泥砖加工承包书，王某经徐某介绍至该公司工作，由徐某管理安排并支付工资。王某在工作时不慎受伤，起诉至法院要求该公司与徐某承担连带赔偿责任，支付医疗费、伤残赔偿金、护理费、营养费等损失。

【裁判观点】

法院认为，个人承包经营，是指发包方与个人承包经营者通过订立承包经营合同，将发包方的全部或者部分经营管理权在一定期限内交给个人承包，由个人承包者对承包事项进行经营管理。根据《劳动合同法》规定，对于个人承包经营违反《劳动法》规定招用劳动者，给劳动者造成损害的，发包的组织与个人承包经营者应承担连带赔偿责任。

法院判决该公司与徐某对王某承担连带赔偿责任，因王某对本次事故也具有一定过错，故该公司与徐某承担 70% 的赔偿责任。

法律分析

发包、承包系较为典型的民事法律关系。承包人在完成工作过程中造成自身损害或他人损害的，发包人不承担赔偿责任，但发包人在选任、指示时有过失的，应当承担相应的赔偿责任。这与个人之间形成劳务关系亦具有相似之处，即提供劳务一方因劳务造成他人损害的，由接受劳务一方承担侵权责任。提供劳务一方因劳务自己受到损害的，应根据双方各自的过错承担相应的责任。因此，个人承包中人员受伤的赔偿责任问题比较复杂，要从发包人选任、承包人管理、实际工作者自身过错等多个角度分析，综合判定是否担责，担多少责。

合规依据

《劳动合同法》

第九十四条 个人承包经营违反本法规定招用劳动者，给劳动者造成损害的，发包的组织与个人承包经营者承担连带赔偿责任。

第四节 退休返聘

合规要点1：退休返聘人员的管理

聘用退休返聘人员，应注意：

1. 审核该类聘用人员是否系已经办理退休手续并享受退休待遇的人员，不应只看年龄（退休年龄一般为男满60周岁，女满50周岁，女干部满55周岁，特殊岗位可提前），而应审核其是否享受养老保险待遇的相关凭证。

2. 已经达到退休年龄，但因各种原因未能享受退休待遇的，一般而言该类人员不属于《劳动法》规定的劳动者，其与用人单位之间形成的法律关系属民事聘用关系，这种关系不受劳动法律法规的调整。

3. 尤其需要注意的是，达到或超过法定退休年龄，但未办理退休手续或者未依法享受职工基本养老保险待遇的情形，此种情形下，有可能被认定为与用人单位构成劳动关系。所以关键在于审核是否办理退休手续和享受职工基本养老保险待遇。

案例参考

劳动者达到法定退休年龄，用人单位又未与其解除劳动合同而继续留用，未办理退休手续的，按劳动关系处理

韦某已超过退休年纪，但在其所在地区未享受过养老保险待遇、未领取过养老金，韦某与某A公司签订了劳动合同，某天下班回家途中发生交通事故，被认定承担次要责任。韦某认为其符合应当认定为工伤的情形，并向当地人社局申请工伤认定。当地人社局作出认定工伤决定，某公司不服，向当地人民政府申请复议，当地政府作出决定，维持原具体行政行为。该公司不服向法院提起行政诉讼，请求撤销上述工伤认定和行政复议决定。

【裁判观点】

法院认为，超过法定年龄但未享受养老保险待遇的劳动者理应依法享受工伤保险待遇的权利。

法院最终判决该公司认为韦某已经超过法定退休年龄，其与韦某不存在劳动关系，不应认定工伤的理由没有法律依据，不予支持。

法律分析

对于是否形成退休返聘关系，起决定性作用的是劳动者的身份，这就要求用人单位做好人员聘用的管理工作，在聘用新员工时要严格核查其身份、年龄、社保情况等。若用人单位返聘本单位达到退休年龄的老员工，须配合员工办理好退休手续并另行签订《退休返聘协议》。

值得注意的是，在劳动者达到退休年龄但未享受退休待遇的人员关系的复杂问题上，各地高级人民法院的理解有所不同。部分地区系按照达到退休年龄后即按照劳务关系处理，也有部分地区给出不同处理，如上述案例，法院认为超过法定年龄但未享受养老保险待遇的劳动者应认定为劳动关系，享受工伤保险待遇。

合规依据

《劳动合同法》

第四十四条 有下列情形之一的，劳动合同终止：（一）劳动合同期满的；（二）劳动者开始依法享受基本养老保险待遇的；（三）劳动者死亡，或者被人民法院宣告死亡或者宣告失踪的；（四）用人单位被依法宣告破产的；（五）用人单位被吊销营业执照、责令关闭、撤销或者用人单位决定提前解散的；（六）法律、行政法规规定的其他情形。

《劳动部关于实行劳动合同制度若干问题的通知》

13. 已享受养老保险待遇的离退休人员被再次聘用时，用人单位应与其签订书面协议，明确聘用期内的工作内容、报酬、医疗、劳动待遇等权利和义务。

《人力资源社会保障部关于执行〈工伤保险条例〉若干问题的意见（二）》

二、达到或超过法定退休年龄，但未办理退休手续或者未依法享受城镇职工基本养老保险待遇，继续在原用人单位工作期间受到事故伤害或患职业病的，用人单位依法承担工伤保险责任。用人单位招用已经达到、超过法定退休年龄或已经领取城镇职工基本养老保险待遇的人员，在用工期间因工作原因受到事故伤害或患职业病的，如招用单位已按项目参保等方式为其缴纳工伤保险费的，应适用《工伤保险条例》。

合规要点2：退休返聘人员受伤的赔偿责任

退休返聘人员受伤的，雇主责任与工伤赔偿责任有着明显区别：退休返聘适用民事法律中侵权责任的相关规定，主要根据有无过错、过错大小来认定雇主是否需要担责以及担责的比例。

案例参考

劳动者已达到法定退休年龄且已经享受退休金待遇的，其与用人单位之间为劳务关系

赵某退休前系某税务局工作人员也是扶贫队队员，退休后该税务局返聘赵某从事驻村扶贫相关工作，双方未签订合同，某日，赵某在工作中因突发疾病猝死。赵某家属起诉要求该税务局支付人身损害死亡赔偿金、丧葬费及精神损害抚慰金45万元。

【裁判观点】

法院认为，赵某已达到法定退休年龄且已经享受退休金待遇，其与用人单位的关系应按照劳务关系处理。赵某在工作中因突发疾病猝死的事实，赵某本人和某税务局均不存在过错。

法律分析

虽然退休返聘不再认定为劳动关系，法院也不支持工伤待遇请求，但雇佣关系仍然存在，且劳动者在工作中受伤，雇主仍需要根据过错划分来承担对应责任。为了规避这一风险，许多雇主会选择购买商业保险，在商业保险的选择上，雇主应仔细询问保险公司相关的理赔条款，在自身无法确定如何选择商业保险时，可咨询律师帮助做出正确的选择。

合规依据

《最高人民法院关于审理劳动争议案件适用法律问题的解释（一）》

第三十二条 用人单位与其招用的已经依法享受养老保险待遇或者领取退休金的人员发生用工争议而提起诉讼的，人民法院应当按劳务关系处理。企业停薪留职人员、未达到法定退休年龄的内退人员、下岗待岗人员以及企业经营性停产放长假人员，因与新的用人单位发生用工争议而提起诉讼的，人民法院应当按劳动关系处理。

《人力资源社会保障部对十二届全国人大四次会议第 4497 号建议的答复》

……用人单位招用已经达到、超过法定退休年龄或已经领取城镇职工基本养老保险待遇的人员，在用工期间因工作原因受到事故伤害或患职业病的，如招用单位已按项目参保等方式为其缴纳工伤保险费的，应适用《工伤保险条例》……

第五节 平台用工

合规要点 1：演艺经纪公司与主播的法律关系认定

网络主播已成为一种新就业形态，与传统劳动关系相比，网络主播对签约公司或者直播平台的人身和经济从属性不够明显。

对于直播平台用工，应从以下方面审核：

1. 平台与主播之间应签订《主播签约合作协议》《艺人签约经纪合同》等类似协议，区别于签订《劳动合同》、建立劳动关系的主观意愿。

2. 平台应采取措施，保证主播的工作自主性，以区别于劳动关系中用人单位通过考勤、工作内容管理、工作考核、奖惩等制度性措施约束员工行为，劳动关系中员工具有的人身依附性。

3. 合作协议中应明确主播与平台的利益分配，以区别于劳动关系中的薪酬制度，劳动关系中员工亦具有的对用人单位经济上的从属性。

案例参考

直播平台与主播的劳动关系认定应充分考虑人身依附性和经济从属性

2017年11月29日，李某与某A公司签订《艺人独家合作协议》，某A公司作为经纪公司为李某提供才艺演艺互动平台、提供优质推荐资源，李某在某A公司的合作互动平台上进行才艺演艺从而获得相关演艺收入，并获得某A公司优质资源包装推荐机会；李某的收入由某A公司发放的保底工资与用户送礼的提成组成，李某需在某A公司指派的直播平台总和每月直播有效天数不低于25天，且总有效时长不低于150小时，每天直播时长6小时为一个有效天，每次直播1个小时为有效时长，在满足有效天和有效时长前提下，某A公司每月支付李某2000元保底工资，不满足时长当月保底取消，只有提成，如违反平台相关条例则取消当月保底工资及奖励。后李某与某A公司因确认劳动关系引发争议。

【裁判观点】

法院认为，从双方签订的协议来看，该协议约定的目的和背景、合作内容、收入及结算均不具有劳动合同必备条款的性质，不应视为双方之间具有劳动关系。从人身依附性上来看，李某直播的地点、内容、时长、时间段并不固定，其直播行为也无法看出系履行某A公司的职务行为，被告某A公司基于合作关系而衍生的对李某作出的管理规定不应视为双方之间具有人身隶属关系的规章制度。从经济收入来看，李某的直播收入主要是通过网络直播吸引粉丝获得的打赏，某A公司并未参与李某的直播行为且无法掌控李某直播收入的多少，双方约定的保底收入也仅是双方合作方式的一种保障和激励措施，并不是其收入的主要来源。从工作内容上看，李某通过某A公司在第三方直播平台上进行注册，其从事的网络直播平台系第三方所有和提供，直播内容并不是某A公司的主经营范围，某A公司的经营范围仅为直播策划服务，并不包括信息网络传播视听节目等从事直播的内容。综上，李某并未举证证明双方具有建立劳动关系的合意，亦并未举证证明双方之间具有劳动关系性质的经济、人身依附性，其基于劳动关系提起的诉讼请求，法院不予支持。

法律分析

如何确认公司与旗下主播之间的关系是否存在人身依附性与经济从属性，可以从以下角度分析：

1. 签订的协议。劳动关系的认定不会单纯只看协议名称，而是对协议所体现的具体权利义务内容的审查。劳动关系体现的是通过支付劳动报酬而获得的对于劳动力的支配权，而网络直播的协议往往更多体现的是民事合作关系。

2. 收入的来源。即公司是否可以决定和控制主播的收入来源。主播以粉丝打赏作为其主要收入来源的，可认为主播是为自己营业目的而非为公司营业目的而直播，则不认定构成劳动关系。另外，直播账号也是重要的财产，如果主播的直播账号由公司提供且为公司所有，则双方构成劳动关系的可能性较高。

3. 工作的自主性。即主播是否可以自行决定和控制直播的内容和方式以及直播时间和场所，是否接受日常管理、需要遵守考勤、会议等规章制度。在主播工作相对自由的情况下，一般不认定双方构成劳动关系。

4. 公司业务组成。即公司的经营范围是否包括主播直播内容，如直播带货，则是否包括网上销售；如直播表演，则是否包括演出；等等。在网络直播构成公司的业务组成部分的情形下，主播和签约公司之间很可能被认定构成劳动关系。

合规依据

《劳动和社会保障部关于确立劳动关系有关事项的通知》

二、用人单位未与劳动者签订劳动合同，认定双方存在劳动关系时可参照下列凭证：（一）工资支付凭证或记录（职工工资发放花名册）、缴纳各项社会保险费的记录；（二）用人单位向劳动者发放的"工作证"、"服务证"等能够证明身份的证件；（三）劳动者填写的用人单位招工招聘"登记表"、"报名表"等招用记录；（四）考勤记录；（五）其他劳动者的证言等。其中，（一）、（三）、（四）项的有关凭证由用人单位负举证责任。

合规要点 2：外卖平台与骑手的法律关系认定

新就业形态劳动者的最典型代表就是外卖骑手，而外卖骑手与平台公司的关系，在法律法规上尚无统一的答案，且各地司法裁判认定亦不完全一致。但该种新型就业形态的劳动关系的认定往往采用劳动法律体系中最原则性的判定标准，即人身依附性与经济从属性。

对于外卖平台用工，应从以下方面审核：

1. 双方应签订《平台用工协议》等类似协议，区别于签订《劳动合同》、建立劳动关系的主观意愿。

2. 平台应采取措施，保证骑手的工作自主性，能体现灵活就业的本质特质，即骑手是否接单、何时接单、接多少单等均由骑手自主决定；这样可以区别于劳动关系中用人单位通过考勤、工作内容管理、工作考核、奖惩等制度性措施约束员工的行为，区别于劳动关系中员工具有的人身依附性。

3. 平台应采取措施，保证骑手提款的自主性，在平台中骑手可以查询其按次结算的费用，并可以自主提取使用，以区别于劳动关系中的薪酬制度，以及区别于劳动关系中员工具有的经济从属性。

案例参考

外卖骑手与平台间劳动关系的认定应充分考虑劳动关系从属性

2021年4月，齐某入职某配送公司从事外卖配送工作，通过某送餐平台接受派单并送餐。2021年5月18日，齐某与某送餐平台签订承包协议。2021年8月22日，齐某在送餐途中与案外人驾驶的小型客车发生交通事故，并致使齐某受伤。齐某住院治疗至2021年9月16日，及出院后未再提供劳动。齐某的工资发放至2021年8月，工资构成为底薪加提成，工资组成部分中有全勤奖励、差评扣款等，齐某薪资账单页面载明的公司名称为"某配送公司—某某站"。其中，东某系某配送公司配送组组长，齐某系在东某的安排下开展工作，请销假需要经过东某同意。另外，某配送公司与某送餐平台签订平台服务协议，约定某配送公司将项目发包给某送餐平台，某送餐平台与接活方签订承包协议，接到任务订单后转包给接活方，双方确定某送餐平台无须为某配送公司接活团队成员缴纳社会保险费。如接活方在执行任务期间受到人身、财产伤害的，某配送公司应自行承担后果，某送餐平台不承担侵权等赔偿责任。某配送公司提前向某送餐平台账户中存入足额项目款，每单任务完成时，某送餐平台将连同每单任务的项目费（接活方每单费用＋平台服务费）一并从项目款中扣除，某配送公司与某送餐平台在月末最后一天核对完账目后，某送餐平台将接活方费用发放至其指定账户。齐某向劳动人事争议仲裁委员会申请仲裁，请求确认其与某配送公司自入职至今存在劳动关系。

【裁判观点】

法院认为，从是否具有劳动关系从属性特征来看，首先，某配送公司具有合法的用工资格，齐某的送餐服务是某配送公司的经营范围，是某配送公司的业务组成部分。其次，是由某配送公司对齐某的接单排班进行安排，齐某请假、调班都要接受某配送公司配送组组长东某的管理和安排。最后，齐某的薪资账单页面载明的公司名称为"某配送公司—某某站"，薪资构成为底薪＋提成，工资组成部分中有全勤奖励、差评扣款等，上述工资发放形式系用人单位奖惩劳动者采取的手段。虽某配送公司与某送餐平台签订的平台服务协议约定由某送餐平台进行业务发布、结算款项，但根据协议中的结算方式及费用结算标准来看，系某配送公司先将款项支付至某送餐平台，某送餐平台扣除平台项目服务费后，再将剩余款项给接活方结算发放。综上，能够证实齐某从事的工作系某配送公司的业务组成部分，接受某配送公司的管理，从事某配送公司安排的有报酬的劳动，双方之间具有符合劳动关系特征的人格从属性、经济从属性、组织从属性。

法律分析

近年来，平台经济迅速发展，创造了大量就业机会，互联网平台的新就业形态劳动者数量大幅增加，维护劳动者权益也将面临新情况新问题。其中，平台、企业与劳动者之间的法律关系性质引起社会普遍关注。《关于维护新就业形态劳动者劳动保障权益的指导意见》（人社部发〔2021〕56号）指出，"各级法院和劳动争议调解仲裁机构要加强劳动争议办案指导，畅通裁审衔接，根据用工事实认定企业和劳动者的关系，依法依规处理新就业形态劳动者劳动保障权益案件"。

网络平台公司与平台从业者构成何种法律关系，法律法规尚无统一规定，而各地司法裁判亦不完全一致，所以在司法实践中须具体问题具体分析。而外卖骑手与前文所提到的网络主播均属于基于网络平台的新形态就业人员，故两者在劳动关系认定上有着极高的相似之处。值得注意的是，外卖骑手往往还分为专职与兼职，在实践中，兼职骑手因其工作的自主性与收入来源难以被认定为与平台存在劳动关系。

合规依据

《劳动和社会保障部关于确立劳动关系有关事项的通知》

一、用人单位招用劳动者未订立书面劳动合同，但同时具备下列情形的，劳动关系成立。（一）用人单位和劳动者符合法律、法规规定的主体资格；（二）用人单位依法制定的各项劳动规章制度适用于劳动者，劳动者受用人单位的劳动管理，从事用人单位安排的有报酬的劳动;(三)劳动者提供的劳动是用人单位业务的组成部分。

《最高人民法院关于为稳定就业提供司法服务和保障的意见》

7.……平台企业及其用工合作单位与劳动者建立劳动关系的,应当订立书面劳动合同。未订立书面劳动合同,劳动者主张与平台企业或者用工合作单位存在劳动关系的,人民法院应当根据用工事实和劳动管理程度,综合考虑劳动者对工作时间及工作量的自主决定程度、劳动过程受管理控制程度、劳动者是否需要遵守有关工作规则、劳动纪律和奖惩办法、劳动者工作的持续性、劳动者能否决定或者改变交易价格等因素,依法审慎予以认定。平台企业或者用工合作单位要求劳动者登记为个体工商户后再签订承揽、合作等合同,或者以其他方式规避与劳动者建立劳动关系,劳动者请求根据实际履行情况认定劳动关系的,人民法院应当在查明事实的基础上依法作出相应认定。

合规要点3:人身损害赔偿问题

劳动关系下,员工因工作受到人身损害的,会被认定为工伤,用人单位应根据《工伤保险条例》的相关规定承担工伤赔偿责任;若员工被认定与用工单位之间系劳务关系,则用工单位应根据过错原则承担雇主责任。

另外,在员工致人损害问题上,若伤害是在工作中发生,被认定为职务行为的,一般系由其用人单位承担责任,若员工自身存在故意或重大过失的,用人单位可向员工追偿。

案例参考

外卖骑手发生交通事故致人损害的赔偿主体认定

2019年12月20日20时26分许,何某驾驶电动自行车,造成电动自行车受损,杨某受伤。2020年1月22日,公安局交通警察支队作出《交通事故认定书》,认定何某负本次事故的主要责任,杨某负次要责任。事故发生后,杨某被立即送往医院住院治疗。入院后,经各种治疗,杨某于2020年3月26日死亡,经司法鉴定中心鉴定,杨某系因交通事故所致的重型颅脑损伤而死亡。何某与某公司于2020年11月2日签订了《劳务协议》,约定何某按某公司安排从事配送类劳务,事故发生时何某在从事外卖配送工作。某公司为何某在保险公司购买了雇主责任险，事故发生在保险期限内。外卖平台由案外人上海某快科技公司对外开展经营，由北京某快公司为上海某快科技公司提供网络交易平台服务。上海某快科技公司与某公司签订有《配送服务合同》，并由某公司组建站点，在双方约定的配送区域内进行配送服务及运营工作。张A某与受害人杨某系夫妻关系，张B某是两人之女，该两人对何某、某公司、北京某快公司、保险公司提起了生命权纠纷诉讼。

【裁判观点】

法院认为，在赔偿主体的问题上，用人单位的工作人员因执行工作任务造成他人损害的，由用人单位承担侵权责任。故，本案造成的损失应由何某的用人单位某公司承担赔偿责任。另外，北京某快公司与何某之间不存在任何劳动、劳务或劳务派遣关系，且与本案无法律上的关系，无须承担赔偿责任。

法律分析

从该案例中不难发现，在员工致人损害问题上，遵循雇主责任，而平台用工中，员工难以与仅提供平台的公司认定劳动关系，因此在司法案例中，鲜有判决平台公司承担赔偿责任的情形。另外，值得注意的是，在员工自身受伤问题上，当工伤与人身损害发生竞合时，即员工就工伤保险赔偿和侵权损害赔偿中的重复赔偿项目主张赔偿时，用人单位或工伤保险经办机构目前仍可以就扣除按照就高原则确定的劳动者应获得的赔偿数额后的剩余部分进行追偿，但其追偿的数额不得超过其实际支付的重复赔偿项目的总数。

合规依据

《民法典》

第一千一百九十一条第一款 用人单位的工作人员因执行工作任务造成他人损害的，由用人单位承担侵权责任。用人单位承担侵权责任后，可以向有故意或者重大过失的工作人员追偿。

第一千一百九十二条 个人之间形成劳务关系，提供劳务一方因劳务造成他人损害的，由接受劳务一方承担侵权责任。接受劳务一方承担侵权责任后，可以向有故意或者重大过失的提供劳务一方追偿。提供劳务一方因劳务受到损害的，根据双方各自的过错承担相应的责任。提供劳务期间，因第三人的行为造成提供劳务一方损害的，提供劳务一方有权请求第三人承担侵权责任，也有权请求接受劳务一方给予补偿。接受劳务一方补偿后，可以向第三人追偿。

第六节　借调用工

合规要点 1：完善被借调人员的相关手续，保留相关材料

员工借调大多出现在国家机关、事业单位等，但企业中并非不存在员工借调（借用）的情形。对于员工借调：

1.原用人单位与借调企业签订好《借调协议》，协议中应明确约定借调期间的工作内容、工作地点及期限、劳动报酬、劳动保护等权利及义务事项，也包括借调职工发生工伤后的补偿办法等。

2.原用人单位告知借调员工借调协议内容，征得员工同意，做好手续完善、工作交接并保留相关材料。

3.原用人单位应建立单独的借调人员管理制度，完善借调手续和保存借调文件。

案例参考

依据劳动关系认定被借用员工的工资支付主体

王某系与 A 公司签订无固定期限劳动合同的职工。2014 年 1 月，A 公司与 B 公司签订《员工借用协议》，协议约定：2014 年 1 月至 2016 年 12 月，A 公司将王某借用至 B 公司工作，借用期满即回 A 公司，王某在借用至 B 公司工作期间，保留与 A 公司的劳动关系，工资、福利、社保等由 B 公司负责；A 公司自 2014 年 1 月起每月暂借给 B 公司资金 3000 元，用于支付王某的工资及缴纳社保费，B 公司每年 12 月 31 日前一次性将此款归还 A 公司。王某到 B 公司工作后，B 公司与其约定工资标准为每月 1 万元。自 2015 年 1 月起，B 公司因生产经营困难，开始拖欠王某工资。王某就 B 公司拖欠其工资的行为向 A 公司反映并要求 A 公司支付，A 公司称与其无关拒绝支付。2014 年 1 月至 2016 年 12 月在王某借用期间，A 公司将应当借给 B 公司的每月 3000 元，直接支付了王某。王某于 2016 年 12 月回到 A 公司。王某向劳动人事争议仲裁委员会申请仲裁，请求裁决 A 公司支付其被 B 公司拖欠

的工资。

【裁判观点】

劳动仲裁委认为，王某在被借用期间与 A 公司仍然存在劳动关系，但双方并未协商对工资支付的主体作出变更，因此，A 公司仍须承担向王某支付工资的义务。

最终劳动仲裁委裁决 A 公司支付王某在 B 公司工作期间被拖欠的工资。

法律分析

关于企业如何做好借调用工的管理工作，笔者有以下建议：

（1）建立单独的借调人员管理制度，完善借调手续，补齐对应文件，防止出现"名为借调，实为调岗"或是"名为借调，实为派遣"的情况。

（2）借调员工须经员工本人同意，切勿"自说自话"，避免出现调出单位和调入单位一拍即合，而被借调员工对其借调岗位、工作、待遇一无所知或无法接受的情况。

（3）司法实践中，普遍遵循劳动者在同一时间只能与一个用人单位形成劳动关系的处理原则，因此，为避免出现被借调员工与调出单位、调入单位的劳动关系不明确的风险，劳动合同签署、工资支付、社保费缴纳最好统一由同一个用人单位负责。

（4）对被借调员工的工资、社会保险、福利等约定须做到合法、明确。部分地区的裁判观点中对于约定不明确的，则存在判决调出单位和调入单位对员工主张的待遇承担连带责任的情形。

合规依据

《国有企业富余职工安置规定》

第十三条 各级劳动行政主管部门和企业行政主管部门应当做好富余职工的社会安置和调剂工作，鼓励和帮助富余职工组织起来就业和自谋职业。企业之间调剂职工，可以正式调动，也可以临时借调；临时借调的，借调期间的工资和福利待遇由双方企业在协议中商定。

《人力资源社会保障部办公厅关于做好共享用工指导和服务的通知》

五、原企业与劳动者协商一致，将劳动者安排到缺工企业工作，不改变原企业与劳动者之间的劳动关系。劳动者非由其用人单位安排而自行到其他单位工作的，不属于本通知所指共享用工情形。各级人力资源社会保障部门要指导原企业与劳动者协商变更劳动合同，明确劳动者新的工作地点、工作岗位、工作时间、休息休假、劳动报酬、劳动条件以及劳动者在缺工企业工作期间应遵守缺工企业依法制定的规章制度等。

合规要点2：借调用工关系中的工伤问题

根据《工伤保险条例》第四十三条规定，"职工被借调期间受到工伤事故伤害的，由原用人单位承担工伤保险责任，但原用人单位与借调单位可以约定补偿办法"，因此在借调关系中，企业应做好以下工作：

1. 原用人单位须为借调员工连续缴纳社保，确保工伤保险不断档；

2. 原用人单位可以在与借调单位间的《借调协议》中可以明确约定借调人员发生工伤的处置办法和补偿办法；

3. 一旦发生工伤，借调单位和借调员工均应及时向原用人单位告知，以便于原用人单位及时收集和保留证据，开展工伤认定申请工作。

案例参考

员工在借调期间遭受工伤，原用人单位应依法支付工伤补助

1981年王某到煤机公司工作，双方签订劳动合同并为其参加工伤保险。2010年王某借调到煤机公司下属的某煤机销售有限公司工作。工资由煤机公司和煤机销售有限公司各出一部分。2011年8月13日，王某在某矿务局下井巡视采煤机工作情况时，被落下的石头砸中右足，受伤后王某被送至医院住院治疗20天，经诊断为右足第五指骨折，支付医疗费6000元。王某妻子徐某系煤机公司职工，王某治疗期间由徐某护理，护理期间徐某工资正常发放。王某2个月后重新上班。2011年9月20日，经煤机公司申请，人力资源和社会保障局认定王某为工伤。2014年5月28日，劳动能力鉴定委员会作出劳动能力鉴定结论通知书，认定王某为伤残十级。2015年1月16日，王某与煤机公司解除劳动合同。王某要求煤机公司给付一次性伤残就业补助金，煤机公司以王某是在煤机销售有限公司工作期间受伤为由拒不给付。2016年7月19日，王某到劳动人事仲裁院仲裁申请，要求煤机公司给付一次性伤残就业补助金36000元和护理费10336元。

【裁判观点】

法院认为，王某在工作期间受伤并被认定为伤残十级，依法应在退休时享受一次性伤残就业补助金。王某虽是在借调到煤机销售有限公司从事销售工作期间受伤，但借调期间煤机公司仍为其部分开资，其劳动关系仍在煤机公司，且王某受伤后是煤机公司为其申请的工伤认定及伤残等级鉴定，现伤残等级为十级。双方于2015年1月16日解除劳动关系，而一次性伤残就业补助金系双方解除劳动合同时用人单位给予伤残人员的补助，应予支持。

法律分析

在员工借调关系中发生工伤的，员工的劳动关系仍在原用人单位，因此，应由原用人单位依法处理员工的工伤问题。作为原用人单位，若想降低该风险，可以与借调单位签订协议约定补偿办法，由原用人单位在承担借调职工的工伤保险赔偿后，再按照双方达成的协议要求借调单位给予补偿。

合规依据

《工伤保险条例》

第四十三条　……职工被借调期间受到工伤事故伤害的，由原用人单位承担工伤保险责任，但原用人单位与借调单位可以约定补偿办法……

《最高人民法院关于审理工伤保险行政案件若干问题的规定》

第三条　社会保险行政部门认定下列单位为承担工伤保险责任单位的，人民法院应予支持：……（三）单位指派到其他单位工作的职工因工伤亡的，指派单位为承担工伤保险责任的单位……

第七节　涉外用工管理

合规要点1：外国人工作许可制度

根据《外国人在中国就业管理规定》，用人单位聘用外国人须做以下区分：

1. 持 Z 字签证的外国人，凭《外国人就业证》、外国人居留证件即可就业。

2. 未取得居留证件的外国人（持 F、L、C、G 字签证者）、在中国留学、实习的外国人及持职业签证的外国人的随行家属不得在中国就业。特殊情况，应由用人单位按本规定规定的审批程序申领许可证书，被聘用的外国人凭许可证书到公安机关改变身份，办理就业证、居留证后方可就业。

3. 可免办就业许可证和就业证的外国人，由我政府直接出资聘请的外籍专业技术和管理人员，或由国家机关和事业单位出资聘请，具有本国或国际权威技术管理部门或行业协会确认的高级技术职称或特殊技能资格证书的外籍专业技术和管理人员，并持有外国专家局签发的《外国专家证》的外国人；持有《外国人在中华人民共和国从事海上石油作业工作准证》从事海上石油作业、无须登陆、有特殊技能的外籍劳务人员；经原文化部批准持《临时营业演出许可证》进行营业性文艺演出的外国人。

4. 外国驻中国使、领馆和联合国系统、其他国际组织驻中国代表机构人员的配偶在中国就业，应按《中华人民共和国外交部关于外国驻中国使领馆和联合国系统组织驻中国代表机构人员的配偶在中国任职的规定》执行，并按相关审批程序办理有关手续。

5. 外国人在中国就业的用人单位必须与其就业证所注明的单位相一致。

6. 劳动行政部门对就业证实行年检。用人单位聘用外国人就业每满 1 年，应在期满前 30 日内到劳动行政部门发证机关为被聘用的外国人办理就业证年检手续。逾期未办的，就业证自行失效。

案例参考

外国人来华工作未经许可将被视为非法就业，劳动关系无法认定

LS 系甲国籍，2018 年 3 月 2 日，LS 与某英语培训中心签订《聘用合同》，岗位为课程教育咨询顾问，合同期自 2018 年 3 月 25 日起至 2019 年 3 月 24 日止。同年 3 月 15 日，国家外国专家局发出外国人工作许可通知，批准 LS 至某英语培训中心工作，批准权为 3 个月。3 月 28 日，LS 根据某英语培训中心的安排到一小学为该校英语话剧排练提供服务。在去往该校途中，LS 乘坐的电瓶车与他人汽车相撞，发生交通事故，LS 受伤。经公安机关认定 LS 不承担交通事故责任。4 月 4 日，人社局向 LS 发放外国人工作许可证。4 月 20 日，LS 获得工作类居留许可。12 月 13 日，LS

向南通人社局提出工伤认定申请。后因某英语培训中心不认可劳动关系，遂引起确认劳动关系争议纠纷。

【裁判观点】

LS 发生交通事故时尚未取得《外国人工作许可证》，亦未取得外国人居留证，不符合参加社会保险的法定条件。外国人、无国籍人员未依法取得就业证件即与中国境内的用人单位签订劳动合同，以及香港特别行政区、澳门特别行政区和台湾地区居民未依法取得就业证件即与大陆（内地）用人单位签订劳动合同，当事人请求确认与用人单位存在劳动关系的，人民法院不予支持。

最终 LS 的劳动关系确认请求未被法院支持。

法律分析

我国实施外国人来华工作许可制度，用人单位聘用外国人须为该外国人申请就业许可，经获准并取得《中华人民共和国外国人就业许可证书》后方可聘用。如果外国人未经许可在中国境内工作，将被视为非法就业，不仅导致劳动关系无法认定，权利义务亦无法保障，可能面临罚款、拘留甚至遣返等。对于单位来说，非法聘用外国人的行为，将受到每非法聘用一人一万元人民币，总额不超过十万元的罚款；如果有违法所得的情况，还将没收违法所得。因此，用人单位须做好外国人就业许可证的申请工作。

对于外国人就业须具备的主体条件，包括年满 18 周岁，身体健康；具有从事其工作所必需的专业技能和相应的工作经历；无犯罪记录；有确定的聘用单位；持有有效护照或能代替护照的其他国际旅行证件。

用人单位在填写《聘用外国人就业申请表》时，需至少提供以下有效文件：拟聘用的外国人的履历证明；聘用意向书；拟聘用外国人原因的报告；拟聘用的外国人从事该项工作的资格证明；拟聘用的外国人健康状况证明。

合规依据

《出境入境管理法》

第四十一条 外国人在中国境内工作，应当按照规定取得工作许可和工作类居留证件。任何单位和个人不得聘用未取得工作许可和工作类居留证件的外国人。外国人在中国境内工作管理办法由国务院规定。

《外国人在中国就业管理规定》

第五条 用人单位聘用外国人须为该外国人申请就业许可，经获准并取得《中华人民共和国外国人就业许可证书》（以下简称许可证书）后方可聘用。

第八条 在中国就业的外国人应持 Z 字签证入境（有互免签证协议的，按协议办理），入境后取得《外国人就业证》（以下简称就业证）和外国人居留证件，方可在中国境内就业。未取得居留证件的外国人（即持 F、L、C、G 字签证者）、在中国留学、实习的外国人及持职业签证外国人的随行家属不得在中国就业。特殊情况，应由用人单位按本规定规定的审批程序申领许可证书，被聘用的外国人凭许可证书到公安机关改变身份，办理就业证、居留证后方可就业。外国驻中国使、领馆和联合国系统、其他国际组织驻中国代表机构人员的配偶在中国就业，应按《中华人民共和国外交部关于外国驻中国使领馆和联合国系统组织驻中国代表机构人员的配偶在中国任职的规定》执行，并按本条第二款规定的审批程序办理有关手续。许可证书和就业证由劳动部统一制作。

合规要点 2：外籍员工劳动关系管理

随着经济全球化的日益深入，用人单位聘用外籍员工的现象已经越来越普遍。如何规范地使用外籍员工，最大限度地避免法律风险和劳动纠纷的出现，请用人单位注意审核以下方面：

1. 审核外国就业主体的签证，根据法律规定申请就业许可证，获许可后方可安排入职，避免构成非法用工，造成用工风险，甚至被有关部门处罚；

2. 注意签订书面劳动合同，须注意劳动合同期限不得超过五年，对于劳动合同中最低工资、工作时间、休息休假、劳动安全卫生以及社会保险均按照国家规定执行；

3. 劳动合同期满，就业证即行失效；需要续订的，用人单位应在原合同期满前三十日内，向劳动行政部门提出延长聘用时间的申请，经批准并办理就业证延期手续。

案例参考

外国人来华就业劳动合同续签问题，应严格适用
《外国人在中国就业管理规定》的特别规定，劳动合同期限届满即行终止

Dan 自 2013 年 4 月 1 日至 2016 年 3 月 31 日在某公司工作，担任某公司上海分公司总经理，工作期间办了了《外国人就业证》，双方签订了三份劳动合同书，期限分别为2013年4月1日至2014年3月31日、2014年4月1日至2015年3月31日、2015年4月1日至2016年3月31日。2016年3月1日，某公司向Dan发送《劳动合同期满不续签通知书》，告知Dan不再与其续订劳动关系，该通知书于2016年3月9日送达。后Dan称因某公司不续签劳动合同，未足额支付离职工资。

Dan于2016年7月25日向劳动人事争议仲裁委员会提起劳动仲裁申请，要求：1.撤销某公司作出的《劳动合同期满不续签通知书》，恢复劳动合同关系及原工作岗位，确认双方自2016年4月1日起存在无固定期限劳动关系，双方续签劳动合同；2.某公司支付2016年4月1日至7月31日应签而未签订无固定期限劳动合同的二倍工资差额。

【裁判观点】

就劳动合同续签问题，《劳动合同法》虽规定了签订无固定期限劳动合同的相应条款，但Dan系外国人，应适用《外国人在中国就业管理规定》的特别规定。某公司与Dan第三次签订的劳动合同终止日期为2016年3月31日，该公司于2016年3月1日作出《劳动合同期满不续签通知书》并于3月9日送达，根据《外国人在中国就业管理规定》，双方签订的劳动合同期限届满即行终止。因此，对Dan要求撤销公司作出的《劳动合同期满不续签通知书》、恢复劳动合同关系及原工作岗位、确认其与公司自2016年4月1日起存在无固定期限劳动关系并续签劳动合同，以及要求公司支付应签而未签订无固定期限劳动合同的二倍工资差额的请求，均不予支持。

法律分析

对于外国人就业，用人单位须严格遵守我国关于外国人就业许可制度；双方建立劳动关系后，依法应当适用中国的有关劳动法律法规，亦应当适用《劳动合同法》；但由于其主体的特殊性，同时须注意劳动合同不超过五年期限等特殊规定。在实务中，招用外籍员工是为了解决国内在该领域人才短缺的问题，所以一般用工成本较高，用人单位一般希望在规章制度中加入针对外籍员工管理的规定，其中包括奖金等激励机制，同时也会有惩罚制度等，这就需要用人单位根据当地政策具体制定。

用人单位在外籍员工日常管理中，对于特殊规定的几个方面须谨慎执行：

（1）最低工资：用人单位支付外籍员工的工资标准不得低于当地最低工资标准。

（2）休息休假：在用人单位依法就业的外籍员工，依法享有国家法律法规规定的休息休假权利。其中应当特别注意的是外籍员工的探亲假，规章制度中探亲假的约定与法定的年休假是既不重复也不能相互抵消的，因此，用人单位在设计外籍员工休假时应统筹安排，避免产生额外的法律成本。

（3）加班：外籍员工加班，同样有获得加班工资的权利。实践中，用人单位的外籍员工一般都身居管理岗位，用人单位可以通过灵活运用特殊工时制度，或者通过高级管理人员的薪酬、工作制度等对高管的薪酬、工作时间和工作成果等进行明确约定，合理降本增效。

（4）社会保险：用人单位须为外籍员工依法缴纳社会保险费。

第八节　其他特殊主体的用工管理

合规要点：公司股东、董事、监事、高级管理人员等特殊人员的劳动关系认定

1. 一般而言，公司股东与公司是否具有劳动关系，是看该自然人有无与公司签订劳动合同，且是否在劳动法范畴内为公司提供服务。但现在越来越被广泛应用的股权激励机制，使得员工身份和股东身份重合，也使得员工身份成为获得股东身份的前提。

2. 担任董事、监事职务并不等于建立劳动关系，也可以是委任关系，但董事、监事的职务也不妨碍与公司同时建立劳动关系。

3. 高级管理人员一般会建立劳动关系，但实践中也存在签订聘用协议的，因此相应的纠纷并不少见。

4. 综合合规经验，建议在股东间的协议、公司章程或者规章制度中对股东、董事、监事、高级管理人员的任职情况进行明确约定。

▎案例参考

公司的股东、董事、监事、高级管理人员与公司是否存在劳动关系，应结合劳动关系的特征进行认定

2014年6月25日，某公司召开股东会，同意其股东变更为李某、金某、陈某，

股东会决议载明股东陈某负责技术配合、业务结算等。2016年3月至2020年11月，某公司每月均向陈某发放相对固定数额的工资。2020年5月至10月，某公司出具的工资表中均载明陈某的具体工资构成（包括基本工资、岗位津贴、绩效考核、通讯补贴、餐补等）。后陈某请求某公司支付拖欠工资共计101799.74元。

【裁判观点】

陈某虽然是某公司的股东，但股东身份并不一定导致双方之间不存在劳动关系，作为公司的股东与公司是否存在劳动关系，还需结合劳动关系的特征来进行认定。

首先，某公司具备用人单位主体资格，双方均符合劳动关系的主体资格条件。其次，关于陈某提供工作的性质，双方均确认陈某是负责某公司的技术配合、业务结算等，陈某提供工作的内容属于某公司的业务组成部分。最后，关于款项发放的性质，某公司向陈某发放款项的周期为每月定期发放，符合工资发放的特点，某公司主张是基于股东身份所享有的补贴，但某公司并未提供证据予以证实，其提供的《股东会决议》中也未反映股东每月可基于股东身份领取1万元的补贴，而涉案款项的发放数额和时间，更符合工资的特点。根据工资表的内容，某公司出具的工资表也载明了发放款项是属于工资，并且还注明了工资的具体构成。

就本案而言，虽然某公司并未与陈某签订书面劳动合同，但双方均符合法律、法规规定的主体资格，陈某工作的内容亦是某公司业务的组成部分，某公司在考勤系统中列明陈某入职时间、职位并一直按月向陈某发放劳动报酬。

某公司虽然主张陈某是其股东之一，双方不存在劳动关系，但其不能提供证据证明陈某参与某公司业务工作管理仅仅是基于股东身份。

因此，法院确认某公司与陈某存在劳动关系。

法律分析

我国法律并不禁止股东与公司之间建立劳动关系，股权激励甚至需要以劳动关系存在为前提。因此股东与公司是否形成劳动关系，还是要依据劳动关系的特征、根据用工事实认定双方当事人的关系。公司的董事、监事也是如此，如果在公司履职，符合劳动关系特征的，也应与公司签订劳动合同。公司的高级管理人员建议签署好劳动合同，以免产生纠纷。

关于股东、董事、监事、高级管理人员是否签订劳动合同的问题，建议公司在其章程、制度、协议中作出明确约定，避免纠纷。

合规依据

《公司法》

第一百八十条 董事、监事、高级管理人员对公司负有忠实义务，应当采取措施避免自身利益与公司利益冲突，不得利用职权牟取不正当利益。董事、监事、高级管理人员对公司负有勤勉义务，执行职务应当为公司的最大利益尽到管理者通常应有的合理注意。公司的控股股东、实际控制人不担任公司董事但实际执行公司事务的，适用前两款规定。

第二百六十五条 本法下列用语的含义：（一）高级管理人员，是指公司的经理、副经理、财务负责人，上市公司董事会秘书和公司章程规定的其他人员……

《劳动和社会保障部关于确立劳动关系有关事项的通知》

二、用人单位未与劳动者签订劳动合同，认定双方存在劳动关系时可参照下列凭证：（一）工资支付凭证或记录（职工工资发放花名册）、缴纳各项社会保险费的记录；（二）用人单位向劳动者发放的"工作证"、"服务证"等能够证明身份的证件；（三）劳动者填写的用人单位招工招聘"登记表"、"报名表"等招用记录；（四）考勤记录；（五）其他劳动者的证言等。其中，（一）、（三）、（四）项的有关凭证由用人单位负举证责任。

第十一章
劳动争议处理

第一节　劳动监察

合规要点 1：劳动监察时效

1.劳动监察的时效。劳动监察的时效为两年，若公司存在违反劳动法律法规的行为，但在两年内未被劳动保障行政部门发现，也未被举报、投诉的，劳动保障行政部门不再查处。2.劳动监察时效的起算。劳动监察时效自违反劳动保障法律、法规或者规章的行为发生之日起计算，但是如果违反劳动保障法律、法规或者规章的行为有连续或者继续状态的，自行为终了之日起计算。3.劳动监察时效不等于行政稽查和行政征收时效。劳动监察已过查处时效不等于行政部门就没有稽查及征缴权限，如欠缴社保问题，《社会保险费征缴暂行条例》和《社会保险稽核办法》的相关规定，均未对清缴企业欠费问题设置追诉期，即使已过监察时效，社保部门同样有权要求企业补缴。

案例参考

企业发布招聘广告涉性别歧视被判赔精神损害抚慰金

2008年4月至2011年2月，李某东、聂某荣与××海化公司存在劳动关系，但该公司未给两人缴纳养老、医疗、失业保险费。就上述保险费等问题，两人于2011年11月4日申请仲裁，2012年11月19日，法院作出民事终审判决。2013年9月25日，李某东、聂某荣向劳动保障监察部门投诉，要求××海化公司为其补缴2008年4月至2011年2月的养老保险费、医疗保险费。市人力资源和社会保障局作出劳动保障监察行政处理决定书，××海化公司认为市人力资源和社会保障局受理投诉并立案查处的行为超过了法定时效，故提起行政诉讼。

【裁判观点】

法院审理认为，××海化公司在与李某东、聂某荣劳动关系存续期间不按时足额缴纳社会保险费的违法行为及造成的不良后果，一直处于不间断的持续或继续状态，

《劳动保障监察条例》第二十条规定的"行为终了之日"应理解为劳动关系解除或终止之日，即 2011 年 2 月。本案李某东、聂某荣与××海化公司发生劳动争议之后，针对拖欠工资、经济补偿金、加班费及养老、医疗、失业保险费等问题经过了仲裁、一审、二审诉讼程序，其二人自 2011 年 11 月 4 日申请仲裁至 2012 年 11 月 19 日民事终审判决的时间不应计算在"两年期限"内。扣除仲裁、诉讼的时间，李某东、聂某荣自 2011 年 2 月劳动关系终止之日至 2013 年 9 月 25 日投诉并没有超过《劳动保障监察条例》第二十条规定的"两年期限"，故市人社局受理该案投诉并无不当。

法律分析

依据《劳动保障监察条例》第二十条规定，劳动保障行政部门对违反劳动保障法律、法规或者规章的行为的查处期限为两年，自违反劳动保障法律、法规或者规章的行为发生之日起计算；违反劳动保障法律、法规或者规章的行为有连续或继续状态的，自行为终了之日起计算。用人单位欠缴劳动者社会保险费的行为属于处于连续或继续状态的违法行为，此类违法行为的终了之日应当为劳动者与用人单位劳动关系解除或终止之日。劳动者因用人单位欠缴社会保险费仲裁、诉讼的期间不应计算在上述两年查处期限之内。

合规依据

《劳动保障监察条例》

第二十条 违反劳动保障法律、法规或者规章的行为在 2 年内未被劳动保障行政部门发现，也未被举报、投诉的，劳动保障行政部门不再查处。前款规定的期限，自违反劳动保障法律、法规或者规章的行为发生之日起计算；违反劳动保障法律、法规或者规章的行为有连续或者继续状态的，自行为终了之日起计算。

合规要点 2：劳动监察的范围

1.劳动监察的适用主体。企业、个体工商户、职业介绍机构、职业技能培训机构和职业技能考核鉴定机构的经营活动均属于劳动监察的主体范围。2.劳动监察的职责。劳动监察部门在工作过程中履行的职责有：(1)宣传劳动保障法律、法规和规章，督促用人单位贯彻执行；(2)检查用人单位遵守劳动保障法律、法规和规章的情况;(3)受理对违反劳动保障法律、法规或者规章的行为的举报、投诉;(4)依法纠正和查处违反劳动保障法律、法规或者规章的行为。3.劳动监察的内容。劳动保障行政部门对下列事项实施劳动保障监察:(1)用人单位制定内部劳动保障规章制度的情况;(2)用人单位与劳动者订立劳动合同的情况;(3)用人单位遵守禁止使用童工规定的情况;(4)用人单位遵守女职工和未成年工特殊劳动保护规定的情况;(5)用人单位遵守工作时间和休息休假规定的情况;(6)用人单位支付劳动者工资和执行最低工资标准的情况;(7)用人单位参加各项社会保险和缴纳社会保险费的情况;(8)职业介绍机构、职业技能培训机构和职业技能考核鉴定机构遵守国家有关职业介绍、职业技能培训和职业技能考核鉴定的规定的情况;(9)法律、法规规定的其他劳动保障监察事项。从上述内容可知,企业运行过程中所有事项均在劳动监察的范围内,企业运行存在不规范、不合法的情况,劳动监察部门均有权要求整改,甚至有权对其进行处罚。

案例参考

企业因向员工支付低于最低工资标准的报酬而被处罚

被告××人社局于2021年7月19日作出被诉行政处理决定,认定2021年5月14日,××人社局在劳动保障监察中发现原告某塑料制品公司存在支付第三人徐×荣工资低于本市最低工资标准的违法行为。经查实,原告支付第三人2020年12月的工资低于本市月最低工资标准人民币(币种下同)781.5元、2021年3月工资低于本市月最低工资标准727元,以上合计1508.5元。上述行为违反了《劳动法》第四十八条第二款之规定,根据《劳动法》第九十一条第三项之规定,对原告作出如下行政处理决定:支付第三人2020年12月工资低于本市月最低工资标准差额部分781.5元,支付2021年3月工资低于本市月最低工资标准差额部分727元,以上合计1508.5元。原告不服,向被告××区政府申请行政复议。2021年9月29日,被告××区政府根据《行政复议法》第二十八条第一款第一项的规定作出行政复议决定书,维持被告××人社局作出的被诉行政处理决定。原告对处罚结果不服,向法院提起诉讼,请求依法撤销被告××人社局作出的被诉行政处理决定及被告××区政府作出的被诉复议决定。

经审理查明:自2019年4月1日至2021年6月30日,上海市月最低工资标准为2480元。第三人徐×荣系原告某塑料制品公司员工,双方于2019年7月24日和

2020年7月23日两次签订为期1年的劳动合同。2021年4月30日,被告××人社局下属劳动保障监察大队收到第三人的投诉材料,投诉原告支付其2020年2月、12月和2021年2月和3月工资低于本市月最低工资标准,要求原告补发差额工资,并提交《上海市劳动保障监察投诉书》、身份证复印件、劳动合同复印件、2020年2月、12月和2021年2月、3月的工资条复印件及考勤记录等材料。同年5月2日,××人社局立案受理,后向原告开具《调查询问书》和《补正通知书》,要求原告至劳动保障监察大队接受调查询问,并提供有关材料。原告按要求提交了相关书面材料,劳动保障监察大队对原告及第三人分别制作调查笔录。经查实,原告支付第三人2020年12月和2021年3月的工资低于本市月最低工资标准,劳动保障监察大队遂向原告发出《责令改正通知书》,责令原告于2021年6月25日之前向第三人支付工资差额部分,原告拒绝签收该《责令改正通知书》留置送达原告。原告未在整改期限内改正违法行为。7月1日,劳动保障监察大队又向原告发出《行政处理事先告知书》,告知原告拟作出的行政处理决定,同时告知原告有权在收到三日内至劳动保障监察大队进行陈述、申辩。7月5日,原告提出陈述申辩。7月13日,经过集体讨论,劳动保障监察大队对原告提出的陈述申辩不予采纳。7月19日,××人社局依法对原告的违法行为作出被诉行政处理决定,认为原告支付第三人2020年12月的工资低于本市月最低工资标准781.5元、2021年3月工资低于本市月最低工资标准727元,以上合计1508.5元,违反了《劳动法》第四十八条第二款之规定,故根据《劳动法》第九十一条第三项之规定,对原告作出如下行政处理决定:支付第三人2020年12月工资低于本市月最低工资标准差额部分781.5元,支付2021年3月工资低于本市月最低工资标准差额部分727元,以上合计1508.5元。原告不服,向被告××区政府申请行政复议。2021年9月29日,××区政府根据《行政复议法》第二十八条第一款第一项的规定作出被诉复议决定,维持××人社局作出的被诉行政处理决定。

【裁判观点】

根据《劳动保障监察条例》规定,被告××区人社局作为劳动保障行政部门依法实施劳动保障监察,具有对违反劳动保障法律、法规或规章的行为进行纠正和查处的法定职权。根据《行政复议法》第十二条之规定,被告××区政府作为××人社局的本级人民政府依法具有就原告复议申请事项作出被诉复议决定的法定职权。

根据《劳动法》第四十八条规定,国家实行最低工资保障制度。最低工资的具体标准由省、自治区、直辖市人民政府规定，报国务院备案。用人单位支付劳动者的工资不得低于当地最低工资标准。该法第九十一条规定，用人单位有下列侵害劳动者合法权益情形之一的，由劳动行政部门责令支付劳动者的工资报酬、经济补偿，并可以责令支付赔偿金：……（三）低于当地最低工资标准支付劳动者工资的。本案中，原告与第三人在2020年12月与2021年3月存在劳动关系，原告支付第三人2020年12月工资1698.5元，2021年3月工资1753元，而2020年12月和2021年3月第三人均正常出勤，故原告支付第三人的工资低于本市月最低工资标准（2480元），违反了上述法律法规，被告××人社局据此作出被诉行政处理决定，事实清楚，法律适用正确。对于原告称第三人消极怠工，未完成产值，故未拿到最低工资的观点，法院认为，第三人正常出勤且完成了一定的产值，其在法定工作时间内提供了正常的劳动，原告应支付最低劳动报酬。因此，原告的上述观点不能成立。被告经行政处理事先告知程序，听取陈述申辩并经集体讨论作出被诉行政处理决定，并依法送达原告，程序符合法律规定。故，判决驳回原告的诉讼请求。

法律分析

《劳动保障监察条例》规定了劳动保障行政部门有权进行劳动监察的事项。同时，《劳动合同法》也规定，劳动行政部门对企业用人单位制定直接涉及劳动者切身利益的规章制度及其执行的情况，与劳动者订立和解除劳动合同的情况，劳务派遣单位和用工单位遵守劳务派遣有关规定的情况，用人单位遵守国家关于劳动者工作时间和休息休假规定的情况，用人单位支付劳动合同约定的劳动报酬和执行最低工资标准的情况，用人单位参加各项社会保险和缴纳社会保险费的情况以及法律、法规规定的其他劳动监察事项有权进行劳动监察。

因此，企业经营过程中，应当严格遵守《劳动法》《劳动合同法》及相关法律、法规，避免违规用工而受到行政处罚。

合规依据

《劳动合同法》

第七十四条 县级以上地方人民政府劳动行政部门依法对下列实施劳动合同制度的情况进行监督检查：（一）用人单位制定直接涉及劳动者切身利益的规章制度及其执行的情况；（二）用人单位与劳动者订立和解除劳动合同的情况；（三）劳务派遣

单位和用工单位遵守劳务派遣有关规定的情况；（四）用人单位遵守国家关于劳动者工作时间和休息休假规定的情况；（五）用人单位支付劳动合同约定的劳动报酬和执行最低工资标准的情况；（六）用人单位参加各项社会保险和缴纳社会保险费的情况；（七）法律、法规规定的其他劳动监察事项。

《劳动保障监察条例》

第十条 劳动保障行政部门实施劳动保障监察，履行下列职责：（一）宣传劳动保障法律、法规和规章，督促用人单位贯彻执行；（二）检查用人单位遵守劳动保障法律、法规和规章的情况；（三）受理对违反劳动保障法律、法规或者规章的行为的举报、投诉；（四）依法纠正和查处违反劳动保障法律、法规或者规章的行为。

第十一条 劳动保障行政部门对下列事项实施劳动保障监察：（一）用人单位制定内部劳动保障规章制度的情况；（二）用人单位与劳动者订立劳动合同的情况；（三）用人单位遵守禁止使用童工规定的情况；（四）用人单位遵守女职工和未成年工特殊劳动保护规定的情况；（五）用人单位遵守工作时间和休息休假规定的情况；（六）用人单位支付劳动者工资和执行最低工资标准的情况；（七）用人单位参加各项社会保险和缴纳社会保险费的情况；（八）职业介绍机构、职业技能培训机构和职业技能考核鉴定机构遵守国家有关职业介绍、职业技能培训和职业技能考核鉴定的规定的情况；（九）法律、法规规定的其他劳动保障监察事项。

合规要点 3：劳动监察的受理

1.劳动监察案件的来源。主动监察，劳动监察部门在日常巡查中发现有违法行为；受理劳动者举报/投诉，根据劳动者的举报或投诉对企业进行调查；接受上级部门委托监察，上级劳动保障行政部门根据工作需要，可以调查处理下级劳动保障行政部门管辖的案件。2.调查处理人员及相关要求。劳动保障监察员进行调查、检查，不得少于2人，并应当佩戴劳动保障监察标志、出示劳动保障监察证件。若办理事项与本人或者其近亲属有直接利害关系的，应当回避，若在调查过程中人数不及2人或存在回避情形而没有回避，则会涉及程序违法。3.注意劳动监察处理时限，劳动保障行政部门对违反劳动保障法律、法规或者规章的行为的调查，应当自立案之日起60个工作日内完成；对情况复杂的，经劳动保障行政部门负责人批准，可以延长30个工作日。4.劳动监察的处理。根据调查、检查的结果，作出以下处理：

(1)对依法应当受到行政处罚的,依法作出行政处罚决定;(2)对应当改正未改正的,依法责令改正或者作出相应的行政处理决定;(3)对情节轻微且已改正的,撤销立案;(4)发现违法案件不属于劳动保障监察事项的,应当及时移送有关部门处理;涉嫌犯罪的,应当依法移送司法机关。

案例参考

企业因未按时足额支付劳动报酬而被处罚

2020年12月15日,王某立向××人社局投诉反映××开发建设公司存在未支付其工资的行为,并提交《投诉(举报)信》、身份证复印件。××人社局经审批于当日立案。2021年1月4日,××人社局向××开发建设公司委托代理人送达《调查询问书》,要求××开发建设公司于2021年1月11日到××人社局处接受询问。2021年1月11日,××人社局对××开发建设公司委托代理人进行询问,并制作《询问笔录》,××开发建设公司陈述,该单位未按时足额发放员工工资,未支付工资全部人员以其提供的《未支付2019年7—11月和2020年6—11月工资汇总(1)》为准,未支付王某立2019年7月至11月、2020年6月至10月工资金额为22000元。××开发建设公司提交了《授权委托书》、受托人身份证复印件、××开发建设公司营业执照复印件、法定代表人身份证明书、法定代表人身份证复印件、(2019)冀1028执517号《执行裁定书》《股东会决议》《备案通知书》、终止劳动合同通知的短信截图、《劳动合同书》《未支付2019年7—11月和2020年6—11月工资汇总(1)》《仲裁及法院判决未支付日期》、李某1等11人与××开发建设公司之间的相关民事判决书、申请书、裁决书、《北京市申领生育津贴待遇核准表》《未支付2019年7—11月和2020年6—11月工资汇总(2)》《关于刘某荣2019年7月至11月工资发放情况说明》等材料。

2021年1月11日,××人社局制作《工作记录单》,记录因××开发建设公司无法提供王某立联系方式,故无法确认××开发建设公司所称"现金发放"工资的事实。2021年1月21日,××人社局分别制作《工作记录单》,将××人社局的上述调查情况向××开发建设公司员工王某立、李某1进行告知。同日,××人社局制作并向××开发建设公司送达11905号责令(限期)改正通知书,责令××开发建设公司于2021年2月4日前改正该行为。2021年2月5日,××人社局向××开发建设公司委托代理人进行询问并制作《询问笔录》,其陈述××开发建设公司因经营困难,无力按照上述 11905 号责令（限期）改正通知书支付王某立、李某 1 等 10 人 2019 年 7 月至 11 月、2020 年 6 月至 10 月工资 163103 元，××人社局据此于当日作出并向××开发建设公司直接 10527 号行政处理事先告知书，告知××开发建设公司，拟对其未支付王某立、李某 1 等 10 人 2019 年 7 月至 11 月、2020 年 6 月至 10 月工资 163103 元的行为作出行政处理，并告知其享有陈述、申辩的权利。××开发建设公司在指定期限内未提出陈述及申辩意见。2021 年 2 月 24 日，××人社局经审批调查终结，并作出被诉处理决定，于 2 月 26 日向××开发建设公司直接送达。

××开发建设公司不服被诉处理决定，于 2021 年 4 月 22 日向市人社局提出行政复议申请，并提交《行政复议申请书》。4 月 27 日，市人社局作出京人社复受字〔2021〕107 号《行政复议申请受理通知书》，并向××开发建设公司送达。同日，市人社局向××人社局作出《行政复议答复通知书》，并向××人社局送达。5 月 10 日，××人社局提交《答复书》和证据材料。6 月 17 日，市人社局作出《行政复议延期通知书》，延长案件审理期限 30 日，并向××开发建设公司送达。7 月 22 日，市人社局作出被诉复议决定，并分别向××开发建设公司、××人社局进行了送达。××开发建设公司仍不服，遂向法院提起本次行政诉讼。

【裁判观点】

根据《劳动法》第九条第二款规定，县级以上地方人民政府劳动行政部门主管本行政区域内的劳动工作。《劳动保障监察条例》第三条第一款、第十三条第一款之规定，县级以上地方各级人民政府劳动保障行政部门主管本行政区域内的劳动保障监察工作。对用人单位的劳动保障监察，由用人单位用工所在地的县级或者设区的市级劳动保障行政部门管辖。据此，××人社局作为××区主管劳动保障监察工作的行政部门具有受理针对××开发建设公司的投诉，并启动监察程序对其劳动保障工作情况进行监察、作出行政处理的法定职责。《行政复议法》第十二条规定，对县级以上地方各级人民政府工作部门的具体行政行为不服的，申请人可向该部门的本级人民政府申请行政复议，也可以向上一级主管部门申请行政复议。市人社局作为××人社局的上一级主管部门，具有受理××开发建设公司的复议申请，并进行审查的法定职责。

根据《劳动合同法》第三十条第一款规定，用人单位应当按照劳动合同约定和国家规定，向劳动者及时足额支付劳动报酬。该法第八十五条第一项规定，用人单位有未按照劳动合同的约定或者国家规定及时足额支付劳动者劳动报酬的，由劳动行政部门责令限期支付劳动报酬、加班费或者经济补偿；劳动报酬低于当地最低工资标准的，应当支付其差额部分；逾期不支付的，责令用人单位按应付金额百分之五十以上百分之一百以下的标准向劳动者加付赔偿金。《劳动保障监察条例》第二十一条第二款规定，对应当通过劳动争议处理程序解决的事项或者已经按照劳动争议处理程序申请调解、仲裁或者已经提起诉讼的事项，劳动保障行政部门应当告知投诉人依照劳动争议处理或者诉讼的程序办理。本案中，××人社局接到投诉予以立案后，依法开展调查工作。调查过程中，收取了××开发建设公司提交的李某1等11人与××开发建设公司之间的相关民事判决书、申请书、裁决书、《北京市申领生育津贴待遇核准表》等材料，并分别与××开发建设公司委托代理人、相关员工进行谈话、电话核实有关情况，××开发建设公司确认因单位经营困难，停工停产，未支付王某立、李某1等10人2019年7月至11月、2020年6月至10月工资163103元，在此基础上，××人社局作出11905号责令（限期）改正通知书。××开发建设公司在限定时间内未予以改正，××人社局作出10527号行政处理事先告知书，告知××开发建设公司拟对其未支付王某立、李某1等10人2019年7月至11月、2020年6月至10月工资163103元的行为作出行政处理，并告知其享有陈述、申辩的权利。在××开发建设公司未提出陈述、申辩的情况下，××人社局作出被诉处理决定。××人社局的履责情况符合上述法律、法规的规定，法院对此均予以确认。

法律分析

劳动监察案件的来源有三种，分别是劳动监察部门在日常巡查过程中发现企业违法行为、受理劳动者举报以及接受上级劳动监察部门委托处理，劳动监察部门在对企业进行调查后，若发现存在违法事实，可以根据情况对企业作出行政处罚决定，对应当改正未改正的，依法责令改正或者作出相应的行政处理决定，对情节轻微且已改正的，撤销立案，发现违法案件不属于劳动保障监察事项的，应当及时移送有关部门处理；涉嫌犯罪的，应当依法移送司法机关。

同时，经调查发现用人单位有下列行为之一的，劳动保障行政部门除责令改正外，还可以按照受侵害的劳动者每人1000元以上5000元以下的标准计算，处以罚款：（一）安排女职工从事矿山井下劳动、国家规定的第四级体力劳动强度的劳动或者其他禁忌从事的劳动的；（二）安排女职工在经期从事高处、低温、冷水作业或者国家规定的第三级体力劳动强度的劳动的;(三)安排女职工在怀孕期间从事国家规定的第三级体力劳动强度的劳动或者孕期禁忌从事的劳动的;(四)安排怀孕7个月以上的女职工夜班劳动或者延长其工作时间的;(五)女职工生育享受产假少于90天的;(六)安排女职工在哺乳未满1周岁的婴儿期间从事国家规定的第三级体力劳动强度的劳动或者哺乳期禁忌从事的其他劳动,以及延长其工作时间或者安排其夜班劳动的;(七)安排未成年工从事矿山井下、有毒有害、国家规定的第四级体力劳动强度的劳动或者其他禁忌从事的劳动的;(八)未对未成年工定期进行健康检查的。

用人单位有下列行为之一的,由劳动保障行政部门分别责令限期支付劳动者的工资报酬、劳动者工资低于当地最低工资标准的差额或者解除劳动合同的经济补偿;逾期不支付的,责令用人单位按照应付金额50%以上1倍以下的标准计算,并向劳动者加付赔偿金:(一)克扣或者无故拖欠劳动者工资报酬的;(二)支付劳动者的工资低于当地最低工资标准的;(三)解除劳动合同未依法给予劳动者经济补偿的。对于社会保险,用人单位向社会保险经办机构申报应缴纳的社会保险费数额时,瞒报工资总额或者职工人数的,由劳动保障行政部门责令改正,并处瞒报工资数额1倍以上3倍以下的罚款。骗取社会保险待遇或者骗取社会保险基金支出的,由劳动保障行政部门责令退还,并处骗取金额1倍以上3倍以下的罚款;构成犯罪的,依法追究刑事责任。

合规依据

《劳动法》

第九条 国务院劳动行政部门主管全国劳动工作。县级以上地方人民政府劳动行政部门主管本行政区域内的劳动工作。

《劳动合同法》

第三十条 用人单位应当按照劳动合同约定和国家规定,向劳动者及时足额支付劳动报酬。用人单位拖欠或者未足额支付劳动报酬的,劳动者可以依法向当地人民法院申请支付令,人民法院应当依法发出支付令。

《劳动保障监察条例》

第十四条 劳动保障监察以日常巡视检查、审查用人单位按照要求报送的书面材料以及接受举报投诉等形式进行。劳动保障行政部门认为用人单位有违反劳动保障法律、法规或者规章的行为,需要进行调查处理的,应当及时立案。劳动保障行政部门或者受委托实施劳动保障监察的组织应当设立举报、投诉信箱和电话。对因违反劳动保障法律、法规或者规章的行为引起的群体性事件，劳动保障行政部门应当根据应急预案，迅速会同有关部门处理。

第十六条 劳动保障监察员进行调查、检查，不得少于2人，并应当佩戴劳动保障监察标志、出示劳动保障监察证件。劳动保障监察员办理的劳动保障监察事项与本人或者其近亲属有直接利害关系的，应当回避。

第十八条 劳动保障行政部门对违反劳动保障法律、法规或者规章的行为，根据调查、检查的结果，作出以下处理：（一）对依法应当受到行政处罚的，依法作出行政处罚决定；（二）对应当改正未改正的，依法责令改正或者作出相应的行政处理决定；（三）对情节轻微且已改正的，撤销立案。发现违法案件不属于劳动保障监察事项的，应当及时移送有关部门处理；涉嫌犯罪的，应当依法移送司法机关。

第二十一条 用人单位违反劳动保障法律、法规或者规章，对劳动者造成损害的，依法承担赔偿责任。劳动者与用人单位就赔偿发生争议的，依照国家有关劳动争议处理的规定处理。对应当通过劳动争议处理程序解决的事项或者已经按照劳动争议处理程序申请调解、仲裁或者已经提起诉讼的事项，劳动保障行政部门应当告知投诉人依照劳动争议处理或者诉讼的程序办理。

第二十三条 用人单位有下列行为之一的，由劳动保障行政部门责令改正，按照受侵害的劳动者每人1000元以上5000元以下的标准计算，处以罚款：（一）安排女职工从事矿山井下劳动、国家规定的第四级体力劳动强度的劳动或者其他禁忌从事的劳动的；（二）安排女职工在经期从事高处、低温、冷水作业或者国家规定的第三级体力劳动强度的劳动的；（三）安排女职工在怀孕期间从事国家规定的第三级体力劳动强度的劳动或者孕期禁忌从事的劳动的；（四）安排怀孕7个月以上的女职工夜班劳动或者延长其工作时间的；（五）女职工生育享受产假少于90天的；（六）安排女职工在哺乳未满1周岁的婴儿期间从事国家规定的第三级体力劳动强度的劳动或者哺乳期禁忌从事的其他劳动，以及延长其工作时间或者安排其夜班劳动的；（七）安排未成年工从事矿山井下、有毒有害、国家规定的第四级体力劳动强度的劳动或者其他禁忌从事的劳动的；（八）未对未成年工定期进行健康检查的。

第二十六条 用人单位有下列行为之一的，由劳动保障行政部门分别责令限期支付劳动者的工资报酬、劳动者工资低于当地最低工资标准的差额或者解除劳动合同的经济补偿；逾期不支付的，责令用人单位按照应付金额50%以上1倍以下的标准计算，向劳动者加付赔偿金：（一）克扣或者无故拖欠劳动者工资报酬的；（二）支付劳动者的工资低于当地最低工资标准的；（三）解除劳动合同未依法给予劳动者经济补偿的。

第二节　劳动仲裁与诉讼

合规要点 1：劳动仲裁管辖权的确定

1.每个区的劳动争议仲裁委员会负责管辖本区域内发生的劳动仲裁案件，跨区域申请仲裁则可能面临仲裁委不予受理。2.本区域劳动争议的界定。本区域发生的劳动争议包含公司注册地在本区域，同时也包括合同履行地在本区域，即便公司注册地不在本区域，而劳动合同的实际履行地在本区域，该区域的仲裁机构对该种情形下发生的劳动仲裁案件也有管辖权。3.市劳动仲裁委员会管辖案件的特殊性，市劳动仲裁管辖的案件比较特殊，如在贵州省，贵阳市劳动人事争议仲裁委员会所管辖的案件主要是公司为国有性质的企业。4.股权激励纠纷的管辖。股权激励纠纷案件如果属于劳动争议案由，由受仲裁管辖的约束，如果属于民事合同争议，则不受劳动仲裁管辖的约束。5.劳动仲裁约定管辖的法律效力。劳动争议案件需要经过特殊的仲裁前置程序，与民事案件不同，劳动争议调解仲裁法并未赋予双方对仲裁案件有约定管辖的权利，故约定管辖不能扣除法定管辖权，如果通过约定因管辖的方式扣除法定管辖权而本应当受理的仲裁委员会不予受理或本不应该受理的仲裁委员会受理，且出具相关法律文书，相关法律文书将被撤销。

因此，在申请劳动仲裁之前，需要先确定企业注册地或劳动合同的实际履行地，同时还得看企业的性质，以便确定管辖机构。

案例参考

仲裁委员会因无管辖权作出的裁决书被撤销

游×波于2015年7月6日入职某远公司，工作期间，先后与某远公司签订有起止时间分别为2015年7月6日至2018年7月5日、2018年7月6日至2021年7月5日的书面劳动合同。游×波在某远公司处担任技术员，负责管理工程、工程进度款、结算款申请、工程质保金、合同签订、施工队伍管理等工作。2018年9月19日，经游×波申请，从某远南宁玉林项目部调到桂平项目部工作。2019年5月28日，某远公司以游×波违反公司规章制度，严重失职，给公司造成了巨大损失为由，依据《劳动合同法》第三十九条规定单方提出解除与游×波的劳动合同。游×波对于解除事由不予认可，拒绝在某远公司出具的《解除劳动合同协议书》及《解除或终止劳动合同证明书》上签字。游×波在某远公司的最后在岗日期为2019年5月28日。游×波因某远公司拒不支付劳动报酬，双方引起争议，游×波向防城港市劳动人事争议仲裁委员会申请仲裁，某远公司向防城港市劳动人事争议仲裁委员会提出劳动仲裁管辖权异议，防城港市劳动人事争议仲裁委员会于2019年8月20日作出《履行管辖权决定书》，驳回某远公司的管辖权异议申请，并于9月24日裁决：一、在本裁决书生效之日起十五日内，某远公司一次性支付游×波2019年5月份的工资3130.54元；二、在本裁决书生效之日起十五日内，某远公司一次性支付游×波解除劳动合同经济补偿金15130.92元；三、在本裁决书生效之日起十五日内，某远公司一次性支付游×波2019年5月1日—3日加班工资1217.43元；四、对于游×波要求某远公司支付2018年度年终奖10000元的仲裁请求，不予支持。某远公司请求依法裁定撤销防城港市劳动人事争议仲裁委员会仲裁裁决书。理由是防城港市劳动人事争议仲裁委员会作出的仲裁裁决书（以下简称裁决书）系终局裁决。但防城港市劳动人事争议仲裁委员会对本案无管辖权。游×波已于2018年9月17日自己提出申请调至桂平项目部工作，工作地点并非防城港市，而是桂平市。根据《劳动人事争议仲裁办案规则》第八条规定："劳动合同履行地为劳动者实际工作场所地。"游×波实际工作场地是桂平市，不能因游×波在防城港市居住就认定是合同履行地，若实际劳动合同履行地目前出现争议时不明确的，应按照《最高人民法院关于审理劳动争议案件适用法律若干问题的解释（一）》第八条规定："劳动合同履行地不明确的，由用人单位所在地的基层人民法院管辖。"即应由某远公司单位所在地、注册地辽宁省辽阳市劳动人事争议仲裁委员会管辖，本案不应由防城港市劳动人事争议仲裁委员会管辖。

劳动者诉称：不应该撤销仲裁裁决。1.游×波没有违反任何劳动法和公司的相关制度，某远公司与游×波解除合同是违法的。2.游×波在防城港市工作是事实，防城港市劳动人事争议仲裁委员依法作出裁决，因此游×波认为不应该撤销该仲裁裁决。

【裁判观点】

关于防城港市劳动人事争议仲裁委员会对本案是否有管辖权的问题。游×波入职某远公司后，曾在南宁玉林项目部工作，但自 2018 年 9 月 19 日起，游×波已经从某远南宁玉林项目部调到桂平项目部工作，其间，虽然游×波有部分出差单的出发地点是防城港市，但游×波未能举证证明其在防城港市为某远公司提供劳动的具体内容和服务地点，本院认定双方的劳动合同履行地在广西桂平，根据《劳动争议调解仲裁法》第二十一条第二款"劳动争议由劳动合同履行地或用人单位所在地的劳动争议仲裁委员会管辖。双方当事人分别向劳动合同履行地和用人单位所在地的劳动争议仲裁委员会申请仲裁的，由劳动合同履行地的劳动争议仲裁委员会管辖"之规定，本案应由广西桂平市劳动仲裁委员会或者某远公司所在地劳动仲裁委员会管辖，游×波的履行地不在防城港市，某远公司的住所地也不在防城港市，故防城港市劳动仲裁委员会对本案无管辖权。因此，撤销防城港市劳动人事争议仲裁委员会作出的仲裁裁决。

法律分析

劳动争议的地域管辖。根据《劳动争议调解仲裁法》第二十一条的规定，劳动争议由劳动合同履行地或者用人单位所在地的劳动人事争议仲裁委员会管辖。双方当事人分别向劳动合同履行地和用人单位所在地的劳动争议仲裁委员会申请仲裁的，由劳动合同履行地的劳动人事争议仲裁委员会管辖。其中一方对仲裁结果不服的，可以向人民法院起诉。

关于"劳动合同履行地"和"用人单位所在地"，《劳动人事争议仲裁办案规则》第八条第一款规定，劳动合同履行地为劳动者实际工作场所地，用人单位所在地为用人单位注册、登记地或者主要办事机构所在地。用人单位未经注册、登记的，其出资人、开办单位或者主管部门所在地为用人单位所在地。

上述规定对于劳动合同履行地和用人单位所在地有了比较明确的解释。而在劳动合同履行地和用人单位所在地均有管辖权时，仲裁阶段可以根据《劳动争议调解仲裁法》第二十一条第二款的规定优先由劳动合同履行地管辖。

合规依据

《劳动争议调解仲裁法》

第二十一条 劳动争议仲裁委员会负责管辖本区域内发生的劳动争议。劳动争议由劳动合同履行地或者用人单位所在地的劳动争议仲裁委员会管辖。双方当事人分别向劳动合同履行地和用人单位所在地的劳动争议仲裁委员会申请仲裁的,由劳动合同履行地的劳动争议仲裁委员会管辖。

第四十九条 用人单位有证据证明本法第四十七条规定的仲裁裁决有下列情形之一,可以自收到仲裁裁决书之日起三十日内向劳动争议仲裁委员会所在地的中级人民法院申请撤销裁决:(一)适用法律、法规确有错误的;(二)劳动争议仲裁委员会无管辖权的;(三)违反法定程序的;(四)裁决所根据的证据是伪造的;(五)对方当事人隐瞒了足以影响公正裁决的证据的;(六)仲裁员在仲裁该案时有索贿受贿、徇私舞弊、枉法裁决行为的。人民法院经组成合议庭审查核实裁决有前款规定情形之一的,应当裁定撤销。仲裁裁决被人民法院裁定撤销的,当事人可以自收到裁定书之日起十五日内就该劳动争议事项向人民法院提起诉讼。

《最高人民法院关于审理劳动争议案件适用法律问题的解释（一）》

第五条 劳动争议仲裁机构以无管辖权为由对劳动争议案件不予受理,当事人提起诉讼的,人民法院按照以下情形分别处理:(一)经审查认为该劳动争议仲裁机构对案件确无管辖权的,应当告知当事人向有管辖权的劳动争议仲裁机构申请仲裁;(二)经审查认为该劳动争议仲裁机构有管辖权的,应当告知当事人申请仲裁,并将审查意见书面通知该劳动争议仲裁机构;劳动争议仲裁机构仍不受理,当事人就该劳动争议事项提起诉讼的,人民法院应予受理。

《劳动人事争议仲裁办案规则》

第八条 劳动合同履行地为劳动者实际工作场所地,用人单位所在地为用人单位注册、登记地或者主要办事机构所在地。用人单位未经注册、登记的,其出资人、开办单位或者主管部门所在地为用人单位所在地。双方当事人分别向劳动合同履行地和用人单位所在地的仲裁委员会申请仲裁的,由劳动合同履行地的仲裁委员会管辖。有多个劳动合同履行地的,由最先受理的仲裁委员会管辖。劳动合同履行地不明确的,由用人单位所在地的仲裁委员会管辖。案件受理后,劳动合同履行地或者用人单位所在地发生变化的,不改变争议仲裁的管辖。

合规要点 2:把握好仲裁的各阶段时间节点

1. 申请仲裁前的调解。发生劳动争议后,劳动者或者用人单位均可向劳动争议调解组织申请调解,但调解组织自收到调解申请之日起十五日内未达成调解协议的,当事人可以依法申请仲裁。2. 申请劳动仲裁时效。发生劳动争议后,当事人应当在一年内申请仲裁,若在一年内未申请仲裁,极有可能面临丧失胜诉权利。3. 劳动仲裁案件受理时间。劳动争议仲裁委员会收到仲裁申请之日起五日内,认为符合受理条件的,应当受理,并通知申请人;认为不符合受理条件的,应当书面通知申请人不予受理,并说明理由。对劳动争议仲裁委员会不予受理或者逾期未作出决定的,申请人可以就该劳动争议事项向人民法院提起诉讼。4. 仲裁申请书副本送达被申请人的时间。仲裁委在决定受理仲裁申请后,在五日内要将申请书副本送达被申请人。5. 被申请人的答辩时间。被申请人收到仲裁申请书副本后,应当在十日内向劳动争议仲裁委员会提交答辩书,也可以当庭答辩,被申请人未提交答辩状不影响案件审理。如被申请人对案件管辖有异议,应当在答辩期间内书面提出。6. 答辩书送达申请人的时间。在被申请人提交答辩书的情况下,仲裁委员会应当在五日内将答辩书送达申请人。7. 仲裁庭人员组成情况告知时间。劳动争议仲裁委员会应当在受理仲裁申请之日起五日内将仲裁庭的组成情况书面通知双方当事人。8. 通知开庭时间。仲裁庭应当在开庭五日前,将开庭日期、地点书面通知双方当事人。9. 申请延期开庭时间。如果当事人有正当理由,可以在开庭三日前请求延期开庭。不过,是否延期以及延期的时间则由劳动争议仲裁委员会决定。10. 劳动仲裁案件审理期限。仲裁庭应当自劳动争议仲裁委员会受理仲裁申请之日起四十五日内结束。案情复杂需要延期的,经劳动争议仲裁委员会主任批准,可以延期并书面通知当事人,但是延长期限不得超过十五日,逾期未作出仲裁裁决的,当事人可以就该劳动争议事项向人民法院提起诉讼。11. 对仲裁裁决结果不服的救济时间。仲裁裁决结果分两种,一种是终局性的裁决,另一种是非终局性的裁决。根据《劳动争议调解仲裁法》的规定,对于终局性的裁决,用人单位可以在收到裁决书后三十日内向中级人民法院申请撤销,劳动者对终局裁决不服,则可以在收到裁决后十五日内向法院起诉;而对于非终局裁决,双方当事人均可以在收到裁决后十五日内向基层法院提起诉讼。如未在法律规定时间内申请撤销或起诉,则裁决书发生法律效力。

案例参考

因未在法定时限内主张权利而丧失胜诉权

2016年7月,孙×琴与××人寿新疆分公司签订劳动合同后长期在被告××人寿乌鲁木齐支公司处从事续期收费工作。2017年7月31日，孙×琴与××人寿新疆分公司签订《解除或终止劳动合同（关系）证明书》，该证明书载明按照《劳动合同法》第三十六条规定解除劳动合同。解除劳动合同后，××人寿乌鲁木齐支公司与孙×琴签订了《个人业务保险营销员委托合同》，约定孙×琴从事保险销售工作。2023年2月13日，孙×琴向乌鲁木齐市劳动人事争议仲裁委员会（以下简称乌市仲裁委）提出仲裁申请，要求××人寿乌鲁木齐支公司支付2016年7月至2017年7月31日违法解除劳动关系赔偿金143554元。乌市仲裁委于2023年4月17日作出仲裁裁决书，裁决驳回孙×琴的仲裁请求。孙×琴收到仲裁裁决书后因不服仲裁裁决结果，遂向法院起诉。

【裁判观点】

依据《劳动争议调解仲裁法》第二十七条第一款、第二款、第三款规定，劳动争议申请仲裁的时效期间为一年。仲裁时效期间从当事人知道或者应当知道其权利被侵害之日起计算。前款规定的仲裁时效，因当事人一方向对方当事人主张权利，或者向有关部门请求权利救济，或者对方当事人同意履行义务而中断。从中断时起，仲裁时效期间重新计算。因不可抗力或者有其他正当理由，当事人不能在本条第一款规定的仲裁时效期间申请仲裁的，仲裁时效中止。从中止时效的原因消除之日起，仲裁时效期间继续计算。本案中，原告孙×琴与××人寿新疆分公司签订《解除或终止劳动合同（关系）证明书》的时间为2017年7月31日，此时，原告孙×琴即应当知道其权利被侵害，但原告孙×琴于2023年2月13日才向乌市仲裁委提出仲裁申请，且其未举证证明存在时效中止或中断的情形，故原告孙×琴的请求已经超过了一年的仲裁时效。此外，根据原告孙×琴在诉状中的陈述，其在解除劳动合同时即对解除劳动合同的法律后果有一定认知，只是称后来发现有其他同事因此获得了解除劳动合同经济补偿金，才知道被告承诺的赔偿金并非依据相关法律规定可以获得的赔偿金。由于其陈述的情形，并非仲裁时效中止或中断的事由，被告××人寿乌鲁木齐支公司亦以仲裁时效提出抗辩，故本院对原告孙×琴要求被告××人寿乌鲁木齐支公司支付赔偿金的诉讼请求，不予支持。

法律分析

劳动争议调解仲裁法上的时间节点是法律督促当事人在一定时间期限内履行义务或者赋予当事人在一定期限内行使一定的权利，未在规定时间内履行义务或者行使权利都将产生不利后果，如未在举证期限内提供证据，则所提供的证据有可能不被采纳。而对仲裁委员会作出的裁决书，如果未在规定时间内申请撤销或起诉，即使裁决结果对当事人不利，也将产生法律效力。

无论如何，当事人各方都应当按照法律规定的时间行使权利或履行义务，便于案件顺利审理，节约各方时间，节约司法资源。

合规依据

《劳动争议调解仲裁法》

第十四条 经调解达成协议的，应当制作调解协议书。调解协议书由双方当事人签名或者盖章，经调解员签名并加盖调解组织印章后生效，对双方当事人具有约束力，当事人应当履行。自劳动争议调解组织收到调解申请之日起十五日内未达成调解协议的，当事人可以依法申请仲裁。

第二十七条 劳动争议申请仲裁的时效期间为一年。仲裁时效期间从当事人知道或者应当知道其权利被侵害之日起计算。前款规定的仲裁时效，因当事人一方向对方当事人主张权利，或者向有关部门请求权利救济，或者对方当事人同意履行义务而中断。从中断时起，仲裁时效期间重新计算。因不可抗力或者有其他正当理由，当事人不能在本条第一款规定的仲裁时效期间申请仲裁的，仲裁时效中止。从中止时效的原因消除之日起，仲裁时效期间继续计算。劳动关系存续期间因拖欠劳动报酬发生争议的，劳动者申请仲裁不受本条第一款规定的仲裁时效期间的限制；但是，劳动关系终止的，应当自劳动关系终止之日起一年内提出。

第二十九条 劳动争议仲裁委员会收到仲裁申请之日起五日内，认为符合受理条件的，应当受理，并通知申请人；认为不符合受理条件的，应当书面通知申请人不予受理，并说明理由。对劳动争议仲裁委员会不予受理或者逾期未作出决定的，申请人可以就该劳动争议事项向人民法院提起诉讼。

第三十条 劳动争议仲裁委员会受理仲裁申请后，应当在五日内将仲裁申请书副本送达被申请人。被申请人收到仲裁申请书副本后，应当在十日内向劳动争议仲裁委员会提交答辩书。劳动争议仲裁委员会收到答辩书后，应当在五日内将答辩书副本送达申请人。被申请人未提交答辩书的，不影响仲裁程序的进行。

第三十五条 仲裁庭应当在开庭五日前，将开庭日期、地点书面通知双方当事人。当事人有正当理由的，可以在开庭三日前请求延期开庭。是否延期，由劳动争议仲裁委员会决定。

第四十三条 仲裁庭裁决劳动争议案件,应当自劳动争议仲裁委员会受理仲裁申请之日起四十五日内结束。案情复杂需要延期的,经劳动争议仲裁委员会主任批准,可以延期并书面通知当事人,但是延长期限不得超过十五日。逾期未作出仲裁裁决的,当事人可以就该劳动争议事项向人民法院提起诉讼。

第四十八条 劳动者对本法第四十七条规定的仲裁裁决不服的,可以自收到仲裁裁决书之日起十五日内向人民法院提起诉讼。

第四十九条 用人单位有证据证明本法第四十七条规定的仲裁裁决有下列情形之一,可以自收到仲裁裁决书之日起三十日内向劳动争议仲裁委员会所在地的中级人民法院申请撤销裁决:(一)适用法律、法规确有错误的;(二)劳动争议仲裁委员会无管辖权的;(三)违反法定程序的;(四)裁决所根据的证据是伪造的;(五)对方当事人隐瞒了足以影响公正裁决的证据的;(六)仲裁员在仲裁该案时有索贿受贿、徇私舞弊、枉法裁决行为的。人民法院经组成合议庭审查核实裁决有前款规定情形之一的,应当裁定撤销。仲裁裁决被人民法院裁定撤销的,当事人可以自收到裁定书之日起十五日内就该劳动争议事项向人民法院提起诉讼。

第五十条 当事人对本法第四十七条规定以外的其他劳动争议案件的仲裁裁决不服的,可以自收到仲裁裁决书之日起十五日内向人民法院提起诉讼;期满不起诉的,裁决书发生法律效力。

合规要点3:企业如何收集证据材料

企业在处理劳动争议案件举证时须注意:1.谁主张谁举证。根据《劳动争议调解仲裁法》的规定,在发生劳动争议的情况下,当事人对自己的主张有义务提供证据,自己的主张包括申请人对自己的请求和被申请人反驳申请人的请求理由,若不能提供证据,则会承担不利的法律后果。2.谁主张谁举证责任的例外情形(举证责任倒置)。在劳动争议案件中,原则上是谁主张谁举证,但也存在着例外情形,根据《最高人民法院关于审理劳动争议案件适用法律问题的解释(一)》的规定,因用人单位作出的开除、除名、辞退、解除劳动合同、减少劳动报酬、计算劳动者工作年限等决定而发生的劳动争议,用人单位负举证责任。在发生上述劳动争议的情况下,劳动者只需证明有上述争议的事实即完成举证责任,用人单位应当对作为上述相关决定的行为不存在违法情况承担举证责任，如不能证明，则会承担不利后果。3.证据的类型。根据《民事诉讼法》的规定，证据类型共计八种，分别是当事人陈述、书证、物证、视听资料、电子数据、证人证言、鉴定意见和勘验笔录。对于当事人提供的证据，必须查证属实，才能作为认定事实的根据。4.企业如何有针对性地收集证据。从《民事诉讼法》的规定中可以看出，证据类型共计有八种，通过证据的类型亦可以看出，企业在日常管理过程中应尽量做到凡事留痕迹，如招聘时要求劳动者提供相应的能满足岗位需要的证明材料，同时让劳动者对提供证明材料的真实性出具承诺，入职后及时签订书面劳动合同，存在加班时及时支付加班工资并在工资支付时予以明确，在劳动者有违反规章制度的情况下及时下发书面处罚通知，让员工签字确认，在调整工作岗位、薪酬等变更劳动合同内容的情况下及时与劳动者签订书面补充协议，并将管理过程中形成的书面依据建档保存，对企业而言，证据基本都是来源于招聘和日常管理过程，只有在管理过程中做好规范管理，做好证据收集，才能在发生劳动争议时不被动。

所谓的打官司，直白地讲就是打证据，打法律规定。因为裁决者是中立裁判，是以事实为根据，以法律为准绳，所谓的事实就是当事人提供的证据，当事人的主张只有在有证据支持，并且符合法律规定的情况下，才能得到支持。

案例参考

企业因未能证明解除劳动关系事由合法被判赔偿金

邓×华于2022年6月6日进入上海××科技有限公司处工作，双方签订了劳动合同，期限从2022年6月6日至2025年6月5日，职位为商超渠道总监，税前工资20000元/月，实行标准工作时间，最后工作到2023年1月9日，离职前12个月平均工资20000元。2023年1月9日，上海××科技有限公司人事通过微信告知邓×华"关于补偿的问题我跟主任汇报过了，你作为业务人员并没有给公司带来任何业绩，公司也比较困难，所以也不会有补偿金，工资结算到今天为止。如果你有问题的话我再给你约领导面谈，主任其实也够给你面子了，大家好聚好散吧，她现在也很难。退工单我给你寄过去，你给我一个地址"。邓×华回复"不同意……"2023年3月7日，邓×华向上海市松江区劳动人事争议仲裁委员会申请仲裁，请求：1.上海××科技有限公司支付邓×华2022年6月6日至2023年1月9日未休年休假工资12600元；2.上海××科技有限公司支付邓×华违法解除劳动合同赔偿金40000元。

2023年4月7日，该仲裁委员会出具松劳人仲（2023）办字第934号裁决书，裁决：一、上海××科技有限公司支付邓×华违法解除劳动合同赔偿金40000元；二、对邓×华的其余请求事项不予支持。裁决后，上海××科技有限公司不服，向法院提起诉讼。

单位诉称：邓×华于2022年6月6日入职公司，2023年1月9日离职，从事岗位为商超渠道总监。邓×华入职以来没有相关业绩成就，与岗位要求不一致，且公司在2022年下半年经营困难，故此公司劳动人事部门人员与其沟通，邓×华同意离职。双方于2023年1月9日协商一致解除劳动合同关系。此后，邓×华未再到岗工作，双方是协商一致解除劳动关系的，不应当支付赔偿金。

劳动者辩称：双方并未协商一致解除劳动合同，且公司经营困难并非解除劳动合同的合法理由，劳动合同中没有对业绩提出要求，公司也未对劳动者进行过业绩考核，故认为公司构成违法解除。

【裁判观点】

本案的争议焦点为公司是否构成违法解除劳动合同。根据《最高人民法院关于审理劳动争议案件适用法律问题的解释（一）》第四十四条之规定，在劳动争议纠纷案件中，因用人单位作出开除、除名、辞退、解除劳动合同、减少劳动报酬、计算劳动者工作年限等决定而发生劳动争议的，由用人单位负举证责任。现公司虽主张双方系协商解除劳动合同，但未提供证据予以证明，故本院认为应由公司承担举证不能的法律后果。鉴于此，法院采信劳动者的主张，公司系违法解除劳动合同。根据法律规定，用人单位违法解除劳动合同的，应当支付违法解除劳动合同赔偿金。公司对于赔偿金的计算方式无异议，故公司应支付劳动者违法解除劳动合同赔偿金40000元（20000元×1个月×2倍）。

法律分析

所谓举证责任，是指当事人对自己提出的请求，有义务提供证据加以证明，如果当事人不能提供证据或所提供的证据不足以证明其主张的，其主张无法获得法律的支持。比如，劳动者要求用人单位发放加班工资的，就需要证明自己与用人单位存在劳动关系，且在正常工作时间之外存在加班的事实，如果无法证明其与用人单位存在劳动关系或者不能证明在正常工作时间之外存在加班的事实，则劳动者要求用人单位发放加班工资的请求就无法获得法律的支持。举证责任包括两个方面的内容：一是举证责任的承担者，即由谁提供证据证明案件的事实；二是如果不能提供充足的证据证明案件的事实，即由谁承担后果的问题。

谁承担举证责任。劳动争议案件中的举证责任分配原则上也遵循普通民事诉讼规则，即谁主张谁举证。但是，在劳动关系中，用人单位处于强势地位，劳动者一般处于相对弱势地位，这就导致可能发生纠纷，且很多证据都在用人单位的掌控之中，劳动者往往难以获得这些证据材料。基于此，劳动争议案件的举证责任分配上存在一些不同，如《劳动争议调解仲裁法》第六条规定的，与争议事项有关的证据属于用人单位掌握管理的，用人单位应当提供；用人单位不提供的，应当承担不利后果。再如《最高人民法院关于审理劳动争议案件适用法律问题的解释（一）》第四十四条规定，因用人单位作出的开除、除名、辞退、解除劳动合同、减少劳动报酬、计算劳动者工作年限等决定而发生的劳动争议，用人单位负举证责任。从上述规定内容看，劳动争议案件中对企业的举证责任分配相对较重，这就要求企业在日常管理过程中要注意证据的收集。

常见劳动争议问题举证责任分配。1.是否存在劳动关系问题。在是否存在劳动关系纠纷案件中，往往双方没有签订书面劳动合同，或者双方签订了书面协议，但并不是劳动合同，而是其他协议，如合作协议、劳务协议等，在此情况下，劳动者主张存在劳动关系，但是用人单位否认劳动关系的，则由劳动者对劳动关系存在进行举证，如果劳动者所举的证据符合原劳动部关于确立劳动关系有关事项通知的规定，则有可能被认定双方存在劳动关系。而用人单位否认存在劳动关系的，则用人单位应提供职工工资发放花名册、缴纳各项社会保险费的记录、考勤记录等材料证明不存在劳动关系。2.确定入、离职时间问题。用人单位主张的入职或离职时间与劳动者主张的不一致的，应当举出其自身因管理员工掌握的入职登记表、劳动合同签订时间、员工实际提供劳动时间、考勤记录、离职交接表、离职协议等证据证明入职和离职时间。3.未订立书面劳动合同二倍工资问题。劳动者主张未订立书面劳动合同的二倍工资，则需要由用人单位举证证明双方签订了书面劳动合同或已补签、续签了合同，需要注意的是，在实践中，对于因劳动者原因未签订、续签劳动合同的，用人单位同样会面临支付二倍工资的风险。4.拖欠工资问题。劳动者主张未足额发放正常工作时间工资，拖欠、克扣劳动报酬的，需要由劳动者举证证明正常工作时间工资的具体数额，用人单位举证证明足额发放了正常工作时间的工资。5.加班工资问题。根据《最高人民法院关于审理劳动争议案件适用法律问题的解释（一）》的规定，劳动者主张加班工资的，需要举证证明存在由用人单位安排的加班事实，如果加班的事实是通过考勤表、工资表等证明的，则由用人单位提交考勤表、工资表。对于已支付了加班工资的举证责任由用人单位承担。6.提成、年终奖、补贴、津贴等问题。劳动者主张提成、年终奖、补贴、津贴、婚假、丧假、病假、非因工死亡等待遇的发放，原则上由劳动者一方举证证明存在这类待遇、计算方式及具体数额或相关事实发生。例外是用人单位制定的规章制度、发放的员工手册或签订的合同内有明确规定或约定的，则由用人单位举证为何不发。7.经济补偿金、代通知金、赔偿金问题。劳动者主张经济补偿金、代通知金、赔偿金的，如果是劳动者主动辞职的，以及合同到期终止的，则由劳动者举证证明辞职原因以及劳动合同到期时间。如果是用人单位作出解除、终止劳动关系决定的，则由用人单位证明其决定的合法性。8.工伤待遇问题。劳动者主张工伤待遇的，则由劳动者举证证明工伤认定、伤残等级鉴定结论、工伤住院治疗起止时间及费用、同意转院治疗的证明、交通费、食宿费、康复器具费用；用人单位否认是工伤的，则由用人单位举证证明。

合规依据

《劳动争议调解仲裁法》

第六条 发生劳动争议，当事人对自己提出的主张，有责任提供证据。与争议事项有关的证据属于用人单位掌握管理的，用人单位应当提供；用人单位不提供的，应当承担不利后果。

《民事诉讼法》

第六十六条 证据包括：（一）当事人的陈述；（二）书证；（三）物证；（四）视听资料；（五）电子数据；（六）证人证言；（七）鉴定意见；（八）勘验笔录。证据必须查证属实，才能作为认定事实的根据。

《最高人民法院关于审理劳动争议案件适用法律问题的解释（一）》

第四十四条 因用人单位作出的开除、除名、辞退、解除劳动合同、减少劳动报酬、计算劳动者工作年限等决定而发生的劳动争议，用人单位负举证责任。

合规要点4：劳动报酬纠纷仲裁时效的计算方式

关于劳动报酬纠纷仲裁时效须注意：1.仲裁时效期间。根据《劳动争议调解仲裁法》规定，劳动争议申请仲裁的时效期间为一年。2. 劳动争议仲裁时效的起算时间。仲裁时效期间从当事人知道或者应当知道其权利被侵害之日起计算。3. 仲裁时效的中断。仲裁时效的起算时间并不是一成不变的，而是在一年的仲裁时效期间，若当事人一方向对方当事人主张权利，或者向有关部门请求权利救济，或者对方当事人同意履行义务，则会产生仲裁时效中断。时效中断后，仲裁时效期间从中断时起重新计算。4. 仲裁时效的中止。因不可抗力或者有其他正当理由，当事人不能在法律规定的一年仲裁时效期间申请仲裁的，仲裁时效中止。从中止时效的原因消除之日起，仲裁时效期间继续计算。5. 仲裁时效的特殊规定。通常情况下，劳动报酬争议的仲裁时间自当事人知道或应当知道之日起开始计算，但劳动关系存续期间因拖欠劳动报酬发生争议的，劳动者申请仲裁不受知道或应当知道之日起一年时间的限制，在此情况下，劳动关系终止的，仲裁时效自劳动关系终止之日起计算一年。

案例参考

劳动者因未在法定时间内主张权利而败诉

劳动者诉称：原告于2021年2月经××市人力资源和社会保障局批准退休，并发放退休证，根据相关法律规定，独生子女父母为企业职工的，退休时所在单位须按照规定支付独生子女父母一次性养老补助，原告曾多次向被告主张该补助，但被告至今未付。为维护原告的合法权益，原告到××市劳动人事争议仲裁委员会申请仲裁，该仲裁委员会作出仲裁裁决，原告不服，诉至法院。

公司辩称：原告的起诉已过仲裁时效，请求依法驳回原告的诉讼请求，对于原告针对诉讼请求增加的部分，原告在仲裁时已经对金额做出明确的请求，因此不能再增加。

案件查明情况：原告梁×梅曾系被告××纺织公司单位职工，于2001年生育一女"瞿某玉"。2021年2月原告从××纺织公司退休，并领取由××市人力资源和社会保障局发放的退休证。2023年6月9日，原告向××市劳动人事争议仲裁委员会申请仲裁，请求××纺织公司支付独生子女父母一次性养老补助。××市劳动人事争议仲裁委员会经审理作出仲裁裁决书，以申请人的仲裁申请超过仲裁时效为由驳回原告的仲裁请求。后原告不服该裁决，提起本案诉讼。

【裁判观点】

劳动争议申请仲裁的时效期间为一年，仲裁时效从当事人知道或者应当知道其权利被侵害之日起计算。本案中，原告要求被告支付独生子女一次性养老补助，属于劳动争议的范畴，应当适用仲裁时效。原告于 2021 年 2 月退休，但其于 2023 年 6 月 9 日向××市劳动人事争议仲裁委员会申请仲裁时，已超出了法定的一年仲裁时效，故丧失了请求劳动仲裁机构及法院保护其权利的请求权。原告提交的通话录音亦不能证明存在时效中止、中断的情形。因此，对原告要求被告支付独生子女父母一次性养老补助的诉讼请求，本院不予支持。

法律分析

所谓劳动仲裁时效，是指发生劳动争议时当事人向仲裁机构主张权利的期间，若当事人未在该时间段内主张权利，将丧失胜诉权。根据《劳动争议调解仲裁法》规定，劳动仲裁时间期间为一年，但凡事有原则就有例外，根据《劳动争议调解仲裁法》第二十七条第四款规定，"劳动关系存续期间因拖欠劳动报酬发生争议的，劳动者申请仲裁不受本条第一款规定的仲裁时效期间的限制；但是，劳动关系终止的，应当自劳动关系终止之日起一年内提出"。可见，因拖欠劳动报酬发生的纠纷，适用特殊时效，可以在劳动关系终止之日起一年内提出。

拖欠劳动报酬纠纷的范畴。根据《国家统计局关于工资总额组成的规定》第四条规定，工资总额包括计时工资、计件工资、奖金、津贴和补贴、加班加点工资、特殊情况下支付的工资。因此，欠发的工资、奖金、加班工资、高温津贴等都属于劳动报酬范围，因而不受仲裁时效一年的限制，适用特殊时效，可以在劳动关系终止之日起一年内提出。

不属于劳动报酬的范畴。二倍工资、未休年休假工资、经济补偿金、赔偿金、代通知金等不属于劳动报酬范畴的纠纷，适用一年的仲裁时效，从当事人知道或应当知道权利被侵害之日起算时效。

合规依据

《劳动争议调解仲裁法》

第二十七条 劳动争议申请仲裁的时效期间为一年。仲裁时效期间从当事人知道或者应当知道其权利被侵害之日起计算。前款规定的仲裁时效，因当事人一方向对方当事人主张权利，或者向有关部门请求权利救济，或者对方当事人同意履行义务而中断。从中断时起，仲裁时效期间重新计算。因不可抗力或者有其他正当理由，当事人不能在本条第一款规定的仲裁时效期间申请仲裁的，仲裁时效中止。从中止时效的原因消除之日起，仲裁时效期间继续计算。劳动关系存续期间因拖欠劳动报酬发生争议的，劳动者申请仲裁不受本条第一款规定的仲裁时效期间的限制；但是，劳动关系终止的，应当自劳动关系终止之日起一年内提出。

《国家统计局关于工资总额组成的规定》

第四条 工资总额由下列六个部分组成：（一）计时工资；（二）计件工资；（三）奖金；（四）津贴和补贴；（五）加班加点工资；（六）特殊情况下支付的工资。

合规要点5：劳动争议仲裁终局裁决的适用范围

对于一裁终局需注意：1.终局裁决适用的范围。追索劳动报酬、工伤医疗费、经济补偿或者赔偿金；因执行国家的劳动标准在工作时间、休息休假、社会保险等方面发生的争议。2.适用终局裁决的金额限制。不超过当地月最低工资标准十二个月的金额。3.终局裁决针对的主体。终局裁决只针对用人单位，而不针对劳动者。4.终局裁决救济途径。对于用人单位，针对仲裁委员会作出的终局裁决只能向仲裁委员会所在的中级人民法院申请撤销，而对于劳动者而言，则不产生终局的法律效力，可以按照正常法律途径至人民法院起诉。5.终局裁决被撤销后的救济途径。若终局裁决因违反法律规定被中级人民法院撤销，当事人可以自收到裁定书之日起15日内就该劳动争议事项向人民法院提起诉讼。

案例参考

用人单位因选错救济途径而被驳回起诉

2021年3月，姜某进入陕西××供应链管理有限公司工作，工作至2022年11月，陕西××供应链管理有限公司以姜某不能胜任工作为由解除与姜某的劳动合同，姜某向仲裁委员会申请仲裁，要求陕西××供应链管理有限公司支付拖欠2022年9月工资差额6621元，并支付违法解除劳动合同赔偿金20356元，仲裁委员会经审理作出裁决：一、要求陕西××供应链管理有限公司支付拖欠姜某2022年9月工资差额6621元；二、要求陕西××供应链管理有限公司支付姜某违法解除劳动合同赔偿金20356元，但未在裁决书中注明裁决为终局裁决还是非终局裁决。陕西××供应链管理有限公司不服仲裁裁决结果，遂向法院提起诉讼。

用人单位诉称：陕西××供应链管理有限公司不存在拖欠姜某工资的情况，且解除与姜某之间的劳动合同也符合公司规定，是因姜某不能胜任工作而解除，故不应当支付赔偿金，要求1.判决陕西××供应链管理有限公司不向姜某支付2022年9月工资差额6621元；2.判决陕西××供应链管理有限公司不向姜某支付赔偿金20356元；3.判决姜某承担本案诉讼费用。

【裁判观点】

根据《劳动争议调解仲裁法》第四十七条之规定，追索劳动报酬、工伤医疗费、经济补偿或者赔偿金，不超过当地月最低工资标准十二个月金额的争议；因执行国家劳动标准在工作时间、休息休假、社会保险等方面发生争议，仲裁裁决为终局裁决。本案中，仲裁裁决确定的请求事项及金额符合《劳动争议调解仲裁法》第四十七条规定的范畴，虽然未在裁决书中明确裁决类型，但从查明情况看，该裁决属于终局裁决。依据《最高人民法院关于审理劳动争议案件适用法律问题的解释（一）》第十八条规定："……仲裁裁决书未载明该裁决为终局裁决或非终局裁决，用人单位不服该仲裁裁决向基层人民法院提起诉讼的，应按照以下情况分别处理：……经审查认为该仲裁裁决为终局裁决的，基层人民法院不予受理，但应告知用人单位可以自收到不予受理裁定书之日起三十日内向劳动争议仲裁机构所在地的中级人民法院申请撤销该仲裁裁决；已经受理的，裁定驳回起诉。"因此，用人单位对于终局裁决不具有向基层人民法院提起诉讼的权利，仅具有向劳动争议仲裁机构所在地的中级人民法院申请撤销的权利，故裁决驳回陕西××供应链管理有限公司的起诉。

法律分析

所谓终局裁决，是指裁决书一经作出就发生法律效力，但此处所指的发生法律效力仅仅是针对用人单位而非针对劳动者，对于劳动者而言，若不服终局裁决，仍然可以向人民法院提起诉讼。对于用人单位而言，若不服终局裁决，只能向仲裁机构所在的中级人民法院申请撤销仲裁裁决，或者向执行法院申请不予执行仲裁裁决。

一裁终局适用的范围。一裁终局的"机制"虽然能够在较短时间内解决权利义务关系明确的劳动争议案件，但也并非所有的权利义务关系明确的案件都适用一裁终局的方式处理。根据《劳动争议调解仲裁法》第四十七条规定，只有两种类型的劳动争议案件适用一裁终局：一是追索劳动报酬、工伤医疗费、经济补偿或者赔偿金，不超过当地月最低工资标准十二个月金额的争议；二是因执行国家的劳动标准在工作时间、休息休假、社会保险等方面发生的争议。除符合上述两种情形的劳动争议案件外，其他劳动争议案件均不适用一裁终局。

一裁终局案件可能被撤销的情形。根据《劳动争议调解仲裁法》第四十九条规定，用人单位有证据证明本法第四十七条规定的仲裁裁决有下列情形之一，可以自收到仲裁裁决书之日起三十日内向劳动争议仲裁委员会所在地的中级人民法院申请撤销裁决：（一）适用法律、法规确有错误的；（二）劳动争议仲裁委员会无管辖权的；（三）违反法定程序的；（四）裁决所根据的证据是伪造的；（五）对方当事人隐瞒了足以影响公正裁决的证据的；（六）仲裁员在仲裁该案时有索贿受贿、徇私舞弊、枉法裁决行为的。人民法院经组成合议庭审查核实裁决有前款规定情形之一的，应当裁定撤销。仲裁裁决被人民法院裁定撤销的，当事人可以自收到裁定书之日起十五日内就该劳动争议事项向人民法院提起诉讼。从上述规定内容可以看出，对于终局裁决案件，若符合上述法定条件，则会被中级人民法院撤销。

一裁终局裁决可能不被执行的情形。根据《最高人民法院关于人民法院办理仲裁裁决执行案件若干问题的规定》第二条规定，被执行人可有权向人民法院申请对已生效的仲裁裁决不予执行。而根据《民事诉讼法》第二百四十八条规定，对于符合下列情形的，人民法院可以裁定不予执行：（一）当事人在合同中没有订有仲裁条款或者事后没有达成书面仲裁协议的；（二）裁决的事项不属于仲裁协议的范围或者仲裁机构无权仲裁的；（三）仲裁庭的组成或者仲裁的程序违反法定程序的；（四）裁决所根据的证据是伪造的；（五）对方当事人向仲裁机构隐瞒了足以影响公正裁决的证据的；（六）仲裁员在仲裁该案时有贪污受贿，徇私舞弊，枉法裁决行为的。人民法院认定执行该裁决违背社会公共利益的，裁定不予执行。从上述法律规定看，终局裁决若符合法律规定不予执行的条件，则用人单位可以向法院申请不予执行。

合规依据

《劳动争议调解仲裁法》

第四十七条 下列劳动争议，除本法另有规定的外，仲裁裁决为终局裁决，裁决书自作出之日起发生法律效力：（一）追索劳动报酬、工伤医疗费、经济补偿或者赔偿金，不超过当地月最低工资标准十二个月金额的争议；（二）因执行国家的劳动标准在工作时间、休息休假、社会保险等方面发生的争议。

第四十八条 劳动者对本法第四十七条规定的仲裁裁决不服的，可以自收到仲裁裁决书之日起十五日内向人民法院提起诉讼。

第四十九条 用人单位有证据证明本法第四十七条规定的仲裁裁决有下列情形之一，可以自收到仲裁裁决书之日起三十日内向劳动争议仲裁委员会所在地的中级人民法院申请撤销裁决：（一）适用法律、法规确有错误的；（二）劳动争议仲裁委员会无管辖权的；（三）违反法定程序的；（四）裁决所根据的证据是伪造的；（五）对方当事人隐瞒了足以影响公正裁决的证据的；（六）仲裁员在仲裁该案时有索贿受贿、徇私舞弊、枉法裁决行为的。人民法院经组成合议庭审查核实裁决有前款规定情形之一的，应当裁定撤销。仲裁裁决被人民法院裁定撤销的，当事人可以自收到裁定书之日起十五日内就该劳动争议事项向人民法院提起诉讼。

《民事诉讼法》

第二百四十八条 对依法设立的仲裁机构的裁决，一方当事人不履行的，对方当事人可以向有管辖权的人民法院申请执行。受申请的人民法院应当执行。被申请人提出证据证明仲裁裁决有下列情形之一的，经人民法院组成合议庭审查核实，裁定不予执行：（一）当事人在合同中没有订有仲裁条款或者事后没有达成书面仲裁协议的；（二）裁决的事项不属于仲裁协议的范围或者仲裁机构无权仲裁的；（三）仲裁庭的组成或者仲裁的程序违反法定程序的；（四）裁决所根据的证据是伪造的；（五）对方当事人向仲裁机构隐瞒了足以影响公正裁决的证据的；（六）仲裁员在仲裁该案时有贪污受贿，徇私舞弊，枉法裁决行为的。人民法院认定执行该裁决违背社会公共利益的，裁定不予执行。裁定书应当送达双方当事人和仲裁机构。仲裁裁决被人民法院裁定不予执行的，当事人可以根据双方达成的书面仲裁协议重新申请仲裁，也可以向人民法院起诉。

《最高人民法院关于人民法院办理仲裁裁决执行案件若干问题的规定》

第二条 当事人对仲裁机构作出的仲裁裁决或者仲裁调解书申请执行的，由被执行人住所地或者被执行的财产所在地的中级人民法院管辖。符合下列条件的，经上级人民法院批准，中级人民法院可以参照民事诉讼法第三十八条的规定指定基层人民法院管辖：（一）执行标的额符合基层人民法院一审民商事案件级别管辖受理范围；（二）被执行人住所地或者被执行的财产所在地在被指定的基层人民法院辖区内。被执行人、案外人对仲裁裁决执行案件申请不予执行的，负责执行的中级人民法院应当另行立案审查处理；执行案件已指定基层人民法院管辖的，应当于收到不予执行申请后三日内移送原执行法院另行立案审查处理。

合规要点6：确认劳动关系是否适用仲裁时效

请求确认劳动关系须注意：尽量在一年的仲裁时效期间内提出。根据《劳动争议调解仲裁法》规定，劳动争议仲裁时效为一年，该一年时效自当事人知道或应当知道权利被侵害之日起开始计算，但在特殊情况下，该一年时间是自劳动关系解除之日起开始计算，即在劳动关系存续期间因拖欠劳动报酬发生争议的情况下，仲裁时效的起算是自劳动关系解除之日起算，而非自当事人知道或应当知道权利被侵害之日起算。

案例参考

未在一年时效期间内提出请求确认劳动关系被驳回

再审申请人潘×华因与被申请人山东××食品集团有限公司（以下简称××公司）确认劳动关系纠纷一案，不服山东省济宁市中级人民法院（2022）鲁08民终1907号民事判决，向本院申请再审。本院依法组成合议庭对本案进行了审查，现已审查终结。

潘×华申请再审称，1.原判决适用法律错误。根据《劳动争议调解仲裁法》第二十七条的规定，仲裁时效从当事人知道权利被侵害之日起计算，劳动者申诉仲裁不受第一款规定的仲裁时效的限制，并且当事人的劳动关系存在是事实，并无终止。2.原判决认定的基本事实缺乏证据证明。3.对审理案件需要的主要证据，当事人因客观原因不能自行收集，书面申请人民法院调查收集，人民法院未调查收集。4.有新证据足以推翻原判决。5.审判人员审理该案件时有贪污受贿、徇私舞弊、枉法裁判行为。依据《民事诉讼法》第二百零七条第一项、第二项、第五项、第六项、第十三项之规定申请再审。

经审理查明：一、二审证据能够证实，××公司（已于2021年8月30日被裁定终结破产清算程序）于2000年全面停产，潘×华主张其1999年起就被放假待岗，此后××公司未再通知潘×华上班，也未支付潘×华停产待岗生活费及缴纳社会保险费，双方亦互不履行劳动权利义务。潘×华对此存有异议应当在法律规定的时效期间提起劳动仲裁，但其直到2021年才向山东省汶上县劳动人事争议仲裁委员会申请仲裁，显然已超过了法律规定的仲裁申请期限，且潘×华也未提供有效证据证实存在仲裁时效中止、中断的情形，故原审认定其诉讼主张超出仲裁时效并无不当。

关于潘×华主张有新证据足以推翻原判决的再审事由。潘×华并未在再审申请书中举示其提交了哪些新证据，本院依法不予审查。潘×华虽以《民事诉讼法》第二百零七条第五项的规定即书面申请人民法院调查收集证据，人民法院未调查收集申请再审，但未在再审申请书中阐述具体事实和理由，本院依法亦不予审查。

关于潘×华主张原审审判人员存在枉法裁判的行为。《最高人民法院关于适用〈中华人民共和国民事诉讼法〉的解释》第三百九十二条规定"民事诉讼法第二百零七条第十三项规定的审判人员审理该案件时有贪污受贿、徇私舞弊、枉法裁判行为，是指已经由生效刑事法律文书或者纪律处分决定所确认的行为"。潘×华没有提供原审审判人员有上述违法行为的生效刑事法律文书或者纪律处分决定，故潘×华的该项再审申请事由没有依据，本院依法不予支持。

综上，潘×华的再审申请不符合《民事诉讼法》第二百零七条第一项、第二项、第五项、第六项、第十三项规定的情形。依照《民事诉讼法》第二百一十一条第一款、《最高人民法院关于适用〈中华人民共和国民事诉讼法〉的解释》第三百九十三条第二款之规定，裁定如下：驳回潘×华的再审申请。

确认劳动关系不受仲裁时效限制

原告董某东向法院提出诉讼请求：确认原告与原内蒙古某煤业（集团）有限责任公司西露天煤矿在1984年10月至1990年9月存在劳动关系。事实和理由：原告高中毕业后就在内蒙古某煤业（集团）有限责任公司矿建工程分公司（原某矿务局西露天煤矿以下简称某煤矿建公司）待业，当时矿上正式人员（现已退休）能够证明原告按当时政策办理了待业手续。

被告某煤矿建公司辩称，1.被告主体不适格，我公司成立于2017年3月14日；2.赤峰市元宝山区劳动人事争议仲裁委员会作出的不予受理通知书，不予受理的依据是已超过仲裁时效，根据《劳动争议调解仲裁法》第二十七条的规定，劳动争议仲裁时效为一年；3.对于原告诉请的"在某矿务局西露天煤矿待业"，通过我方与矿上老员工了解，有劳动能力的职工子弟可以在矿上登记为待业，待各个矿有岗位时可以优先分配，但登记不表明该期间在我单位工作过，且按照原告的年龄推算，其主张的工作时间不满18周岁，不符合法律规定的工作条件。原告起诉要求被告证明原告诉请的时间段与原某矿务局西露天煤矿存在劳动关系，根据《最高人民法院关于审理劳动争议案件适用法律若干问题的解释（一）》第四十四条的规定，该举证责任不在我方，应在原告。

法院审理认定事实：原告系原某矿务局西露天煤矿的职工子弟，自1984年11月起在该矿登记为待业青年，待业期间在某矿务局西露天煤矿采掘段整备队从事烧锅炉、消火工、管工等工作，作息时间与正式职工一致，工资按月发放，除工资外，无其他福利待遇。原告提交的锅炉司炉工培训证记载"单位"为"某矿务局西露天煤矿"，培训日期自1987年9月15日至29日，考试日期为10月14日。待业青年待某矿务局正式招工就到该局下属矿或部门工作。原告提交的相关证据显示原告系某煤矿建公司后勤服务中心内养/内养长期合同工/不在岗人员，参加工作时间为1990年10月31日。另查明，内蒙古某煤业（集团）有限责任公司原名称为某矿务局，西露天煤矿是其下属煤矿，被告成立于2017年3月14日，系由原西露天煤矿分流组建。2022年6月8日，原告向赤峰市元宝山区劳动人事争议仲裁委员会申请仲裁，请求确认原告与被告在1984年10月至1990年9月存在劳动关系。该仲裁委员会于当日以原告的仲裁请求超过仲裁申请时效为由作出不予受理通知书。原告不服，诉至本院。

本案的争议焦点为：1.原告的请求是否超过仲裁时效？2.原告与原内蒙古某煤业（集团）有限责任公司西露天煤矿存在劳动关系的时间。

一、关于本案的时效问题。本案属于确认之诉，而诉讼时效制度只适用于给付之诉，故确认劳动关系不受仲裁时效限制，对被告关于本案已过仲裁时效的主张，本院不予支持。

二、关于原告与原内蒙古某煤业（集团）有限责任公司西露天煤矿存在劳动关系的时间。原劳动和社会保障部《关于确立劳动关系有关事项的通知》（劳社部发〔2005〕12号）第一条规定："用人单位招用劳动者未订立书面劳动合同，但同时具备下列情形的，劳动关系成立。（一）用人单位和劳动者符合法律、法规规定的主体资格；（二）用人单位依法制定的各项劳动规章制度适用于劳动者，劳动者受用人单位的劳动管理，从事用人单位安排的有报酬的劳动；（三）劳动者提供的劳动是用人单位业务的组成部分。"第二条规定："用人单位未与劳动者签订劳动合同，认定双方存在劳动关系时可参照下列凭证：（一）工资支付凭证或记录（职工工资发放花名册）、缴纳各项社会保险费的记录；（二）用人单位向劳动者发放的"工作证""服务证"等能够证明身份的证件；（三）劳动者填写的用人单位招工招聘"登记表""报名表"等招用记录；（四）考勤记录；（五）其他劳动者的证言等。其中，（一）、（三）、（四）项的有关凭证由用人单位负举证责任。"本案原告自1984年11月至1990年9

月在原内蒙古某煤业（集团）有限责任公司西露天煤矿待业，待业期间从事烧锅炉、消火工、管工等工作，有原告提交的就业培训证、司炉操作证等，以及证人宋某、吴某的出庭作证证言予以证实，故对原告要求确认其1984年11月至1990年9月与原内蒙古某煤业（集团）有限责任公司西露天煤矿存在劳动关系的请求，本院予以支持。原告主张1984年10月与原内蒙古某煤业（集团）有限责任公司西露天煤矿存在劳动关系，证据不足，对其请求，本院不予支持。

依据《劳动合同法》第七条、《劳动争议调解仲裁法》第二十七条、《关于确立劳动关系有关事项的通知》（劳社部发〔2005〕12号）第一条和第二条、《最高人民法院关于审理劳动争议案件适用法律若干问题的解释（一）》第二十六条第一款、《民事诉讼法》第六十七条第一款之规定，判决如下：原告董某东与原内蒙古某煤业（集团）有限责任公司西露天煤矿在1984年11月至1990年9月存在劳动关系。

法律分析

关于确认劳动关系是否适用仲裁时间的问题，理论界以及司法实践中均存在着不同的观点。

认为适用仲裁时效的观点。根据《劳动争议调解仲裁法》第二十七条有关仲裁时效的规定，仲裁时效期间为一年，时效的起算点规定为当事人知道或者应当知道其权利被侵害之日。而根据《劳动争议调解仲裁法》第二条规定，中华人民共和国境内的用人单位与劳动者发生的下列劳动争议，适用本法：（一）因确认劳动关系发生的争议；（二）因订立、履行、变更、解除和终止劳动合同发生的争议；（三）因除名、辞退和辞职、离职发生的争议；（四）因工作时间、休息休假、社会保险、福利、培训以及劳动保护发生的争议；（五）因劳动报酬、工伤医疗费、经济补偿或者赔偿金等发生的争议；（六）法律、法规规定的其他劳动争议。从该两个条文规定看，确认劳动关系属于劳动仲裁范畴，而且确认劳动关系虽然表面上并不涉及具体的权利，但在具体的案件中，劳动者要求确认劳动关系的目的往往在于要求用人单位补缴社会保险费、解决二倍工资、工资、加班费用、经济补偿、赔偿金等相关实体权利。既然《劳动争议调解仲裁法》规定了劳动争议的仲裁时效为一年，自当事人知道或应当知道权利被侵害之日起计算，例外情形下自劳动关系终止之日起算。确认劳动关系属于仲裁受理的劳动争议纠纷范围，同时又未被排除在一年的时效期间之外，故应当适用一年的仲裁时效。实践中，持该观点的省份主要有浙江省、河北省、福建省、河南省、湖北省、云南省、青海省、广东省、湖南省、陕西省、吉林省、黑龙江省、内蒙古自治区、江西省、广西壮族自治区、四川省、海南省、新疆维吾尔自治区、新疆生产建设兵团。

认为不适用仲裁时效的观点。从民法理论分类看，"诉"的种类有三种，分别是确认之诉、变更之诉和给付之诉，在这三类"诉"中只有变更之诉和给付之诉适用诉讼时效制度，且根据《民法典》第一百九十六条和《最高人民法院关于审理民事案件适用诉讼时效制度若干问题的规定》第一条之规定，确认之诉不受诉讼时效限制。同时，按照民法理论中确认之诉不适用诉讼时效制度的法理精神，确认劳动关系案件应不受仲裁时效的限制。司法实践中，持该观点的省份主要有北京市、上海市、重庆市、辽宁省、安徽省、陕西省。另外，从现在司法案例看，有的省份两种观点都有，对于一审认为确认劳动关系适用一年仲裁时效和不适用仲裁时效的判决，二审均予以维持，如贵州省、山东省、甘肃省、江苏省、宁夏回族自治区等省份司法实践中以上两种观点并存。

从目前司法实践看，对于确认劳动关系是否适用仲裁时效观点并不统一，而最高院也未给出相应指导案例，故若发生确认劳动关系纠纷时，需要关注所在地的司法实践。

合规依据

《民法典》

第一百九十六条 下列请求权不适用诉讼时效的规定：（一）请求停止侵害、排除妨碍、消除危险；（二）不动产物权和登记的动产物权的权利人请求返还财产；（三）请求支付抚养费、赡养费或者扶养费；（四）依法不适用诉讼时效的其他请求权。

《劳动争议调解仲裁法》

第二条 中华人民共和国境内的用人单位与劳动者发生的下列劳动争议，适用本法：（一）因确认劳动关系发生的争议；（二）因订立、履行、变更、解除和终止劳动合同发生的争议；（三）因除名、辞退和辞职、离职发生的争议；（四）因工作时间、休息休假、社会保险、福利、培训以及劳动保护发生的争议；（五）因劳动报酬、工伤医疗费、经济补偿或者赔偿金等发生的争议；（六）法律、法规规定的其他劳动争议。

第二十七条 劳动争议申请仲裁的时效期间为一年。仲裁时效期间从当事人知道或者应当知道其权利被侵害之日起计算。前款规定的仲裁时效，因当事人一方向对方当事人主张权利，或者向有关部门请求权利救济，或者对方当事人同意履行义务而中断。从中断时起，仲裁时效期间重新计算。因不可抗力或者有其他正当理由，当事人不能在本条第一款规定的仲裁时效期间申请仲裁的，仲裁时效中止。从中止时效的原因消除之日起，仲裁时效期间继续计算。劳动关系存续期间因拖欠劳动报酬发生争议的，劳动者申请仲裁不受本条第一款规定的仲裁时效期间的限制；但是，劳动关系终止的，应当自劳动关系终止之日起一年内提出。

《最高人民法院关于审理民事案件适用诉讼时效制度若干问题的规定》

第一条 当事人可以对债权请求权提出诉讼时效抗辩，但对下列债权请求权提出诉讼时效抗辩的，人民法院不予支持：（一）支付存款本金及利息请求权；（二）兑付国债、金融债券以及向不特定对象发行的企业债券本息请求权；（三）基于投资关系产生的缴付出资请求权；（四）其他依法不适用诉讼时效规定的债权请求权。

合规要点 7：起诉与上诉应注意的事项

劳动争议案件起诉与上诉须注意：1.在法定时间内起诉。对于非终局裁决的仲裁裁决书，当事人应当在收到裁决书之日起 15 日内向人民法院提起诉讼。2.确定劳动仲裁案件管辖法院。劳动争议案件相对比较特殊，当事人不用仲裁裁决的，可以向用人单位所在地或者劳动合同履行地的基层人民法院起诉，若双方当事人均不服裁决而分别向不同的法院起诉的，则由先受理的人民法院管辖。3.对于仲裁时未提出的请求，需在一审时及时提出。由于劳动争议案件实行"一裁两审"制度，故要求所有劳动争议案件都要先经过仲裁前置程序，但有的当事人在仲裁时仅提了部分请求，在案件裁决后才发现有遗漏的请求，在此情况下，当事人向法院起诉，可以增加在仲裁时未提的请求，经人民法院审理后如认为该诉讼请求与讼争的劳动争议具有不可分性，则合并审理，但如增加的请求属独立的劳动争议，则需要另行向仲裁机构申请仲裁。4.一审过程中需要全面举证。劳动争议案件虽然都需要经过仲裁前置程序，但仲裁程序与诉讼程序是分开的，是不同的程序，因此在仲裁时已经举过的证据，在诉讼时需要重新举证，重新质证。5.注意仲裁与诉讼的衔接。在诉讼过程中，当发现对方当事人对同一问题的陈述与仲裁时的陈述内容完全不一致时，需要及时向审判人员提出，可要求以有利于己方的陈述内容为准。6.注意上诉时间。当事人收到一审判决后，如果不服，应当自收到判决之日起 15 日内向中级人民法院上诉,若超过上诉期未提起上诉,案件将发生法律效力。7.二审时的举证。二审过程中若有新证据,应当在二审举证期限届满前及时提交,若非新证据,则有可能不被采纳,即使在被采纳的情况下,则有可能被审判人员训诫或者罚款。

法律分析

劳动争议案件的处理方式有调解、仲裁、诉讼。其中调解程序并非必经程序,但仲裁是必经的前置程序,而仲裁裁决结果分为终局裁决和非终局裁决,根据《劳动争议调解仲裁法》第四十七条规定,对于追索劳动报酬、工伤医疗费、经济补偿或者赔偿金,不超过当地月最低工资标准十二个月金额的争议和因执行国家的劳动标准在工作时间、休息休假、社会保险等方面发生的争议适用终局裁决,但根据《人力资源社会保障部、最高人民法院关于劳动人事争议仲裁与诉讼衔接有关问题的意见(一)》第十一条的规定,裁决事项涉及确认劳动关系的,劳动人事争议仲裁委员会就同一案件应当作出非终局裁决,除上述法律规定适用终局裁决的案件外,其余劳动争议案件适用非终局裁决。

所谓终局裁决,是指自作出之日起发生法律效力的裁决书,但终局仅针对的是用人单位,对于劳动者,则不存在终局裁决,而且不管是终局裁决还是非终局裁决,劳动者只要对结果不服,都可以向人民法院提起诉讼,而对于用人单位,如果是终局裁决,用人单位只能向仲裁委所在的中级人民法院申请撤销,或者向执行法院申请不予执行。如果仲裁委做出的是终局裁决,而劳动者又不服裁决结果向法院提起诉讼的情况下,裁决结果对用人单位同样不发生法律效力,而且在一审判决结果作出后,如果用人单位对结果不服,同样可以上诉。

所谓非终局裁决,是指双方当事人对裁决结果不服,均可以在法定期限内向人民法院起诉,只要有一方向法院起诉,裁决书就不发生法律效力。

举证环节。仲裁和诉讼虽然是两个不同的程序,但庭审程序都差不多,需要经过,在仲裁程序中,由申请人提出自己的请求,被申请人针对申请人的请求答辩,由双方当事人举证、质证,庭审辩论,以及最后陈述。需要注意的是,根据《人力资源社会保障部、最高人民法院关于劳动人事争议仲裁与诉讼衔接有关问题的意见(一)》第七条规定,依法负有举证责任的当事人,在诉讼期间提交仲裁中未提交的证据的,人民法院应当要求其说明理由。所以,案件不管是仲裁还是诉讼,均应当进行全面举证。

所谓上诉,是指当事人对一审判决不服,可以在收到判决后 15 日内向中级人民法院提起上诉。案件二审庭审程序与一审一样,如果经查明一审存在程序错误,则会被发回重审,如果是认定事实不清楚,则可能会被发回重审或在查明案件事实的情况下改判。

合规依据

《劳动争议调解仲裁法》

第四十八条 劳动者对本法第四十七条规定的仲裁裁决不服的,可以自收到仲裁裁决书之日起十五日内向人民法院提起诉讼。

第四十九条 用人单位有证据证明本法第四十七条规定的仲裁裁决有下列情形之一,可以自收到仲裁裁决书之日起三十日内向劳动争议仲裁委员会所在地的中级人民法院申请撤销裁决:(一)适用法律、法规确有错误的;(二)劳动争议仲裁委员会无管辖权的;(三)违反法定程序的;(四)裁决所根据的证据是伪造的;(五)对方当事人隐瞒了足以影响公正裁决的证据的;(六)仲裁员在仲裁该案时有索贿受贿、徇私舞弊、枉法裁决行为的。人民法院经组成合议庭审查核实裁决有前款规定情形之一的,应当裁定撤销。仲裁裁决被人民法院裁定撤销的,当事人可以自收到裁定书之日起十五日内就该劳动争议事项向人民法院提起诉讼。

第五十条 当事人对本法第四十七条规定以外的其他劳动争议案件的仲裁裁决不服的,可以自收到仲裁裁决书之日起十五日内向人民法院提起诉讼;期满不起诉的,裁决书发生法律效力。

《最高人民法院关于审理劳动争议案件适用法律问题的解释(一)》

第三条 劳动争议案件由用人单位所在地或者劳动合同履行地的基层人民法院管辖。劳动合同履行地不明确的,由用人单位所在地的基层人民法院管辖。法律另有规定的,依照其规定。

第四条 劳动者与用人单位均不服劳动争议仲裁机构的同一裁决,向同一人民法院起诉的,人民法院应当并案审理,双方当事人互为原告和被告,对双方的诉讼请求,人民法院应当一并作出裁决。在诉讼过程中,一方当事人撤诉的,人民法院应当根据另一方当事人的诉讼请求继续审理。双方当事人就同一仲裁裁决分别向有管辖权的人民法院起诉的,后受理的人民法院应当将案件移送给先受理的人民法院。

第十四条 人民法院受理劳动争议案件后,当事人增加诉讼请求的,如该诉讼请求与讼争的劳动争议具有不可分性,应当合并审理;如属独立的劳动争议,应当告知当事人向劳动争议仲裁机构申请仲裁。

《人力资源社会保障部、最高人民法院关于劳动人事争议仲裁与诉讼衔接有关问题的意见(一)》

六、当事人在仲裁程序中认可的证据,经审判人员在庭审中说明后,视为质证过的证据。

七、依法负有举证责任的当事人,在诉讼期间提交仲裁中未提交的证据的,人民法院应当要求其说明理由。

八、在仲裁或者诉讼程序中,一方当事人陈述的于己不利的事实,或者对于己不利的事实明确表示承认的,另一方当事人无需举证证明,但下列情形不适用有关自认的规定:

(一)涉及可能损害国家利益、社会公共利益的;

(二)涉及身份关系的;

(三)当事人有恶意串通损害他人合法权益可能的;

(四)涉及依职权追加当事人、中止仲裁或者诉讼、终结仲裁或者诉讼、回避等程序性事项的。

当事人自认的事实与已经查明的事实不符的,劳动人事争议仲裁委员会、人民法院不予确认。

九、当事人在诉讼程序中否认在仲裁程序中自认事实的,人民法院不予支持,但下列情形除外:

(一)经对方当事人同意的;

(二)自认是在受胁迫或者重大误解情况下作出的。

十、仲裁裁决涉及下列事项,对单项裁决金额不超过当地月最低工资标准十二个月金额的,劳动人事争议仲裁委员会应当适用终局裁决:

(一)劳动者在法定标准工作时间内提供正常劳动的工资;

(二)停工留薪期工资或者病假工资;

(三)用人单位未提前通知劳动者解除劳动合同的一个月工资;

(四)工伤医疗费;

(五)竞业限制的经济补偿;

(六)解除或者终止劳动合同的经济补偿;

（七）《中华人民共和国劳动合同法》第八十二条规定的第二倍工资；

（八）违法约定试用期的赔偿金；

（九）违法解除或者终止劳动合同的赔偿金；

（十）其他劳动报酬、经济补偿或者赔偿金。

十一、裁决事项涉及确认劳动关系的，劳动人事争议仲裁委员会就同一案件应当作出非终局裁决。

图书在版编目（CIP）数据

企业人力资源合规管理全书：HR 劳动人事风险防范法律顾问 / 陈元主编. -- 北京 ：中国法治出版社，2025.5. -- （企业人力资源管理与法律顾问实务指引丛书）. -- ISBN 978-7-5216-5176-8

Ⅰ. D922.504

中国国家版本馆 CIP 数据核字第 2025336LP8 号

责任编辑：马春芳　　　　　　　　　　　　　　封面设计：李　宁

企业人力资源合规管理全书：HR 劳动人事风险防范法律顾问
QIYE RENLI ZIYUAN HEGUI GUANLI QUANSHU: HR LAODONG RENSHI FENGXIAN FANGFAN FALÜ GUWEN

主编 / 陈　元

经销 / 新华书店

印刷 / 三河市国英印务有限公司

开本 / 730 毫米 ×1030 毫米　16 开　　　　　　印张 / 37　字数 / 639 千

版次 / 2025 年 5 月第 1 版　　　　　　　　　　2025 年 5 月第 1 次印刷

中国法治出版社出版

书号 ISBN 978-7-5216-5176-8　　　　　　　　　定价：128.00 元

北京市西城区西便门西里甲 16 号西便门办公区

邮政编码：100053　　　　　　　　　　　　　　传真：010-63141600

网址：http://www.zgfzs.com　　　　　　　　　编辑部电话：010-63141822

市场营销部电话：010-63141612　　　　　　　　印务部电话：010-63141606

（如有印装质量问题，请与本社印务部联系。）